Fachberichte
Messen · Steuern · Regeln
Herausgegeben von M. Syrbe und M. Thoma

1

Automatisierungstechnik im Wandel durch Mikroprozessoren

INTERKAMA-Kongreß 1977

Herausgegeben von M. Syrbe und B. Will

Springer-Verlag
Berlin Heidelberg GmbH 1977

Wissenschaftlicher Beirat:

G. Eifert, D. Ernst, E. D. Gilles, E. Kollmann, B. Will

Herausgeber

Professor Dr. rer. nat. Max Syrbe
Institut für Informationsverarbeitung in Technik und Biologie (IITB)
Sebastian-Kneipp-Straße 12-14
D-7500 Karlsruhe 1

Dr.-Ing. Bernhard Will
Hoechst AG
D-6230 Frankfurt am Main-Hoechst

Library of Congress Cataloging in Publication Data

Internationaler Kongress mit Ausstellung für
    Messtechnik und Automatik,   1977.
    Automatisierungstechnik im Wandel durch Mikroprozessoren.
(Fachberichte Messen, Steuern, Regeln ; 1)
English or German. Bibliography: p. Includes index.
1. Automation--Congresses. 2. Microprocessors
--Congresses. I. Syrbe, Max, 1929-
II. Will, Bernhard, 1928-   III. Title.
IV. Series. T59.5.I58   1977   629.8'315   77-21581

ISBN 978-3-540-08414-3   ISBN 978-3-642-95307-1 (eBook)
DOI 10.1007/ 978-3-642-95307-1

This work is subject to copyright. All rights are reserved, whether the whole or part of the material is concerned, specifically those of translation, reprinting, re-use of illustrations, broadcasting, reproduction by photocopying machine or similar means, and storage in data banks.

Further, storage or utilization of the described programms on date processing installations is forbidden without the written permission of the author.

Under § 54 of the German Copyright Law where copies are made for other than private use, a fee is payable to the publisher, the amount of the fee to be determined by agreement with the publisher.

© by Springer-Verlag Berlin Heidelberg 1977.
Originally published by Springer-Verlag Berlin Heidelberg New York in 1977
Softcover reprint of the hardcover 1st edition 1977

VORWORT

Ein integrierter elektronischer Halbleiter-Baustein mit 12 000
Transistoren kostet heute weniger als vor 12 Jahren ein einzelner
Transistor. 1 Million Bauelemente je Halbleiter-Baustein werden
für 1980 prognostiziert.

Diese hochintegrierten Halbleiter, insbesondere in Form von Mikroprozessoren, führen zu einem weiteren Innovationsschub im Bereich
der Meß- und Automatisierungstechnik. Die Auswirkungen sind vielfältig und tiefgreifend. Die Produkte, ihre Herstellungsverfahren
sowie ihre Anwendungsformen und Anwendungsmöglichkeiten ändern
sich.

Hersteller und Anwender müssen jeweils ihren Weg, Chancen zu
nutzen, aber auch Rückschläge zu vermeiden, finden. Anläßlich des
INTERKAMA-Kongresses'77 haben sich namhafte Fachleute aus Wissen-
schaft und Wirtschaft als Autoren und Betreuer bemüht, für die
besonders betroffenen Bereiche der Automatisierungstechnik den
Wandel aufzuzeigen, der durch den Einsatz hochintegrierter Elektronik hervorgerufen wird. Stand und Entwicklung in diesen Bereichen
werden in Form von zugeordneten Themengruppen dargelegt, die aus
einem allgemein verständlichen, aber konkrete Fakten enthaltenen
Übersichtsvortrag und aus meist drei vertiefenden Fachvorträgen
bestehen.

Der geschilderte Innovationsschub bestimmte die Auswahl der 8 Bereiche und damit Themengruppen. Mikroprozessoren eröffnen auch
komplexeren theoretischen Verfahren hoher Leistungsfähigkeit Anwendungsbereiche. Bewährte Lösungen können ergänzt, beziehungsweise
wartungsfreundlicher gestaltet werden. Die Themengruppen "Meßtechnik und Mustererkennung in der Fertigungstechnik", "Automatisierung von Meß- und Prüfsystemen" und "Einsatz fortgeschrittener
Regelungsverfahren" gehen hierauf ein. Mikroprozessoren in Verbin-

dung mit Bildschirmen und Sammelleitungssystemen, abgestützt auf
anthropotechnische Erkenntnisse und neue Programmierverfahren verändern die Strukturen von Automatisierungssystemen und die Mensch-Maschine-Schnittstellen. Die Themengruppen "Warten und Leitstände"
und "Räumlich verteilte Prozeßrechnersysteme" berichten hierüber.
Zuverlässigkeit und Sicherheit haben hohe Bedeutung, zwei Themengruppen geben einen Überblick. Durch Datenverarbeitungsanlagen
kann der Entwurf von Automatisierungseinrichtungen und die Anwendungsprogrammerstellung besser und rationeller erfolgen. Die
Themengruppe "Rechnergestützter Entwurf und Anwendungsprogrammierung von Regelungs-, Steuerungs- und Überwachungssystemen" zeigt
Wege hierzu.

Max Syrbe					Bernhard Will

INHALTSVERZEICHNIS / CONTENTS

MESSTECHNIK UND MUSTERERKENNUNG IN DER FERTIGUNGSTECHNIK
Measuring technique and pattern recognition in production engineering
Kirmse, W., Warnecke, H.J.

Aufgaben der Meßtechnik und Mustererkennung in rechnerintegrierten Fertigungssystemen
(Modern measuring and pattern recognition techniques in computer
integrated manufacturing systems)
REMBOLD, U. 1

Neuere Meß- und Prüfmethoden zur Qualitätssteigerung von
Einzelteilen, Aggregaten und Fertigungseinrichtungen, dargestellt an ausgewählten Beispielen der Kfz-Fertigung
(More recent measuring and checking methods for quality improvement
of components, assemblies and manufacturing devices, demonstrated
on selected examples of motor car manufacture)
ZÜRN, R., PFEIFER, T. 36

PR-gesteuerte Qualitätskontrolle im Rahmen einer integrierten
Fertigungssteuerung
(Computer-controlled quality control within the framework of an inte-
grated production control)
HILDEBRANDT, D. 51

Zerstörungsfreie Werkstoffprüfung mit Abtastverfahren und
Rekonstruktion der Form und Größe der Fehler aus Signalortskurven
(Non-destructive-materials-testing with sampling methods and reconstruction of the form and the size of defects by the aid of
signal loci)
HÖLLER, P. 59

Mustererkennung bei der Automatisierung visueller Prüf-
und Arbeitsvorgänge in der Fertigungstechnik
(Pattern recognition for automation of visually controlled inspection
and manufacturing operations)
SCHIEF, A., MANGELSDORF, D. 72

Sensor zur Lage- und Formerkennung
(Electro-optic sensor for position detection and object identification)
LANZ, O.E. 95

Teileprüfung im Automobilbau mittels Fernsehkamera und
Prozeßrechner
(Checking components in motor car manufacture by means of television
camera and process computer)
WEBER, J., KAROW, P. 107

Möglichkeiten akustischer Güteprüfung in der industriellen
Fertigung
(Possibilities of quality control in industrial production through
use of acoustic methods)
GUDAT, H. 118

AUTOMATISIERUNG VON MESS- UND PRÜFSYSTEMEN
Automation of measuring and checking systems

Hueck, A., Mesch, F.

Neue Wege bei der Automatisierung von Meß- und Prüfsystemen
(New solutions in the automation of measuring and testing systems)
MALL, M., MUCKLI, W. 128

Untersuchungen zur Analyse von Meßsignalen mittels Mikro-
prozessoren
(Considerations for signal analysis with microprocessors)
BÖHME, W., GÜNZEL, K. 144

Einfache Schätzalgorithmen für Mikroprozessoren zur Wägung
von Gütern im rollenden Betrieb
(Simple estimated algorithms for microprocessors used in the weighing
of goods in rolling stock)
KRONMÜLLER, H. 156

Zentralrechner im Kraftfahrzeug
(Central processor for car control)
KIENCKE, U. 169

Frühwarnsystem zur Erkennung gefährlich exothermer Prozesse
in der Chemie
(Early warning system for dangerous exothermic reactions in the
chemical industry)
CASADEI, F. 179

EINSATZ FORTGESCHRITTENER REGELUNGSVERFAHREN
The use of progressive control procedures

Gilles, E.D., Schmidt, G.

Experience with experimental applications of multivariable
computer control
(Erfahrungen über die Anwendung von Mehrfachregelungen bei einer
experimentell realisierten Strecke)
SEBORG, D.E., FISHER, D.G. 191

Control near constraints
(Regelung an Begrenzungen)
RIJNSDORP, J.E., ROFFEL, B. 194

On-line-Anwendung von Prozeßmodellen bei der Führung von
Gasverteilnetzen
(The use of on-line process models for controlling gas distribution
networks)
WEIMANN, A., FISCHER-UHRIG, F. 206

Einsatzmöglichkeiten von Beobachtern zur Messung von
Zustandsgrößen verfahrenstechnischer Prozesse
(Applications of observers for the measurement of unknown state
variables of chemical processes)
KÖHNE, M., SCHULER, H., ZEITZ, M. 221

WARTEN UND LEITSTÄNDE
Control rooms and control desks
Kaltenecker, H., Will, B.

Grundsätzliche Probleme, Lösungen, Trends zu Warten und
Leitständen
(Basic problems, realizations and trends concerning control rooms
and control desks)
PAVLIK, E., HAUBNER, P. 241

Recent improvements in operational facilities in computer
controlled chemical plant
(Verbesserungen in der Bedienung von rechnergesteuerten chemischen
Anlagen)
BURTON, P.I. 253

Codierung und Organisation der Information auf Farbsicht-
geräten aus anthropotechnischer und betrieblicher Sicht
(Coding and organization of information on colour display systems.
Human engineering and data processing aspects)
GEISER, G., SCHMUDLACH, U. 266

Leistungsfähigkeit serieller und teilserieller Bediensysteme
in verfahrenstechnischen Anlagen
(Efficiency of serial and semi-serial command systems for process control)
KOLLMANN, E., GUTMANN, M. 278

The man machine interface in process control - State
of the art and trends
(Mensch-Maschine-Beziehung in der Leittechnik, Stand und Trend)
FRASER, G.L. 290

Rationalisierung in Planung und Erstellung von Prozeßwarten
(Rationalization of the design and implementation of control rooms
for process control)
BÖTTCHER, W. 306

Moderne rechnergestützte Warten für kommunale Betriebe
(Computer-assisted control rooms of modern design for municipal
plants)
FLOTHO, G., SCHARPENBERG, H. 318

Erfahrungen mit einem Ein-/Ausgabe-Farbbildschirm-System
zur zentralen Steuerung eines Energienetzes mit Datentransport über ringförmige Sammelleitungen
(Experience gained with an input/output colour screen system
for the central control of a steam net with data transfer
via ring-shaped bus)
WISCHERMANN, H., BECKER, C. 330

RÄUMLICH VERTEILTE PROZESSRECHNERSYSTEME
Spatially distributed process computer systems

Färber, G., Martin, W.

Räumlich verteilte Prozeßrechnersysteme, Automatisierungsstrukturen im Wandel
(Spatially distributed process computer systems, changing
structures in automation)
HEGER, D., STEUSLOFF, H., SCHEIDER, U. 342

Dezentralisierte Prozeßregelung mit Mikrorechnern
(Decentralized process control by microcomputers)
SCHMIDT, G., BIRCK, H. 363

Prozeßautomatisierung mit Mikroprozessoren am unteren
Ende der Prozeßrechner
(Process automation by means of microprocessors at the low end
of process computers)
DÜLL, E.H. 382

Hierarchical organization of multi-minicomputer systems
(Hierarchische Struktur von Mehrfach-Minirechner-Systemen)
ASHENHURST, R.L. 393

Prozeßrechnernetze für Echtzeitanwendungen
(Minicomputer-networks for real time applications)
FÄRBER, G. 410

Sammelleitungssysteme als Schlüssel für die dezentra-
lisierte Prozeßautomatisierung
(Line sharing systems as a key for decentralized process control)
WALZE, H. 429

Rechnergeführte Fernwirk- und Datenerfassungssysteme
mit zentraler und dezentraler Intelligenz
(Computer-controlled remote control and data capture systems
with central and decentral intelligence)
GÖTZ, E. 446

ZUVERLÄSSIGKEIT UND SICHERHEIT (GERÄTE)
Reliability and safety (appliances)
Düll, E.H., Sacht, H.J.

Zielsetzung und Philosophie der Funktionsfehlersicherheit
bzw. -erkennbarkeit bei elektronischen Baugruppen
elektromechanischer Meßgeräte
(Setting targets and philosophy for safety against functional
faults and their recognition in electronic subassemblies of
electro-mechanical measuring instruments)
MÜHLFELD, A., SÜSS, R. 460

Signaltechnische Aspekte von Funktionsfehlern
(Aspects of signal engineering for functional defects)
SCHULZ-METHKE, H.-D. 469

Beispiele für Fehlererkennbarkeit durch Funktionsüberwachung an elektronischen Meßgeräten
(Examples for recognition of faults by monitoring the function
of electronic measuring instruments)
FÜLLES, H. 480

Die Kosten der Zuverlässigkeit in der Meßtechnik
(Costs of reliability in instrumentation technology)
UNGER, E., STUMPF, T. 495

ZUVERLÄSSIGKEIT UND SICHERHEIT (SYSTEME)
Reliability and safety (systems)
Düll, E.H., Sacht, H.J.

Methoden zur Steigerung der Zuverlässigkeit von
PR-Systemen
(Methods for increasing the reliability of process control
computers)
KRÜGER, G., NEHMER, J. 509

Sicherheit - Definition und Bewertung, insbesondere für
Steuerungen
(Safety - Definition and Valuation with Special Reference to
Control Systems)
HECKMANN, H. 540

Einige Aspekte der Zuverlässigkeit und Sicherheit bei der
Automatisierung diskontinuierlicher chemischer Prozesse
mit Rechner
(Some aspects of reliability and safety in computer-controlled
chemical batch processes)
BEST, R., FINK, P. 550

Automatisierungseinrichtungen mit angepaßten Zuver-
lässigkeitskenngrößen
(Automation equipment with suitable reliability characteristics)
HOFMANN, E., SCHNEEWEISS, W. 568

RECHNERGESTÜTZTER ENTWURF UND ANWENDUNGSPROGRAMMIERUNG VON
REGELUNGS-, STEUERUNGS- UND ÜBERWACHUNGSSYSTEMEN
Computer-aided design and application programming of
regulating, controlling and monitoring systems
Ankel, Th., Stams, D.

Rechnergestützter Entwurf und Simulation von Regelungs- und
Überwachungssystemen
(Computer aided design and simulation of control and supervisory
systems)
ISERMANN, R., KUNZE, E. 580

Modellbildung und Modellreduktion für Prozesse der
chemischen Verfahrenstechnik
(Producing models and reduction of models in chemical engineering processes)
EIGENBERGER, G. 599

Rechnergestützter Aufbau von Störungsablaufmodellen
(Computer aided design of cause-consequence diagrams)
FELKEL, L., GRUMBACH, R. 614

Rechnergestützte Programmierverfahren zur Herstellung
von Anwenderprogrammen
(Computer assisted programming-methods for the creation of
user-software)
BÜRGER, J., SCHULZE, H. 625

Problemorientiert programmierbare Prozeßsteuerung
(Programmable controller with a special language intended for
industrial applications)
WEITZEL, H.-W. 645

Ergonomic user programming in process control
(Ergonomische Benutzerprogrammierung in Prozeßregelung)
CHRICHTON, E.R. 657

Industrielle Erfahrungen mit der Prozeßprogrammiersprache PEARL
(Industrial experience with the process oriented programming
language PEARL)
MÜLLER, G. 666

AUFGABEN DER MESSTECHNIK UND MUSTERERKENNUNG
IN RECHNERINTEGRIERTEN FERTIGUNGSSYSTEMEN

Modern Measuring and Pattern Recognition Techniques
in Computer Integrated Manufacturing Systems

Ulrich Rembold
Lehrstuhl für Planungs- und Programmiertechniken
für Prozeßrechner
Universität Karlsruhe

SUMMARY

Computer integrated manufacturing systems are presently being developed in several countries. It is believed that they will substantially help to increase the productivity and the flexibility in manufacturing. One of the basic requirements for these systems is the availability of pattern recognition and measuring equipment. The necessary intelligence of this equipment will be enhanced with the help of mini and microcomputers. There will be hierarchical measuring systems which will be integrated into the computer hierarchy of manufacturing organisations. Presently there is a need to develop low cost pattern recognition devices and to obtain standardized instrument bus systems.
Statistical evaluation techniques for data should also be reviewed. Many well known procedures which so far were impractical to apply because of the large number of calculations to be performed can render good results when used with the help of the computer. Thus better predictions can be made on the product quality and the behavior of the process. With the computer it is also possible to design self calibrating instruments and new filtering techniques for data. One of the major problems is programming of microcomputers.
Although there are several techniques available today better aids are needed.

1. Einleitung

Die Erhöhung der Produktivität von Fertigungssystemen ist zu einer Lebensfrage von modernen Industrieländern geworden. Man ist daher immer mehr bestrebt, rechnerintegrierte Fertigungsanlagen aufzubauen, die flexibel sind und Produkte höchster Qualität erzeugen. Diese Anlagen lassen sich aber nur verwirklichen, wenn fortschrittliche Verfahren zum Messen und zur Mustererkennung vorhanden sind. Es ist schon seit langem bekannt, daß durch eine sinnvolle Kombination von Hard- und Softwaretechnologie intelligente Meßverfahren entwickelt werden können, die den konventionellen Meßmethoden weit überlegen sind. Jedoch waren die hierfür benötigten Rechner sehr aufwendig, da sie für viele Anwendungsgebiete konzipiert wurden. Mit der Entwicklung des Mikroprozessors stehen jetzt elektronische Bausteine zur Verfügung, mit denen Meßeinrichtungen auf spezielle Anwendungen maßgeschneidert werden können.

In immer größerem Umfang wird gefordert, genauere und schnellere Messungen durchzuführen, Entscheidungen zu treffen und lenkend in den Prozeß einzugreifen. Die erhöhten Anforderungen können oft mit herkömmlichen Meßverfahren nicht mehr realisiert werden. Besonders bei diskreten Prozessen ist die Verwendung von berührungslosen Gebern in den Vordergrund getreten. Es werden optische und akustische Verfahren gefordert, die Farbe, Form und Geräusche von Meßobjekten im Bruchteil einer Sekunde erfassen, umfangreiche Berechnungen durchführen und einen Qualitätsindex übermitteln.

Die geforderte Flexibilität von Fertigungssystemen macht die Entwicklung von selbststeuernden Meßgeräten notwendig. Es müssen zusätzlich Algorithmen entwickelt werden, die eine klare Entscheidung über gut oder schlecht treffen und nach einer kurzen Einlernperiode in der Lage sind, die Qualität des Prozesses zu lenken.

Durch die Integration von Meßsystemen in eine Fertigungsanlage ist es möglich, die Qualität eines Produktes beim Durchlauf von verschiedenen Bearbeitungsprozessen ständig zu verfolgen und - falls notwendig - neue Sollwerte an den Prozeß auszugeben. Diese Integration läßt sich vorteilhaft durch hierarchische Rechnerstrukturen erreichen. Die Erfassung und Vorverarbeitung der Meßdaten erfolgt durch Mikroprozessoren auf der untersten Ebene der Hierarchie. Ein Dispositionsrechner übernimmt die statistische Auswertung der Daten und errechnet Führungsstrategien zur Leitung des Prozesses. Da Mikrorechner sehr preisgünstig sind, können sie in großer Zahl zur Lösung von individuellen Meßaufgaben verwendet werden. Durch die parallele Anordnung von mit

Mikrorechnern ausgerüsteten Meßstationen kann man sehr hohe Meßdatenverarbeitungsraten erzielen.

Bis heute steht der Rechnereinsatz in der Fertigung noch in seinen Anfängen. Qualitätsmessungen in Prüfanlagen und Prüfräumen werden meistens von hochqualifiziertem Personal durchgeführt. Bei diesen Arbeiten fallen auch eine große Menge von Berechnungen, Auswertungen und Aufzeichnungen an. In der Zukunft wird sich wohl kaum ein Betrieb noch den Luxus leisten können, teures Personal für diese Wiederholarbeiten einzusetzen. Sie können durch Rechner, einfache Plotter und Drucker ausgeführt werden.

Die Meßtechnik wird in der Zukunft mit vielen revolutionären Neuerungen bereichert werden. Durch den modularen Aufbau von Rechnern und die Vereinheitlichung von Schnittstellen wird man in der Lage sein, einfachere Systeme aufzubauen, die von weniger qualifiziertem Personal betrieben werden können. Damit lassen sich auch viele Meßgeräte besser auslasten und sinnvoll einsetzen.

2. Systemauslegung

2.1. Integrierte Meßsysteme

Die Meßtechnik spielt in der Fertigung eine doppelte Rolle; sie muß die Güte des Produktes überwachen und Aussagen über den Fertigungsprozeß machen. In der konventionellen Fertigung wurden beide Aufgaben oft getrennt. Durch die Verwendung von rechnerintegrierten Meßsystemen ist diese Trennung nicht mehr gerechtfertigt. Zum Beispiel verschlechtert sich die Qualität eines Produktes mit dem Verschleiß einer Maschine. Es ist daher wichtig, den Verschleiß vorhersagen zu können, um kostspielige Qualitätsverminderungen zu vermeiden. Durch den Vergleich von Qualitätsdaten des Produktes und Zustandsdaten der Maschine lassen sich Vorhersagen in Form von Funktionen errechnen, die Auskunft geben über einen notwendigen Austausch von Werkzeugen, Meßgebern oder ganzen Fertigungseinrichtungen. Mit einer Rechenanlage lassen sich beide Überwachungsfunktionen leicht integrieren. Die Anforderungen an Meßgeräte und Prüfmethoden hängen stark von dem Produkt, den zu fertigenden Stückzahlen und dem zu überwachenden Prozeß ab. Es ist daher notwendig, daß das Prüf- und Kontrollkonzept als ein integrierter Teil eines jeden Fertigungssystems geplant wird. Der Ablauf eines Prüfvorganges an einem Produkt läßt sich wie folgt aufteilen:

- Erkennen des Produktes
- Positionieren der Sensoren

- Erfassen der Meßdaten
- Auswerten der Ergebnisse
- Errechnen eines Qualitätsindexes
- Ausgabe des Resultats.

Die Mechanisierung dieser einzelnen Komponenten hängt von dem gewünschten Automatisierungsgrad einer Anlage ab. Ein Hersteller von einfachen Produkten mit niedriger Stückzahl wird wohl nur das Erfassen der Meßdaten automatisieren. Dagegen wird man bei großen Stückzahlen und einem komplexen Produkt ein automatisches Meßgerät aufstellen, das den gesamten Prüfablauf selbständig durchführt. Entsprechend diesen zwei extremen Einsatzgebieten werden an die Meßgeräte verschiedene Anforderungen gestellt. Bild 1 zeigt den hierarchischen Aufbau eines Meßgerätesystems (1).

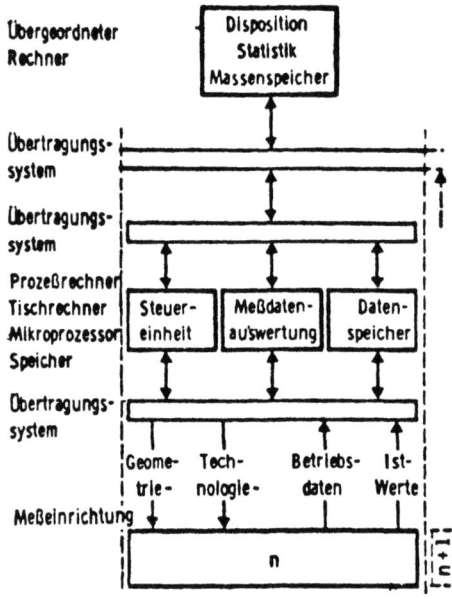

Bild 1: Hierarchischer Aufbau eines Meßsystems.
(Quelle: Dutschke)

Am unteren Ende dieser Hierarchie stehen die einfachen Meßgeräte, die weiterhin eine wichtige Aufgabe in der Fertigung erfüllen werden. Mit zunehmender Automatisierung wird eine erhöhte Optimierung der Meßkapa-

zität gefordert. Neben der Beschleunigung des Meßvorganges ist die
automatische Auswertung von Daten, der Vergleich mit Meßdaten von
anderen Meßstationen, das Ablagern der Daten usw. notwendig. Diese
Anforderungen lassen sich nur noch mit Unterstützung des Elektronen-
rechners durchführen. Z. B. werden in der Massenfertigung Produkte an
verschiedenen Stellen eines Fertigungssystems durchgeprüft, um Fehler
im Entstehen zu entdecken. Für die Fertigungssteuerung ist es von Bedeutung, zu wissen, wann und wo diese Fehler auftreten. Es müssen
gleichzeitig Änderungen im Rohmaterial und an den Fertigungsmaschinen
erkannt und eventuell noch Umwelteinflüsse registriert werden. Solche
Informationen können dazu dienen, gleich in den Prozeß einzugreifen,
oder beim Auftreten von Fehlern beim Kunden festzustellen, welche
anderen Produkte mit ähnlichen Fehlern behaftet sein könnten.

Bei der Verkettung von Produktionsanlagen bei denen Fertigungskompo-
nenten nach Klassen gepaart werden, ist die Verfolgung der Teilgruppen
und die Montage nach Klassen ohne Rechner kaum noch wirtschaftlich
durchzuführen. Hier kann der Rechner auch eigene Entscheidungen
treffen, um die Fertigungsmaschinen über einzuhaltende Toleranzen an-
zuweisen.

Ursprünglich konnten sich nur große Firmen rechnergesteuerte Meßsysteme
leisten. Diese Systeme fanden vorwiegend in der Automobilindustrie,
bei der Fertigung von Haushaltgeräten und bei sehr komplexen Produkten Verwendung. Der Mikrorechner brachte hier eine drastische Änderung.

Ein besonderes Merkmal bei der Entwicklung des Mikrorechners ist die
hohe Innovationsrate und der Integrationsgrad von Rechnerstrukturen.
Dabei ist zu erkennen, daß viele wichtige Bauelemente von Meßsystemen
als integrierte Bestandteile der Ein/Ausgabeeinheiten von Mikrorechnern
mit aufgenommen werden. Es ist denkbar, für kleine Meßsysteme Multiplexer, A/D-Umsetzer, digitale E/A-Kanäle und Koppelelemente für die
Datenübertragung in den Rechner zu integrieren. Dabei wird der Mikrorechner immer dichter an die Meßstelle gebracht.

Der Rechner bringt eine Menge Vorteile mit sich. Mit der Kombination
von Hardware und Software lassen sich viele Operationen durchführen,
die bisher mit Hardware allein praktisch nicht möglich waren. Die
Software hat bei sämtlichen Meßphasen eine wichtige Aufgabe. Z. B. ist
das Erkennen eines komplexen Produktes ohne Software praktisch unmöglich. Die besondere Bedeutung der Software liegt darin, daß sie
die Meßvorgänge wesentlich beschleunigt und daß mit ihr adaptive
Meßsysteme entwickelt werden können. Leider wird die Flexibilität, die
eine kombinierte Hardware/Softwaretechnologie bietet, von den meisten

Systementwicklern und Anwendern nicht richtig erkannt. Je nach Ausbildung oder den Kenntnissen des Entwicklers werden Lösungen in Hardware oder Software bevorzugt.

2.2. Modularität von Meßsystemen

Bei der Herstellung von Meßgeräten zeigt sich ein Trend zur Standardisierung von Schnittstellen. Es wird die einheitliche Verwendung des schnellen IEC (International Electronical Commision)-Buses angestrebt, Bild 2.

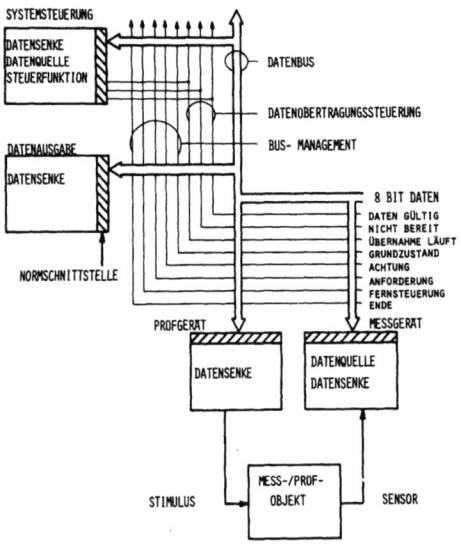

Bild 2: Übertragung von Meßdaten mit dem IEC-Bus

Der Bus besteht aus einem 16-adrigen Kabel, über das Daten- und Steuersignale nach standardisierten Prozeduren übermittelt werden. Damit ist es möglich, leicht modulare Meßsysteme aufzubauen. Es werden gegenwärtig auch schon programmierbare Tischrechner angeboten, die sich an den IEC-Bus anschließen lassen. Mit diesen Geräten können spezifische Meßsysteme konfiguriert werden, um bestimmte Prüfaufgaben zu lösen. Der Nachteil des IEC-Buses ist, daß er sich nur zur Übertragung von Signalen über kurze Strecken eignet.

Um Meßgerätegruppen von verschiedenen Produktionseinheiten miteinander verbinden zu können, ist es notwendig, diese an einen robusten industriellen Übertragungskanal anzuschalten. Hierfür eignet sich der PDV-(Projekt Prozeßlenkung mit Datenverarbeitungsanlagen)-Bus. Dieser für langsamere, aber sichere und für große Entfernungen konzipierte PDV-Bus wurde erst kürzlich standardisiert. Es liegen jedoch für ihn noch keine serienmäßig angebotenen Schnittstellen vor. Zur Zeit werden von dem Projektträger PDV mehrere Entwicklungen auf diesem Gebiet gefördert. Sie sollen bis Ende 1977 vorliegen. Bei der Kopplung von beiden Bussystemen wird für industrielle Anwendungen eine sehr sichere hierarchische Konfiguration gewonnen; z. B. könnten beim Ausfall des PDV-Buses die individuellen IEC-Systeme noch selbständig arbeiten.

Anpassungen für diese Bussysteme werden gegenwärtig an verschiedenen Stellen entwickelt. Als Koppelelemente in der Schnittstelle wird ein Mikrorechner verwendet, Bild 3.

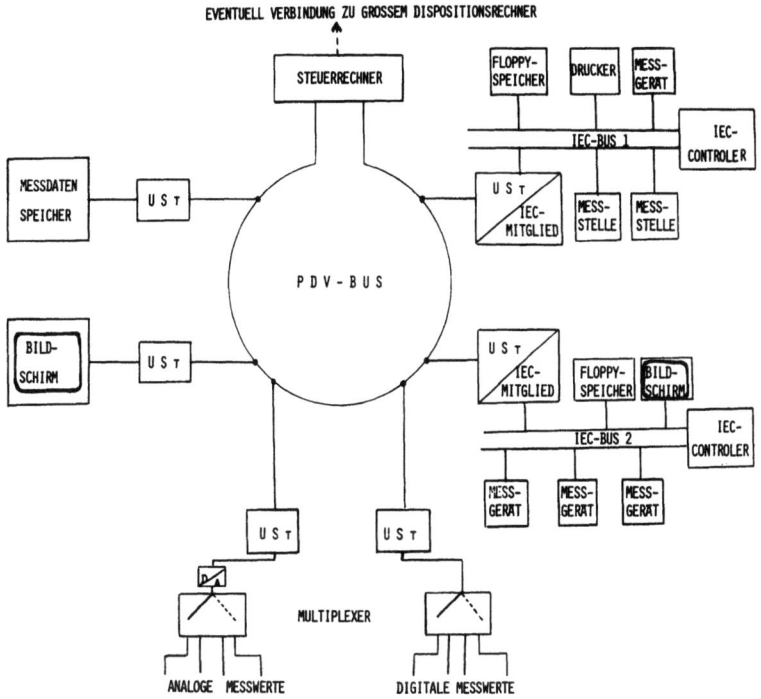

Bild 3: Ankopplung des IEC-Buses an den PDV-Bus.

Der mit UST bezeichnete Mikrorechner hat eine Doppelfunktion. Er ist einmal Unterstation im PDV-Bus und akzeptiert Anforderungen von dort, wie er auch selbst Anweisungen an diesen Bus gibt und ihn nach Freigabe zur Datenübertragung belegt. Zum anderen ist er ein Teil des IEC-Systems als Hörer, Sprecher und Übertragungssteuereinheit. Sieht man noch Pufferungsmöglichkeiten vor, so ist der Geschwindigkeitsunterschied zwischen beiden Bussystemen und die mögliche Verzögerung des Transfers durch den Mikrorechner ohne Schwierigkeiten auszugleichen.

2.3. Rechnernetzwerke

Mit zunehmenden Rechneranwendungen in der Fertigung wird es notwendig, die Meßsysteme mit den allgemeinen Rechnernetzwerken in einer Fabrik zu integrieren. In der nahen Zukunft werden vorwiegend einfache hierarchische Systeme verwendet, Bild 1. Die Hardware- und Softwaretechnologie, um solche Systeme aufzubauen, wird heute gut beherrscht. Diese Baumstrukturen erlauben einen schnellen Datenaustausch zwischen den Mikrorechnern und den Dispositionsrechnern. Der Aufbau der Systeme läßt sich durch die Standardisierung der verwendeten Rechner wesentlich vereinfachen. Liegt eine Aufwärtskompatibilität beim Befehlsvorrat vor, so erleichtert sich auch die Erstellung der Software. In der Baumstruktur ist die Kommunikation zwischen Rechnern auf der untersten Ebene nur durch die Dispositionsrechner möglich. Dies kann bei vielen Anwendungen ein wesentlicher Nachteil sein. Schwierigkeiten bereitet die Struktur auch bei der Verwendung von verschiedenen Rechnertypen.

Gegenwärtig werden Forschungsvorhaben durchgeführt, bei denen ein Versuch gemacht wird, verteilte störungsfreie Ringsysteme zu erstellen (2). Ein wesentlicher Nachteil des Ringsystems sind die langen Datenleitungen in einer Fabrik. Störungen an einer Stelle im Ring können sich über das ganze System übertragen. Bei vielen Teilnehmern ist es auch möglich Verkehrsstauungen hervorzurufen. Bei dem genannten Forschungsvorhaben wird als Übertragungsbus ein Lichtleiter verwendet. Diese sehr sinnvolle Entwicklung sollte die Störanfälligkeit und die Verkehrsprobleme in verteilten Rechnersystemen wesentlich vermindern.

In den USA werden gelegentlich Ringsysteme verwendet, die aus einem Koaxialkabel bestehen. Zur Übertragung wird der ganze Bandbereich der Fernseh-Frequenz benutzt. Die Komponenten des Rechnernetzes übertragen ihre Daten auf die ihnen zugeteilten Frequenzbereiche. Die Kommunikation in dem System erfolgt über einen Dispositionsrechner.

Die Programmierung verteilter Rechnersysteme wird heute vorwiegend in Assemblercode durchgeführt. Auch hier wäre die Portabilität von Software von besonderem Nutzen. In einem vom BMFT geförderten Forschungsprojekt wird die Verwendung von PEARL (Process and Experiment Automation Real Time Language) für verteilte Rechnersysteme untersucht (2). PEARL erscheint auf Grund seiner Struktur für Mehrprozessorsysteme besonders geeignet. Diese Arbeit untersucht auch die Möglichkeit, bei Fehlern im System eine neue Systemkonfiguration vorzuschreiben. Ein erweitertes PEARL für solche Systeme macht die

Bereitstellung von verteilten Betriebssystemen notwendig. Dieses
Problem wird ebenfalls in dem genannten Forschungsprojekt untersucht.

3. Sensoren

3.1. Mustererkennung

Die Mustererkennung spielt sowohl bei der Handhabung von Teilen als
auch in der Meßtechnik eine große Rolle. Es gibt kaum einen Montageschritt, bei dem nicht gleichzeitig geprüft wird. Bei einem vollkommen
automatisierten Prüfsystem muß ein Teil erst erkannt werden, bevor
ein Sensor angebracht wird. Ebenfalls ist es für ein Handhabungsgerät notwendig, einen Teil zu erkennen, bevor es ihn ergreift. Auf
dem Gebiet der Mustererkennung sind in den letzten 10 Jahren schon
sehr große Fortschritte erzielt worden. Man hat inzwischen gelernt,
daß die menschlichen Wahrnehmungsorgane nur sehr schwer nachzuahmen
sind. Einen vollkommen technischen Ersatz für solche Organe wird
es wohl nie geben.

Forscher, die sich mit der Erstellung von universellen Sichtsystemen
befaßten, mußten mit großer Ernüchterung feststellen, daß es sich
hier um äußerst komplexe Systeme handelt. Große Probleme bereitet
die Verarbeitung von Grautonbildern. Meistens heben sich Werkstücke
sehr schlecht von ihrem Hintergrund ab, sie müssen daher zur Erkennung
auf kontrastreiche oder fluoriszierende Unterlagen gelegt werden.
Vielfach ist es notwendig, Farbkorrekturen durch Filter durchzuführen
oder ultraviolettes Licht zu verwenden. Einigen Forschern ist es gelungen, Gegenstände durch Beleuchtungsschnittflächen erkennbar zu
machen (3). Durch Verschiebung der Lichtfläche läßt sich sogar die
räumliche Lage des Versuchsobjektes bestimmen.

Automatische Sichtgeräte müssen in der Lage sein, durch Erfahrungswerte die Art und Lage des betrachteten Gegenstandes zu bestimmen.
Dies ist nur mit Hilfe eines Speichers möglich, in dem die Umrißschablone des zu erkennenden Gegenstandes enthalten ist. Bei ähnlichen
Umrissen müssen dann Merkmale wie Schwerpunkt, charakteristische
Ecken, Kanten, kleine und große Radien usw. untersucht werden. Da es
zur eindeutigen Erkennung nicht notwendig ist, alle diese Merkmale
zu untersuchen, wird man zum Suchablauf vorteilhaft einen Entscheidungsbaum verwenden, der so lange zu durchlaufen ist, bis die Identifizierung des Teiles vorliegt.

Es ist klar zu erkennen, daß bei den genannten Schwierigkeiten sehr
geräteaufwendige Systeme verwendet werden. Man versucht aus diesem

Grund einfachere anwendungsspezifische Erkennungssysteme zu entwickeln. Sehr gut haben sich binäre Codierungen, die als Marke auf das Werkstück geklebt werden, bewährt, Bild 4.

Bild 4:   Binär codierte Erkennungsmarke.

Bei der Verwendung von Laserlesegeräten sind Positionsungenauigkeiten beim Aufkleben der Marke und in der Lage der Teile bis zu einem gewissen Grad problemlos. Ebenfalls können diese Geräte sehr große Leseabstände überbrücken. Von den National Bureau of Standards wurde ein Infrarotsensorsystem entwickelt, das die Lage oder das Vorhandensein eines Werkstückes mit Hilfe von mehreren Infrarotsensoren bestimmt, Bild 5.

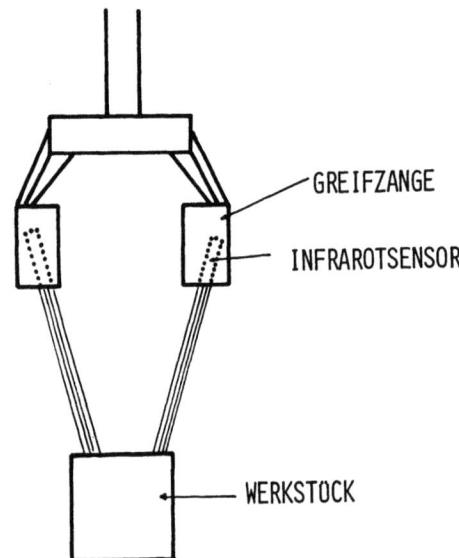

Bild 5:   Erkennung eines Werkstückes mit Infrarotsensoren

Abstände werden durch die Energie des reflektierenden Lichtes errechnet. Weitere einfache Verfahren basieren auf der Erkennung von Rasterbildern. Bild 6 zeigt eine Anwendung, bei der das Werkstück in einer Führungsrinne an einer Sensorzelle vorbeigeleitet wird (4).

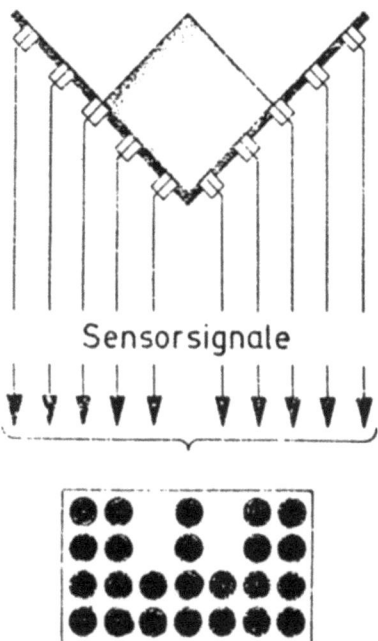

Bild 6: Erkennung eines Werkstückes nach dem Rasterverfahren.
(Quelle: Pietzsch)

Eine Logik setzt das erkannte Signal zu einem Rasterbild zusammen, dieses wird mit einem vorher einprogrammierten Referenzbild verglichen.

Ein ähnliches Verfahren wird in Bild 7 gezeigt.

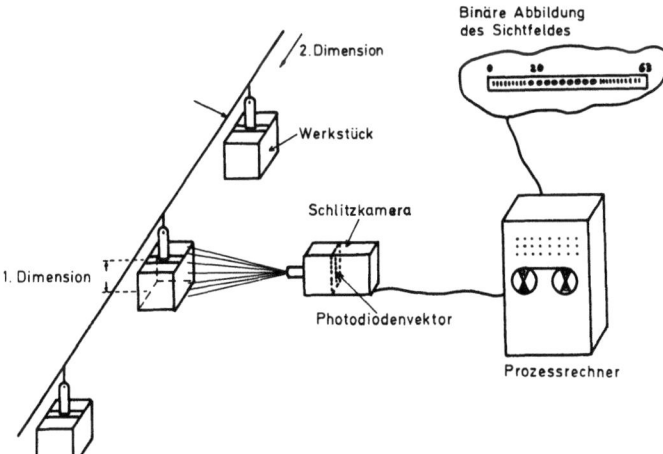

Bild 7: Erkennung eines Werkstückes mit Hilfe einer Fotodiodenvektorkamera (Quelle: Rembold)

Hier läuft ein Werkstück an einer Fotodiodenvektorkamera vorbei. Durch
die zeitliche Aufnahme von parallelen Bildlinien wird in dem Speicher
ein Rasterbild des Werkstückes zusammengesetzt. Der Rechner wertet das
Bild aus und führt den Referenzvergleich durch. Bild 8 zeigt ein
anderes einfaches Erkennungsverfahren, bei dem ein Mikrorechner nur
vorherbestimmte Zeilen aus einem Fernsehbild auswertet. Und zwar wird
das Sichtfeld so eingestellt, daß charakteristische Eigenschaften des
zu identifizierenden Gegenstandes gut erkannt werden (6).

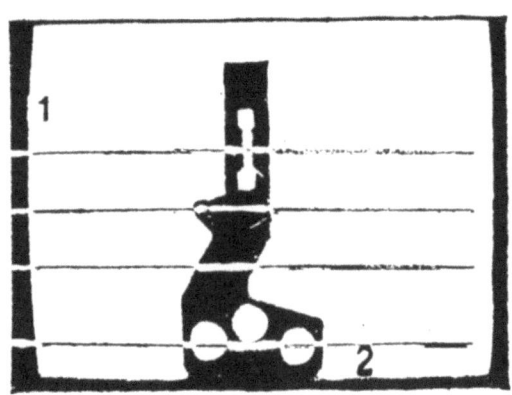

Bild 8: Bilderkennung durch gezielte Auswahl von Zeilen
(Quelle: König)

Bei teueren Erkennungssystemen versucht man 2-dimensionale Bilder zu
erhalten. Zur Bildaufnahme dienen Fernseh- oder Fotodiodenmatrixkameras, wobei sich die letzteren mehr und mehr durchsetzen. Besondere
Schwierigkeiten bereitet die Auswertung der Bilder; hierfür wird viel
Rechnerkapazität benötigt. Auf Bild 9 ist ein Versuchsaufbau gezeigt,
bei dem eine umfangreiche Datenverarbeitung in dem Erkennungssystem mit
Hardware durchgeführt wird.

Mit den reduzierten Daten ermittelt ein Rechner dann die Lage oder Iden-
tität des Gegenstandes. Dieses Projekt wird gegenwärtig an dem Lehrstuhl
für Planungs- und Programmiertechniken für Prozeßrechner an der Universität Karlsruhe durchgeführt; es ist ein Teil des PDV-Programmes.

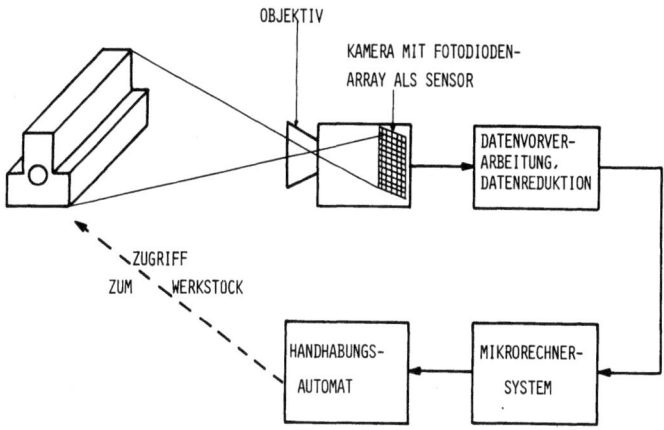

Bild 9: Bilderkennung mit optischem Sensor und Datenvorverarbeitung

Es wird heute schon über eine Anzahl von erfolgreichen Anwendungen von Mustererkennungssystemen berichtet. So wurde in den USA von einem Hersteller ein Gerät vorgestellt, das in der Lage ist, den Umriss eines Werkstückes zu erkennen und abzuspeichern. Wird nun ein solches Werkstück auf dem Fließband an der Kamera vorbeigeführt, so weist das System ein Handhabungsgerät an, das Teil zu greifen und wegzufördern. Eine weitere recht komplexe Anlage ist in Bild 10 gezeigt (7).

Ein Erkennungssystem ist hier in eine Rohrschweißanlage integriert. Ein Rechner ermittelt die Bahnkurven, die von der Schweißelektrode zu durchlaufen sind, und gibt dann Anweisungen an ein Handhabungsgerät. Dem System werden Rohre einzeln zugeliefert, und mit Hilfe eines Sensorsignals wird positioniert. Die Kamera überträgt das Bild von der Schweißnaht an den Kleinrechner. Somit kann der Rechner geometrisch und technologisch den Schweißvorgang leiten.

Gegenwärtig werden schon verschiedene Fotodiodenmatrixkameras mit sehr hohem Auflösungsvermögen angeboten. Das Problem der effektiven Bildauswertung ist aber noch nicht gelöst. Hierfür werden neue Methoden wie z. B. die oben genannte Vorverarbeitung der Bilddaten benötigt. Man kann sich weiterhin helfen, wenn die Rechneroperationen wesentlich be-

schleunigt werden. Da die langsame Auswertung der Bilddaten durch die
serielle Arbeitsweise des Rechners verursacht wird, wäre die Entwicklung von billigen Parallel- oder Arrayprozessoren von Interesse.

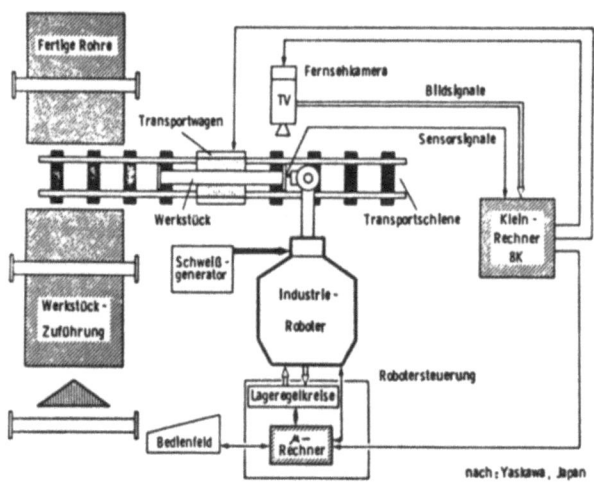

Bild 10: Anwendung eines Bilderkennungssystems bei
der Schweißung von Rohren (Quelle: Schüring)

Den gezielten Griff nach Teilen in die Kiste gibt es heute noch nicht.
In der Regel müssen Werkstücke dem Erkennungssystem einzeln vorgelegt
werden. Bild 11 zeigt einen Versuch, bei dem Laugenpumpen in einen Behälter mit Hilfe eines Handhabungsgerätes geordnet eingelegt wurden (8).

Das von der Kamera wiedergegebene Bild dieses gefüllten Behälters ist
in Bild 12 gezeigt. Man erkennt daraus, wie schwierig die Bildauswertung durchzuführen ist.

Bild 11: Mustererkennung palettierter Pumpen
(Quelle: Rosen)

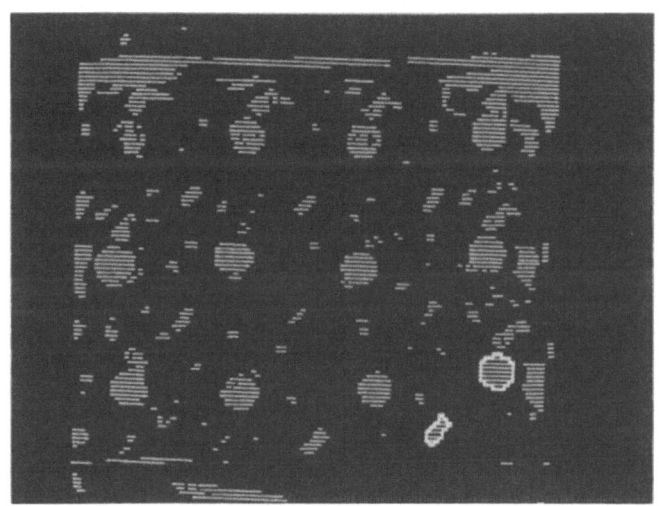

Bild 12: Umrißbestimmung und Lageerkennung der
palettierten Pumpen (Quelle: Rosen)

3.2. Berührungsloses Messen

Bei den meisten Meßvorgängen muß der Sensor direkt an die Meßstelle angelegt werden, dies erfolgt in der überwiegenden Mehrzahl recht zeitraubend durch Hand oder bei Meßautomaten durch mechanische Vorrichtungen. Bei der Fertigung muß der Meßsensor dann noch zusätzlich während der Bearbeitung mit dem Meßobjekt ständig in Kontakt bleiben.

Aus diesen Gründen versucht man immer mehr berührungslos zu messen. Meistens vermindert sich dabei die Meßgenauigkeit und es müssen neue Meßmethoden entwickelt werden. Für die Längenmessung können Lasermeßgeräte und neuerdings auch Vektordiodenkameras verwendet werden. Mit ihnen lassen sich Prüflinge berührungslos abtasten.

Es sind in der letzten Zeit auch Fortschritte bei der berührungslosen Temperaturmessung erzielt worden. Mit der Entwicklung von neuen Infrarotsensoren werden selbst bei Raumtemperatur sehr genaue Ergebnisse erzielt. Solche Sensoren eignen sich besonders gut für automatische rechnergesteuerte Prüfsysteme in der Massenfertigung.

Akustische Messungen und Schwingungsprüfungen an Produkten und Produktionseinrichtungen spielen in der Fertigungstechnik eine immer größere Rolle. Störungen durch Schwingungen können meistens durch Kontaktgeber hinreichend erkannt werden. Die akustische Signalverarbeitung bereitet aber, ähnlich wie die optische Verarbeitung, große Schwierigkeiten.

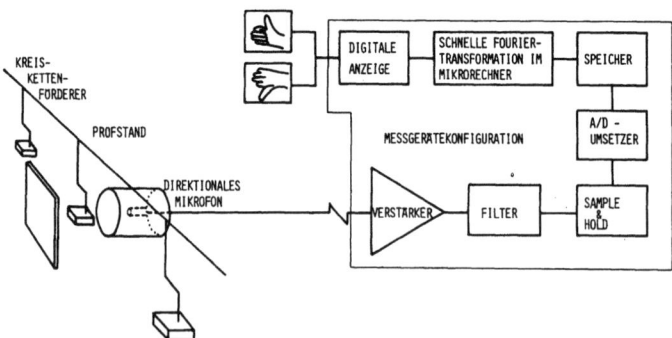

Bild 13: On-line-Prüfen von Geräuschen an Produkten

Das Meßgerät hat hier zwei Funktionen: Zuerst muß festgestellt werden, wann das zu prüfende Gerät in der günstigsten Meßposition ist, und daraufhin wird die Messung eingeleitet und durchgeführt. Besondere Schwierigkeiten bereitet bei dieser Art von Meßeinrichtung die Beseitigung der Umgebungsgeräusche.

Die berührungslosen Meßsysteme haben den Nachteil, daß sie sehr geräteaufwendig sind. Bild 14 zeigt den Aufbau eines Gerätes, das sowohl für kontaktlose Längen- als auch Temperaturmessungen verwendet werden kann (9).

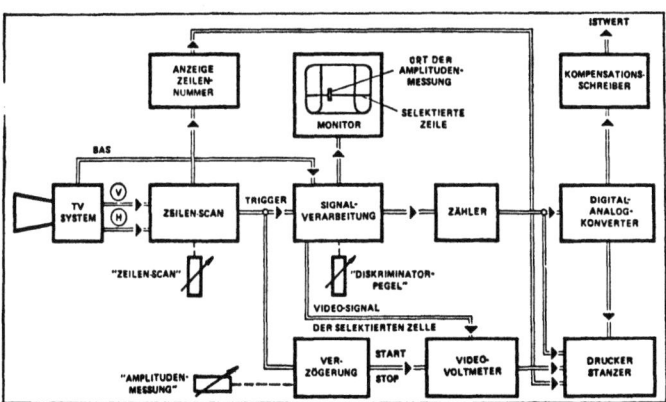

Bild 14: Meßgerät zur berührungslosen Längen- und Temperaturmessung (Quelle: Becker)

Das Bestimmen der Länge in horizontaler Richtung geschieht durch Messen der Zeilenlaufzeit zwischen zwei Kontrastsprüngen; in vertikaler Richtung entspricht dem Meßwert die jeweilige Anzahl der Zeilen. Die einem beliebigen Punkt des Zeilenvektors und somit die einem definierten Oberflächenbereich eines strahlenden Objektes zugeordnete Temperatur läßt sich durch Erfassen des zugehörigen optischen Signals messen.

3.3. Drahtloses Messen

Bei automatischen Messungen wird das Verlegen und Mitführen von Leitungen zu einem immer größeren Problem. Werden bei einer komplexen Maschine viele Funktionen überwacht, so können die Leitungskosten einen hohen Anteil der Gesamtkosten der Meßanlage betragen. In der Zukunft wird man versuchen, Meßgeber mit Sendern auszurüsten und die Daten drahtlos zu übertragen. Es ist denkbar, den Sender und Meßgeber als eine integrierte Schaltung aufzubauen. In Verbindung mit einem Mikrorechner könnten dann auch Signale von mehreren Meßstellen erfaßt werden.

Ein ähnliches Problem existiert bei der Messung von Produkten an einem Fließband. Meßanlagen lassen sich oft schwer automatisieren, da das Mitführen von Meßleitungen zu umständlich ist. Bild 15 zeigt ein Prüfsystem, bei dem jeder Prüfling eine unabhängige Mikrorechnermeßstation mit sich führt.

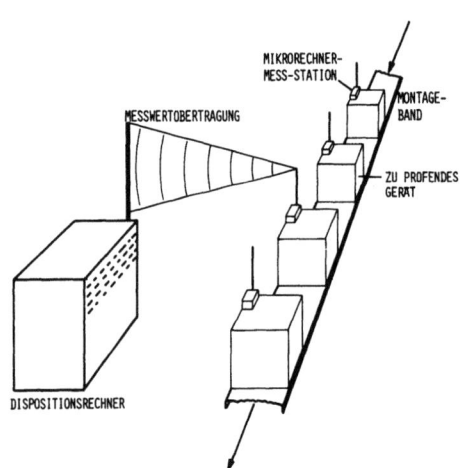

Bild 15: Erfassen von Meßdaten durch unabhängige Mikrorechnermeßstationen und Übertragung durch Funk an einen Dispositionsrechner

Die Daten werden während des Durchlaufens der Prüfstrecke erfaßt und durch Funk nach Abschluß der Prüfung an einen Dispositionsrechner zur Auswertung übergeben. Die Mikrorechnermeßstation wird dann einem neuen Prüfling zugeteilt.

4. Automatisieren des Meßvorgangs

4.1. Erfassen der Meßdaten

Zur automatischen Erfassung von Daten sind Rechner besonders gut geeignet. So können die zeitlichen Abstände der Datenerfassung vorprogrammiert werden. Wenn Fehler auftreten, lassen sich automatische Wiederholungen durchführen. Der Rechner kann auch bestimmen, wann ein Meßwert sich stabilisiert hat und die Messung eingeleitet werden soll. Bei der Maschinenüberwachung können zyklisch Grobmessungen durchgeführt werden. Wird ein Fehler entdeckt, wählt der Rechner dann einen Feinmeßzyklus und fragt noch zusätzlich Meßstellen an der Maschine ab.

Eine besonders wichtige Aufgabe ist die Simulation der Betriebsbedingungen. So kann der Rechner beim Testen von Fahrzeugmotoren den Prüfstand durch einzelne vorprogrammierte Fahrzustände leiten und jeweils die entsprechenden Messungen durchführen. Dabei werden Leistungen, Drücke, Temperaturen, Schaltdrehzahl, Benzinverbrauch usw. selbständig ermittelt, und die Ergebnisse mit Sollwerten verglichen. Ähnlich lassen sich z. B. auch Haushaltsgeräte durchmessen. Hier werden gleichzeitig der Antrieb und die Steuereinheit geprüft. Für den Antrieb simuliert der Rechner die Funktionen der Steuereinheit und für die Steuereinheit die Funktionen des Antriebs.

Der Bedienungskomfort von Meßgeräten läßt sich durch automatisches Kalibrieren noch wesentlich verbessern. Eine Abweichung von der Nullkalibrierung verläuft meistens sehr langsam. Es genügt dann in zeitlichen Abständen automatisch einen neuen Korrekturfaktor zu errechnen oder ein Korrekturglied zu stellen. Bild 16 zeigt ein statisch adaptives Korrekturverfahren, bei dem an dem Eingang des zu korrigierenden Meßgliedes ein bekannter Referenzwert X_N angelegt wird (10). Der Rechner beobachtet den dazugehörigen Ausgangswert. Die Istkennlinie des Meßgliedes wird neu errechnet und damit lassen sich unbekannte Eingangssignale bestimmen.

In ähnlicher Weise kann das dynamische Verhalten eines Meßgliedes korrigiert werden, das durch unterschiedliche Übertragungsverhalten des Meßmediums hervorgerufen wird. Unter Mitberücksichtigung aller Einflußgrößen lässt sich ein Kompensationsalgorithmus aufstellen. Mit Hilfe eines Rechners ist man dann in der Lage, das gewünschte Systemverhalten für ein nachgeschaltetes Korrekturglied zu errechnen und es entsprechend einzustellen.

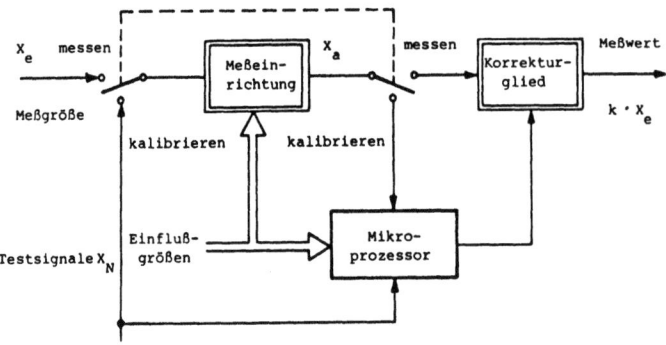

Bild 16: Statisch adaptives Korrekturverfahren
(Quelle Bauer)

In der Praxis entstehen oft Meßprobleme, bei denen ein Sensor an eine gewünschte Stelle nicht angebracht werden kann. Es ist dann vielfach möglich, den Sensor an einem anderen Ort anzubringen und aus den Meßdaten und den physikalischen Eigenschaften des Meßobjektes die Größe des Meßwertes an der gewünschten Stelle zu errechnen. Zum Beispiel kann an einem Extruder durch Anbringen eines Thermoelementes an der Aussenwand die Temperatur an der Innenwand bestimmt werden. Für solche Aufgaben sind Rechner vorzüglich geeignet.

Es werden gegenwärtig Überlegungen durchgeführt, Mikroprozessoren zum Filtern von Daten zu verwenden. Vorläufige Ergebnisse deuten daraufhin, daß digitale Filter mit Mikroprozessoren realisiert werden können. Die Anwendung der Filter beschränkt sich auf langsam veränderliche Signalabläufe. Die wesentlichen Forderungen an den Mikrorechner sind eine ausreichende Wortlänge von mindestens 16 Bit und ein geeigneter Befehlsvorrat für die geforderten arithmetischen Operationen.

4.2. Statistische Datenreduktion

In einem hierarchischen Meßsystem erhalten die Rechner auf verschiedenen Ebenen unterschiedliche Aufgaben. Auf der untersten Ebene wird von dem Mikrorechner die Messung eingeleitet, durchgeführt, das Ergebnis ausgewertet, vorgespeichert und bei Abruf an den Strategierechner übergeben. Typische Funktionen, die heute schon der Mikrorechner übernimmt,

Tabelle 1: Typische Funktionen von Mikrorechnern

Aktivierung und Reaktivierung des Meßvorganges
Durchlaufen des Meßzyklus
Aktivierung von Displays und Druckwarten
Ausgabe von Alarmen
Übergabe von Daten an den Strategierechner
Automatisches Kalibrieren von Meßgeräten
Automatische Driftkorrektur
Selbstdiagnose des Meßsystems
Plausibilitätsprüfung
Automatische Grenzwertüberwachung am Meßgerät
Abspeichern von Meßwerten
Ermittlung von Abweichungen von Sollwerten
Abspeichern oberer und unterer Grenzwerte
Mitteln von Meßwerten
Multiplikation und Addition mit Konstanten
Linearisieren und Normalisieren von Meßwerten
Errechnen von prozentualen Abweichungen
Berechnen von nicht meßbaren Größen
Umrechnen von physikalischen Einheiten
Approximation an Kurven
Addieren und Subtrahieren von Kurvenzügen
Differenzieren von Kurven
Integrieren von Flächeninhalten

Tabelle 2: Typische Aufgaben des Strategierechners

Koordinieren des Prüfsystems
Automatische Funktionsprüfung der Meßstationen
Fehlererkennung an Meßgeräten
Automatisches Laden von Programmen in den Mikrorechner
Melden von Systemfehlern
Vorgabe von Prüfabläufen
Speichern von Meßwerten
Automatisches Erstellen von Meßtoleranzen
Periodisches Überwachen von Meßtoleranzen
Optimieren von Vorgabesollwerten
Automatische Ermittlung von Korrekturkurven für Umgebungseinflüsse
Errechnen von Qualitätsfaktoren
Ermitteln von Abweichungen bei gleichen Prüfsystemen
Ermitteln von Abweichungen bei verschiedenen Prüfern
Ermitteln der zeitlichen Abweichung von Prüfdaten
Erstellen von Prüfstatistiken
Ermitteln von Betriebszuständen
Statistische Ermittlung der Anzahl der signifikanten Prüflinge
Erkennen von Fertigungsschwankungen
Orten von Fertigungsschwierigkeiten
Auflisten der häufigsten und teuersten Fehler
Speichern von Daten für die gesetzliche Dokumentation
Erstellen von Trendanalysen
Durchführen komplizierter Berechnungen von nicht meßbaren Größen
Übertragen von Meßdaten an übergeordnete Rechner

sind in Tabelle 1 aufgestellt. Man wird Versuchen, den Strategierechner
soweit wie möglich durch den Mikrorechner zu entlasten.

Der Strategierechner führt übergeordnete, leitende Aufgaben durch. Zunächst einmal muß er die Koordination der Meßstationen übernehmen. Bei
der Funktionsprüfung von Produkten, die am Fließband entstehen, kann
die Verfolgung des Produktes durch verschiedene Meßstationen, der Vergleich und das Abspeichern von individuellen Meßwerten ein sehr komplizierter Prozeß sein. Durch den öfteren Stillstand des Fließbandes ist
die Ortung einer Fertigungseinheit äußerst schwierig, und das System
kommt leicht aus der Synchronisation. Eine weitere Aufgabe des Strategierechners ist die statistische Auswertung von Daten und die mögliche
automatische Erstellung von Prüfstrategien. In Tabelle 2 sind verschiedene Aufgaben des Strategierechners aufgestellt. Einige der Probleme
sollen hier näher erläutert werden.

Durch Verwendung von statistischen Auswertungsmethoden läßt sich ein
automatisches Prüfsystem noch wesentlich verbessern. Meistens ist das
Personal, das solche Systeme aufstellt, mit den Möglichkeiten der Statistik nicht sehr vertraut. Viele altbekannte statistische Verfahren, die
bisher nicht viel benützt wurden, da Rechenoperationen zu umfangreich
waren, können mit Hilfe des Rechners mit großem Erfolg eingesetzt werden.

Obere und untere Grenztoleranzen bei einzelnen Werkstücken sind in der
Regel einfach zu ermitteln. Schwieriger wird das Problem, wenn Gesamttoleranzen festgelegt werden sollen, die sich aus Einzeltoleranzen zusammensetzen. Z. B. ist die Leistung eines Benzinmotors von sehr vielen
Einzelparametern abhängig. Es ist üblich, daß die Entwicklungsabteilung
der Qualitätskontrolle die Prüfparameter vorgibt. Diese Werte wurden
oft von Produkten erhalten, die mit besonderer Sorgfalt montiert und
unter idealen Prüfbedingungen durchgetestet wurden. Die Qualitätskontrolle hat meistens mit den auf diese Weise erhaltenen Grenztoleranzen
Schwierigkeiten, da bei ihrem Gebrauch zu viele gute Prüflinge ausgeschieden werden. Als Folge dieser Grenztoleranzen füllt sich die Reparaturabteilung mit einer großen Anzahl von Produkten, die auf eventuelle Fehler nachuntersucht werden müssen. Es bildet sich bald ein echter
Engpaß in der Produktion. Darauf veranlaßt die Reparaturabteilung das
Öffnen der Grenztoleranzen. Dieser Vorgang wiederholt sich solange bis
sich brauchbare Grenztoleranzen eingespielt haben. Bei der Aufstellung
von Grenztoleranzen für rechnergesteuerte Prüfanlagen wird ähnlich ver-

fahren.

Besonders schwer lassen sich Grenztoleranzen von neuen Produkten erstellen. In der Massenfertigung verwendet man ein Verfahren, bei dem der Rechner automatische Grenztoleranzen aus den Meßwerten der ersten 50 bis 100 guten Prüflingen ermittelt. Diese Werte werden dann für die Qualitätskontrolle verwendet. Das Verfahren berücksichtigt dabei nicht, daß daß ein Produkt sich verbessert, je länger es gefertigt wird. Es ist aus diesem Grund notwendig, daß Grenztoleranzen ständig automatisch überwacht und eventuell auch erneuert werden.

Für das selbständige Verbessern der Grenztoleranzen gibt es verschiedene Verfahren. Es ist z. B. möglich, den Rechner so zu programmieren, daß er mit jedem neuen Meßwert von einem guten Prüfling die Grenztoleranz erneuert, wobei die Definition eines guten Produktes die größten Schwierigkeiten bereitet. Die Erfahrung hat gezeigt, daß das Aktualisieren von Grenztoleranzen nach diesen Verfahren unbrauchbar ist, da sich die Werte im Laufe der Zeit ständig erweitern, Bild 17.

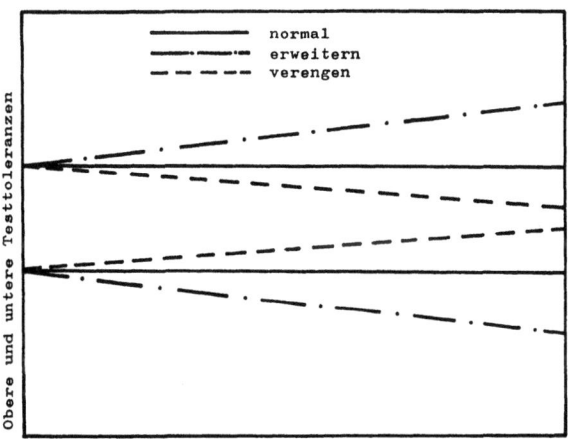

Bild 17: Möglicher Verlauf von Testtoleranzen bei automatischem Aufwerten durch den Rechner

Stabilere Grenzwerte ergeben sich, wenn zyklisch neue Werte von einer vorherbestimmten Anzahl von guten Prüflingen gemittelt werden und diese die alten Werte ersetzen. Jedoch hat dieses Verfahren den Nachteil, daß mit der Verbesserung der Produkte bei langen Produktionsläufen die Grenztoleranzen sich verengen, Bild 17.

Es fehlen heute noch gute Verfahren automatische Grenztoleranzen aufzustellen.

Ermittelt man die Normalverteilungskurven von guten und schlechten Meßwerten, so ergibt sich ein Überlappungsgebiet, Bild 18.

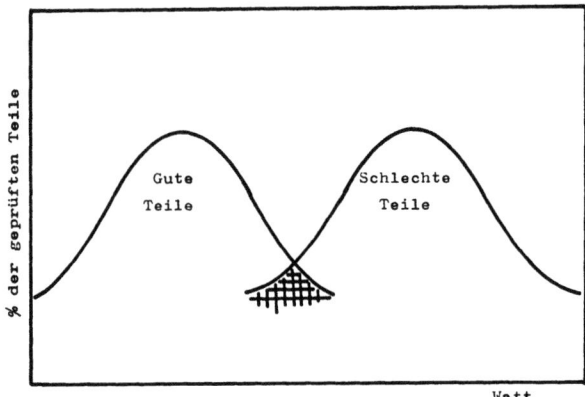

Bild 18: Normalverteilungen von guten und schlechten
        Einheiten

In diesem Gebiet ist der Rechner nicht in der Lage, zu entscheiden, ob es sich um eine gute oder schlechte Einheit handelt. Beim automatischen Prüfen bereitet dieses Problem besonders große Schwierigkeiten. Der Rechner ist normalerweise mit besseren Meßgeräten ausgerüstet als konventionelle Prüfstände und findet eine bedeutend größere Anzahl von Prüflingen, die in dieses Gebiet fallen. Gelangen die so ausgeschiedenen Produkte in die Reparaturabteilung, wird meistens kein Fehler gefunden. Es fehlt hier einfach die Erfahrung und die Instrumentation, um eine gute Nachprüfung zu vollziehen. Ein Ausweg aus diesem Problem ist die erneute Durchschleusung des Prüflings durch das Prüfsystem. Wird die Einheit ein zweites Mal ausgeschieden, so kann das Produkt mit grosser Wahrscheinlichkeit als schlecht deklariert werden. Dieses Problem muß wissenschaftlich auch besser fundiert werden, um automatische Prüfsysteme zu optimieren.

Werden an Prüflingen mehrere Parameter gemessen, so ist es üblich, diese einzeln zu beurteilen. Wenn einer der Parameter seine Toleranzen überschreitet, wird das Produkt als schlecht ausgeschieden. Meistens ändern sich Prüfparameter zueinander nach bestimmten Gesetzmäßigkeiten. Es liegt nun nahe, diese Gesetzmäßigkeiten bei der Auswertung der Meßergebnisse mit zu berücksichtigen. Dazu eignet sich der T^2-Test oder auch Q-Test genannt. Er berücksichtigt die Varianz und Covarianz der einzelnen Testparameter zueinander und vergleicht diese mit durchschnittlichen Prüfwerten. Als Ergebnis wird ein Qualitätsindex ausgegeben. Die Erfahrung hat gezeigt, daß dieser Qualitätsindex zu besseren Ergebnissen führt, als man sie bei der individuellen Bewertung der einzelnen Testparameter erhält.

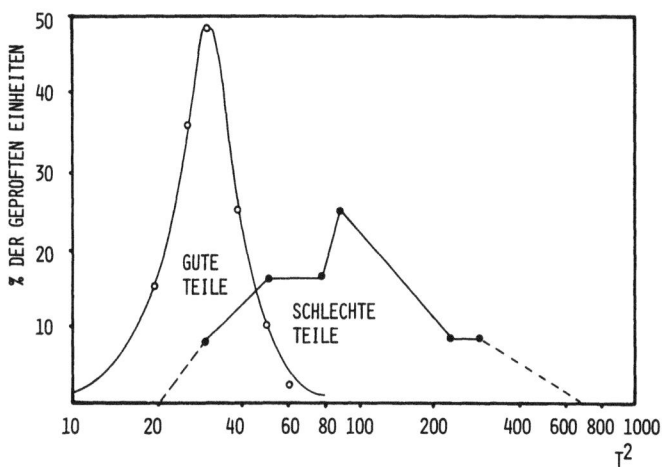

<u>Bild 19:</u> Nach dem T^2-Verfahren ermittelten Qualitätsindex

Bild 19 zeigt das Ergebnis eines solchen Testes. Das Problem der Überlappung kann auch hier nicht vermieden werden. Die Auswertung des T^2-Testes erfordert das Rechnen mit Matrizen und kann daher nur für eine begrenzte Anzahl von Prüfparametern verwendet werden, da sonst die Rechenzeit zu lang wird. Bild 20 zeigt das Ergebnis einer Geräuschanalyse. Zur Auswertung dieses Spektrums nach dem T^2-Test würde ein Kleinrechner mehrere Stunden benötigen.

Die Rechnungen ließen sich vereinfachen, wenn man Parameter gruppiert und diese Gruppen als einzelne Testwerte betrachtet. Auch auf diesem Gebiet wären weitere Forschungsarbeiten nützlich.

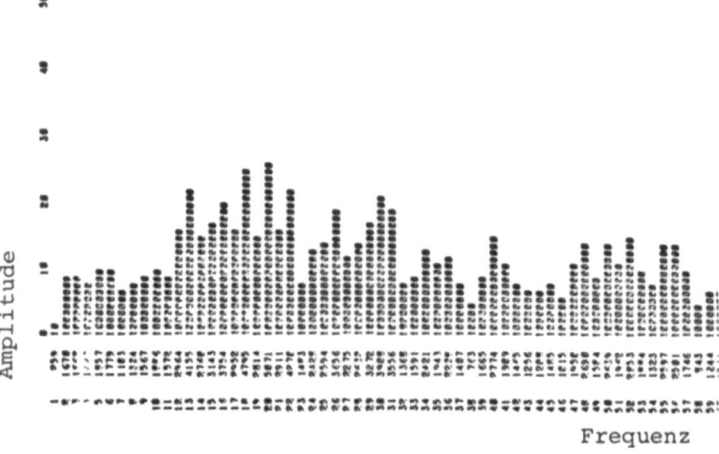

Bild 20: Geräuschtest, bei dem 59 Parameter auszuwerten sind.

4.3. Ermittlung von Prozeßvariablen

Mit gut durchdachten rechnergesteuerten Prüfanlagen können Störungen in der Fertigung und zeitliche Änderungen von Prüfsystemen rechtzeitig erkannt werden. Dazu ist es aber notwendig, Betriebsdaten über lange Zeitabschnitte zu sammeln und regelmäßig zur Auswertung heranzuziehen. In der Praxis zeigt es sich häufig, daß gleiche Prüfsysteme unterschiedliche Ergebnisse liefern, Bild 21, (11). Die fachmännische Beurteilung der ausgeschiedenen Prüflinge bereitet hier besonders große Schwierigkeiten. Durch regelmäßigen Vergleich der Prüfdaten läßt sich dieses Problem leicht eliminieren.

Bild 22 zeigt die Abhängigkeit der Prüfergebnisse von verschiedenen Betriebszuständen. Solche Abweichungen können durch verschiedene Probleme verursacht werden. Zum Beispiel werden oft die vorgeschriebenen Bearbeitungszeiten an Maschinen nicht eingehalten. Wird der Arbeiter nach festen Stückzahlen bezahlt, so kommt es vielfach vor, daß morgens schneller und nachmittags langsamer gearbeitet wird. Dabei ist es möglich, Teile schnel-

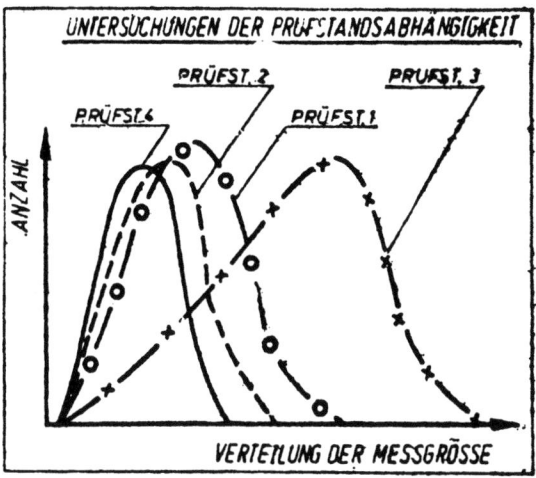

Bild 21: Einfluß des Prüfstandes auf die Prüfergebnisse
(Quelle: Zürn)

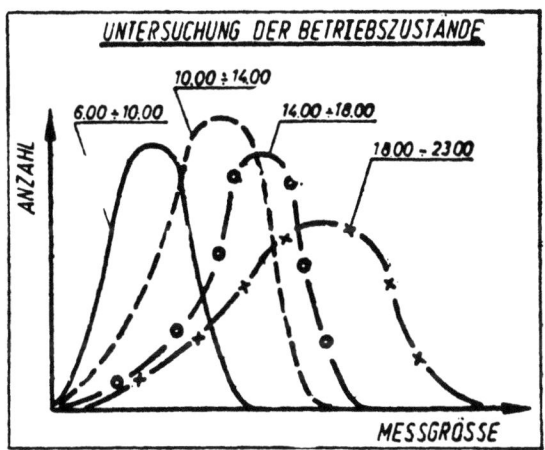

Bild 22: Abhängigkeit der Prüfergebnisse von verschiedenen
Betriebszuständen (Quelle: Zürn)

ler zu bearbeiten, als es zulässig ist. Die Ausschußzahlen erhöhen sich dann gewaltig. Bild 23 zeigt, wie verschiedene Zeitperioden Schwankungen in der Fertigung hervorrufen können.

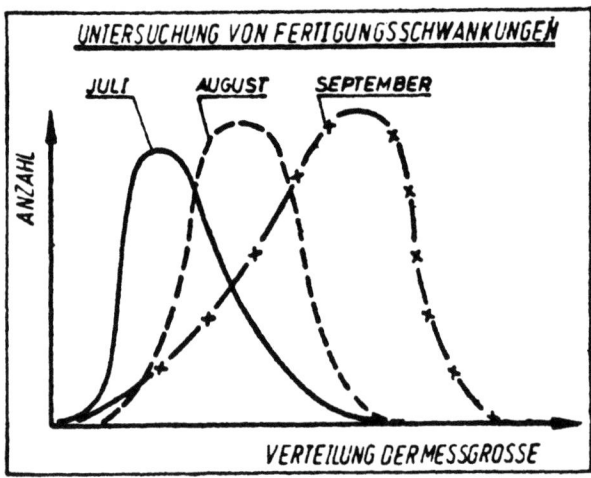

Bild 23: Einfluß von Zeitperioden auf die Prüfergebnisse (Quelle: Zürn)

Dabei ist es möglich, daß dieses Problem durch Temperaturschwankungen in der Fabrik hervorgerufen wird. Solche Abweichungen werden besonders bei der Bearbeitung von Werkstücken mit feinen Toleranzen beobachtet. Manchmal kann man hier durch Temperaturkorrekturkurven Abhilfe leisten. Wenn der Rechner richtig programmiert ist, kann er die Kurven selber aufstellen.

In der diskreten Fertigung werden Prozeßdaten meistens nur mangelhaft ausgewertet. Das Hauptinteresse besteht in der Kenntnis von Stückzah-

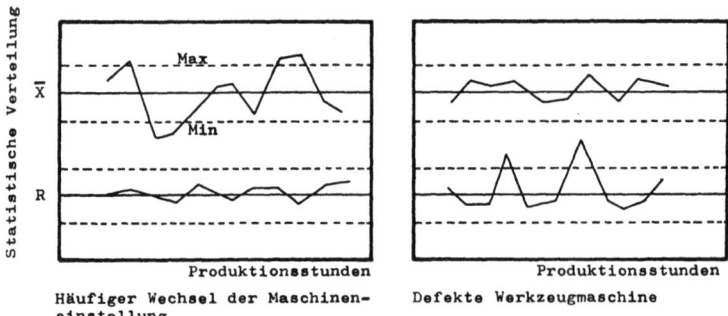

Bild 24: Überprüfung der Leistungsfähigkeit eines Prozesses

len, Ausschuß, Produktivität von Maschinen und dem effektiven Einsatz
der Arbeitskraft. Bei der sorgfältigen Auswertung von Meßdaten kann zusätzliche, oft sehr nützliche Information erhalten werden. Bild 24
zeigt das Ergebnis von Messungen, die an verschiedenen Werkzeugmaschi-
nen durchgeführt wurden.

Durch die Wahl von geeigneten statistischen Auswertungsverfahren lassen
sich hier Fertigungsmängel leicht erkennen. Das Bild auf der linken Seite deutet auf Schwierigkeiten hin, die Bedienungspersonal mit zu häufiger Einstellung der Maschine verursachte. Die Ergebnisse auf der rechten Seite deuten auf eine defekte Werkzeugmaschine hin. Diese Auswertungsmethoden sind auch schon lange bekannt, sie wurden aber wegen der
erforderlichen, umfangreichen Rechenoperationen sehr wenig benutzt. Der
Rechner kann diese Berechnungen direkt on-line durchführen und die statistische Auswertung periodisch auf einem Drucker ausgeben. Die Information wird dann sofort dem Bedienungspersonal zugänglich gemacht.

5. Programmierprobleme

5.1. Programmiermethoden

Die Verfügbarkeit von Software zur Lösung von meßtechnischen Aufgaben
ist auch mit erheblichen Nachteilen verbunden. Das Programmieren von
Rechneranlagen bereitet für die meisten Benutzer noch große Schwierigkeiten. Der übergeordnete Strategierechner kann heute in der Regel sehr
komfortabel programmiert werden. Die Sprachen FORTRAN und BASIC sind so
weit entwickelt, daß sich praktisch alle Instrumente mit Hilfe von elektronischen Koppelelementen ansprechen lassen, um einen Meßvorgang einzu-
leiten und durchzuführen. Besonders eignen sich diese Sprachen zur statistischen Auswertung von Daten.

In der Praxis hat sich gezeigt, daß BASIC für die Anwendung in der Meßtechnik besonders gerne verwendet wird. Die Sprache ist leicht erlern-
bar, hat aber den Nachteil von langen Laufzeiten. Sie benötigt auch sehr
viel Rechnerspeicher. In Deutschland wird z. B. die Sprache PEARL entwickelt, die in der Messung und Regelung eine besondere Stellung einneh-
men wird.

Eine weitere Verbesserung der Programmiermöglichkeiten wird durch die

Erstellung von anwenderspezifischen Programmiersprachen erzielt. Diese Sprachen sind besonders auf die Lösung spezieller Probleme ausgerichtet und können aus diesem Grund nicht allgemeingültig eingesetzt werden. Die Entwicklung solcher Sprachen erfordert große Fachkenntnisse und kann nur durch Softwareexperten durchgeführt werden. Der Anwender hat dann besonders große Schwierigkeiten, wenn das Programmiersystem geändert oder erweitert werden soll.

Beim Mikrorechner verhält sich das Programmierproblem ganz anders. Hier wird noch vorwiegend Assemblercode verwendet.

Es müssen also Software-Experten zur Verfügung stehen. Aus diesem Grunde betragen die Programmierkosten etwa 90 % der Implementierungskosten. Eine Verbesserung der Programmerstellung läßt sich durch Blocksprachen erzielen. Das Meßproblem wird zunächst mit Hilfe eines Blockdiagrammes dargestellt, Bild 25, (12).

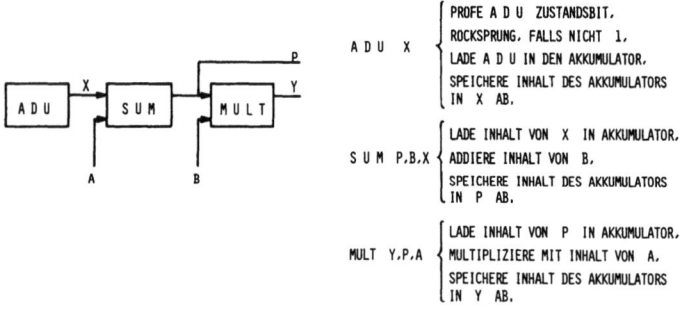

Bild 25: Anwendungsbeispiel einer Blocksprache
(Quelle: Korn)

Jeder Block repräsentiert eine Rechenoperation. Ein geübter Programmierer muß einmalig die Rechenoperationen in Assemblercode als Makros erstellen. Der Anwender ist damit in der Lage, auf Grund seines Blockdiagrammes den Ablauf des Programmes durch Makros zu erstellen.

Es gibt heute auch schon einige Ansätze, um höhere Sprachen für Mikrorechner zu entwickeln. Bis jetzt sind die Ergebnisse aber nicht überzeugend. Der übersetzte Maschinencode ist speicheraufwendig und hat lange Laufzeiten. Einige Forscher versuchen auch hier Subsets von PEARL zu erstellen. Eine solche Sprache wäre von großem Vorteil.

5.2. Programmiersysteme für Mikrorechner

Es besteht ein wesentlicher Unterschied im Programmieren von größeren Prozeßrechnern und von Mikrorechnern. Der Prozeßrechner enthält meistens eine Zentraleinheit, Arbeitsspeicher, Plattenspeicher und Ein/Ausgabegeräte. Mit den vorhandenen Peripheriegeräten stehen dann in der Regel auch sehr komfortable Programmierhilfen zur Verfügung.

Im Mikrorechner sind dagegen die Zentraleinheit und Speicher verschiedene Moduln, die nach Bedarf zusammengestellt werden. Der Programmierer lagert seine Programme in dem individuellen Speicher ab und verbindet die Zentraleinheit und die Speicher zu einer funktionellen Einheit. Das für die Anwendung entwickelte Endsystem ist sehr mager und nicht für die Programmentwicklung geeignet.

Die Softwaretechnologie bei Mikrorechnern steht gegenwärtig auf dem selben Entwicklungsstand wie wir ihn bei Kleinrechnern vor 12 Jahren gewohnt waren. Mit zunehmender Anforderung an den Anwender, komplexere Systeme zu erstellen und diese schneller aufbauen zu können, ist gegenwärtig auch der Trend zu beobachten, bessere Programmierhilfen zu entwickeln. Die folgenden Programmierhilfen stehen heute zur Verfügung:

a) Cross-Programmiersysteme

Bei dieser Methode muß ein gut ausgestatteter Gastrechner zur Verfügung stehen. Programme werden mit Hilfe von Cross-Compiler, -Assembler und - Linkeditor erstellt, Bild 26, (13). Es ist hier von Vorteil, ein Simulationsprogramm zur Verfügung zu haben, das erlaubt, den Betrieb des Mikrorechners auf dem Entwicklungsrechner nachzubilden. Die fertigen Programme werden durch Lochstreifen auf den Mikrorechner übertragen. In der Regel werden dann noch kleinere Programmkorrekturen auf dem Mikrorechner durchgeführt. Cross-Programmieren ist ein sehr elegantes und zeitsparendes Verfahren. Es hat jedoch den wesentlichen Nachteil, daß ein teures, größeres Rechnersystem vorhanden sein muß.

b) Programmentwicklungssystem

Von den meisten Herstellern von Mikrorechnern werden selbständige Entwicklungssysteme angeboten, Bild 27.

Zur Speicherung der Entwicklungssoftware sollte ein Kassettenspeicher oder besser noch eine Floppy Disk vorhanden sein. Letzterer Plattenspeicher erlaubt die Entwicklungszeit gegenüber einem lochstreifenorien-

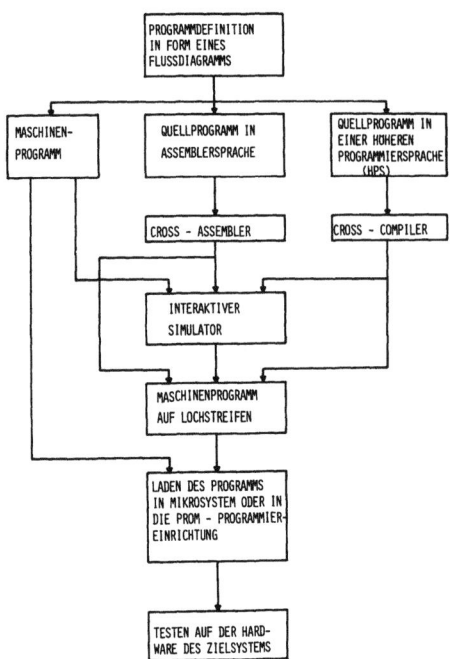

Bild 26: Programmentwicklung mit Hilfe von
         Cross-Software (Quelle: Koch)

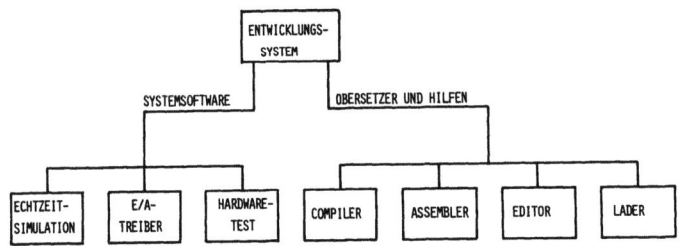

Bild 27: Entwicklungssystem für Mikrorechner
         (Quelle: Koch)

tierten Programmiersystem um einen Faktor zwischen 10 und 50 zu verkürzen. Mit Hilfe der Eingriffselektronik ist man in der Lage, Registerinhalte auszudrucken, Programmabläufe systematisch zu verfolgen und Korrekturen durchzuführen. Das Entwicklungssystem ist anwendungsnahe, der zu programmierende Prozeß kann direkt angesprochen werden. Ein typischer Programmierprozeß ist in Bild 28 gezeigt.

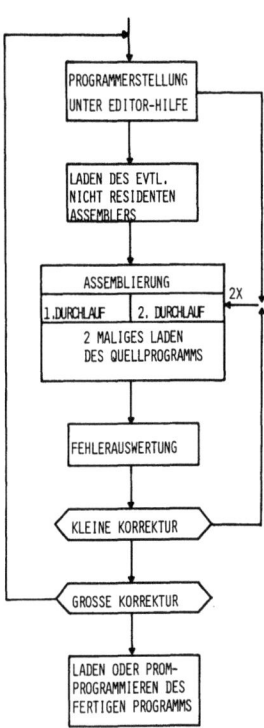

Bild 28: Programmierablauf mit Hilfe eines Entwicklungssystems (Quelle: Koch)

In der Anschaffung kostet so ein System zwischen DM 2.500,-- bis DM 35.000,--. In der Regel geht die Programmentwicklung langsamer vor sich als bei Cross-Software.

c) Rechnergekoppelte Entwicklungssysteme

Die besten Entwicklungshilfen lassen sich durch die Vereinigung der Cross-Programmierung und eines Programmentwicklungssystems erstellen, Bild 29.

Die Gastrechnerkonfiguration dient dem Mikrorechner bei der Programmentwicklung als ein großes Peripheriegerät. Auf diesem werden Programme durch Cross-Software erstellt, und dann laufbereit in den Mikrorechner geladen. Kleine Korrekturen und Prozeßanpassungen können auf dem Mikrorechnersystem durchgeführt werden.

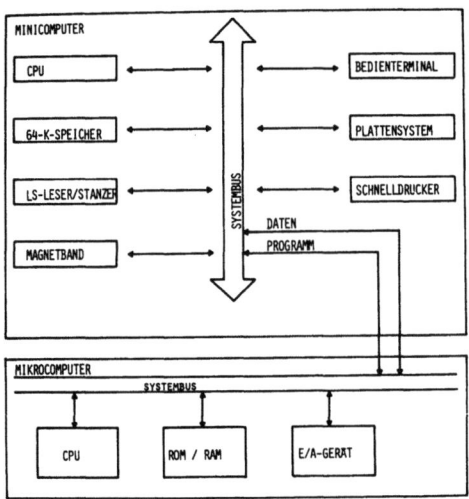

Bild 29: Rechnergekoppeltes Entwicklungssystem für Mikrorechner (Quelle: Koch)

d) Fertiggespeicherte Programme

Eine andere Methode, das Programmieren von Mikrorechnern zu erleichtern, wäre die Bereitstellung von Programmoduln auf ROM-Speicher durch den Rechnerhersteller. Der Anwender würde dann mit Hilfe eines Kataloges seine Programmoduln zusammenstellen; z. B. könnten auf diese Weise Standardroutinen wie das Abfragen von Meßgeräten, die Linearisierung von Meßdaten, das Umwandeln der Ergebnisse, die statistische Mittelwertbildung usw. in einem Rechnersystem zusammengestellt werden. Es wäre dann nur noch notwendig, durch eine einfach zu bedienende Verknüpfungs-Software die Moduln miteinander zu verbinden.

Literatur

1. Dutschke, W.: Messen in der Fertigung. VDI-Nachrichten, Nr. 51, 24. Dezember 1976.

2. Lorenz, L. und Viehweger, W.: Zu Prozeßsystemen mit verteilten Mikroprozessorstationen und deren Programmierung. IITB-Mitteilungen, 1975.

3. Albus, J. J. und Evans, J. M.: Robot Systems. Scientific American, Vol 234, No. 2, Februar 1976.

4. Prospekt der Firma IBP Pietzsch GmbH.

5. Rembold, U.: Roboter als Hilfsmittel in der Fördertechnik. Fördern und Heben, 26 (1976), Nr. 2.

6. König, M.: Sensibilisierter Roboter. VDI-Nachrichten, Nr. 21, 28. März 1976.

7. Schüring, A.: Informationsverarbeitung bei Industrierobotern. Industrie-Anzeiger, 97 Jg., Nr. 101, 17. Dezember 1975.

8. Rosen, C.: Berichte 1 bis 6: Exploratory Research in Adanced Automation. Stanford Research Institute, Grant GI-38100X1, National Science Foundation.

9. Becker, H.: Meßwerte zuverlässig erfassen. VDI-Nachrichten Nr. 44, 1. November 1974.

10. Bauer, G.: Die Einsatzmöglichkeiten von Mikroprozessoren in Adaptiven Meßsystemen. PDV-Bericht, Einsatz von Mikroprozessoren zur Prozeßlenkung, GfK-PDV 101, Januar 1977.

11. Zürn, R.: Qualität in der Großserie. VDI-Nachrichten, Nr. 39, 1. Oktober 1976.

12. Korn, G. A.: High-Speed Block-Diagramm Languages for Mikroprocessors and Minicomputers in Instrumentation, Control and Simulation. Informations-Fachbericht, GMR-GI-GfK, Fachtagung Prozessrechner 1977, Springer-Verlag.

13. Koch, G. R.: Stand und Trends der Programmierung von Mikroprozessoren. Elektronik, 1977, Heft 1.

NEUERE MESS- UND PRÜFMETHODEN ZUR QUALITÄTSSTEIGERUNG VON EINZEL-
TEILEN UND AGGREGATEN DER KFZ-FERTIGUNG

MORE RECENT MEASURING AND CHECKING METHODS FOR QUALITY IMPROVEMENT
OF COMPONENTS AND ASSEMBLIES OF MOTOR CAR MANUFACTURE

Prof. Dr.-Ing. T. Pfeifer
Abt. Meßtechnik für die automatisierte Fertigung, WZL,
der RWTH Aachen
5100 Aachen / BRD

Dr.-Ing. R. Zürn
Abt. Prüfwesen der
Daimler-Benz AG
7000 Stuttgart / BRD

Summary

Measures for quality improvement of components and assemblies are based
primarily on a complete and objective quisition of all functional parameters. Important contributions to realise this aim depends on making
use of new strategies in measurement procedures as well as in the
consequent implementation of process-computers for data evaluation
and -analysis. Some selected examples for geometric oriented quality
control of components demonstrate the advantages of direct digital
transducers in connection with the computer aided integration of the
measuring technologies in the production process. The demands on
function control in connection with the quasi simultaneous measurement
of a wide parameter spectrum having broad dynamic ranges, as well as
on the flexibility of the data evaluation-system indicates that in this
case an objective measurement can only performed by the consequent usage
of process-computer techniques.

1. Einleitung

Die Qualität eines Erzeugnisses, charakterisiert durch die Gesamtheit
von Eigenschaften, die eine funktionsgerechte Erfüllung des vorgesehenen Verwendungszweckes sichert, wird durch eine Reihe meßbarer
bzw. subjektiv beurteilbarer Größen bestimmt, deren Soll-/Istwertab-
weichungen vorgegebene Toleranzgrenzen nicht überschreiten dürfen. Maßnahmen zur Verbesserung der Fertigungsqualität von Einzelteilen bzw.
zur Steigerung der Funktionssicherheit von Aggregaten müssen daher bereits auf der untersten Ebene der Meßsysteme, d.h. der Meßwerterfassung,
einsetzen. Hier sind insbesondere neue bzw. weiterentwickelte Meßwertaufnehmer mit digitaler elektrischer Signalschnittstelle zu nennen, die
zu einer Objektivierung des Meßablaufs beigetragen haben. Speziell

gilt dies für das Gebiet der geometrischen Prüfung von Einzelteilen. Dagegen kann auf dem Sektor der Funktionsprüfung von Aggregaten, wo in der Regel ein weitaus breiteres Meßspektrum pro Zeiteinheit zu erfassen und zu verarbeiten ist, nur dann eine Durchdringung und Objektivierung des Prüfprozesses erreicht werden, wenn neben einer veränderten Meßmethodik auch die Meßwertverarbeitung und -auswertung den schnell variierenden Meß- und Zustandsgrößen angepaßt wird. Als ein außerordentlich flexibles und wirkungsvolles Hilfsmittel zur Lösung dieser Problematik hat sich der Einsatz des Prozeßrechners erwiesen. Neben einer quasi simultanen Erfassung der statischen und dynamischen Meßgrößen wird dadurch auch eine mit dem Prozeßablauf schritthaltende Meßwertverarbeitung und -ausgabe ermöglicht. Die folgenden Beispiele aus den Bereichen der geometrischen Einzelteilprüfung sowie der funktionsorientierten Prüfung eines Kfz-Aggregates sollen die Vorzüge der digitalen Meßwerterfassung einerseits sowie des Einsatzes der Prozeßrechentechnik andererseits zur Objektivierung des Prüfprozesses verdeutlichen.

2. Geometrische Prüfung von Einzelteilen

Im Rahmen der Prüfung von Einzelteilen der mechanischen Fertigung fällt der meßtechnischen Erfassung geometrischer Größen eine besondere Bedeutung zu /1/. Obwohl die auftretenden geometrischen Formen und Abmessungen der Werkstücke sehr vielfältig sind, läßt sich die überwiegende Zahl der durchzuführenden Messungen doch auf im wesentlichen zwei Grundmeßaufgaben zurückführen, nämlich auf das Erfassen von Längen- und Winkelmaßen in der Ebene und im Raum.

Wird zunächst der meßtechnisch einfachste Fall, d.h. das Erfassen von Längenmaßen entlang einer definierten, durch die Meßeinrichtung vorgegebenen Achse betrachtet, so ist festzustellen, daß diese Aufgabe zwar mit einer außerordentlichen Häufigkeit auftritt - z.B. bei der Dickenmessung, der Messung von Bohrungstiefen oder der Abstandsmessung paralleler Flächen - das jedoch zur Problemlösung noch überwiegend rein mechanisch arbeitende Meßwertaufnehmer eingesetzt werden, die eine Objektivierung des Meßablaufes ausschließen.

Ideale Voraussetzungen im Hinblick auf die anzustrebende Automatisierung der Meßwerterfassung, -auswertung und -protokollierung bietet dagegen der direkt digital arbeitende optoelektrische Meßwertaufnehmer, dessen Funktionsprinzip in Bild 1 wiedergegeben ist. Es handelt sich dabei um einen Taster, bei dem die Maßverkörperung durch einen mit dem Meßbolzen verbundenen Glasmaßstab mit Strichgittereinteilung realisiert ist.

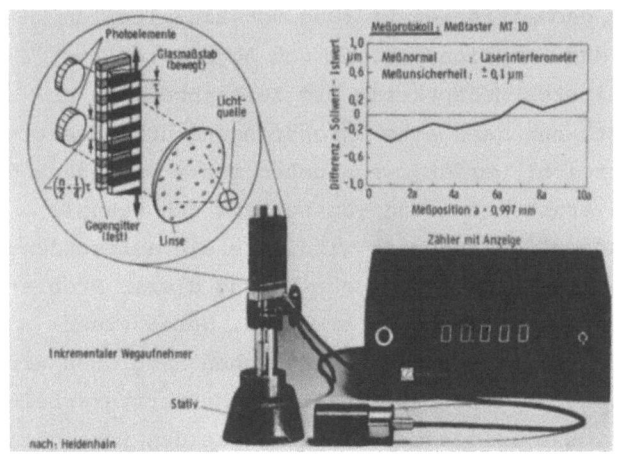

Bild 1: Digitaler Meßtaster

Zur Meßwertanzeige und -vorverarbeitung steht eine elektronische Einheit mit vorwählbarem Nullpunkt für das Meßsystem sowie einem BCD-Ausgang zum Anschluß weiterverarbeitender Geräte zur Verfügung.

Welche Vorteile sich bereits bei einfachsten Meßproblemen mit einem derartigen Taster erzielen lassen, verdeutlichen die in Bild 2 gezeigten Anwendungsbeispiele. Zu messen sind die radialen Wandstärken bzw. die axialen Ringhöhen von Kolbenringen an jeweils fünf Meßstellen links und rechts vom Stoß.

Bild 2: Kolbenringmeßplatz mit digitalen Meßtastern

Durch den Einsatz der beschriebenen digitalen Taster können bei Ausnutzung der flexiblen Nullpunktvorwahl die jeweiligen Sollwertabweichungen direkt angezeigt bzw. bei Anschluß eines Druckers an die BCD-Schnittstelle ohne subjektive Fehlereinflüsse in Meßprotokolle eingetragen werden. Auch lassen sich problemlos weiterverarbeitende Geräte,

wie z.B. Prozeßrechner, anschließen, so daß ebenfalls automatisch
spezielle Auswertungsvorgänge wie Minimum-/Maximumbestimmung, Mittelwertbildung, Diagrammerstellung oder auch Verschleißberechnung durchgeführt werden können, wenn z.B. nach einer bestimmten Betriebszeit der
Kolbenring erneut vermessen wird. Speziell für den zuletzt angesprochenen
Vorgang empfiehlt sich die on-line Kopplung des Meßplatzes an ein übergeordnetes Rechensystem, worauf an späterer Stelle noch eingegangen wird.

Einen interessanten und für den Kfz-Bereich sehr bedeutungsvollen Anwendungsfall auf der nächst höheren Ebene der zweidimensionalen meßtechnischen Bestimmung von Werkstückgrößen stellt die Konturmessung an Nockenwellen dar. In diesem Fall ist gemäß der Darstellung in Bild 3 in einer
zur Drehachse der Nockenwelle senkrechten Ebene die Erhebung der einzelnen Nocke in Abhängigkeit vom Drehwinkel zu bestimmen.

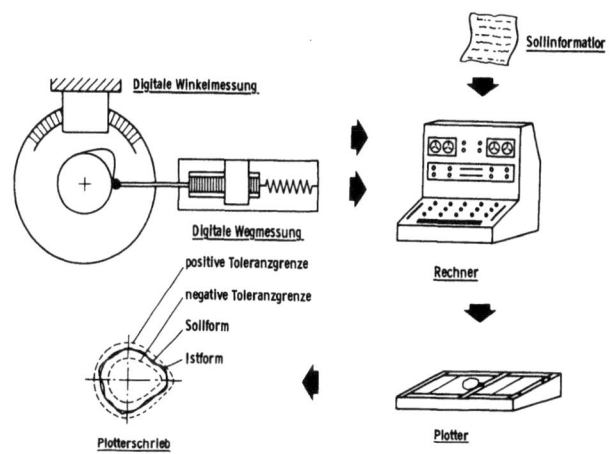

Bild 3: Prinzip der digitalen Nockenwellenvermessung

Alle Bemühungen der letzten Jahre, diesen Meßablauf zu objektivieren,
basieren auf der direkt-digitalen Meßwerterfassung mit Hilfe photoelektrischer Weg-/Winkelaufnehmer. Sie lassen sich problemlos an das
Meßobjekt anpassen und gestatten zudem einen nahtlosen Übergang zum
weiterverarbeitenden Prozeßrechner. Letzterer wird notwendig, weil
einerseits große Datenmengen von den beiden Meßwertaufnehmern anfallen
und zum anderen die Istdaten mit vorgegebenen Sollwerten verglichen
werden müssen. Das Meßergebnis kann durch einen angeschlossenen Plotter
der Nockenwellengeometrie angepaßt in Polarkoordinatenform oder als
lineares Weg-/Winkeldiagramm dargestellt werden.

Die ausschnittweise in Bild 4 wiedergegebene Anlage stellt eine Nockenwellenmeßmaschine dar, die nach dem oben beschriebenen Prinzip arbeitet.

Bild 4: Rechnergeführte Nockenwellenmeßmaschine

nach: Daimler Benz

Neben der Meßwertverarbeitung und -auswertung übernimmt der Prozeßrechner in diesem Fall noch die automatische Steuerung des gesamten Meßablaufs. Über ein Datenterminal wird zunächst die Zeichnungsnummer der zu prüfenden Nockenwelle eingegeben. Der Prozeßrechner lädt daraufhin die zugehörigen Solldaten vom Externspeicher in Arbeitsspeicher. In der Zwischenzeit kann die zu prüfende Nockenwelle zwischen dem motorisch angetriebenen Teilkopf und dem Reitstock eingespannt werden. Mit dem Startzeichen für das dynamische Meßprogramm wird der ebenfalls motorisch angetriebene Meßwagen in die Ausgangsposition gefahren und nullt das digitale Längenmeßsystem. Im Anschluß daran werden die einzelnen Meßpositionen automatisch gemäß der vorher festgelegten Strategie angefahren. Das von einem Plotter erstellte Fehlerdiagramm läßt durch eine Unterbrechung des Linienzuges Toleranzüberschreitungen unmittelbar erkennen.

Auch im allgemeinen Fall der räumlichen Vermessung geometrischer Körper wird heute überwiegend die digitale Maßverkörperung bevorzugt. Die wohl bedeutendste meßtechnische Entwicklung der jüngsten Zeit, die diese Aussage unterstreicht, stellt die rechnergeführte Drei-Koordinaten-Meßmaschine dar. Hierbei handelt es sich um eine Anlage mit drei rechtwinklig zueinander verfahrbaren Schlitten, deren Lage jeweils durch digitale Wegmeßsysteme angezeigt wird und deren Position innerhalb des Verfahrbereiches der jeweiligen Achse mit Hilfe einer numerischen Steuerung definiert angefahren werden kann. Zur automatischen und kollisionsgeschützten Objektantastung mit vorwählbarer Meßkraft verfügen derartige Meßmaschinen in der Regel noch über einen speziellen 3-D-Taster, der wiederum über drei rechtwinklig zueinander arbeitende Wegmeßsysteme bzw. Abschaltkreise verfügt. Wird die Drei-Koordinaten-

Meßmaschine noch durch einen motorisch positionierbaren Teiltisch
ergänzt, so lassen sich alle vorab geschilderten Meßprobleme vollautomatisch mit diesem System durchführen. Neben dieser universellen An-
wendbarkeit auf nahezu alle Standardmeßaufgaben ermöglicht die Drei-
Koordinaten-Meßmaschine jedoch auch Problemlösungen auf dem komplexen
Gebiet der Formkontrolle räumlich gekrümmter Funktionsflächen, die mit
bisherigen Meßmitteln nicht durchführbar waren. Als ein Beispiel hierzu möge aus dem Bereich der Zahnrad- und Getriebemessungen die Bestimmung der Zahnflankenform eines Kegelritzels dienen, das ein
typisches Bauelement einer Pkw-Hinterachse darstellt.

Wie beschrieben, werden bei der 3-D-Meßmaschine Raumpunkte durch
ihre einzelnen Koordinaten innerhalb des rechtwinkligen Maschinen-
koordinatensystems dargestellt. Eine Fläche wird also durch einzelne
Punkte oder genauer gesagt, durch ein Meßgitter angenähert, das sich
aus der Verbindung der einzelnen Meßpunkte untereinander ergibt.

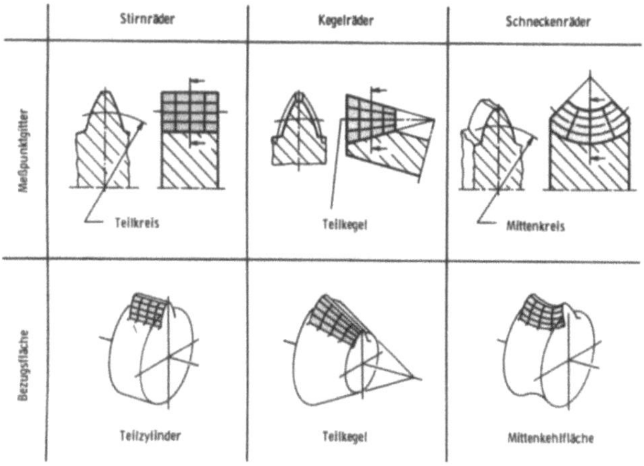

<u>Bild 5:</u> Meßpunktgitter
für Flankenformmessungen
mit Drei-Koordinaten-
Meßmaschinen

Zur Annäherung von Flankenformen haben sich Meßgitter von äquidistanten
Normalschnitten und Kegelflächen in äquidistanten Höhen als sinnvoll
erwiesen. Diese in der Regel orthogonalen Netze, von denen einige für
typische Zahnflankenformen in Bild 5 wiedergegeben sind, haben den
Vorteil, daß sie sich leicht in die Ebene transformieren lassen und
somit auch anschaulich von Plottergeräten dargestellt werden können.
Zur Erzeugung der einzelnen Sollpunkte eines derartigen Gitters bieten
sich im wesentlichen zwei Verfahren an: das punktweise Abtasten eines
Meisterrades bzw. einer Meisterflanke im Repetierbetrieb der Meßmaschine oder die in der Regel auf einem Großrechner durchzuführende rech-

nerische Bestimmung durch Simulation des Erzeugungsprozesses /2/.

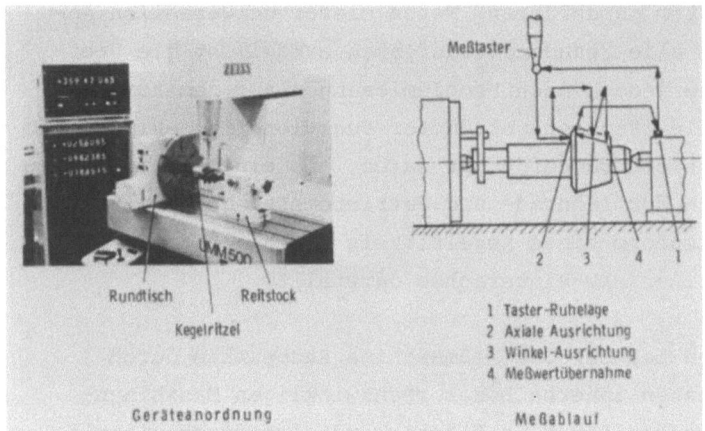

Bild 6: Kegelrad-
vermessung mit Hilfe
einer 3-D-Meßmaschine

Stehen die derart generierten Sollwerte des Meßgitters dem Steuerrechner
der 3-D-Meßmaschine zur Verfügung, kann derweitere Meßzyklus weitgehend automatisch ablaufen. Der hierzu erforderliche Geräteaufbau
für das obengenannte Beispiel ist im linken Teil von Bild 6 wiedergegeben. Das Kegelritzel, das zwischen Spitzen aufgenommen ist, wird
mittels des motorisch verstellbaren Teilkopfes jeweils so um seine
Achse gedreht, daß beim Antastvorgang stets die Zahnlücke nach oben
gerichtet ist. Hierdurch kann die gesamte Verzahnung durch einen
Taster vermessen werden. Der eigentliche Meßablauf ist in der rechten
Bildhälfte schematisch wiedergegeben. Ausgehend von der Ruhelage des
Tasters werden zunächst zwei Positionen zur axialen bzw. Winkelaus-
richtung angefahren. Anschließend wird das Meßgitter auf der Zahnflanke gemäß den vorgegebenen Sollwerten selbsttätig abgefahren.

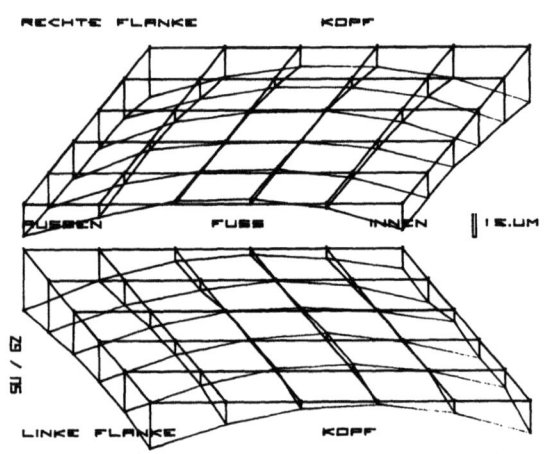

Bild 7: Graphische Dar-
stellung der gemessenen
Kegelradfehler

Die Darstellung der Meßergebnisse erfolgt zweckmäßigerweise als
Graphik, wobei die durch das orthogonale Meßgitter angenäherte Zahnflanke gemäß der Darstellung in Bild 7 perspektivisch als abgewickelte ebene
Fläche erscheint. Ausgehend vom orthogonalen Gitter der Sollpunkte sind
die Normalabweichungen so aufgetragen, daß Flankenvertiefungen als
senkrechte Linien nach unten und Flankenerhöhungen als senkrechte Linien
nach oben erscheinen. Sowohl die Flankentopographie als auch die absolute Größe der Flankenformabweichung werden durch diese Art der Darstellung anschaulich verdeutlicht.

Nun kann die Aufgabe der Meßtechnik nicht mit der Ermittlung der Soll-/
Istwertabweichung beendet sein. Es muß vielmehr im Hinblick auf eine
Reduzierung der Nacharbeit oder des Ausschusses die Frage der Fehlerursachen geklärt werden, und zwar so, daß daran anschließend gezielte
Maßnahmen zur Fehlervermeidung eingeleitet werden können. Im letztgenannten Beispiel der Zahnradvermessung läßt sich dies z.B. dann besonders gut lösen, wenn für die Sollkontur der Zahnflanke ein rechnerisches Simulationsmodell des Fertigungsprozesses vorliegt. Durch
eine Variation der Berechnungsparameter des Modells lassen sich die
gemessenen Fehler dann gewissermaßen theoretisch nachbilden. Ein Vergleich zwischen den Modellparametern und den ihnen entsprechenden Einstellwerten der Verzahnmaschine liefert unmittelbar die notwendigen
Aussagen für eine fehlerreduzierende Korrektur der Maschineneinstellwerte /3/.

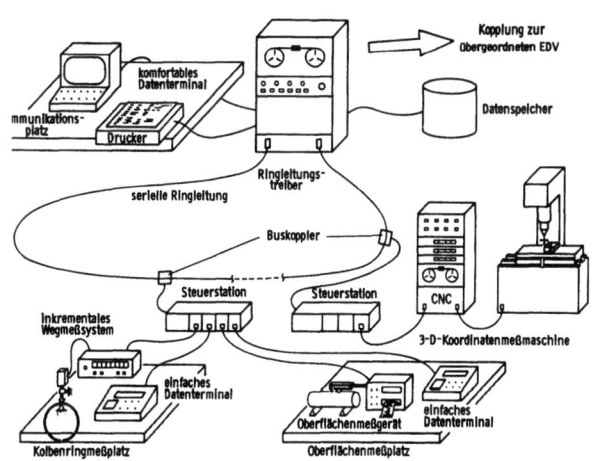

Bild 8: Meßdatenverarbeitung mit Hilfe eines seriellen Bussystems

Auch für die eingangs beschriebenen einfacheren Meßplätze läßt sich,
wie die in Bild 8 wiedergegebene Systemskizze verdeutlicht, die für eine

Qualitätsregelung notwendige informationsschlüssige Integration der
Meßtechnik in den Fertigungsprozeß erreichen. Durch Anbindung der einzelnen Meßstationen an ein zentrales Prozeßrechensystem mittlerer Größe
über Steuerstationen, Buskoppler sowie eine serielle Ringleitung können
die Vorteile der rechnerunterstützten Meßwertverarbeitung und -analyse
von jedem Meßplatz genutzt werden. Darüber hinaus kann durch eine
Kopplung zwischen Prozeßrechner und übergeordneter EDV-Anlage, von der
z.B. neben anderen Aufgaben auch die Fertigungssteuerung durchgeführt
wird, ein informationsschlüssiger Verbund zur Fertigung und zu anderen
für die Qualität des erzeugten Produktes relevanten Unternehmensbereichen
hergestellt werden. Eine Modellimplementierung derartiger Systeme mit
quasi standardisierten Signalschnittstellen wird zur Zeit mit Unterstützung des Bundesministers für Forschung und Technologie (BMFT) gearbeitet /4,5,6/. Mit ihrer Einführung und Anwendung in der industriellen Praxis ist in den kommenden Jahren zu rechnen.

3. Prozeßrechnergesteuerte Funktionsprüfung

Die Funktionsprüfung von Aggregaten im Kraftfahrzeugbau stellt mit der
großen Zahl vorwiegend dynamischer Meßgrößen, die quasi simultan zu erfassen, verknüpfen und zuzuordnen sind, sowie der Funktionsbreite der
im einzelnen zu prüfenden Objekte Anforderungen an den Meßprozeß, die
nur durch den konsequenten Einsatz der Prozeßrechentechnik einer weitgehend objektivierten, funktionsorientierten Gesamtaussage zuzuführen
ist.

Ein geradezu mustergültiges Einsatzfeld, das diese Aussagen unterstreicht
stellt die Endabnahme von automatischen Kraftfahrzeuggetrieben dar. Hier
wurde bereits im Jahre 1970 bei Daimler-Benz die prozeßrechnergesteuerte
Funktionsprüfung eingeführt und in den folgenden Jahren aufgrund der
positiven Erfahrungen systematisch auf die Prüfung einzelner Getriebebaugruppen ausgedehnt. Die Vorteile, die sich bei derartigen Prüfprozesse
aus dem Einsatz des Prozeßrechners ableiten, sollen im folgenden beispielhaft anhand der Funktionsprüfung des Schaltschiebergehäuses sowie
des komplett montierten Getriebes verdeutlicht werden.

Die Prüfung des Schaltschiebergehäuses, das gewissermaßen die Kommandozentrale des automatischen Getriebes darstellt, ist in das Prüffeld für
automatische Getriebe integriert. Eine schematische Übersicht zeigt
Bild 9. Der Rechner steuert die Endprüfung des Schaltschiebergehäuses.
Danach wird dieses wichtigste Unteraggregat in das am Montageband

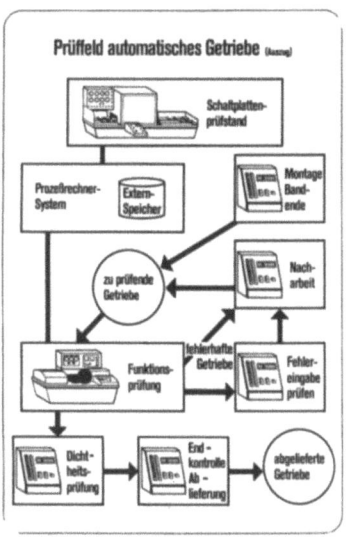

Bild 9

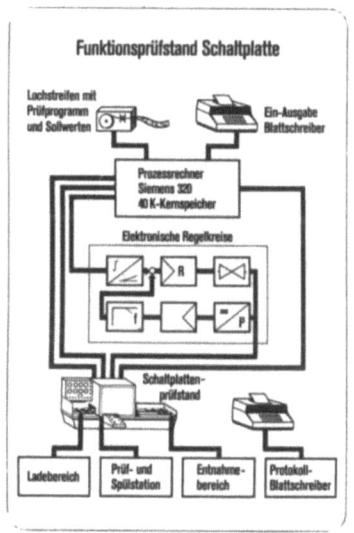

Bild 10

vormontierte automatische Getriebe eingebaut. Die Endprüfung des Getriebes erfolgt anschließend ebenfalls auf einem rechnergesteuerten Funktionsprüfstand. Als logische Ergänzung zu dieser Endprüfung sind außerdem am Band-Ende und an den verschiedenen Kontrollstellen Terminals installiert, über die die Betriebsdaten, wie Bestandserfassung und Fehleranteil, dem Rechner gemeldet werden.

In dieser Übersicht wird bereits deutlich, daß die rechnergesteuerte Prüfung nicht nur die Automatisierung komplizierter Arbeitsgänge ermöglicht, sondern auch weiterreichende Konsequenzen für den gesamten Betriebsablauf bewirkt. Die Endprüfung der hydraulischen Steuerung läuft nach diesem Schema ab (Bild 10).

Über Lochstreifen programmieren Mitarbeiter von Inspektion oder Produktion die Prüflaufparameter je nach Fahrzeugtyp getrennt selbst. Sollwerte für die einzelnen Prüfungen oder der Prüfablauf können beliebig geändert werden, ohne daß besondere Programmkenntnisse erforderlich sind. Der Prüfstand ist aufgeteilt in eine Spül- und eine Prüfstation. Während der eine Prüfling auf ca. 80° aufgeheizt und zur Entfernung eventuell noch vorhandener Fremdkörper einer gezielten Spüloperation unterzogen wird, läuft parallel die Prüfung des zweiten Schaltschiebergehäuses. In 183 Prüfschritten führt der Rechner ca. 1.200 Druckprüfungen durch. Insgesamt werden bei der zweiminütigen Endprüfung für das Schaltschiebergehäuse ca. 4.500 Meßwerte erfaßt und vom Rechner verglichen. Im Beanstandungsfall werden die mit Mängeln behafteten Teile im Entnahmebereich auf einer gesonderten Nacharbeitsbahn gelagert. Für jedes beanstandete Aggregat druckt ein Protokollblattschreiber eine Alarmmeldung aus. Anhand der aufgezeichneten Sollwertabweichungen wird in der Rückmontage eine gezielte Reparatur vorgenommen.

Die Möglichkeiten einer derart genauen und intensiven Istwerterfassung zwingt insbesondere bei der Inbetriebnahme des Prüfstandes zu einer exakte Festlegung der Toleranzen für die Sollwerte sowie des Zeitpunktes der Meßdatenerfassung. Um nicht funktionsbedingte Streuungen oder Schwingungen z.B. bei der Druckmessung auszuschalten, ist es notwendig, daß ein definierter Zeitpunkt für die Meßwerterfassung eingehalten wird. Hieraus resultiert auch die Festlegung von Wartezeiten zwischen den einzelnen Messungen die anhand des in Bild 11 wiedergegebenen zeitlichen Verlaufes des Schaltdruckes erläutert werden kann. Ausgehend vom Anfangswert des Schaltdruckes zum Zeitpunkt t_0 erfolgt bis zum Zeitpunkt t_1 eine gewollte Aufnehmerphase der beteiligten Servoglieder, die z.B. zur Vermeidung von Schaltstößen beim automatischen Getriebe notwendig ist. Das endgültige Erreichen des neuen Druckniveaus und damit auch das Ende der Schaltung wird zum Zeitpunkt t_2 gemessen. Hier ist die Festlegung der Wartezeiten zwischen den einzelnen Messungen vom tatsächlichen, systembedingten Druckverlauf abhängig.

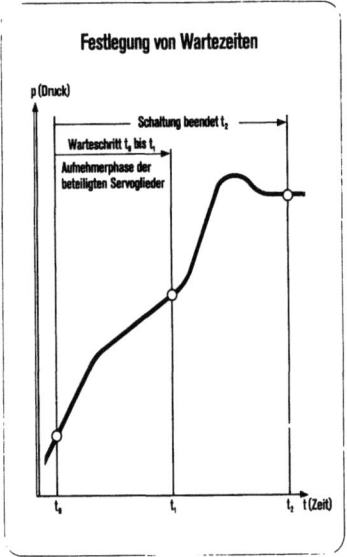

Bild 11

Eine parallele Kontrollfunktion nimmt der Rechner bei der Prüfung wahr, indem er die Restdrücke der nicht zugeschalteten Servoglieder überprüft (Bild 12). Dadurch ist eine einwandfreie Abgrenzung von Fehlerquellen und somit eine gezielte Reparatur des beanstandeten Prüflings möglich.

Zusammenfassend kann die vorher beschriebene Problematik bei der Einführung der prozeßrechnergesteuerten Prüfung für Schaltschiebergehäuse nochmals an dem in Bild 13 schematisch wiedergegebenen Beispiel erläutert werden. Die Schaltpunkte in der Komman-

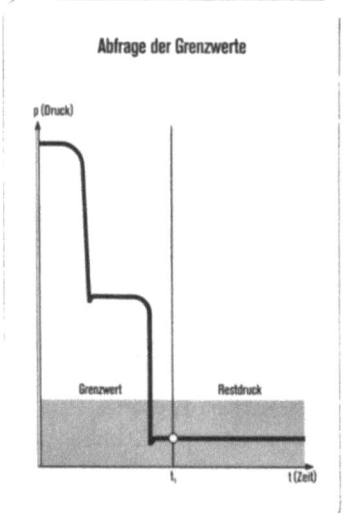

Bild 12

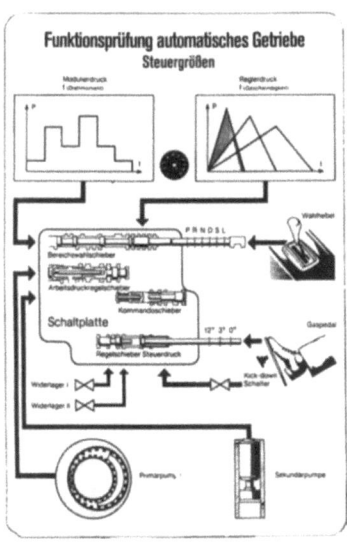

Bild 13

dozentrale für das automatische Getriebe werden beeinflußt durch die Wahl des Fahrbereiches, durch die Stellung des Gaspedals, durch die Fahrzeuggeschwindigkeit und durch den Belastungszustand des Motors. Entsprechend diesen 4 Einflußgrößen bewirken die Stellung des Wählhebels und des Gaspedals, sowie die Höhe des geschwindigkeitsabhängigen Reglerdruckes oder des vom Motordrehmoment abhängigen Modulierdruckes eine Veränderund der Druckeinflüsse auf das Hydrauliksystem. Die Veränderung dieser Einflußgrößen ist also von direkter Auswirkung auf die Stellung der Schaltschieber in der Schaltplatte und damit auch auf die Betätigung der Servoglieder im Getriebe. Die einwandfreie Schaltung eines automatischen Pkw-Getriebes ist somit von der Einhaltung der Drucktoleranzen in diesem System abhängig.

Für den schematischen Ablauf einer Schaltung, z.B. vom 3. in den 4. Gang, führt der Prozeßrechner in verschiedenen Phasen permanent Soll-/Ist-Vergleiche der vorher beschriebenen Kenngrößen durch.

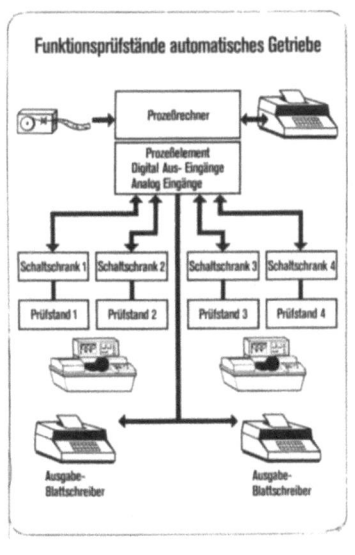

Bild 14

Die prinzipielle Untersuchung von Schwingungsvorgängen im betroffenen Hydrauliksystem und deren Berücksichtigung im Prüfprogramm ermöglicht eine objektive und annähernd optimale Prüfung dieses sehr komplizierten Aggregates, die ohne die Unterstützung durch den Prozeßrechner undenkbar ist.

Unter prinzipiell gleichen Bedingungen läuft auch die Funktionsprüfung des komplett montierten Getriebes ab. Der Prozeßrechner erfüllt dabei 4 völlig unabhängige Aufgaben, die schon bei der Erläuterung der Funktionszusammenhänge für das Schaltschiebergehäuse zur Sprache kamen (Bild 14):

1. Die programmgemäße Steuerung der Fahrbereiche, die der spätere Fahrer nach verschiedenen Wählhebelstellungen ausnutzen kann.

2. Die Simulation der Fahrzustände mit verschiedenen Geschwindigkeiten bei unterschiedlichen Motorbelastungen, wie Vollgas, Teilgas oder Leerlauf einschließlich dem Wechsel von Schub- und Zugbetrieb.

3. Die Meßwerterfassung und Überwachung in Form eines Soll-/Ist-Vergleiches für alle wesentlichen Steuer- und Arbeitsgrößen des Prüflings. Hierzu gehören neben den Kenngrößen der Schaltschiebergehäuseprüfung noch die Antriebs- und Abtriebsdrehzahlen, die Schaltpunkte, die Schaltdauer der Schaltungen, die Kraftschlüssigkeit, die Berechnung der Übersetzungen, das Erreichen eines vorgegebenen Schmierdruckniveaus und das Drehmoment bei Betätigung der Parksperre.

4. Die Verarbeitung der Meßwerte, die bei einem Getriebetyp aufgeteilt in 134 Prüfschritte, 6 - 10 Arbeitsdruckmessungen, 60 Drehzahlmessungen, ca. 200 Steuerungen von Ablauffunktionen und ca. 2.500 Meßerfassungen beim Ablauf der Prüfungen beinhalten.

Neben der eigentlichen Steuerung des Prüfstandes, die das Bedienungspersonal in sehr hohem Maße von Nebenarbeiten befreit, wiederholt der Rechner jeden fehlerhaft angezeigten Prüfschritt, der z.B. durch den "Einlaufeffekt" eines Bauteils bedingt sein kann. Auf diese Weise ist sichergestellt, daß nur die Aggregate einer Nacharbeit unterzogen werden, die auch tatsächlich einen reproduzierbaren Defekt aufweisen. Ähnliche Entscheidungshilfen stellen Alarmmeldungen dar, die nach mehrmaligem Auftreten ein- und derselben Fehlerursache ausgegeben werden. Die aktuell aufbereitete Information in Form des Rechnerausdruckes sichert schnelle und gezielte Gegenmaßnahmen in Fertigung und Montage.

Wie eingangs zur Funktion des automatischen Getriebes bereits erwähnt, ist eine der Einflußgrößen für die Lage der Schaltpunkte die unterschiedliche Motorbelastung und damit auch die Gaspedalstellung. Im Prüfprogramm berücksichtigt der Rechner diese unterschiedlichen Belastungszustände durch einen permanenten Vergleich von Gaspedalstellung, Arbeitsdruck und Übersetzungsverhältnis. Die in Bild 15 aufgezeigten unterschiedlichen Abläufe der Hoch- und Rückschaltungen, z.B. beim Gangwechsel 3/4 sind nur mit Hilfe des Prozeßrechners objektiv meß- bzw. vergleichbar, weil dessen Verarbeitungsgeschwindigkeit in jedem Falle größer ist als die Veränderungsgeschwindigkeit der Meßwerte.

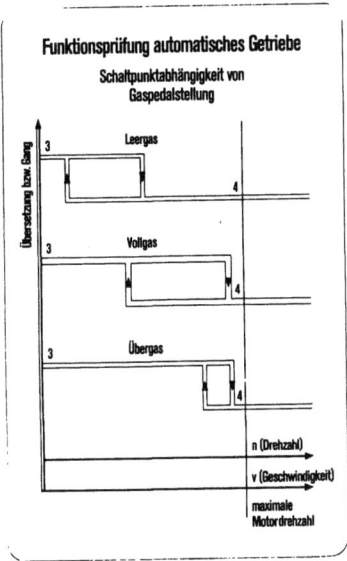

Bild 15

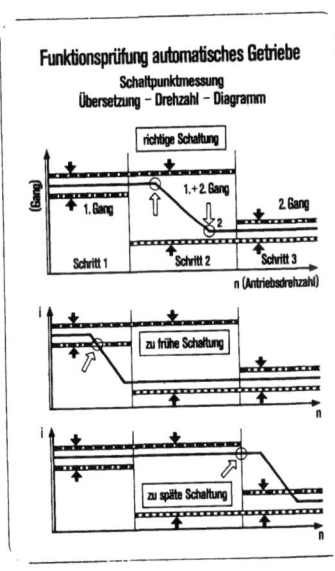

Bild 16

Diese Problematik wird deutlich durch die im Übersetzungs-Drehzahl-Diagramm dargestellte Schaltpunktmessung (Bild 16). Den richtigen Ablauf einer Schaltung registriert der Rechner durch den Vergleich von Ist-Werten mit den vorgegebenen Grenzwerten zu einem im Prüfprogramm festgelegten Zeitpunkt. Übertragen auf das vorliegende Beispiel wird das Übersetzungsverhältnis in mehreren kurzzeitig aufeinanderfolgenden Teilschritten überprüft. Bei Schritt 1 wird noch das Übersetzungsverhältnis des 1. Ganges bestätigt. Schritt 2 ist dem Rechner als Schaltphase bzw. Wartezeit vorgegeben. Wenn anschließend in Schritt 3 das Erreichen der Übersetzung für den 2. Gang gemeldet wird, ist die Schaltung in Ordnung. Entsprechend dieser Systematik wird bei einer zu frühen Schaltung das Überschreiten des Grenzwertes bereits bei Schritt 1 erfaßt und ausgedruckt. Analog würde eine zu spät erfolgende Schaltung bei Prüfschritt 3 angezeigt.

Anstelle weiterer spezieller Details dürfte von allgemeinem Interesse die Verarbeitung der anfallenden Meßwerte sein. Bei dem beschriebenen Prozeßrechnersystem für automatische Getriebe werden durch einen Rechner gleichzeitig 4 Prüfstände gesteuert. Für jeden Typ werden ca. 80 bis 100 Sollwerte verwaltet. Der Rechner ist während des Zweischichtbetriebes unbesetzt. Das Programm muß nur einmal durch das Personal von Produktion oder Inspektion geladen werden. In dem Prozeßrechnersystem laufen simultan ca. 30 Getriebetypen. Die Speicherauslastung des Prüffeldes liegt bei 80 bis 90 %.

Pro Schicht oder Tag liefert der Externspeicher ein Arbeitsplatzprotokoll für den entsprechenden Prüfstand, ein Schicht- und

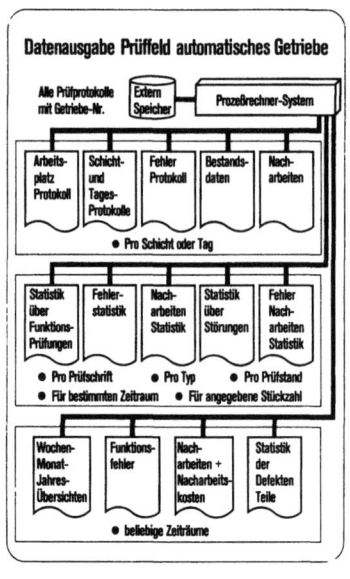

Bild 17

Tagesprotokoll, ein Fehlerprotokoll, die
Bestandsdaten, aufgeteilt nach Typen, und
die erforderlichen Nacharbeiten (Bild 17).
Entsprechend den vom Management gewünschten
Bewertungskriterien können Statistiken über
Funktionsprüfungen, Fehler, Nacharbeiten,
Störungen oder die Zuordnung von Ursache
und erforderlicher Nacharbeit, aufgeteilt
nach Prüfschritten, bestimmten Zeiträumen,
Typen, Prüfständen oder für bestimmte vor-
gegebene Stückzahlen ausgegeben werden /7/.
Für beliebige Zeiträume werden nach diesen
Daten auch Kapazitätsplanungen in der
Rückmontage, konstruktive Änderungen, die
Einführung oder Abschaffung von Zwischen-
prüfungen und ähnliche Entscheidungen nach
objektiven Gesichtspunkten vorgenommen.

Literatur

1. Trumpold, H., Lotze, W.: Die Bedeutung der automatischen Meßdatenverarbeitung im Maschinenbau. Fertigung 4 (1973) 6, S. 159-164

2. Holler, R.: Rechnersimulation der Kinematik und 3-D-Messung der
   Flankengeometrie von Schneckengetrieben und Kegelrädern. Dissertation TH Aachen, 1976

3. Fort, P.: Kontrolle von räumlichen Flächen an Koordinatenmeßmaschi-
   nen. Fertigung 5 (1976), S. 123-130

4. Pfeifer, T.: Beeinflussung der Fertigungsmeßtechnik durch die
   Prozeßrechentechnik. VDI-Berichte Nr. 265 (1976), S. 19-26, VDI-
   Verlag Düsseldoff

5. Möhl, R.: Automatisierung der Meßdatenverarbeitung mit Hilfe eines
   rechnergekoppelten Bus-Systems. VDI-Berichte Nr. 265 (1976) S.27-31

6. Buxmeyer, E. u.a.: Serielles Bussystem für industrielle Anwendungen unter Echtzeitbedingungen (PDV-Bus). KFK-PDV 70 - Berichte
   der GfK, Karlsruhe (1976)

7. Zürn, R.: Probleme und Trends der Qualitätssicherung in der Mengen-
   fertigung am Beispiel der Automobilindustrie. VDI-Berichte Nr. 265
   (1976), S. 5-17, VDI-Verlag Düsseldorf

PR-GESTEUERTE QUALITÄTSKONTROLLE IM RAHMEN EINER
INTEGRIERTEN FERTIGUNGSSTEUERUNG

COMPUTER-CONTROLLED QUALITY CONTROL WITHIN THE FRAME-
WORK OF AN INTEGRATED PRODUCTION CONTROL

D. Hildebrandt

AEG - Telefunken

1000 Berlin 33

Summary:

The factory, which produces special electromotors, completed their development along control productiontechnic. The quality control of the mechanical parts within the complete structure should be emphasized and special recognition be shown. Furthermore a summary showing which share quality control takes place within the complete project must accomplished.

1. Allgemein

Eine Elektromotorenfabrik mittlerer Größe stellt Industriemotoren von 0,6 bis 4 KW Leistung bzw. Achshöhen von 56 - 112 mm her, wobei insgesamt ca. 40 000 Varinaten in der Fabrik bekannt sind.
Je nach Auftragslage werden 2000 - 4000 Motoren pro Tag gefertigt.
Nachdem bereits ein Engpass, nämlich die Beschickung der Montage, sortiert nach Kundenaufträgen, durch ein Automatisierungsvorhaben mit PR-Steuerung im Jahre 1968 erfolgreich realisiert werden konnte, wurde als nächster erkannter Engpass die mechanische Fertigung mit einem PR-gesteuerten Qualitätskontroll- und Flußerfassungssystem aufgewertet (siehe Bild 1).

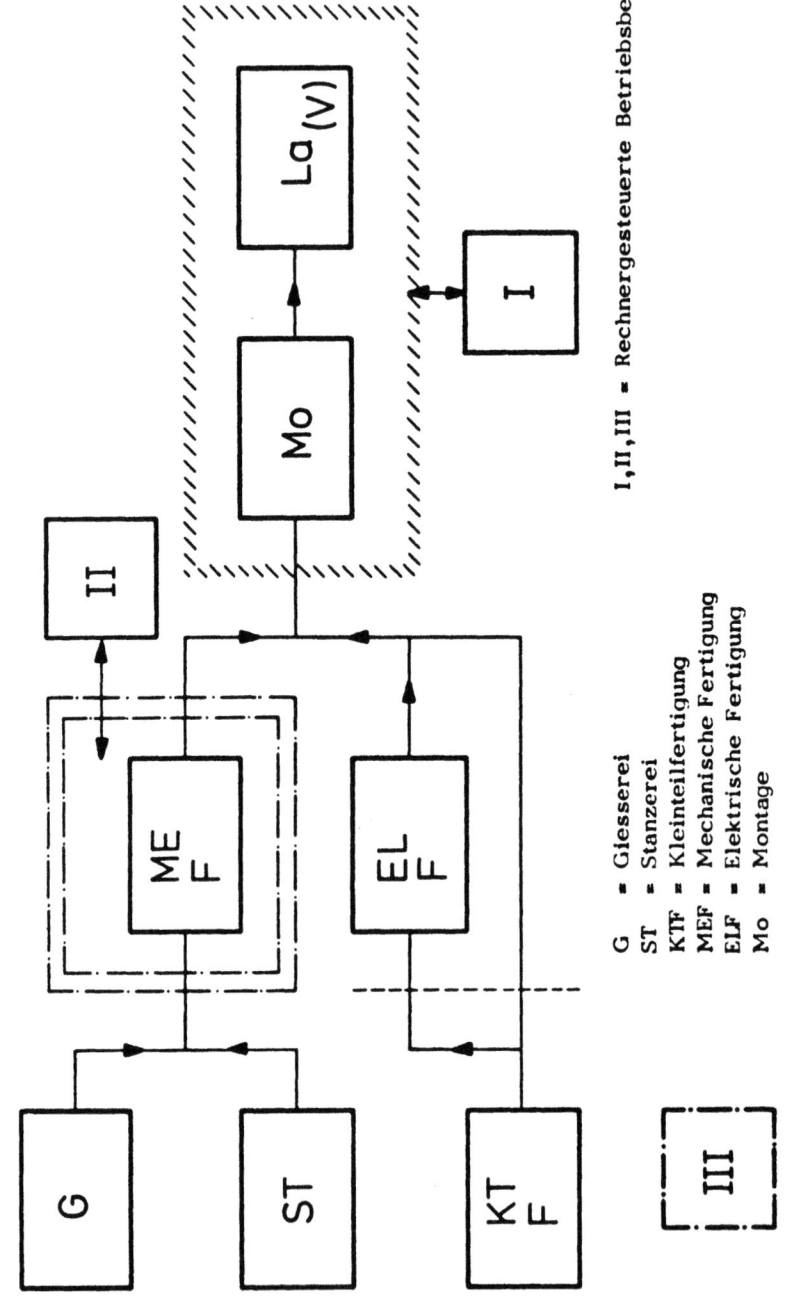

Bild 1

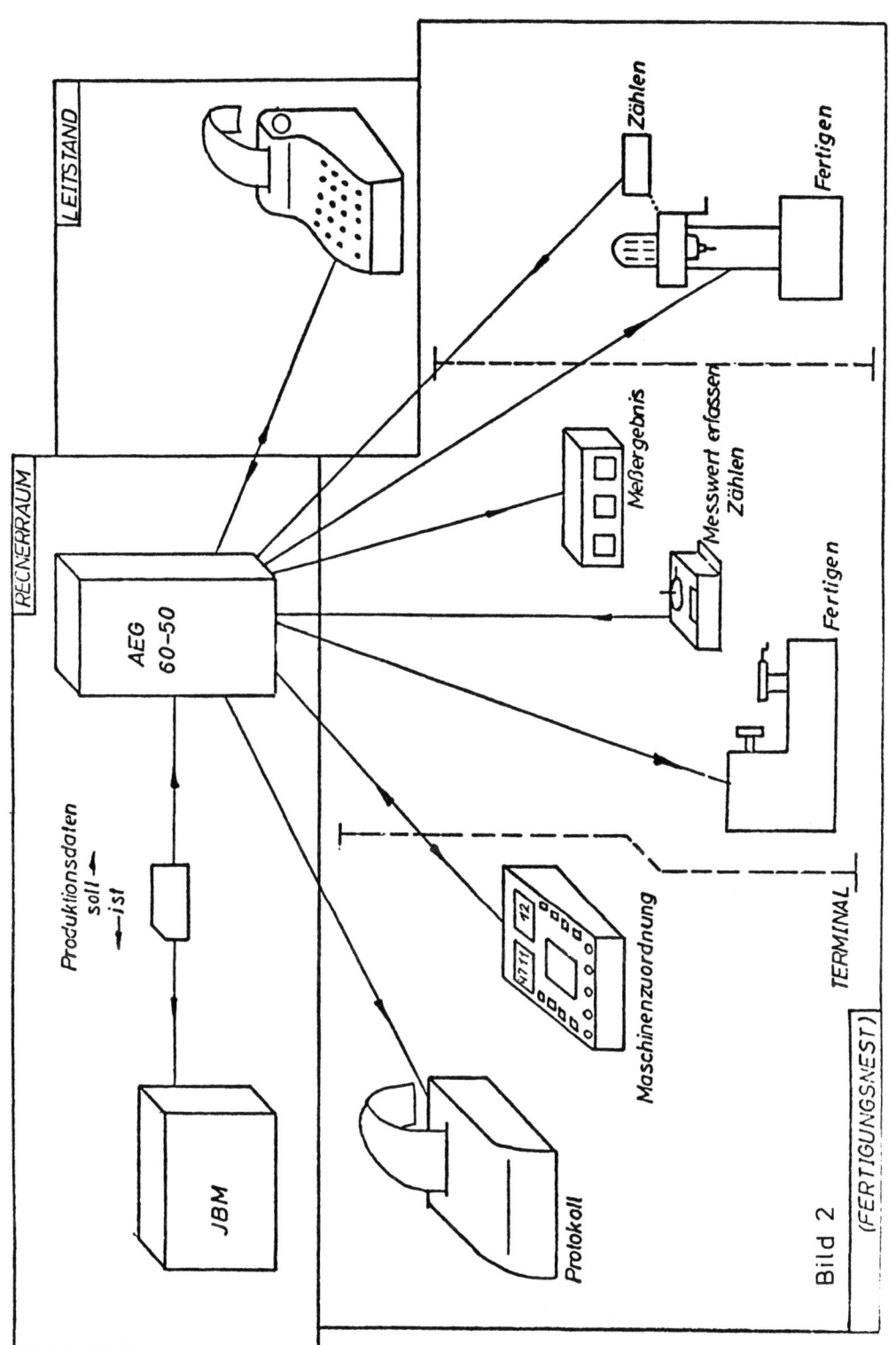

Bild 2 (FERTIGUNGSNEST)

2. Was wird gemessen?

Es sind in erster Linie Drehteile, Lagerschilde, Gehäuse und Läufer, also Teile bei welchen die Qualität der Passungen maßgebend für Güte und Lebensdauer eines Elektromotors ist.

Trotz der hohen Anzahl der gesamten Varianten war es wesentlich, im Bereich der mechanischen Fertigung auf 5 Grundbautypen gehen zu können.

Dies ergab, abgesehen vom sinnvollen Ausnutzungsgrad der vorhandenen Fertigungsmaschinenkapazität, die Entwicklungsmöglichkeit von Meßplätzen und Meßmethoden, die diesen Bautypen zugeordnet bzw. für diese eingerichtet werden können, da nur relativ kleine Serien hergestellt werden.

3. Wie wird gemessen?

Es handelt sich in jedem Fall um eine mechanische Abtastung der bearbeiteten Stelle. Wird das Teil, ein Lagerschild z. B., von Hand in die Meßvorrichtung eingelegt, so wird das Teil zwischen drei Kontaktpunkten (zwei feste, ein Fühler) durch Drehen bewegt.

Beim Messen auf der Maschine werden nach Bearbeitung des Werkstückes die Meßwertgeber mit zwei Kontaktpunkten an das noch eingespannte Stück herangefahren.

Ein erster wesentlicher Vorteil gegenüber konventionellen Messen ergibt sich aus dem Erfassen von 10 Meßwerten beim Drehen eines Teiles zwischen 120° und 180°. Es läßt sich dadurch eine wesentliche Aussage über den Rundheitsgrad aufzeichnen und verfolgen.

Der bewegliche Meßfühler wandelt nach einer Grundeinstellung für jeden Teiletyp seine Bewegung induktiv in elektrische Meßwerte um, die auf einer Skala am Ort abgelesen werden können.

Diese analogen Werte werden digital umgewandelt (A/D) und von einem Prozeßrechner übernommen.

Die übernommenen Werte können an mehreren Stellen im Betrieb durch ein Sonderprogramm über Fernschreiber dokumentiert werden, wovon aber nur im Sonderfall Gebrauch gemacht wird.

Lagerschild-Meßplatz

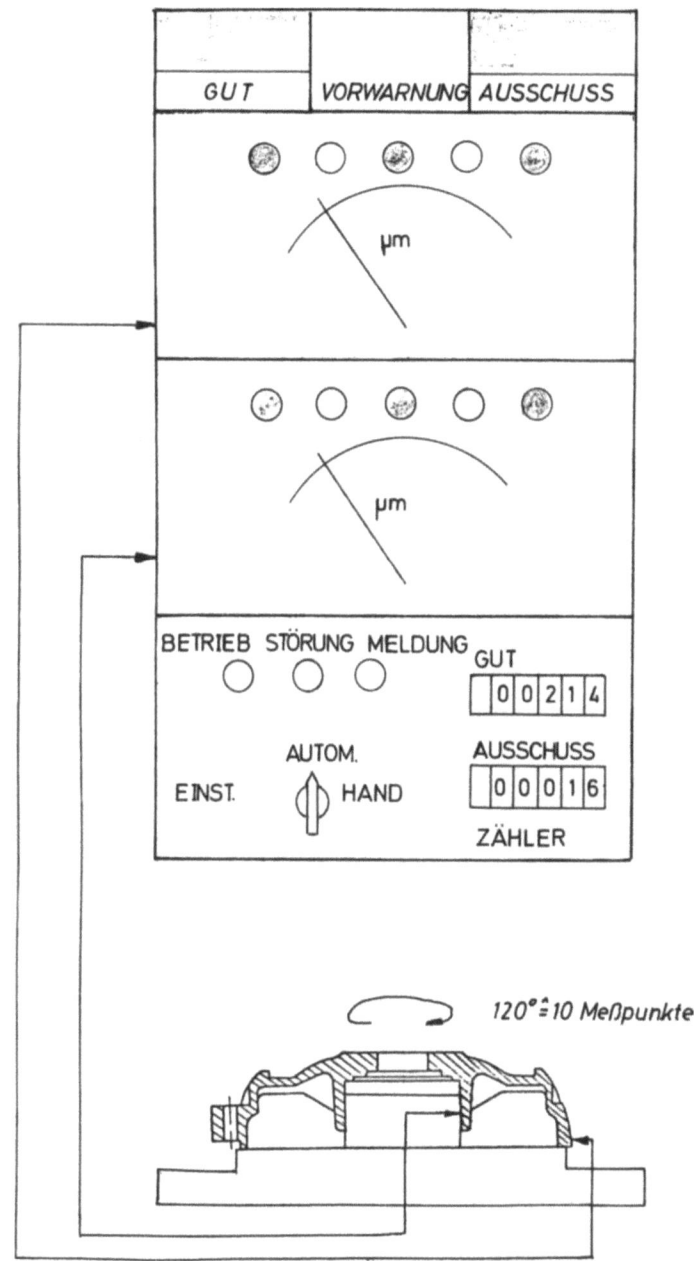

Bild 3

Dieses Sonderprogramm wird deswegen als erstes erwähnt, weil es bereits nachweislich bei Neukontruktionen oder neuen Maschinen eine erste Rückkopplung für die Bereiche Konstruktion, Vorrichtungsbau und Fertigung bedeutet und für das weitere Vorgehen in der Fertigung Entscheidungshilfen geboten hat.

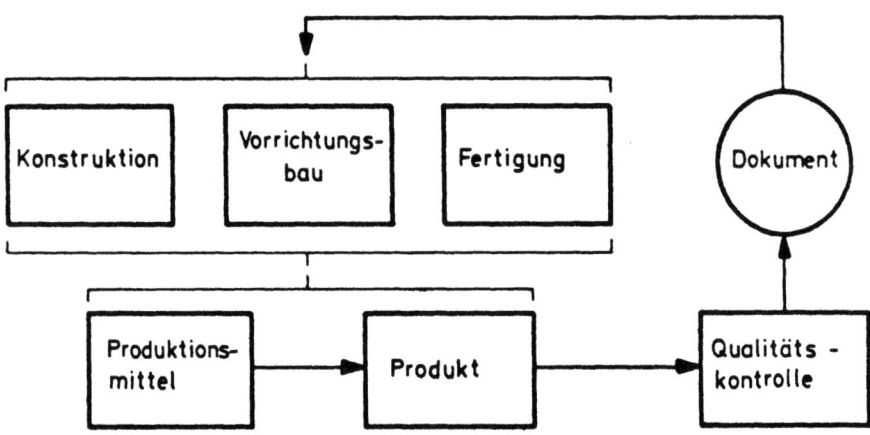

Bild 4   Qualitätskontrolle wirkt auf Fertigung zurück

Überlicherweise werden bei der Abarbeitung eines fabrikinternen Auftrages die 10 Werte eines Teiles im Prozeßrechner nach einem Algorithmus zusammengefaßt und mit einer im Rechner geführten gültigen Toleranzbreite verglichen.
Als Ausgabe werden vom Prozeßrechner am Meßplatz Lampen für "gut", "noch gut" und "Ausschuß" gesetzt.

4. Warum wird gemessen?

Besonders erwähnt muß der Sprung von der Stichprobenmessung zur "Messung jeden Teiles" werden.

Hierdurch ergibt sich eine

4.1 Trenderfassung für die Maßhaltigkeit der einzelnen Produktionsmaschine mit der Warnmöglichkeit vor erwartetem Ausschuß.

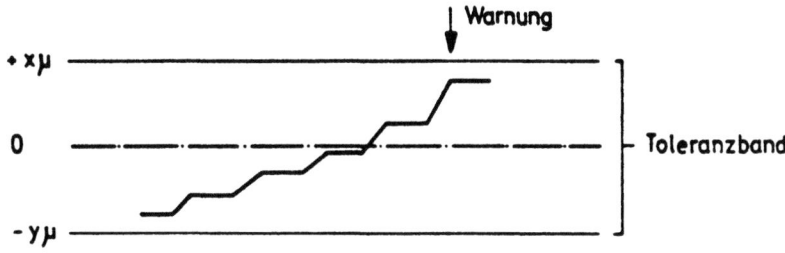

Bild 5   gefertigte Stückzahl auf Maschine →

Ist der charakteristische Trend einer Maschine ermittelt, kann der Einsteller durch Werkzeugwahl oder besondere Einstellung die Laufzeit der Produktionsmaschine bis zum nächsten Werkzeugwechsel erhöhen.

4.2 Transparenz des Produktionsstandes

Mit dem Messen jedes gefertigen Teils und der zentralen Erfassung mit Gut- und Schlechtstückzahl läßt sich der Stand des Fertigungsfortschritts abrufen.
Auf der Basis eines Dokuments, durch das Prozeßrechnersystem erstellt, können Liefertermine dem Kunden genauer definiert werden.
Beim betrachteten System haben wir ermittelt, daß sich die Wochenzusage für den Liefertermin auf eine Tageszusage reduzieren läßt.

4.3 Rückkopplung zur Sollplanung

Es gibt eine Reihe von auf Rechner laufenden Programmen, die Losgrößen und Fertigungssolls auf der Basis der fest eingegebenen Produktionskapazität und der vorliegenden Aufträge errechen. Diese Programme arbeiten gewöhnlich ohne direkten Ist-Soll-Vergleich.
Das vorliegende Projekt hat zum Ziel, die Planung lernfähig zu machen.
Anstelle der manuellen Auswertung von viel Papier, die Sollvorgaben und erreichte Istwerte vergleichen, ergab sich die Möglichkeit, durch übertragbare Datenträger (Lochkarten) eine Rückkopplung zur nächsten Planungsphase zu erreichen, die eine theoretische Zeiteinsparung von mehr als 2 Arbeitswochen garantiert, wobei die Güte der manuellen Auswertung als sehr hoch angesetzt ist.
Diese Rückkopllung wird hier als Fertigmeldung bezeichnet, sie schlägt sich also nieder in einer Information, die vom Planungssystem maschinentechnisch verarbeitet und zusätzlich durch einen menschlesbaren Ausschrieb erfaßt werden kann.

4.4 Maschinenauslastung und -eignung

Das PR-System ermittelt auf Grund der Ereignisse aus dem Prozeß (ca. 100 Meßplätze sind mit dem zentralen System gekoppelt) eine relative Betriebszeit.
Übertragen auf benutzte oder ausgefallene Produktionsmaschinen läßt sich ein Auslastungsgrad und ein Eignungsgrad der eingesetzten Maschinen dokumentieren.
Dies wurde über eine Zeitdauer von ca. 1 Jahr praktiziert und dadurch eine Dokumentation mit Balkendiagrammen und Bewertungen erreicht. Die Auswertung dieser Dokumentation und die Entscheidung zu Neuanschaffung oder organisatorischer Änderung soll weiterhin durch den Menschen erfolgen.

ZERSTÖRUNGSFREIE ULTRASCHALLPRÜFUNG MIT SAMPLING-VERFAHREN UND
REKONSTRUKTION DER WERKSTOFFEHLER AUS SIGNALORTSKURVEN

NON-DESTRUCTIVE-MATERIAL-TESTING BY ULTRASONICS AND
RECONSTRUCTION OF DEFECTS BY SIGNAL-LOCUS-CURVES

P. Höller, O.A. Barbian
Institut für zerstörungsfreie Prüfverfahren
der Fraunhofer-Gesellschaft
66 Saarbrücken

Summary. For ultrasonic-testing even heavy components are scanned by smal probes. For each position of the scanning probe signals are obtained. Holography, several types of projections, diffraction- and time-delay models are discussed as alternative respectively complementary methods to reconstruct shape and size of defects.

1. Einführung. Zur Erzielung eines ausreichenden Nachweisvermögens werden bei zerstörungsfreien Prüfungen mit Ultraschall bzw. nach elektrischen, magnetischen oder anderen Verfahren vorwiegend kleine Sonden verwandt. Das Wechselwirkungs-Volumen darf zur Erzielung ausreichender Signal-Störabstände nicht sehr viel größer als der kleinste nachzuweisende Werkstoffehler sein. Auch sehr große Werkstücke, Komponenten oder Anlagen werden manuell oder automatisch mit kleinen Prüfköpfen abgetastet. Dabei fallen für die Orte auf den Prüfbahnen, an denen Impulse gesendet werden, Signale an; Amplituden, Laufzeiten u.a. Der Ort auf der Prüfbahn bestimmt bei gegebener Richtcharakteristik des Prüfkopfes die Lage des Reflektors im Schallfeld des Prüfkopfes. Dementsprechend sind die Signale ortsbezogen auszuwerten.

Bei den Prüfungen werden Signalortskurven erhalten. Ein Reflektor wird bei der Abtastung der Oberfläche aus vielen Positionen, d.h. von vielen Orten aus gesehen. Der "Handprüfer" ist dazu erzogen, den Einschallort maximaler Anzeige zu suchen und primär die Auswertung nach dieser Anzeige durchzuführen. Dabei wird viel Information verschenkt. Die Gesamtheit der zu einem Reflektor gehörenden und in den Signalortskurven enthaltenen Signale läßt weitergehende Auswertungen zu. Die Forschungs- und Entwicklungsarbeiten dazu sind unter dem Stichwort "Dynamik" zu finden [1, 2].

Wir befassen uns in diesem Bericht mit den Verfahren zur Ermittlung der Fehlergröße oder möglichst der geometrischen Fehlerberandung aus den Signalortskurven. Es geht also um die Rekonstruktion eines Reflektors aus vielen Signalen, die auf den Prüfbahnen von verschiedenen Einschallorten aus erhalten werden. Diese Rekonstruktion kann im Grenzfall zur Abbildung im physikalischen Sinne führen, jedoch sind die meisten Rekonstruktionsverfahren in der Ultraschallprüftechnik davon noch weit entfernt. Trotzdem sei in Erinnerung gebracht, was "Abbilden" bedeutet: die von jedem Objektpunkt ausgehende Strahlung wird in einem Bildpunkt phasengleich vereinigt, unabhängig davon, welchen Weg innerhalb des abbildenden Systems die einzelnen Teilstrahlen zurücklegen. Analog sind im hier anstehenden Falle, die von einem Reflektorbereich an verschiedenen Orten empfangenen Signale in der Rekonstruktion wieder zusammenzufassen, mit oder ohne Phasenausgleich.

Die bei Abbildungen erreichbare laterale Auflösung ist durch die Beugung an der Berandung - der Blende - bestimmt. Ein Punkt wird durch diese Beugung als Scheibe mit Beugungsringen abgebildet. Der Durchmesser dieser Scheibe ist proportional $f\lambda/d$. Daraus ergeben sich für Ultraschall-Systeme wegen der großen Wellenlängen Blendendurchmesser bis zu Dezimetern. Derartige Systeme haben sich in der Werkstoffprüfung nicht durchsetzen könne.

Eine zweite Art der Abbildung ist die Holographie. Ein Hologramm entsteht gemäß Bild 1, wenn die Objektwelle mit einer kohärenten Referenzwelle interferiert.

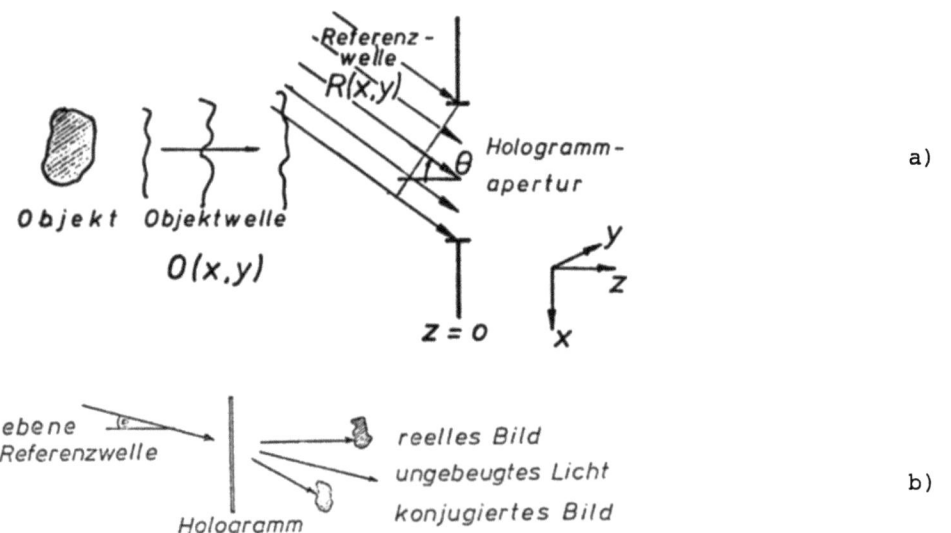

Bild 1: Ultraschallholographie; a) Aufnahme; b) Rekonstruktion

Das dabei entstehende stationäre Interferenzmuster ergibt bei Beleuchtung mit der Referenzwelle ein reelles und zusätzlich ein virtuelles Bild des Objektes. Hinsichtlich der Auflösung gilt für die Holographie das für die Abbildung gesagte. Der Fortfall der Linsen oder Spiegel ist ein entscheidender Vorteil.

Den Pionieren der Ultraschall-Holographie[3,4] ist es gelungen, die Aufnahme eines Ultraschall-Hologramms auf eine mechanisierte Abtastung des Prüfobjektes mit einer möglichst punktförmigen Schallquelle - meist fokussierender Prüfkopf - und Impuls-Echoprüfung zurückzuführen. Dabei werden die Echos hochfrequenzmäßig aufgenommen und dazu als Steuergrößen die jeweiligen Positionen des Prüfkopfes. Die Aufnahme des Hologramms ist damit auf die von Signalortskurven zurückgeführt. Die Sampling-Holographie ist das der physikalischen Abbildung am nächsten kommende Rekonstruktionsverfahren.

Auf der anderen Seite der Skala liegt als einfachstes Verfahren mit Nutzung der Gesamtinformation, die in den Signalortskurven enthalten ist, die Signalmittelung [5,6]. Die Arithmetische Mittelung der Signale dient der Anhebung gegenüber dem stochastischen oder kohärenten Untergrund. Dabei geht Auflösung verloren. Mit der Auswertung von Signalortskurven wird die Prüfung redundant sowohl gegenüber Störungen des Schalltransfers wie auch der Abhängigkeit der Echos oder Reflexe vom Einschallwinkel. Für die Zuverlässigkeit der Prüfung ist diese Tatsache von großer Bedeutung.

Die "Güte" einer Abbildung oder Rekonstruktion hängt nicht nur von der lateralen, sondern auch der axialen Auflösung, d.h., der in Richtung der Achse des Schallbündels ab. Bei den Impuls-Laufzeitverfahren liefert die Laufzeit eine hohe axiale Auflösung. Sie spielt daher bei den Rekonstruktionsverfahren eine entscheidende Rolle. Industrielle Prüfgeräte, die Laufzeiten als Meßgröße auswerfen, kommen jetzt auf den Markt.

Zur Aufnahme der Signalortskurven werden zur Zeit drei Prüfkopftypen verwandt. Bild 2 zeigt a) die ebene Kolbenmembran, b) den fokussierenden Prüfkopf in der Umgebung des Fokuspunktes und c) das divergierende ferne Schallfeld eines fokussierenden Prüfkopfes. Im Bild sind die 6 dB-Begrenzungen der Schallbündel aufgetragen. In Wirklichkeit sind aber bei den Prüfsystemen mit hoher Verstärkungsreserve - 40 bis 70 dB - und Registriergrenzen dicht oberhalb des Rauschens die Öffnungen sehr viel größer.

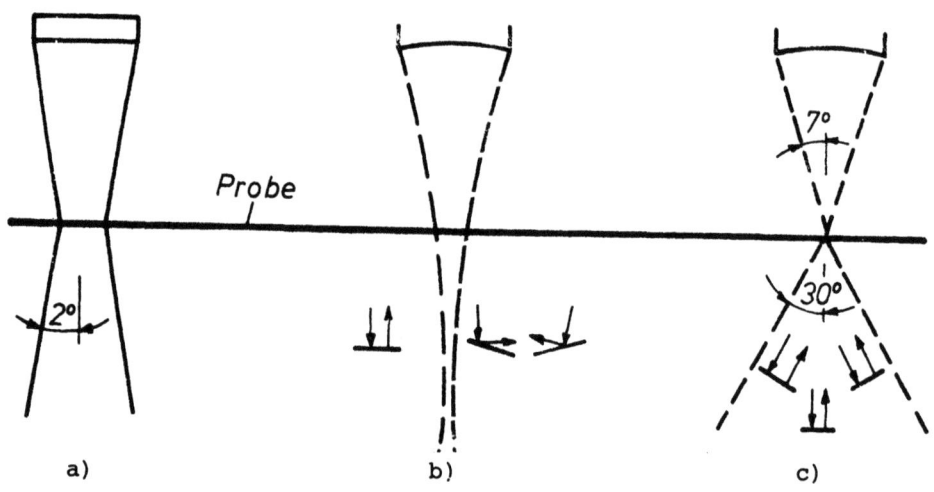

Bild 2: Typische Schallbündel

Je nach Größe des Reflektors, bezogen auf die Wellenlänge und den Bündeldurchmesser, treten am Reflektor Streuung, Beugung oder geometrische Reflexion auf. Die Klassierung ist in Tabelle 1 angegeben. Auf die Streuung wird an dieser Stelle nicht weiter eingegangen.

Tabelle 1: Größenklassen der Reflektoren
g = Fehlerdurchmesser, λ = Wellenlänge, d = Schallbündeldurchmesser

Streuung	$g \ll \lambda$ d beliebig
Beugung	$g \approx \lambda$ d beliebig
geometrische Reflexion und Randbeugung	$g \gg \lambda$ $d > g$
geometrische Reflexion	$g \gg \lambda$ $d < g$

Die Beugung tritt vorwiegend bei kleinen Fehlern und im Fernfeld der Prüfköpfe auf, während die geometrische Reflexion eine besondere Rolle im Fokusschlauch der fokussierenden Prüfköpfe soielt. Geometrisch reflektierende Fehler erfordern zur richtigen Erkennung und Bewertung eine dem Strahlengang bei der Reflexion angepasste Anordnung von Sender und Empfänger; z.B. im Falle der Schweißnahtprüfung das Tandemverfahren.

Schwieriger und interessanter aus der Sicht der Anwendung ist der Bereich der Beugung und zwar sowohl der volumetrischen wie der Randbeugung.

Es werden nachstehend einige Rekonstruktionsverfahren behandelt:

2. Ultraschall-Sampling-Holographie. Das Prinzip wurde bereits erläutert. Das empfangene Echo wird mit einer synthetischen Referenzwelle multipliziert, deren Phase aus der Position des Prüfkopfes abgeleitet wird. Entlang der Abtastbahnen entstehen auf diese Weise Signalortskurven, die das Hologramm darstellen [7]. Die Rekonstruktion erfolgt durch Beleuchtung mit kohärenter Strahlung oder aber durch mathematische Simulation dieses Vorganges in einem Rechner [8].

Im Bild 3 ist an einem Modellkörper die laterale Auflösung demonstriert. Es wird ca. eine Wellenlänge erreicht.

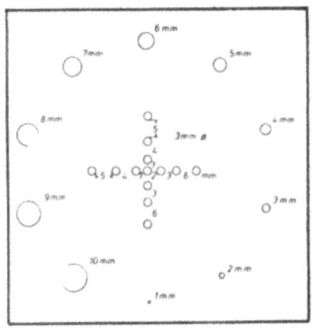 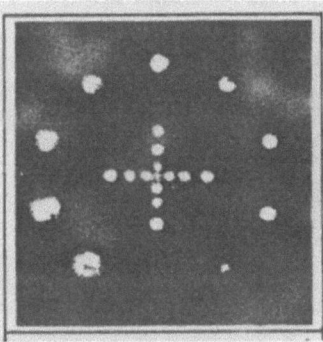

Bild 3:
Laterale Auflösung der Holographie;

λ = 1,2 mm
f = 5 MHz

Im Bild 4 sind Fehler in einer Schweißnaht holographisch aufgenommen und rekonstruiert.

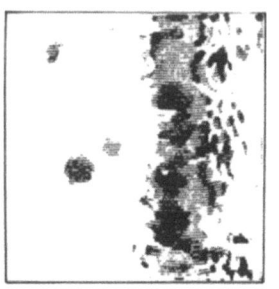 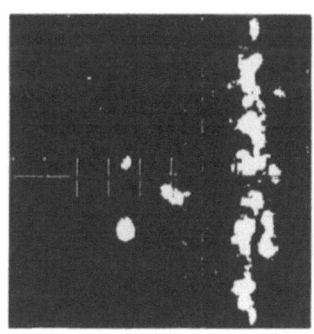

Bild 4:
Hologramm und Rekonstruktion eines Schweißnahtfehlers

3. B-, C-, D-Darstellungen

Aufnahmen mit fokussierendem Prüfkopf. B- und C-Bilder sind seit Jahrzehnten bekannt. Dabei werden die Prüfergebnisse entweder auf eine Schnittfläche senkrecht zur Abtastoberfläche oder auf die Oberfläche projeziert. Die D-Darstellung ist eine räumliche Projektion in eine Ebene. Aus dem Einschallort, dem Einschallwinkel und der Laufzeit erhält man für jedes Signal den Reflektor-Ort x, y, z. Mit der Transformation

$x' = x \cdot \cos \theta + y' \sin \theta$

$y' = (y \cdot \cos \theta + x \cdot \sin \theta) \cdot \sin \varphi + z \cdot \cos \varphi$

entsteht die räumlich wirkende stereometrische Projektion, wobei φ der Azimut und θ der Höhenwinkel ist. Bild 5 zeigt den Schweißnahtfehler gemäß Bild 4 in zwei zueinander senkrechten Projektionen.

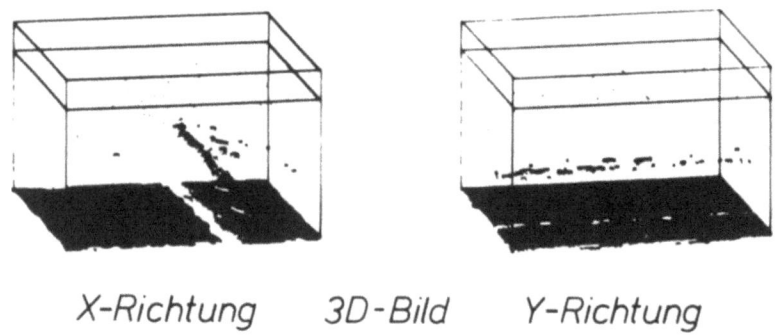

X-Richtung   3D-Bild   Y-Richtung

Bild 5: Räumliche Projektionen eines Schweißnahtfehlers

4. Fehler-Größenbestimmung im Beugungsbereich unter Benutzung mathematischer Modelle.

Die Beugung an Reflektoren einfacher geometrischer Gestalt ist der mathematischen Behandlung zugänglich. Formeln, z.T. nur Näherungen, für die Beugung an der Kreisscheibe, an der Kugel, am Streifen und am Zylinder liegen vor [9, 10, 11, 12, 13]. Das Ergebnis der Rechnungen sind Echo-Ortskurven unter Berücksichtigung der Richtcharakteristiken der verwendeten Prüfköpfe. Die berechneten Ortskurven für die genannten Modelle enthält Bild 6.

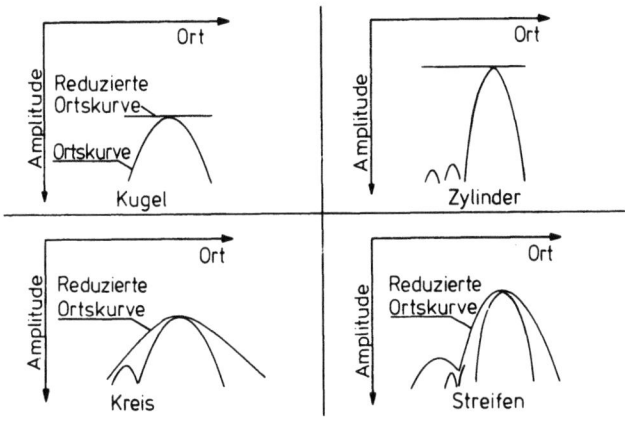

Bild 6:
Berechnete und reduzierte Ortskurven gemäß (1) und (2)

Es steht nun die Frage an, wie man unter Anwendung der Beugungsformeln aus den gemessenen Signalortskurven zur Rekonstruktion des Reflektors kommen kann. Zwei Verfahren sind von Wüstenberg [1], Werneyer, Walte und Klein [14] angegeben worden. Das Letztgenannte sei hier kurz für den Fall der Tandemprüfung erörtert. In der Amplituden-Ortskurve

$$\frac{P}{P_o} = V_{AVG} \, \Gamma_S \, \Gamma_R \, \Gamma_E \, V_k \qquad (1)$$

V_{AVG} = Schalldruck bei Lage des Reflektors auf der akustischen Achse
V_K = Laufzeitkorrektur

sind die Richtcharakteristiken Γ_S, Γ_R und Γ_E von Sender, Reflektor und Empfänger überlagert. Γ_S und Γ_E sind bekannt; ebenso V_K. Die reduzierte Ortskurve

$$\left(\frac{P}{P_o}\right)_{red} = \frac{P}{P_o} \frac{1}{\Gamma_S \, \Gamma_E \, V_K} = V_{AVG} \, \Gamma_R \qquad (2)$$

enthält nur noch die Richtcharakteristik des Reflektors. Da der flächige Reflektor eine größere Richtwirkung hat als der räumliche, bieten die reduzierten Ortskurven gemäß Bild 6 ein Hilfsmittel für die Unterscheidung dieser beiden Formen. Die Ausdehnung senkrecht zur Einfallsebene, d.h. bezogen auf die Modelle die Unterscheidung zwischen Kugel und Zylinder bzw. Scheibe und Streifen; beeinflußt ebenfalls das Entfernungsgesetz. Kugel und Scheibe einerseits bzw. Zylinder und Streifen andererseits können daher durch Messungen aus unterschiedlicher Entfernung unterschieden werden. Gemäß Bild 7 liefern Impuls-Echoprüfung, Schallweg 1, und Tandemprüfung, Schallweg 2, derartige Messwerte.

Zu den weiteren Einzelheiten der Anwendung der Beugungsmodelle sowie der Durchführung der Reflektorrekonstruktion wird auf die Originalarbeit verwiesen.

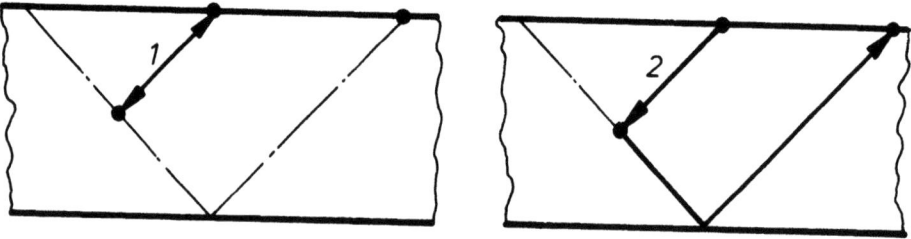

Bild 7: Schallwege bei Impuls-Echo- und Tandemprüfung

Einige Ergebnisse sind in Tabelle 2 zusammengestellt: Man erkennt, daß
die rekonstruierten Durchmesser und Breiten unabhängig von der Neigung
mit den tatsächlichen Werten gut übereinstimmen. Erwartungsgemäß sind
die Abweichungen der Kreisscheiben-AVG-Werte sowohl bei den voluminösen
wie bei den geneigten flächigen Reflektoren sehr erheblich.

Tabelle 2: D_R = Durchmesser bzw. Breite des Reflektors
ϱ_R = Neigung des Reflektors in Grad

Modell	D_R	ϱ	rekonstruiert D_R	rekonstruiert ϱ	AVG-ausgewertet D_R
Kugel	3	-	3,25	-	1,2
Zylinder	4	-	3,92	-	4,5
Streifen	6	10	6,3	6	3,8
Kreis	6	5	5,04	2	1,8

5. Erkennung von Ortskurven; Rekonstruktion der Fehlerränder.

In der Praxis sind die Prüfwerte durch Untergrund gestört; die Signale
von verschiedenen Reflektoren und Schallwegen sind weitgehend überlagert, insbesondere bei Schallbündeln mit großen Öffnungswinkeln. Zusätzlich wird jeder Reflektor aus mehreren Richtungen angeschallt.

Zunächst zeigt Bild 8 schematisch Amplituden- und Laufzeit-Ortskurven
bei Senkrecht- und Schräganschallung einer Zylinderbohrung. Derartig
einfache und ungestörte Ortskurven kommen in der Praxis jedoch nicht

vor.

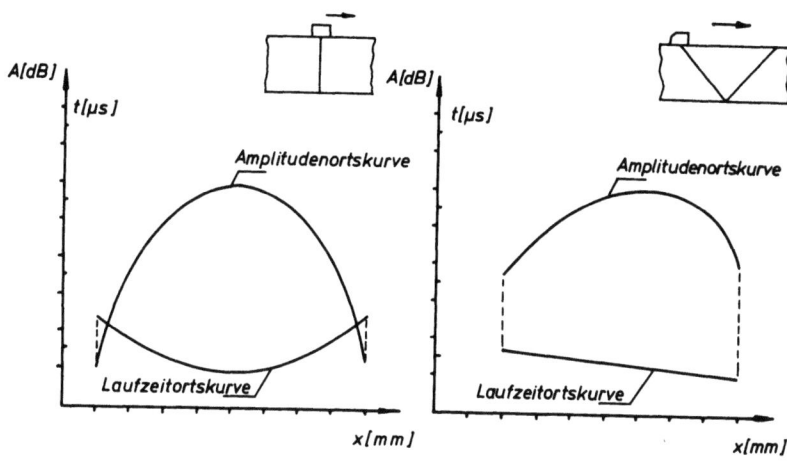

Bild 8: Signalortskurven - schematisch -

Bild 9 enthält Amplituden- und Laufzeitortskurven für die gleiche Bohrung, jedoch für mehrere Laufwege im Prüfkörper. Zusätzlich liegen reale Fehler in den Schallwegen zur Bohrung vor.

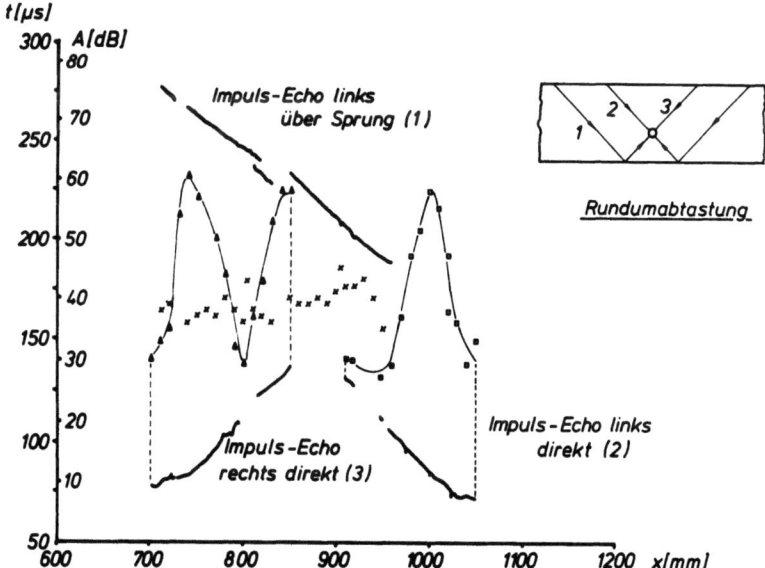

Bild 9: Signalortskurven einer Zylinderbohrung für 3 Laufwege

Man erkennt relativ ungestörte Laufzeitortskurven, aber für die Schallwege 1 und 3 erhebliche Schwankungen und Einbrüche in den Amplitudenkurven. Obwohl die Reflexe von den störenden realen Fehlern bereits vor Erstellung des Bildes aussortiert sind, ist eine Auswertung der Amplitudeninformation zumindest für die Schallwege 1 und 3 fast unmöglich. Dagegen lassen die wenig gestörten Laufzeitortskurven eine Rekonstruktion zu. Der Rand des Reflektors setzt sich dabei aus Abschnitten von Kreisen zusammen, die von den Einschallorten aus mit dem der Laufzeit entsprechenden Laufwegen aufgetragen werden. Das Ergebnis ist im Bild 10 dargestellt. Die Bohrung ist nach Lage und Durchmesser maßstabgerecht ebenfalls eingetragen.

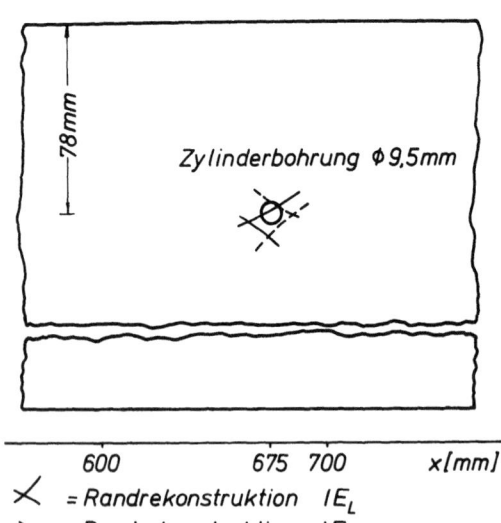

Bild 10:
Randrekonstruktion
einer Zylinderbohrung

Bild 11 zeigt zum gleichen Objekt alle Laufzeitortskurven der Impuls-Echo-Prüfung von links. Die Kurven der Abbildung 9 sind umrandet.
Man erkennt:
- Parallel laufende geneigte Geraden, die je einem Reflektor und Schalllaufweg zugeordnet sind
- horizontal struktuierte, d.h. vom Einschallort unabhängige Anzeigen, die im wesentlichen dem Eintritts-Echo und der Streuung an der Rückwand, mittlerer Bildteil, zuzuordnen sind
- statistisch verteilte Anzeigen; Störungen unbekannter Herkunft.

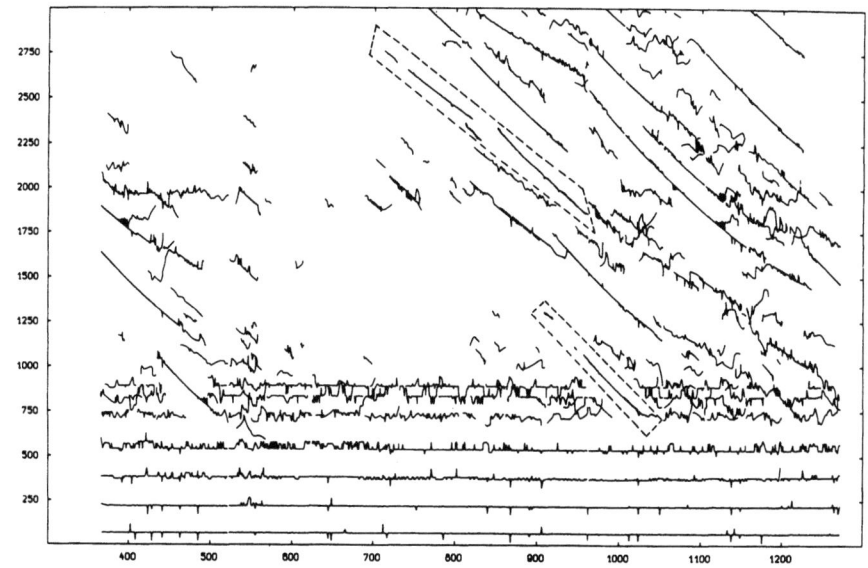

Bild 11: Laufzeitortskurven einer Impuls-Echo-Prüfung von links.

Zur Rekonstruktion der Reflektoren werden zunächst die erstgenannten Kurven herangezogen. Zu jedem Einzelwert auf diesen Laufzeitortskurven gehört ein bestimmter Amplitudenwert. Mit Hilfe der Laufzeitortskurven können somit die jedem Schallweg zugeordneten Amplitudenortskurven selektiert werden. Zusätzlich zur Randrekonstruktion kann nach Standardmethoden einschließlich der vorgenannten Beugungsmodelle ausgewertet werden, soweit die Amplitudenschwankungen das zulassen.

Diese von den Laufzeitortskurven ausgehende Datenanordnung führt zu einer wesentlichen Entstörung. Es wird sowohl stochastischer wie kohärenter Untergrund eliminiert. Die beim Prüfablauf auftretenden Amplitudenschwankungen beeinflussen das Laufzeitdiagramm nicht.

7. Diskussion und Zusammenfassung. Die Ermittlung von Form, Struktur und Lage von Werkstoffehlern aus den bei zerstörungsfreien Prüfungen anfallenden Meßdaten ist ein zentrales Thema der Forschung und Entwicklung auf diesem Gebiet. Einige der hierbei im Bereich der Ultraschallprüfung verfolgten Wege wurden in groben Zügen erläutert. Dabei werden die Meßdaten beim Abtasten der Prüfobjekte mit kleinen Prüfköpfen gesampelt. Bei der holographischen Rekonstruktion wird überwiegend die Phaseninformation verarbeitet. Es handelt sich um eine Abbildung im

klassischen Sinne. Bei den anderen dargestellten Verfahren werden Amplitude und Laufzeit der Reflexe zur Rekonstruktion und Störunterdrückung ausgenutzt. Es wird immer die gesamte beim Abtasten anfallende Information verarbeitet. Zur Klassierung der Reflektoren werden mathematische Beugungsmodelle benutzt.

Die dargestellten Methoden befinden sich zur Zeit in der anwendungstechnischen Erprobung, d.h. an der Schwelle zur Anwendung. Die Erfahrug am Objekt ist noch gering. Es wird aber erkennbar, daß die zur Rekonstruktion oder Abbildung notwendigen Voraussetzungen in den Grundzügen vorliegen:

- Die Meßtechnik für die Aufnahme der umfangreichen zur Rekonstruktion erforderlichen Signale,

- das physikalische Verständnis der Wechselwirkung zwischen Reflektor und einfallender Ultraschallwelle

- sowie die Konzepte, die mathematischen Modelle und die Rechenprogramme zur Durchführung der Rekonstruktion.

Literatur

1. Wüstenberg, H., Mundry, E.: Consideration of the ultrasonic testing method as an information transfer system. British Journal of NDT 15 (1973) 2, S. 36-42
2. Walte, F., Werneyer, R., Horst, B.: Zur Bestimmung von Prüfzonen bei der Ultraschallprüfung nach dem Tandemverfahren. Materialprüfung 19 (1977) 5, S.174-177.
3. Hildebrand, B.P., Brenden, B.B.: An Introduction to acoustical Holography. Plenum/Rosetta Edition.
4. Aldrige, E.E.: Ultrasonic Holography, Phys. Bull 20, 1, 10-17 Engineering, 208, 5386, p. 71-74
5. Figlhuber, A., Ruthrot, K.: Datenverarbeitung bei Ultraschallwiederholungsprüfungen an Reaktordruckbehältern. Vortrag auf der Vortragstagung 1974 zerstörungsfreie Materialprüfung in Nijmwegen, Mai 1974.
6. Koppelmann, J.: Härtetiefenmessung an Stahlwalzen mit Ultraschall. Materialprüfung 9 (1967) S. 401 ff.
7. Schmitz, V.: Fehlerbildrekonstruktion mittels Ultraschallholographie. Materialprüfung 18 (1976) Nr. 9 September, S. 308-312.
8. Aoki, Y.: Optical and numerical reconstruction of images from sound wave Holograms. IEEE Vol. AU - 18, No 3, September 1970, S. 258
9. Schoch, A.: Schallreflexion, Schallbrechung und Schallbeugung. Ergebnisse der exakten Naturwissenschaften Bd. XXIII (1950, S.127-234.
10. Stenzel, H., Brosze, O.: Leitfaden zur Berechnung von Schallvorgängen. Springer-Verlag, Berlin-Göttingen-Heidelberg 1958.
11. Wüstenberg, H., Mundry, E.: Die Eigenschaften zylindrischer Bohrungen als Testfehler in der Ultraschallprüfung. Vortrag auf der 6. ICNT, Hannover 1970.

12. Ermolov, I.N.: The reflection of ultrasonic waves from targets of simple geometry. Non-destructiv-testing 5 (1972), S. 87 ff.
13. Shcherbinskii, V.G., Belyi, V.E.: New informative index for the nature of flaws in ultrasonic inspection. Detectoskopiya 3 (1975) S. 27-37.
14. Werneyer,R., Walte, F., Klein, M.: Mathematisches Modell zur Fehlerrekonstruktion bei der Ultraschall-Impulsecho- und Tandemprüfung und experimentelle Ergebnisse. Vortrag auf der Tagung 1977 Zerstörungsfreie Materialprüfung, Bremen Mai 1977.

MUSTERERKENNUNG BEI DER AUTOMATISIERUNG

VISUELLER PRÜF- UND ARBEITSVORGÄNGE

IN DER FERTIGUNG

PATTERN RECOGNITION FOR AUTOMATION OF

VISUALLY CONTROLLED INSPECTION

AND MANUFACTURING OPERATIONS

A. Schief

Institut für Informationsverarbeitung in Technik
und Biologie der Fraunhofer-Gesellschaft, 7500 Karlsruhe

D. Mangelsdorf

Siemens AG, Zentralbereich Technik, 8000 München

Zusammenfassung / Summary

Visual inspection is a cost-factor and a problem of quality and reliability in modern industry. Opto-electronics and pattern recognition is one way to the automation of visually controlled operations in the factory. A brief review of different methods and techniques is given. Applications in the field of identification and orienting parts and of automatic inspection and gaging systems are discussed.

1. Muster und Mustererkennung

Muster sind strukturierte Signale, die diskreten Musterklassen zugeordnet werden können. Muster einer Klasse besitzen gemeinsame Merkmale, weisen jedoch untereinander im allgemeinen stochastische Abweichungen auf. In der Fertigungstechnik treten Aufgaben der optischen Mustererkennung auf bei

- Sichtprüfung im Qualitätswesen [1],
- Ordnen, Identifizieren und Positionieren von Werkstücken
  z.B. mit Industrierobotern [2],
- Positionieren und Überwachen von Werkzeugen.

Unter reproduzierbaren und definierten Fertigungsbedingungen hergestellte Werkstücke führen bei ihrer optischen Abbildung unter festen Beobachtungswinkeln häufig zu Mustern mit geringen Formunterschieden innerhalb einer Klasse (Bild 1).

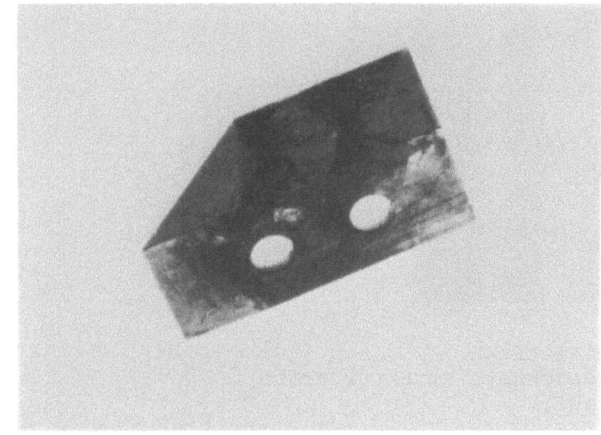

Bild 1 a) Werkstück, unter einem beliebigen Winkel gesehen.

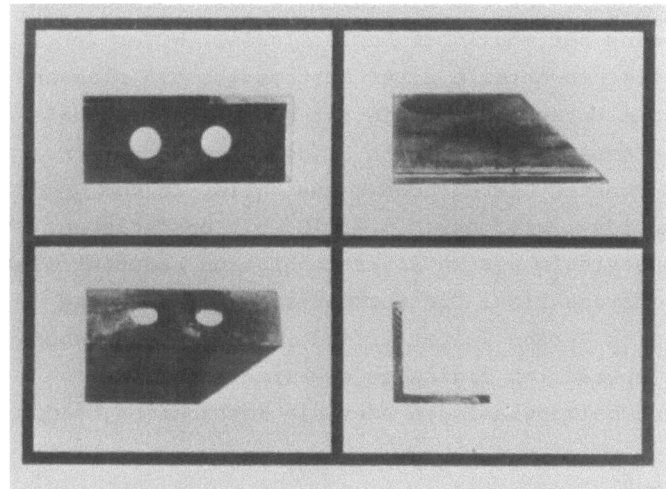

Bild 1 b) Diskrete Lagen des Werkstückes auf einer Fläche, ohne zusätzliche Einschränkung des Drehfreiheitsgrades um die Achse senkrecht zur Auflagefläche. Jede Auflageart stellt eine Musterklasse dar.

Stochastische Abweichungen sind durch Oberflächenfehler, Verschmutzungen, Grate, Glanzlichter und Schatten bedingt. Oberflächeneigenschaften, z.B. lackierte Flächen unterschiedlicher Qualität (Bild 2),

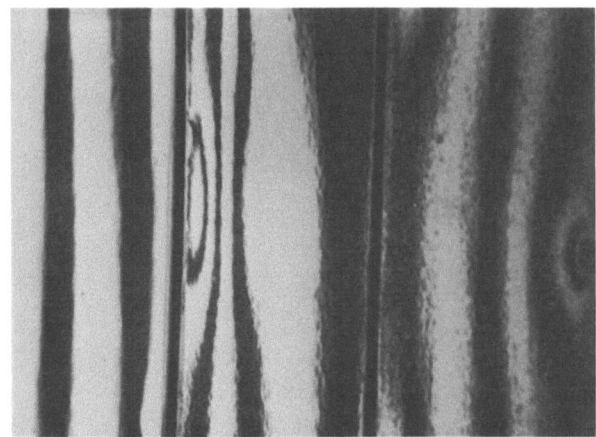

Bild 2 Unterschiedliche Lackqualitäten.
Die mit Orangenhaut bezeichnete Struktur tritt
unterschiedlich stark auf.

ergeben bei ihrer Abbildung nichtdeterministische Muster (Texturen),
die nur mit statistischen Kenngrößen beschrieben werden können.

Die Aufgabe der Mustererkennung ist die Einordnung eines vorliegenden
Musterrepräsentanten in eine der möglichen Musterklassen. Wegen der
i.a. vorhandenen stochastischen Anteile eines Musters ist die Klassenzuordnung eine statistische Entscheidung, die mit einem Fehler behaftet sein kann [3]. Der Informationsgehalt von Bildern ist hoch, ein
aus 500 Zeilen zu je 500 Punkten bestehendes Fernsehbild, in dem
128 Grauwerte aufgelöst werden, wird durch $1{,}75 \cdot 10^6$ bit beschrieben.
Die Einordnung von Bildmustern in wenige diskrete Klassen bedeutet also
eine sehr hohe Informationsreduktion. Die automatische Verarbeitung
dieser Informationsmengen in kurzen Zeiten erfordert je nach Aufgabenstellung den Einsatz von speziellen digitalen elektronischen Prozessoren oder von Datenverarbeitungsanlagen oder die Kombination beider.

2. Eine Einteilung der Aufgaben der Mustererkennung in der Fertigungstechnik

Die unterschiedlichen Bereiche der Fertigungstechnik stellen verschiedenartige Aufgaben für die Bildverarbeitung und optische Mustererkennung. Die Vielzahl und Unterschiedlichkeit dieser Aufgabenstellungen
ist mit allgemein verwendbaren optischen Sensoren und Verarbeitungsverfahren nicht bewältigbar; für einzelne Aufgabenstellungen sind spezielle Lösungen erforderlich, auf die beispielhaft in Abschnitt 5 ein-

gegangen wird.

2.1 Detektion

Bei der Detektion (binäre Detektion) ist zu entscheiden, ob ein interessierendes Objekt vorliegt oder nicht. In der Fertigungstechnik sind beispielsweise zu detektieren

- Fehler in der Oberfläche von Produkten (Walzgut, Textilien, Lackoberflächen),
- Fehler, Beschädigungen, Verschmutzungen in Glasgefäßen (Flaschen, Ampullen)
- Sicherheitsteile eines montierten Aggregates, von deren Anwesenheit die Betriebssicherheit des Aggregates abhängt,
- bruchgefährdete oder überzählige Teile eines Werkstückes (Gußteile),
- auf einem verschmutzten Förderband ankommende Werkstücke, die sich vom Förderband optisch schlecht abheben (Bild 3);

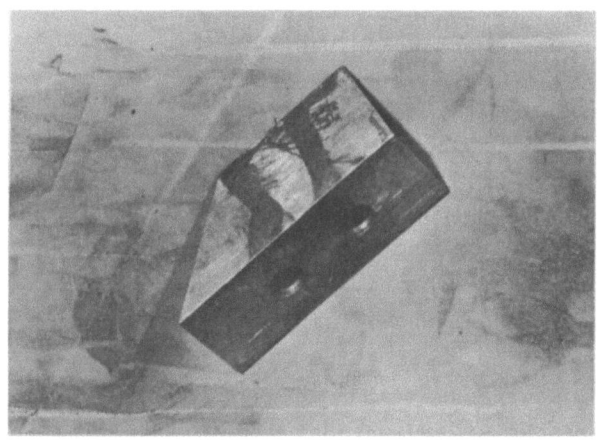

Bild 3 Werkstück auf einem verschmutzten und oberflächenbeschädigten Förderband. Die Detektion des Werkstückes setzt die Trennung der zum Werkstück gehörenden Bildteile von denjenigen des Hintergrundes voraus (Segmentation).

- Hindernisse im Bewegungsraum eines Industrieroboters.

2.2 Klassifikation

Bei der Klassifikation (multiple Detektion), also der Mustererkennung im engeren Sinne, werden vorliegende Musterrepräsentanten diskreten Klassen zugeordnet. Beispiele aus der Fertigungstechnik sind

- Identifizierung von Werkstücken aufgrund von alphanumerischen, Strich- oder Farbkodes,
- Identifizierung und Sortieren von Werkstücken aufgrund ihrer Form,

- Ermittlung der unterschiedlichen Auflagearten eines Werkstückes
  bei der Sichtprüfung, beim Füllen von Magazinen oder bei der Steuerung von Industrierobotern [4] (Bild 1b).

2.3 Extraktion von Parametern

Detektion und Klassifikation liefern Aussagen über diskrete Zustände des Musters. Bei der Extraktion wird die möglichst genaue Messung oder Schätzung eines kontinuierlich veränderlichen Parameters durchgeführt. Die Parameterextraktion aus Bildern umfaßt also Aufgaben im weiten Bereich zwischen Meßtechnik und Bildverarbeitung; häufig sind Aufgaben der Klassifikation oder Detektion mit einer anschließenden Parameterextraktion verknüpft. Beispiele aus der Fertigungstechnik sind:

- Bestimmung der geometrischen Abmessungen von Werkstücken oder Werkzeugen,
- Bestimmung der Positionen (Koordinaten, Drehwinkel) von Werkstücken,
- Schätzung der statistischen Beschreibungsparameter von Texturen (Lackoberflächen, Glas- und Keramikoberflächen usw.)
- Messung optischer Größen wie Farbe, Glanz, Transparenz.

3. Schwierigkeiten bei der Verarbeitung optischer Szenen

Die in der Fertigungstechnik auftretenden Aufgaben der Bildverarbeitung und Mustererkennung wurden bisher weitgehend vom Menschen mit seinen in einer langen Entwicklung erworbenen sensorischen Fähigkeiten übernommen; sein visuelles System ist in der Lage, komplexe optische Szenen ohne erkennbare Schwierigkeiten zu verarbeiten. Natürliche Szenen und Szenen im Bereich der Fertigungstechnik sind gekennzeichnet durch Eigenschaften, die eine automatische Bildauswertung sehr erschweren:

- Gleichzeitiges Vorhandensein von interessierenden Objekten und störendem Hintergrund (Bild 3).
- Gegenseitige Verdeckung von Objekten mit fehlender Segmentierung im Bild (Bild 4).
- Störungen (Rost, Schmutz, Öl, Reflexe, Schatten, inhomogene Beleuchtung, Kratzer, Grate) äußern sich im Bild mit ähnlicher Intensität wie interessierende Objektteile (Kanten, Ecken, Kleinteile).
- Das Bild dreidimensionaler Objekte hängt signifikant vom Aspektwinkel ab (Bild 4).

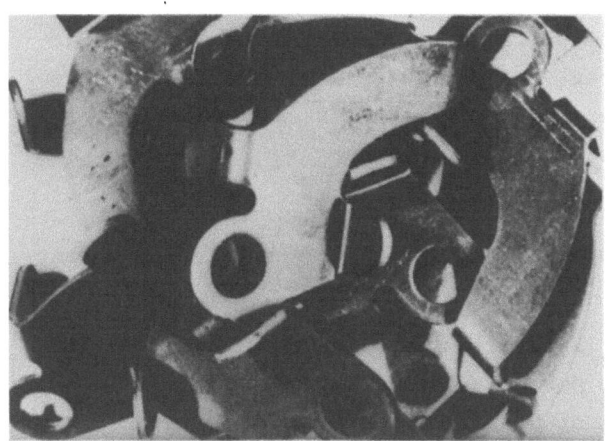

Bild 4 Optische Szene beim "Griff in die Kiste".
Die einzelnen Werkstücke verdecken sich gegenseitig. Durch
Schattenwurf entstehen störende Bildinhalte. Die Aspektwinkel
nehmen jeden beliebigen Wert an und zeigen das Werkstück in
einer Vielzahl von Erscheinungsformen.

Neben der schon genannten Informationsmenge in Bildern bestimmen diese Eigenschaften Rechenaufwand, Speicherbedarf und Fehleranfälligkeit der automatischen Bildverarbeitung. In jedem Einzelfall ist deshalb zu prüfen, ob die Bildverarbeitung am besten automatisch, durch den Menschen allein oder in interaktiver Weise, also durch eine Arbeitsteilung zwischen Mensch und Rechnersystem, durchgeführt werden kann. Gesichtspunkte, die für eine automatische oder interaktive Vorgehensweise sprechen, sind

- Objektivierung und Dokumentation von visuellen Prüfvorgängen,
- Entlastung des Menschen von anstrengenden und monotonen visuellen Tätigkeiten (Sichtprüfung kleiner Strukturen mit dem Mikroskop, Sichtprüfung mit großer Geschwindigkeit oder in ungünstiger Umgebung),
- Entlastung des Menschen von anstrengenden und monotonen visuell koordinierten körperlichen Tätigkeiten (Ordnen und Magazinieren von Werkstücken),
- Miniaturisierung von Elektronik und Feinwerktechnik, die neue Prüf- und Justierverfahren erfordert.

4. Wege zur Vereinfachung sensorischer Aufgaben in der Fertigungstechnik

Beim heutigen Stand der Kenntnisse über die Informationsverarbeitung im visuellen System des Menschen und beim heutigen Stand der Rechentechnik würde die technische Nachbildung der vollen Leistungsfähigkeit

und Flexibilität des visuellen Systems zu unwirtschaftlichen Lösungen
führen [5]. Bei der Konzeption wirtschaftlich vertretbarer bildverarbeitender Sensoren für Aufgaben der Fertigungstechnik sind jedoch zwei
Voraussetzungen gegeben, deren Berücksichtigung zu wesentlichen Vereinfachungen der sensorischen Aufgaben führen kann:

4.1 Sensorfreundliche Gestaltung optischer Szenen

Der Schwierigkeitsgrad der automatischen Mustererkennung hängt wesentlich ab von den Parametern

- Zahl der Helligkeitsstufen (Binärbild oder Grauwertbild)
- Zahl der Drehfreiheitsgrade der Objekte (Werkstücke usw.),
- Zahl der im Gesichtsfeld eines Sensors vorhandenen Objekte.

Häufig ist die aus einer Szene zu entnehmende Information in einem Binärbild (Schwarz-Weiß-Bild) enthalten. Beispielsweise ist eine Entscheidung über die Art der Auflage, über die Koordinaten und den Drehwinkel eines Werkstückes (Bild 1) schon mit Hilfe der Kontur möglich.
Durch Beobachtungs- und Beleuchtungsmaßnahmen (Durchlicht, Auflicht,
Farbe, Gestaltung des Hintergrundes) ist die Szene nach Möglichkeit so
zu verändern, daß mittels einer elektronisch durchgeführten Schwellwertoperation am Ausgang des Bildwandlers (Fernsehkamera, Diodenzeile
oder -matrix) ein binäres Signal entsteht (Bild 5).

Bild 5 a) Binärbild des unter einem beliebigen Winkel aufgenommenen
Werkstücks nach Bild 1a.

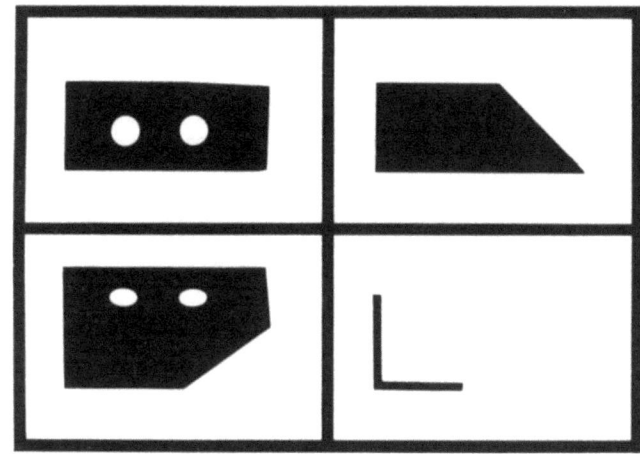

Bild 5b) Binärbilder der in Bild 1b dargestellten diskreten Lagen eines Werkstückes, gewonnen im Durchlicht. Für die Gewinnung von Binärbildern stehen Beleuchtungs- und Abbildungsverfahren zur Verfügung, die unter Bedingungen des praktischen Betriebs eingesetzt werden können.

Dadurch werden Störungen, die im Grauwertbild in Erscheinung treten, unterdrückt; die zu verarbeitende Informationsmenge wird wesentlich reduziert [6, 7, 8]. Wenn die Information über ein Objekt nicht in der Kontur enthalten ist, können durch angepaßte Beleuchtungs- und Abbildungsmaßnahmen die interessierenden Bildinhalte in vielen Fällen hervorgehoben werden (Farbe, Beleuchtungs- und Beobachtungsrichtung). Durch Lichtschnittverfahren [9, 1o] ist es möglich, körperliche Eigenschaften eines Objektes in Binärbilder umzuwandeln.

Die Lage eines Objektes bezüglich der optischen Achse eines Bildwandlers bestimmt wesentlich die Form des Bildes. Durch Einhaltung eines bestimmten Abstandes werden Größenschwankungen eliminiert. Bei Beobachtung unter beliebigem Blickwinkel erhält man ein Kontinum möglicher Bildformen; Bild 1a zeigt ein Werkstück unter einem beliebigen Winkel, Bild 5a das dazugehörige Binärbild. Die Erkennung eines Werkstückes unter beliebigen Aspektwinkeln ist mit einfachen Masken- oder Korrelationsverfahren nicht möglich [10]. Viele Werkstücke nehmen auf einer waagerechten Ebene wenige stabile Auflagearten an. Bei Beobachtung senkrecht zu dieser Ebene und bei genügend kleinem Bildwinkel ergibt jede Auflageart eine feste Bildform, also ein einziges Muster, das in

der Bildebene unter jedem **Drehwinkel** auftreten kann (Bild 1b, Bild 5b).
Die Klassifizierung **eines** solchen **Bildes** nach den Auflagearten sowie
die Messung der Lage und des Drehwinkels sind grundsätzlich durch Maskenvergleich oder Korrelation möglich[4]; neben den Parallelverschiebungen sind dabei Drehungen des Vergleichsmusters durchzuführen. Wird
auch noch der Drehfreiheitsgrad der Werkstücke auf der Auflageebene
vermieden oder beseitigt, so entfällt beim Maskenvergleich oder bei
der Korrelation die Drehung des Vergleichsmusters (Bild 6).

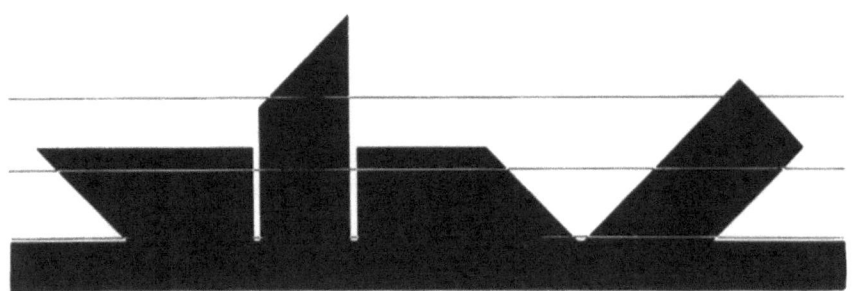

Bild 6 Werden die Drehfreiheitsgrade beseitigt, reduziert sich die
Aufgabe der Bildverarbeitung auf die Ermittlung der Art der
Auflage und auf die Messung der Position quer zum Anschlag.
Diese Information ist in wenigen Fernsehzeilen enthalten. Die
möglichen stabilen Lagen am Anschlag sind für eine der Auflagearten von Bild 5b gezeigt. (Photomontage)

Die Erkennung der Auflagearten eines Werkstückes oder die Unterscheidung verschiedener Werkstücke ist unter diesen Voraussetzungen mit
einfachen optischen oder elektronischen Korrelationen möglich [11, 6].
Beim Ordnen von Werkstücken kann der Drehfreiheitsgrad durch einen
mechanischen Anschlag beseitigt werden, an den die Werkstücke mit
einem Transportband herangeführt werden.

4.2 Ausnutzung der a priori Kenntnisse

In der Fertigungstechnik sind die a priori-Kenntnisse über Objekte in der Regel größer als bei Objekten in natürlichen Szenen. So ist beispielsweise beim Ordnen von industriell gefertigten Teilen im allgemeinen die Art und Form des Werkstückes bekannt; der Sensor braucht diese vorhandenen Kenntnisse nicht mehr aus dem Bild zu ermitteln und kann sie deshalb bei der Bestimmung der Auflageart und Position unmittelbar verwerten. Durch Ausnutzung der a priori-Kenntnisse läßt sich erreichen, daß der Lernvorgang, der bei Mustererkennungssystemen bei jedem neuen Musterkollektiv notwendig ist [3], schneller und einfacher und der für die Speicherung der Lerndaten erforderliche Speicherraum des Erkennungssystems reduziert wird. Außerdem ist es möglich, die für die Erkennung erforderliche Informationsmenge schon bei der Bildabtastung wesentlich zu reduzieren [6, 12].

5. Beispiele für ausgeführte bildverarbeitende Systeme

Die Einführung von Mustererkennungssystemen für Automatisierungsaufgaben in der Fertigung steht heute noch am Anfang einer weitreichenden Entwicklung. Verschiedene technische Lösungen bieten sich an. Auf der Sensorseite stehen sowohl elektronenoptische Bildwandler, beispielsweise Fernsehkameras, als auch Halbleiterwandler zur Verfügung.

5.1 Fernsehsensor mit Mikroprozessor für Industrieroboter [6]

Eine in der Fertigung häufig auftretende Aufgabe ist das Ordnen von ungeordnet in Kisten angelieferten Werkstücken. Beim unmittelbaren "Griff in die Kiste" mit Hilfe eines Greifers, der durch einen optischen Sensor gesteuert wird, kommen die in Abschnitt 3 genannten Schwierigkeiten voll zur Wirkung. Durch Anwendung der in Abschnitt 4 vorgeschlagenen Wege wird die sensorische Aufgabe vereinfacht.

Der "Griff in die Kiste" wird nicht in einem Schritt durchgeführt. Zunächst werden die Werkstücke vereinzelt und auf einer Ebene, beispielsweise auf einem Transportband, in das Gesichtsfeld des optischen Sensors gebracht. Der verbleibende Drehfreiheitsgrad um eine Achse senkrecht zur Auflageebene wird beseitigt, indem die Werkstücke an einen mechanischen Anschlag geführt werden. Die sensorische Aufgabe reduziert sich dadurch auf die Ermittlung der Auflageart des Werkstückes und der Lage parallel zum mechanischen Anschlag. Durch Verwendung eines transparenten Transportbandes und Durchlichtbeleuchtung wird ein binär-wertiges Konturbild erzeugt; dieses Verfahren ist sehr unempfindlich gegenüber den im Betrieb vorkommenden Verschmutzungen und Beschädigungen des Bandes.

Als Bildwandler wird eine konventionelle preisgünstige Fernsehkamera verwendet. Die Information über Auflageart und -ort des Werkstückes ist in wenigen festen Zeilen des Fernsehbildes, die parallel zum Anschlag liegen, enthalten. Es genügt also, diese wenigen Fernsehzeilen schon während der Bildaufnahme durch die Fernsehkamera durch elektronische Zähler auszuwählen und nur die in ihnen enthaltene Information, nämlich die Koordinaten der Schwarz-Weiß-Übergänge, weiterzuverarbeiten (Bild 6). Die Differenzen dieser Koordinaten werden als Merkmalvektor aufgefaßt und mit Hilfe eines Mikroprozessors mit eingespeicherten Referenzvektoren der diskreten Auflagearten verglichen.

Die Einspeicherung der Referenzvektoren - der Lernvorgang bei einem neuen Werkstück - erfolgt mit Hilfe des Gerätes selbst. Das Werkstück wird der Fernsehkamera in den möglichen Lagen am Anschlag dargeboten; wenige für die Klassifikation günstige Zeilen werden durch Beobachtung auf einem Monitor ausgewählt und die auf diesen Zeilen liegenden Schwarz-Weiß-Übergänge durch Betätigung eines Schalters abgespeichert. Der Lernvorgang des Systems ist also ohne besondere Kenntnisse der Datenverarbeitung durchführbar, zeitsparend und sofort überprüfbar ("optisches teach in").

Die Verwendung einer serienmäßigen Fernsehkamera, elektronischer Ausworteschaltungen und eines Mikroprozessors ergibt einen preisgünstigen, autarken und schnell arbeitenden Sensor (Bild 7). Sensorsysteme für Werkstücke mit mehr Freiheitsgraden arbeiten ebenfalls unter Verwendung der in Abschnitt 4 beschriebenen Vereinfachungsmöglichkeiten [10, 12].

Bild 7
Elektronisches Auswertegerät eines mikroprozessorgestützten Fernsehsensors [6].

5.2 Elektronenoptische Bildwandlersysteme zur quantitativen Bildanalyse

Ausgehend von der gut beherrschten, elektronischen Bildabtastung und Übertragung in der Fernsehtechnik entstanden schon früh spezielle, kommerzielle Geräte zur quantitativen Bildanalyse; Bild 8.

Bild 8: Bildanalysegerät Zeiss-Mikro-Videomat

Das meist von einer konventionellen Optik, beispielsweise Photoobjektiv oder Lichtmikroskop, erzeugte Bild wird von einer Fernsehkamera erfaßt. Je nach Aufwand oder Geräteart verarbeitet eine analoge Elektronik oder ein Digitalrechner das, der Bildpunkthelligkeit proportionale Videosignal.

Prüfmerkmale können sein: größter oder kleinster Durchmesser eines Objektes, relative oder absolute Flächenanteile von Merkmalen in einem vorgegebenen Meßfeld oder die Häufigkeit eines oder mehrerer Merkmale. Spezielle Systeme - TV-tracker - sind mit Servoeinrichtung kombiniert, um auch Bewegungsabläufe zu verfolgen.

Im weitesten Sinne werden stereometrische Analysen wie beispielsweise die Objektklassifizierung nach deren Helligkeits-, Flächen-, Durchmesser-, oder Formverteilung durchgeführt. Anwendungen ergeben sich in der Werkstofftechnik zur Analyse von Probenzusammensetzungen oder zur Auswertung von Röntgenbildern, in der Meß- und Prüftechnik für Aufgaben der Dimensionskontrolle oder zur Analyse von Temperaturverteilungen bei Verwendung IR-empfindlicher Bildaufnahmeröhren und in der Montagetechnik zur Erfassung von Lage oder Orientierung bei Teilen [13, 14, 15].

Linearität und Genauigkeit üblicher Fernsehkameras sind meist nicht ausreichend für exakte, absolute Geometrie- oder Maßbestimmungen, wie sie in der Fertigungstechnik benötigt werden. Spezielle, hochwertige Ansteuerelektroniken oder die Überlagerung geometrisch exakt definierter Bezugsgrößen (z. B. optisches Einblenden oder das Aufdampfen eines Meßgitters auf die Vidiconfläche) können Ungenauigkeit und Driften der analogen Fernseh-Bildabtastung z. T. eliminieren [16, 17].

Besonders nachteilig für eine digitale Erfassung und Auswertung der Bildinformation bei üblichen Fernsehkameras ist die zeilenförmige Bildabtastung nach der starr vorgegebenen Fernsehnorm. Dies führt zu hohem Aufwand in der Anpasselektronik und in der Informationsverarbeitung. Eine interessante Alternative für Aufgaben der Mustererkennung ist die Verwendung einer "Image-Dissector-Tube" (IDT) als Sensor. Die IDT arbeitet nach dem Prinzip des Photomultipliers, wobei jeder Punkt der flächenhaften Photokathode elektronenoptisch auf eine kleine Aperturblende des nachgeschalteten Vervielfachers abgebildet wird. Der besondere Vorteil dieses Sensors liegt darin, daß keine Bindung an eine feste Abtastnorm und kein Zwang zur periodischen Entladung der photoempfindlichen Schicht besteht! Jeder Bildpunkt ist in beliebiger Reihenfolge beliebig oft ansteuerbar bzw. abzutasten. Nachteilig ist der ebenfalls analoge Systemaufbau mit dem Zwang zum höheren Aufwand, um bei gegebener Genauigkeitsforderung Verzeichnungen zu eliminieren und Langzeitstabilität zu erreichen.

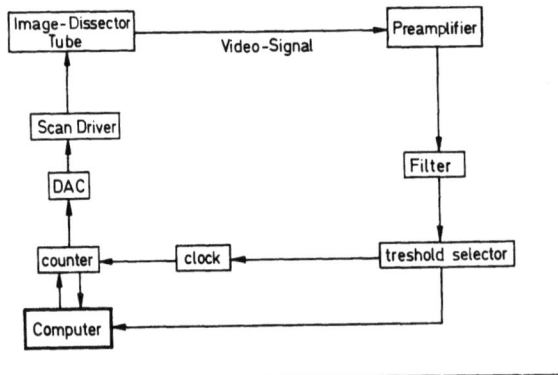

Bild 9: Rechnergestützte Bildabtastung mittels IDT-Sensor

Bild 9 zeigt das Blockschaltbild eines Prüfsystems für eine Ansteuerkoordinate. Abtastort, "scan"-Rate und Abtastform werden per Programm über einen Prozeßrechner vorgegeben. Die freie Abtastform ermöglicht spezielle Such- und Auswertstrategien bei der Mustererkennung [18].

5.3 Einsatz von Halbleiter-Bildwandlern zur Bestimmung von Form, Maß, Lage und Beschaffenheit in der Fertigung

Neben opto-elektronischen Bildwandlern werden in zunehmendem Maße Halbleitersensoren für Prüf- und Erkennungsaufgaben entwickelt und eingesetzt. Zeilenförmig angeordnete Photodioden bis zu ca. 2000 Elementen oder Festkörperkameras mit ca. 200 x 200 Bildpunkten einschließlich Ansteuerung in hochintegrierter Technik sind handelsüblich.

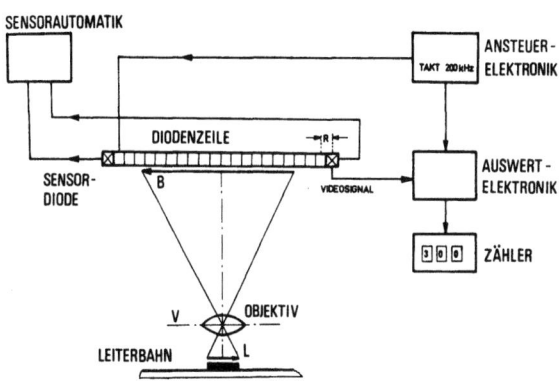

Bild 10: Photodiodenzeilen-Meßwandler

In Bild 10 ist das Arbeitsprinzip eines derartigen Sensors dargestellt. Der Prüfling - beispielsweise eine Leiterbahn auf einer Druckvorlage der Feinätzverdrahtungstechnik - wird über ein Objektiv auf die Photodiodenzeile abgebildet. Eine Ansteuerlogik fragt den aktuellen Ladungszustand der einzelnen Zeilenelemente ab. Das Videosignal gelangt in die Auswertelektronik in der das zunächst analoge Signal ab einem Schwellwert in eine logische "1" (z. B. hell) oder unterhalb dieses Schwellwertes in eine logische "0" (dunkel) bewertet wird. Die Zahl der beleuchteten Dioden ist ein Maß für die Breite der Leiterbahn.

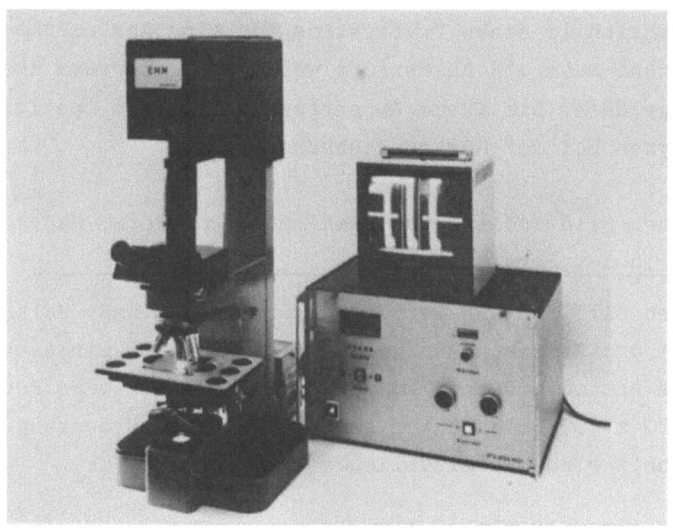

Bild 11: Elektronisches Feinmeßmikroskop für die Halbleitertechnologie

Nach diesem Prinzip arbeitet ein automatisches Meßmikroskop mit digitaler Meßwertanzeige für die Prüfung von Masken der Halbleitertechnologie. Bei einem Meßbereich von 70 µm wird eine Meßunsicherheit von ± 0,1 µm erreicht. Elektronische Blenden gestalten den Meßbereich variabel; Bild 11

Derartige Geräte ermöglichen die automatische, präzise Bestimmung von Längen und Abständen bei Fertigungsteilen. Bei dieser speziellen Form der Mustererkennung steht die exakte, selbsttätige Kantenfindung im Vordergrund. Das zeitaufwendige, unsichere, subjektive Beurteilen und Einfangen der Objektkanten entfällt. Ähnliche Meßlupen und Meßmikroskope sind beispielsweise für Aufgaben in der Feinätzverdrahtungstechnik mit gutem Rationalisierungserfolg im Fertigungseinsatz [17].

Bei den im vorhergehenden Abschnitt beschriebenen Längenmeßgeräten wird letztlich eine Meßlatte in Form der Photodiodenzeile statisch auf das Objekt gelegt. Eine definierte Relativbewegung zwischen dem eindimensionalen Sensor und dem Gegenstand ermöglicht darüber hinaus die vollständige Erfassung des Gegenstandes bzw. des Bildinhaltes. Dieser wird dabei in diskrete Bildpunkte aufgelöst und als "bit-Muster" in den Speicher eines Mikroprozessors oder Prozessrechners eingeschrieben. Durch einfache Abzähl-Algorithmen sind per Programm Form-, Maß-, Lage- und Beschaffenheitsprüfungen an Teilen durchführbar; Bild 12.

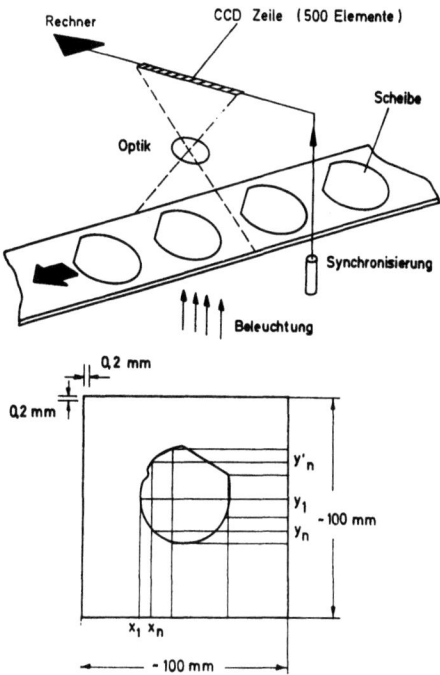

Bild 12: Anordnung zur Prüfung von Platinen

Bei dieser Anordnung ist der Meßbereich bzw. das Auflösungsvermögen in der einen Bildkoordinate durch die Diodenzeile begrenzt. In der Vorschubrichtung besteht im Prinzip keine Begrenzung des Abtastbereiches.

Für Prüfaufgaben, bei denen eine flächenhafte Bildauflösung in etwa 100 x 100 Bildpunkten ausreichend ist, bietet sich die Verwendung einer Photodiodenmatrix als Sensor an; Bild 13

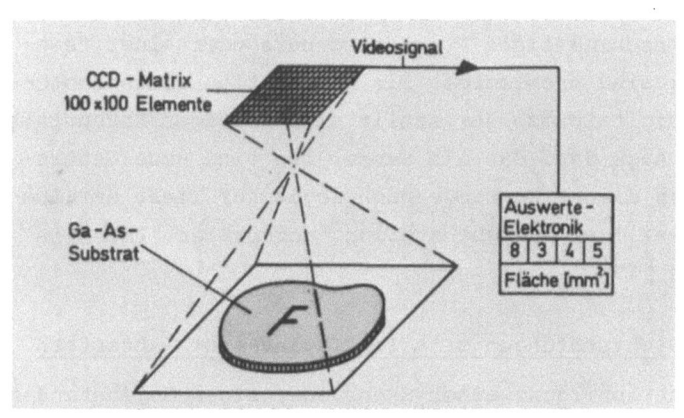

Bild 13: Mustererkennung mittels Photodiodenmatrix

Ein entsprechendes Prüfgerät zeigt Bild 14. Es dient zur Form- und Flächenbestimmung von Halbleiterscheiben.

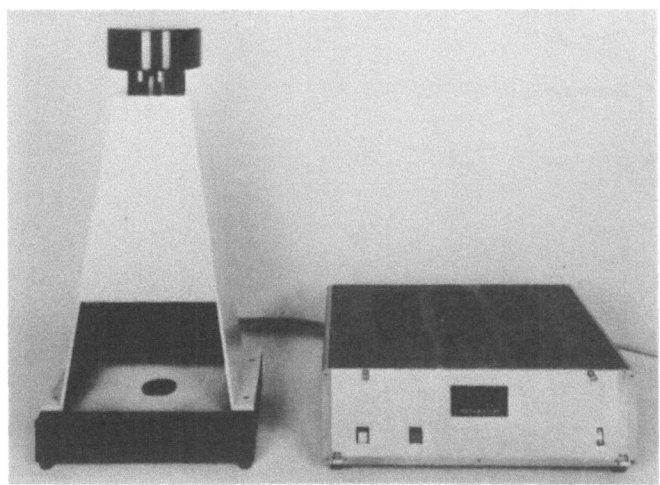

Bild 14. Prüfgerät zur Bestimmung von Form, Maß und Lage eines Teiles

Der Vorteil des Festkörperbildwandlers als Sensor für Aufgaben der Mustererkennung besteht in der unmittelbaren, geometrisch starren Zerlegung eines Bildes in einzelne Bildpunkte. Verzeichnungen und Driften bei der Bildabtastung sind nicht existent. Darüber hinaus sind die gute Lichtempfindlichkeit, der störunempfindliche Aufbau bei kleinen Abmessungen, die völlige Wartungs- und Verschleißfreiheit sowie die einfache Ansteuerlogik ohne spezielle Pegelumsetzung für den Einsatz bei rauhen Umgebungsbedingungen günstig.

Die Nahtstellen für den Anschluß eines Prozessrechners oder einer festverdrahteten Auswertlogik sind problemlos. Die Kombination eines Photodiodenarray's mit einem Digitalprozessor stellt nach heutiger Erkenntnis ein ideales, künstliches Auge dar, das als Sensor für eine neue Generation von Industrierobotern dienen kann. Je nach logischer Tiefe der Auswertung kann ein, der jeweiligen Aufgabenstellung angepaßter "Intelligenzgrad" erreicht werden [19].

5.4 Automatisierung von Sichtprüfungen mittels "flying-spot"-Abtastern

Neben der echten optischen Abbildung einer Szene oder eines Gegenstandes auf ein Bildwandlersystem ist auch ein weiteres Verfahren zur Musterererkennung und Szenenanalyse bekannt. Hierbei wird der Gegenstand durch einen beweglichen Beleuchtungspunkt, beispielsweise über einen ablenkbaren, fokussierten Laserstrahl - "flying-spot" - abgetastet. Breitflächige Empfänger erfassen die durchstrahlte oder reflektierte Lichtintensität. Der "flying-spot", in der kommerziellen DV-Technik zum automatischen Beleglesen gut bekannt, findet heute erste, serienmäßige Anwendungen in der Metall-, Papier- und Textilindustrie zur Erkennung von Fehlermerkmalen wie Kratzer, Risse, Einschlüsse oder Schmutz auf Folien, Blechen, Papier- oder Stoffbahnen [20]. Bild 15 zeigt die Anordnung eines derartigen Abtasters schematisch.

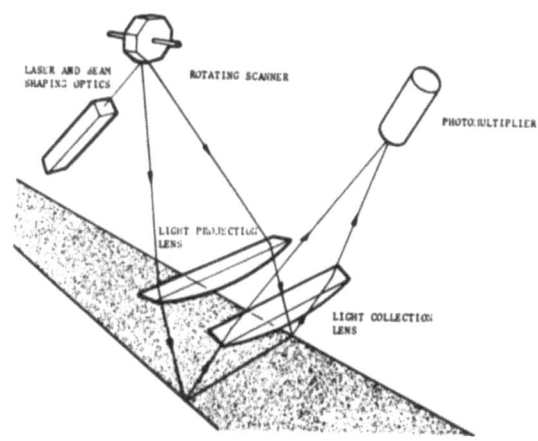

Bild 15: "flying-spot"-Abtaster

In der Maskenfertigung der Halbleitertechnologie sind unzählige Mikrostrukturen auf Maßhaltigkeit und Beschaffenheit zu prüfen. Leiterunterbrechungen und andere Defekte im Maskenbild mit Abmessungen bis herab zu 1 µm Durchmesser müssen aus der verwirrenden Fülle von Einzelgeometrien sicher erkannt und ausgemerzt werden. Diese Prüfungen werden heute noch weitgehend subjektiv, unter Mikroskop von geschultem Personal durchgeführt. Die Entwicklung automatischer Mustererkennungsverfahren zum Aufspüren der meist statistisch verteilten Defekte ist äußerst schwierig aufgrund der hohen Informationsdichten. Ein automatisches Maskeninspektionsgerät nach dem "flying-spot"-Prinzip zeigt Bild 16.

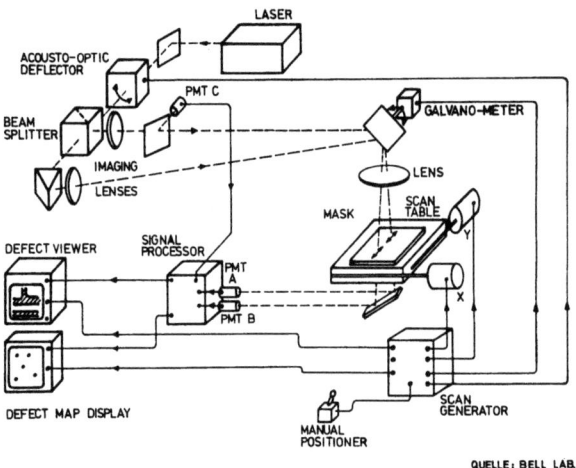

Bild 16: Automatisches Masken-Inspektionsgerät der Halbleitertechnik

Benachbarte Einzelsysteme auf einer Arbeitsmaske werden sequentiell gegeneinander verglichen. Ein elektro-akustisch abgelenkter Laserstrahl wird durch einen Strahlleiter so aufgeteilt, daß an zwei genau definierten Stellen auf der Maske eine synchrone "flying-spot"-Abtastung erfolgen kann. Über Schrittmotorenantriebe des Kreuztisches kann die Maske spaltenweise verfahren werden. Differenzen in den Videosignalen A und B werden als Fehler bewertet, klassifiziert und über Sichtgeräte angezeigt. Aufgrund der reinen Subtraktion zweier Bildinformationen sind hohe Datenmengen einfach und rasch verarbeitbar.

5.5 Spezielle optische Verfahren der Mustererkennung

Eine Übersicht über die Technik der Bildverarbeitung und Mustererkennung wäre unvollständig, wenn nicht auch die rein optischen Verfahren mit erwähnt werden würden [21].

Verschiedene Geräte der klassischen Optik sind bekannt, bei denen zwei Bilder abwechselnd (z. B. durch einen Schwingspiegel) aufeinander projiziert werden. Unterschiedliche Farbfilter in den Strahlengängen sorgen dafür, daß Bilddifferenzen in einer dritten Mischfarbe deutlich kontrastiert werden.

Andere Techniken basieren auf Verfahren der kohärenten oder inkohärenten, optischen Filterung von Bildinformationen. Bild 18 zeigt ein System zur Verbesserung der visuellen Prüfung von Masken der integrierten Schalt kreistechnik. Die Bildinformation derartiger Masken besteht hauptsächlich aus senkrechten oder waagrechten Balken bzw. Linien; "Manhatten"-Strukturen. Gesuchte Störungen und Defekte im Bild sind meist von unregelmäßiger Gestalt.

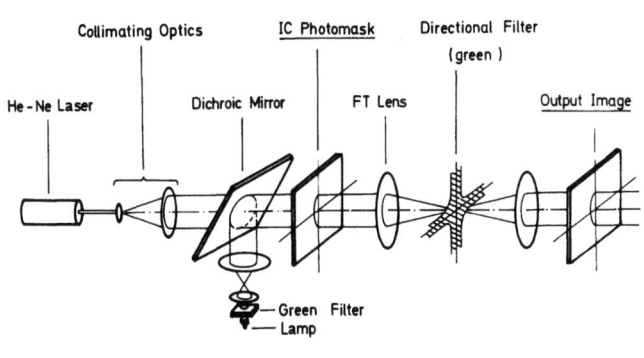

MDI Optical System   Quelle: Toshiba

Bild 17: Kohärent-optische Filterung zur Prüfung von Masken

Um diese Defekte hervorzuheben, wird die Maske mit kohärentem He-Ne-Laserlicht beleuchtet. In der Fourierebene des Abbildungssystemes wird ein Raumfilter (Directional Filter) eingebracht, das alle senkrechten und waagrechten Bildanteile sperrt. In der Beobachtungsebene (Output Image) werden nur die Bildanteile sichtbar, die nicht-orthogonale Strukturen enthalten. Dies sind im wesentlichen die gesuchten Defekte.

Um Art und Umfang der so kontrastierten Bildstörung besser beurteilen zu können, wird das Bild der Maske gleichzeitig reell über eine konventionelle Abbildung mit grünem Lampenlicht in der Bildebene erzeugt, so daß rote "Bildstörungen" in dem grünen Gesamtbild der zu prüfenden Maske deutlich zu erkennen sind.

Anstatt der visuellen Beurteilung ist eine weitere opto-elektronische Bildwandlung und numerische Auswertung der gefilterten Bildinformation denkbar.

6. Entwicklungstendenzen und Grenzen der heutigen Verfahren zur Mustererkennung

Die sichere Erkennung eines gesuchten Musters selbst bei einem hohen Grad von "a priori"-Kenntnissen ist oft ein Problem der optischen Kontrasterzeugung in der zu analysierenden Szene und der geschickten Informationsverarbeitung, da zum Teil hohe Datenraten und Datenmengen bei kurzen Auswertzeiten bewältigt werden müssen, wenn auch nur annähernd die Leistungsfähigkeit des menschlichen Auges und der menschlichen Urteilskraft erreicht werden soll.

Hochintegrierte Photodiodenzeilen oder Flächenarrays sowie Fernsehkameras verbunden mit Mikroprozessoren oder Prozessrechnersystemen, bilden die entwicklungsfähige, technische Basis für ein flexibles und dennoch kostengünstiges Prüfauge, um optische Justier-, Meß- und Prüfaufgaben im Fertigungs- und Montagebereich zu automatisieren.
Angestrebt wird, insbesondere für Aufgaben der Meß- und Prüftechnik, ein höheres, geometrisches Auflösungsvermögen (Zahl der nutzbaren Bildpunkte) bei den Bildwandlern.

Unbefriedigend ist das Fehlen eines geeigneten Sensors für räumliche Szenenanalysen. Der Aufwand für eine numerische, stereometrische Auswertung, beispielsweise zweier, parallel arbeitender Fernsehaugen ist für die meisten praktischen Anwendungen viel zu hoch. Die Kombination eines Laser-Entfernungsmessers mit einem Flächen-Bildwandler könnte ein geeigneter Lösungsweg sein [22].

Die heute üblichen, digitalen Datenverarbeitungsanlagen mit serieller Verarbeitung der angebotenen Informationen sind für schwierigere Aufgaben der Mustererkennung oft ungeeignet. Der bestehende Engpass kann aus heutiger Sicht entweder durch eine geschickte, parallele Informationsverarbeitung, beispielsweise über Multi-Prozessoren oder durch die Kombination optischer Mustererkennungsverfahren mit elektronischer Auswertung überwunden werden.

Ein Teil der dargestellten Ergebnisse wurde im Rahmen von Forschungsvorhaben erarbeitet, die vom Bundesministerium für Forschung und Technologie gefördert wurden.

Literatur

1 Paul, D.; Schief, A.: Sensorische Aufgaben bei der Sichtprüfung. Qualität und Zuverlässigkeit 22, 1977, S. 49-55.

2 König, M.: Aufgaben und Lösungsmöglichkeiten für Sensoren von technischen Handhabungssystemen (Roboter). IITB-Mitteilungen 1974, S. 37-4o.

3 Niemann, H.: Methoden der Mustererkennung. Akademische Verlagsgesellschaft, Frankfurt/M., 1974.

4 Bretschi, J.; König, M.; Schief, A.: Reduction in Information in Optical Sensors of Industrial Robots. 2nd CISM-IFToMM Symposium on Theory and Praxis of Robots and Manipulators, Warschau, September 1976.

5 Schief, A.: Möglichkeiten und Grenzen der Übernahme menschlicher Sinnesfunktionen durch technische Sensoren. Regelungstechnik 23, 1975, S. 365-400.

6 Bretschi, J. : A Microprocessor Controlled Visual Sensor for Industrial Robots. The Industrial Robot, Dec. 1976, S. 167-172.

7 Agin, G.J.; Duda, R.O.: SRI Vision Research for Advanced Industrial Automation. Proceedings of the 2nd USA-Japan Comp. Conf. 1975.

8 Heginbotham, W.B.; Pugh, A.; Kitchin, P.W.; Page, C.J.; Gatehouse, D.W.: The Nottingham SIRCH assembly robot. Proceedings of the 1st Conference on Industrial Robot Technology, Nottingham 1973.

9 Shirai, Y.: Recognition of Polyhedrons with a Range Finder. Pattern Recognition 4, 1972, S. 243-250.

10 Foith, J.: Bildverarbeitung zur Lage- und Positionsbeschreibung von Industrie-Robotern. IITB-Mitteilungen 1977.

11 König, M.: Berührungslose Erkennung und Positionsbestimmung von Objekten durch inkohärent-optische Korrelation. Dissertation TU Stuttgart 1977.

12 Geißelmann, H.: Fernsehsensor für Industrie-Roboter zur Werkstückerkennung, Positionsvermessung und Qualitätsprüfung. IITB-Mitteilungen 1977.

13 M. Cole, C. P. Bond: Recent Advances in Automatic Image Analysis using Television Systems. Journal of Microscopy 96/1972

14 H. Näther: Digitale Datenverarbeitung bei messenden TV-Systemen mit dem Polyprozessor. Messen + Prüfen / Automatik Januar/Februar 1977

15 Y. Tsuboi, T. Inoue: Robot Assembly System using TV Camera. Proc. 3rd Conference on Industrial Robot Technology and 6th International Symposium on Industrial Robots. Paper B3, March 1976

16 Richard R. Webster, Bethel Park: Non-Contacting Dimensional Gaging of Objects with Electronik Optics Devices. US-Patentschrift 3. 222. 979, 1965

17 D. Mangelsdorf: Entwicklung und Einsatz optischer Bildwandlersysteme bei Meß- und Prüfaufgaben der Feinwerktechnik. Annals of CIRP Vol 24/1/1975

18 Norman G.Altmann: Pattern Recognition System having Electronically Controllable Aperture Shape, Scan Shape and Scan Position. US-Patentschrift 3. 593. 286, 1971

19 James S. Albus, John M. Evans: Robot Systems. Scientific American. 2/1976

20 Brook, Claridge, Watts: Automatic inspection of flat strip in steel industry. 7. IMEKO-Congress Preprint 1976

21 A. Vander Lugt: A review of optical data-processing techniques. Optica Acta 1968, Vol. 15, No. 1, 1-33

22 M. Ishii, T. Nagata: Feature extraction of three-dimensional objects and visual processing in a hand-eye system using laser tracker. Pattern Recognition, Pergamon Press 1976, Vol. 8

SENSOR ZUR LAGE- UND FORMERKENNUNG

ELECTRO-OPTIC SENSOR FOR POSITION DETECTION
AND OBJECT IDENTIFICATION

O.E. Lanz
Brown Boveri Forschungszentrum
CH-5401 Baden, Schweiz

Summary.
The range of application of automatic manipulating systems can be considerably extended by the use of sensors for position detection and identification of production parts. Specifications for such sensors are given and examined under realistic and practical conditions. In order to test the solutions to the various subproblems an experimental system has been set up and tested. It is demonstrated that single flat workpieces on a conveying belt can be automatically located and identified in less than 150ms with relatively modest effort. The main features of the proposed electro-optic sensor are the special scanning technique for the image converter and the division of the data processing into an efficient analog part and a higher level digital part using a microprocessor.

1. Einleitung.
Im Bereich der Klein- und Mittelserienfertigung stösst die Rationalisierung mit Hilfe von programmierbaren Handhabeautomaten auf Schwierigkeiten, da zur Zeit für die Schnittstellen zwischen Fördersystem und Roboter keine befriedigenden Lösungen bestehen. Heutige Roboter sind zwar programmierbar aber verarbeiten keine Information über die unmittelbare Umgebung d.h. den Werkstückbereich. Mit Sensoren zur automatischen Werkstücklage-Vermessung und Werkstück-Identifikation kann der Anwendungsbereich von Handhabesystemen erheblich erweitert und neue Einsatzmöglichkeiten erschlossen werden. So können z.B. Werkstücke die gebunkert transportiert werden nur dann von einem Roboter ergriffen werden, wenn ihre Lage und Identifikation bekannt ist. Konventionelle Ordnungseinrichtungen wie Anschläge, Vibratoren usw. sind wenig anpassungsfähig und in der Regel nur für grosse Stückzahlen geeignet. Oft gilt es auch, Teile deren Lage grob bekannt ist, genau zu lokalisieren, z.B. beim Fügen in der automatischen Montage oder beim automatischen Erfassen von Werkstücken, die auf Paletten transportiert werden. Ein

weiteres Anwendungsgebiet von optischen Sensoren ist die automatische Sichtkontrolle und Vermessung von Werkstücken, ohne diese vorher in eine bestimmte Lage bringen zu müssen.

Die Bedeutung der Sensorentwicklung für die Lösung komplexerer Aufgabenstellungen mit programmierbaren Handhabesystemen wird durch die intensive Forschung in verschiedenen Ländern unterstrichen. Bereits seit 1972 werden am Stanford Research Institute (Artificial Intelligence Center), wichtige Arbeiten zum Thema der automatischen Montage und Werkstückkontrolle durchgeführt |1,2|. Grosse Forschungsvorhaben im gleichen Zusammenhang sind aus Japan bekannt |3|. Aber auch in England, an der Universität Nottingham, werden seit mehreren Jahren Möglichkeiten des "visuellen Feedback" untersucht |4|. Zu erwähnen sind ferner die Arbeiten, die am Institut für Informationsverarbeitung in Technik und Biologie der Fraunhofergesellschaft in Karlsruhe, mit Unterstützung des Bundesministeriums für Forschung und Technik (BMFT) gemacht werden |5,6|. Seit zwei Jahren besteht auch am Institute de Microtechnique der ETH Lausanne ein Projekt mit dem Ziel optoelektronische Sensoren für Handhabesysteme zu untersuchen |7|.

Die bisher bei uns durchgeführten Arbeiten zum Thema der automatischen Werkstücklage-Vermessung und Identifikation haben zum Aufbau eines Funktionsmusters geführt. Es ermöglicht die Lagevermessung und Identifikation von vereinzelten, quasi zweidimensionalen Werkstücken, sowie deren Drehwinkelbestimmung bezüglich einer festgelegten Referenzlage. Das Werkstück darf sich während der Vermessung, die in weniger als 150 Millisekunden abgeschlossen ist, bewegen. Im folgenden werden Möglichkeiten zur Lösung der verschiedenen Teilprobleme betrachtet und die realisierten Varianten erläutert.

2. <u>Elemente eines opto-elektronischen Sensors.</u>
Ein Sensor zur automatischen Werkstücklage-Vermessung und Identifikation soll, zusammen mit einem geeigneten Handhabesystem, flexible Lösungen in den folgenden Aufgabenbereichen ermöglichen:

- ORDNEN
- SORTIEREN
- KONTROLLIEREN
- MONTIEREN

Der Schwierigkeitsgrad der Aufgabenstellung kann je nach den Randbedingungen in vier Stufen unterteilt werden:

a) Stationäre, vereinzelte, kontrastreiche Werkstücke mit einfachen geometrischen Formen, quasi zweidimensional.

b) Vereinzelte Werkstücke, quasi zweidimensional, die sich z.B. auf einem Förderband langsam bewegen.

c) Ensemble von verschiedenen, quasi zweidimensionalen Werkstücken, zum Teil überlappend.

d) Ungeordnetes Ensemble von beliebigen Teilen, stationär oder in Bewegung.

Die wichtigsten Elemente, die notwendig sind um die oben erwähnten Aufgabenstellungen mit den Schwierigkeitsstufen a) und b) zu bewältigen, sind in Bild 1 dargestellt. Der Mikroprozessor steuert die einzelnen Funktionseinheiten, übernimmt die Auswertung der in Hardware berechneten Parameter, vergleicht Messwerte mit gespeicherten Referenzwerten und koordiniert den Datenaustausch mit der Steuerung des Handhabesystems. Im weiteren ermöglicht er die Programmierung des Sensors durch einen "Lernvorgang", d.h. die Parameter der zu bearbeitenden Werkstücke können durch Vorzeigen in der entsprechenden Referenzlage ermittelt und eingegeben werden.

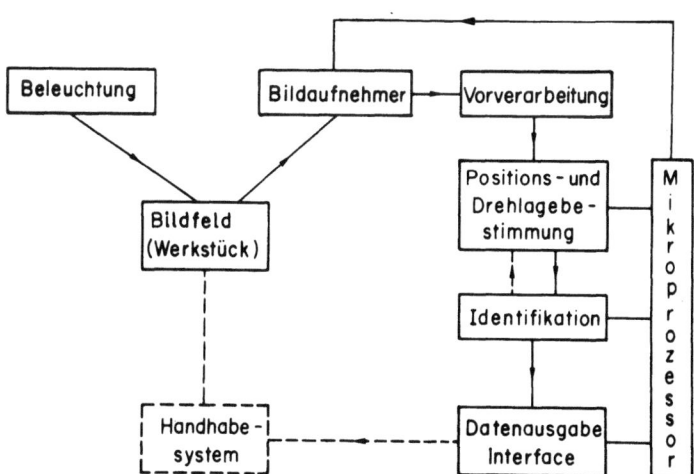

Bild 1: Elemente eines opto-elektronischen Sensors

3. Beleuchtung des Werkstückbereichs.

Die Beleuchtung des Arbeitsbereiches soll die Aufnahme eines kontrastreichen, schattenfreien Bildes des Werkstücks ermöglichen. Dabei soll das Fremdlicht aus der Umgebung möglichst keine Beeinträchtigung der Bildqualität verursachen. Der andernorts gemachte Vorschlag, die Werkstücke zwecks Verbesserung des Bildkontrastes auf einem fluoreszierenden Untergrund |2| oder auf einer rückseitig beleuchteten und transparenten Unterlage zu betrachten |4|, scheint nur in Einzelfällen anwendbar.

Unter Verwendung einer TV-Kamera mit einem Silizium - Target Vidikon wurden folgende Beleuchtungsarten untersucht:

a) symmetrisch angeordnete Photolampen.

b) parallel angeordnete Fluoreszenzlampen.

c) kreisförmig montierte lichtemitierende Dioden (LED's).

d) konzentrisch angeordnete, ringförmige Fluoreszenzlampen.

Für Werkstücke aus verschiedenen Materialien (Stahl, Messing, Aluminium, PVC etc.) und unterschiedlicher Oberflächenbeschaffenheit wurde mit der Beleuchtungsart d), d.h. mit den ringförmigen Fluoreszenzlampen, die weitaus besten Resultate erzielt. Sowohl die Gleichmässigkeit der Ausleuchtung wie auch die Unterdrückung von lokalen Spiegelreflexionen an bestimmten Werkstückpartien war günstiger als bei den drei ersten Beleuchtungsvarianten. Zudem trat praktisch kein störender Schattenwurf auf.

4. Bildaufnehmer.

Für eine gegebene Aufgabenstellung ist bei der Auswahl eines Bildwandlers auf die unterschiedlichen Eigenschaften wie spektrale Empfindlichkeit, Speichereffekt und die Möglichkeit spezieller Bildzerlegung zu achten. Geometrische Verzerrungen und Auflösungsvermögen sind weitere wichtige Parameter; sie bestimmen weitgehend die erreichbare Genauigkeit mit der z.B. eine Messaufgabe gelöst werden kann.

Für die vorher beschriebene Aufgabenstellung der Werkstücklage-Vermessung scheinen elektronische Bildaufnehmer wie Vidikons (TV-Kamera) |8| oder Halbleiterraster |9| am besten geeignet. Die grössten zur Zeit kommerziell erhältlichen Festkörper-Sensoren bestehen aus 512 Zeilen mit je 320 Bildelementen (RCA, SID 51232). Mit diesen Sensoren können sehr kompakte und robuste Kameras aufgebaut werden. Einer der bestechendsten Vorteile ist die geometrische Verzerrungsfreiheit. Ferner ist praktisch keine Umladeträgheit und kein "Blooming" zu verzeichnen. Dagegen ist das Auslesen der Bilddaten im allgemeinen nur zeilenweise möglich.

Trotz dieser günstigen Eigenschaften der Festkörper-Sensoren haben wir uns entschlossen für Versuchszwecke eine TV-Kamera als Bildaufnehmer zu verwenden. Der hauptsächlichste Grund für diese Wahl ist die grössere Flexibilität bezüglich der Bildzerlegung.

Das Hauptelement einer TV- oder Fernseh-Kamera ist die Bildaufnahmeröhre. Ein auf die photoempfindliche Schicht der Aufnahmeröhre projiziertes Bild erzeugt ein Ladungsbild das durch einen fein gebündelten Elektronenstrahl abgetastet wird, wodurch ein elektrisches Signal entsteht. Der abtastende Elektronenstrahl wird in der Regel elektromagnetisch abgelenkt. Ein grosser Vorteil der Elektronenstrahl-Abtastung ist die Möglichkeit praktisch beliebige Abtastmuster zu realisieren, indem die Ablenkspulen mit den entsprechenden Signalen angesteuert werden. Die erreichbare Stabilität und geometrische Verzerrungsfreiheit ist weitgehend durch die Ablenkeinheit bzw. die Ablenksignale gegeben.

5. Signalaufbereitung.

Das vom Bildaufnehmer kommende, analoge Videosignal kann kaum direkt verarbeitet werden. Je nach Aufgabenstellung ist eine Quantisierung in 2 oder mehr Graustufen vorteilhaft. Um die Lage eines Werkstückes in der Messebene zu bestimmen, genügt eine Quantisierung in zwei Stufen. Unterschiedliche Beschaffenheit der Werkstückoberflächen, ungleiche Hintergrundhelligkeiten, Schwankungen der Vidikon-Empfindlichkeit, Lichtabfall durch die begrenzte Oeffnung der Optik usw. verursachen Schwankungen der Videosignal-Amplitude, sodass eine feste Quantisierungsschwelle nur bei sehr kontrastreichen Objekten genügt. Wesentliche Verbesserungen lassen sich durch eine selbstanpassende Quantisierungsschwelle |10| erreichen. Diese kann z.B. von den Signalamplituden der Umgebung des zu quantisierenden Bildpunktes abgeleitet werden.

6. Vermessung der Werkstücklage.

Die Werkstücklage in der Ebene wird durch den Schwerpunkt der projizierten Werkstückfläche bis auf eine Drehung bestimmt. Für die Schwerpunkt-Koordinaten x_s, y_s einer ebenen Fläche gilt in kartesischen Koordinaten:

$$x_s = \frac{\int\int_{Obj.} x \, dx \, dy}{\int\int_{Obj.} dx \, dy} = \frac{M_x}{A} \qquad (1)$$

$$y_s = \frac{\int\int_{Obj.} y \, dx \, dy}{\int\int_{Obj.} dx \, dy} = \frac{M_y}{A} \qquad (2)$$

Die Integrale im Zähler von Gl. 1 und 2 stellen die Flächenmomente erster Ordnung bezüglich der entsprechenden Koordinaten dar, während im Nenner jeweils die Objektfläche auftritt. Diese Werte können verhältnismässig einfach mit Hilfe von analogen Integratoren bestimmt werden. In Bild 2 ist eine vereinfachte Schaltung zur analogen Berechnung einer Flächenschwerpunkt-Koordinate dargestellt.

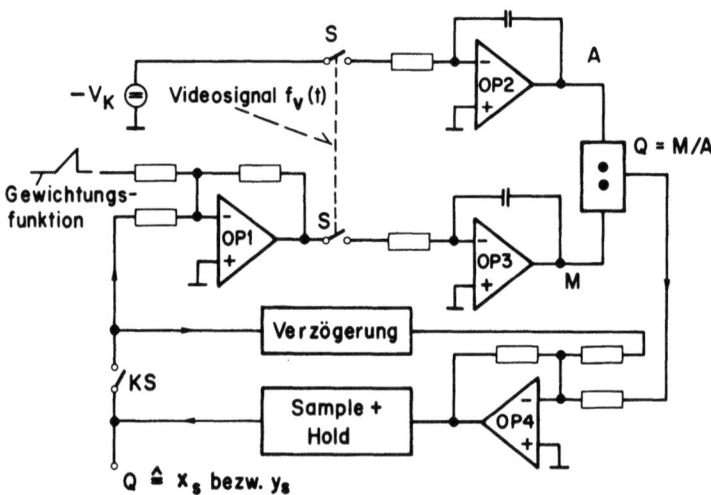

Bild 2: Iterative Bestimmung einer Flächenschwerpunkt-Koordinate

Die Operationsverstärker OP2 und OP3 sind als aktive Integratoren beschaltet. Ihre Eingänge sind über die vom Videosignal $f_v(t)$ gesteuerten Schalter S mit einer Referenzspannung bzw. mit einer sägezahnförmigen Gewichtungsfunktion verbunden. Nach der Abtastung eines Bildes steht am Ausgang von OP2 eine der Objektfläche A proportionale Spannung zur Verfügung, während am Ausgang von OP3 ein dem ersten Flächenmoment bezüglich der entsprechenden Referenzkoordinate proportionales Signal M gebildet wird.

Der mit Hilfe eines Dividierers gebildete Quotient Q = M/A entspricht der gesuchten Flächenschwerpunkt-Koordinate x_s bzw. y_s. Durch eine getastete Rückführung von Q über OP4, die "Sample und Hold" Schaltung sowie dem Schalter KS kann eine Iteration des Verfahrens erreicht werden. Mit dem realisierten Versuchsaufbau wurde für Objekte in einem Flächenbereich von 50 zu 1 eine Vermessungsgenauigkeit der Lagekoordinaten x_s, y_s von ± 0,2% der Bildfelddiagonale erreicht.

7. Bestimmung der Werkstück-Drehlage.

Um ein Werkstück automatisch ergreifen und geordnet ablegen zu können, ist es im allgemeinen notwendig, zusätzlich zu den Lagekoordinaten Angaben über die Drehlage zu haben. Zur Bestimmung der Werkstück-Drehlage bieten sich unter anderem folgende Möglichkeiten an:

  a) Bestimmung des Drehwinkels mit Hilfe der *Flächenträgheitsmomente*.

  b) *Transformation* des Objektes mit *Standardfunktionen* und Koeffizientenvergleich mit tabellierten Werten.

  c) *Korrelation* des Objektes mit abgespeicherten Referenzdaten.

Ausgehend von der Definition der *Flächenträgheitsmomente* lassen sich die zwei folgenden Gleichungen für den Verdrehungswinkel ϕ zwischen dem Koordinatensystem (x,y) durch den Objektschwerpunkt und dem Trägheitshauptachsen (ζ,η) des Objektes herleiten |11|:

$$\phi = \frac{1}{2} \text{ arc cos } \frac{M_{xx} - M_{yy}}{M_{\zeta\zeta} - M_{\eta\eta}} \qquad (3)$$

$$\phi = \frac{1}{2} \text{ arc sin } \frac{-2M_{xy}}{M_{\zeta\zeta} - M_{\eta\eta}} \qquad (4)$$

Mit Hilfe von Gleichung 3 und 4 lässt sich für alle Objekte mit *unglei-chen* Hauptachsen-Trägheitsmomenten der Drehwinkel ϕ eindeutig bestimmen. Die Bedingung $M_{\zeta\zeta} - M_{\eta\eta} \neq 0$ bedeutet eine starke Einschränkung der Methode; so kann z.B. die Drehlage eines quadratischen Objektes nicht bestimmt werden. Durch die in den Gleichungen 3 und 4 auftretenden Differenzen ergibt sich mit zunehmender Objektsymmetrie eine grosse Empfindlichkeit in Bezug auf Messungenauigkeiten, insbesondere der Flächenschwerpunkt-Koordinaten. Infolge dieser prinzipiellen Nachteile erscheint die Methode zur allgemeinen Drehlagenbestimmung von Werkstücken als wenig geeignet.

Die weitverbreitete Verwendung von *Bildtransformationen* zur Mustererkennung |12| berechtigt zur Frage, ob mit Hilfe solcher Transformationen - gedacht ist in diesem Zusammenhang vor allem an die Walsh-Transformation - auch Information über die Objektdrehlage gewonnen werden kann. Die zweidimensionale Walsh-Transformation WT ist eine Matrixoperation und wie folgt definiert:

$$WT \{O\} = W \cdot O \cdot W = F(j,k) \quad (5)$$

Dabei enthält die NxN Matrix W alle Walshfunktionen n = 0,1,...N-1 , während die NxN Matrix O das Objekt definiert. Jeder Koeffizient $F(j,k)$ der WT entspricht dem mit der Walshfunktion $W(j,k)$ gefilterten Objekt. Die WT ist reell und nicht translationsinvariant.

Da kein expliziter Zusammenhang zwischen Objektdrehlage und den Koeffizienten der WT besteht, muss zur Bestimmung der Drehlage ein Koeffizientenvergleich mit dem ebenfalls transformierten Referenzobjekt für alle möglichen Drehwinkel gemacht werden und nach maximaler Uebereinstimmung gesucht werden.

Es ist offensichtlich dass dies, obwohl die Walsh-Transformation computergerecht ist, einen recht grossen Rechen- und Speicheraufwand bedeutet. Sie ist damit für die Bestimmung der Drehlage von Werkstücken im allgemeinen nicht geeignet. Diese Aussage gilt auch für Transformationen wie z.B. Haar, Hotelling, Fourier etc.

Die *Kreuzkorrelation* zwischen zwei Objekten kann wie folgt definiert werden:

$$C(\rho) = \int_r \int_\phi O_r(r,\phi) O(r,\phi+\rho) r \, dr \, d\phi \quad (6)$$

wobei $O(r,\phi)$ das Werkstück und $O_r(r,\phi)$ das entsprechende Referenzobjekt bezeichnen. Für den gesuchten Drehwinkel ϕ' zwischen Objekt und Referenzobjekt erreicht die Korrelationsfunktion $C(\rho)$ ein absolutes Maximum. Aus der für die Berechnung von $C(\rho)$ notwendigen Objekttranslation und Transformation in Polarkoordinaten ergibt sich ein erheblicher Rechenaufwand. Da über das gesamte Bildfeld korreliert wird ist der Speicherbedarf für die Referenzdaten nicht vernachlässigbar.

Durch die direkte *Bildabtastung in Polarkoordinaten* mit Zentrum Objektflächen-Schwerpunkt kann der oben erwähnte Rechen- und Speicheraufwand praktisch eliminiert werden. Eine Bildabtastung in Polarkoordinaten ist z.B. für Vidikons mit relativ geringem Aufwand realisierbar. Bei der Aenderung der Ablenksignale von sägeförmigem Zeitverlauf in sinus- bzw. cosinusförmige, mit linear zunehmender (abnehmender) Amplitude ist zu berücksichtigen, dass bei konstanter Abtastkreisfrequenz die Amplitude des Bildsignals proportional mit dem Abtastradius zunimmt, da der Signalstrom der zeitlichen Ableitung der abgetasteten Ladung entspricht.

Für einfache geometrische Werkstückformen lässt sich die zu verarbeitende Datenmenge stark reduzieren, indem nur wenige, ausgewählte Abtastkreise betrachtet werden. In Bild 3 sind als Beispiel ein dreieckförmiges Objekt und die entsprechenden Signalverläufe dargestellt. Das Signal, das aus der Abtastung des Objektes entlang eines Kreises mit Radius R entsteht, genügt um eindeutig die Verdrehung ϕ' mittels Kreuzkorrelation zwischen Objekt und Referenzobjekt zu bestimmen. Diese eindimensionale Kreuzkorrelation ist wie folgt definiert:

$$KK(\rho) = \int_{\chi}^{2\pi+\chi} f_v(\phi) f_v'(\phi+\rho) d\phi \qquad (7)$$

Sie erreicht für den gesuchten Verdrehungswinkel ϕ' ein absolutes Maximum. Die Videosignale für den Referenzabtastkreis bzw. den Abtastkreis für das gedrehte Objekt sind mit $f_v(\phi)$ und $f_v'(\phi)$ bezeichnet.

Die Methode der polaren Bildabtastung und Kreuzkorrelation von kreisförmigen Bildausschnitten wurde in einem Versuchsaufbau realisiert und erprobt. Dabei wird die bei der Werkstücklage-Vermessung verwendete zeilenweise Bildabtastung auf Zirkularabtastung umgeschaltet. Die Ansteuerung der TV-Kamera mit den sinus- bzw. cosinusförmigen Ablenksignalen ist so mit der Werkstücklage-Vermessung gekoppelt, dass das

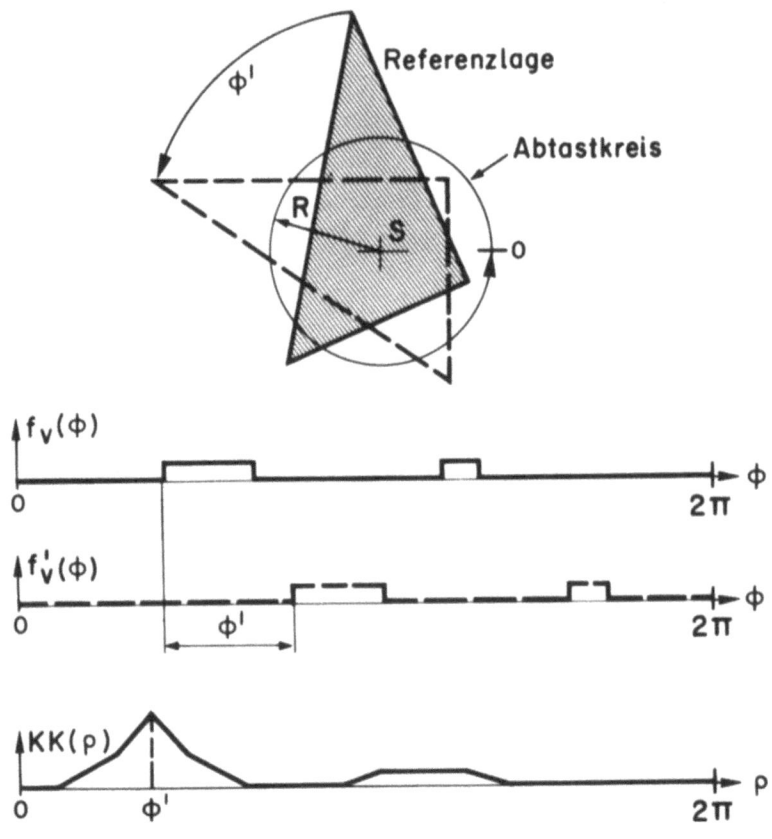

Bild 3: Drehlagenbestimmung mittels eindimensionaler Kreuzkorrelation

Abtastkreiszentrum immer mit dem Werkstück-Flächenschwerpunkt übereinstimmt. Beim Auslesen der Bilddaten entlang eines Kreises wird eine Quantisierung in 256 Punkte vorgenommen, was einer Winkelauflösung von ± 1,5° entspricht. Nach dem Auslesen werden die Daten mit den vom Rechner anhand der Identifikation bereitgestellten Referenzdaten in einem festverdrahteten Korrelator verarbeitet und die Werkstückdrehlage bestimmt. Der für das jeweils vorliegende Werkstück optimale Abtastradius für die Drehlagenbestimmung wird vom Rechner vorgegeben. Da im allgemeinen ein Abtastkreis pro Objekt genügt, ist der Speicherbedarf für die Referenzdaten gering (32 Byte/Objekt).

Ein grosser Vorteil des Verfahrens ist die Unempfindlichkeit gegenüber kleinen Abweichungen zwischen Referenzobjekt-Schwerpunkt und Objektschwerpunkt bzw. dem Zentrum der Abtastkreise. Nebst der guten Eignung für die Drehlagenbestimmung, lassen sich mit Hilfe der polaren Bildabtastung auch messtechnische Aufgaben wesentlich vereinfachen. Als Beispiel soll nur das Zählen von punktsymmetrisch angeordneten Löchern erwähnt werden.

8. Identifikation.

Bereits zur Lösung von einfachen Sortier- oder Ordnungsaufgaben ist es notwendig eine Objekterkennung (Identifikation) vorzunehmen. Diese soll anhand von möglichst wenigen, translations- und rotationsinvarianten Parametern durchgeführt werden. Zur Identifikation von verschiedenen Werkstücken kommen unter anderem folgende Grössen in Betracht:

  a) Objektfläche A
  b) Objektumfang U
  c) maximaler Objektradius Rmax
  d) polare Flächenträgheitsmomente Mp
  e) Korrelationswerte mit Referenzdaten
  f) Anzahl Löcher, Ecken, Nuten etc.

Für erste Versuche mit dem aufgebauten Funktionsmuster werden drei der oben aufgezählten Parameter verwendet. Zuerst wird anhand der Objektfläche A und dem maximalen Objektradius Rmax eine Vorauswahl unter den in Frage kommenden Objekten getroffen. Nach erfolgter Drehlagenbestimmung wird mit Hilfe des berechneten Maximalwertes der Kreuzkorrelation (Gl.7) eine Kontrolle der Vorauswahl gemacht. Der Maximalwert der Kreuzkorrelation ermöglicht als einziger der oben genannten Parameter eine Unterscheidung zwischen Werkstückunterseite und -oberseite. Bei ungenügender Uebereinstimmung zwischen den gemessenen Identifikations-Parametern und den abgespeicherten Referenzwerten wird das Werkstück als nicht erkannt zurückgewiesen.

9. Schlussbetrachtung.

Unter Berücksichtigung von praxisnahen Randbedingungen wurden die Anforderungen an opto-elektronische Sensoren zur Werkstücklage-Vermessung und Identifikation untersucht und Lösungen zu den einzelnen Teilproblemen erarbeitet. Die aufgebauten Funktionseinheiten wurden in einem System erprobt. Die gemachten Laborversuche haben die Brauchbarkeit der gewählten Methoden voll bestätigt. Für flache Werkstücke, die vereinzelt z.B. auf einem Förderband auftreten, konnte gezeigt werden, dass mit verhältnismässig bescheidenem Aufwand eine automatische Werkstücklage-Vermessung und Identifikation in weniger als 150 ms möglich ist. Wesentliche Merkmale des opto-elektronischen Sensors sind die spezielle Bildabtastung sowie die Aufgabenteilung zwischen primär analoger und übergeordnet digitaler Datenverabeitung mittels Mikroprozessor.

10. Literatur

1. Rosen C.A.: Robots, Productivity and Quality. Paper presented at the 1972 ACM National Conference, Boston, 14-16 August 1972.

2. Agin G.J. et al: SRI Vision Research for Advanced Industrial Automation. Second U.S.A.-Japan Computer Conference, 1975.

3. Tsuboi Y. and Inoue T.: Robot assembly system using a TV camera. Proc.First Robot Joint Conf., Nottingham, March 1976, Int.Fluid Services, Bedford, England.

4. Heginbotham W.B., Kitchin P.W. and Pugh A.: Visual feedback applied to programmable assembly machines. Proc.Second Int.Symp.Industrial Robots, Res.Inst., Illinois Inst.Technologie, Chicago, May 1972.

5. Bretschi J. and König M.: Leistungsfähige Sensoren für Industrieroboter. fördern und heben 26 (1976) Nr.13, Fachteil mht.

6. Uelzmann W.: Werkstück-Erkennung mit Hilfe von Mikro-Rechnern. ez-elektronik-Zeitung, Nov. 1976, pp.20-22.

7. Kammenos P.: La perception visuelle des Robots industriels. Revue interne "Flash" de l'EPFL, Dec. 1976 pp.4-5.

8. Weimer P.K. et al: The vidicon-photoconductor camera tube. Electronics 23, pp.70-73, 1950.

9. Knock R.T. and Wolfsteiner M.: Optoelectronic Sensing and Imaging. SRI Research Report 588, April 1977.

10. Ejiri M. et al: A process for detecting defects in complicated patterns. Computer graphics and image processing (1973)2, pp.326-339.

11. Dändliker R.: Bestimmung des Drehwinkels aus Trägheitsmoment. Interne Notiz, BBC Forschungszentrum, July 1975.

12. Wilder J.: A flexible pattern recognition system for industrial applications. Paper presented at the International Conference on Advanced Signal Processing Technology, Lausanne, Switzerland, Oct. 16., 1975.

TEILEPRÜFUNG IM AUTOMOBILBAU MITTELS FERNSEHKAMERA
UND PROZESSRECHNER

CHECKING COMPONENTS IN MOTOR CAR MANUFACTURE BY
MEANS OF TELEVISION CAMERA AND PROCESS COMPUTER

M. Albrecht, G. Hille, P. Karow, H. Schöne,
J. Weber
Unternehmensberatung Rubow Weber
2000 Hamburg 65

Summary

A set up consisting of standard television cameras and a process computer is described which in conjunction with modularized software is able to check the assembling of motorcar components. Basis of the software analysis are binary pictures which consist of black and white points only. Some of them are shown in the text. Emphasis has been laid on the development of standard routines which are FORTRAN based and can be used in any conjunction.
The results of the realtime test at the Volkswagenwerk Wolfsburg are positive. So farther efforts will be justified.

1. __Einleitung__

Bildauswertung und Mustererkennung waren bisher Themen im Bereich wissenschaftlicher Untersuchungen. Man denke an die Auswertung von Satellitenaufnahmen in der Geophysik, von Kernspeicherbildern in der Elementarteilchenphysik oder die Auswertung von Szintigrammen in der Medizin. Der vorliegende Vortrag befaßt sich mit einer industriellen Anwendung der hier gewonnenen Erfahrungen und Techniken, nämlich der Prüfung von Autobauteilen während und nach einem Montagevorgang.

Neben der in diesem Vortrag geschilderten Anwendung sind eine Vielzahl anderer Einsätze denkbar und von uns auch im Rahmen von Voruntersuchungen in Angriff genommen worden. Einige der anstehenden Themen sind in folgendem Bild zusammengefaßt:

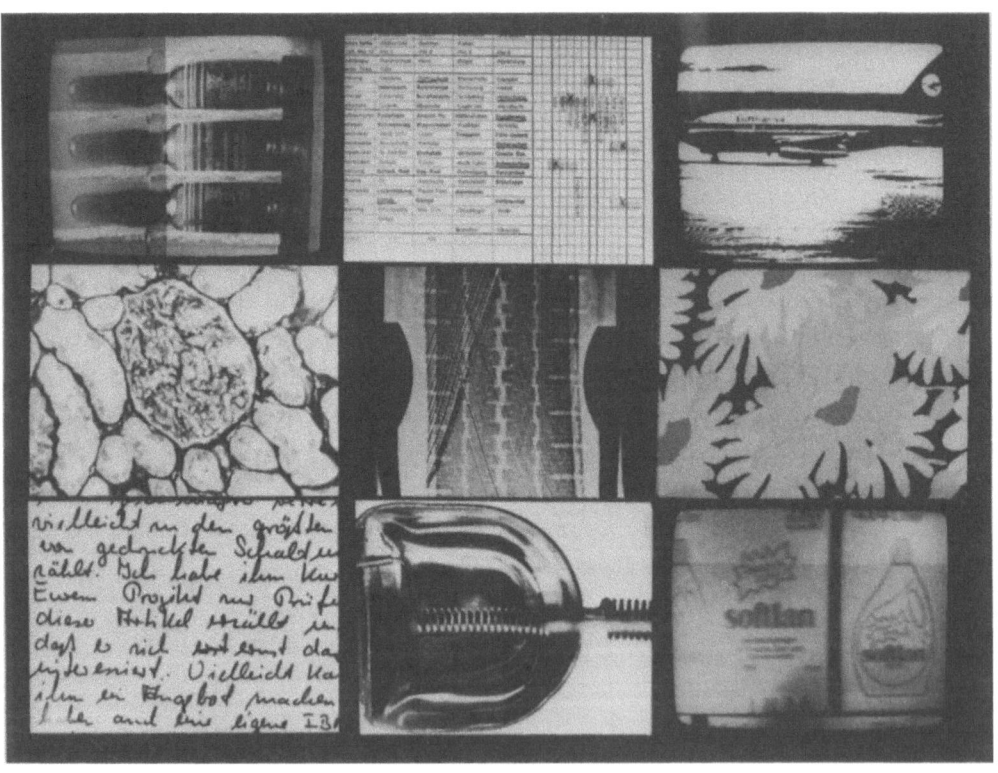

Abbildung 1: Einsatzgebiete optischer Kontrolle

Es handelt sich hier um
- Erkennung und Identifikation des Balkenkodes auf Ampullen
- Lesen von Markierungen auf Formularen
- Erkennung sich bewegender Objekte
- Strukturerkennung
- Erkennung von Fehlern bei Gürtelreifen durch Betrachtung des Röntgenbildes
- Textilmusterkontrolle bei Mehrfarbendruck
- Lesen von Handschriften
- Erkennung von Fabrikationsfehlern bei Lampen und Scheinwerfern
- Lesen von Etiketten

Einige dieser hier anliegenden Aufgaben können aus heutiger Sicht in ihrer Allgemeinheit kaum gelöst werden. Hier sind aus diesen Beispielen das Handschriftenlesen und die Flugfeldkontrolle zu nennen. Aber oft genügen schon Teillösungen, wie Scheckunterschriften, Postleitzahlen oder bei der Flugfeldkontrolle spezielle Bewegungsabläufe. Hier sehen wir gute Chancen für einen effektiven Einsatz intelligenter optischer Sensoren.

2. Einsatzgebiet Qualitätskontrolle

In den letzten Jahren ist die Qualitätskontrolle in der Industrie stark in den Vordergrund getreten. Diesem Trend widerspricht die Tatsache, daß vielfach diese Aufgabe nur von Menschen durchgeführt werden kann. Qualifizierte Leute sind aber nicht mehr bereit, diese oft sehr eintönige und doch verantwortungsvolle Aufgabe zu übernehmen. Hilfspersonal reicht in vielen Fällen nicht aus. Hier können die intelligenten optischen Sensoren einspringen und einen Teil der Prüfarbeit übernehmen. Die Vorteile solcher berührungslos arbeitender Automaten sind folgende:

- die Prüfung ist objektiv. Keine Einlernzeit. Ermüdung und individuelle Unterschiede treten nicht auf;
- die Prüfung läßt sich dem jeweiligen Maschinentakt anpassen;
- der Arbeitsplatz Qualitätsprüfung wird akkraktiver. An die Stelle monotoner Einzelprüfung tritt moderne Computertechnik. Der Prüfer bekommt Hände und Augen frei für die Beurteilung der Qualität, der einzelnen Fehler und eventuell sich anbahnender Abweichungen. Tätigkeiten, die seine Funktion im Produktionsbetrieb hervorheben und wertvoller machen.

3. Apparativer Aufbau

Das Prüfobjekt wird mit normalen Fernsehkameras beobachtet. Zur
Verfügung steht damit das ganze Arsenal handelsüblicher Zusätze
wie Spezialobjektive, Blenden und Filter, die zusammen mit der Beleuchtung so ausgewählt werden, daß die Prüfmerkmale möglichst groß
und kontrastreich aufgenommen werden können.
Die Fernsehkamera ist über das Kamerainterface ERASCOPE 600 an den
Rechner gekoppelt. Bei unseren Einsätzen wurden bisher als Rechner
Minirechner vom Typ General Automation SPC 16/65 eingesetzt mit
32k Worten Kernspeicher à 16 bit. Wir denken in Zukunft daran,
Microrechner einzusetzen. Damit hält sich der apparative Aufwand
deutlich unter der 100.000-DM-Grenze.

4. Softwarekonzept

Wir befassen uns bisher schwerpunktmäßig nur mit einem Teilbereich
des Gesamtgebietes digitaler Signalverarbeitung und Signalerkennung,
die wesentlich breiter angelegt werden kann. So könnte bereits im
Hochfrequenzbereich eine Signalfilterung und Verstärkung sowie
z.B. ein Beleuchtungsausgleich vorgenommen werden. Bisher digiti-
sieren wir jedoch die Videosignale so wie sie von der Kamera kommen. Im weiteren stehen aus der bisherigen Bildverarbeitungspraxis
eine Reihe von Transformationen für die Verbesserung und Verstärkung
der Signale zur Verfügung. Stichworte hierzu sind:

- Untergrundentferung (digitale Filterung)
- Eckenverstärkung (Fouriertransformationen)
- Auffindung von Korrelationen (Faltungen)
- Datenreduktion (Lauflängenkodierung)

Auch diese Verfahren wurden von uns zum Teil aus Gründen zu langer
Laufzeit noch nicht erschöpfend eingesetzt.
Im Augenblick liegt unsere Zielrichtung in der Analyse von Binärbildern und dort in der Erkennung von einfachen Mustern, im Auf-
finden von Punkten und im Messen und Verifizieren von Punktab-
ständen.
Unter Binärbild in diesem Zusammenhang verstehen wir ein aus
schwarzen und weißen Punkten bestehendes Abbild des Prüfobjektes
im Kernspeicher des Rechners. Die Digitalisierung erfolgt so, daß

ein Bildpunkt weiß (=1) gesetzt wird, wenn seine Helligkeit oberhalb einer genau festgelegten Schwelle liegt. Er wird schwarz (=0) gesetzt, wenn er darunter liegt. Auf diese Weise bekommt man 16 Bildpunkte pro Kernspeicherwort unter.
Unsere Bilder bestehen aus maximal 512 x 480 Bildpunkten, die in dieser Darstellungsform somit voll im Kernspeicher unterzubringen sind.
Ausgehend von dieser Darstellung wurden für häufig wiederkehrende Operationen Standardprogramme entwickelt, die im Analyseablauf durch einfache CALLS aufgerufen werden können. Sie übernehmen beispielsweise folgende Funktionen:

- Entfernung von vereinzelten weißen Punkten (Untergrund)
- Zählen von weißen Punkten innerhalb eines vorgegebenen Quadrats
- Schwerpunktsermittlung
- Auffindung des Beginns einer Konturlinie
- Ermittlung von Projektionen auf vorgegebene Koordinatenachsen oder Kreisbogen
- Auffindung isolierter weißer Flächen
- Translation und Drehung des Bildinhalts
- Punktweiser Vergleich mit vorgegebenen Mustern (template matching)

Unser Softwarekonzept besteht im wesentlichen darin, daß wir uns einen Baukasten von Bitverarbeitungsgrundroutinen geschaffen haben, die wir bei jedem einzelnen Prüfungsfall geeignet zusammenstellen können. So muß nur noch der vom speziellen Objekt abhängige Teil zusätzlich programmiert werden. In diesem Sinne wurde auch die Programmierung in FORTRAN durchgeführt. Nur wenige besonders zeitkritische Teile sind nachträglich durch ASSEMBLER-Routinen ersetzt worden.

5. Verarbeitungsschritte

Am Beispiel Polo-Lenkgetriebe sollen die einzelnen Verarbeitungsschritte bei der Videokontrolle von Bauteilen erläutert werden. Bild 2 zeigt das fertig montierte Lenkgetriebe.

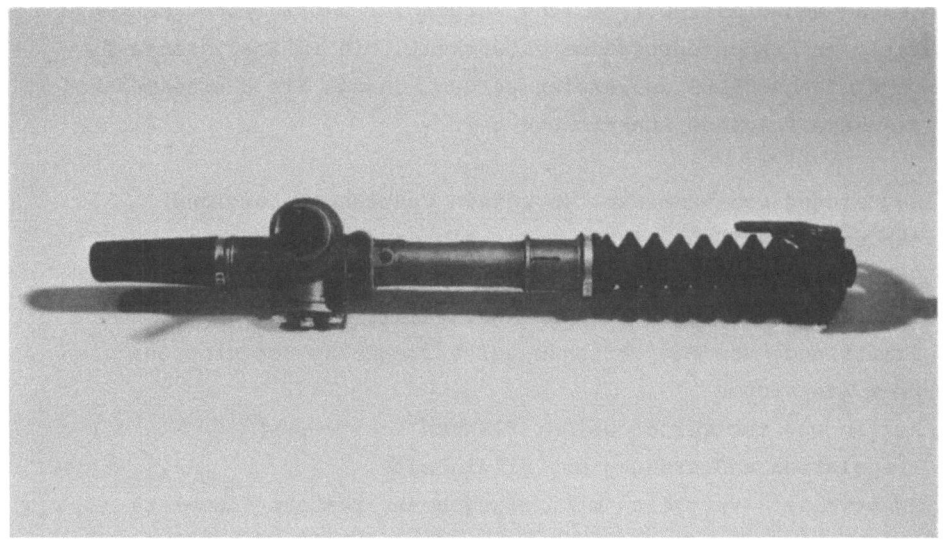

Abbildung 2: Polo- Lenkgetriebe

Folgende Prüfungen an 6 verschiedenen Orten sind vorzunehmen:

- Vorhandensein und Sitz des Sprengrings,
- Prüfung der Verkörnung an der Nadelhülse,
- Vorhandensein von weißer Farbe an den Deckelschrauben
- bündiger und fehlerfreier Aufzug der Manschette
- einwandfreier Sitz und Klemmung der zwei Schlauchbinder

Für jedes dieser Objekte ist eine Kamera zuständig. Durch Annäherungsschalter am Montageband werden die einzelnen Kameras der Reihe nach ausgelöst und die Daten über einen Multiplexer in den Rechner übertragen. In dem durch das Montageband vorgegebenen Zeittakt werden die einzelnen Analysen gestartet. Führt eine Analyse zu negativem Ergebnis, wird am Ende der Montagelinie ein Zeichen gegeben, sodaß das Teil ausgesteuert werden kann.

Folgende Analog- und Digitalbilder verdeutlichen das Problem der
Bildanalyse, wie es sich uns bei den Prüfungen am Polo-Lenkgetriebe
stellt.

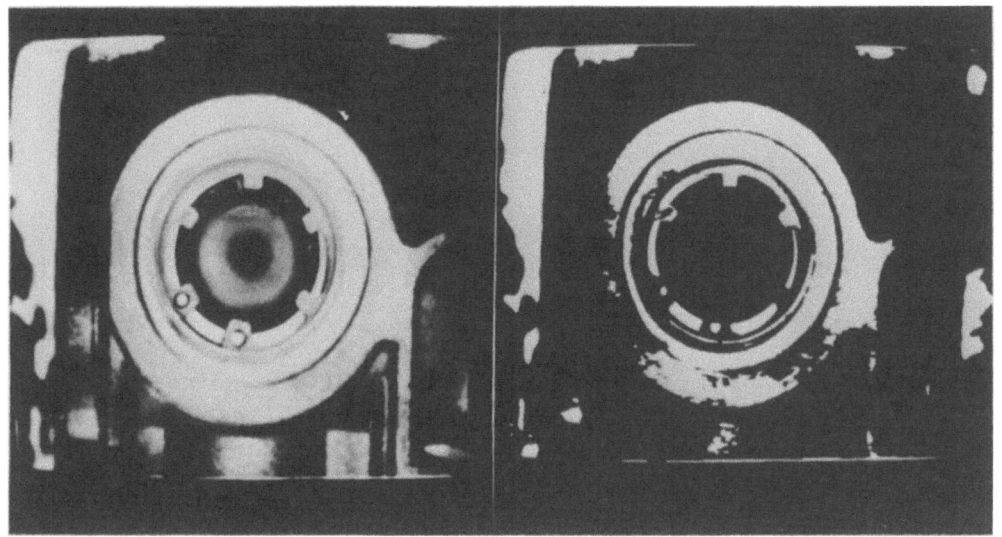

Abbildung 3: Analog- und Binärbild eines ordnungsgemäß
montierten Sprengrings

Charakteristisch für den richtig sitzenden Sprengring ist das Vorhandensein der sechs Unterbrechungen im ringförmigen Verlauf der innersten Kontur. Darüberhinaus müssen zwei kreisförmige Löcher erkannt und ihr Abstand genau bestimmt werden. Liegt dieser innerhalb vorgegebener Toleranzen, sitzt der Sprengring fest.

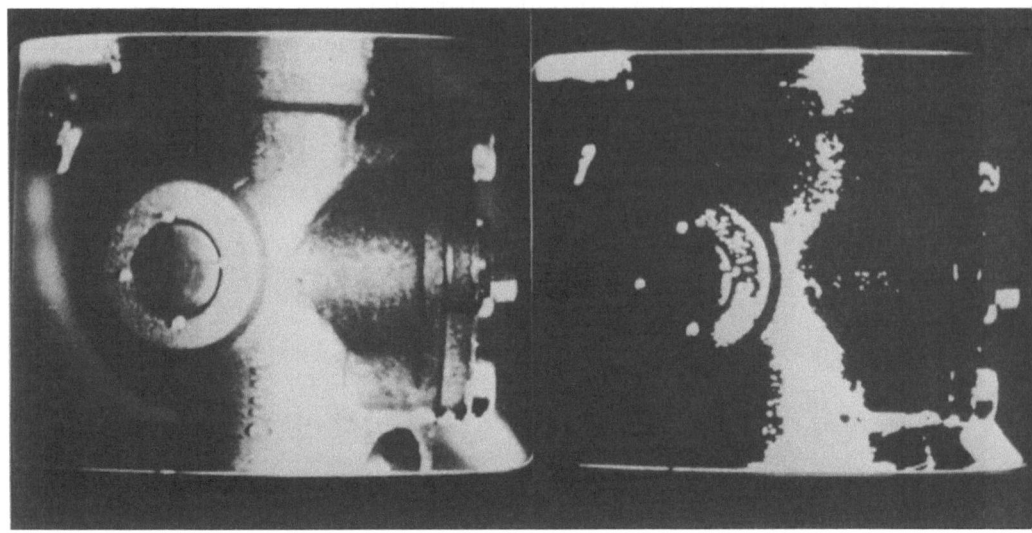

Abbildung 4: Analog- und Binärbild einer richtig verkörnten Nadelhülse

In vollem Auflicht erscheinen die Körner als helle Punkte. Wie erkennbar, ist die Beleuchtung bei diesen Aufnahmen noch ungünstig gewählt. Einer der vier Punkte verschwindet beim hier gewählten Umschlagpunkt im hellen Untergrund.
Die Analyse besteht im Aufsuchen der hellen Punkte, Bestimmung ihrer Position und ihres Abstandes, sowie der Sicherstellung, daß keine weiteren Punkte vorhanden sind.

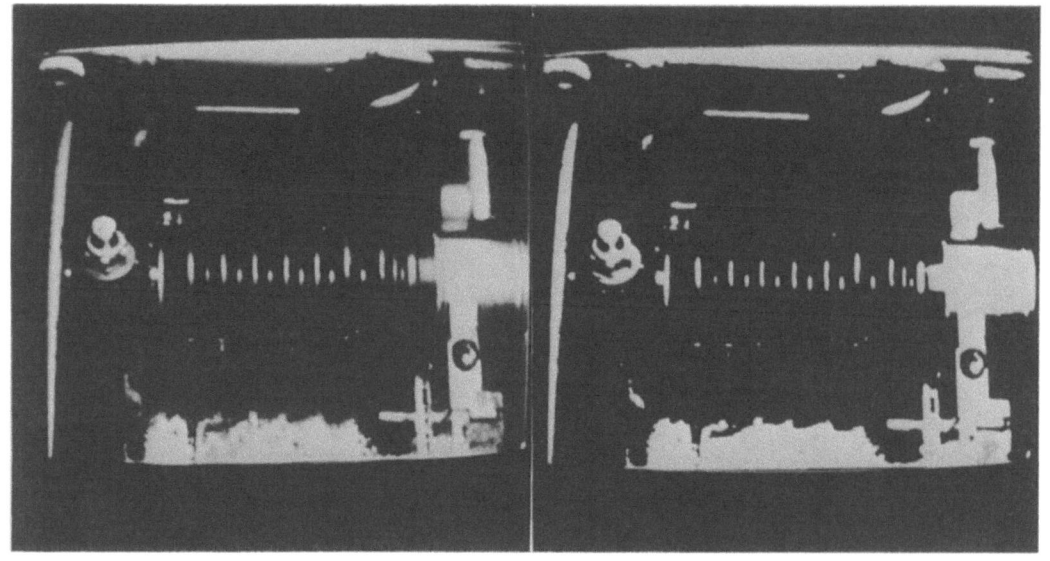

Abbildung 5: Analog- und Binärbild einer richtig montierten Manschette

Die Wahl des Umschlagpunktes für Schwarz nach Weiß ist hier sehr kritisch. Nur wenn dieser richtig gewählt ist, kann die Aufbringung der Manschette rechts und links geprüft werden. Aus diesem Grunde läuft hier ein Vorprogramm, welches Untersuchungen (Zählungen) bei mehreren Umschlagschwellen durchführt und erst bei richtiger Schwelle die weitere Analyse startet.
Es wird die Zahl und der Abstand der hellen senkrechten Striche bestimmt und mit einem vorgegebenen Raster verglichen. Stimmen die Anschlußstellen und liegen die Falten im vorgegebenen Raster, kann die Manschette als richtig montiert klassifiziert werden.

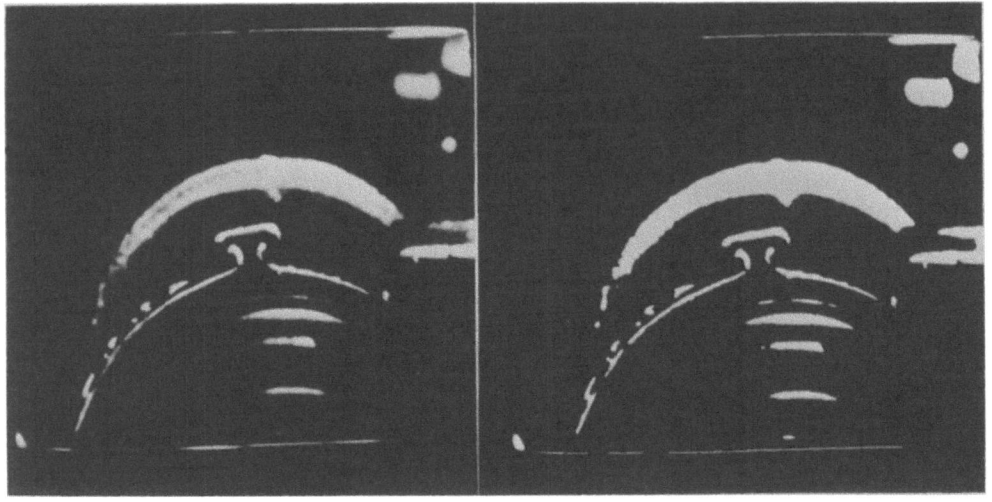

Abbildung 6: Analog- und Binärbild eines richtig geklemmten Schlauchbinders

Hier muß die Kontur der Schlauchbinderöse gefunden werden. Da der Binder gut reflektiert, kann das Bild sehr kontrastreich aufgenommen werden. Man sieht deshalb kaum einen Unterschied zwischen Analog- und Binärbild. Das ist ein gutes Beispiel dafür, daß bereits mit einfachen optischen Mitteln das Signal sehr stark herausgehoben werden kann.

Der richtig gequetschte Binder hat die auf dem Bild ersichtliche Schleifenform. Die vorgefundene Schleife wird nach ihrer Erkennung und richtigen Positionierung punktweise mit einer im Rechner abgespeicherten Vorlage verglichen. Stimmt die gefundene Schleife in gewissen Grenzen mit der Vorlage überein, ist die Quetschung in Ordnung und der Binder fest.

6. Ergebnis

Die hier beschriebenen Bildanalysen sind Teil einer längeren Versuchsreihe am Montageband im Volkswagenwerk Braunschweig. Neben der Fehlererkennung mußten auch Probleme des industriellen Einsatzes dieser intelligenten optischen Sensoren gelöst werden. Hierzu gehört der Realzeitablauf mit fest vorgegebenen Taktzeiten, der Dauerbetrieb über mehrere Schichten, der hohe Störuntergrund und die Integration der automatischen Fehlerprüfung in die bestehende Organisation der Qualitätskontrolle.

Als erstes Ergebnis kann man sagen, daß der aus Fernsehkamera und Rechner bestehende intelligente optische Sensor sehr wohl in der Lage ist, mit hoher Wahrscheinlichkeit die bei der Montage des Polo-Lenkgetriebes auftretenden, genau spezifizerten Fehler zu erkennen. Er ist allerdings nicht in der Lage, in jedem Fall auch den nicht vorhergesehenen Fehler zu erkennen. Dies macht insbesondere bei Sicherheitsteilen nach wie vor die Prüfung durch den Menschen erforderlich. Der Automat kann ihm jedoch die Arbeit wesentlich erleichtern.

Dieser Bericht veröffentlicht Ergebnisse aus einem mit Mitteln des Bundesministers für Forschung und Technologie (Kennzeichen DV 5.505) geförderten Forschungsvorhabens des Projekts Prozeßlenkung mit DV-Anlagen (PDV) im Rahmen des 3. DV-Programms der Bundesregierung. Die Verantwortung für den Inhalt liegt ausschließlich bei den Autoren bzw. den geförderten Unternehmen.

MÖGLICHKEITEN AKUSTISCHER GÜTEPRÜFUNG IN DER INDUSTRIELLEN FERTIGUNG

POSSIBILITIES OF QUALITY CONTROL IN INDUSTRIAL PRODUCTION THROUGH USE OF ACOUSTIC METHODS

Dr.-Ing. Horst Gudat

Institut für Informationsverarbeitung in Technik und Biologie
der Fraunhofer-Gesellschaft e. V.
7500 Karlsruhe

Summary

The production quality and the functional capability of industrial products can often be examined automatically by use of acoustic pattern recognition principles. The structure of pattern recognition systems, modern signal processing methods, and principles important for their design and industrial implementation are given. The state of the art is demonstrated by two practical examples, the quality control of gear-boxes and of electromotors.

1. Einführung

Akustische Prüfverfahren benutzen Luft- und Körperschallsignale, um daraus Rückschlüsse auf die Fertigungsgüte oder den Betriebszustand von technischen Produkten, Maschinen und Anlagen zu ziehen. Neben Messungen der Schallemission oder Ultraschallprüfungen gewinnen die Verfahren der akustischen Mustererkennung zunehmend an Bedeutung, Abb. 1. Sie werden zur Prozeßautomatisierung, zur Schadenfrüherkennung und insbesondere zur akustischen Güteprüfung und Funktionskontrolle von Produkten der industriellen Großserienfertigung verwendet. Bei passiven Verfahren werden die im Betrieb auftretenden Eigengeräusche ausgenutzt (z. B. bei Motoren, Getrieben), während aktive Verfahren das Schwingverhalten eines Produktes aufgrund äußerer künstlicher Anregung auswerten (z. B. Fliesen, Keramikteile).

Die Bedeutung der akustischen Güteprüfung wird aus ihrem erheblichen Prüfumfang erkennbar. Sie erlaubt die Erkennung von

- Fertigungsfehlern und Beschädigungen am einzelnen Bauteil,
- Montage- und Funktionsfehlern, d. h. von Fehlern beim Einbau des einzelnen Bauteils sowie beim Zusammenwirken von Bauteilen und Baugruppen,

Anwendung	Ziel	Beispiele
Prozeßautomatisierung	Steuerung u. Überwachung eines Fertigungsprozesses	Zementmühle, Gesenkschmiede, Stahlkonverter
Schadenfrüherkennung	Überwachung von Anlagen und Maschinen im Betrieb	Kraftwerk Turbine
Akustische Güteprüfung und Funktionskontrolle	Beurteilung der Fertigungsgüte von Industrieprodukten	Getriebe, Kfz-Motor, Lager, E-Motor, Nähmaschine, E-Motoraggregat, Fliesen

Abb. 1   Akustische Mustererkennungsverfahren in Industrie und Technik

- Lautstärkeüberschreitungen, d. h. das Auftreten zu hoher Schallpegel oder belästigender Geräuschkomponenten (ohne Beeinträchtigung der Funktion).

Die Entscheidung, ob ein Prüfobjekt einen Fehler aufweist und/oder welcher Fehler vorliegt, ist als ein Problem der Mustererkennung aufzufassen [1]. Die akustische Mustererkennung umfaßt ein weites Gebiet; sie betrifft neben den Maschinengeräuschen auch die automatische Spracherkennung und die Verarbeitung medizinischer Signale zu Diagnosezwecken [2].

Unter "Mustern" versteht man Objekte, die bestimmten Bedeutungsklassen mit gemeinsamen Eigenschaften ("Musterklassen") angehören. Sie werden durch Daten oder Meßsignale ("Musterrepräsentanten") beschrieben. Der Zweck von Mustererkennungssystemen besteht darin, unbekannte Objekte anhand der Musterrepräsentanten ihren Bedeutungsklassen zuzuordnen, Abb. 2.

In diesem Vortrag wird die industrielle Güteprüfung und Funktionskontrolle behandelt. Die Bedeutungsklassen lauten dort beispielsweise "Produkt einwandfrei" und "Produkt fehlerbehaftet" (meist zusätzlich "Grenzfall") oder bei den Vielklassenproblemen "Produkt einwandfrei", "Fehler k_1", "Fehler k_2" usw. Vielklassensysteme ermöglichen gezielte Nachbesserungen; die Zwei-Klassen-Systeme erlauben es, die meist große Zahl einwandfreier Produkte automatisch zu erfassen, während die geringe Zahl der fehlerhaften Objekte Prüfpersonen zur genaueren Beurteilung zugeführt wird. Damit kann nicht nur ein Rationalisierungs-, sondern oft auch ein Humanisierungseffekt erreicht werden.

Die Verwendung akustischer Mustererkennungsverfahren ist insbesondere für solche Probleme relevant, bei denen heute Menschen als Horcher und Klassifizierer eingesetzt werden. Diese Aufgaben liegen in der Industrie in großer Zahl vor. So werden praktisch alle technischen Produkte der Großserienfertigung, deren Eigenbetrieb mit Geräuschen verbunden ist (Kfz-Motoren, Elektromotoren, Getriebe, Nähmaschinen u. v. m.), zur Erkennung von Funktions- und Montagefehlern abgehört. Ein längeres Abhören von komplexen Geräuschen ist jedoch mit einer er-

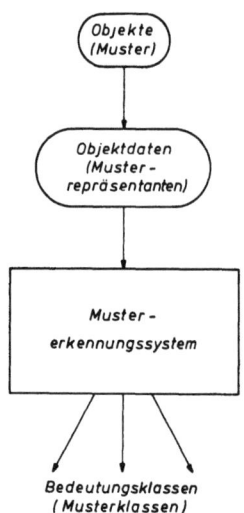

Abb. 2 Prinzipbild zur Mustererkennung

heblichen Ermüdung des auditiven Systems verbunden. Konzentrationsanforderungen aufgrund ständiger Wiederholung und Umgebungslärm führen zu psychischen Beanspruchungen, unter denen auch die Prüfsicherheit leidet. Während der Mensch recht gut Relativbeurteilungen (z. B. Paarvergleiche zweier Geräusche) durchführen kann, ist seine Fähigkeit zu Absolutklassifikationen (wie sie in der Praxis gefordert werden) begrenzt, da er ein schlechtes Langzeitgedächtnis für unmelodische komplexe Geräusche besitzt. Der Einsatz automatischer Klassifikationssysteme wird deshalb aus Gründen der Humanisierung, der Rationalisierung und der Erhöhung der Prüfsicherheit vielfach angestrebt.

Im folgenden werden in Anlehnung an [3] die Struktur von Mustererkennungssystemen und die Vorgehensweise bei der Entwicklung und beim Einsatz geschildert. Der Stand der Technik wird an zwei industriellen Beispielen (Prüfung von Getrieben und von E-Motoren) im einzelnen erläutert.

2. Methodik der akustischen Mustererkennung

Abb. 3 zeigt die Struktur eines Mustererkennungssystems und die Vorgehensweise bei seiner Konzipierung.

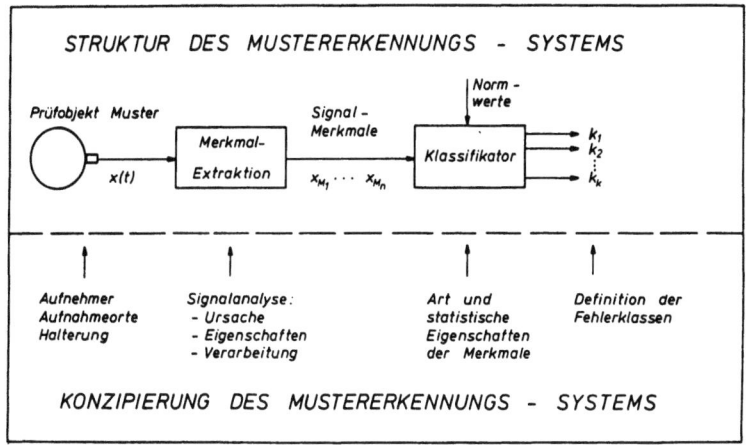

Abb. 3 System-Konzipierung und -Realisierung bei einer Mustererkennungaufgabe

Während des Prüflaufs erfolgt am Prüfobjekt die Aufnahme der Meßsignale x(t), z. B. mit Beschleunigungsaufnehmern oder mit Luftschallmikrophonen. Aus diesen Musterrepräsentanten werden durch nachrichtentechnische Methoden Merkmale x_{Mi} extrahiert. Das sind Kenngrößen, die für die Musterklassen signifikant sind. Die Merkmalextraktion dient also zur Datenkompression unter Beibehaltung der klassenspezifischen Information. Hierauf wird im folgenden Abschnitt noch näher eingegangen.

Im Klassifikator wird durch Verarbeitung der Merkmale und Vergleich mit klassenspezifischen Norm- oder Referenzwerten entschieden, welcher Klasse k_i das Prüfobjekt angehört. Der Klassifikator führt dazu eine Rechenoperation aus, in der er die numerischen Werte, die die Signalmerkmale bei dem jeweiligen Prüfobjekt annehmen, mit Normwerten vergleicht und danach entscheidet, welcher Klasse das Prüfobjekt zuzuordnen ist. Die Struktur des Klassifikators wird durch die Art und die statistischen Eigenschaften der Merkmale bestimmt. Diese sind während der Entwicklungsphase des Systems anhand eines repräsentativen Kollektivs von Prüfobjekten zu ermitteln, deren Klassenzugehörigkeit bekannt sein muß.

Man unterscheidet deshalb zwischen einer "Lern"- oder Konzipierungsphase des Systems und der "Kann"- oder Einsatzphase, bei der die Struktur festliegt. In der Lernphase sind neben den Arbeiten zur Signalanalyse auch die Aufnehmer auszuwählen und die Aufnahmeorte zu bestimmen, und zwar so, daß die Ermittlung von Merkmalen erleichtert und durch eine ggf. notwendige Halterung eines Prüfobjektes nicht gestört wird.

Bei Kenntnis der Merkmale und ihrer statistischen Eigenschaften lassen sich die Klassifikationsalgorithmen aus der Literatur entnehmen, (z. B. [1]). Die Klassifikatorstufe nach Abb. 3 stellt deshalb kein wesentliches Problem bei der Strukturierung eines Mustererkennungssystems dar. Einen großen Platz nimmt die Signalanalyse mit dem Ziel der Merkmalgewinnung ein.

3. Signalanalyse und Merkmalauswahl

Die Musterrepräsentanten sind i. a. keine determinierten Größen, sondern Repräsentanten eines stochastischen Prozesses [1], [3]. Ihr Zufallscharakter resultiert aus Toleranzen und wechselnden Einflüssen bei Fertigung, Montage und Betrieb der mechanischen Systeme. Es existieren keine realisierbaren Verfahren zur Ermittlung der "besten" Merkmale, d. h. der Merkmale, die eine Minimierung des Klassifikationsfehlers bewirken.

Zur zielstrebigen Merkmalfindung erweist sich die "angepaßte Signalverarbeitung" als günstig. Sie wurde bei der Prüfung von Zahnrädern [4] und ähnlichen Produkten angewendet.

Dabei werden die Signaleigenschaften unter Berücksichtigung der Physik der Signalentstehung analysiert. Bei Kenntnis der klassenspezifischen Signaleigenschaften werden Verarbeitungsverfahren angewandt, die speziell auf diese Eigenschaften ansprechen. In Abb. 4 wird diese Verknüpfung von Signalursachen, Signaleigenschaften und Verarbeitungsmethoden im einzelnen dargestellt. Die Zeitsignale besitzen je nach ihrer Entstehung

Abb. 4 Geräuschursachen, Signaleigenschaften und Verarbeitungsmethoden

in Motoren, Getrieben usw. sehr unterschiedliche Eigenschaften. Die
daran jeweils angepaßten Verarbeitungsmethoden sind aus dem gesamten
Instrumentarium der Nachrichtenverarbeitung und Systemtheorie auszuwählen. Die Kreuze aus Abb. 4 stammen von einigen technischen Beispielen (Motoren, Getrieben, Pumpen); andere Verknüpfungen sind möglich.

Diese nachrichtentechnischen Verfahren lassen sich in Verfahren im Zeit-
und im Frequenzbereich unterscheiden. Wegen der genauen Vorgehensweise
und der systemtheoretischen Grundlagen für die einzelnen Verarbeitungsalgorithmen sei hier auf die umfangreiche nachrichtentechnische Literatur verwiesen (z. B. [5]).

Hervorzuheben ist, daß Meßverfahren im Frequenzbereich für bestimmte,
bei technischen Produkten häufig auftretende, Signaleigenschaften "nicht
angepaßt" sind (z. B. Signalpulse, Amplitudenmodulationen). Das Lei-
stungsdichtespektrum ist ohnehin nur für stationäre Prozesse definiert
[5].

4. Zahnradpaar/Getriebe-Prüfung

Bei vielen Kraftfahrzeugen tritt in bestimmten Geschwindigkeitsbereichen
ein Heulen der antreibenden Hinterachse auf, das zu Kundenbeanstandungen
führen kann. Das Geräusch entspricht in seiner spektralen Zusammensetzung
der Zahneingriffsfrequenz f_z (und ihren Oberwellen $2f_z$, $3f_z$, ...) von
Ritzel und Tellerrad des Differentialgetriebes, Abb. 5. Die Übertragung

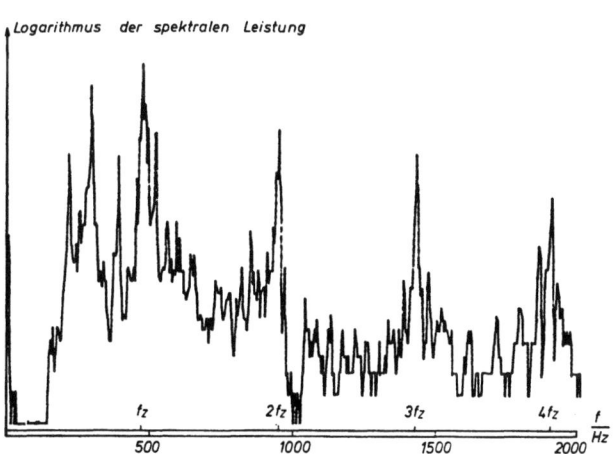

__Abb. 5__   Spektrum von Zahnradpaar - Körperschallsignalen

URSACHE	WIRKUNG, FEHLER	GERÄUSCH-EIGENSCHAFT
Drehmoment	Elast. Zahnverformung; Stöße	Kurzperiodische Anteile (Zahneingriffsfrequenz)
Verzahnungsfehler bei Fertigung	Teilungsfehler	
	Eingriffswinkelfehler	
	Flankenformfehler	
Montage, Drehmoment	Zahnrichtungsfehler	
Fertigung	Exzentrizitätsfehler	Langperiodische Anteile (Drehzahl, mehrfache Drehzahl)
Mechanische Beschädigung	Rattern	Transiente Anteile (drehzahlsynchron)
	Klopfen	

__Abb. 6__ Zahnfehler und Geräuscheigenschaften

erfolgt über das Achsgehäuse, die Achsaufhängung und die Karosserie in den Fahrgastinnenraum. Für den Fahrzeughersteller stellt sich das Ziel, laute Hinterachsen möglichst vor dem Einbau zu erkennen.

Im IITB wurde ein Meßverfahren entwickelt, das Zahnradgeräusche nach verschiedenen Ursachen auswertet [6]. Wie Abb. 6 zeigt, sind in den Geräuschen kurzperiodische Anteile vorhanden, die mit jedem Zahneingriff

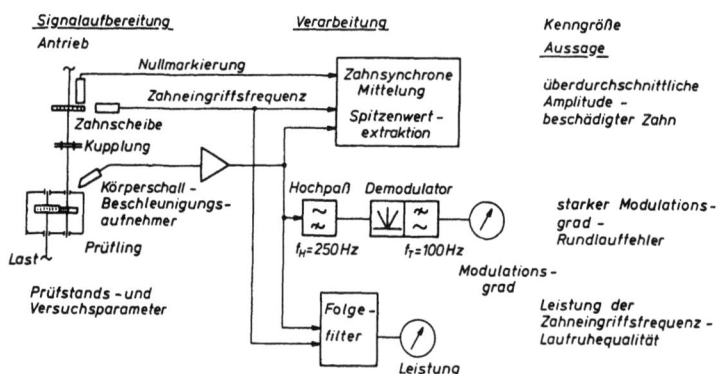

__Abb. 7__ Meßeinrichtung zur Zahnradprüfung

auftreten, sowie langperiodische Anteile, die synchron zur Drehzahl oder zu Drehzahloberwellen auftreten. Beide sind multiplikativ miteinander verknüpft, d. h. die kurzperiodischen Anteile bilden ein Trägersignal, das eine Amplitudenmodulation durch dielangperiodischen Anteile erfährt. Weitere Geräusche entstehen durch singuläre mechanische Beschädigungen (Rattern, Klopfen).

Die Signalverarbeitung ist diesen Geräuscheigenschaften angepaßt, Abb. 7. Die transienten Stoßimpulse werden durch Spitzenwertextraktion erfaßt; eine zahnsynchrone Mittelung erhöht dabei die Erkennungssicherheit. Die Amplitudenmodulation wird durch Ermittlung der Hüllkurve und Messung des Modulationsgrades festgestellt. Die Folgefilterung (Abb. 7) zur Feststellung des Getriebeheulens ist in einen Prüfstand einer Automobilfabrik eingebracht worden, an dem Hinterachsen unter Serienbedingungen getestet werden. Durch die Folgefilterung wird schmalbandig die Leistung der Zahneingriffsfrequenz f_z gemessen. Die Folgefilterung bewirkt, daß auf eine aufwendig zu realisierende Drehzahlkonstanz am Hinterachsprüfstand verzichtet werden kann.

5. Elektromotoren-Prüfung

Elektromotoren kleiner Leistung (z. B. < 1 kW) stellen ein typisches Produkt der Großserienfertigung dar. Die Erkennung von Funktionsmängel erfolgt zu einem großen Teil subjektiv durch Abhören des Eigengeräusches.

Das IITB-Prüfsystem [7] erkennt automatisch die hauptsächlichen Fehlerklassen Magnet-, Lager- sowie Schleifgeräusch eines Kurzschlußläufer-Asynchronmotors für Waschmaschinen. Daneben werden weitere seltene Fehler in einer gemeinsamen Klasse "sonstiger Schaden" zusammengefaßt.

Die Merkmalextraktion ist wieder den verschiedenen Signaleigenschaften angepaßt und führt dadurch zu einfachen und relativ störsicheren Verarbeitungsalgorithmen. Magnetgeräusche äußern sich im Körperschall als amplitudenmoduliertes Schmalbandgeräusch bei 800 Hz. Da bei diesen Motoren stationäre Prüfbedingungen vorliegen, lassen sich Magnetgeräusche leicht durch eine selektive Pegelmessung feststellen, Abb. 8 (oben). Beschädigungen der Wälzlager bewirken harte Stöße, die zu pulsartigen Signalen führen. Sie sind nicht synchron zur Läuferdrehung. Ihre Erkennung erfolgt nach Bildung der Hüllkurve und Pulsformung durch einfache Pulszählung in einem definierten Zeitabschnitt und Normwertvergleich.

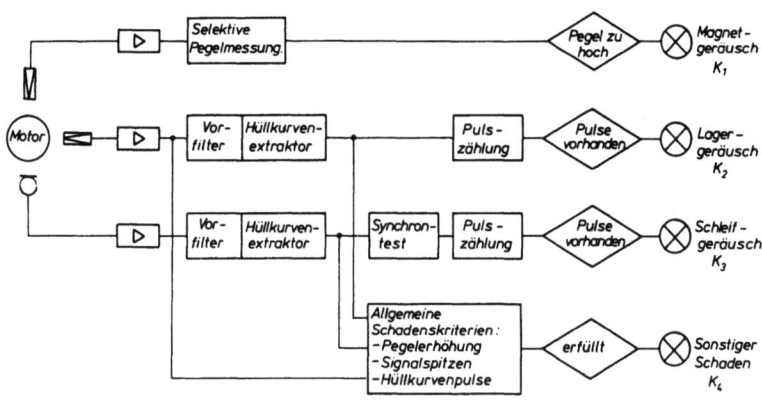

Abb. 8 Prüfsystem für Elektromotoren

Schleifgeräusche treten auf, wenn Teile der Isolierung der Ständerwicklung oder andere Fremdkörper in den Luftspalt ragen und vom Läufer berührt werden. Wegen ihrer geringen Masse sind sie nur im Luftschall wahrzunehmen. Schleifgeräusche besitzen einen ähnlich pulsartigen Charakter wie Lagergeräusche; sie können von ihnen durch ihre Umdrehungssynchronität unterschieden werden. Die sonst noch möglichen Schäden lassen sich weitgehend durch die in der Abb. 8 angegebenen allgemeinen Kriterien erfassen. Dieses System wird z. Z. im Industriebetrieb implementiert.

6. Implementierungskosten

Die Einführung automatischer Systeme hängt maßgeblich von den dabei entstehenden Kosten ab. Diese gliedern sich in Aufwendungen für die Entwicklung und die Realisierung des Prüfsystems und für die Gestaltung des Prüfplatzes.

Die Realisierungskosten sind beim heutigen Stand der Halbleitertechnologie relativ unbedeutend. Die Entwicklungskosten werden im wesentlichen vom Umfang der Signalanalysen bestimmt, die wiederum von der Komplexität des Prüfobjektes abhängen. Das Prinzip der "angepaßten Signalverarbeitung" erleichtert die Signalanalyse und führt zu einfachen und sicheren Verarbeitungsalgorithmen.

Die Prüfplatzgestaltung betrifft den Produkttransport, das Anlegen von Aufnehmern und ggf. einer Spannungsversorgung, die Prüfsteuerung und die Produktweiterleitung. Im allgemeinen sind Schwingungs- und Schallisolierungen vorzunehmen. Bei schwierigeren Aufgaben können die Kosten für die Prüfplatzgestaltung einen ähnlichen Umfang wie die Entwicklungskosten annehmen. Vielfach sind vorhandene Einrichtungen der subjektiven Prüfung verwendbar.

7. Einsatzgrenzen automatischer Prüfverfahren

Ein beträchtlicher Teil der heute subjektiv durchgeführten akustischen Güteprüfungen läßt sich rentabel automatisieren. Es ist zu erwarten, daß die fortgeschrittene Automatisierung der Fertigung zunehmend auch die Automatisierung von Produktprüfungen nach sich zieht.

Andererseits existieren eine Reihe von Aufgaben, bei denen der Mensch heute nicht oder nicht mit vernünftigem Aufwand in dem gesamten von ihm getätigten Prüfumfang ersetzt werden kann. Das gilt für die Prüfung von komplexen Produkten mit vielen Geräuschquellen, wie z. B. Kfz-Verbrennungsmotoren oder Industrienähmaschinen. Humanisierungsaspekte lassen hier wenigstens die Benutzung technischer Prüfhilfen (wie Sondensysteme mit Schallschutz) erwünschen.

8. Literatur

1. Niemann, H.: Methoden der Mustererkennung. Akadem. Verlagsgesellschaft, Frankfurt 1974.

2. 5. IITB Kolloquium Mustererkennung über "Akustische Mustererkennung - Automatische Klassifikation von Geräuschen, Sprache und medizinischen Zeitsignalen", 26./27. Feb. 1976, IITB Karlsruhe.

3. Gudat, H.: Methoden und industrielle Anwendungen der akustischen Mustererkennung, Technisches Messen atm, 44. Jahrgang, Heft 5, Mai 1977 und Heft 6, Juni 1977.

4. Schulz, D.: Lineare und nichtlineare Verarbeitung von amplitudenmodulierten stochastischen Prozessen zur akustischen Qualitätskontrolle und Schadenfrüherkennung. Dissertation TU Karlsruhe, 1976.

5. Lang, F.H.: Signale und Systeme, Band 3, Regellose Vorgänge, VEB Verlag Technik, Berlin 1971.

6. Schulz, D.: Akustische Prüfung von Zahnrädern. IITB-Mitteilungen 1976, S. 2 - 5.

7. Meier, H.E.: Akustische Qualitätskontrolle von Elektromotoren. IITB-Mitteilungen 1976, S. 6 - 9.

Ein Teil der Arbeiten wurde durch das Bundesministerium für Forschung und Technologie (BMFT) gefördert.

NEUE WEGE BEI DER AUTOMATISIERUNG VON MESS- UND PRÜFSYSTEMEN
NEW SOLUTIONS IN MEASURING AND TESTING

Dr.-Ing. Werner Muckli, Dr.-Ing. Manfred Mall, DORNIER SYSTEM GMBH

SUMMARY

Die technologische Entwicklung der letzten Jahre eröffnet der Mess- und Prüftechnik neue Wege. Die Auswirkungen dieser neuen Möglichkeiten werden an zwei Beispielen demonstriert, einem System zur großräumigen Überwachung der Luftreinhaltung und einem integrierten Prüfsystem für unbemannte Fluggeräte.

1. Einleitung

Moderne Systeme tendieren immer mehr zu steigender Komplexität. Dies gilt für alle Bereiche, sowohl für Großanlagen in der Industrie z.B. für die Produktion von Massengütern als auch für wissenschaftliche Einrichtungen - man denke an die Forschungsstätten der Kernphysik - bis hin zu den "Systemen" des täglichen Bedarfs wie z.B. der von einem Microprozessor gesteuerte Küchenherd. Die große Komplexität bedingt erhöhte Anforderungen an die Genauigkeit und Zuverlässigkeit der einzelnen Teilfunktionen und Untersysteme, da schon geringe Ungenauigkeiten sich zu nicht vertretbaren Fehlern fortpflanzen. Zur Erfüllung dieser Anforderungen sind aufwendige Meß- und Prüfeinrichtungen erforderlich. Nun bilden die Meß- und Prüfeinrichtungen schon immer die kritischen Punkte aller Automatisierungssysteme und eine Verbesserung ist nur erreichbar, wenn völlig neue Wege gefunden werden.

Dabei stehen folgende Probleme im Vordergrund:

- Messen mit größerer Empfindlichkeit und Genauigkeit; was z.T. nur dadurch erreicht werden kann, daß man auf Verfahren zurückgreift, die bislang nur im Laborbereich anwendbar waren. Darüber hinaus lassen sich Verbesserungen dadurch erreichen, daß man die Meßdaten nicht singulär sondern im Vergleich mit anderen betrachtet und ihre Historie berücksichtigt.

- Verarbeitung großer Datenmengen, die erst in ihrer Gesamtheit die notwendige Information enthalten, während einzelne Daten relativ wertlos sind

- Übertragung der Daten über große Entfernungen, bedingt durch die wachsende Ausdehnung der zu messenden und prüfenden Objekte

- Häufiges und schnelles Prüfen, woraus die Forderung nach weitgehender Automatisierung resultiert

- Prüfen komplexer Zusammenhänge mit der besonderen Schwierigkeit, daß viele Prüflinge "intransparent" (z.B. hochintegrierte Bausteine wie Microprozessoren) und in wesentlichen Punkten einer Prüfung unzugänglich sind. Damit verbunden ist die Schwierigkeit, Prüfvorschriften so zu erstellen, daß die Prüfdichte ausreicht. Der notwendige Umfang von Prüfungen kann z.B. bei digitalen Geräten so groß sein, daß nur noch Verfahren zur automatischen Erstellung der Prüfvorschriften angewendet werden können

- Flexibilität der Einrichtungen. Die häufigen Änderungen der Objekte, verbunden mit dem großen Aufwand für Meß- und Prüfeinrichtungen zwingt dazu, diese Einrichtungen anpassungsfähig zu gestalten. Hieraus resultiert die Forderung nach Modularität und breitem Einsatzspektrum, was letztlich eine Standardisierung der Schnittstellen erfordert

- Handhabbarkeit und Überschaubarkeit der Systeme. Es darf nicht vergessen werden, daß die umfassenden Systeme gewartet und "gepflegt" werden müssen, wobei Fragen aufgeworfen werden bis hin zu der Zweckmäßigkeit unserer bestehenden Ausbildungsformen.

Dieser Forderungskatalog - das sei hier gleich vorweg betont - wäre niemals erfüllbar, wenn nicht in den letzten Jahren eine Entwicklung in der Technik stattgefunden hätte, die einer Revolution gleichkommt, nämlich die Großintegrationstechnik von Halbleitern. Elektronik ist so billig zu fertigen und einfach zu hochkomplexen Funktionen zu assemblieren, wie es noch vor wenigen Jahren unvorstellbar war. Das erklärt den zu beobachtenden starken Trend, mechanische Geräte durch elektronische zu ersetzen. Damit verbunden ist aber auch häufig ein Verlust an Anschaulichkeit beim Messen und Prüfen. Gewarnt werden muß auch vor der, durch die niedrigen Hardwarepreise verursachte Fehleinschätzung der Gesamtkosten. Oft werden die Probleme nur in die Software verlagert, deren Bedeutung und Aufwand auch heute noch vielfach unterschätzt werden.

Trotz gewisser Schwierigkeiten, die in erster Linie aber nur als Übergangsschwierigkeiten angesehen werden sollten, sind die Vorteile der preiswerten Elektronik, insbesondere der hochintegrierten, programmierbaren Komponenten nicht zu bestreiten. Einige der wesentlichsten Vorteile sind:

- Bei richtigem Einsatz der Mittel entstehen sehr preisgünstige Lösungen mit bisher nicht erreichbarer Leistungsfähigkeit und Flexibilität. So sind Geräte mit "Selbsttest" und "Fehlerdiagnose" bei mäßigem Zusatzaufwand möglich.

- Die Struktur der Geräte kann erstmals ohne Kostennachteile regulär angelegt werden. "Random"-Entwürfe verschwinden. Dieser Vorgang ist der Einführung der Microprogrammierung im Rechnerbau vergleichbar. Er wird die Entwicklung von Geräten beschleunigen und die Flexibilität erhöhen. Damit kann die Nutzungsdauer der Geräte vergrößert werden.

- Billige, rechnende, programmierbare Geräte mit Speicher erlauben ausgleichende und rechnende Messungen. Die Datenspeicherung erlaubt eine Trennung der Erfassung, der Verarbeitung, der Übertragung und der Anzeige von Werten. Dies ermöglicht Meß-Systeme von großer räumlicher Ausdehnung mit Datenverarbeitung vor Ort und schneller, preisgünstiger Übertragung, z.B. über öffentliche Netze. Derartige Systeme können auch leicht mit "Fail-Soft-Verhalten" ausgestattet werden. Die Technik programmierter Geräte ist in allen Bereichen anwendbar, sie erbringt daher in mehrfacher Hinsicht Vorteile, nämlich sowohl bei den Meß- und Prüfobjekten, als auch bei den Meß- und Prüfsystemen.
Baut man beide Teile als programmierbare Geräte in regulärer Struktur, sind
   o integrierte Gesamtsysteme aus Prüfling und Prüfgerät möglich, die eine große Prüftiefe bei mäßigem Aufwand erlauben,
   o eine Anpassung des Systems während der Entwicklung und der Lebensdauer durch Änderung der Software durchführbar, d.h. ohne Änderung der Hardware sowie
   o die Systemdokumentation durch Einsatz von problemorientierten Sprachen bei der Erstellung der Software und damit der Beschreibung der funktionellen Abläufe stark vereinfacht.

Eine Standardisierung von Schnittstellen im System wird praktikabel. Damit entsteht eine Reduktion von Adaptionskosten zwischen System und zugehörigen Hilfsmitteln. Logistische Vereinfachungen ergeben sich, alles bei verringerten Systemgesamtkosten.

Im folgenden sollen die genannten Probleme an zwei Beispielen erläutert und die zur Lösung dieser Probleme beschrittenen Wege beschrieben werden. Es handelt sich dabei um die
"Grossräumige Überwachung der Luftreinhaltung" und ein
"Integriertes Prüfsystem für unbemannte Fluggeräte und Bordrechner".

2. Überwachung der Luftreinhaltung

2.1. Aufgaben und Problematik der Überwachung

Auf die allgemeine Problematik der Luftreinhaltung kann hier aus Platzgründen nicht eingegangen werden. Es sei nur festgehalten, daß es sich als notwendig erwiesen hat, eine kontinuierliche Überwachung durchzuführen, um

- Gefahrenzustände zu erkennen,
- Daten für Planung und wissenschaftliche Untersuchungen zu erhalten und
- Emittenten und Wirksamkeit von Maßnahmen zu analysieren.

Dabei entstehen folgende Probleme:

- Messung der Schadstoffe wie SO_2, CO, NO_x usw. in sehr geringen Konzentrationen, was entsprechend aufwendige Meßeinrichtungen erforderlich macht.

- Überwachung großer Gebiete z.B. ganzer Länder mit der Notwendigkeit, die Daten an eine Zentrale zu übermitteln.

- Kontinuierliche Überwachung mit der daraus resultierenden Notwendigkeit einer weitgehenden Automatisierung

- Hohe Zuverlässigkeit, da die Daten ggf. die Grundlage für weitreichende Entscheidungen bilden

- Datenverarbeitung und -speicherung.
  Da die einzelnen Meßwerte nur eine geringe Aussagekraft haben, müssen sie zu Kennwerten, Kurven und dergl. zusammengefaßt werden. Gleichzeitig müssen die großen Datenmengen so konzentriert werden, daß sie ohne größeren Informationsverlust gespeichert werden können und jederzeit abrufbar sind.

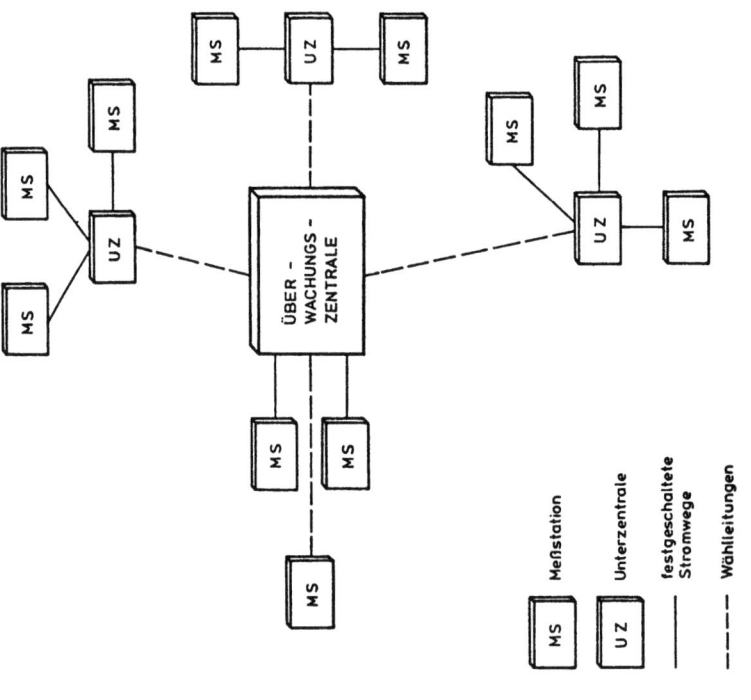

Struktur der Datenübertragung

Bild 2

Lufthygienisches Landesüberwachungssystem Bayern

Bild 1

• Anpassungsfähigkeit an veränderte Bedingungen und Technik.

2.2. Automatische Meßnetze

Zur Lösung der geschilderten Probleme, die in ähnlicher Form auch bei anderen Überwachungssystemen und in industriellen Anlagen auftreten, haben sich automatische Meßnetze als geeignet erwiesen. Dabei werden die Meßwerte automatisch erfaßt, geprüft und übertragen. Gleichfalls automatisch werden alle notwendigen Steuer- und Eichvorgänge sowie eine Fehlererkennung und -meldung durchgeführt.

Als Beispiel für den Umfang derartiger Meßnetze sei das Lufthygienische Überwachungssystem Bayern genannt (Bild 1), das im Endausbau ca. 80 Meßstationen besitzen soll mit bis zu 20 Meßeinrichtungen für Schadstoffe und meteorologische Werte. Z.Zt. sind davon mehr als 35 Stationen in Betrieb.

Die Meßstationen dieses Überwachungssystems sind über festgeschaltete Telefonleitungen mit sogenannten Unterzentralen verbunden (Bild 2). Diese Unterzentralen sind mit einem Datenprozessor ausgestattet, der die Überwachung und Steuerung der Stationen übernimmt, eine gewisse Datenverarbeitung durchführt und Daten für einen begrenzten Zeitraum speichert.

Die Unterzentralen sind ihrerseits mit der Zentrale über Wählleitungen verbunden. Sie werden automatisch mehrmals täglich von der Zentrale angerufen und geben dann ihre gespeicherten Daten an die Zentrale ab. Sie können sich auch selber melden, wenn Grenzwertüberschreitungen auftreten oder Störungen erkannt werden. Dieses Prinzip der "verteilten Intelligenz" ergab sich im Fall der Meßnetze wegen der Gebührenordnung der Post als kostengünstigste Lösung, da für kleine Entfernungen Standleitungen, für Entfernungen über 30 km Wählleitungen trotz des notwendigen Rechners günstiger sind. Es bietet jedoch weitere Vorteile wie geringere Belastung der Zentrale, Weiterverarbeiten der Untersysteme bei Ausfall der Zentrale, Verringerung der Gesamtleitungslänge und dergl., so daß es generell für derartige Probleme angewandt werden kann, insbesondere wenn anstelle des Datenprozessors in der Unterzentrale hochintegrierte Prozessoren eingesetzt werden können.

Einen kritischen Punkt in den Meßnetzen stellen die Meßgeräte dar. Hier handelt es sich zum Teil um solche Geräte mit hoher Empfindlichkeit, die, wie bereits erwähnt, noch vor wenigen Jahren nur unter Laborbedingungen betrieben werden konnten und die jetzt wochenlang ohne Betreuung arbeiten sollen.

Bei manuell bedienten Meßeinrichtungen findet eigentlich ständig eine Überwachung der Meßapparatur und Plausibilitätskontrolle des Meßwertes durch das Bedienpersonal statt. Um eine vergleichbare Zuverlässigkeit in automatischen Systemen zu erreichen, müssen neben dem Meßwert eine Anzahl weiterer Informationen erfaßt und ausgewertet werden. So sendet jede Meßstation nach einem Datenabruf zunächst eine Reihe von Statussignalen, die Auskunft über den Zustand der Station geben z.B. :

- Innentemperatur zu hoch
- Innenfeuchte zu hoch
- Strom für Pumpe des Probenahmesystems zu hoch
- Meßgasdurchsatz außerhalb der Toleranz usw.

Zeigt ein solches Statussignal an, daß in der Station ungewöhnliche Verhältnisse herrschen, wird eine Fehlermeldung ausgegeben, durch die einerseits die verringerte Vertrauenswürdigkeit der Meßwerte angezeigt wird und andererseits Maßnahmen zur Fehlerbeseitigung angeregt werden.

In ähnlicher Weise werden die Meßgeräte behandelt. Jedes Meßgerät sendet zunächst eine Kennung, die der Rechner erkennen muß. Dann folgt eine Anzahl von Statussignalen z.B. für

- Gerät ein/aus
- Nullpunktskontrolle
- Kalibrieren
- Messen
- Meßgasdurchsatz
- Fülldruck in Prüfgasflasche im zul. Bereich usw.

(Bild 3).

Nach Überprüfung der Statussignale findet die übliche Plausibilitätskontrolle des Meßwertes statt. Nur wenn beide Prüfungen zu keinem Zweifel Anlaß geben, wird der Meßwert weiterverarbeitet.

Durch diese Maßnahmen wird das Vertrauen in die Meßwerte wesentlich erhöht. Man darf sich jedoch nicht darüber täuschen, welche Schwierigkeiten in der Auswahl der notwendigen Statussignale stecken, denn gerade die einfachsten Zustände wie z.B. EIN/AUS sind so selbstverständlich,

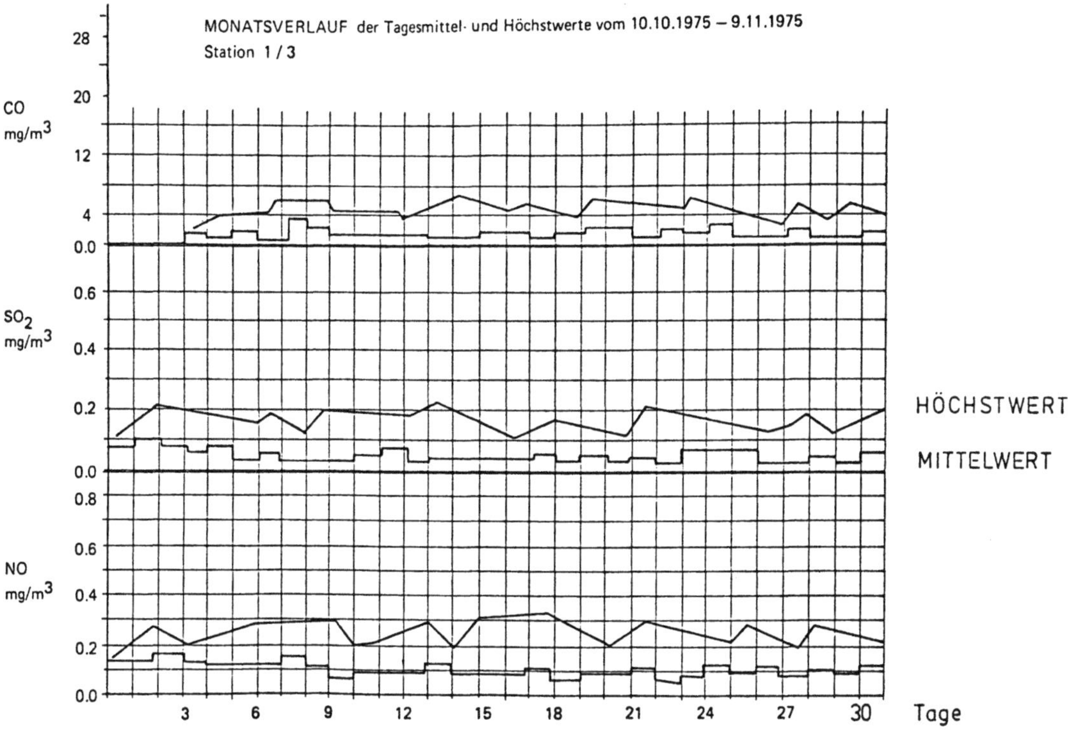

MONATSVERLAUF der Tagesmittel- und Höchstwerte vom 10.10.1975 – 9.11.1975
Station 1 / 3
CO
mg/m3
28
20
12
4
0.0
SO2
mg/m3
0.6
0.4
0.2
0.0
NO
mg/m3
0.8
0.6
0.4
0.2
0.0
3
6
9
12
15
18
21
24
27
30
Tage
HÖCHSTWERT
MITTELWERT

Bild 4

Identifikationskopf
Betriebsinformationsteil
Prüfinformationen
Kalibrierinformation
Meßgerätetabelle
Meßgerätekennung
Meßzyklus
Mittelungsintervall
Kalibrierzyklus
Kalibrierdauer
vorgesehene Betriebsstatusinf.
zulässige Fehlerstatus
untere Meßwertgrenze
obere Meßwertgrenze
Sollwert Nullpunkt
Sollwert Eichpunkt
zulässige Tagesdrift
zulässige Gesamtdrift

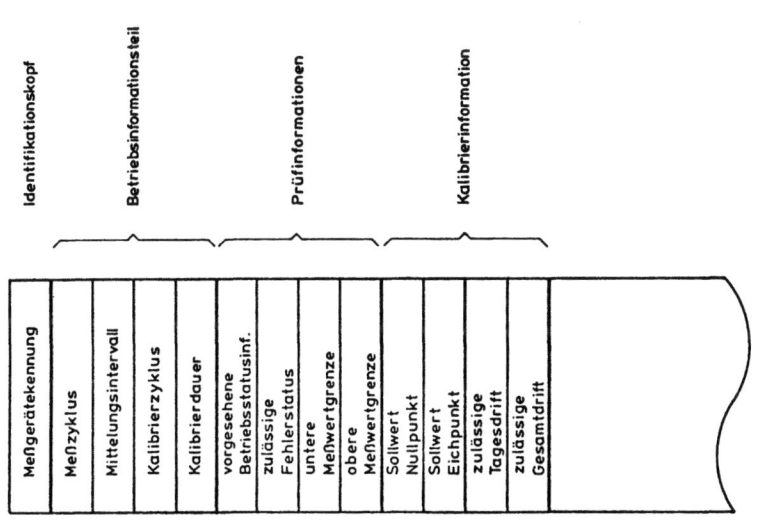

Bild 3

daß sie oft vergessen werden.

Für die nachfolgende Datenübertragung werden die bekannten Sicherungsverfahren durch Erhöhung der Redundanz angewendet.

Ein wesentliches Kriterium bei der Konzipierung derartiger Systeme ist die Erweiterbarkeit und Anpassungsfähigkeit des Systems. Es können mehr Stationen, mehr Meßeinrichtungen und insbesondere andere Meßeinrichtungen erforderlich werden, letzteres schon allein wegen der zu erwartenden Entwicklungen auf diesem Gebiet.

Diese Flexibilität wird durch modularen Aufbau und Standardisierung der Schnittstellen erreicht. Für die Meßeinrichtungen im Überwachungssystem sind u.a. festgelegt der Anschluß an das Probennahmesystem, die Abmessungen durch 19"-Einschubtechnik und die Schnittstelle zur Datenerfassungselektronik durch einen Einschubstecker mit bestimmter Pinbelegung und vorgeschriebenen Signalpegeln.

Die Modularität setzt sich fort in der Software, nur die Programme zur Behandlung der einzelnen Geräte als eigene Module existieren. Das Auswechseln von Meßgeräten ist damit tatsächlich mit wenigen Handgriffen möglich, sofern die Standards eingehalten werden.

2.3. Auswertung der Ergebnisse

Die einzelnen Meßdaten, die nach dem vorher Beschriebenen einen hohen Grad an Vertrauenswürdigkeit besitzen, bilden nur das Rohmaterial für die umweltrelevanten Aussagen in Form von Kennwerten und Verläufen wie z.B. in Bild 4 dargestellt. Eine derartige Datenverarbeitung ist an sich nichts besonderes, wichtig ist jedoch, daß der Vorgang für den Benutzer durchschaubar bleibt. So ist beispielsweise ein Mittelwert eine übliche Kenngröße. Es kann jedoch in bestimmten Situationen interessant sein, die Einzelmessungen zu betrachten. Gleiches gilt für Kennwerte aus räumlich verteilten Messungen.

In dem beschriebenen Überwachungssystem ist dafür ein Dialogsystem vorgesehen, das dem Benutzer die Möglichkeit gibt, mit jeder Meßstation und jedem einzelnen Meßgerät direkt in Verbindung zu treten, sich die Einzelmessungen anzusehen, den Verlauf eines Eichvorganges zu betrachten und ähnliches mehr. Er kann z.B. feststellen, ob gewisse Spitzen aufgetreten sind, ob sie nur an einer Stelle oder an verschiedenen

Orten festgestellt wurden und dergl. mehr. Der Aufwand für ein derartiges Dialogsystem ist zweifellos nicht gering. Die Erfahrungen zeigen jedoch, daß auch komplexe Systeme durch solche Möglichkeiten so flexibel und transparent werden, daß der Aufwand gerechtfertigt ist.

Ähnliches gilt für die Datenspeicherung. Auch hier muß darauf geachtet werden, daß kein Datenfriedhof entsteht, sondern die Daten aktiv nutzbar bleiben. Beispielsweise ist bei dem Überwachungssystem die Möglichkeit vorgesehen, in kritischen Fällen schnell vergleichbare Situationen herauszusuchen, deren Verlauf und ggf. die Wirksamkeit getroffener Maßnahmen zu betrachten. Dabei ist es in vielen Fällen wichtig, daß diese "Erfahrungen" schnell und einfach zugänglich sind, um als Entscheidungshilfe dienen zu können. Auch hier haben sich Dialogsysteme, mit denen man sich durch Datenbestände "durchfragen" kann, bewährt.

3. Ein integriertes Prüfsystem für unbemannte Fluggeräte mit Bordrechnern

3.1. Das konventionelle System

Der klassische Aufbau eines unbemannten Fluggerätes ist in Bild 5 dargestellt. Alle Funktionen sind durch Einzelgeräte realisiert. In klassischen Konstruktionen arbeiten diese Einzelgeräte analog. Die Schnittstellen zwischen den Geräten sind nicht normiert. Die Verbindungen erfolgen über spezielle Adaptionseinheiten. Dies gilt auch für die Flugsteuereinheit, eine elektro-mechanische Ablaufsteuerung und das Kurshaltesystem, ein analog arbeitendes Regelsystem.

Die Folge ist, daß zur Prüfung des Systems eine sehr große Anzahl von Verbindungen zwischen Prüfling und Prüfgerät hergestellt werden müssen. Es handelt sich um ca. 400 - 500 Einzelleitungen mit sehr unterschiedlichen Signalen. Hierzu ist im Prüfling eine Zusatzverkabelung und im Prüfgerät eine große Anzahl von Umsetzern und Adaptionseinheiten notwendig. Viele der Signale, die für die Prüfung eigentlich zugänglich sein müßten, sind es aus Aufwandsgründen nicht, sie müssen deshalb indirekt bestimmt werden, was den Prüfablauf beträchtlich kompliziert und viele umständliche Rechnungen erforderlich macht. Letztlich wird dadurch die Leistungsfähigkeit des Prüfautomaten und der Umfang der im Prüfautomaten ablaufenden Programme in die Höhe getrieben. Beispiels-

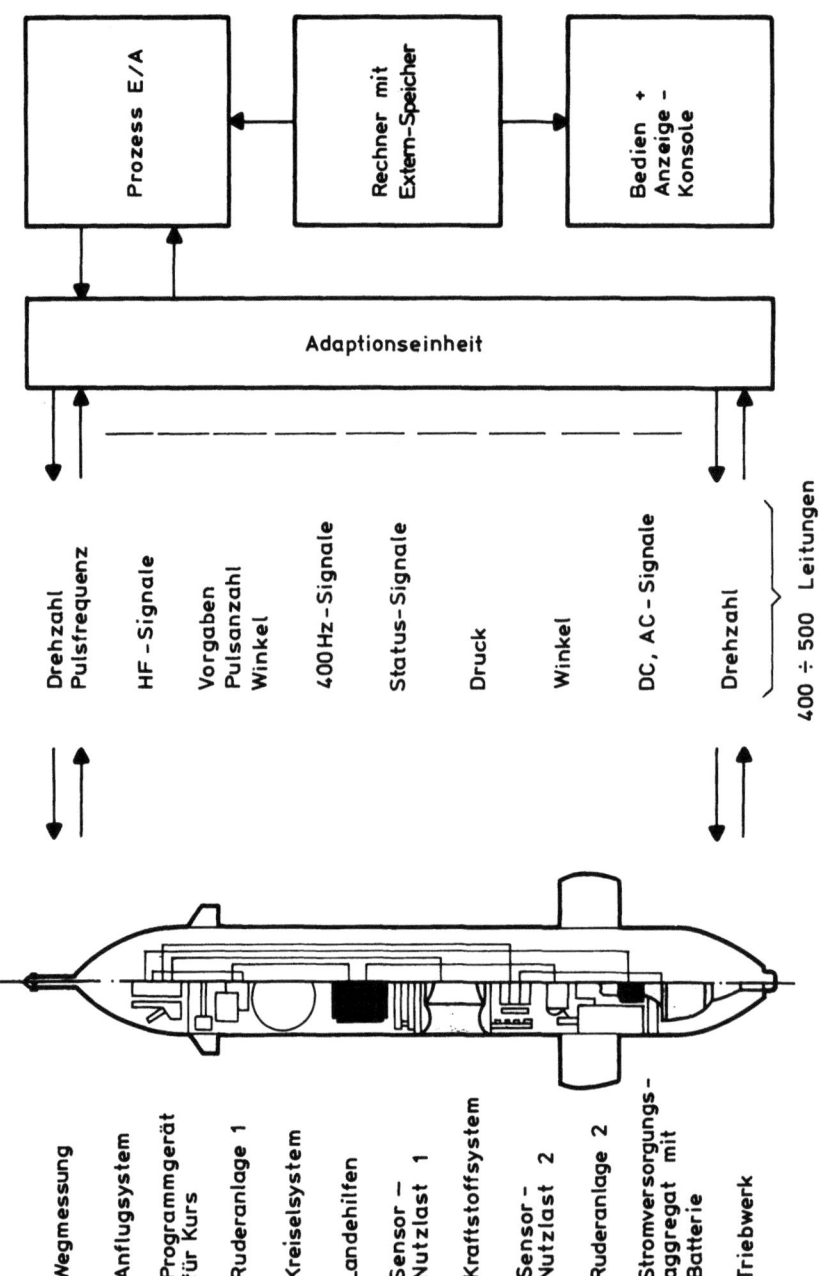

Bild 5: Fluggerät mit Prüfsystem Klassischer Fall

weise besteht ein typischer Automat zur Prüfung eines so aufgebauten Gerätes aus einem Rechner mit 32 k Worten Kernspeicher, zusätzlichem Externspeicher und sehr umfangreicher Prozeßperipherie. Der Programmumfang beträgt bei trickreicher Assembler-Programmierung ca. 32 k Worte. Bei Einsatz der Prüfsprache ATLAS erhöht sich der Umfang auf ca. 80 k Worte.

3.2. Besondere Probleme

Die Entwicklung eines Fluggerätesystems mit allen Hilfsanlagen - hierzu gehören insbesondere auch die Prüfgeräte - ist schwierig, außerordentlich kostspielig und langwierig. Nachträgliche Änderungen insbesondere der mechanischen Struktur, ja selbst das Nachziehen eines Drahtes sind teuer. Aus diesen Gründen sind flexible Systeme wünschenswert, die Änderungen der Gesamtfunktion ohne Beeinflussung der Hardware erlauben. Dieser Vorteil wird nur von programmierten Systemen geboten. Wesentlich ist noch, daß die Entwicklung der Fluggeräte und der Testgeräte parallel ablaufen muß. Einmal sollten die Prüfgeräte für die Prüfung der Prototypen zur Verfügung stehen, zum anderen sind nur so die Kosten und die Entwicklungszeit in vernünftigen Grenzen zu halten. Dieses Ziel kann nur durch eine Gerätekonzeption erreicht werden, die funktionell modular ist und eine Trennung der Funktionseinheiten von deren Verknüpfung erlaubt, eben mit programmierbaren Systemen. Die notwendige Menge von Funktion kann sehr früh und relativ leicht festgelegt werden, deren Verknüpfung läßt sich ohne Einfluss auf die Hardware noch sehr spät ändern. Auch hier ist die Parallelität zur Microprogrammierung von Rechnern zu erkennen.

Normalerweise wird man bei programmierten Geräten die Programm in Festwertspeichern ablegen. Die Gründe hierfür sind entweder Einsparung eines Externgerätes für die Programmeingabe, Bedienungsvereinfachung oder - wie hier - Umweltfragen. Damit ergibt sich ein sehr übles Problem während der Entwicklung. Da Festwertspeicher nur sehr mühsam geändert werden können, sind Programmänderungen ebenfalls mühsam, langwierig und damit kostspielig. Im vorliegenden Fall muß mit einer grossen Anzahl von Änderungen gerechnet werden. Zur Entschärfung des Problems sind daher besondere Maßnahmen notwendig.

3.3. Das System Prüfling - Prüfgerät

Bild 6 zeigt das unter Verwendung der heute zur Verfügung stehenden Mitteln entstandene Gesamtsystem. Prüfling und Prüfgerät verwenden speicherprogrammierte Prozessoren. Die Peripherie ist über ein BUS-System mit dem Prozessor verbunden, d.h. alle Peripheriemoduln besitzen eine genormet Schnittstelle. Die Struktur von Bordsystem und Prüfsystem ist übersichtlich geworden. Die Wartung und selbst Änderungen sind einfach möglich.

Bordseitig, wie bodenseitig, ist der Prozessor das zentrale Element. Alle Mess- und Stellglieder, sowie die sonstigen E/A-Geräte sind über den BUS und E/A-Moduln am Processor angeschlossen. Die Mess- und Stellglieder bilden zusammen mit dem zugehörigen E/A-Modul funktionell vollständige, isolierte Einheiten. Die Schnittstelle zum BUS ist rein digital und uniform. Alle Verknüpfungen zwischen den einzelnen Moduln werden ausschließlich programmgesteuert durch den Prozessor hergestellt. Damit ist eine vollständige Trennung zwischen peripheren Funktionen, Abläufen und Verknüpfungen erreicht, was die Entwicklung sehr erleichtert und Änderungen in späten Phasen möglich macht. Vorteilhaft ist noch, daß eventuell notwendige Hardwareänderungen lokal bleiben.

An Bord wird ein Schreib/Lese-Speicher und zusätzlich ein kleiner Festwertspeicher verwendet. Dies hat zwei Gründe: Einmal lassen sich so unterschiedliche Missionsprogramme laden, zum anderen - das ist hier wesentlich - steht der Prozessor beim Prüfen zur Verfügung und kann als externes Gerät des Prüfsystems benutzt werden. Da praktisch alle für die Prüfung notwendigen Signale über den Bordprozessor und dessen Peripherie zur Verfügung stehen und im Bordprozessor beim Prüfen eine Vorverarbeitung möglich ist, reduziert sich der Verkabelungsaufwand zwischen Prüfgerät und Prüfling erheblich. Beide Systeme sind über eine einfache digitale, serielle Strecke miteinander verbunden. Diese dient zur Datenübertragung und zum Laden der Programme. Nur noch sehr wenige Signale (etwa 20 Leitungen) müssen direkt übertragen werden.

Die hier geschilderte Technik ist erst durch die Verfügbarkeit billiger programmierbarer Prozessoren möglich geworden. Das Beispiel zeigt, welche Möglichkeit sich bei der Anwendung auf dem Gesamtkomplex Prüfling/Prüfgerät eröffnen. Das integrierte System ist in Entwicklung und Produktion insgesamt preisgünstiger als der klassische Entwurf.

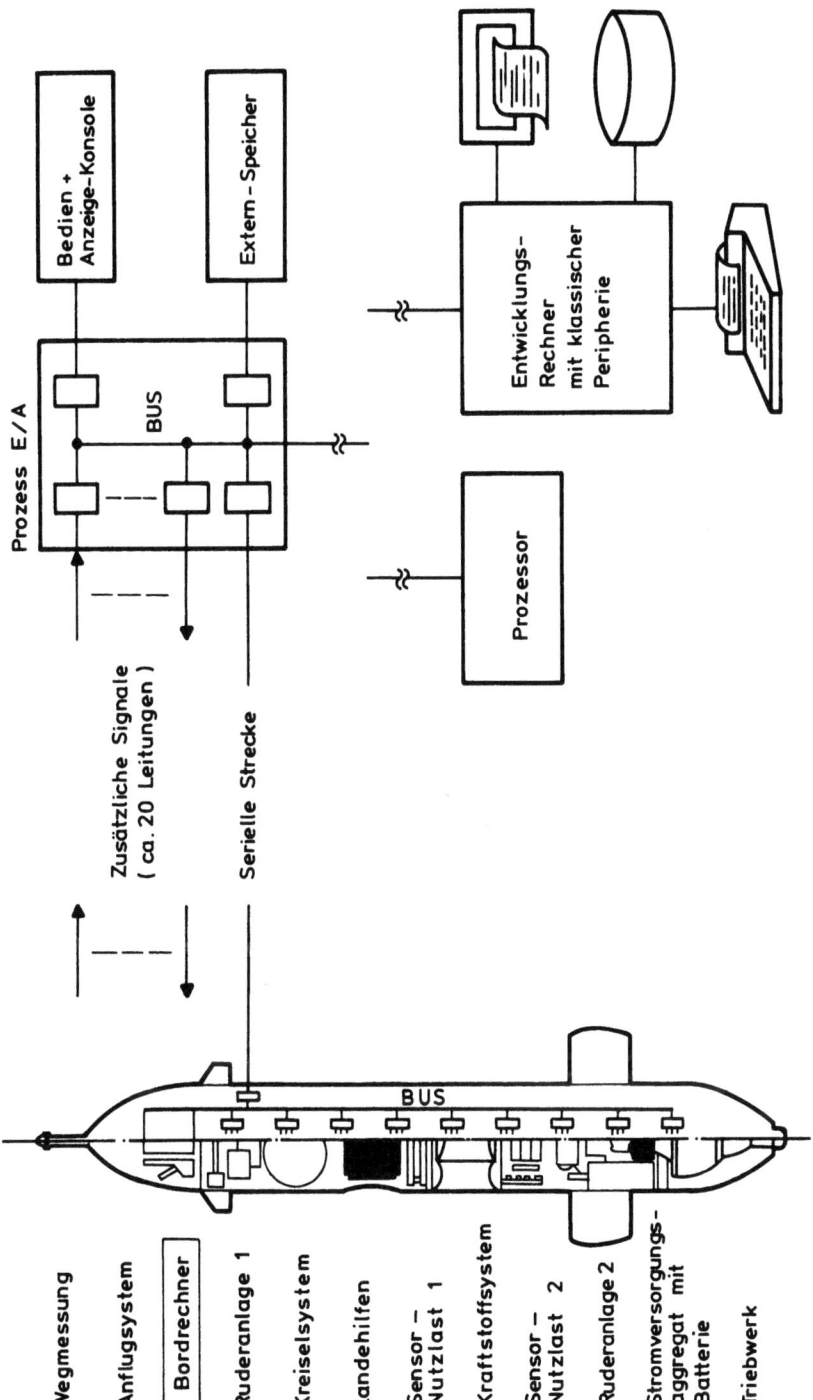

Bild 6: Prüfling - Prüfgerät Neues Konzept

Wie schon erwähnt, ist es wünschenswert, die Programme des Prüfautomaten in Festwertspeichern zu halten. Um die vorstehend skizzierte Schwierigkeit bei Änderungen zu umgehen, wird hier ein besonderes Verfahren eingesetzt.

Der Prozessor der Prüfautomaten wird während der Entwicklungs- und Erprobungsphase des Systems durch einen normalen Rechner ersetzt, die Peripherie des Prozessors durch einen Adapter an diesen angepaßt. Die Prüfabläufe werden in einer höheren Prüfsprache geschrieben (ATLAS), die ATLAS-Programme mittels eines auf dem Erprobungsrechner lauffähigen Compilers in Code des Erprobungsrechners oder wahlweise Code des im operationellem Prüfsystem eingesetzten Prozessors übersetzt. Bild 7 zeigt diesen Vorgang. Der Compiler wurde eigens für diesen Zweck und diese Betriebsart entwickelt. Es ist heute schon abzusehen - das Projekt ist noch nicht abgeschlossen - daß sich dieses Software-System schon beim ersten Einsatz bezahlt machen wird.

SCHLUSSBEMERKUNG

Die moderne Hochintegrationstechnik, insbesondere ihr bisher extremstes Produkt - der Microprozessor - eröffnet Möglichkeiten die bisher nicht praktikabel waren. Weltweit grassiert deshalb zur Zeit eine "Microprozessor-Euphorie". Zweifellos löst dieses neue Bauelement eine Revolution aus. Revolutionen haben stets neben positiven auch negative Seiten.

Hauptproblem in der Entwicklung ist die völlig ungewohnte Technik programmierten Gerätes und die hieraus resultierende Überschätzung der praktischen Möglichkeiten, der handwerklichen Schwierigkeiten und die Beherrschung der großen Flexibilität. Es besteht Anlass zur Sorge, daß sich hier die Anfangsschwierigkeiten der Datenverarbeitung in extrem multiplizierter Form wiederholen.

NACHSATZ   Die hier geschilderten Arbeiten gründen teilweise auf im Projekt PDV erzielten Ergebnissen. Sie wären ohne die über die Förderung des BMFT geschaffenen Grundlagen nicht möglich gewesen.

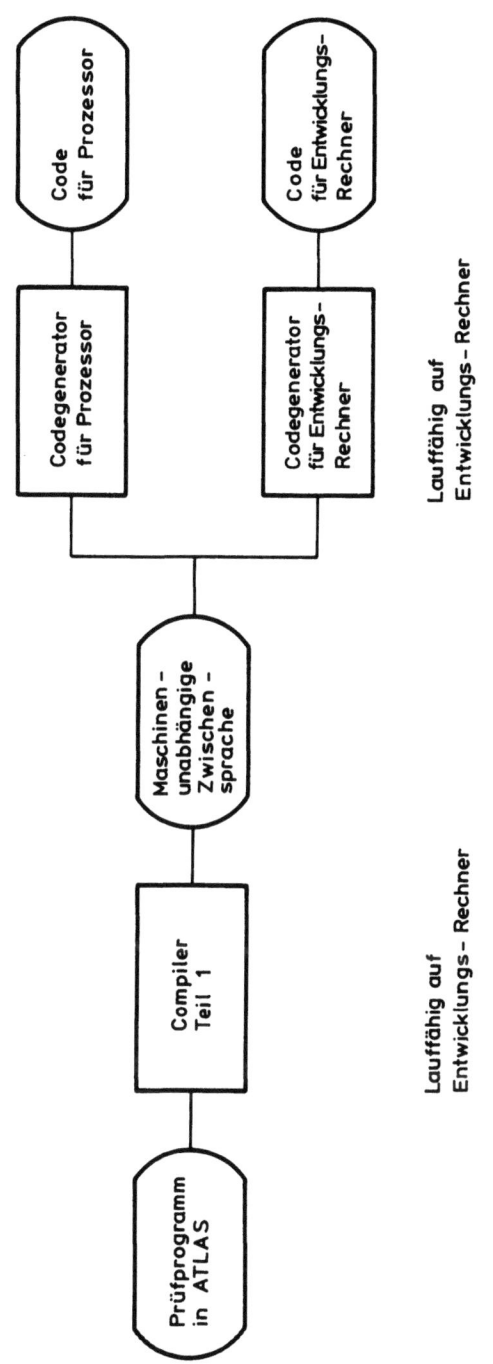

Bild 7: Das Software-System

UNTERSUCHUNGEN ZUR ANALYSE VON MESSIGNALEN MITTELS
MIKROPROZESSOREN

CONSIDERATIONS FOR SIGNAL ANALYSIS WITH MICROPROZESSORS

W. Böhme, K. Günzel
Systemtechnische Entwicklung
SIEMENS AG
7500 Karlsruhe

Summary: An analysis of signal often is necessary to get the wanted information of a measuring signal. To this Microprocessors are very suitable.

The Microprocessor and the needed storages are integrated in the measuring-device. It takes over the realization of arithmetic operations and the control of sequences of measuring and processing.

Fundamental mode of operation, efficiency and the limits of this technology are described.

1. Einführung

Die Meßsignale am Ausgang einer Meßeinrichtung enthalten die gewünschten Informationen nicht immer explizit. Sei es, daß überlagerte Störungen das Nutzsignal verdecken, sei es, daß ein brauchbares Ergebnis erst aus der Verknüpfung der Signale mehrerer Meßstellen und Meßgrößen resultiert. Es kommt auch vor, daß man auf wichtige Parameter erst nach entsprechender Umformung Zugriff hat.

Die Meßsignalanalyse ist ein Hilfsmittel zur Separation relevanter Information. Sie ist stets im Hinblick auf die Lösung einer ganz bestimmten Aufgabe zu sehen. Dabei sind jene Signalparameter zu extrahieren, die eine optimale Antwort zur jeweiligen Fragestellung bieten.
Zwei Beispiele aus dem Bereich der technischen Diagnostik mögen dies erläutern.

Der zeitliche Verlauf der Zündspannung (Bild 1) beim Ottomotor läßt Aussagen über Motorelektrik und Gemischaufbereitung zu. Signalanalyse bedeutet hier im einfachsten Falle Erfassung von Spitzenwerten, Ermittlung der Dauer von Ereignissen, Gradientenbildung und Mittelung im Zeitbereich.

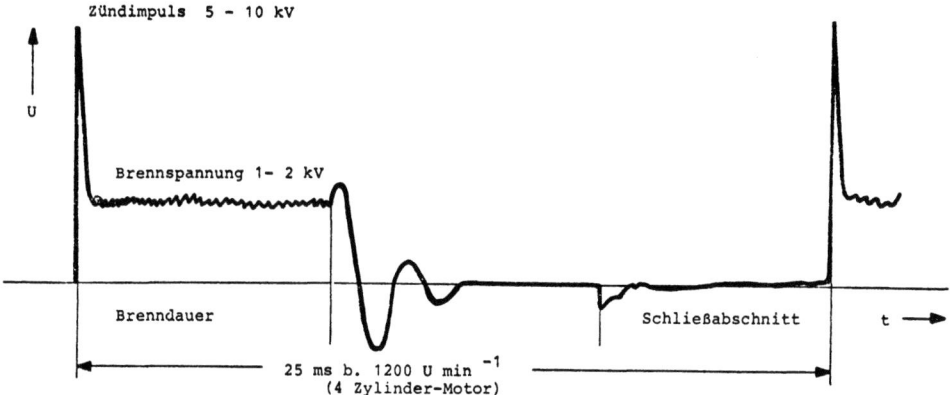

Bild 1   Sekundärspannung der Zündspule beim Ottomotor als Informationsträger. Veränderungen der Kurvenform lassen Rückschlüsse auf Defekte in der Motorelektrik zu.

Durch Vergleich mit dem Modell - das ist in diesem Falle eine Schar empirisch gewonnener Amplituden- und Zeitkennwerte - wird die Detektion von Anomalien möglich. Die Art auftretender Abweichungen, unter Umständen in Verbindung mit anderen Kriterien, läßt eine Diagnose zu.
Die direkte Signalauswertung im Zeitbereich kann verhältnismäßig einfach durchgeführt werden, ist aber nicht für alle Aufgaben ein gangbarer Weg.

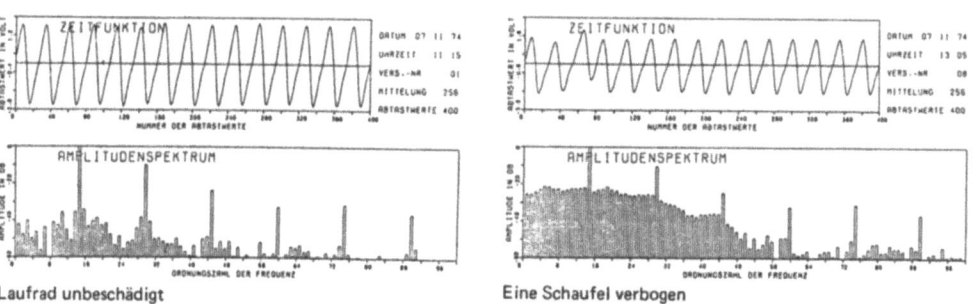

Bild 2   Zeitfunktion und Amplitudenspektrum von Druckschwankungen im Strömungsraum einer Modellturbine
(nach Prof. Dr.-Ing. Barschdorff [1])

Beim Diagnostizieren und Lokalisieren von Turbinenschäden, beispielsweise durch Beobachtung der Druckschwankungen im Strömungsraum ist das Amplitudenspektrum wesentlich aussagefähiger (Bild 2). Hier ist die Signalanalyse eine Fourieranalyse.

Bei diagnostischen Fragestellungen wird gewöhnlich nach dem in Bild 3 skizzierten Schema vorgegangen. Die Signalanalyse ist dabei ein wichtiges Hilfsmittel. Aber auch in der Regelungstechnik und in der Nachrichtentechnik ist sie für die Extraktion der informationstragenden Parameter unentbehrlich.

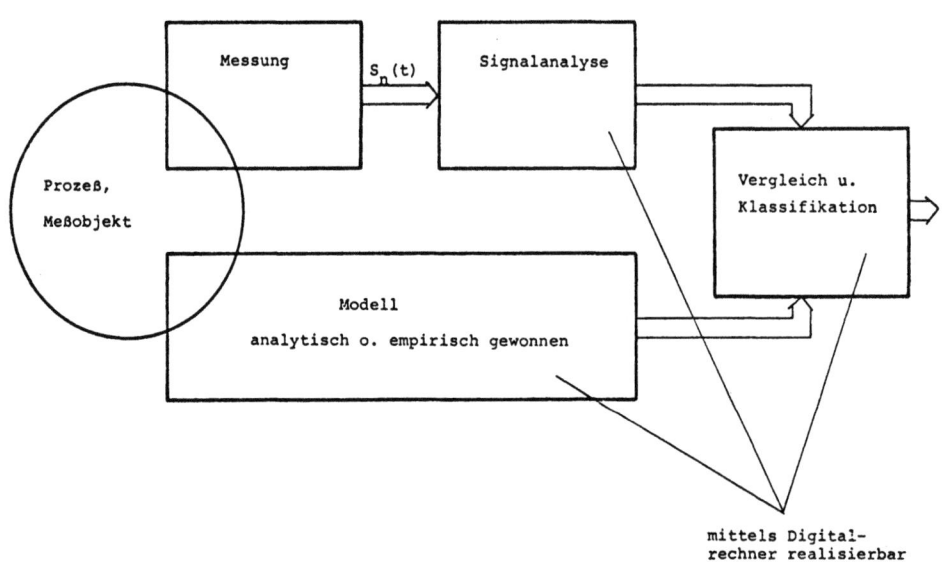

Bild 3   Signalanalyse als Hilfsmittel für die Diagnose

Signalanalyse ist identisch mit Signalbearbeitung nach zweckgerichteten Algorithmen im Zeit- bzw. Frequenzbereich. Dabei sind oft umfangreiche mathematische Operationen notwendig, wie die Zusammenstellung häufig benötigter Analysealgorithmen und Signalkenngrößen in Tabelle 1 zeigt.

Zur Lösung derartiger Aufgaben sind zugeschnittene Geräte - Kennwertmeßgeräte, Spektrumanalysatoren, Korrelatoren usw. - verfügbar, die unter Verwendung analog oder hybrid arbeitender Schaltungen die jeweils notwendigen Prozeduren ausführen. Für die Signalanalyse universell anwendbar und durch Software-Manipulation leicht an wechselnde Aufgaben anzupassen sind mit entsprechender Peripherie ausgerüstete Digitalrechner. Grenzen für die Anwendung dieser Universalrechner setzen im allgemeinen die Kosten.

Tabelle 1   Häufig benötigte Analysealgorithmen und Signalkenngrößen

Momentanwert	$s(t)$
Fourierform	$s(t) = c_0 + \sum_{0}^{\infty} c_n \sin(nw_0 t + \varphi_n)$
Mittelwert, linear	$s_m = \dfrac{1}{T} \int_0^T s(t)\,dt = c_0$
Mittelwert, absolut	$s_a = \dfrac{1}{T} \int_0^T |s(t)|\,dt$
Mittelwert, quadr.	$s_{eff} = \sqrt{\dfrac{1}{T} \int_0^T s(t)^2\,dt}$
Klirrfaktor	k
Amplitudenverteilung	$h(s)$
Autokorrelation	$\varphi_{11}(\tau) = \dfrac{1}{T} \int_0^T s_1(t) s_1(t-\tau)\,dt$
Kreuzkorrelation	$\varphi_{12}(\tau) = \dfrac{1}{T} \int_0^T s_1(t) s_2(t-\tau)\,dt$

Mit Hilfe moderner LSI-Technologien, durch Verwendung hochintegrierter Mikroprozessoren und Speicherelemente ist eine neue Gerätetechnik für Aufgaben der Meßsignalanalyse realisierbar. Sie schließt die Lücke zwischen den wenig flexiblen aber preisgünstigen Einzweckgeräten und den komfortablen Rechneranlagen. Der Mikroprozessor wird in das Meßgerät integriert. Er benutzt die Gerätemeß- und -ausgangsschaltungen als Peripherie und übernimmt sowohl die Durchführung arithmetischer Operationen als auch die Koordination und Steuerung der Meß- und Verarbeitungsabläufe.

2. Gerätestruktur und grundsätzliche Wirkungsweise

Für die Signalanalyse mit Mikroprozessoren ist ein Digitalsignal Voraussetzung. Dies wird aus den meist kontinuierlichen Zeitfunktionen s(t) am Geräteeingang nach Anpassung und Bandbegrenzung durch Abtastung und Analog-Digital-Umsetzung gewonnen (Bild 4). Für die Wahl des Abtastintervalls ΔT sind die Bedingungen des Abtasttheorems unter Berücksichtigung der bandbegrenzenden Übertragungsglieder zu beachten. Die Abtastwerte stehen als Codewörter in einem Signalzwischenspeicher für die weitere Verarbeitung zur Verfügung.

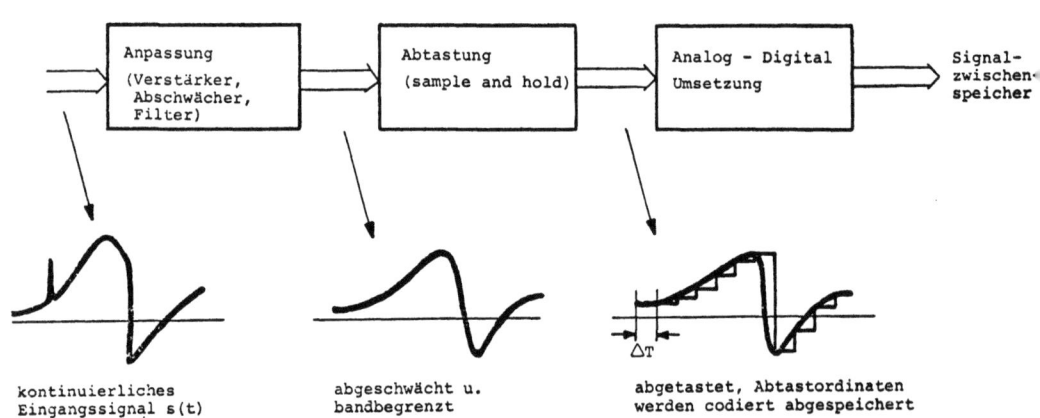

Bild 4   Signalaufbereitung

Diese Signalstruktur, N Codierte Abtastwerte S_i (i = 1...N), deren Zeitbezug durch die räumliche Verteilung im Speicher gegeben ist, erfordert die Anwendung numerischer Methoden. Für den einfachen Fall der Mittelwertbildung wird damit beispielsweise aus der mathematischen Anweisung

$$S_m = \frac{1}{T} \int_0^T s(t)\, dt$$

die numerische Form

$$S_m = \frac{1}{N} \sum_{i=1}^{N} s_i$$

d.h. die Mittelwertbildung erfolgt durch Addition der Inhalte aller N Speicher mit nachfolgender Division durch N. Dabei sind mögliche Abbruch- und Rundungsfehler jeweils besonders zu beachten. Die numerische Form der Bearbeitungsvorschriften gilt sinngemäß auch für alle anderen Analyse-Algorithmen. Dabei sind bei komplexen Aufgaben, z.B. bei der Fourieranalyse Rechenzeit sparende Näherungsverfahren vorteilhaft anzuwenden [2], [3].

Ein Signalanalysator mit Mikroprozessor besteht damit grundsätzlich aus den im Bild 5 dargestellten Funktionsblöcken. Die Zentraleinheit, der

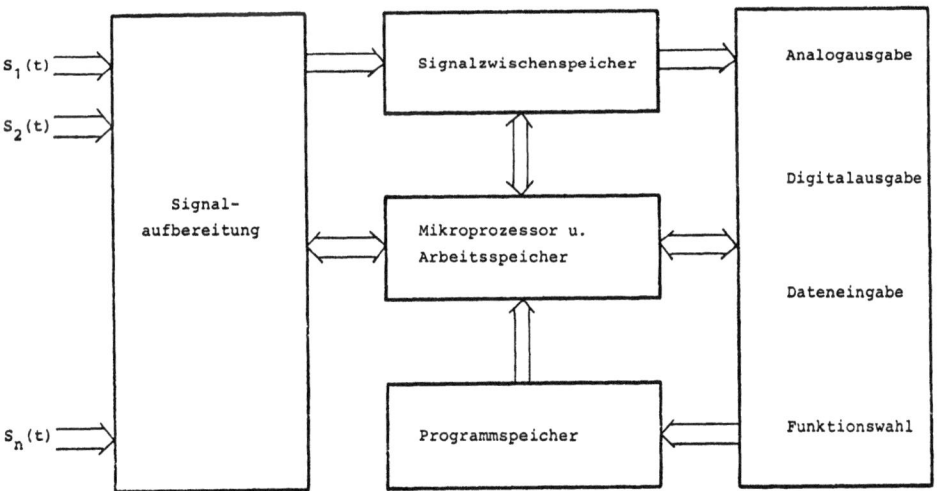

Bild 5   Signalanalyse mit Mikroprozessor-
         Blockschaltbild

Mikroprozessor, enthält Steuer- und Rechenwerk. Im Rechenwerk werden arithmetische und logische Operationen mit den aus dem Signalzwischenspeicher abgerufenen Meßdaten ausgeführt. Das Steuerwerk veranlaßt die Abwicklung der Befehle, die der Mikroprozessor vom Programmspeicher erhält.

Im Arbeitsspeicher werden die jeweils an der laufenden Operation beteiligten Daten hinterlegt.

Nicht dargestellt, aber für den Betrieb erforderlich, sind Zusatzschaltungen für Takterzeugung, Ein- und Ausgabesteuerung und Datenbusbetrieb. Zur Ergebnisausgabe und Bedienung ist ferner ein "Mensch-Maschine-Interface" mit Tastatur zur Dateneingabe und Funktionswahl, sowie mit Ausgabedisplay und eventuell mit Analogausgang notwendig.

Die Funktionselemente Mikroprozessor, Signal- und Programmspeicher bilden einen Mikrocomputer. Bild 6 zeigt, welch geringer Hardwareaufwand unter Verwendung hochintegrierter Bausteine notwendig ist, um diese Funktionen zu realisieren.

Bild 6   Baugruppen des Mikrocomputersystems
         SIEMENS 210 E

         A   Zentralprozessor mit µP SAB 8080A

         B   Speicherbaugruppe, 2k-Byte Schreib-Lese-
             speicher, 4k-Byte Festwertspeicher

         C   Zusatzschaltungen (Zeitgeber, Schnittstellen)

3. Kriterien für Geräteparameter

Die Auslegung der Funktionsblöcke und ihr spezifisches Zusammenwirken werden in erster Linie von den Anforderungen hinsichtlich Amplitudenauflösung, Signalbandbreite und zulässiger Auswertezeit bestimmt.

3.1 Amplitudenauflösung bei der Analog-Digital-Umsetzung

Die Auflösung des Analog-Digital-Umsetzers sollte der Meßaufgabe sinnvoll angepaßt sein. Die Auswahl ist ein Kompromiß zwischen Genauigkeit, Speicherausbau und Rechengeschwindigkeit. Dabei ist auch der jeweilige Analysealgorithmus zu berücksichtigen [4]. Auflösungen von 6 Bit (64 Amplitudenstufen) bis 14 Bit (16384 Amplitudenstufen) sind handelsüblich.

Dabei wächst der Speicherbedarf direkt mit der Auflösung. Da die meisten Mikroprozessoren eine Wortbreite von 8 Bit verarbeiten, vergrößert sich außerdem die Rechenzeit wegen der notwendigen Doppelwortoperationen bei Werten $>$ 8 Bit mindestens um den Faktor 2.
Außerdem sind die bei vielen aufeinanderfolgenden Rechenoperationen auftretenden Rundungsfehler zu beachten.

3.2 Signalbandbreite und Auswertezeit

Die maximal mögliche Abtastrate wird durch den Analog-Digital-Wandler begrenzt. 10^8 Umsetzung pro Sekunde bei 6...8 Bit Auflösung sind heute realisierbar. Dies entspricht einer zulässigen Signalbandbreite von etwa 20 MHz. Schnelle Abtastung setzt aber auch schnelle Speicher zumindest für die Signalzwischenspeicherung voraus.
Die Bearbeitung der Signalproben erfolgt je nach Zeitbedingungen und Analyseprozedur nach zwei verschiedenen Moden:

- Echtzeitbetrieb, d.h. es sind alle Manipulationen (Umspeichern, Verknüpfen usw.) mit zeitlich zugeordneten Abtastwerten im Abtastintervall Δ t durchzuführen.

- Verarbeitung nach Zwischenspeicherung eines längeren Signalabschnitts.

Letzteres Verfahren bietet durch die Möglichkeit der Frequenztransformation die Vorteile einer optimalen Anpassung an die Bandbreite der Meßquelle einerseits und an die Forderungen bezüglich Informationsfluß bei der Auswertung andererseits.

Echtzeitbetrieb stellt hohe Anforderungen an die Arbeitsgeschwindigkeit
der Gerätekomponenten. Der auswertende Mikrorechner kann bei hohen Abtastraten der Aufnahmegeschwindigkeit nicht folgen.

Die Zykluszeit bei Mikroprozessoren hat die Größenordnung Mikrosekunden.
Für eine Multiplikation beispielsweise werden aber, je nach Datenformat,
einige hundert Rechenzyklen benötigt. Damit aber ist der Millisekundenbereich als Operationszeit für komplexere arithmetische Operationen
schnell erreicht.

Für eine hohe Verarbeitungsgeschwindigkeit ist der Aufbau von Spezialrechenwerken unumgänglich. Folgende Wege sind möglich:

- Mehrprozessorsysteme mit Parallelrechnung

- Aufbau einer zugeschnittenen Lösung mit optimaler Wortbreite durch mikroprogrammierbare Prozessoren

- Hardwarearithmetik unter Verwendung schneller Logikschaltungen.

Für die Realisierung der Hardwaremultiplikationen sind Bausteine auf
dem Markt, die bis zu $20 \cdot 10^6$ Multiplikationen pro Sekunde mit 16 Bit-Wortbreite ausführen.

Die Verarbeitung mit Zwischenspeicherung ist immer dann sinnvoll, wenn
am Geräteausgang ein Mensch als Informationsempfänger das Geschehen beobachtet. Sie wird zwingend notwendig, wenn der Analysealgorithmus auf
Meßwerte über einen größeren Zeitraum zurückgreifen muß oder wenn die
begrenzte Rechengeschwindigkeit für hohe Abtastraten eine Echtzeitverarbeitung ausschließt.

4. Ausführungsbeispiel

Zur Untersuchung und Demonstration der Leistungsfähigkeit von Mikroprozessoren in Meßeinrichtungen wurde ein Kennwertmeßgerät für Wechselgrößen im Frequenzbereich von Versorgungsspannungen aufgebaut. Es erfaßt
Wechselströme und -spannungen beliebiger Kurvenform im Bereich von 0 bis
325 V und 12...600 Hz (Harmonische bis 5 kHz) mit einer Auflösung von
10 Bit.

Aus den zwischengespeicherten Meßsignalen errechnet ein Mikrocomputer
die Kenngrößen (Bild 7) Mittelwert, Gleichrichtwert, Effektivwert,Schei-

telwert, Grundfrequenz, Scheitelfaktor und Formfaktor. Die Ergebnisse
werden numerisch angezeigt. Außerdem ist das Ausschreiben einer Periode
des abgespeicherten Signals frequenztransformiert auf einem x-t-Schreiber möglich.

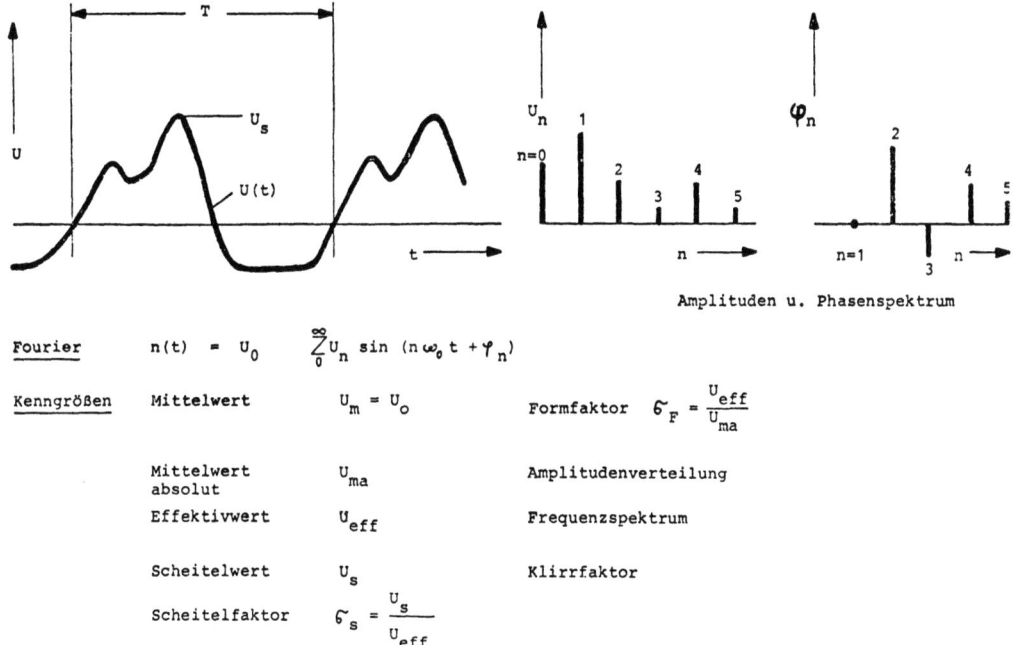

Bild 7   Beschreibung periodischer Signale

Der Mikroprozessor bewältigt neben der notwendigen Arithmetik auch die
Bereichsoptimierung - Auswahl von Meßbereich und Sample-Rate (maximal
50 kHz) - sowie die gesamte Ablaufsteuerung. Die dazu nötigen Funktionselemente und der Speicheraufwand sind aus Bild 8 zu entnehmen.

Die Leistungsfähigkeit derartiger Gerätestrukturen wird auch daran deutlich, daß beispielsweise die Erweiterung der Gerätefunktion auf Fourieranalyse, Klirrfaktorberechnung und Ausgabe des Amplitudenhistogramms
allein durch Signalspeichererweiterung und Austausch des Programmspeichers möglich ist.

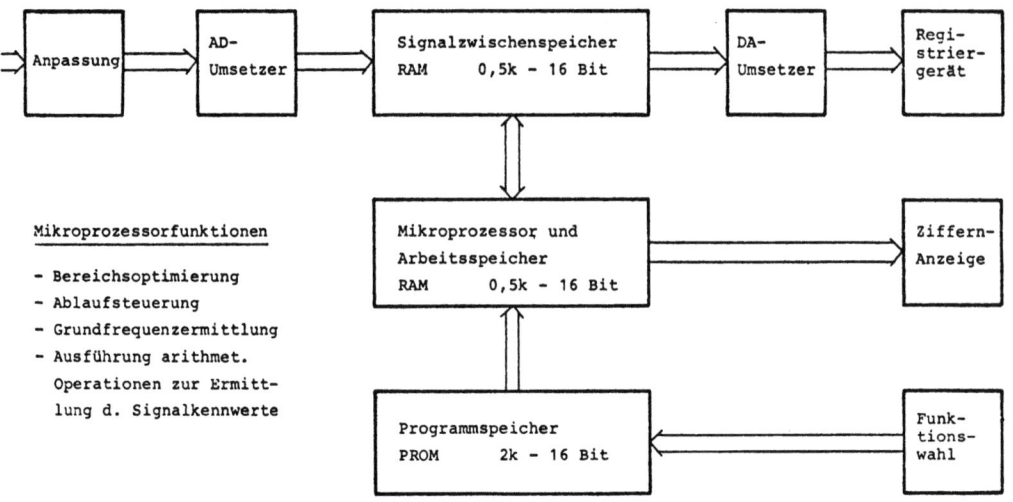

Bild 8   Gerät zur Analyse von Wechselgrößen-
         Blockschaltbild

5. Ausblick

Unter Verwendung von Mikroprozessoren und anderen hochintegrierten
Bauelementen unmittelbar im Meßgerät sind Leistungsmerkmale erreichbar,
die bisher größeren Digitalrechnern vorbehalten waren. Derartige Geräte sind durch Austausch der Programmspeicher sehr flexibel. Dabei erweist es sich als vorteilhaft, daß neben den mathematischen Operationen
für die Signalanalyse weitere Funktionen wie Ablaufsteuerung, Fehlerkorrekturen, Eigentest usw. vom Mikroprozessor übernommen werden können.

Mit diesen Geräten werden zukünftig viele Meßaufgaben besser und preisgünstiger lösbar werden. Gleichzeitig ist zu erwarten, daß diese Technik stimulierend auf die Anwendung signalanalytischer Methoden wirkt.

6. Literatur

1. Barschdorff, D.; Hensle, W.; Stühlen, B.:
   Geräuschanalyse zur Schadenfrüherkennung an stationären Turbomaschinen als Problem der Mustererkennung.
   ATM V8232-2 und V51-5 (1977) S. 181-189.

2. Ziessow, D.: Fourierspektroskopie - Grundlagen, Anwendungsbereiche und Entwicklungstendenzen.
   Meßtechnik und Automatik, Interkama-Kongreßband 1974
   S. 5-16.

3. Klein, F.; Petersen, D.: Kennwertmeßgerät mit Mikroprozessor. Firmeninterner Bericht, SIEMENS AG 1976.

4. Bodenschatz, E.: Reck, H.: Einfluß der Analog/Digital-Wandlung bei der Bildung der Korrelationsfunktion mit digitalen Rechenschaltungen.
   Zeitschrift Messen, Steuern, Regeln 19 (1976) H1
   S. 12-13.

EINFACHE SCHÄTZALGORITHMEN FÜR MIKROPROZESSOREN
ZUR WÄGUNG VON GÜTERN IM ROLLENDEN BETRIEB *

WEIGHING VEHICLES IN MOTION BY SMALL-SIZDED
ESTIMATORS IN MICROPROCESSORS

H. Kronmüller
Institut für Prozeßmeßtechnik und Prozeßleittechnik, Universität Karlsruhe
Hertzstraße 16, Bau 35
7500 Karlsruhe

Summary

In recent years some methods have been applied for weighing objects in motion. In this paper, sources of error associated with dynamic weighing are outlined and the most important approaches to the problem are described with respect to low computing and programming expenditure.

An effective digital filter is described using a sampled signal, a suitable sample distance and prefiltering method and the least squares estimation technique.

1. Aufgabenstellung

In unserer industrialisierten Gesellschaft werden viele Stückgüter transportiert. Sollen die Gewichte während des Transportes bestimmt werden, beschränkt oft die dort eingesetzte Wägeeinrichtung den maximalen Güterfluß. Das Wiegen braucht nun einmal Zeit! Man könnte daran denken, die Wägeeinrichtung in Transportrichtung lang zu bauen, damit die Verweilzeit des einzelnen Stückgutes auf der Wägeeinrichtung erhöht wird. Dieser Schritt kann in der Praxis nur sehr selten getan werden, weil der Aufwand sehr rasch mit der Länge der Wägeeinrichtung ansteigt.

Für den hohen Zeitbedarf beim Wiegen sind folgende 3 Gründe ausschlaggebend:

1.1 Die Wägeeinrichtung besitzt große bewegliche Massen und geringe Federsteifigkeiten (mech. Waagen) und damit eine bemerkenswerte Einschwingzeit. Diese begrenzt bei gegebener Länge der Waage die Transportgeschwindigkeit des Gutes.

1.2 Stöße und Erschütterungen der Umgebung haben Einfluß auf das Signal der Waage. Abhängig vom Frequenzspektrum dieser Störsignale wird eine gewisse Zeit benötigt, um den mittleren Wert des Signales als "wahren Wert" für das Gewicht festzustellen.

1.3 Neben der gleichförmigen Bewegung des Gutes in Richtung der Transportbahn treten noch zusätzliche Bewegungen des Gutes senkrecht zur Bahn auf. Beschleunigungen des Stückgutes senkrecht zur Transportrichtung wirken als zusätzliche Massenkräfte auf die Waage, Geschwindigkeiten senkrecht zur Bahn lösen auf der Unterlage Dämpfungs- und Reibungskräfte aus, Änderungen des Abstandes zur Wägeeinrichtung bringen Veränderungen der elastischen Kräfte mit sich. Alle diese Kräfte addieren sich zur Kraft der Masse im Gravitationsfeld der Erde, die als Gewicht allein interessiert.

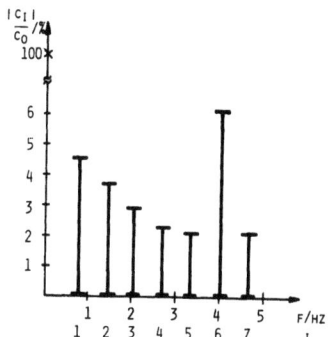

Bild 1: Fourierkoeffizienten für ein typisches Radlastsignal

Bild 1 zeigt ein typisches Frequenzspektrum der Radlast eines Güterwaggons aus den Störungen 1.3 bei einer Geschwindigkeit von 40 km/h. Dort sind die Amplituden C_I der verschiedenen Störsignalfrequenzen bezogen auf das Gewicht (Fourierkoeffizient C_0) aufgetragen /1/. Die zusätzlichen Kräfte, die von der Bewegung des Güterwagens herrühren, erreichen etwa 8 % des Gewichts. Man wird deshalb fordern, daß durch die Verarbeitung des Wägesignales eine Unterdrückung des Störsignals etwa um den Faktor 50 gegeben sein muß.

Für die Aufgabenstellung gilt damit: Aus dem Signalverlauf der Waage ist der stationäre Wert des Signals zu finden. Bei dauernden Störungen ist der zeitliche Mittelwert des Singals bei unendlich langer Beobachtungszeit zu ermitteln. Zur Rechnung steht aber lediglich das Signal während einer kurzen Beobachtungszeit T zur Verfügung und nur während dieser Zeit befindet sich das Wägegut auf der Wägeeinrichtung. Der stationäre oder der Mittelwert muß aus dieser begrenzten Datenmenge möglichst gut geschätzt werden.

Ist die Frequenz, mit der die Güter die Wägeeinrichtung passieren, hoch, oder ist der zumutbare Rechner klein, muß diese Aufgabe mit einem wenig umfangreichen Rechenprogramm gelöst werden. Es erscheint wenig sinnvoll, die riesigen Datenmengen abzuspeichern und später off-line die Gewichte auszurechnen. Die Datenverarbeitung soll on-line geschehen, damit auch laufende Eingriffe in den Güterfluß möglich werden. Ein Rechner sollte fast ausschließlich für die Wägeaufgabe zur Verfügung stehen. Der Wägevorgang und das Schätzen muß im Programmsystem jedenfalls die höchste Priorität haben.

Beispiele für die Anwendung der Gewichtsbestimmung im Stückguttransport können der rollende Verkehr auf der Straße und Schiene oder das Wiegen von Einzelobjekten auf Transportbändern sein.

2. Schätzprobleme

Mathematisch muß sich der Signalverlauf der Wägeeinrichtung $y(t)$ abhängig von endlich vielen unbekannten Parametern b_i darstellen lassen.

$$y_m = y_m(t, b_i) \quad i = 1 \ldots k \tag{1}$$

Dieses Modellsignal y_m wird mit dem tatsächlich aufgenommenen Wägesignal $y(t)$ verglichen und die Parameter b_i so gewählt, daß das Modell dem Signal möglichst gut entspricht. Zweckmäßig wird eine Verlustfunktion definiert $C(y, y_m) \geq 0$, und diese Verlustfunktion durch Verändern der Parameter b_i minimiert. Unter den so geschätzten Parametern $\hat{b}_i$ ist auch die gesuchte Masse des Signales. Es handelt sich offensichtlich um ein Optimierungsverfahren. Im Institut wurden viele Extremalverfahren untersucht mit zum Teil sehr guten Ergebnissen. Bei Betrachtung der Rechenzeit jedoch, kommen wir zu dem Schluß, daß nur lineare Schätzalgorithmen für diese Aufgabe zum Zuge kommen können. Die Probleme beim Lösen dieser Aufgabe liegen nicht im Erfinden einer neuen Verlustfunktion oder eines neuen statistischen Verfahrens für diese Aufgabe, sondern eindeutig in der sinnvollen Formulierung eines linearen Schätzproblems.

Unter einem linearen Schätzer für die Masse M wird ein Algorithmus verstanden

$$\hat{M} = \sum_{i=1}^{n} g_i y_i \qquad y_i = y(i\Delta) \tag{2}$$

Dabei sind die y_i die im Abstand Δ getasteten Werte des Wägesignals. Die Gewichtsfaktoren g_i wollen wir als Gewichtsfunktion der Schätzfunktion bezeichnen. Ein klassisches einfaches Beispiel für diese Art von linearer Schätzung ist etwa die Integration oder Mittelwertbildung bei der der mittlere Signalwert ermittelt wird.

$$\hat{M} = \frac{1}{n} \sum_{i=1}^{n} y_i \qquad (3)$$

Es ist keine Frage, daß die Operation $\sum g_i y_i$ von jedem Mikrorechner zu schaffen ist. Das Problem entsteht beim Bestimmen der Gewichtsfunktion g_i. Folgende Fälle sind denkbar:

2.1 Die Gewichtsfunktion g_i ist von vornherein für alle Schätzvorgänge gleich. Die Gewichtsfunktion braucht in dem Fall nur einmal bestimmt zu werden. Der Rechenaufwand für die Gewichtsfunktion darf daher hoch sein. Die Gewichtsfunktion kann auf einer großen DV-Anlage errechnet werden.

2.2 Die Gewichtsfunktion g_i ist unempfindlich gegen Änderungen der übrigen Parameter b_j, die in einem engen Toleranzbereich von Wägung zu Wägung verschieden sein können.

2.3 Die Gewichtsfunktion g_i muß vor jedem Wägevorgang neu bestimmt werden. Dann wird die Bestimmung der Gewichtsfunktion aufwendig und die Kapazität des betreffenden Rechners strapaziert.

3. Schätzalgorithmen

3.1 Jeder Wert des Signales im Beobachtungszeitraum T läßt sich als lineare Funktion in den Parametern b_i darstellen:

Das Modell des Vorganges wird:

$$Y_m(t) = \sum_{i=1}^{k} x_i(t) b_i \qquad (4)$$

Die Funktionen $x_i(t)$ sind bekannt, einer der unbekannten Parameter b_i ist das gesuchte Gewicht. Zur Bestimmung der k unbekannten Parameter b_i stehen n Messungen $y(\Delta j)$ zur Verfügung ($n \gg k$). Zwischen den Meßwerten $y(\Delta j)$ und den Werten des Modells bleibt ein Fehler $e(\Delta j)$:

$$y(\Delta j) = y_m(\Delta j) + e(\Delta j) \qquad j = 1 \ldots n \qquad (5)$$

Als Verlustfunktion hat sich die Summe der Fehlerquadrate (Gauss) bewährt

$$C = \sum_{j=1}^{n} e^2(\Delta j) \qquad (6)$$

Die Meßwerte werden in der Beobachtungszeit T im Abstand Δ n-Mal getastet ($T = \Delta \cdot n$). In Matrizenschreibweise wird das Problem:

$$\underline{y} = X \underline{b} + \underline{e} \qquad (7)$$
$$C = \underline{e}^T \underline{e} \quad \text{zum Minimum}$$

mit

$$\underline{y} = \begin{pmatrix} y_1 \\ \vdots \\ y_n \end{pmatrix} \quad y_j = y(\Delta j) \quad \underline{b} = \begin{pmatrix} b_1 \\ \vdots \\ b_n \end{pmatrix} \quad \underline{e} = \begin{pmatrix} e_1 \\ \vdots \\ e_n \end{pmatrix} \quad e_j = e(\Delta j)$$

$$X = (x_{ji}) \qquad x_{ij} = x_i(\Delta j)$$

Für die zu schätzenden Parameter b_i erhält man die bekannten Normalengleichungen:

$$\hat{\underline{b}} = (X^T X)^{-1} X^T \underline{y} \qquad (8)$$

Ist z.B. b_1 das gesuchte Gewicht, gibt die 1. Gleichung die gesuchte lineare Beziehung zwischen dem Gewicht und den Meßwerten. Das Schätzproblem ist mit denkbar geringstem Aufwand gelöst.

Für welche praktischen Fälle ist dieser Ansatz anwendbar?
Das Verfahren kommt zum Zug bei langsam einschwingenden Wägeeinrichtungen, deren dynamisches Verhalten, etwa die Impulsantwort oder Übertragungsfunktion, unabhängig von der aufgelegten Masse ist. Ein Beispiel ist eine mechanische Neigungswaage in einem Ablaufberg /2/, /3/, /4/, /5/, deren Zeitverhalten allein durch die Trägheit des Neigungspendels bestimmt wird (Bild 2). Das Zeitverhalten des linearen zeitinvarianten Systems "Waage" läßt sich ab Beginn $t_0 = 0$ des Beobachtungszeitraums darstellen als Sprungantwort und eine Reihe von Übergangsvorgängen, die von den Anfangsbedingungen $y^{(\nu)}(0)$ abhängen.

$$y_m(t) = M g(t) + \sum_{\nu=0}^{k-1} y^{(\nu)}(0) g_\nu(t) \qquad t \geq 0 \qquad (9)$$

k Ordnung des Systems; g(t) Sprungantwort des Systems;
$g_\nu(t)$ Übergangsvorgang, zur ν. Anfangsbedingung gehörig.

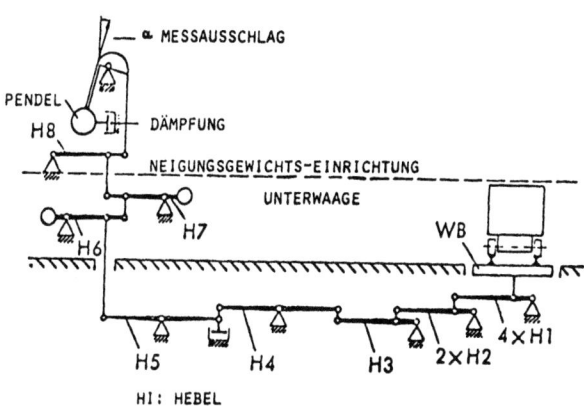

Bild 2: Neigungspendelwaage

Um es deutlich zu machen: Die Wägevorgänge verlaufen nicht ähnlich. Der Signalverlauf im Beobachtungszeitraum hängt davon ab, ob die zu bestimmende Masse "auf die Waage geworfen" oder "sanft aufgebracht" worden ist. Auch der Beginn des Beobachtungszeitraums, ausgelöst etwa durch eineLichtschranke, kann von Wägung zu Wägung variieren. Alle diese Effekte werden durch diesen Ansatz (9) beherrscht.

Im zitierten Beispiel wurde die Waage durch ein System 4. Ordnung dargestellt, die Schätzergebnisse sind in Bild 3 als relative Streuung aufgetragen. T/T_{St} ist eine relative Beobachtungszeit, d.h. das Verhältnis Beobachtungszeit T zur üblichen Wägezeit T_{St}. Parameter der Kurven sind die Zahl der Meßwerte, die in die Beobachtungszeit fallen. Der Wägevorgang konnte von den sonst üblichen 3 Sekunden auf ca. 1 Sekunde abgekürzt werden. Der Aufwand, die Funktion g(t), $g_\nu(t)$ aus (9) festzustellen, war eine langwierige Identifikationsaufgabe. Die Parameter dieser Funktion wurden zum Teil aus gegebenen Konstruktionsdaten, zum Teil aber auch aus Messungen ermittelt.

Ein anderes Beispiel für dieses Verfahren bringen Rennicke und v. Hacht /6/. Dort wird das Wägesignal im Beobachtungszeitraum angesetzt als Summe von abklingenden Exponentialfunktionen. Das Signal läßt sich mit dieser Annahme im Laplace-Bereich als gebrochene rationale Funktion darstellen:

$$y(t) = \sum_{\lambda=0}^{k} e^{-\alpha_\lambda t} \quad \circ\!\!-\!\!\bullet \quad Y(s) = \sum_{\lambda=0}^{k} \frac{r_\lambda}{s-\alpha_\lambda} \qquad (10)$$

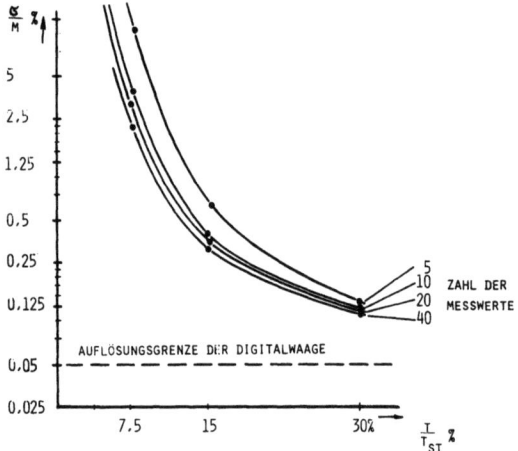

Bild 3: Relative Standardabweichung über Beobachtungszeit, Baumann /4/.

Im ersten Schritt, der hier nicht näher betrachtet werden soll, werden die Pole α_λ der Übertragungsfunktion identifiziert. Das Problem entspricht danach der Gl. (4). Das Gewicht entspricht dem Residuum r_0 mit dem Pol $\alpha_0=0$. Die Schätzung erfolgt nach der Methode der kleinen Fehlerquadrate Gl. (8).

Untersuchungen an einem physikalischen Modell zur Achslastwägung, mit einer kurzen Wägebrücke im Gleis wurden durchgeführt. Bild 4 zeigt die guten Ergebnisse.

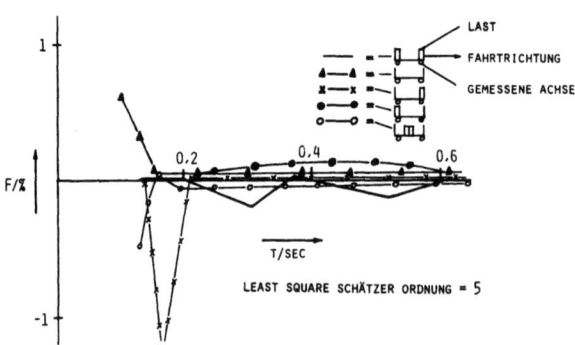

Bild 4: Fehler in Abhängigkeit der Meßzeit, Rennicke, v.Hacht /6/.

Ein Prozeßrechner mit einem 24k Speicher wurde benötigt. Der hohe Rechenaufwand kommt vom 1. Schritt, der Identifikation der Pole der Übertragungsfunktion, während der Aufwand für das Schätzen des Gewichtes gering ist.

Ein 3. Beispiel für diese einfachen linearen Schätzer stellen die Filter von Ferguson /7/ dar, die heuristisch gefunden worden sind. Die Filter nützen bei harmonischen Störsignalen, die dem im Beobachtungszeitraum T konstanten Gewichtssignal überlagert sind. Die Gewichtsfunktion g_i des Filters läßt sich durch $\frac{1}{T}$ (1-a cos $2\pi\frac{t}{T}$) annähern. Gewichtsfunktion und die Ergebnisse in Form der Amplitudenunterdrückung der harmonischen Störsignale zeigt Bild 5.

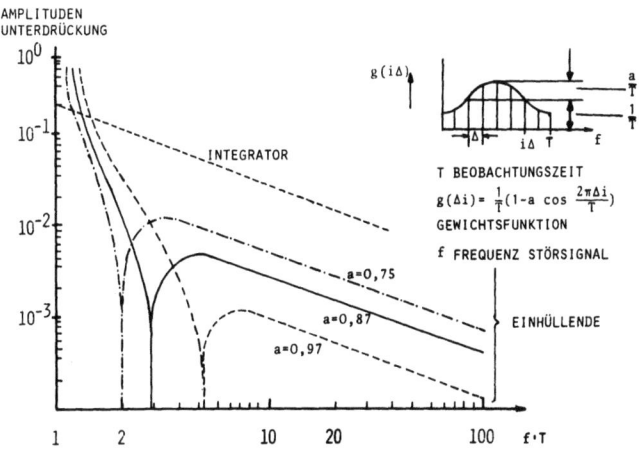

Bild 5: Gewichteter Mittelwert nach Ferguson /7/.

Umfaßt die Beobachtungszeit mind. 2 Perioden des Störsignals, ist eine Amplitudenunterdrückung um mehr als 1:100 sicher. Zum Vergleich ist der Integrator, d.h. Mittelwertbildung mit konstanter Gewichtsfunktion g_i = const., eingezeichnet. Die ausgezogenen Kurven sind die einhüllenden der ungünstigsten Phasenlage und ungünstigsten Frequenz der betreffenden Störsignale.

Ono /8/ benutzt ein Kalman-Bucy-Filter (vgl. z.B. /9/), um Wägevorgänge auf einem Transportband abzukürzen. Die Wägeeinrichtung wird dabei in der Zustandsraumdarstellung als System 2. Ordnung dargestellt, die el. Verarbeitung des Signals als Vz1-Glied eingesetzt. Der Zustandsvektor hat demnach die Komponenten el. Ausgangssignal, Auslenkung des Wägesystems, Geschwindigkeit des Wägesystems und die Masse. Mit Hilfe des Kalman-Bucy-Algorithmus wird nun der Zustandsvektor geschätzt. Der Rechenaufwand ist erheblich. Ono findet einen großen Einfluß bei Änderungen der Systemparameter auf die Güte des Schätzergebnisses. Er benützt einen Rechner mit 16 Bit Wortlänge und 5 µs Zykluszeit, der mit 8 Bit Analog-Digital-Umsetzern ausgestattet sit. Die Rechenzeit erforderte ungefähr 10 Minuten, um das Gewicht zu schätzen, während der normale Einschwingvorgang etwa 2 s dauert. Der Kalman-Bucy-Algorithmus arbeitet rekursiv. Der Aufwand für solche rekursive Rechenoperationen ist, wenn nur ein begrenzter Datensatz verarbeitet wird, letztlich höher als bei den vorstehend aufgeführten "One-shot"-Schätzern.

All diesen Schätzern ist gemeinsam, daß sie, exakte Modellfunktionen $x_i(t)$ Gl.(4) voraussetzt, erwartungstreu sind. Die Verarbeitung der Signale geschieht problemlos. Oft ist es praktisch, die große Zahl von Meßwerten durch eine Vorfilterung zu verringern. Die Schätzer arbeiten oft auch mit wenigen vorgefilterten Meßwerten zufriedenstellend.

<u>3.2</u> Schätzalgorithmen, bei denen mehrere Meßwerte mit den unbekannten Parametern linear verknüpft sind.

Die zu bestimmende Masse M befinde sich in der Beobachtungszeit T auf der Wägeeinrichtung, das Signal in dieser Zeit sei durch Gl.(10) darstellbar ($r_\lambda, \alpha_\lambda$ komplex, Realteil R $\{\alpha_\lambda\} < 0$ und r_0 = M, α_0 = 0). Daß der gesuchte Parameter M das Gewicht darstellt, erkennt man durch Bildung des zeitlichen Mittelwertes über große Zeiten T. Weitere Vorkenntnisse sind nicht notwendig.

Das Signal erfüllt eine Differentialgleichung oder eine Differenzengleichung k. Ordnung:

$$b_k y_{j-k} + b_{k-1} y_{j-k+1} + \cdots b_0 y_j = M \qquad y_j = y(\Delta j) \tag{11}$$

Die reellen Parameter b_i sind dabei Funktionen der Residuen r_λ, der Pole α_λ und der Abtastzeit Δ. Gl. (11) verknüpft linear Meßwerte y_j mit unbekannten Parametern b_i und M. Die b_i lassen sich deshalb einfacher schätzen als etwa die Pole der Übertragungsfunktion α_λ, die nicht weiter interessieren.

Die Parameter b_i sind nicht unabhängig. Es gilt, da die Gleichung auch für den stationären Zustand gelten muß, die Nebenbedingung:

$$\sum_{i=0}^{k} b_i = 1 \tag{12}$$

Damit gilt für das Modell (Viebig /10/):

$$Y_j = M + \sum_{i=1}^{k} b_i (y_j - y_{j-i}) \tag{13}$$

Das Problem läßt sich dann in der Form (7) darstellen mit:

$$X = \begin{pmatrix} 1 & y_{k+1}-y_k & y_{k+1}-y_{k-1} & \cdots & y_{k+1}-y_1 \\ 1 & \vdots & \vdots & & \vdots \\ 1 & & & & \\ 1 & & & & \\ 1 & y_n-y_{n-1} & y_n-y_{n-2} & \cdots & y_n-y_{n-k} \end{pmatrix} \quad \underline{b} = \begin{pmatrix} M \\ b_1 \\ \vdots \\ b_k \end{pmatrix} \quad (14)$$

Ist die Ordnung k hoch genug gewählt, kommt der Gleichungsfehler $\underline{e}$ in (7) allein durch die fehlerhaften Messungen y_j zustande. Der Meßfehler sei u_j, der richtige Wert $\overset{o}{y}_j$, $y_j = \overset{o}{y}_j + u_j$. Im Modellansatz (11) braucht nicht zu unterschieden werden, ob die Parameter durch das Zeitverhalten der Waage oder durch überlagerte Störsignale bestimmt sind. Zur Abschätzung des Verfahrens kann daher u_j als weißes Rauschen angenommen werden:

$$\frac{1}{n} E\{\underline{u}\,\underline{u}^T\} = \sigma^2 \cdot I \qquad \text{n Zahl der Modellgleichungen} \qquad (15)$$

Der Unterschied zum Vorgehen nach Gl. (4) liegt darin, daß jetzt die Beobachtungsmatrix X fehlerhafte Elemente y_j enthält. Der Schätzer ist nicht mehr erwartungstreu. Für die Schiefe gilt mit obigen Annahmen für kleines σ^2 und eine große Stichprobe:

$$B = E\{\hat{\underline{b}} - \underline{b}\} \approx -(\frac{1}{n}X^T X)^{-1}\underline{b}^X \sigma^2 \qquad \underline{b}^X = \begin{pmatrix} 0 \\ b_1 \\ \vdots \\ b_k \end{pmatrix} \qquad (16)$$

Die Schiefe ist der Meßfehlervarianz σ^2 proportional. Als weitere Einflußgröße macht man die Richtung des Vektor $\underline{b}^X$ aus, die durchaus so liegen kann, daß $E\{\hat{M}-M\}$ auch in einem gewissen Bereich von b^X klein werden kann, die Masse also im Mittel richtig geschätzt wird.

Die Meßfehlervarianz σ^2 kann dadurch beeinflußt werden, daß m Gleichungen (13) addiert werden und durch m dividiert wird. Ausgehend von solchen "vorgefilterten" Gleichungen wird man eine neue Matrix X kleineren Formats erhalten und eine Meßfehlervarianz $\frac{\sigma^2}{m}$.

Die Richtung des Vektors b^X ist bei gegebenem Signal entscheidend vom gewählten Abtastintervall Δ abhängig. Die Schiefe der Schätzung kann damit erheblich herabgesetzt werden (Jost /11/). Bild 6 zeigt Beispiele für die Bildung des Modellgleichungssystems (7).

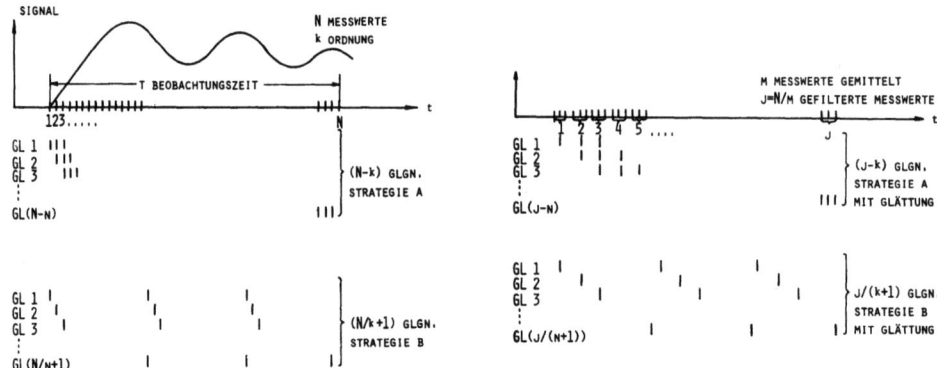

Bild 6: Beispiele zur Stichprobengruppierung

An einer elektronischen Waage wurden Schätzversuche durchgeführt. Die Massen wurden "mit Schwung" aufgebracht, die Waage war kaum gedämpft. Die Wägezeit lag im Bereich von 1 Sekunde. Die Beobachtungszeit bei 0,25 s. Der Signalverlauf zeigte Überschwingungen um 30 % mit einer Frequenz von etwa 4 Hz. Einige Ergebnisse zeigt Bild 7 (Jost /11/).

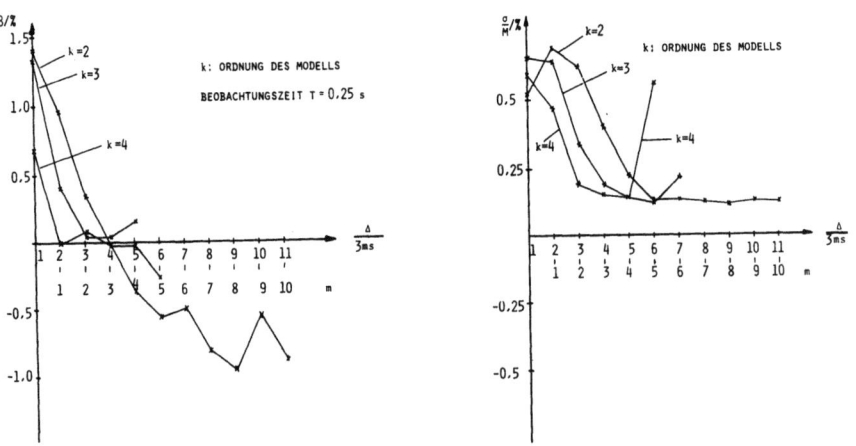

Bild 7:   Schiefe   Schätzfehlervarianz
      mit verschiedener Vorfilterung und Abtastzeit, Strategie A.

Der Rechenaufwand liegt höher als bei dem Verfahren in 3.1. Für ein Signal der Ordnung k wird die Lösung eines linearen Gleichungssystems mit k+1 Unbekannten verlangt oder das Invertieren der Matrix $X^T X$ vom Format (k+1 x k+1). Zuvor muß die Matrix $X^T X$ aus den N Modellgleichungen (13) gebildet werden.

Die Praxis zeigt, daß die Parameter b_1 ... b_n ziemlich ungenau geschätzt werden, aber der wichtige Parameter M ziemlich genau.

4. Zusammenfassung

Die Wägezeit läßt sich durch digitale Filter, wie sie z.B. in Mikroprozessoren realisiert werden können, erheblich verkürzen. Ist das Signal darstellbar als Zeitfunktion, die von endlich vielen Parametern abhängt, wird einmal die Gewichtsfunktion des Schätzers bestimmt und das Wägesignal mit denkbar geringstem Aufwand verarbeitet.

Läßt sich das Signal der Lösung einer Differentialgleichung der Ordnung k darstellen, wird mit Hilfe der zugehörigen Differenzengleichung ein linearer Regressionssatz vorgeschlagen, der bei geeigneter Wahl des Abtastintervalles und einer Vorfilterung mit etwas höherem Rechenaufwand gute Ergebnisse bringt.

* Dieser Bericht veröffentlicht Ergebnisse aus einem mit Mitteln des Bundesministeriums für Forschung und Technologie (Kennzeichen DV 5.505) geförderten Forschungsvorhabens des Projekts Prozeßlenkung mit DV-Anlagen (PDV) im Rahmen des 3. DV-Programmes der Bundesregierung. Die Verantwortung für den Inhalt liegt ausschließlich bei den Autoren bzw. den geförderten Unternehmen.

Literatur

/1/ PDV-Bericht (Projekt Prozeßlenkung mit DV-Anlagen), "Wägung von Gütern im rollenden Verkehr", Gesellschaft für Kernforschung mbH, Karlsruhe,
Verfasser: Institut für Prozeßmeßtechnik und Prozeßleittechnik, Universität Karlsruhe, erscheint 1978.

/2/ PDV-Bericht "Schnelle Meßwertbildung bei trägen stochastisch gestörten Meßsystemen", Gesellschaft für Kernforschung mbH, Karlsruhe,
Verfasser: Institut für Prozeßmeßtechnik und Prozeßleittechnik, Universität Karlsruhe, 1975.

/3/ Baumann, U.; Kronmüller, H.; Trilling, U.:
Versuche zur schnellen Meßgrößenerfassung mit Hilfe einfacher Schätzalgorithmen, Regelungstechnik, 23, S. 319-323, 1975.

/4/ Baumann, U.:
Schätzen der Parameter von Eingangssignalen in linearen Systemen. Dissertation. Institut für Prozeßmeßtechnik und Prozeßleittechnik, 1975.

/5/ Trilling, U.:
Identifikation von Neigungswwagen mit physikalischem Modell hoher Genauigkeit. Dissertation. Institut für Prozeßmeßtechnik und Prozeßleittechnik, 1975.

/6/ Rennicke, K.; v. Hacht:
Weighing Vehicles in Motion by Means of a Minicomputer. Proceedings of the International Symposium and Course on Mini- and Microcomputers and their Applications.
Acta Press - Calgary, Zürich, 1975.

/7/ Ferguson, A.C.:
Weighing Vehicles in Motion.
Measurement and Control, Vol. 2, p.214-222, 1969.

/8/ Ono, T.:
Applications of Estimation Theory to Dynamic Weighing Problems. Imeko VII, Congress, London, 1976.

/9/ Nahi, N.E.:
Estimation Theory and Applications.
New York: John Wiley, 1969.

/10/ Viebig, K.:
Lineare on-line Parameteridentifikationsverfahren. Dissertation. Institut für Prozeßmeßtechnik und Prozeßleittechnik, Universität Karlsruhe, erscheint 1977.

/11/ Jost, G.:
Zur Wägung von Stückgütern im rollenden Verkehr. Dissertation. Institut für Prozeßmeßtechnik und Prozeßleittechnik, Universität Karlsruhe, erscheint 1978.

ZENTRALRECHNER IM KRAFTFAHRZEUG

CENTRAL PROCESSOR FOR CAR CONTROL

U. Kiencke
Robert Bosch GmbH.
7141 Schwieberdingen

Summary

The concentration of several electronic functions in the car into one central computer offers functional and cost advantages. In this paper, the computer architecture, the real-time requirements and some applications are described.

Einleitung

Vor zehn Jahren wurde die erste elektronische Benzineinspritzung ins Kraftfahrzeug eingeführt. Seitdem sind zahlreiche neue elektronische Systeme hinzugekommen. Um verschärfte Abgasgesetze und die Forderungen nach geringerem Verbrauch und erhöhter Fahrsicherheit erfüllen zu können, sind komplizierte Steuersysteme erforderlich. Im Kfz kristallisieren sich drei Hauptanwendungsbereiche heraus.

a) Elektronische Motorsteuerung
    Einspritzung/Vergaserregelung
    Zündzeitpunktsteuerung
    Abgasrückführung
    Getriebesteuerung
b) Elektronische Fahrzeugsteuerung
    Abstandsregler
    Blockierverhinderer
    Anfahrdurchdrehschutz
    Fahrzeuglenkung
    Geschwindigkeitsregler
c) Überwachung, Komfortfunktion
    Kfz-Überwachung
    Verkehrslenkung
    Klimaregelung

Die Tendenz zu verteilten Steuersystemen sowie die auch in Zukunft fallenden Kosten für elektronische Bauteile legen es eigentlich nahe, für jede dieser Einzelfunktionen eine eigene Steuerung vorzusehen. Es hat sich aber herausgestellt, daß es günstiger ist, jeweils verwandte Funktionen zu einem sog. Zentralrechner zusammenzufassen /2/. Die Gründe hierfür sind:

a) Durch eine gegenseitige Vermaschung der Steueralgorithmen lassen sich funktionelle Vorteile gegenüber Einzelsteuerungen erzielen.

b) Der größte Teil der Systemkosten fällt nicht auf den Rechner selbst, sondern auf Gehäuse, Stecker, Meßwertgeber und Leistungsstellglieder. Durch eine funktionelle Zusammenfassung lassen sich Kosten sparen.

c) Der Zentralrechner kann mit einem Minimum an Bauteilen realisiert werden, wodurch die Zuverlässigkeit und die Sicherheit des Systems erhöht wird. Durch die zentrale Rechnerstruktur wird die Sicherheit des Systems solange nicht beeinträchtigt, wie auch die gesteuerten Strecken miteinander gekoppelt sind. So bringt zum Beispiel die Zentralisierung der Motorsteuerung keinen strukturellen Sicherheitsnachteil, da sowohl Einspritzung als auch Zündung für eine einwandfreie Motorfunktion notwendig sind. Es bleibt der Sicherheitsgewinn durch die geringere Anzahl an Bauelementen.

1. Echtzeitanforderungen

Das System Kraftfahrzeug stellt relativ harte Echtzeitanforderungen an den Rechner. Da sei am Beispiel der Motorsteuerung erläutert.

1.1 Abtastzeiten

Ein Sechszylindermotor durchläuft bei 6000 min^{-1} eine Kurbelwellenumdrehung in 10 msec. Während dieser Umdrehung wird einmal eingespritzt und dreimal gezündet, d.h. der Abstand von Zündung zu Zündung beträgt ca. 3 msec. Durch diese Zeiten sind die Systemabtastraten festgelegt, d.h. die Abstände, in denen eine komplette Berechnung der Steuer- und Regelalgorithmen gefordert wird. Sogar noch kürzere Abtastzeiten treten bei geregelten Stellgliedern auf, wobei der Regler im Rechner realisiert wird. Ein solcher innerer Regelkreis muß bekanntlich mit einer kleineren Zeitkonstante und damit einer höheren Abtastrate realisiert werden, um die Dynamik des Gesamtsystems nicht nachteilig zu beeinflussen.

1.2 Reaktionszeiten

Viele Ein- und Ausgangsgrößen des Kfz-Zentralrechners sind Zeiten, die genau genug aufgelöst werden müssen. Bei 6000 min^{-1} wird ein halbes Grad Kurbelwelle in ca. 15 μsec durchlaufen. Ein Zündzeitpunktsrechner, der mit einer derartigen Auflösung arbeitet, muß demnach in max. 15 usec. auf eine externe Anforderung reagieren. Das Problem wird dadurch verschärft, daß mehrere Steuerungen gleichzeitig bedient werden müssen, deren externe Anforderungen in ihrer zeitlichen Reihenfolge nicht vorhersagbar sind. So können zum Beispiel die Zündzeit und der Beginn der Einspritzung auf den gleichen Zeitpunkt fallen. Der Rechner muß beide Systeme sofort bedienen.

Warteschlangen sind nicht erlaubt, da sie die eigentliche Ausgangsinformation des Rechners, die Einspritzzeit oder die Zündzeit, verfälschen. Erschwerend kommt hinzu, daß der Rechner durch die Berechnung von Regelalgorithmen und evtl. von mehrdimensionalen Kennfeldern in seiner Rechenzeit stark ausgelastet ist. Es ist daher nicht möglich, in einem sicheren Abstand vor einer externen Anforderung in eine Warteschleife überzugehen. Eine solche Vorgehensweise wäre überdies unwirtschaftlich im Hinblick auf die Rechenzeit.

2. Rechnerstruktur

Die Rechnerstruktur ist weitgehend durch die vorher geschilderten Anforderungen bestimmt.

> Minimale Anzahl von Bausteinen
> Extrem schnelle Reaktionszeiten.

Neben dem Einsatz handelsüblicher Mikroprozessoren ist auch an die Entwicklung Kfz-typischer Rechner zu denken. Dabei lassen sich die harten Umweltbedingungen im Kfz berücksichtigen. Hohe Verlustleistung der integrierten Schaltkreise bedeutet hohe Kristalltemperatur, die sich wiederum nachteilig auf die Zuverlässigkeit der Komponenten auswirkt. Für einen Zentralrechner im Kfz müssen daher entweder verlustleistungsarme Technologien verwendet werden oder es muß eine spezielle Schaltkreisauslegung die Leistungsaufnahme vermindern. In den USA und in Europa werden Mikrocomputer speziell für den Einsatz im Kfz entwickelt. All diesen Entwürfen ist eine Aufteilung in zwei Baugruppen gemeinsam:

> a) Zentraleinheit und Speicher
> b) Prozeßeinheit

Bei weiteren Fortschritten der Halbleitertechnologie ist die Integration auf nur zwei Bausteinen zu erwarten.

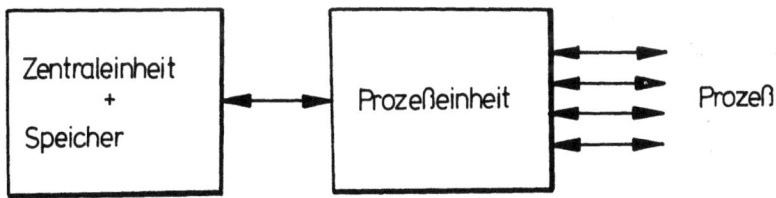

Bild 1. Struktur eines KFZ-typischen Rechners

Durch die Aufteilung in Zentraleinheit und in ein oder mehrere Prozeßeinheiten erhält man ein hierarchisches System. In den Prozeßeinheiten werden die zeitkritischen Echtzeitvorgänge bearbeitet, während in der Zentraleinheit die Regelalgorithmen und Kennfelder berechnet werden. Diese Hierarchie hat verschiedene Vorteile.

a) Es wird im wesentlichen ohne Unterbrechungen gerechnet, was eine sehr effektive Ausnutzung der vorhandenen Rechenkapazität erlaubt. Denn die Bearbeitung vieler Unterbrechungsanforderungen kostet erhebliche Rechenzeit.
b) Die Struktur der Programme wird wesentlich einfacher. Nur so kann man das Programm absolut sicher gestalten.
c) Es können mehrere externe Anforderungen gleichzeitig ohne Zeitverzug bedient werden.

2.1 Zentraleinheit

Auf der Zentraleinheit sind ca. 64 Worte Schreiblesespeicher und ca. 2k Worte Festwertspeicher untergebracht. Die Wortlängen sind in Bild 2 gezeigt.

8 Bit	Motorole 6800 D	
	RCA 1802/1803	
10 Bit	Rockwell MISAR	
	Intel Kfz-Mikroprozessor	
	Bosch-Mikroprozessor	
12 Bit	Toshiba Kfz-Mikroprozessor	
16 Bit	99XX Texas Instruments	

Bild 2   Wortlängen

Bei 8 Bit Wortlänge kann man vorteilhaft von bestehenden Rechnerentwürfen ausgehen. Nachteilig auf die Rechenzeit wirkt sich hier aber aus, daß relativ häufig auf eine Doppelwortverarbeitung zurückgegriffen werden muß. Bei 16 Bit Wortlänge ist zwar immer eine ausreichende Rechengenauigkeit gewährleistet, die aber nicht immer in vollem Umfang ausgenutzt wird. Daher gibt es auch Zwischenlösungen mit 10 bzw. 12 Bit.

Die Steueralgorithmen erfordern eine häufige Multiplikation und Division, darüber hinaus werden Kennfelder interpoliert /1/.

2.2 Prozeßeinheit

Wie in der Einleitung erwähnt wurde, ist ein Zentralrechner im Kfz für die verschiedensten Anwendungen einsetzbar. Das Rechnersystem muß daher möglichst flexibel sein, was durch eine entsprechende Struktur erreicht wird (Bild 3), wie sie z.B. in den Bausteinen Intel 8253 oder Zilog CTC im Prinzip realisiert ist. Die Prozeßeinheit ist modular aus Zählschaltungen aufgebaut, welche die Informationsumwandlung vornehmen und die in ihrer genauen Funktion über sog. OP-Modus-Register steuerbar sind.

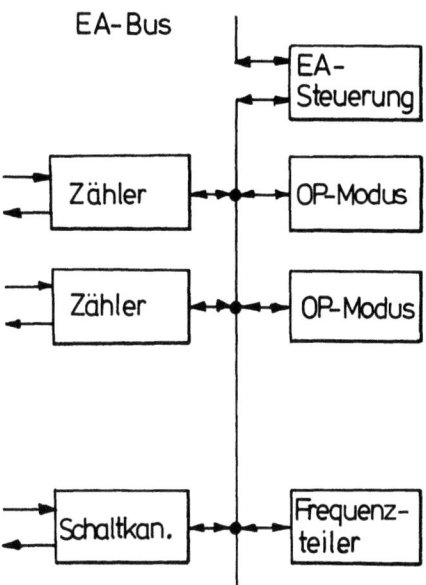

Bild 3. Struktur der Prozeßeinheit

Eine solche Struktur ist ganz allgemein vorteilhaft für Prozeßsteuerungen. Das Kfz-typische ergibt sich lediglich aus der speziellen Funktion der Zählbausteine. Am Bespiel des MISAR-Systems sollen einige Schaltungen erläutert werden. In Bild 4 ist die Umwandlung einer von einem Drehzahlgeber kommenden Frequenz in eine vom Rechner zu verarbeitende Zahl gezeigt.

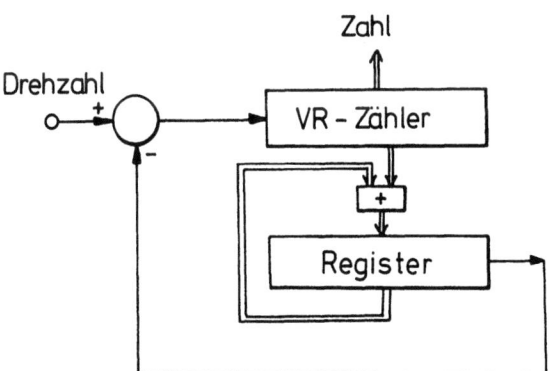

Bild 4. Umwandlung einer Drehzahl in eine Zahl

Ein DDA-Integrator (DDA = Digital Differential Analyzer) wird über einen Frequenzvergleicher zu einem Regelkreis geschlossen, bei dem im stationären Zustand der Vor-Rückwärtszählerstand ein Maß für die hereingeführte Drehzahl ist. Eine solche Schaltung hat den Vorteil, daß die Eingangsgröße mit der Zeitkonstante

$$T_i = 2^r/n_{max}$$

gegen Störungen gefiltert wird. Meßtotzeiten treten nicht auf, da das System kontinuierlich der Eingangsgröße nachgeführt wird.

Als Beispiel für eine Ausgabe ist in Bild 5 die Erzeugung eines Zündwinkels gezeigt. Der berechnete Zündwinkel steht in einem Ausgaberegister bereit. Durch eine externe Marke ohne Umweg über die Zentraleinheit wird der Zählerstand in einen Abwärtszähler übernommen, der bis zum Zündwinkel abwärtszählt.

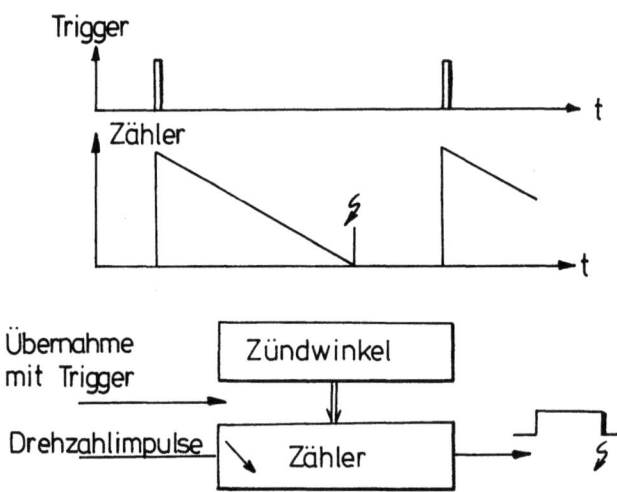

Bild 5. Ausgabe des Zündwinkels

3. Funktionsbeispiele

3.1 Berechnung einer dem Moment proportionalen Größe

Für die Motorsteuerung interessiert das Motormoment, das aus schon vorhandenen Meßgrößen näherungsweise errechnet wird. Die bei der Verbrennung erzeugte Leistung und die vom Motor abgegebene Leistung werden dabei gleichgesetzt.

$$M \cdot n = \eta \cdot \dot{m}_k \cdot H_k \qquad (1)$$

Dabei sind

M	Motormoment
n	Motordrehzahl
$n = f(\dot{m}_1, n, \alpha_z)$	Wirkungsgrad
$\dot{m}_k$	Kraftstoffzufluß
$\dot{m}_1$	Luftmengendurchfluß
$\lambda = \dot{m}_1/\dot{m}_k$	Luftzahl
H_k	Heizwert des Kraftstoffs
t_e	Einspritzzeit
α_z	Zündwinkel

$$M = \frac{\eta \cdot H_k \cdot \dot{m}_1}{\lambda \cdot n} \tag{2}$$

Man erhält für das Moment ein Kennfeld in Abhängigkeit von den Eingangsgrößen Luftmenge, Drehzahl und Zündwinkel.

$$M = f(\dot{m}_1, n, \alpha_z), \tag{3}$$

das im Rechner erzeugt wird.

3.2 Bestimmung des Reibbeiwertes durch eine Trendmessung

Bei der Regelung des Bremsvorgangs kommt der näherungsweisen Bestimmung des Reibbeiwertes des Straßenbelags gegenüber den Reifen eine entscheidende Bedeutung zu. Auf Grund der verschiedenen Reifentypen sowie der unterschiedlichen Witterungsverhältnisse variiert der Reibbeiwert μ stark (Bild 6).

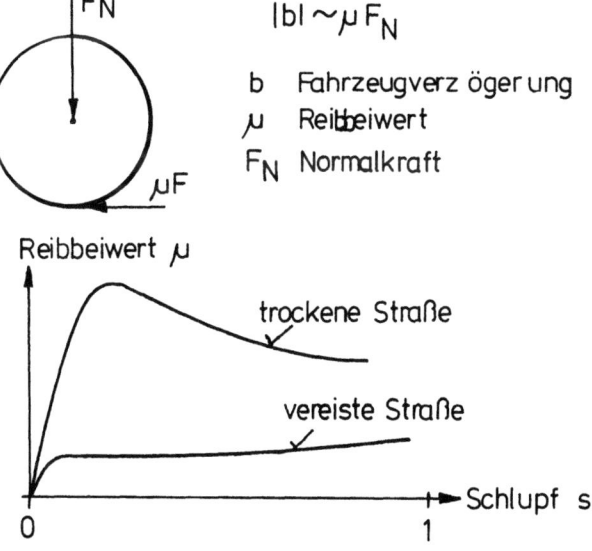

Bild 6. Reibbeiwert μ

Zu Beginn des Bremsvorganges wird ein fester Wert für μ angenommen.
Wird der Regelkreis kurzzeitig aufgetrennt, so kann aus der Differenz von
tatsächlichem Geschwindigkeitsverlauf und dem Verlauf eines Modells das
Modell laufend auf den tatsächlichen Wert nachgefahren werden.

3.3 Extremwertregelung auf minimalen Verbrauch

Das allgemeine Prinzipschaltbild einer Extremwertregelung ist in Bild 7
dargestellt /3/.

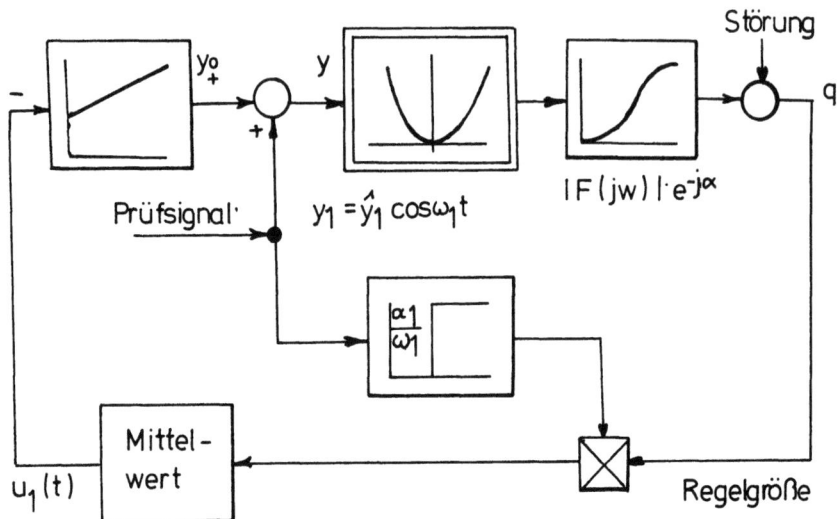

Bild 7. Extremwertregelung

Der Stellgröße y wird eine Schwingung y_1 überlagert. Durch eine Kreuzkorrelation zwischen y und der Regelgröße q

$$u_1(t) = \frac{1}{T_m} \int_{t-T_m}^{t} y_1(1- \alpha_1/\omega_1) \cdot q(t) \, dt \qquad (4)$$

$$\approx \frac{1}{2} |F(j\omega)| \cdot \hat{y}_1^2 \cdot \frac{\partial q}{\partial y} \qquad (5)$$

kann der Einfluß des Prüfsignals y_1 auf die Regelgröße q,

$$q_1(1) = \frac{\partial q}{\partial y} \cdot |F(j\omega)| \cdot \hat{y}_1 \cos(\omega_1 t - \alpha_1) \qquad (6)$$

herausgefiltert werden. Für $u_1(t) = 0$ befindet man sich im gewünschten Extremum

$$\frac{\partial q}{\partial y} = 0. \qquad (7)$$

Die Verbrauchscharakteristik eines Motors (Bild 8) weist nun die für eine
Extremregelung erforderliche quadratische Kannlinie auf /4/.

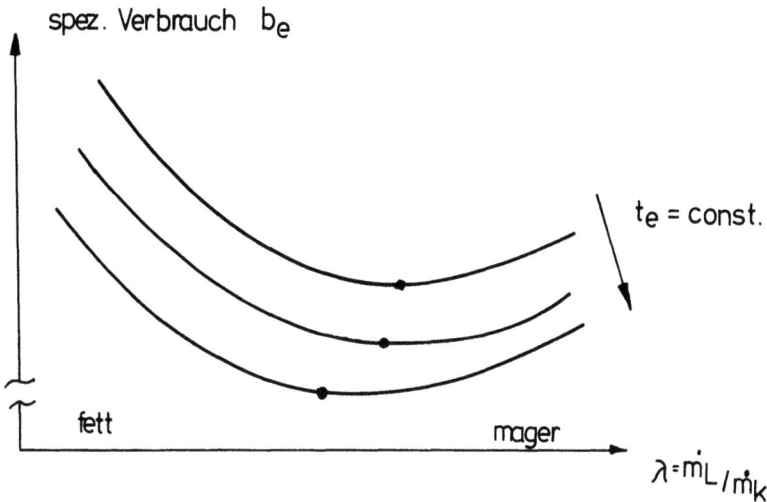

Bild 8. Verbrauchscharakteristik von Verbrennungsmotoren

Bei konstanter Einspritzzeit t_e ist das Motormoment umgekehrt proportional zum spezifischen Verbrauch b_e.

$$M \sim 1/b_e \quad \text{für } t_e = \text{const} \tag{8}$$

Die Regelgröße spezifischer Verbrauch kann damit ersetzt werden durch das Motormoment bzw. die Winkelbeschleunigung der Motordrehzahl. In Bild 9 ist die Regelung auf min. Verbrauch dargestellt, bei welcher der Luftmengendurchfluß $\dot{m}_1$ durch das Prüfsignal $\Delta \dot{m}_1$ moduliert wird. Das Ausgangssignal des Korrelators

$$u(t) = \frac{1}{T_m} \int_{t-T_m}^{t} \frac{d}{dt}(n + \Delta n) \cdot \Delta \dot{m}_1 (t-t_1) \, dt \tag{9}$$

wird dabei auf Null geregelt. Die Verzögerungszeit

$$t_1 \sim 1/n, \quad t_1 \ll T_m \tag{10}$$

hängt dabei auf Grund der unterschiedlichen Gasdurchlaufzeiten von der Drehzahl ab. Wegen der großen Zeitkonstanten und Totzeiten des Motors ist eine solche Extremwertregelung relativ langsam. Eine wirkliche Verbesserung wird daher nur im Zusammenhang mit einer Vorsteuerung erzielt. Da für die Regelung kaum zusätzliche Meßwertgeber benötigt werden, ist sie mit dem Einsatz eines Zentralrechners im Kfz auch kostenmäßig interessant geworden.

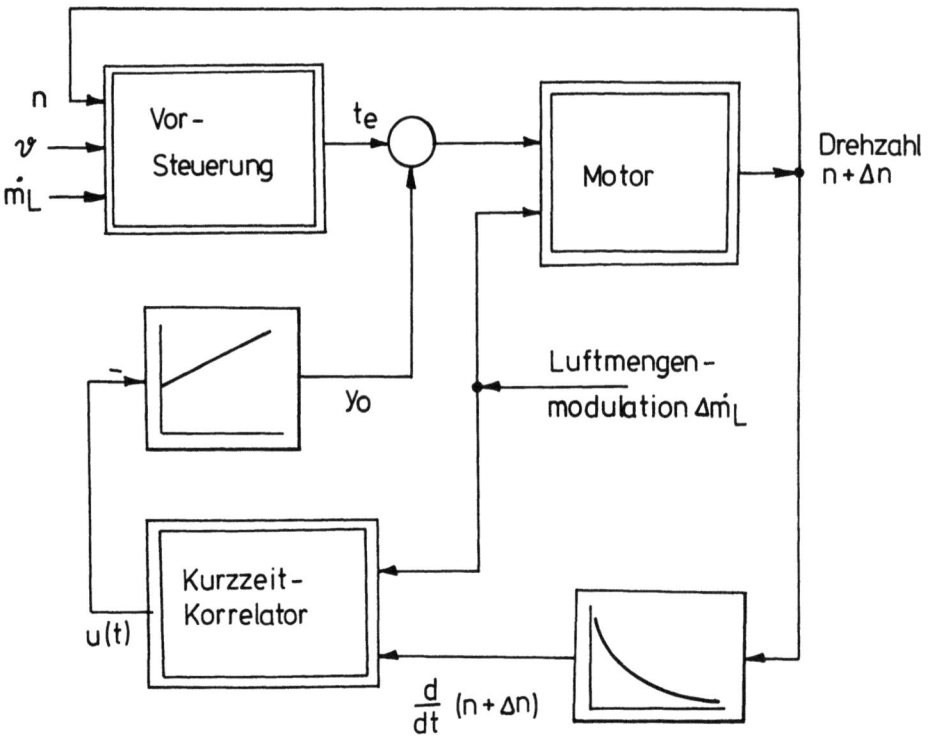

Bild 9. Extremwertregelung auf minimalen Verbrauch

Literatur

/1/ A. D. Toelle, "Microprocessor Control of the Automobile Engine", SAE International Automotive Engineering Congress, Detroit, Feb. 28, 1977, SAE-Paper 770008

/2/ Kurt Binder, Uwe Kiencke, Martin Zechnall, "Car Control by a Central Electronic System", SAE International Automotive Engineering Congress, Detroit, Feb. 28, 1977, SAE-Paper 770001

/3/ W. Leonhard, "Statistische Analyse linearer Regelsysteme", B. G. Teubner, Stuttgart, 1973

/4/ Martin Zechnall, "Extremwertregelung am Beispiel der Gemischbildung eines Ottomotors", Dissertation TU Braunschweig, 1972

FRUEHWARNSYSTEM ZUR ERKENNUNG
GEFAEHRLICH EXOTHERMER REAKTIONEN IN DER CHEMIE

EARLY WARNING SYSTEM FOR DANGEROUS
EXOTHERMIC REACTIONS IN THE CHEMICAL INDUSTRIES

F. Casadei
Sandoz AG, Basel

Summary

First results of an apparatus capable to recognize dangerous exothermic reactions in the chemical industries are presented. The detection principle consists of calculating the first and the second derivatives of two measured temperature functions and comparing them to two fixed discrimination levels, near zero. Exceeding these levels indicates a potentially dangerous situation.

The apparatus is build around a microcomputersystem, with its programm stored in 2.5 k byte of ROM. The method is applicable to different vessel sizes without the necessity to readjust any parameters.

Eine Vielzahl chemischer Produktionsstufen weisen exotherme Reaktionen auf, die in entsprechend dimensionierten Rührkesseln bei gut bekanntem Reaktionsablauf leicht unter Kontrolle gehalten werden können. Dennoch zeigt die Erfahrung, dass es in der chemischen Industrie immer wieder zu Explosionen oder Verpuffungen kommt, obwohl in den meisten Fällen sorgfältige Sicherheitsprüfungen und Schutzmassnahmen getroffen werden. Der Grund liegt weniger bei mangelhaften Betriebsvorschriften oder Fehlern des Betriebspersonals, als vielmehr oft daran, dass die Gefahr mit den heute zur Verfügung stehenden Prozessüberwachungsmethoden nicht voraussehbar ist.

Dies trifft besonders dann zu, wenn ein normalerweise harmloser Prozess durch eine ungünstige Kombination von Bedingungen in eine unerwünschte Richtung gelenkt wird. Zur Beseitigung solcher Bedingungen wären eine Unzahl von Kombinationen durchzutesten, was im allgemeinen nicht durchführbar ist. Es sei nur an die möglichen Kombinationen bei Rohstoffqualitäten und deren Vielfalt an auftretenden Verunreinigungen erinnert. Da die vollständige Elimination von ungünstigen Bedingungen nicht gelingt, kann zumindest versucht werden, das Abweichen des Prozesses vom Sollablauf rechtzeitig zu signalisieren. Hierbei ist es vorteilhaft leicht messbare Prozessausgangsgrössen als Hinweisvariable heranzuziehen, da ja die Wirkung von Eingangsvariablen nicht in jedem Falle eindeutige Schlüsse zulässt.

Im Folgenden wird eine Methode und deren apparative Realisierung beschrieben, die in ihrem Applikationsbereich in die Prozessindustrie mit relativ langsam ablaufenden Reaktionsmechanismen gehört. Für sehr rasche Vorgänge (Pulver- oder Gas-Chemie etc.) eignet sich die Ueberwachung nicht.

Die Auswertung von verschiedenen Verpuffungsereignissen der Vergangenheit zeigt, dass sich davon eine grosse Klasse folgendermassen abspielt: Im Reaktionsgemisch verläuft die Reaktion exotherm. Die frei werdende Wärme wird einerseits durch die Kesselwandung ans Kühlmedium oder nach aussen abgeführt, und erwärmt andererseits das Reaktionsgemisch. Die Reaktion verläuft daher bei höherer Temperatur zunehmend schneller ab und erzeugt damit auch grössere Wärmeleistungen. Wird die Reaktionswärmeleistung grösser als die maximal abführbare Leistung und kommt die Reaktion nicht durch andere Bedingungen (z.B. durch Aufbrauchen der Reaktionspartner) zum Stillstand, ist mit einer Verpuffungsgefahr zu rechnen.

Diese Reaktionskinetik ist seit langem bekannt und äussert sich zum mindesten in beschränkten Zeitintervallen durch einen exponentiellen Charakter des Temperaturverlaufes. Für eine grosse Anzahl verschieden grosser Reaktionsbehälter (Laborreaktionskolben, Rührkessel etc.) ist der genannte Temperaturverlauf relativ früh erkennbar.

Im Gegensatz zu konventionellen Ueberwachungstechniken wie Grenztemperatursignalisation oder Meldung von signifikanten Regelabweichungen etc. beinhaltet diese Methodik den Vorteil von Eigenschaften des Prozesses und des Reaktionsgefässes unabhängig zu sein.

<u>Theorie</u>: Da in der grundlegenden Arbeit [1] Details zur Theorie zu finden sind, werden hier die Zusammenhänge nur summarisch dargestellt:

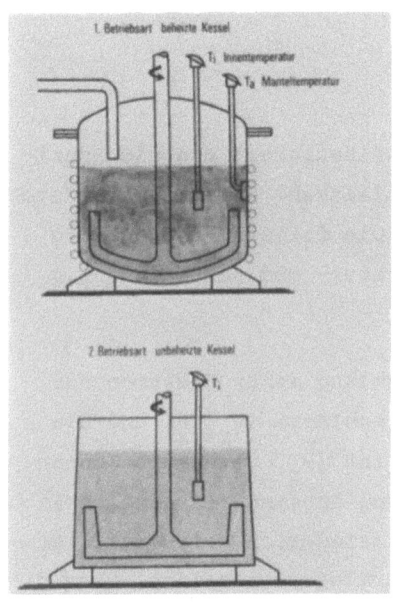

Bild 1. Die Methode erlaubt beheizte und gekühlte Rührkessel (Betriebsart 1) oder ungeheizte Kessel zu überwachen (Betriebsart 2). Während bei der Betriebsart 1 zwei Temperaturen zu messen sind, genügt es bei der Betriebsart 2 die Innentemperatur zu messen.

Unter der Voraussetzung, dass sich die Reaktion in beheizbaren und kühlbaren Rührkesseln abspielt, und dass sowohl Innentemperatur sowie Manteltemperatur gemessen werden (Bild 1), kann die Wärmeleistungsbilanz gemäss Gleichung (1) dargestellt werden:

$$Pr = \underbrace{k_1 \cdot \frac{dTi}{dt}}_{Ps} + \underbrace{k_2(Ti-Ta)}_{Pa} \qquad (1)$$

Reaktions-wärmeleistung | Wärmeleistung, die in die Reaktionssubstanz fliesst | Wärmeleistung, die durch die Kesselwand nach aussen abfliesst

Kriterium für gefährlichen Zustand:

$$\dot{P}_r = \dot{P}_s + \dot{P}_a > 0$$
$$\text{mit } \dot{P}_s > 0$$
$$\text{und } \dot{P}_a > 0 \qquad (2)$$

Hierbei sind in k_1 die Masse der Reaktionsflüssigkeit und die spezifische Wärme derselben und in k_2 die Wärmeleitzahl und die Wärmedurchtrittsfläche der Kesselwandung enthalten. Die folgende Betrachtung setzt diese Werte vereinfachend als temperatur- und zeitunabhängig voraus.

Potentiell gefährlich kann die Wärmeentwicklung einer Reaktion nur dann werden, wenn einerseits die Reaktion exotherm ($P_r > 0$) und die Reaktionsleistung zunehmende Tendenz aufweist ($\dot{P}_r > 0$). Damit können alle Zustände, wo die Reaktionswärmeleistung abnimmt als ungefährlich bezeichnet werden. Zwei weitere Zustände lassen sich bei detaillierterer Analyse auch mit positivem $\dot{P}_r$ als harmlos ausscheiden, wenn die Grössen der beiden Terme P_s und P_a in Gl. 1 miteinander verglichen werden: Ist dabei $|\dot{P}_s|$ grösser als $|\dot{P}_a|$, nimmt zwar die Substanzerwärmungsleistung zu, die Wärmeabfuhr nach aussen aber ab, was auf eine gewollte Aufheizphase durch die Kesselheizung bedingt ist und damit ungefährlich bleibt.

Ist hingegen $|\dot{P}_s|$ kleiner als $|\dot{P}_a|$ nimmt zwar die abgeführte Wärmeleistung zu, aber die Selbsterwärmungsleistung der Substanz ab. Damit bleibt auch in diesem Zustand die Reaktion unter Kontrolle. Somit bleibt einzig der Bereich, wo $\dot{P}_r$, $\dot{P}_s$ und $\dot{P}_a$ alle grösser als Null sind als potentiell gefährlicher Zustand übrig. Die Verhältnisse sind in übersichtlicher Form in Bild 2 dargestellt:

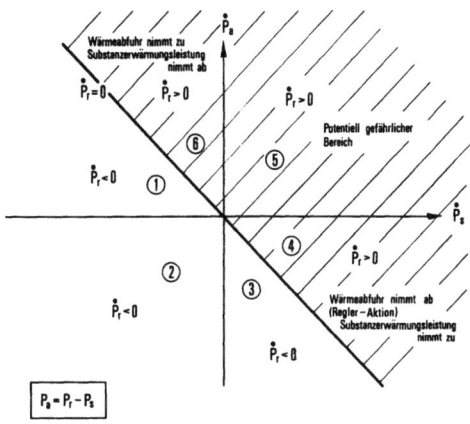

Bild 2. Nur der Quadrant 5 bleibt nach Abspaltung der beiden harmlosen exothermen Halbquadranten 4 und 6 als potentiell gefährlicher Bereich übrig.

Da die Konstanten k_1 und k_2 in Gleichung (1) beide sicher positiv sind, lässt sich das Kriterium allein schon durch positive Werte für d^2Ti/dt^2 und $d(Ti-Ta)/dt$ formulieren. Beachtenswert ist die Tatsache, dass damit sämtliche Substanz- und Kessel-Parameter aus dem Kriterium eliminiert werden konnten und somit eine <u>universelle</u> Aussage über den Gefahrenbereich gemacht werden kann.

Im Falle von unbeheizten Gefässen (Fässer, Lagertanks und dgl.) vereinfacht sich das Kriterium auf den Term P_s in Gleichung (1). Damit ist lediglich auf positive Werte der zweiten Derivierten der Innentemperatur zu überprüfen (Betriebsart 2).

<u>Off-line-Simulation des Verfahrens</u>: Zur Erprobung der Brauchbarkeit des Verfahrens wurden zunächst in Vorversuchen unter off-line-Bedingungen reale Temperaturkurven ausgewertet. Als Datenquelle dienten einerseits Rührkessel mit Volumen um ca. 630 Liter und andererseits ein Labor-Sicherheitskalorimeter mit einem Reaktionskolben von ca. 1 dl Reaktionssubstanz [1]. Während im grossen Masstab Aufheiz- und Abkühlprocedere durchgespielt wurden, war es möglich in Reaktionskolben des Kalorimeters echte Verpuffungen mit verschiedenen Reagensien zu erzeugen.

Die im Intervall von 1 sec abgetasteten Temperaturwerte wurden auf einem Kleinrechner mit Bandstation gespeichert. Das tatsächlich verwendete Abtastintervall konnte damit für die Auswertungen im Raster von 1 sec verlängert werden. Die Auflösung des Analog-Digitalkonverters betrug hierbei 12 bit (binär) im Temperaturbereich von 0-300°C. Das Quantisierungsintervall ergibt sich daher zu ca. 7/100°C.

In verschiedenen off-line-Auswertungen der gleichen Rohdaten wurden die 1. und 2. Ableitung der in Gleichung (1) dargestellten Temperaturfunktionen gebildet und die Selektivität des Alarmkriteriums beurteilt.

Die Probleme der Methode liegen in der Bildung der Derivierten. Ist bereits die erste zeitliche Ableitung stark vom miterfassten Rauschanteil gestört, so gilt das für die zweite Ableitung noch in viel stärkerem Masse. Hierbei verfälschen hauptsächlich örtlich unvollständig homogenisierte Temperaturbezirke, die durch das Rühraggregat oder die Eigenkonvektion verursacht werden und vielfach von Reaktionsclustern herstammen. Ohne sorgfältige Glättung sind die Resultate deshalb kaum auswertbar.

Im vorliegenden Fall wurden transversale und rekursive Digital-Filter-Algorithmen höherer Ordnung verwendet [2.3.4.]. Auch bei ruhiger Reaktion fluktuieren die ausgewerteten Signale nach der Filterung mit kleiner Amplitude um die Nullinie. Damit dies nicht zu Fehlalarmierungen führt, wurden einerseits für jedes Signal eine Mindestschwelle gesetzt. Andererseits muss die Schwellüberschreitung eine fest eingestellte Verzögerungszeit überdauern, bevor der Alarm freigegeben wird. Die Auswertungen waren nach der Optimierung dieser Einstellungen für grosse, wie für kleine Systeme durchwegs positiv.

Zur Beurteilung des Verfahrens war es möglich auch echte Havariedaten (z.T. von Fremdfirmen) auszuwerten. Sie standen in Form von Temperaturkurven als Schreiberregistrierungen zur Verfügung. Die Bildung der beiden Ableitungen erfolgte grafisch und zeigte, dass in allen untersuchten Fällen die anschliessende Explosion 20-80 Min im voraus hätte prophezeit werden können. Selbstverständlich werden mit dieser grafische Auswertung eine Anzahl von apparativen Schwierigkeiten umgangen, die bei der automatischen Ueberwachung zu erwarten und zu berücksichtigen sind.

Applikation: Aufgrund der positiven Resultate der Voruntersuchungen war es gerechtfertigt einen ersten Prototypen zur on-line-Ueberwachung zu entwerfen.

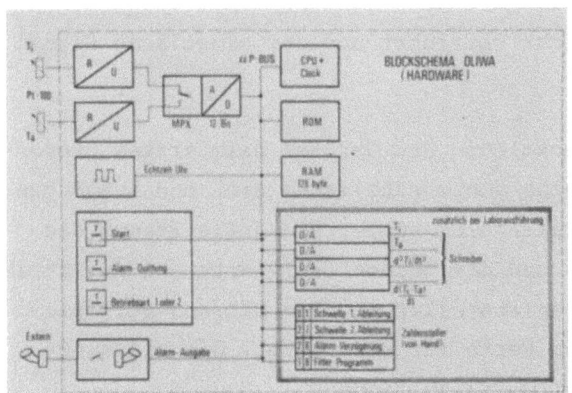

Bild 3. Blockschema der On-Line-Warnanlage OLIWA

Das Blockschema in Bild 3 zeigt den internen Aufbau des Gerätes. Es enthält im Kern ein Mikroprozessorsystem mit der 8008-CPU von Intel. Das Programm ist in 2,5 k-byte Festwertspeicher (EPROM) abgelegt. Zwischenresultate der Filteralgorithmen belegen 128 byte eines Lese-Schreib-Speichers (RAM).

Innen- und Mantel-Temperatur werden mit Widerstandstemperaturfühler (Pt-100) in eigensicherer Leitungsführung gemessen, und in den beiden Transmittern in Normsignale umgewandelt. Ueber den Multiplexer werden die beiden Messwerte dem Analog-Digital-Konverter zugeschaltet, der wie in den Vorversuchen eine Auflösung von 12 bit (binär) aufweist. Der Temperaturbereich umfasst 0-300°C. Eine Echtzeituhr steuert im wesentlichen die Sequenz der Messwertabtastungen und der Multiplexerumschaltungen. Das Abtastintervall wurde mit 10 sec festgelegt. Es ist aber in gewissen Grenzen durch Umprogrammieren eines EPROM-bytes veränderbar.

Der eigentliche Alarmausgang schaltet eine externe Sirene oder Blinkleuchten, wobei auch ein internes akustisches Signal ausgelöst wird. Zur Bedienung des Gerätes sind ausser der Starttaste auch ein Umschalter vorhanden, der die Betriebsart 1 oder 2 auswählt. Zur Quittierung eines allfälligen Alarms ist eine weitere Taste vorhanden, die das Blinklicht in Dauerlicht überführt und das akustische Signal löscht.

Zur besseren Kontrolle der Funktionen des Gerätes beim ersten probenweisen Einsatz wurden eine Reihe von zusätzlichen Ein- und Ausgängen hinzugefügt: Ueber vier Digital-Analog-Konverter-Kanäle stehen die Innen- und Aussentemperaturen und die beiden Derivierten zu Registrierzwecken zur Verfügung. Vier Zahlensteller dienten während der Optimierungsphase dazu, die besten Werte für das Filter, die Alarmverzögerung und die beiden Schwellwerte zu finden.

Die im Blockschema umrahmten Blöcke sind je auf einer Leiterkarte im einfachen Europaformat untergebracht. Zusammengestellt in einem 19-Zoll-Rack nehmen sie drei Höheneinheiten ein (Bild 4).

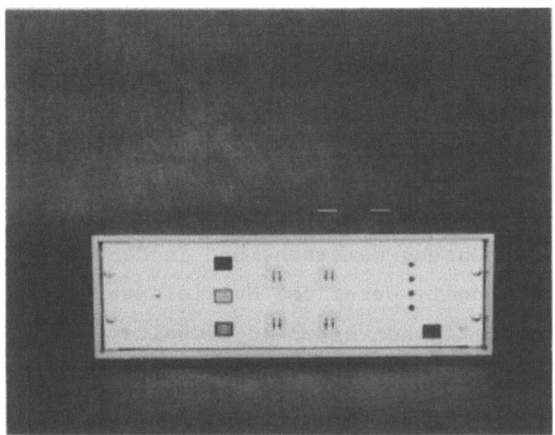

Bild 4. Ansicht des 1. Prototypen

Wie im Vorversuch wurden auch bei der definitiven Apparatur die Temperaturwerte softwaremässig gefiltert, jetzt allerdings unter Echtzeitbedingungen.

Dem Tiefpassfilter liegt eine rekursive Struktur 3. Ordnung zugrunde. Im wesentlichen werden dabei je die drei letzten Abtastwerte und Ausgangswerte des Filters mit einer Koeffizientenmatrix gewichtet und addiert. Somit entsteht nach jeder Abtastperiode ein neuer Filterausgangswert. Die Tiefpassgrenzfrequenz und die Art des Filters schlagen sich in den Werten der Gewichtungsmatrix nieder.

Im vorliegende Fall kam ein Besselfilter mit einer Grenzfrequenz von $0.5 \cdot 10^{-3}$ Hz zur Anwendung. Die dabei unvermeidliche zeitliche Verzögerung der Resultate hat natürlich zur Folge, dass auch die Alarmierung entsprechend verspätet erfolgt.

Da die Differenzierungen als lineare Frequenzoperatoren aufgefasst werden können, lassen sie sich ins Verfahren der Filterung miteinbeziehen. Dabei sind lediglich die Gewichtungskoeffizienten dementsprechend zu modifizieren. Die Schrittantworten der beiden Filter für die 1. und 2. Ableitung sind in Bild 5 dargestellt. Sie wurden mit simulierten Temperaturschritten von 70°C gewonnen.

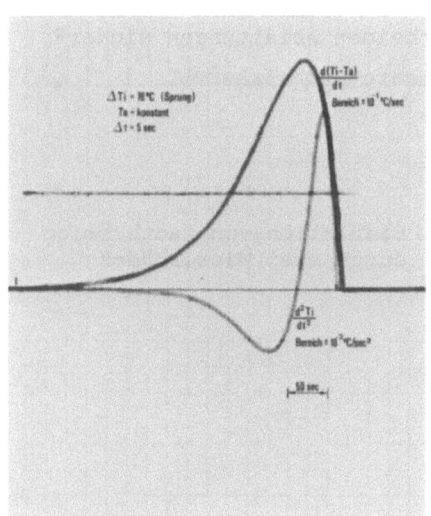

Bild 5. Schrittantwort der beiden Filter

Es ist zu beachten, dass zwischen der Abtastfrequenz, der Genauigkeit
der Rechenroutinen, den Rauschspektren der Eingangssignale, der Stabilität der Filter und dem Restrauschen nach der Filterung Zusammenhänge
bestehen, die im vorliegenden Fall sorgfältig ausgewertet werden
mussten, bevor brauchbare Resultate gewonnen werden konnten.

Resultate: Die ersten Tests wurden mit einer einfachen Laborversuchsapparatur gemacht (Bild 6). In einem grossen Wasserbad, welches zur
Simulation der Mantelheizung diente, stand ein zweites, kleineres als
Ersatz für die Reaktionssubstanz. Die Bäder enthielten die beiden Temperaturfühler, die an die Ueberwachungsapparatur angeschlossen waren.
Während das äussere Bad linear aufgeheizt wurde, konnte der Verlauf
der beiden Ableitungen verfolgt werden. Wenn der Versatz der beiden
Schreibfedern berücksichtigt wird, lässt sich erkennen, dass es hier
zu zwei kurzfristigen Fehlalarmen gekommen wäre. Sie werden aber durch
die Alarmverzögerung von ca. 1 Min unterdrückt.

Zur Simulation einer schwachen Exothermie wurde zur markierten Zeit
(Pfeil in Bild 6) eine Wärmequelle von 4 Watt (Tauchsieder) im inneren Gefäss eingeschaltet. Der Alarm wird 5 Min später richtig angezeigt. Der etwas dynamische Verlauf der beiden Ableitungen wiederspiegelt die mehr treppenförmige als lineare Aufheizkurve.

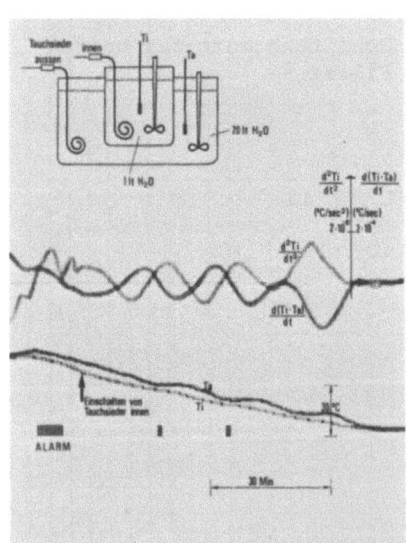

Bild 6. Simulation von Exothermien
durch zwei Wasserbäder

In einem Sicherheitskalorimeter konnte die Funktion des Gerätes während echten Verpuffungen überprüft werden. Die Reaktionssubstanz wurde zuerst langsam auf die Anfangstemperatur angehoben und nachher in adiabatischer Wärmeisolation sich selbst überlassen (Bild 7).

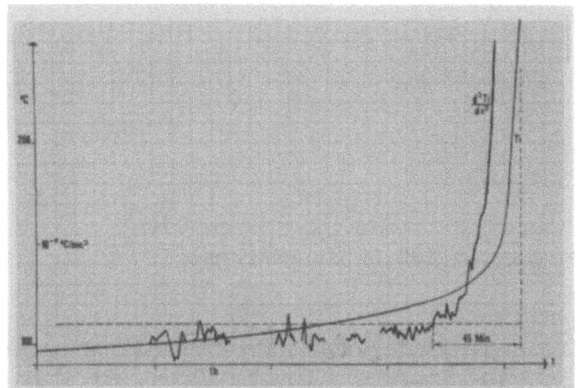

Bild 7. Verpuffung von ca. 1 dl Reaktionssubstanz unter adiabatischen Verhältnissen.

Obwohl auch hier kurzfristige Schwellwertüberschreitungen in der Anfangsphase festgestellt wurden, konnte die exotherme Reaktion 45 Min vor der Verpuffung erkannt werden. Da es sich hier während der adiabatischen Phase um ein System ohne Heizung gehandelt hatte, wurde die Auswertung nur mit dem einfacheren Verfahren der Betriebsart 2 gemacht.

Schliesslich sei noch eine Prüfung mit einem Rührkessel im Betriebsmasstab mit Dampfheizung und Wasserkühlung erwähnt. Der Versuch wurde mit 600 Liter Wasser gefahren. Nach einem Sollwertsprung wurde rasch auf 70°C aufgeheizt (Bild 8). Es ist zu erkennen, dass trotz starken Transienten der beiden Ableitungen kein Fehlalarm entsteht. Durch Einblasen von Dampf direkt in das Kesselinnere konnten behelfsmässig Exothermien simuliert werden (Markierung durch Pfeile in Bild 8), die nach 5 beziehungsweise 3 Min richtig erkannt werden. Die anschliessende Kühlphase mit grossen Reaktionen der beiden Ableitungen werden als harmlos erkannt.

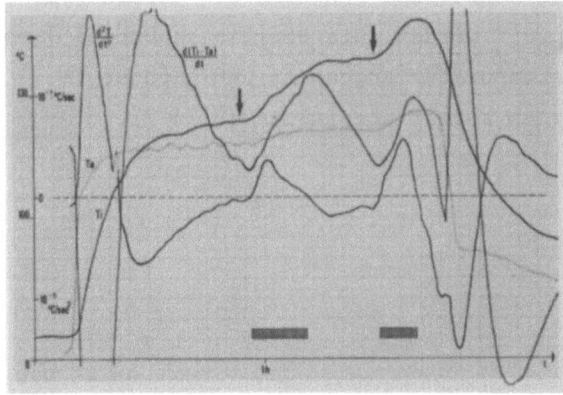

Bild 8. Simulation von Exothermien im 600 Liter Rührkessel

Im Verlaufe der Tests wurden keine Veränderungen der Einstellungen am Gerät vorgenommen. Das Erkennen von exothermen Reaktionen mit zunehmenden Wärmeströmen durch die Wandung und zunehmenden Eigenerwärmungsleistungen war damit über den Volumenbereich von 1 dl bis zu 600 Liter erfolgreich.

Ausblick: Die ersten beiden Prototypen werden zur Zeit weiteren Prüfungen unterzogen. Sollten sie positiv verlaufen, ist eine explosionssichere Variante in druckfestem Gehäuse mit eigensicheren Messleitungen geplant.

Literatur

1. Hub, L.: Entwicklung von Prüfmethoden zur Erhöhung der Sicherheit bei der Durchführung chemischer Prozesse, Diss. ETH; NF 5577, 1975 Zürich.
2. Temes, G.C.: Modern filter theory and design, Wiley 1973. Kap. 12: R.M. Golden, Digital Filters.
3. Kuo, B.C.: Analysis and synthesis of sampled-data control systems, Prentice Hall, Englewood Cliffs, N.J. 1963.
4. Kaiser, J.F.: Digital Filters, in Kuo F.F.: System analysis by digital computer, Wiley, New York 1966.

EXPERIENCE WITH EXPERIMENTAL APPLICATIONS OF MULTIVARIABLE COMPUTER CONTROL

ERFAHRUNGEN ÜBER DIE ANWENDUNG VON MEHRFACHREGELUNGEN BEI EINER EXPERIMENTELL REALISIERTEN STRECKE

by

D. E. Seborg and D. G. Fisher

Department of Chemical Engineering University of Alberta

Edmonton, Alberta, Canada

Summary:

Although multivariable control has been the subject of a large number of theoretical studies in recent years, relatively few experimental applications to process control problems have been reported. For example, a recent survey paper [1] has located only 84 papers in the open literature that describe such experimental applications, and less than half are industrial applications.

During the past nine years, a continuing project at the University of Alberta has helped bridge this widely acclaimed gap between theory and practice by providing well-documented applications of various multivariable control techniques to the same pilot scale unit, a double effect evaporator [2]. Since this apparatus hase been used in each investigation, it is possible to make meaningful comparisons between conventional control strategies and modern control and estimation techniques including:

    a) optimal feedback control [3]
    b) time optimal control [4]
    c) model reference adaptive control [5]
    d) Kalman filters and Luenberger observers [6]
    e) time delay compensation [7]
    f) inverse Nyquist and characteristic loci methods [8, 9]

g) identification of state space models /10, 11 /

h) controllers designed to achieve disturbance localization /12, 13 /

In this paper, the major conclusions from this continuing project are summarized and recent investigations are described in greater detail. The paper concludes with a discussion of the implications of this research for industrial applications to process control problems.

References:

/1/ Rijnsdorp, J.E. and D.E. Seborg, "A Survey of Experimental Applications of Multivariable Control to process Control Problems", Chem. Eng. Progress Sympos. Series (in press).

/2/ Fisher, D.G. and E.D. Seborg, Multivariable Computer Control - A Case Study, North Holland, Amsterdam (1976).

/3/ Newell, R.B. and D.G. Fisher, "Experimental Evaluation of Optimal Multivariable Regulatory Controllers with Model-Following Capabilities", Automatica, 8, 247-262 (1972).

/4/ Nieman, R.E. and D.G. Fisher, "Experimental Evaluation of Optimal Multivariable Servo Control in Conjunction with Conventional Regulatory Control", Chem. Eng. Communications, 1, 77-87 (1973).

/5/ Oliver, W.K., D.E. Seborg and D.G. Fisher, "Model Reference Adaptive Control Based on Liapunov's Direct Method. Part II: Hybrid Computer Simulation and Experimental Verification", Chem. Eng. Communications, 1, 133-140 (1973).

/6/ Seborg D.E., D.G. Fisher and J.C. Hamilton, "An Experimental Evaluation of State Estimation in Multivariable Control Systems", Automatica, 11, 351-359 (1975).

/7/ Alevisakis, G. and D.E. Seborg, "Control of Multivariable Systems Containing Time Delays Using a Multivariable Smith Predictor", Chem. Eng. Science, 29, 373-380 (1974).

/8/ MacFarlane, A.G.J., "A Survey of Some Recent Results in Multivariable Feedback Theory", Automatica, ±, 455-493 (1972).

/ 9 / Fisher, D.G., J.F. Kuon and D.E. Seborg, "Comparsion and Experimental Evaluation of Multivariable, Frequency Domain Design Techniques", Proc. Internat. Fed. of Automatic Control Sympos. on Multivariable Technological Systems, Fredericton, Canada (in press).

/10/ Chintapalli, P.K.R., D.E. Seborg and D.G. Fisher, "Model Reference Identification of State Space Models for a Double Effect Evaporator", Proc. 1976 Joint Automatic Control Conf., Lafayette, Indiana, July, 1976.

/11/ Chintapalli, P.K.R., D.E. Seborg and D.G. Fisher, "Model Reference Identification of State Space Models for a Double Effect Evaporator", Can. J. Chem. Eng. (in press).

/12/ Wonham, W.M. and A.S. Morse, "Decoupling and Pole Assignment in Linear Multivariable Systems", SIAM J. Control, $\underline{8}$, 1-18 (1970).

/13/ Shah, S.L., D.E. Seborg and D.G. Fisher, "Disturbance Localization in Linear Systems by Eigenvector Assignment", Internat. J. of Control (in press).

Anm.: Der vollständige Text des Vortrages ging nicht rechtzeitig ein.

CONTROL NEAR CONSTRAINTS

REGELUNG AN BEGRENZUNGEN

Dr.ir. B. Roffel and Prof.ir. J.E. Rijnsdorp
Twente University of Technology
Enschede, Netherlands

Zusammenfassung

Bei kontinuierlichen Prozessen liegt der optimale Betriebspunkt oft an einer oder mehrerer Betriebsgrenzen. Aufgrund von Störungen muß ein Sicherheitsabstand bezüglich dieser Grenzen eingehalten werden. Das Halten des Prozesses nahe der Betriebsgrenzen stellt ein kritisches Regelungsproblem von asymmetrischer Natur dar. Man kann daher erwarten, daß die optimale Regelung ebenfalls asymmetrisch sein wird. Die Regelung linearer Zwei- und Dreigrößensysteme mit einer Beschränkung der Zustandsvariable wurde mit Hilfe von Pontryagin's Maximum-Prinzip untersucht. Die Unsicherheit über die exakte Lage der Beschränkung wird berücksichtigt durch die Annahme normalverteilter Modell- und Meßfehler. Wegen der Beschränkung ist das Gütemaß asymmetrisch. Störungen werden als Sprung-Störungen modelliert. Alle hergeleiteten Regelungsgesetze sind asymmetrisch. Bei einem Vergleich mit einem PID-Regler findet man, daß der asymmetrische Regler nur dann eine bessere Regelgüte aufweist als der symmetrische PID-Regler, wenn das Gütemaß hochgradig asymmetrisch ist. Die Ergebnisse wurden an einer Absorptions-Kolonne vom Siebbodentyp getestet.

Introduction

Chemical processes can be operated in two different ways: batch-wise and continuously. This distinction does not correspond precisely with the difference between batch and continuous processes [1], as the latter ones have to be started up, shut down or switched to another mode of operation from time to time.

Controlling continuous operation is often interpreted as keeping important process variables near to desired values. This easily leads to the idea that deviations in both directions are equally undesirable. However, process efficiency can often be improved by increasing or decreasing process variables, until they approach critical constraints. Then an asymmetrical result is obtained, where decreasing the margin between the actual value of the process variable and its constraint value increases the risk of passing the constraint, while increasing the margin gradually decreases efficiency. This way of looking at the control problem is also in line with the assessment of plant reliability and safety, where probabilities of passing from normal to off-normal states plays an important role.

The design of controllers for control near a constraint can be approached in two different ways, depending on the modelling of the process disturbances. If these are considered as stationary stochastic fluctuations, one can determine expected values for the number of times the constraint is passed [2,3] or for the time elapsed before passing the constraint for the first time [3,4].

For a constant margin between the average value and the constraint value, an optimal linear controller can be found by Wiener's method [5] which minimizes the frequency of passing the constraint value [6]. A problem is caused by the higher frequencies in the variations of the process variable, which in theory lead to "bursts" of constraint passings. In practice, of course, only the first passing in such a "burst" is of importance, as this already causes an undesirable situation. Evidently, higher frequencies are "punished" too severely in this method.

Research is presently being done on the more difficult problem of designing controllers for maximum time elapsed before passing the constraint for the first time [7].

A quite different approach is to design for severe disturbances. These are fast and large changes which tend to push the process over the constraint. They occur at unpredictable moments of time, but one can often make a reasonable estimate of their shape. In this way, controller design can be based on deterministic instead of on stochastic optimal control theory [8]. Before going into more detail, however, some attention will be paid to finding critical constraints.

How to find Critical Constraints

The starting point is a static model for process operation, which differs in some respects from the model used in plant design. On the one hand, many degrees of freedom for design, such as dimensions of process equipment, are now given quantities. On the other hand, some conditions such as cooling water temperature, feed flow rate, etc., are now variable, while they were fixed in the design phase.

Secondly, the effeciency of process operation should be expressed in terms of an objective function. This function usually takes the form of the algebraic sum of incoming and outgoing stream flow rates, multiplied by the appropriate specific cost factors. Special attention should be paid to the relation between specific cost and stream quality, and to the changes of specific cost with time. For instance, low-pressure steam is more expensive when the reducing valve between medium- and low-pressure steam is open than when this valve is closed.

Optimisation of the operational model with respect to the objective function usually yields an optimal operation point, determined by a combination of critical constraints and "hill tops". When there is a change in mode of operation e.g. other feed rates and/or compositions, other product quality specifications, this optimal point will shift, possibly to another combination of critical constraints and "hill tops".

Control systems can be set up to realize optimum operation by automatically switching from one set of constraints to another whenever this is required [9, 10].

An example is given in Fig.1, which shows the objective function and the constraints for a de-isobutanizer column in an alkylation plant [11]. There are 5 degrees of freedom for control:
1) top product flow rate (D);
2) bottom product flow rate (B);
3) re-boiler vaporization rate (V);
4) column pressure (P), determined by the condenser cooling rate;
5) reflux rate (R).

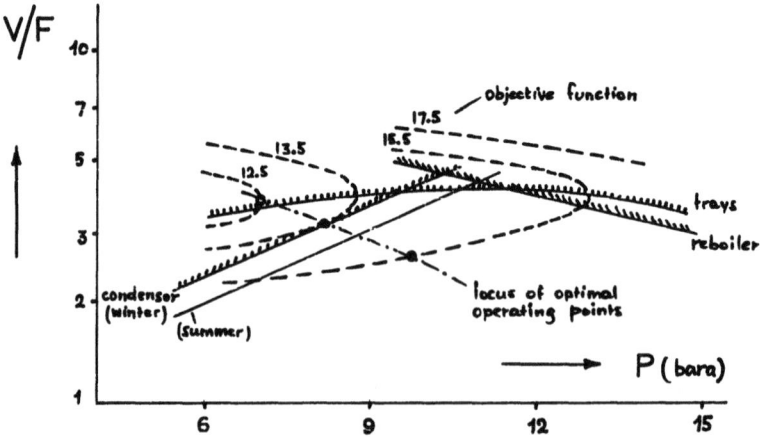

Fig. 1.   Constraints and Objective Function for De-isobutanizer

The top and bottom accumulator levels should in any case be controlled
e.g. by 1) and 2). The concentration of isobutane in the bottom should
also be kept near a constraint, determined by the efficiency of the
complete distillation process. This leaves two degrees of freedom for
optimization: the pressure and the vapour flow rate. In Fig. 1 the latter
is represented in dimensionless form by V/F. When the feed rate F increases, the contours representing the constraint move downwards. The
locus of optimal points is determined by a functional relationship between V/F and P (the "hill top"), and by maximum condenser loading (a
critical constraint). At very high feed rates, the latter should be replaced by maximum tray loading.

A possible constraint control scheme [11] is shown in Fig. 2

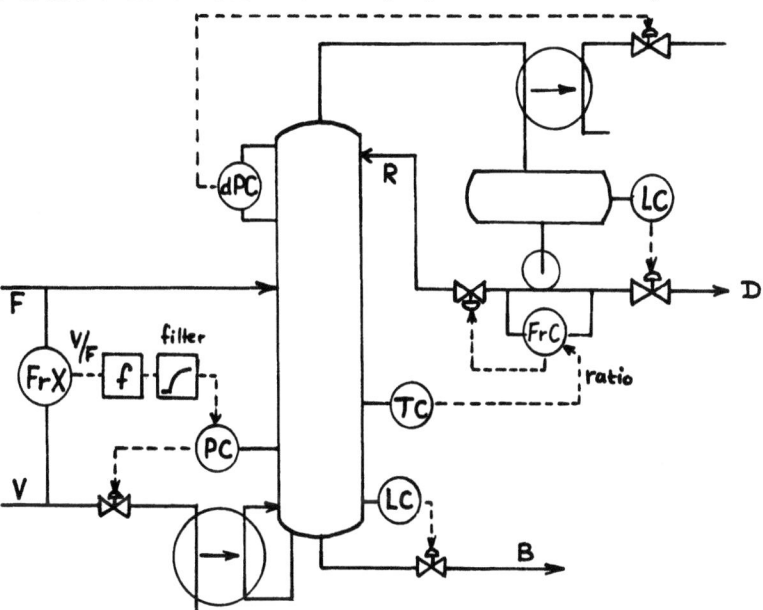

Fig. 2.   Constraint Control Scheme for De-isobutanizer

The control valve in the cooling water supply to the condenser is kept
wide open, except when tray loading becomes critical. The set value of
the pressure controller is slowly manipulated in order to bring it in
line with V/F. The bottom product composition is controlled via temperature control by reflux ratio.

For other other processes, the same approach will yield similar results.
In the control scheme, "hill tops" can be represented by functional relationships between process variables and critical constraints by open
control valves or control loops. The design of the latter will be discussed in the following sections.

Theoretical Investigation of Control near a Constraint

A proper definition of a control problem requires a model for process behaviour, a model for disturbances and a criterion for system performance. The types of processes that are considered in this paper are linear second and third order processes (see [8] for other cases). Firstly, the following second order process will be taken:

$$\dot{x}_1 = \frac{1}{\tau_1}(K_1 u - x_1) \qquad (1)$$

$$\dot{x}_2 = \frac{1}{\tau_2}(K_2 x_1 + K_2 w - x_2) \qquad (2)$$

where x_1 denotes the first state variable, x_2 the second state variable, w the disturbance, and u the control. For the other symbols the reader is referred to the list of symbols.

Suppose the problem is to maximise x_2 subject to the constraint:

$$x_2 < x_{2\,max} \qquad (3)$$

In practice x_2 could be a pressure, and $x_{2\,max}$ the setting of a safety valve. If the objective is merely to maximise x_2, the disturbing effect of corrections on other processes would be ignored. However, when x_1 is considered as a correcting condition, which can also influence other processes, extending the optimisation criterion with a term, dependent on the rate of change of x_1, will account for this disturbing effect. The objective function is now given by:

$$\dot{J}_1 = x_2 - \beta'(\dot{x}_1)^2 \qquad (4)$$

In practice, one does not know the precise location of the constraint. Hence, rigorous application of formula (4) is not realistic. In such a case a reasonable assumption is a normal distribution of errors. The probability distribution of the location can be transformed into a cost term, which progressively decreases the value of the objective function when the nominal location is approached and passed. As a result the following objective function is defined:

$$\dot{J} = x_2 - \sigma \left[\frac{1}{\sqrt{2\pi}} e^{-\frac{1}{2}(z'')^2} \right]^{-1} \int_{-\infty}^{\frac{x_2 - \bar{x}}{\sigma}} \frac{1}{\sqrt{2\pi}} e^{-\frac{1}{2}(z')^2} dz' - \beta(K_1 u - x_1)^2 \qquad (5)$$

where $z' = \dfrac{x_2 - \bar{x}}{\sigma}$ (6)

$z'' = \dfrac{x_{2,set} - \bar{x}}{\sigma}$ (7)

$\bar{x}$ is the expected value of the constraint, and x_1 has been eliminated by using equation (1). Optimal control was computed for different values of $\bar{x}$, σ and β, by using Pontryagin's maximum principle for the case of step disturbances. The results for $\bar{x} = 0{,}85$, $\sigma = 0{,}05$ and $\beta = 1{,}0$ are given in Fig. 3, where the following notation has been used:

$\xi_1 = \Delta^{-1} (K_2 x_1 + K_2 w - \bar{x})$ (8)
$\xi_2 = \Delta^{-1} (x_2 - \bar{x})$ (9)
$\eta = \Delta^{-1} (K_1 K_2 u - K_2 w - \bar{x})$ (10)
$\Delta = \bar{x} - x_{2,set}$ (11)

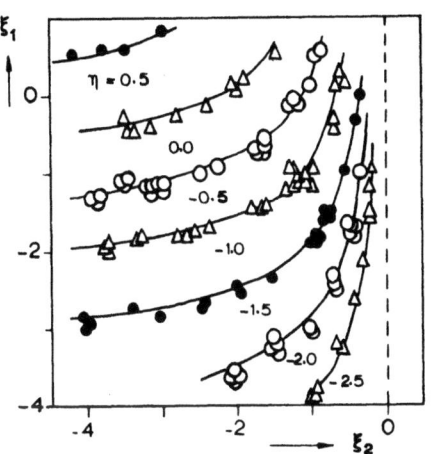

Fig. 3. Computed control variable as a function of the state variables

By curve fitting the following control law [12] has been derived from Fig. 3:

$$u = -\left(1 + \dfrac{1}{\tau_1 s}\right)\left(K_1 s \varepsilon + \dfrac{K_2 \varepsilon + K_3 \varepsilon^2}{\Delta - \varepsilon}\right) \quad (12)$$

where s stands for the derivative symbol d/dt and where ε denotes the deviation between the actual value of the critical state variable x_2 and its setpoint. From equation (12) it can be seen that the control law is asymmetric. Note that the denominator $\Delta - \varepsilon$ is equal to the distance to the expected value of the constraint. The constants K_1, K_2 and K_3 depend on the parameters, used in the optimisation.

For a linear third order process the criterion of equation (5) was also optimised, except that the critical state variable x_2 was replaced by x_3. The control law for this case was approximately identical to equation (12).

Application to a Furnace

For a gas-fired furnace, the transfer function from gas flow to the burner to outlet oil temperature was approximated by a second-order model [13] as given in equation (1) and (2), where in this case u stands for the gas flow, x_1 for the furnace tube temperature and x_2 for the outlet oil temperature. Furnaces are preferably operated in such a way that shut down is not necessary before the planned date. However, operating conditions are often changing. Especially when at a constant outlet temperature the flow to be heated is increased, several effects may become critical, such as coke formation, corrosion, scaling, creep of metal, etc. Taking all these factors into account would lead to a very complex optimisation criterion.

The problem to be optimised was reduced to the minimisation of temperature fluctuations, taking into account the costs of heating and the increase of the probability of corrosion and cracking with increasing temperature. The optimisation criterion was written as:

$$\dot{J} = -\alpha_1 (x_2 - \Delta')^2 - \alpha_2 u - \alpha_3 \exp(\text{const}/T_t) - \alpha_4 (\dot{x}_1)^2 \qquad (13)$$

where x_2 denotes changes in oil temperature, Δ' is the difference between the set value of the oil temperature and the desired value, u stands for the change in gas flow and T_t is the tube temperature approximated by:

$$T_t = \beta_1 u + \beta_2 x_2 \qquad (14)$$

The third term of equation (13) accounts for corrosion and cracking and α_3 is a realistic weighing factor. After application of Pontryagin's maximum principle, the results of Fig. 4 and 5 were obtained.

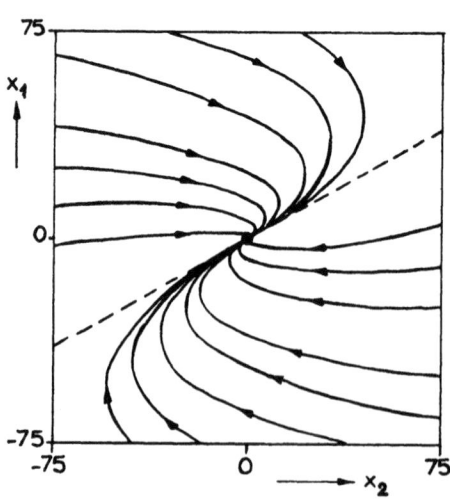

Fig. 4. Optimal trajectories for control of the furnace by the gas supply.

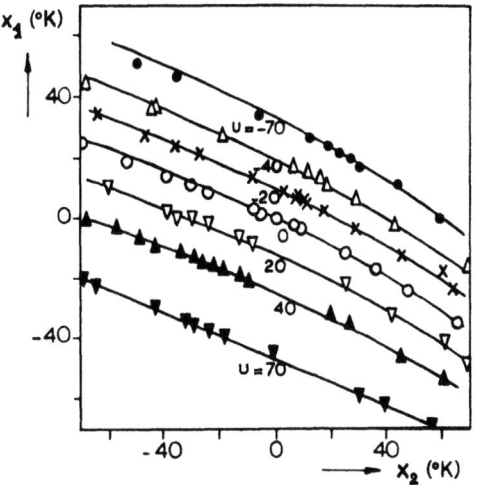

Fig. 5. Control at constant oil flow.

In Fig. 4 the trajectories are plotted, where both axes are expressed in degrees Kelvin, in Fig. 5 one state variable is plotted versus the other with the gas flow as a parameter. The control law, which was fitted to the calculated points, is given by:

$$u = -K_1 x_2 - K_2 \dot{x}_2 \qquad (15)$$

which is simply a linear controller with proportional and derivative action. Evidently the "soft" constraint does not lead to an asymmetric control law.

The results of the control study with the furnace are extensively described in reference [13]. A comparison with a conventional PID controller is not necessary because the derived control law is already PD.

Application to a Tray Column

In order to test the controller of equation (12) and to compare it to PID, a sieve tray type absorption column was built. The column had a diameter of 0,15 m, 23 trays and a tray distance of 0,25 m. Air was used as the gas and water as the liquid. The column was modelled [14,15] and a relationship between foam height on a tray and gas- and liquid flow was derived [15]:

$$\delta h_{f,N} = K_1 e^{-N\tau s} \delta L_{top} - K_2 \left[\gamma + e^{-N\tau s} \right] \delta G \qquad (16)$$

where δ stands for a variation around the steady state, N for the tray number, L for liquid flow and G for gas flow.

From equation (16) it was clear that the gas flow should be used as a control variable. From experimental work a value of γ in the order of 4 was found, hence equation (16) was approximated by:

$$\frac{\delta h_{f,N}}{\delta G} \approx \text{constant} \tag{17}$$

When assuming first order time lags in instruments and transmission lines, the model could be approximated by:

$$\frac{\delta h_{f,\text{measured}}}{\delta u} = \frac{K}{(1+\tau_c s)(1+\tau_m s)} \tag{18}$$

where u stands for the position of the gas flow value, τ_c for correction lag and τ_m for measurement lag.

It was desired to maximise the througput, but not to exceed a maximum allowable value for the foam height, in order to avoid flooding. In addition, excessively large fluctuations of the gas flow valve were not allowed either. Hence the objective function was rather analogous to the function defined by equation (5).

As a disturbance, a step was introduced in the gas inlet pressure, resulting in a step in the gas flow of about 20 per cent. The response to this step at normal load conditions was almost identical for the controller of equation (12) and a PID controller. Both controllers were tested again at high load conditions with high gas and liquid flow.

Controller settings were restricted by measurement noise and maximum allowable variations in the gas flow valve position. The disturbance used at normal load conditions was also used in this case.

In Figure 6 the response is shown, using the non-linear asymmetric controller, in Figure 7 PID control is shown.

From these figures it can be seen that the responses are quite different. In the case of non-linear asymmetric control the controlled variable returned to its setpoint, in the case of PID control the column started flooding.

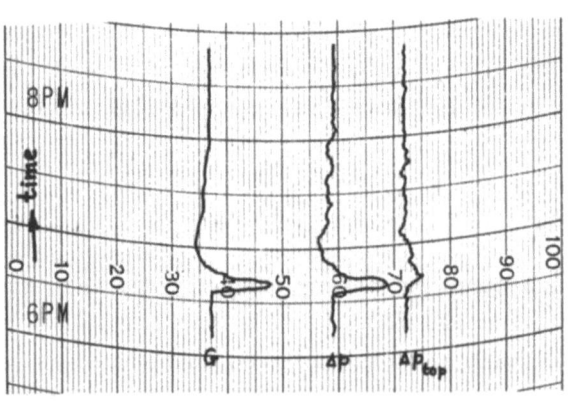

Fig. 6.
Non-linear asymmetric control at high load.

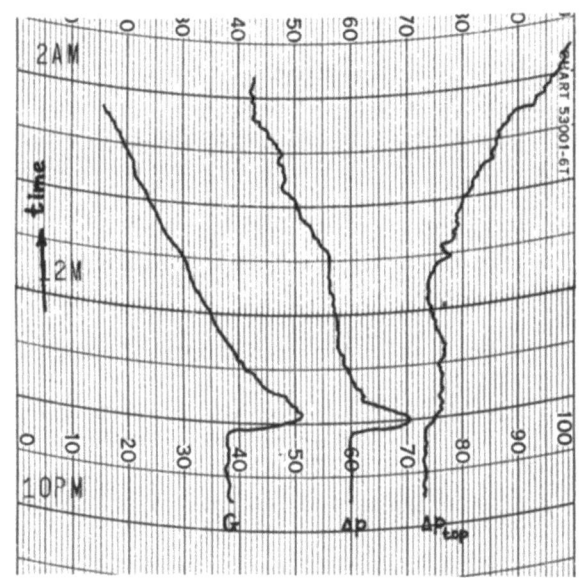

Fig. 7
PID control at high load

Conclusions

For linear processes with one control variable and an output variable constraint, the advantage of asymmetric control is only significant, when the constraint is "hard", as in the case of a safety valve or of maximum tray loading. Although no general rule can be given for the control of processes of different order with a strongly asymmetric cost criterion, there is a tendency for the control action to increase asymptotically when the constraint is approached.
Critical constraint can be found from static optimisation of process operation. This analysis can also be used as the starting point for the design of constraint control schemes.

References

1. Rijnsdorp, J.E., and Rouse, W.B.: Design of Man-Machine Interfaces in Process Control. Paper presented at the IFAC/IFIP 5th Internat. Conf., The Hague, 14-17 June 1977.
2. Rice S.O. in Wax, N. (Ed.), Selected papers on Noise and Stochastic Processes, Dover, 133 (1954).
3. Barbe, A.: Ph.D. Thesis, Leuven (Belgium) 1973.
4. Van der Grinten, P.M.E.M.: Proc. Symp. Design of Control Systems in Practice, KIvI, p.127 (1973; in Dutch).
5. Newton, G.C., Gould, L.A. and Kaiser J.F.: Analytical Design of Linear Feedback Controls: Wiley (1957).

6. Immink, K.A. and Nagel, A.L.: Controller Design Based on a Limit Criterion, Automatica 12, 623-627 (1976).
7. Van der Grinten, P.M.E.M., Private Communication.
8. Roffel, B.: Sub-Optimal Control of Chemical Processes with Constraints on the Output Variables, Ph.D. Thesis, Enschede (Netherlands, 1975).
9. Maarleveld, A. and Rijnsdorp, J.E.: Constraint Control on Distillation Columns, Automatica vol.6, p.51 - 58 (1970).
10. Rijnsdorp, J.E. and Maarleveld, A.: Optimising Distillation by Constraint Control, I.Chem.Eng. Symp. Ser. no.32 (1969; Inst. Chem. Eng. London) 6:33 - 6:38.
11. Roele, P.:Research Report for Process Technology Course, Enschede (Netherlands, 1977; in Dutch).
12. Roffel, B. and Rijnsdorp, J.E.: Sub-optimal Control of a Second order Process with constraints on the State Variable, Reglungstechnik, 23 Jrg., (1975), Heft 4, p.141 - 142.
13. Roffel, B. and Rijnsdorp, J.E.: Dynamics and Control of a Gas-Fired Furnace, Chem.Eng.Sci., (1974), vol.29, p.2083 - 2092.
14. Roffel, B.: Dynamics and Control of Heavily Loaded Trays, Proc. Int Scand. Congress, Chem.Eng., Sect. C, Copenhagen Jan. 28-30 1974.
15. Roffel, B.: Constraint Control of a Gas-Liquid Contacting Plant, Chem.Eng.Sci., (1976), vol.31, p.751 - 757.

Nomenclature

Latin symbols

C	constant	
G	gas flow	kg/s
H	foam height	m
J	optimisation criterion	
K	constant or gain	
L	liquid flow	kg/s
N	number of trays	
s	symbol for d/dt	
T	temperature	K
t	time	s
u	control variable	
x	state variable	
$\bar{x}$	expected mean value of the constraint	
z	parameter defined by equation (6) and (7)	

Greek symbols

β	constant
γ	constant
δ	variation around steady state
Δ	distance between setpoint and constraint value

ε	distance between actual and set value	
η	dimensionless control variable	
ξ	dimensionless state variable	
σ	mean square deviation	
τ	time constant	s

ON-LINE-ANWENDUNG VON PROZESSMODELLEN
BEI DER FÜHRUNG VON GASVERTEILNETZEN x)

THE USE OF ON-LINE PROCESS MODELS FOR
CONTROLLING GAS DISTRIBUTION NETWORKS

F.Fischer-Uhrig
STS Systemtechnik und
Software GmbH
1 Berlin 19

A.Weimann
Lehrstuhl und Laboratorium für
Steuerungs- und Regelungstechnik
TU München, 8 München 2

Summary

A mathematical model of instationary gas flow enables the efficient monitoring and control of gas distribution networks. Such a model can be applied with advantage to the estimation of the actual system state Two methods are presented: a non-linear observer and a non-linear stochastic state-estimation. Both methods are validated on real gas distribution networks.

1. Einleitung

In der Bundesrepublik Deutschland werden z. Zt. ca. 14 % der Primärenergie durch Erdgas gedeckt. Das Erdgas muß von den Erdgasfeldern in die Verbrauchsgebiete transportiert und an die große Zahl der Endverbraucher verteilt werden. Dies führte zum Bau großer vermaschter Gasnetze und dem Aufbau umfangreicher Verbundsysteme [1]. Aber auch im Bereich der Industriegase, wie Äthylen und Wasserstoff, sind große Verbundnetze entstanden [2].

Zur Überwachung und Steuerung dieser Netze wurden in den sechziger Jahren nur vereinzelt Prozeßrechner eingesetzt [1,3]. Mit der zunehmenden Zahl der Prozeßrechnerinstallationen in den letzten Jahren werden heute in größerem Umfange auch komplexere Aufgaben im Rahmen der Netzüberwachung und der automatisierten Netzführung geplant und realisiert [3,4,5]

---

x) Bericht über Arbeitsergebnisse am Lehrstuhl und Laboratorium für Steuerungs- und Regelungstechnik (LLSR) und der Firma STS Systemtechnik und Software GmbH, Berlin (Abschnitt 4). Die Arbeiten am LLSR wurden teilweise mit Mitteln des BMFT (DV5.505), Projekt PDV, im Rahmen des 3.DV-Programmes der Bundesregierung durchgeführt.

Neuartige Aufgaben, die in diesem Zusammenhang durchgeführt werden
müssen, sind u. a. [5] :
- Netzparameterschätzung
- Netzzustandsschätzung
- prädiktive Simulation
- Optimierung der Netzbetriebsführung

Die Schätzung der i. a. sehr langsam veränderlichen Netzparameter,
speziell der Rohrrauhigkeiten, ist sinnvollerweise off-line durchzuführen. Dagegen ist die Schätzung des jeweils aktuellen instationären
Strömungszustandes im Netz, der durch zeitvariable Einspeisungen, Abnahmen und Steuereingriffe angeregt wird, eine on-line durchzuführende
Aufgabe. Sie dient zur Ermittlung konsistenter, vollständiger Datensätze über den gesamten Netzzustand und kann außerdem zur Erkennung
von Fehlmessungen und Störfällen, wie Lecks, herangezogen werden. Im
folgenden Beitrag wird zunächst die Modellierung und Simulation instationärer Strömungsvorgänge in Gasverteilnetzen dargestellt. Das nach
dieser Methode erstellte Simulationsprogramm GANESI zur <u>Ga</u>s-<u>Ne</u>tz-<u>Si</u>mulation kann aufgrund seiner Eigenschaften als Prozeßmodell für eine
Netzzustandsschätzung verwendet werden. Im weiteren wird aufbauend auf
diesem Prozeßmodell die Netzzustandsschätzung mittels eines deterministischen Zustandbeobachters hergeleitet und über Erprobungsergebnisse
mit Meßdaten berichtet. Zum Schluß wird unter Berücksichtigung stochastisch gestörter Meßdaten eine Netzzustandsschätzung mittels Ausgleichsrechnung abgeleitet und über ihre Anwendung in einem vermaschten Hochdruckgasnetz berichtet.

2. Gasnetzmodellierung und -simulation

Für die Erstellung eines Simulationsprogrammes für beliebig aufgebaute
Gasverteilnetze muß zunächst für die Netzmodellierung das Gasnetz in
Grundbausteine zerlegt werden. Als wesentliche Grundbausteine sind zu
berücksichtigen: die Rohrleitungsstrecke, der Gasdruck- und Gasflußregler, der Kompressor und das Absperrorgan. Die Rohrleitungsstrecke
(Durchmesser d, Querschnittsfläche F, Länge l) stellt ein verteiltparametrisches System dar, Bild 1.

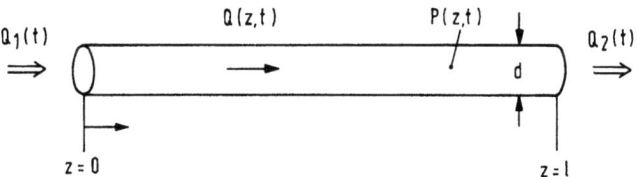

Bild 1 Gasrohrleitung.

Die Modellierung der Rohrleitung erfolgt für die orts- und zeitabhängigen Zustandsvariablen Druck P(z,t) und Massenfluß Q(z,T) durch die nichtlinearen hyperbolischen Leitungsdifferentialgleichungen

$$\frac{\partial P}{\partial t} = -\frac{c^2}{F} \cdot \frac{\partial Q}{\partial z} \qquad (1)$$

$$\frac{\partial Q}{\partial t} = -F\frac{\partial P}{\partial z} - \frac{c^2}{2dF} \cdot \frac{Q|Q|}{P} \qquad (2)$$

$$c^2 = Z(P,T) \cdot R \cdot T = \frac{P}{\varrho} = \frac{\partial P}{\partial \varrho} \bigg|_{T=konst} \qquad (3)$$

mit den Anfangsbedingungen
$$P(z,t_0) = P_0(z) \; ; \quad Q(z,t_0) = Q_0(z)$$
und den Randbedingungen
- z. B. den Randwertfunktionen $Q_1(t)$, $Q_2(t)$ s. Bild 1

oder allgemein
- den Randwertfunktionen für Druck bzw. Fluß
- oder aus den Kopplungsbedingungen im Netz

In Gl.(2) bezeichnet λ die Rohrreibungszahl. Mit Gl.(3), Realgasfaktor Z individuelle Gaskonstante R, Gastemperatur T, Gasdichte ϱ, wird ein isothermer Störungszustand vorausgesetzt. Dies ist wegen der Erdverlegung der Rohrleitungen und der im Normalbetrieb auftretenden geringen Strömungsgeschwindigkeiten eine angemessene Modellierung. Die weiteren Grundbausteine werden statisch modelliert, da ihre Dynamik gegenüber der der langen Rohrleitung mit Ausgleichszeiten zwischen vielen Minuten und mehreren Stunden vernachlässigbar ist.

Die mathematischen Kopplungsbedingungen der einzelnen Grundbausteine des Netzes ergeben sich aus den Knotenbedingungen der Massenkontinuität und der Druckgleichheit. Somit besteht das mathematische Modell eines Gasverteilnetzes aus einem großen System partieller Differentialgleichungen und algebraischer Gleichungen mit Kopplungs-, Anfangs- und Randbedingungen.

Für die Simulation der Dynamik muß dieses Gleichungssystem erstellt und numerisch gelöst werden. Die Lösung erfolgt mit einem modifizierten Crank-Nicholson-Verfahren. Mit diesem örtlichen und zeitlichen Diskretisierungsansatz entsteht ein großes implizites System nichtlinearer algebraischer Gleichungen, das nach dem Newton-Raphson-Verfahren unter Anwendung von Sparse-Matrix-Techniken iterativ gelöst wird. Mit dieser Simulationsmethode werden sehr geringe Rechenzeiten erreicht. Das Verhältnis von Echtzeit zu Rechenzeit liegt für einige typische Netzbeispielrechnungen in der Größenordnung 10 000 bis 20 000 auf einer Großrechneranlage [7]. Die Implementierung des Rechenprogrammes auf einem Prozeßrechner zeigt die Realisierbarkeit der Anwendung des Simulationsprogrammes für on-line-Zwecke.

3. Netzzustandsschätzung mittels eines verteiltparametrischen Beobachters

3.1 Herleitung der Beobachtergleichungen

Für einen on-line-Einsatz ergibt sich die Aufgabe, den zunächst unbekannten instationären Strömungszustand im Netz zu ermitteln. Hierzu eignen sich asymptotische Zustandsbeobachter [8]. Für die Modellierung einer langen Rohrleitung mit den langsamen Anregungen des normalen Netzbetriebes, Bild 1, wird häufig die Massenträgheit des Gases vernachlässigt, d. h. es wird die Annahme gemacht, daß Massenschwingungen kaum angeregt und wegen der spezifischen Dynamik der langen Rohrleitung sehr stark gedämpft werden. Das führt zur Vernachlässigung des Termes $\partial Q/\partial t$ in Gl.(2) und hat ein partielles Differentialgleichungssystem vom parabolischen Typ zur Folge.

Für kleine dynamische Abweichungen p,q um einen stationären Strömungszustand Q_s = konst und $P_s = P_s(z)$ ergeben sich die linearisierten Gleichungen:

$$a\frac{\partial p}{\partial t} = \frac{\partial^2 p}{\partial z^2} - 2b\frac{\partial p}{\partial z} \qquad : z \in [0,1] \qquad (4)$$

$$\frac{\partial p}{\partial z} - 2bp = c_1 \cdot \left[Q_1(t) - Q_s\right] \qquad : z = 0 \qquad (5)$$

$$\frac{\partial p}{\partial z} - 2bp = c_2 \cdot \left[Q_2(t) - Q_s\right] \qquad : z = 1 \qquad (6)$$

mit den Anfangsbedingungen

$$p(z,t_o) = p_o(z) = P_o(z) - P_s(z): z \in [0,1]$$

Die Koeffizienten a, b, c_i sind vom stationären Betriebszustand abhängig und damit wegen $P_s = P_s(z)$ von der Ortkoordinate z. Die Eigenwerte des örtlichen Differantialoperators von Gl.(4) mit homogenen Randbedingungen nach Gl.(5), (6) ergeben sich zu:

$$\lambda_o = 0 \qquad (7)$$
$$\lambda_n = -b^2 - (\frac{n\pi}{l})^2 \quad : n = 1,2,3,\ldots$$

Der Eigenwert, $\lambda_o = 0$, zeigt, daß im Sinne konzentriertparametrischer Systeme ein Integralverhalten, also eine Strecke ohne Ausgleich vorliegt. Diese Eigenschaft macht die Notwendigkeit eines Beobachters zur

Schätzung des Zustandes ganz besonders deutlich.

Für den Fall, daß an der Stelle z = 1 eine Meßgröße $P_M(t)=P(1,t)$ vorliegt, läßt sich ein Identitätsbeobachter für den geschätzten Druck $\hat{p}(z,t)$ analog zu dem Vorgehen nach [8,9] ansetzen:

$$a \frac{\partial \hat{p}}{\partial t} = \frac{\partial^2 \hat{p}}{\partial z^2} - 2b \frac{\partial \hat{p}}{\partial z} + g(z) \cdot \left[p_M - \hat{p}(1,t) \right] : z \in [0,1] \quad (8)$$

$$\frac{\partial \hat{p}}{\partial z} - 2b\hat{p} = c_1 \cdot \left[Q_1(t) - Q_s \right] \qquad : z = 0 \quad (9)$$

$$\frac{\partial \hat{p}}{\partial z} - 2b\hat{p} = c_2 \cdot \left[Q_2(t) - Q_s \right] \qquad : z = 1 \quad (10)$$

mit der unbekannten, also willkürlich angesetzten Anfangsbedingung

$$\hat{p}(z,t_o) = \hat{p}_o(z) \qquad : z \in [0,1] \quad (11)$$

Die Funktion g(z) stellt eine örtliche Wichtung der Rückführung des Schätzfehlers dar. Durch eine geeignete Wahl g(z) muß sichergestellt werden, daß der Beobachter-Zustand $\hat{p}(z,t)$ asymptotisch gegen den Systemzustand $p(z,t)$ konvergiert. Wie für ähnliche Systeme gezeigt wurde [8,9,10], läßt sich die Beobachtbarkeit des Systems nachweisen und durch die Wahl g(z) = konst ein asymptotisches Verhalten des Beobachters erreichen.

Definiert man den Schätzfehler

$$e(z,t) = \hat{p}(z,t) - p(z,t) \quad (12)$$

so läßt sich aus Gl.(4) bis (11) folgende Differentialgleichung für den Schätzfehler herleiten:

$$a \frac{\partial e}{\partial t} = \frac{\partial^2 e}{\partial z^2} - 2b \frac{\partial e}{\partial z} - g(z) \cdot e(1,t) : z \in [0,1] \quad (13)$$

$$\frac{\partial e}{\partial z} - 2be = 0 \qquad : z \in \{0,1\} \quad (14)$$

$$e(z,t_o) = \hat{p}_o(z) - p_o(z) \qquad : z \in [0,1] \quad (15)$$

Anhand dieser Fehlergleichungen lassen sich deren asymptotische Eigenschaften, d.h. $\lim_{t \to \infty} e(z,t) \to 0$, nachweisen [9,10]. Die numerische Lösung der Beobachter-Gleichungen Gl.(8) bis (11) für das linearisierte System wurde mit einem Differenzenverfahren, wie bei der Simulation beschrieben, gelöst. Es ergaben sich zufriedenstellende Eigenschaften des Beobachters [10].

3.2 Anwendung auf Gastransportleitung

Für die Anwendung des Beobachters auf ein reales Gasverteilnetz ist es erforderlich, die Großbereichsgrößen P und Q für den Beobachter zu wählen, da die Zustandsvariablen im normalen Netzbetrieb über große Bereiche schwanken. Ferner muß berücksichtigt werden, daß in einem Gasverteilnetz viele einzelne Rohrleitungen in vorgegebener Konfiguration miteinander verbunden sind. Die analytischen Betrachtungen des vorangehenden Abschnittes werden formal auf einen nichtlinearen Beobachter übertragen. Dieser Beobachter besteht aus dem nichtlinearen Modell des Gasverteilnetzes und einer etwas modifizierten Rückführung, die die Nichtlinearität der Rückführung infolge des zustandsabhängigen Koeffizienten a entsprechend Gl.(4) berücksichtigt.

Dieser derart gestaltete Beobachter wurde mit Meßdaten von einer Gastransportleitung erprobt [11]. Auf dieser Gastransportleitung wurde ein 6-stündiger Meßversuch [12] gefahren, wobei stark instationäre Strömungsvorgänge angeregt wurden. In Bild 2 sind die wesentlichen Daten der Vergleichsmessung zusammengestellt. Als Randbedingungen für das Rohrleitungsmodell, das aus vier Rohrleitungsstrecken mit unterschiedlichen technischen Daten, siehe Bild 2, besteht, lagen die Einspeise- und Abnahme-Flußmessungen in 5-minütigem Meßintervall vor. Als Meßgröße für den Beobachter wurde ausschließlich die Messung $P_3(t)$ des Druckes am Rohrende verwendet, die in dem gleichen 5-minütigen Meßintervall gemessen wurde.

Untersucht wurde das Einschwingen des nichtlinearen Beobachters beginnend zum willkürlich gewählten Zeitpunkt 11.45 Uhr, wobei außer den Meßwerten zu diesem Zeitpunkt keine Vorinformation über den instationären Zustand als bekannt vorausgesetzt wurde. Als Anfangszustand $P_o(z)$ zum Zeitpunkt t_o=11.45 Uhr wurde ein stationärer Strömungszustand gewählt, dessen örtliches Druckprofil in Bild 3 angegeben ist.

Die numerische Lösung der Beobachtergleichungen, ein System von vier gekoppelten nichtlinearen partiellen Differentialgleichungen, erfolgte nach einem Differenzenverfahren, ähnlich dem bei der Simulation angewendeten. Dabei wurde mit Zeitschritten Δt= 5 min gleich dem Meßintervall gearbeitet. Das zeitliche Einschwingen des geschätzten örtlichen Druckprofiles $\hat{P}(z,t)$ zeigt Bild 3 in 15-Minuten-Intervallen, also jeden

a)
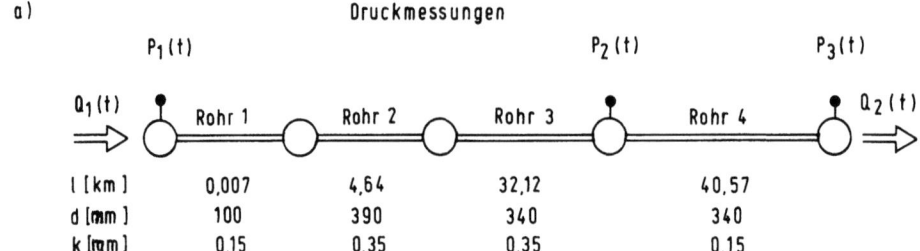

b)
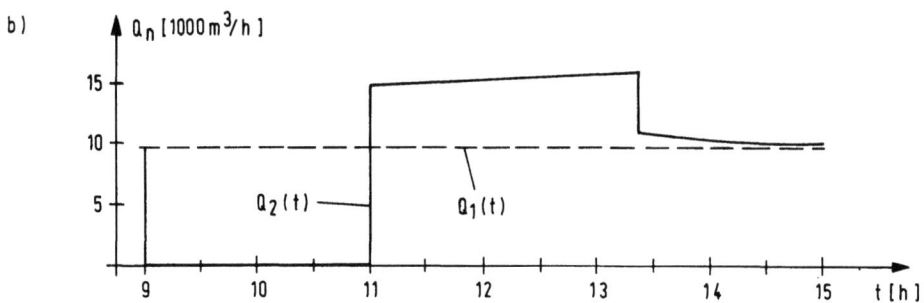

c)
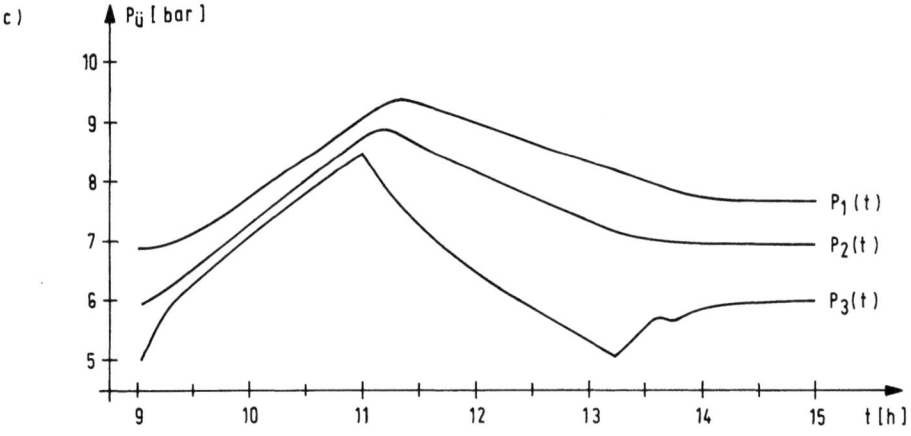

Bild 2 Vergleichsmessung von einer 78 km langen Gastransportleitung
a) Rohrleitungsplan,
b) Zeitverläufe der Einspeisung $Q_1(t)$ und Abnahme $Q_2(t)$
(Meßintervall = 5 min),
c) Gemessene Druckverläufe $P_1(t)$, $P_2(t)$ und $P_3(t)$
(Meßintervall = 5 min).

dritten berechneten Zustand. Bild 4 zeigt die zeitlichen Verläufe der
Schätzfehler an den drei Meßpunkten am Anfang, in der Mitte und am Ende
der Gastransportleitung, wobei, wie bereits gesagt, nur die Druckmessung am Ende der Rohrleitung zur Stützung des Beobachters verwendet
wurde.

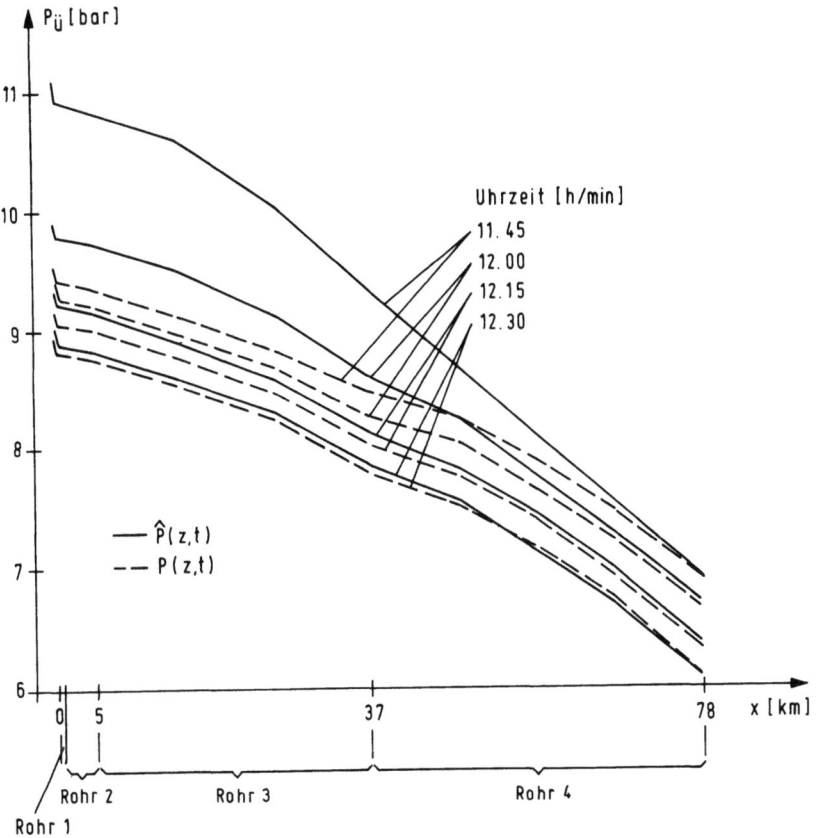

Bild 3 Anwendung des verteiltparametrischen Zustandsbeobachters für
die Gastransportleitung von Bild 2: Einschwingen der örtlichen
Druckprofile vom stationären Anfangszustand um 11.45 Uhr auf
das wirkliche instationäre Druckprofil bei Stützung durch die
Druckmessung P_3 (Zeitschritt = Meßintervall = 5 min).

Innerhalb von einer halben Stunde ist der Betrag des Schätzfehlers
$e(z,t)$ an den Druckmeßpunkten kleiner 0,1 bar. Um 11.20 Uhr erkennt man
eine Vergrößerung des Schätzfehlers. Dieser ist darauf zurückzuführen,
daß die Reduzierung der Abnahme zwischen 11.15 Uhr und 11.20 Uhr nicht
linear zwischen zwei Meßpunkten erfolgt, wie der Beobachter aus den

Meßdaten entnimmt. Die tatsächliche Änderung erfolgte zu Beginn des Meßintervalles, so daß eine um ca. V_n=100 m^3 geringere Abnahme während des Meßintervalles auftrat. Um 13.45 Uhr trat ein ähnlicher Effekt auf, der auch in den Druckmeßdaten, Bild 2, zu erkennen ist. Dies zeigt die Empfindlichkeit des Beobachters gegenüber geringfügigen Fehlmessungen. Die bleibenden Abweichungen der Schätzfehler liegen im Bereich der Meßfehler von 0,04 bar. Über diese Arbeiten wird zu einem späteren Zeitpunkt in einer Veröffentlichung ausführlich berichtet.

Diese Anwendung des Beobachters zeigt, daß schon mit einer einzigen zurückgeführten Meßgröße eine befriedigende Schätzung des unbekannten instationären Strömungszustands in der 78 km langen Gastransportleitung erreicht werden kann. Die Anwendung auf reale Meßdaten mit im wesentlichen bias-freiem Meßrauschen weist eine gewünschte glättende Wirkung durch den Beobachter auf, die auch von konzentriert-parametrischen Beobachtern bekannt ist. Ferner wirken sich Fehler in den Meßdaten auf die vom Beobachter geschätzten Zustandswerte mit hoher Empfindlichkeit aus. Dies kann bei einer Rückführung mehrerer Meßgrößen als Folge von Meßfehlern, z. B. durch fehlerhaft arbeitende Meßgeräte, und Modellunzulänglichkeiten, z. B. durch nicht bekannte Abnahmen in Form von Lecks, auftreten und daraufhin ausgewertet werden.

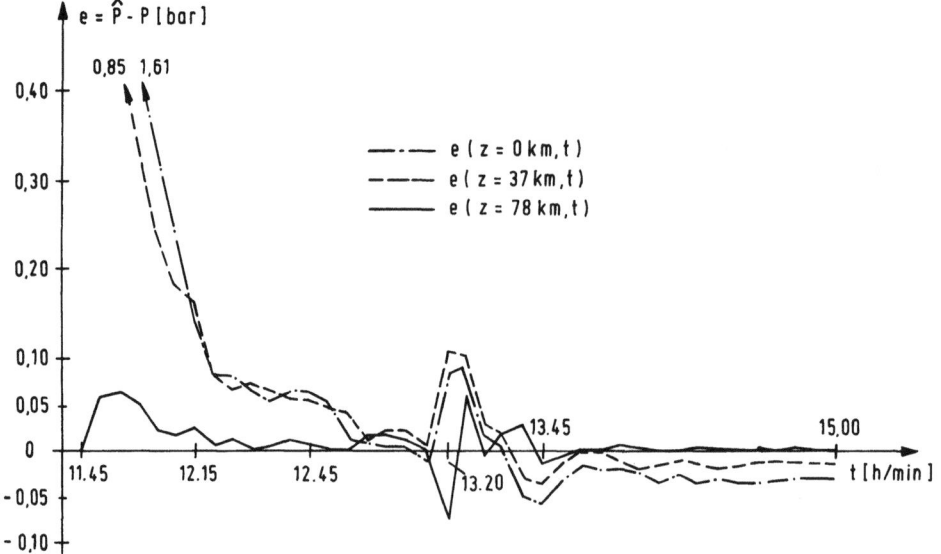

Bild 4 Anwendung des verteiltparametrischen Zustandsbeobachters wie in Bild 3: zeitliches Einschwingen der Schätzfehler an den drei Druckmeßstellen.

4. Netzzustandsschätzung mittels Ausgleichsrechnung

4.1 Herleitung der Schätzgleichungen

Berücksichtigt man die stochastische Natur der Meßfehler, so führt die Netzzustandsschätzung auf die Formulierung einer Filteraufgabe, deren Lösung mit einem Kalman-Bucy-Filter erfolgen kann [13]. Für die hier betrachteten verteiltparametrischen Systeme führt dies jedoch zu einem nicht unerheblichen Rechenaufwand. Ferner liegen praktisch keine Angaben über die stochastischen Eigenschaften der Meßfehler bei den Betriebsmessungen in Gasverteilnetzen vor. Nicht zuletzt diese Gründe lassen es sinnvoll erscheinen, eine einfachere Formulierung der Schätzaufgabe zu wählen.

Als Modell der Rohrleitungsstrecke werden die Gl.(1) bis (3) unter Vernachlässigung des Termes $\partial Q/\partial t$ in Gl.(2), also die parabolische Modellierung, gewählt. Das Modell eines Gasnetzes besteht damit aus einem gekoppelten System von partiellen Differentialgleichungen dieses Typs mit entsprechenden Koppelungs-, Anfangs- und Randbedingungen. Mit einem örtlichen und zeitlichen Diskretisierungsansatz erhält man ein Differenzengleichungssystem mit folgendem Aufbau:

$$\underline{x}_{k+1} = \underline{f}(\underline{x}_k) + B\underline{u}_{k+1} \qquad (16)$$

$$\underline{y}_{k+1} = \begin{bmatrix} C & 0 \\ 0 & D \end{bmatrix} \begin{bmatrix} \underline{x}_{k+1} \\ \underline{u}_{k+1} \end{bmatrix} + \underline{\xi}_{k+1} \qquad (17)$$

mit $\underline{x}$ Zustandsvektor (Knotendrücke, Rohrdurchflüsse, äußere Knotenzu/abflüsse sofern nicht Randbedingungen)
$\underline{\xi}$ Vektor der Meßfehler
$\underline{u}$ Vektor der Randbedingungen
$\underline{y}$ Vektor der Meßgrößen

In der Meßgleichung Gl.(17) kommt zum Ausdruck, daß sowohl einige Zustandsgrößen als auch alle Randbedingungen als Meßgrößen aus dem Gasnetz vorliegen. Diese Meßgrößen $\underline{y}_{k+1}$ sind mit Meßfehlern $\underline{\xi}_{k+1}$ behaftet.

Für die Formulierung der Schätzaufgabe wird nun angenommen, daß der letzte geschätzte Systemzustand $\underline{x}_k$ exakt ist und aus dem neuen Meßvektor $\underline{y}_{k+1}$ der neue Zustand $\hat{\underline{x}}_{k+1}$ geschätzt werden soll. Mit der Einführung des Fehlers

$$\underline{e}_{k+1} = \hat{\underline{y}}_{k+1} - \underline{y}_{k+1}$$

läßt sich nun die Schätzaufgabe im Sinne der Ausgleichsrechnung formulieren:

$$J = \underline{e}_{k+1}^T Q \underline{e}_{k+1} \to \text{Min.}$$

mit den algebraischen Nebenbedingungen Gl.(16) und (17). Q stellt dabei eine unter Berücksichtigung der Meßfehler und der Systemeigenschaften geeignet zu wählende diagonale Gewichtungsmatrix dar. Die Minimumsuche erfolgt numerisch nach einem Gradientenverfahren.

Es ist ein ganz wesentlicher Punkt dieser Formulierung, daß im Gegensatz zur üblichen Verfahrensweise die gemessenen Zustandsgrößen und die gemessenen Randbedingungen gleich behandelt werden. Diese Verallgemeinerung ist notwendig, da im anderen Fall die Struktur des Gleichungssystems ständig geändert werden müßte, weil im on-line-Betrieb gemessene, geschätzte und vorgegebene Größen dauernd ihre Rollen tauschen müssen. Beispiel: Ein Meßwert fällt aus und kann nicht mehr in der Fehlersumme verarbeitet werden.

Die Anzahl der Meßgrößen y_{k+1} muß größer sein als die Anzahl der Randbedingungen, die zur Netzberechnung nötig ist, damit ein Meßwertausgleich und eine Nachführung des Modells möglich ist. Außerdem müssen die Meßgrößen örtlich vernünftig verteilt sein, so daß eine Lösung existiert, d. h. das System muß beobachtbar sein.

Die oben angegebene Problem-Formulierung führt auf ein System von nichtlinearen Gleichungen, die je nach Anwendungsfall mit unterschiedlichen Methoden gelöst werden müssen.

4.2 Anwendung auf ein vermaschtes Hochdruckgasnetz

Die Zustandsschätzung mittels Ausgleichsrechnung wurde auf einem Prozeßrechnersystem zur Betriebsführung der Gas- und Wassernetze der Stadtwerke Augsburg implementiert. Seine Aufgabe ist die ständige Überwachung einer Gashochdruck-Ringleitung von ca. 80 km Länge. Die Ringleitung ist in 4 Teilsysteme zerlegbar, die durch Schieber voneinander abgetrennt werden können, siehe Bild 5.

Von dieser Hochdruck-Leitung wird das Gas über Reglerstationen in das vermaschte Mitteldruck- und Niederdrucknetz abgegeben. Die Hochdruckleitung enthält außerdem unterschiedliche Rohrdurchmesser. Jede Leitung wurde durch einzelne Rohrstränge modelliert, die in je zwei Knoten enden. Es treten maximal 40 Knoten in einer Leitung auf.

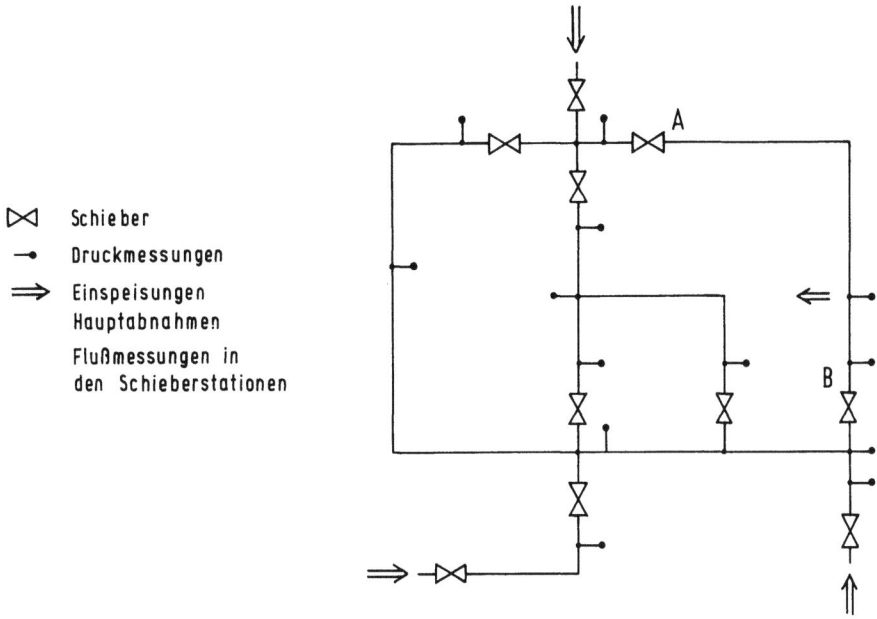

Bild 5 Leitungschema der Hochdruckringleitung des Gasnetzes der Stadtwerke Augsburg.

Aufgabe des Programmes zur Zustandsschätzung sind:

- Berechnung aller Drücke, Strang-Durchflüsse und der äußeren Flüsse in jedem Knoten, auch wenn keine Meßwerte vorhanden sind
- Ausgleich von Meßwerten mit kleinen Fehlern
- Ermittlung und Eliminierung von Meßwerten mit groben Fehlern

Da die Unterschiede zwischen zwei aufeinanderfolgenden Netzzuständen im allgemeinen aber sehr gering sind, wurde ein iteratives Verfahren zur Lösung der Schätzgleichungen verwendet.

Das Programm läuft in wählbarem Zyklus und benötigt bei einem Zyklus von 15 Minuten durchschnittlich 2 Minuten Rechenzeit für 120 Knoten, wobei allerdings starke Parallel-Belastung durch Programme höherer Priorität auftritt. Die Laufzeit steigt sehr schwach an, wenn große Zustandsänderungen im Netz auftreten.

Zur Ermittlung eines Anfangszustandes wird eine stationäre Netzberechnung durchgeführt. Damit wird erreicht, daß schon im ersten Schritt die bestmögliche Angleichung an den wirklichen Netzzustand erreicht wird.

Ein großes Problem im praktischen Betrieb von Schätzalgorithmen in Gas- und Wassernetzen ist die Bereitstellung der Randbedingungen bzw. der Meßwerte. Im Gegensatz zu elektrischen Netzen werden nur in wenigen Netzpunkten Druck- und Flußmessungen vorgenommen. Im vorliegenden Fall werden nur die Einspeisungen im Hochdrucknetz und die Flüsse in den Kreuzungspunkten gemessen, Bild 5. Das gleiche gilt für die Drücke, wobei jedoch noch vereinzelt Drücke an Zwischenpunkten zur Abstützung des Modells installiert wurden. Alle Abnahmen entlang der Hochdruckleitung sind jedoch unbekannt. Da die wenigen Meßwerte zur Schätzung nicht ausreichen, müssen die Abnahmen vorgegeben werden, indem an jeder Abnahmestelle ein fester Anteil einer variablen Gesamtabnahme angesetzt wird, die beim Start aus Prognoseprogrammen als Ausgangsgröße geliefert wird und in jedem Rechenschritt dann neu ermittelt wird aus der Summe aller geschätzten Abnahmen.

Die Annahme, daß an jeder Reglerstation ein fester Anteil einer Gesamtabnahme auftritt, ist in diesem Falle sinnvoll, da das unterlagerte Niederdrucknetz sehr vermascht ist und die Abnahmen sich daher proportional verändern. Dies ist in größeren Transportnetzen, insbesondere auch bei industriellen Abnahmen, nicht immer der Fall. Bild 6 zeigt das aus den Meßwerten geschätzte Druckprofil für einen Leitungsabschnitt des Netzes.

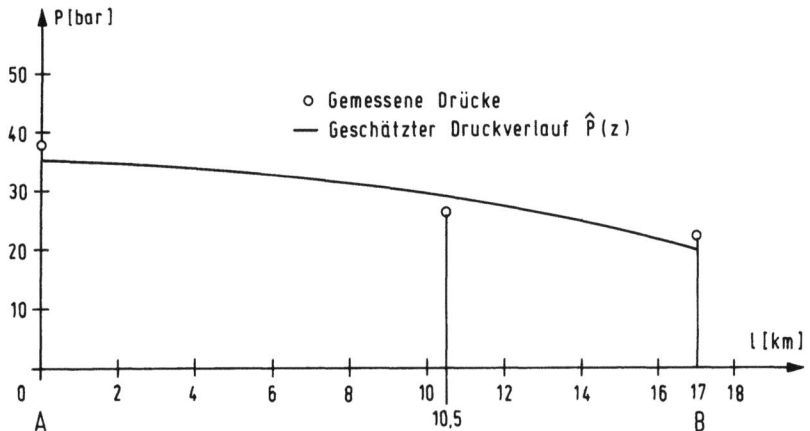

Bild 6   Anwendung der Zustandsschätzung mittels Ausgleichsrechnung: geschätztes örtliches Druckprofil und Druckmessungen auf dem Abschnitt A-B von Bild 5.

Obwohl das Modell in diesem praktischen Einsatzfall von sehr geringer Prozeßinformation ausgeht, war es z. B. in der Lage, einen Flußmeßwert, der durch einen Übertragungsfehler eine Null lieferte, zu ermitteln und zu eliminieren. Somit ist der Einsatz dieses Verfahrens zur Leckerkennung naheliegend. Es gestattet eine genaue Leckermittlung unter Berücksichtigung des Druck- und Mengenaspektes einschließlich des Zusammenwirkens beider Effekte. Das iterative Verfahren hat den Vorteil, daß der Speicherplatz nur linear mit der Netzknotenzahl ansteigt. Beliebige Netzstrukturen können on-line auf einfachste Weise berücksichtigt werden. An der Optimierung des Algorithmus zur Verkürzung der Rechenzeit wird gearbeitet.

Zusammenfassung

Der Aufbau und der Betrieb großer Gasrohrleitungsnetze für Erdgas und Industriegase führen zu einem zunehmenden Einsatz von Prozeßrechnern zur Netzüberwachung und Netzführung. Eine automatisierte Netzführung muß sich auf gute Kenntnisse der Prozeßdynamik abstützen. Zu lösende Aufgaben sind unter anderem die Schätzung der aktuellen instationären Strömungsvorgänge im Netz, mit deren Kenntnis eine gezielte Netzführung durchgeführt werden kann.

Auf einem Prozeßrechner on-line einsetzbare, leistungsfähige Programme zur Simulation der Prozeßdynamik sind hierfür Voraussetzungen, die durch das Programmsystem GANESI zur instationären Gasrohrnetzberechnung erfüllt werden.

An realen Gasnetzen erprobte Verfahren einer Zustandsschätzung der instationären Strömungsvorgänge werden dargestellt. Mittels eines nichtlinearen Beobachters mit verteilten Parametern wird der instationäre Strömungszustand in einer 78 km langem Gastransportleitung aus den Meßdaten der Einspeisung und Abnahme als Randbedingungen und einer zusätzlichen Druckmessung geschätzt. Der Schätzfehler liegt nach dem Einschwingen des Beobachters im Bereich der Meßfehler.

Für ein vermaschtes Hochdruckgasnetz wurde eine Zustandsschätzung mittels Ausgleichsrechnung entworfen und im Netzbetrieb erprobt. Die Komplexität des Netzes und die Bedingungen der Betriebsmessungen erforderten eine auf die praktische Anwendung bezogene einfache Gestaltung des Schätzalgorithmus. Ergebnisse dieses on-line-arbeitenden Zustandsschätzers werden dargelegt und einige betriebliche Probleme bei seinem Einsatz erörtert.

Literatur

1. Tiggemann, E.: Prozeßrechnereinsatz zur Überwachung und Steuerung von Gasversorgungsnetzen, gwf-gas/erdgas 116 (1975) H.6, S.223 - 228
2. Quietzsch, G.: Betriebsüberwachung und Mengenerfassung an einem Äthylen-Verbundnetz mit Hilfe eines Prozeßrechners, RTP (1975) H.2, S. 56 - 63
3. Fischer-Uhrig, F.; Schnittger, W.: Prozeßrechner zur Betriebsführung eines Gastransportnetzes, Computer-Praxis (1972) H.2, S. 37 - 41
4. Poll, J.: Überlegungen zur Planung eines Prozeßrechners für die Lastverteilung, gwf-gas/erdgas 116 (1975) H. 11, S. 464 - 466
5. Tiggemann, E.; Faas, J.: Probleme der Gasnetzführung aus der Sicht des Betreibers; in: Weimann, A.Hrsg., Gasnetzsimulation und Gasnetzführung - Vorstellung des Programmsystems GANESI, Gesellschaft für Kernforschung mbH, KFK - PDV 98, Karlsruhe, Dez.1976
6. Schmidt, G.; Weimann, A.: Instationäre Gasnetzberechnung mit dem Programmsystem GANESI, gwf-gas/erdgas 118 (1977) H.2, S. 53 - 57
7. Eibl, K.; Weimann, A.: Experimentelle Validierung des Programmsystem GANESI, Gesellschaft für Kernforschung mbH, KFK-PDV 99 Karlsruhe, April 1977
8. Köhne, M.: Theorie der Zustandsbeobachter mit verteilten Parametern, Regelungstechnik (1976) H.8, S. 277 - 282
9. Köhne, M.: Implementation of Distributed Parameter State Observers, IFIP Working Conference on Distributed Parameter Systems Modelling and Identification, Rom, 21. - 24. Juni 1976
10. Lappus, G.: Zustandsbeobachtung instationärer Strömungen in einer langen Gasrohrleitung, Diplom-Arbeit am Lehrstuhl für Steuerungs- und Regelungstechnik, Technische Universität München; Dez.1976
11. Weimann, A.; Lappus, G.: Instationäre Gasrohrnetzberechnung- Möglichkeiten und Chancen, angenommener Vortrag für die Gasfachliche Aussprachetagung, Mainz, Nov. 1977
12. Eibl, K.; Stahlknecht, R.; Weimann, A.: Instationäre Gasnetzberechnung - Simulation und Vergleichsmessung, gwf-gas/erdgas 118 (1977) H.2, S. 57 - 63
13. Hastings-James, R.: A Recursive Filter for Gas Pipeline Networks. IEEE-Trans. on Industrial Electronics and Control Instrumentation, Vol.IECI-32 (1976) H.4, S. 455 - 461

EINSATZMÖGLICHKEITEN VON BEOBACHTERN ZUR MESSUNG VON ZUSTANDSGRÖSSEN
VERFAHRENSTECHNISCHER PROZESSE

APPLICATIONS OF OBSERVERS FOR THE MEASUREMENT OF UNKNOWN STATE
VARIABLES OF INDUSTRIAL PROCESSES

M.Köhne, H.Schuler und M.Zeitz
Institut für Systemdynamik und Regelungstechnik
Universität Stuttgart
Pfaffenwaldring 9, 7000 Stuttgart 80

Summary

By means of examples it is shown, how to determine unknown state variables of industrial processes from measured variables by use of observers. These state observers contain a mathematical model of the process. For the convergence of the observer state towards the exact state it is necessary to design a suitable weighting on the difference between the measured output variables of the system and the computed output variables of the observer. Applications of this method will be discussed for stirred tank reactors, polymerization reactors, heat conducting systems tubular reactors and distillation columns. Selected simulation results illustrate the efficiency of linear and non-linear observers with lumped as well as distributed parameters.

1. Einleitung

Bei verfahrenstechnischen Prozessen steht man sehr häufig vor dem Problem, daß die interessierenden oder für eine Regelung notwendigen Zustandsgrößen entweder nicht direkt meßbar sind, oder nur mit erheblichem Aufwand an Meßgeräten und Sensoren gemessen werden können. Dies gilt z.B. für die Messung der Stoffkonzentration und der Katalysatoraktivität in chemischen Reaktoren, den Ort und die Höhe des Temperaturmaximums in einem Rohrreaktor oder die Lage einer Stoffaustauschzone in einer Destillationskolonne. Meist sind diese Größen zeitabhängig und bei örtlich ausgedehnten Systemen oft auch ortsabhängig. On-line-Messungen erfordern Meßeinrichtungen, die zeitlichen Änderungen der zu messenden Größen sehr schnell folgen können. Off-line-Meßverfahren, wie z.B. die Probenentnahme mit anschließender Analyse, sind ungeeignet. Bei Systemen mit örtlich verteilten Parametern kommt erschwerend hinzu, daß örtlich kontinuierliche Messungen nur näherungsweise technisch realisiert werden können, indem man z.B. in hinreichend vielen örtlich diskreten Punkten mißt. Häufig verbieten wirtschaftliche Gründe, aber auch der konstruktive Aufbau oder die Betriebsweise eines Systems, die Installation der zur direkten Zustandsmessung notwendigen Zahl von Meßinstrumenten. So wird man z.B. bei chemischen Reaktoren aus betriebstechnischen Gründen (Verschmutzung, Dichtungsprobleme, Wartungsaufwand) versuchen, mit möglichst wenigen Sensoren auszukommen.

Diese Meßprobleme lassen sich sehr vorteilhaft mit Hilfe von Zustandsbeobachtern oder Filtern lösen. Über die Einsatzmöglichkeiten von Filtern, insbesondere bei Systemen mit verteilten Parametern, ist bereits ein Übersichtsaufsatz |1| erschienen, deshalb werden hier ausschließlich Zustandsbeobachter behandelt. Voraussetzung für den Entwurf eines solchen Beobachters ist die Kenntnis des mathematischen Modells des jeweiligen Systems. Für eine Reihe von verfahrenstechnischen Prozessen sind jedoch mathematische Modelle bekannt, die das dynamische Verhalten mit ausreichender Genauigkeit beschreiben (s. z.B. Themengruppe 4 "Modellbildung", INTERKAMA '74). Außerdem stehen leistungsfähige Prozeßrechner zur Verfügung, mit denen sich die Beobachteralgorithmen in Echtzeit realisieren lassen.

Anhand von ausgewählten Beispielen wird im folgenden gezeigt, wie man mit Hilfe von Beobachtern nicht direkt meßbare Zustandsgrößen verfahrenstechnischer Prozesse aus gemessenen Größen bestimmen kann. Im einzelnen werden Einsatzmöglichkeiten solcher Meßverfahren für Rührkesselreaktoren, Polymerisationsreaktoren, Wärmeleitsysteme, chemische Rohrreaktoren und Destillationskolonnen diskutiert.

2. Rührkesselreaktor

Zur Erklärung der theoretischen Grundlagen und Anwendung von Zustandsbeobachtern wird der in Bild 2.1 dargestellte Rührkesselreaktor betrachtet, in dem beispielsweise eine einfache Zerfallsreaktion A → Produkte abläuft. Geht man von der Modellvorstellung des idealen Rührkesselreaktors (vollständige Durchmischung, Vernachlässigung der Wärmekapazitäten von Reaktorwand und Einbauten, konstante Reaktorparameter) aus, dann wird der Reaktorzustand durch die Konzentration $c(t) = c_A(t)$ des Ausgangsstoffs A sowie die Reaktortemperatur $T(t)$ beschrieben. Die zugehörigen Zulaufgrößen c_o und T_o sowie der Volumenstrom q seien konstant und bekannt. Der Reaktionsablauf werde über die einstellbare Temperatur $T_k(t)$ im Kühlmantel beeinflußt. Diese Steuergröße sowie die Reaktortemperatur können ohne größere Schwierigkeiten z.B. mit Thermoelementen gemessen werden. Problematischer ist die zeitkontinuierliche Messung der Konzentration $c(t)$; Analysenmethoden kommen wegen der damit verbundenen Totzeit z.B. für eine Konzentrations-Regelung nicht in Fra-

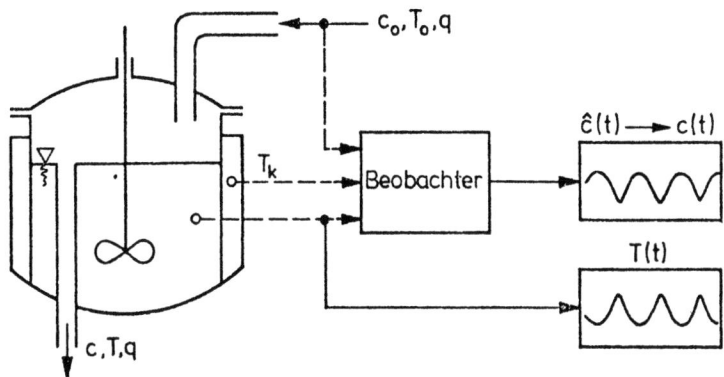

Bild 2.1   Rührkesselreaktor mit Konzentrations-Beobachter

ge. Die Lösung dieses Meßproblems mit systemtheoretischen Methoden bedeutet eine näherungsweise Berechnung der nichtmeßbaren Reaktorzustände. Solch ein Algorithmus heißt Beobachter oder präziser Zustandsbeobachter, wenn dabei ein deterministisches Reaktormodell zugrunde gelegt wird; falls der Algorithmus außerdem den Einfluß von stochastischen Störungen, z.B. von einem Meßrauschen, minimiert, spricht man von einem Filter. Entsprechend Bild 2.1 berechnet ein Beobachter aus den vorliegenden Meßinformationen einen Näherungswert $\hat{c}(t)$ für die Konzentration $c(t)$ des Rührkesselreaktors.

Für die Anwendung dieser indirekten Meßmethode müssen die folgenden Voraussetzungen erfüllt sein:

- Kenntnis eines hinreichend genauen mathematischen Modells zur Beschreibung der Reaktordynamik,
- Kenntnis der Ein- und Ausgangsgrößen des Reaktors,
- Beobachtbarkeit des Systems; wegen der genauen Definition und Analyse dieser Struktureigenschaft wird auf |2| für lineare und |3| für nichtlineare Systeme verwiesen.

Der Beobachter-Entwurf beginnt mit der mathematischen Modellbildung eines Systems; für den betrachteten Rührkesselreaktor bekommt man mit Hilfe einer Material- und Enthalpiebilanz die Dgln. für $c(t)$ und $T(t)$:

$$V \frac{dc}{dt} = q(c_o - c) - r(c,T) V \qquad (2.1)$$

$$V \rho c_p \frac{dT}{dt} = q(T_o - T) + \alpha_k F_k (T_k - T) + (-\Delta h_R) r(c,T) V \qquad (2.2)$$

Dabei sind ρc_p die spezifische Wärme des Reaktionsgemisches, $\alpha_k F_k$ die Kühlkenngröße und $(-\Delta h_R)$ die Reaktionsenthalpie. Die nichtlineare

Funktion r(c,T) beschreibt die auf das Volumen V bezogene Reaktionsgeschwindigkeit.

Um aus den physikalischen Bilanzgleichungen die übliche Zustandsdarstellung zu erhalten wird der Vektor

$$\underline{x}(t) = \left[1 - \frac{c(t)}{c_o}, \frac{T(t)}{T_o} - 1\right]^T \tag{2.3}$$

der geeignet normierten Zustandsvariablen $x_i(t)$, $i = 1,2$ sowie die für den betrachteten Reaktor eindimensionale Steuervariable

$$u(t) = \frac{T_k(t)}{T_o(t)} - 1 \tag{2.4}$$

eingeführt. In der allgemeinen Vektor-Schreibweise lauten die Zustands-Dgln. und Anfangsbedingungen eines Reaktors

$$\underline{\dot{x}} = \underline{f}(\underline{x},\underline{u}) , \quad t > 0 , \quad \underline{x} \in R_n , \quad \underline{u} \in R_p , \tag{2.5}$$

$$\underline{x}(0) = \underline{x}_o , \quad \underline{x}_o \in R_n . \tag{2.6}$$

Der Zusammenhang zwischen den m Ausgangsgrößen $y_j(t)$ und den n Zustandsgrößen $x_i(t)$ wird durch eine algebraische Meßgleichung

$$\underline{y}(t) = \underline{h}(\underline{x}) , \quad t \geq 0 , \quad \underline{y} \in R_m \tag{2.7}$$

angegeben. Für den betrachteten Rührkesselreaktor (n = 2, m = 1) beschreibt $y(t) = h(x_2)$ die Kennlinie des verwendeten Thermoelementes, wofür in der Praxis meist ein linearer Ansatz

$$y(t) = [0, 1] \underline{x}(t) \tag{2.8}$$

üblich ist.

Bezogen auf die Zustandsgleichungen (2.5) bis (2.7) bedeutet die Lösung des für den Rührkesselreaktor dargestellten Meßproblems die Berechnung von Näherungswerten $\hat{x}_i(t)$, $i = 1,2,...,n$ für die Zustände $x_i(t)$ aus den gemessenen Zeitkurven $\underline{u}(t)$ und $\underline{y}(t)$. Infolge der nichtlinearen Systemgleichungen handelt es sich hierbei um ein nichtlineares Beobachterproblem. Für einen nichtlinearen Beobachter wird in Anlehnung an die Struktur des linearen LUENBERGER-Beobachters |4,5| der folgende Ansatz |6| gemacht:

$$\underline{\dot{\hat{x}}} = \underline{f}(\underline{\hat{x}},\underline{u}) + K(\underline{\hat{x}},\underline{u}) (\underline{y}-\underline{\hat{y}}) , \quad t > 0 , \quad \underline{\hat{x}} \in R_n , \tag{2.9}$$

$$\underline{\hat{x}}(0) = \underline{\hat{x}}_o , \quad \underline{\hat{x}}_o \in R_n , \tag{2.10}$$

$$\underline{\hat{y}}(t) = \underline{h}(\underline{\hat{x}}), \quad t > 0 , \quad \underline{\hat{y}} \in R_m . \tag{2.11}$$

Der Zustand $\underline{\hat{x}}(t)$ stellt den Näherungswert für $\underline{x}(t)$ dar; $\underline{\hat{y}}(t)$ ist die vom Beobachter berechnete Ausgangsgröße; die (n,m)-Matrix $K(\underline{\hat{x}},\underline{u})$ sowie die Startwerte $\hat{\underline{x}}_o$ sind noch zu dimensionieren.

Zur Verdeutlichung der Funktionsweise des nichtlinearen Beobachters werden die Beobachtergleichungen zusammen mit dem Reaktor in einem Signalflußbild dargestellt. Aus Bild 2.2 geht hervor, daß die Differenz zwischen der Meßgröße $\underline{y}(t)$ und der Rechengröße $\hat{\underline{y}}(t)$ auf das Reaktormodell geschaltet ist. Wie bereits aus der Beobachter-Dgl. (2.9) hervorgeht, arbeitet der Beobachter bei einer geeigneten Wahl von $K(\hat{\underline{x}},\underline{u})$ wie ein Folge- oder Nachlaufregelkreis. Die Dimensionierung des nichtlinearen Beobachters bedeutet demnach die Synthese eines nichtlinearen Folgereglers.

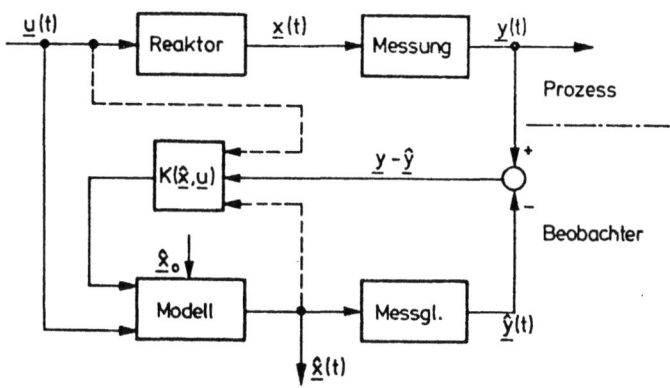

<u>Bild 2.2</u> Signalflußdiagramm für Reaktor mit Beobachter

Zu den normierten Zustandsgleichungen (2.5) und (2.8) des betrachteten Rührkesselreaktors gehören die folgenden Dgln. eines nichtlinearen Beobachters zweiter Ordnung:

$$\begin{aligned}\dot{\hat{x}}_1 &= f_1(\hat{x}_1,\hat{x}_2) + K_1(\hat{x}_1,\hat{x}_2,u)(x_2-\hat{x}_2) \\ \dot{\hat{x}}_2 &= f_2(\hat{x}_1,\hat{x}_2,u) + K_2(\hat{x}_1,\hat{x}_2,u)(x_2-\hat{x}_2)\end{aligned} \qquad (2.12)$$

Die zugehörigen Anfangsbedingungen $\hat{\underline{x}}(0)$ müssen unter Berücksichtigung aller vorliegenden Informationen möglichst sinnvoll gewählt werden. Beispielsweise wird man den Mittelwert $\bar{x}_1$ des Reaktorumsatzes als Startwert nehmen und die Berechnung der Temperatur bei $y(0) = x_2(0)$ beginnen:

$$\hat{\underline{x}}(0) = [\bar{x}_1, \quad y(0)]^T . \qquad (2.13)$$

Man beachte, daß der angesetzte Beobachter auch für die gemessene Grösse $x_2(t)$ einen Näherungswert $\hat{x}_2(t)$ berechnet. Dieser Beobachter vollständiger Ordnung bietet demnach die Möglichkeit, den Beobachtungsvorgang anhand der Abweichungen $\hat{x}_2(t)-x_2(t)$ zu überwachen.

Die Dimensionierung der (n,m)-Gewichtsmatrix $K(\hat{\underline{x}},\underline{u})$ ist der wichtigste Schritt des Beobachter-Entwurfs. Betrachtet man das zeitliche Verhalten des Beobachter-Fehlers

$$\underline{e}(t) = \hat{\underline{x}}(t) - \underline{x}(t) \;,\;\; \underline{e} \in R_n \;, \tag{2.14}$$

so erhält man aus dieser Gleichung durch zeitliches Ableiten die Fehler-Dgl.

$$\dot{\underline{e}} = \underline{f}(\hat{\underline{x}},\underline{u}) + K(\hat{\underline{x}},\underline{u})(\underline{y}-\hat{\underline{y}}) - \underline{f}(\underline{x},\underline{u}) \;. \tag{2.15}$$

Die Matrix $K(\hat{\underline{x}},\underline{u})$ ist so festzulegen, daß die Lösung $\underline{e}(t)$ für alle Anfangsfehler $\underline{e}(0) = \hat{\underline{x}}(0) - \underline{x}(0)$ und unabhängig von dem zeitlichen Verlauf von $\underline{u}(t)$ in einer vorgebbaren Weise gegen Null abklingt:

$$\lim_{t \to \infty} \underline{e}(t) = \underline{0} \;,\;\; \forall\, \underline{u}(t) \;,\;\; \underline{x}(0) \;. \tag{2.16}$$

Die am häufigsten verwendete Dimensionierungs-Methode geht von einer linearen Fehler-Dgl.

$$\dot{\underline{e}} = \left[\frac{\partial \underline{f}}{\partial \underline{x}} - K \frac{\partial \underline{h}}{\partial \underline{x}}\right]_{\hat{\underline{x}}(t)} \underline{e} \tag{2.17}$$

aus und berechnet K aus den vorgegebenen Eigenwerten $\hat{\lambda}_i$, $\mathrm{Re}\{\hat{\lambda}_i\} < 0$, $i = 1,2,\ldots,n$

$$\left|\hat{\lambda}_i I_n - \frac{\partial \underline{f}}{\partial \underline{x}} + K \frac{\partial \underline{h}}{\partial \underline{x}}\right|_{\hat{\underline{x}}(t)} = 0 \qquad i = 1,2,\ldots,n \tag{2.18}$$

Wegen der dabei erforderlichen Voraussetzungen und der genauen Berechnung von K wird auf |5| bzw. |7|, |19| verwiesen.

Anhand von Simulationsergebnissen für einen Rührkesselreaktor mit Beobachter sollen die Funktionsweise sowie die Möglichkeiten dieser indirekten Meßmethode diskutiert werden. Als dynamischer Testfall für den Beobachter wird das Einschwingen des Rührkesselreaktors auf einen stabilen Grenzzyklus um den instabilen Arbeitspunkt $\underline{x}_s$ in Bild 2.3 be-

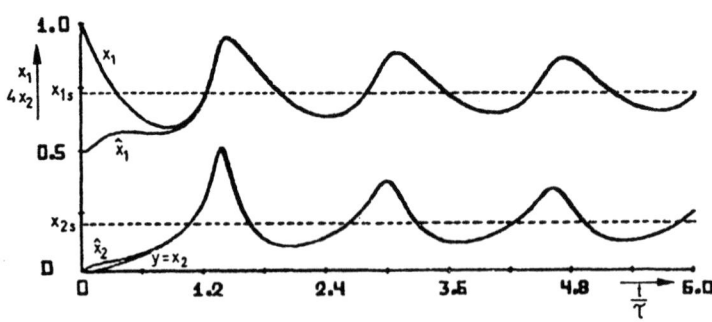

Bild 2.3   Zustandsgrößen von Rührkesselreaktor und Beobachter

trachtet. Die verwendeten Reaktordaten gelten für einen im Praktikum des Instituts für Systemdynamik und Regelungstechnik aufgebauten Reaktor, in dem die exotherme Oxidation von Äthylalkohol über Eisen-III-Nitrat zu Essigsäure abläuft. In demselben Bild sind die vom Beobachter berechneten Zeitkurven $\hat{x}_1(t)$ und $\hat{x}_2(t)$ eingezeichnet; dabei erreicht der Beobachter die nichtmeßbare Umsatzkurve etwa nach der Verweilzeit $\tau = V/q$ des Reaktors.

Das nächste Simulationsbeispiel zeigt, daß der entworfene Beobachter bei einem vorhandenen Meßrauschen dämpfend wirkt. Im Bild 2.4 ist der Einfluß eines Meßrauschens mit einer Standard-Abweichung von 2 Grad dargestellt; dabei ergibt sich bei einem sonst unveränderten Einschwingverhalten des Beobachters ein relativ geringer Durchgriff des Rauschens auf den berechneten Verlauf $\hat{x}_1(t)$. Auch die Kurve $\hat{x}_2(t)$ zeigt im Vergleich zu dem gestörten Meßsignal $\bar{y}(t) = y(t) + \delta y(t)$ einen deutlich geglätteten Verlauf.

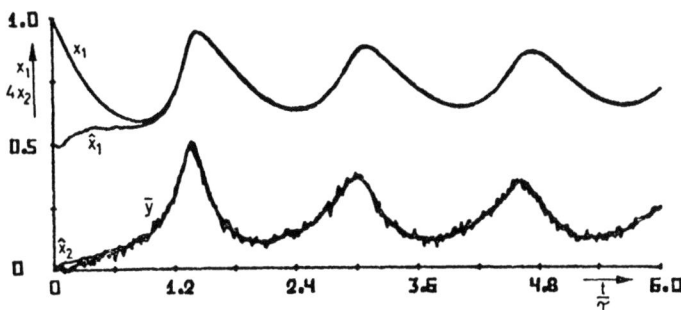

<u>Bild 2.4</u> Zustandsgrößen des Rührkesselreaktors und des Beobachters
(mit Meßrauschen, Standard-Abweichung 2°K)

3. Polymerisations-Reaktor

Die Methode des Zustandsbeobachters soll nun an einem kontinuierlichen Rührkesselreaktor angewendet werden, in dem eine Polymerisation als Beispiel für einen komplizierteren Reaktionsmechanismus abläuft. Das entstehende Polymerisat weist je nach Reaktionsbedingungen unterschiedliche Produktqualität auf. Da diese schlecht kontinuierlich zu messen ist, bietet sich zu ihrer Überwachung und Regelung ebenfalls ein Zustandsbeobachter an.

Die Polymerisation laufe nach folgendem radikalischen Mechanismus ab:

$$\text{Kettenstart:} \qquad I \xrightarrow{k_d} 2I^* \,, \qquad (3.1)$$

$$I^* + M_1 \xrightarrow{k_i} P_1 \,, \qquad (3.2)$$

Kettenwachstum: $P_k + M_1 \xrightarrow{k_p} P_{k+1}$, $k = 1,2,3,\ldots$ (3.3)

Kettenübertragung: $P_k + M_1 \xrightarrow{k_f} P_1 + M_k$, (3.4)

$P_k + S \xrightarrow{k_{fs}} P_1 + M_k$, (3.5)

Kettenabbruch: $P_k + P_j \xrightarrow{k_{tc}} M_{k+j}$, (3.6)

$P_k + P_j \xrightarrow{k_{td}} M_k + M_j$, (3.7)

Dabei bezeichnet I den Initiator, M_1 das Monomere, S das Lösungsmittel, P_k die radikalische und M_k die tote Polymerkette mit k Monomereinheiten. Nimmt man an, daß die Bilanzen der radikalischen Stoffe quasistationär sind und daß lange Ketten entstehen, so wird das dynamische Verhalten des ideal durchmischten kontinuierlichen Rührkesselreaktors bestimmt durch die Energiebilanz sowie durch die Materialbilanzen für den Initiator I und das Monomere M_1. Bezeichnet c_1 die Initiatorkonzentration, c_2 die Konzentration des Monomeren und T die Temperatur, so gelten die Differentialgleichungen |9-11|:

$$\frac{dc_1}{dt} = \frac{q}{V}(c_{1o}-c_1) - k_d e^{-\frac{E_d}{RT}} c_1 , \qquad (3.8)$$

$$\frac{dc_2}{dt} = \frac{q}{V}(c_{2o}-c_2) - k_p e^{-\frac{E_p}{RT}} c_2 \sum_{k=1}^{\infty}[P_k] , \qquad (3.9)$$

$$\frac{dT}{dt} = \frac{q}{V}(T_o-T) + \frac{\alpha_k F_k}{\rho c_p V}(T_k-T) + k_p e^{-\frac{E_d}{RT}} c_2 \sum_{k=1}^{\infty}[P_k] , \qquad (3.10)$$

mit der Abk.

$$\sum_{k=1}^{\infty}[P_k] = \left[2f \frac{k_d e^{-\frac{E_d}{RT}} c_1}{k_{tc} e^{-\frac{E_{tc}}{RT}} + k_{td} e^{-\frac{E_{td}}{RT}}} \right]^{1/2} . \qquad (3.11)$$

R bezeichnet darin die ideale Gaskonstante, die indizierten k und E sind die Stoßfaktoren und die Aktivierungsenergien der elementaren Reaktorschritte, f ist der sog. Radikal-Ausbeutefaktor, c_{1o} und c_{2o} die Konzentrationen des zulaufenden Initiators bzw. Monomers.

Das Polymerisat als Reaktionsprodukt besteht aus einem Gemisch unterschiedlich langer Ketten M_k, deren Konzentrationen in Abhängigkeit von der Kettenlänge k durch Verteilungsfunktionen beschrieben werden können. Die Form dieser Verteilungsfunktionen bestimmt bei gegebenen Reaktionspartnern und Reaktionsmechanismus weitgehend die Eigenschaften des Polymerisats. Trotz großer Fortschritte in der Polymer-Analytik ist es bisher noch nicht gelungen, die Kettenlängenverteilungen zeitlich kontinuierlich zu messen. Eine Möglichkeit, dieses Meßproblem zu lösen, kann der Einsatz eines Zustandsbeobachters sein.

Die Kettenlängenverteilung eines Polymers läßt sich hinreichend genau durch eine endliche Anzahl von Momenten λ_j beschreiben, die durch

$$\lambda_j(t) = \sum_{k=2}^{\infty} k^j [M_k(t)] \quad ; \quad j = 0,1,2,\ldots \qquad (3.12)$$

definiert sind. $[M_k(t)]$ sind die Konzentrationen des toten Polymers M_k der Länge k zum Zeitpunkt t. Aus dem Reaktionsschema lassen sich Bilanzgleichungen für die $[M_k]$ und damit für die λ_j ableiten. Die Differentialgleichungen für die Momente λ_j haben die Form

$$\frac{d\lambda_j}{dt} = \frac{q}{V}(\lambda_{jo} - \lambda_j) + g_j(c_1, c_2, T) \qquad (3.13)$$

mit $$\lambda_{jo} = \sum_{k=2}^{\infty} k^j [M_k(t)]_o \qquad (3.14)$$

$g_i(c_1,c_2,T)$ sind nichtlineare Funktionen der angegebenen Zustandsgrößen. Die Struktur dieser Funktionen kann ebenfalls aus dem Reaktionsmechanismus abgeleitet werden.

Aus den Momenten läßt sich die Kettenlängenverteilung z.B. mit Laguerre'schen Polynomen umso genauer approximieren, je mehr Momente man verwendet. Oft genügt es jedoch, einige charakteristische Größen der Verteilung zu kennen. Mit den ersten drei Momenten erhält man z.B.

$$\text{das Zahlenmittel} \quad \bar{m}_n = \lambda_1/\lambda_o , \qquad (3.15)$$
$$\text{das Gewichtsmittel} \quad \bar{m}_w = \lambda_2/\lambda_1 , \qquad (3.16)$$
$$\text{die Uneinheitlichkeit} \quad u = \bar{m}_w/\bar{m}_n - 1 , \qquad (3.17)$$

deren zeitlicher Verlauf Schlüsse über die Qualität des den Reaktor verlassenden Polymerisats zulassen. Doch die kontinuierliche Messung dieser Größen ist nicht ohne weiteres möglich.

Die Zustandsgrößen des Polymer-Reaktors sind also die beiden Konzentrationen c_1 und c_2, die Temperatur T und eine Anzahl von Momenten λ_j, $j=0,1,2,\ldots$. Problemlos zu messen ist allein die Temperatur T. Damit ergibt sich das folgende Beobachterproblem: Aus der Messung des zeitlichen Verlaufs der Temperatur T(t) sollen auf der Grundlage der Modellgleichungen (3.8)-(3.13) die Näherungswerte für die Momente λ_j der Polymerverteilung und eventuell auch für die Konzentrationen c_1 und c_2 berechnet werden. Diese Näherungswerte können zur Überwachung oder Regelung der Produktqualität des Polymerisats dienen.

4. Wärmeleiter

Ein Wärmeleiter ist ein relativ einfaches System, das als Modell für kompliziertere örtlich verteilte Systeme angesehen werden kann. Um den

Entwurf eines Zustandsbeobachters mit verteilten Parametern zu erläutern, wird eine spezielle Laboranlage (Bild 4.1) betrachtet, die im Institut für Systemdynamik und Regelungstechnik entwickelt wurde |12,13|. Mit dieser Anlage lassen sich gewünschte Temperaturprofile im Innern einer Aluminiumplatte erzeugen, die z.B. für die Untersuchung von thermoelastischen Spannungen von Bedeutung sind.

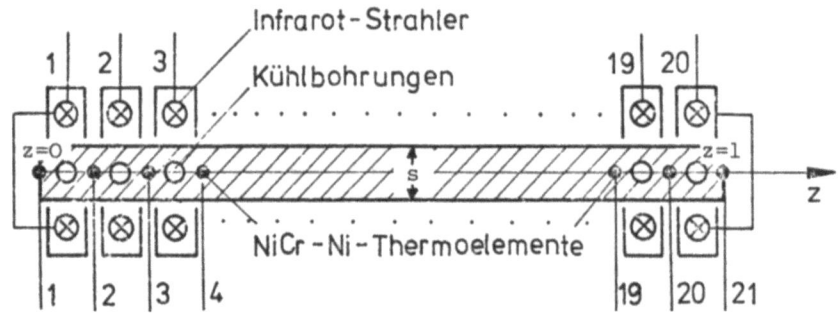

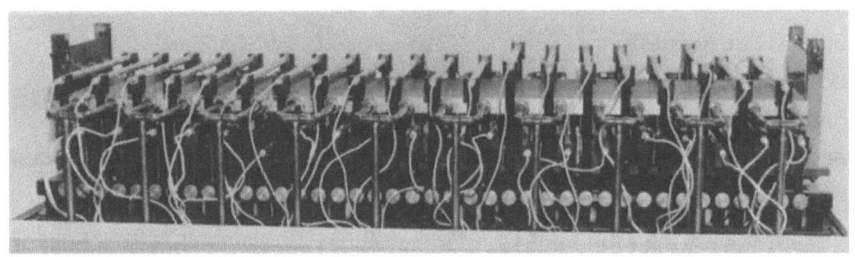

Bild 4.1 Prinzipskizze und Ansicht des technisch realisierten Wärmeleiters

Die Temperatur T(z,t) entlang der Symmetrieachse (z-Achse) der Aluminiumplatte (Dicke s = 2 cm, Länge l = 1 m) wird mit ausreichender Genauigkeit durch folgende partielle Dgl. beschrieben |13|:

$$\rho c_p s \frac{\partial T(z,t)}{\partial t} = \alpha_k (T_k - T(z,t)) + \frac{k\,s}{l^2} \frac{\partial^2 T(z,t)}{\partial z^2} + c\, u(z,t)\ .$$

In dieser Dgl. sind nur die Wärmekapazität, die Wasserkühlung (konstante Kühlwassertemperatur T_k), die Wärmeleitung in der Platte (konstante Wärmeleitzahl k) sowie die äußere Wärmezufuhr mittels Infrarotstrahler (Stellgröße u(z,t)) berücksichtigt. Zur Vereinfachung der Schreibweise werden die experimentell bestimmten Parameter α, β und γ eingeführt:

$$\frac{\partial T(z,t)}{\partial t} = \alpha(T_k - T(z,t)) + \beta \frac{\partial^2 T(z,t)}{\partial z^2} + \gamma\, u(z,t)\ . \qquad (4.1)$$

Die Platte ist an den beiden Stirnseiten wärmeisoliert; infolgedessen lauten die Randbedingungen

$$\frac{\partial T(z,t)}{\partial z} = 0 \quad \text{für} \quad z = 0 \quad \text{und} \quad z = 1\ . \qquad (4.2)$$

Das unbekannte Anfangstemperaturprofil zum Zeitpunkt t = 0 sei
$$T(z,0) = T_o(z) \quad . \tag{4.3}$$
Das Problem bei einem örtlich ausgedehnten System wie dem Wärmeleiter besteht darin, daß örtlich kontinuierliche Messungen praktisch nicht möglich sind. Die Temperatur wird man beispielsweise mit Thermoelementen nur in mehreren diskreten Punkten z_i messen (i=1,2,...,m). Die m Ausgangsgrößen $y_i(t) = T(z_i,t)$ werden dann zweckmäßig zu einem Ausgangsvektor
$$\underline{y}(t) = [T(z_1,t), \ T(z_2,t), \ ..., \ T(z_m,t)]^T \tag{4.4}$$
zusammengefaßt. In praktischen Anwendungen wird man wegen des zu grossen gerätetechnischen Aufwandes versuchen, mit möglichst wenigen Meßstellen auszukommen.

Mit Hilfe eines Zustandsbeobachters für Systeme mit verteilten Parametern |14-16| gelingt es, aus sehr wenigen örtlich diskreten Messungen - manchmal genügt ein einziger Meßort - das gesamte Temperaturprofil mit hinreichender Genauigkeit zu rekonstruieren. Voraussetzung ist wie bei Beobachtern für Systeme mit konzentrierten Parametern außer der Beobachtbarkeit des Systems noch die Kenntnis des mathematischen Modells (4.1)-(4.4) sowie der Ein- und Ausgangsgrößen T_k, $u(z,t)$ und $\underline{y}(t)$; denn der Beobachter besteht aus dem math. Modell und einem zusätzlichen Folgeregelkreis mit den gemessenen Temperaturen $y_i(t)$ als Führungsgrößen |16|:

$$\frac{\partial \hat{T}(z,t)}{\partial t} = \alpha(T_k - \hat{T}(z,t)) + \beta \frac{\partial^2 \hat{T}(z,t)}{\partial z^2} + \gamma \ u(z,t) + \underline{g}^T(z)\{\underline{y}(t) - \hat{\underline{y}}(t)\} \tag{4.5}$$

$$\frac{\partial \hat{T}(z,t)}{\partial z} = 0 \quad \text{für} \quad z = 0 \quad \text{und} \quad z = 1 \ , \tag{4.6}$$

$$\hat{T}(z,0) = \hat{T}_o(z) \ , \tag{4.7}$$

$$\hat{\underline{y}}(t) = [\hat{T}(z_1,t), \ \hat{T}(z_2,t),..., \hat{T}(z_m,t)]^T \quad . \tag{4.8}$$

Die Elemente des Vektors $\underline{g}(z)$, die Gewichtsfunktionen $g_i(z)$ müssen so gewählt werden, daß der Rekonstruktionsfehler $e(z,t) = \hat{T}(z,t) - T(z,t)$ bei unbekannter Anfangstemperatur $T_o(z)$ und beliebig gewählter Temperatur $\hat{T}_o(z)$ möglichst rasch gegen Null konvergiert. Hinweise für die geeignete Wahl der Gewichtsfunktionen sind den Arbeiten |15| und |16| zu entnehmen.

Die Wirkungsweise und die Güte des realisierten Beobachters zeigen die beiden folgenden Beispiele. Im ersten Fall (Bild 4.2) wird der Wärmeleiter mit einer zeitlich konstanten, jedoch ortsabhängigen Steuergrösse $u(z)$ gesteuert. Die 20 Strahlergruppen werden durch die Treppenkurve approximiert. Das zugehörige, mit 21 Thermoelementen zum Vergleich gemessene, stationäre Temperaturprofil $T_o(z)$ ist gestrichelt eingezeichnet. Der Beobachter beginnt mit der willkürlich gewählten Anfangstemperatur $\hat{T}_o(z) = 0°C$ und konvergiert in ca. 100 s gegen das tatsächliche Temperaturprofil $T_o(z)$. Man beachte, daß dem Beobachter nur die Temperaturen in den Randpunkten zur Verfügung stehen. Mit Hilfe dieser beiden Messungen wird das gesamte orts- und zeitabhängige Temperaturprofil rekonstruiert, wobei der absolute Rekonstruktionsfehler nach 100 s höchstens noch 3°C beträgt.

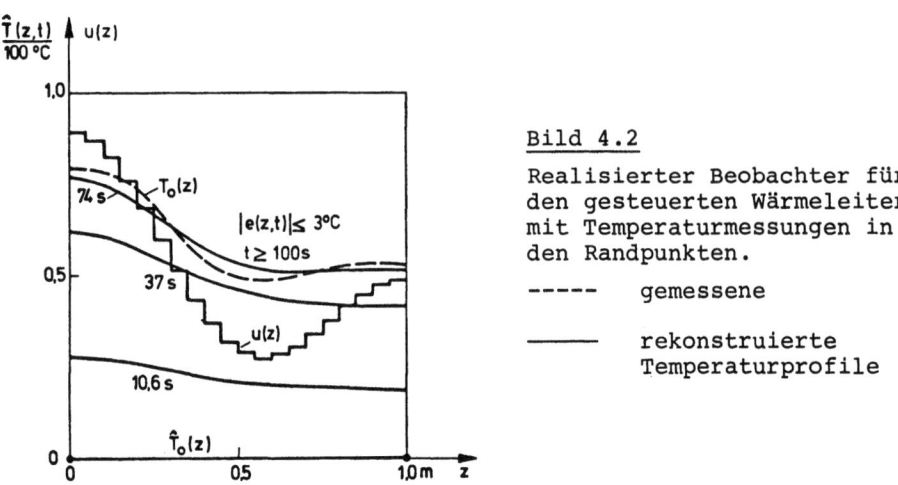

Bild 4.2
Realisierter Beobachter für den gesteuerten Wärmeleiter mit Temperaturmessungen in den Randpunkten.
- - - - -   gemessene
———   rekonstruierte
Temperaturprofile

Im zweiten Beispiel wird der Beobachter in einem geschlossenen Regelkreis eingesetzt. Der Regler erhält als Eingangsgröße die Abweichung zwischen einem vorgebbaren Sollprofil $W(z)$ und dem rekonstruierten Temperaturprofil $\hat{T}(z,t)$ und bildet daraus die orts- und zeitabhängige Stellgröße $u(z,t)$ |13,16|. Der Beobachter beginnt bei einer mittleren Temperatur $T_o(z)$ von 60°C und konvergiert, im Vergleich zur dominierenden Zeitkonstante des Wärmeleiters von ca. 170 s sehr rasch gegen das tatsächliche Temperaturprofil $T(z,t)$. Der Regler erzwingt die Konvergenz der rekonstruierten Temperatur $\hat{T}(z,t)$ gegen das Sollprofil $W(z)$. Wegen der zuvor erzielten Konvergenz $\hat{T}(z,t) \to T(z,t)$ stimmen nach 227 s alle drei Profile mit hinreichender Genauigkeit überein (Bild 4.3). Bemerkenswert ist auch bei diesem Beispiel, daß der Beobachter nur eine einzige Messung an der Stelle $z_1 = 0,2$ benötigt.

Sind die Messungen $y_i(t)$ stochastisch gestört, so kann anstelle des Beobachters (4.5)-(4.8) auch ein Filter |1, 17| entworfen werden, das eine optimale Schätzung $\hat{T}(z,t)$ der tatsächlichen Temperatur $T(z,t)$ liefert. In |16| wurde jedoch gezeigt, daß zumindest bei dem hier betrachteten Wärmeleiter der Beobachter dem Filter wegen seiner größeren Konvergenzgeschwindigkeit und seines geringeren Realisierungsaufwandes vor-

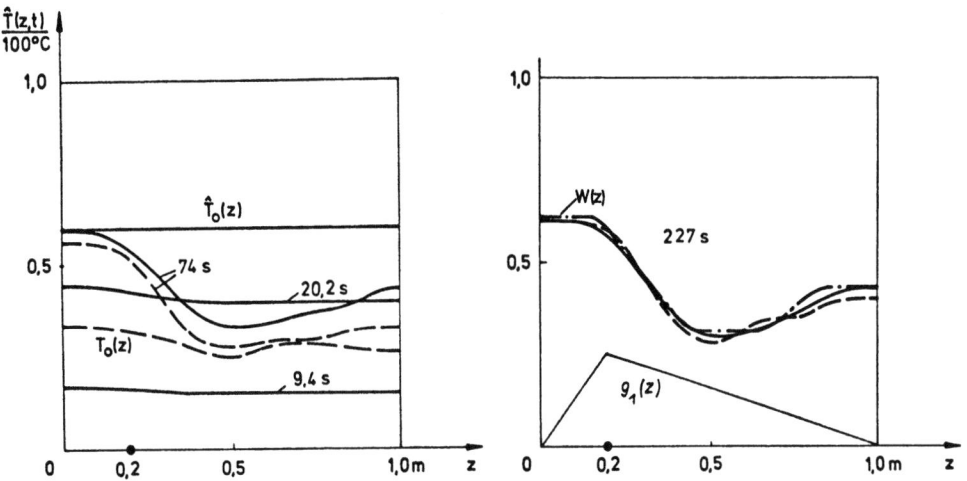

Bild 4.3 Konvergenz des im geschlossenen Regelkreis eingesetzten Beobachters

zuziehen ist.

Die hier beschriebene Vorgehensweise beim Entwurf eines Beobachters mit verteilten Parametern ist keineswegs auf den behandelten Wärmeleiter beschränkt. Beobachter ähnlicher Struktur können zur Messung von Temperaturverläufen in Kokillen oder Glasschmelzen eingesetzt werden. Für Systeme mit mehreren ort- und zeitabhängigen Zustandsgrößen |16| wie z.B. elastomechanischen Systemen (elastische Trasse und Fahrgastzelle einer Hochgeschwindigkeitsbahn, Primärspiegel großer Radioteleskope) lassen sich ebenfalls Beobachter entwerfen, die entweder den gesamten Zustandsvektor oder nur die nicht meßbaren Zustandsgrößen rekonstruieren.

5. Katalytischer Festbettreaktor

Eine für die Regelung oder den Betrieb von katalytischen Festbettreaktoren wichtige Zustandsgröße ist der örtliche und zeitliche Verlauf der Temperatur im Reaktor. Wie beim Wärmeleiter muß man davon ausgehen, daß eine Messung der Reaktortemperatur nur in wenigen Punkten möglich ist. Zur Lösung des Meßproblems ist ein nichtlinearer Beobachter mit verteilten Parametern zu entwerfen, um das Temperaturprofil im Reaktor aus den gemessenen Größen auf der Grundlage der partiellen Dgln. des Festbettreaktors zu berechnen.

Als Beispiel wird ein im Labor des Instituts für Systemdynamik und Regelungstechnik aufgebauter Festbettreaktor zur Methanisierung von CO_2

gewählt. Im Bild 5.1 ist der Reaktor schematisch dargestellt, dessen
Katalysator-Schüttung in zwei inerten Zonen eingeschlossen ist. Simulations- und Meßergebnisse bestätigen, daß das dynamische Verhalten des
Reaktors im wesentlichen durch die zeitlichen Änderungen der Reaktortemperatur T(z,t) bestimmt wird |18|.

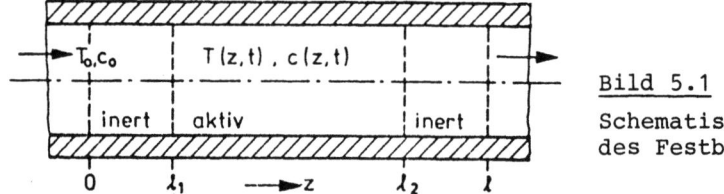

Bild 5.1
Schematisches Modell
des Festbettreaktors

Gemessen wird die Reaktortemperatur in den m Punkten z_i, s. Gl.(4.4).
Falls die Anzahl m und die Positionen z_i noch nicht festliegen, gehört
auch die genaue Anordnung der Meßfühler zu dem Beobachter-Entwurf, da
die Konvergenz des Beobachters hiermit in besonderem Maße beeinflußt
werden kann |19|. Außerdem hängt von diesen Größen der Anfangsfehler
$e(z,0) = \hat{T}(z,0) - T(z,0)$ des Beobachters ab, wenn als Startprofil
$\hat{T}(z,0)$ ein Polygonzug durch die Meßpunkte $T(z_i,0)$ gelegt wird. Die in
Bild 5.2 dargestellten Simulationsergebnisse für den Festbettreaktor
mit Beobachter zeigen, daß eine günstige Anordnung von zwei Meßpunkten
z_1 und z_2 zu einem schnellen Einschwingen des Beobachters führt, wenn
außerdem die Beobachter-Ankopplung geeignet dimensioniert ist |19|.
Die von dem Beobachter wiedergegebenen Reaktorprofile betreffen das
Zünden des Festbettreaktors; die nicht äquidistante Markierung der Beobachter-Profile resultiert aus der Steuerung der Ortsstützstellen
durch das verwendete Simulationsverfahren. Auf diese Weise wird für die
Integration der partiellen Beobachter-Dgln. ein Verhältnis zwischen Rechenzeit und Echtzeit von 1 zu 20 erreicht.

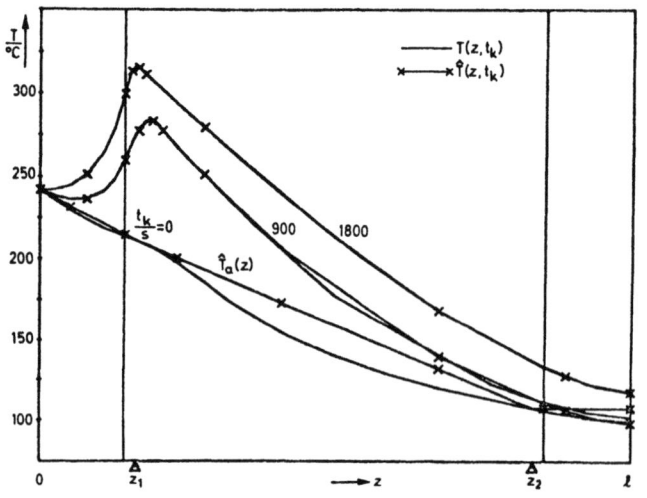

Bild 5.2
Ortsprofile von Festbettreaktor und Beobachter für den Zündvorgang (2 Meßstellen z_1 und z_2)

Falls aus dem Reaktor herauslaufende Temperaturprofile durch den Beobachter berechnet werden sollen, spielt die Anordnung der Meßfühler eine noch größere Rolle, damit einerseits ein sinnvolles Startprofil für den Beobachter festgelegt werden kann und andererseits sich der örtliche Beobachtungsfehler in den Meßpunkten hinreichend stark bemerkbar macht. Zur Rekonstruktion der in Bild 5.3 dargestellten Temperaturprofile ist ein zusätzlicher Meßfühler in der Reaktormitte erforderlich, da sich die Temperaturänderungen an den Rändern der aktiven Zone kaum auswirken. —

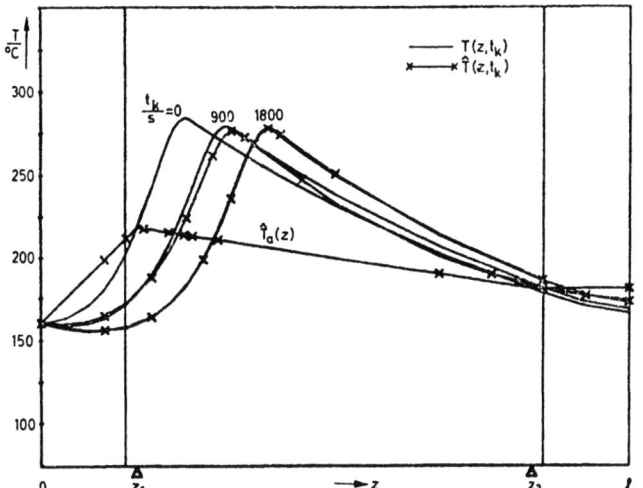

Bild 5.3
Ortsprofile von Festbettreaktor und Beobachter für den Löschvorgang mit zwei Meßstellen

Falls man für eine Regelung oder Überwachung von Festbettreaktoren beispielsweise nur den Ort oder die Höhe des Temperaturmaximums benötigt, lassen sich diese Kenngrößen ohne weiteres aus den berechneten Temperaturprofilen bestimmen. Die Lösung dieses Meßproblems wird dann besonders einfach, wenn man für den Beobachter-Entwurf von einem vereinfachten Modell für das dynamische Verhalten dieser Kenngrößen ausgehen kann. Ein anderes Meßproblem bei Festbettreaktoren betrifft die Bestimmung der nichtmeßbaren Aktivitätsfunktion des Katalysators. Falls ein mathematisches Modell für die Katalysator-Vergiftung existiert, läßt sich ein Beobachter zur näherungsweisen Berechnung des Aktivitätsprofils verwenden. Mit Hilfe dieser Zustandsgröße kann z.B. über einen erforderlichen Austausch des Katalysators entschieden werden oder durch eine Regelung der Reaktortemperatur eine gleichmäßige Vergiftung der gesamten Schüttung angestrebt werden.

6. Destillationskolonne

Als letztes Beispiel wird die Anwendung eines Beobachters zur Regelung einer Extraktiv-Destillationskolonne behandelt |20|. Wesentlich ist, daß sich der Zustand dieses komplexen Systems durch eine einzige Kenngröße beschreiben läßt, die nicht direkt meßbar ist |21|.

Die Kolonne ist in Bild 6.1 skizziert. Das vollständige mathematische Modell besteht aus einem System von mehr als 100 gewöhnlichen Dgln. für die Molenbrüche jeder Komponente in jedem Boden, der Gesamtmassenbilanz, sowie mehreren unterlagerten algebraischen Beziehungen wie z.B. die Energiebilanz der Phasengrenze, Formeln für den Stoffaustausch,

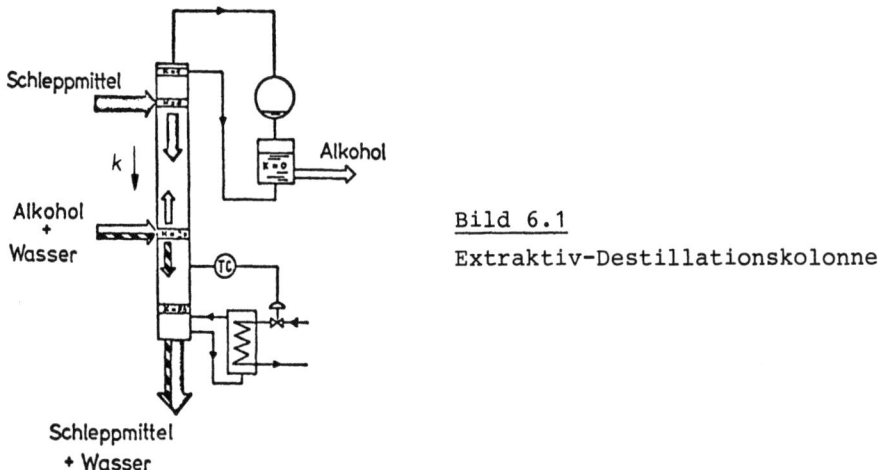

Bild 6.1
Extraktiv-Destillationskolonne

Siedetemperatur, Gleichgewichtskonzentrationen, Druckabfall etc. Die Simulation dieses umfangreichen Gleichungssystems ergibt im stationären Fall ausgeprägte Stoffaustauschzonen, mit denen starke Temperaturfronten verknüpft sind. Die stationären Profile längs der Kolonne sind in Bild 6.2 dargestellt.

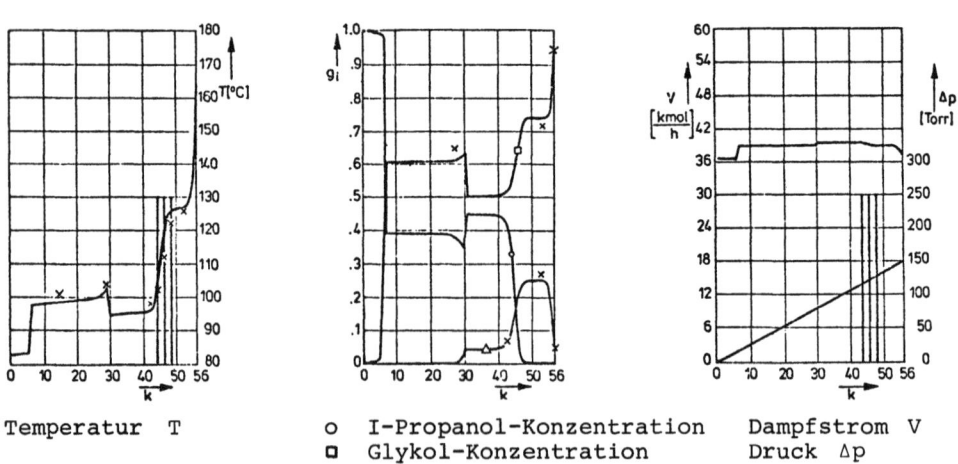

Bild 6.2 Stationärer Betriebszustand der Destillationskolonne

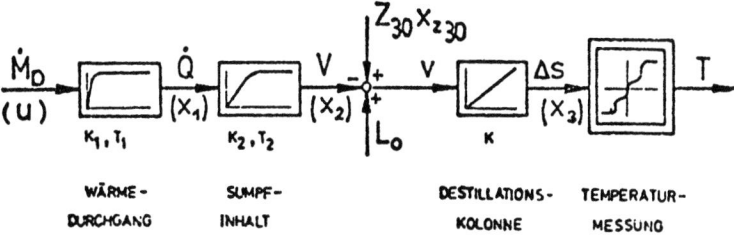

Bild 6.3   Vereinfachtes Modell für die Wanderung der Stoffaustauschzone in der Destillationskolonne

Verstellt man den Dampfstrom V sprungförmig, dann setzen sich die Stoffaustauschzone und die Temperaturfront mit konstanter Geschwindigkeit in Bewegung, ohne ihre Form zu verändern. Durch diese Wanderung der Stoffaustauschzone besteht die Gefahr, daß die abzutrennende, leichter siedende Komponente im Sumpf durchbricht. Die Lage der Austauschzone stellt also einen Kennwert dar, dessen Kenntnis ausreicht, die Reinheit des Endprodukts zu überwachen. Das vollständige mathematische Modell ist zu umfangreich, um daraus unmittelbar Aussagen über den Ort der Zone zu gewinnen. Aus den Simulationsergebnissen läßt sich jedoch ein stark vereinfachtes Modell ableiten, das die Verschiebung Δs der Stoffaustauschzone als neue Zustandsgröße benutzt und die Wanderung dieser Zone hinreichend genau beschreibt. Gemessen wird die Temperatur eines Bodens in der Nähe der stationären Lage der Temperaturfront; damit erhält man Temperaturänderungen, wenn die Zone über die Meßstelle wandert. Das einfache Modell für den Zusammenhang zwischen Dampfstromänderung und Meßtemperaturänderung ist in Bild 6.3 dargestellt. Dieses vereinfachte Modell kann dazu verwendet werden, um mit einem Zustandsbeobachter einen Näherungswert der Verschiebung Δs zu berechnen.

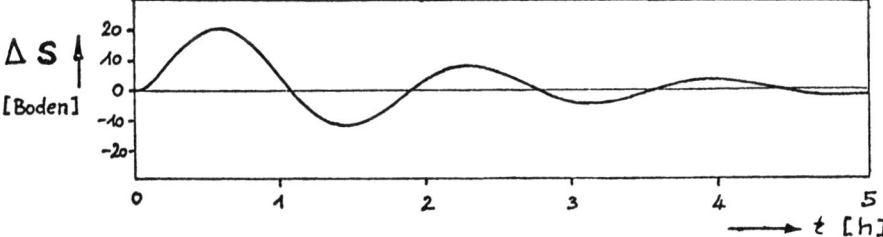

Bild 6.4   Einschwingen der geregelten Kolonne (PID-Regler)

Bisher wurde die Kolonne mit Hilfe eines PID-Reglers geregelt, in dem die Temperaturänderungen ΔT verarbeitet wurden. Der Einschwingvorgang einer solchen Regelung ist im Bild 6.4 dargestellt. Der Einsatz eines Beobachters ermöglicht es, die Regelgüte deutlich zu verbessern. Durch den Abgriff der nicht meßbaren Zustandsgrößen vom Beobachter und deren

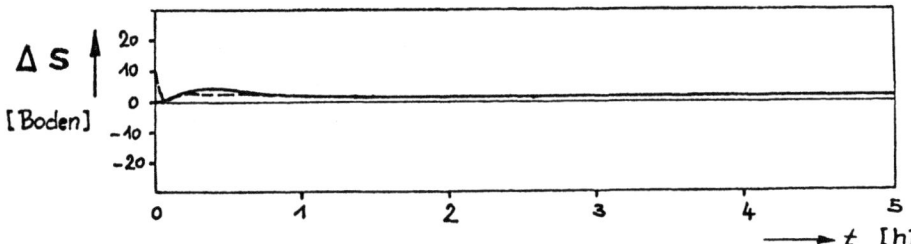

Bild 6.5 Einschwingen der geregelten Kolonne (optimaler Regler mit Zustandsgrößen aus einem Beobachter)

Verarbeitung in einem optimalen Regler ist es gelungen, das Einschwingverhalten der geregelten Kolonne entsprechend zu verbessern (Bild 6.5).

7. Zusammenfassung

An Beispielen verfahrenstechnischer Prozesse wird dargelegt, wie man mit Hilfe von Zustandsbeobachtern aus vorhandenen Meßdaten nicht direkt meßbare Zustandsgrößen näherungsweise berechnen kann. Diese Zustandsbeobachter bestehen aus einem mathematischen Modell des Prozesses und einem zusätzlichen Folge-Regelkreis mit den gemessenen Ausgangsgrößen als Führungsgrößen. Durch geeignete Wichtung der Differenz zwischen den gemessenen Ausgangsgrößen des Systems und den berechneten des Beobachters wird erreicht, daß der Zustand des Beobachters gegen den wirklichen Zustand konvergiert. Die Echtzeit-Realisierung der Beobachter läßt sich mit Mikroprozessoren oder kleineren Prozeßrechnern durchführen, die an die jeweiligen Anlagen anzuschließen sind. Die auf diese Weise gewonnene zusätzliche Information kann dazu verwendet werden, die tatsächlich interessierenden Prozeßgrößen zu überwachen oder zu regeln. Außerdem wird es möglich, Regelverfahren zu realisieren, die bisher nicht auf verfahrenstechnische Prozesse angewendet wurden. Da die Ausstattung verfahrenstechnischer Anlagen mit MSR-Einrichtungen ebenso wie die Rechnertechnologie stark im Wachsen begriffen ist, kann man einen Trend zum Einsatz von Methoden erwarten, die sich dieser Techniken bedienen.

Die Autoren danken Herrn Prof. Dr.-Ing. E.D. Gilles für wertvolle Anregungen und der DFG für die Förderung von Teilen dieser Arbeit.

8. Literatur

|1| RAY, H.W.: Distributed Parameter State Estimation Algorithms and Applications - A Survey. IFAC-Congress, Boston, 1975, Paper 8.1.

|2| FÖLLINGER, O.: Regelungstechnik. Berlin: Elitera 1972.

|3| BRANDIN, V.N.; KOSTYUKOVSKII, Yu.M.-L.; RAZORENOV, G.N.: Global Observability Conditions for Nonlinear Dynamic Systems. Automation and Remote Control 36 (1976), 1585-1591.

|4| LUENBERGER, D.G.: An Introduction to Observers. IEEE Trans.Automatic Control, AC-16 (1971), 596-602.

|5| ACKERMANN, J.: Einführung in die Theorie der Beobachter. Regelungstechnik 24 (1976), 217-226.

|6| THAU, F.E.: Observing the State of Non-linear Dynamic Systems. International Journal of Control 17 (1973), 471-479.

|7| KOU, S.R.; ELLIOTT, D.L.; TARN, T.J.: Exponential Observers for Nonlinear Dynamic Systems. Information and Control 29 (1975), 204-216.

|8| ZEITZ, M.: Zur Lösung des Meßproblems bei chemischen Reaktoren mit Hilfe nichtlinearer Beobachter. In: Proceedings of MECO '77 (Hrsg. M.H. Hamza), Calgary, Zürich: Acta Press 1977.

|9| RAY, W.H.: On the Mathematical Modeling of Polymerization Reactors. J. Macromol. Sci. - Revs. Macromol. Chem., C 8 (1), 1-56 (1972).

|10| JAISINGHANI, R.; RAY, W.H.: On the Dynamic Behaviour of a Class of Homogeneous Continuous Stirred Tank Polymerization Reactors, erscheint in Chem.Eng.Sci.

|11| GILLES, E.D.; KNÖPP, U.: Die Dynamik von Rührkesselreaktoren bei Polymerisationsreaktionen. Regelungstechnik 15 (1967), 199, 262.

|12| MÄDER, H.F.: Experimenteller Aufbau einer Temperatur-Profilregelung. RTP 23 (1975), 247-251.

|13| MÄDER, H.F.: Zeitoptimale Steuerung und modale Regelung eines technisch realisierten Wärmeleitsystems. Dissertation, Universität Stuttgart, 1975.

|14| KÖHNE, M.: Theorie der Zustandsbeobachter mit verteilten Parametern. Regelungstechnik 24 (1976), 277-282 und 314-316.

|15| KÖHNE, M.: Implementation of Distributed Parameter State Observers, IFIP Working Conference on Distributed Parameter Systems Modelling and Identification, Rom, 1976.

|16| KÖHNE, M.: Zustandsbeobachter für Systeme mit verteilten Parametern - Theorie und Anwendung. Habilitationsschrift, Universität Stuttgart 1977, ersch. als Fortschr.-Ber. im VDI-Verl.,Düsseldorf.

|17| AJINKYA, M.B.; KÖHNE, M.; MÄDER, H.F.; RAY, W.H.: The Experimental Implementation of a Distributed Parameter Filter, Automatica 11 (1975), 571-575.

|18| MÜLLER, T.; MÜLLER, U.: Dynamik von Festbettreaktoren - Laborversuch und digitale Simulation. Studienarbeit, Institut für Systemdynamik und Regelungstechnik, Universität Stuttgart 1976.

|19| ZEITZ, M.: Nichtlineare Beobachter für chemische Reaktoren. Habilitationsschrift, Universität Stuttgart 1977.

|20| SILBERBERGER, F.: Simulation and Control of an Extractive Distillation Column, 5th Symposium Computers in Chemical Engineering, Hohe Tatra, Tschechoslowakei, Sept. 1977.

|21| SILBERBERGER, F.: Beitrag zur Vereinfachung der Modellbildung von Destillationskolonnen, VDI-Bericht 276, 1977, 95-100.

GRUNDSÄTZLICHE PROBLEME, LÖSUNGEN UND TRENDS
ZU
WARTEN UND LEITSTÄNDEN

BASIC PROBLEMS, REALIZATIONS AND TRENDS
CONCERNING
CONTROL ROOMS AND CONTROL DESKS

P. Haubner, E. Pavlik

Systemtechnische Entwicklung der Siemens AG
7500 Karlsruhe

Summary

Automation will undergo remarkable innovation in near future. Digital hardware components and micro-computers will cause significant change in process control and will influence control rooms and control desks.

There will be more efficient information display and plant operation by interactive CRT,s. We attempt to contribute to this phase by presenting some personal thoughts and comments on major problems and tendencies.

Einleitung

Die Anforderungen der menschlichen Gesellschaft an die Quantität, vor allem aber auch Qualität von Produktionsgütern ist in den letzten Jahrzehnten ständig gewachsen. Ein Indikator dafür ist der stetige Anstieg des Bedarfs an Energie und Rohstoffen, der zu immer größeren prozeßtechnischen Anlagen geführt hat.
Extrapoliert man, so verläuft dieser Trend zwar nicht mit der gleichen dramatischen Steilheit wie bisher, hält jedoch insgesamt betrachtet an.

Einschränkende Bedingungen bei der Deckung dieser Verbrauchszunahme sind die knapper werdenden Rohstoffe, das Interesse der Allgemeinheit an einer intakten Umwelt und die immer bestehende Forderung nach größtmöglicher Sicherheit.
Die Führung technischer Prozesse wird deshalb in Zukunft höhere Ansprüche stellen, nicht zuletzt auch durch den Zwang, die Kosten in Grenzen zu halten bei gleichzeitig hoher Qualität der Endprodukte.
Der steigenden Komplexität der Prozesse wird man am besten durch eine zentrale Prozeßführung in Warten oder Leitständen gerecht von der Art, daß sie den Menschen als Anlagenoperator einbezieht.
Unser Beitrag bringt hierzu eine subjektive Wertung von Problemen, Lösungen und Trends der Wartentechnik.

Probleme

Derzeitige zentrale Warten sind durch eine hohe Dichte parallel dargebotener Information mit entsprechender Instrumentierung geprägt.
Die weitgehend parallele Bedientechnik fordert dem Operator viel Aufmerksamkeit bei der Erfassung relevanter Prozeßdaten ab, vor allem im Störfall durch ein ungünstiges Verhältnis von Nutz- zu Störinformation, denn das menschliche Gehirn arbeitet bevorzugt seriell.
Die heutige Instrumentierungstechnik mit Punkt-zu-Punkt-Verdrahtung zu den konventionellen Regel-Steuer- und Meldeeinrichtungen führte trotz aller Bemühungen um Konzentration und Selektion gerade im Bereich der Warte zu einer dichten Verkabelung und einer oft großen Instrumentenvielfalt. Damit verbunden ist ein beachtlicher Aufwand an Engineering, Montage, Prüfung und Wartung.

Bild 1 verdeutlicht den hohen personellen Aufwand am typischen Beispiel eines 1976 fertiggestellten Wartenprojektes mit konventioneller Technik

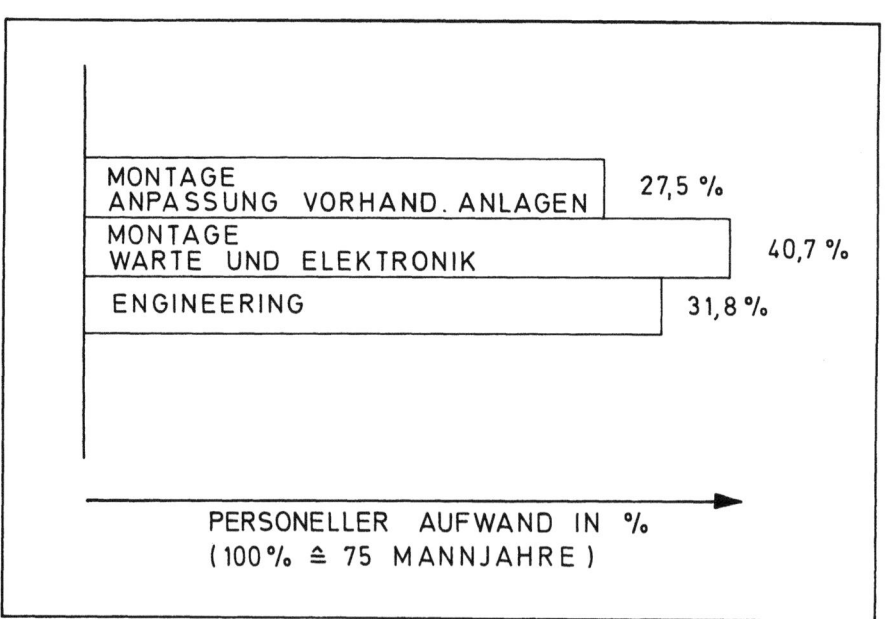

Bild 1   Personeller Aufwand für ein Wartenprojekt

Das Problem besteht also darin, durch den Einsatz neuer technischer Möglichkeiten diesen Aufwand zu reduzieren bei gleichzeitiger Optimierung der Bedienbarkeit. Denn je besser die Bedienbarkeit ist, desto kleiner ist das Risiko für Fehlhandlungen und um so höher wird dadurch die Anlagenverfügbarkeit.

Der Einsatz serieller Techniken mit entsprechenden Visualisierungsmöglichkeiten über Datensichtgeräte ermöglicht zwar eine gewisse Reduktion der Instrumentenvielfalt, bringt jedoch eine Reihe neuer Probleme zur Automatisierungs- und Bedienstruktur mit sich.
So stellt sich die Frage, ob vorwiegend zentralisierte Strukturen mit weitestgehend serieller Technik eingesetzt werden sollen, oder ob eine dezentralisierte Instrumentierung vorzuziehen ist. Das heißt, soll man Funktionen hoher Komplexität in die Spitze einer Automatisierungshierarchie verlagern und diese mit einer entsprechend hohen, zentralen technischen Intelligenz ausstatten, oder soll man die Automatisierungsfunktionen größerer Aggregate, Aggregategruppen oder Anlagenteile in sogenannten Automatisierungsinseln zusammenfassen mit gezielt reduzierter Intelligenz und wählbarer Verfügbarkeit. Bei Ausfall von übergeordneten Komponenten ist dann ein Betrieb mit Hilfe der unterlagerten Einrichtungen noch möglich, bei dann reduziertem Automatisierungsgrad.
Eng verbunden mit diesen Fragen sind Aspekte der Sicherheit und Verfügbarkeit über entsprechende Back-up-Systeme bzw. den Ersatz von ausgefallenen durch identische Systemkomponenten (homogene Redundanz). Hierzu wird noch intensive Forschung notwendig sein. Insbesondere ist auch weitgehend offen, wo die optimale Grenze beim Übergang von der parallelen zur seriellen Bedienung liegen soll.

Das qualitative Verhalten der wesentlichen Parameter, die in diesem Zusammenhang als Entscheidungskriterien von Einfluß sind, zeigt Bild 2.

Der Übergang zu seriellen Techniken mit preisgünstigen, modularen Hardware-Mitteln reduziert die Montage-, Wartungs- und Kabelanteile (Kurve C). Gleichzeitig steigt jedoch die von den Automatisierungskomponenten, insbesondere vom Prozeßrechner geforderte funktionelle Komplexität. Es sind speicherintensive Systeme hoher technischer Intelligenz erforderlich (Kurve A).

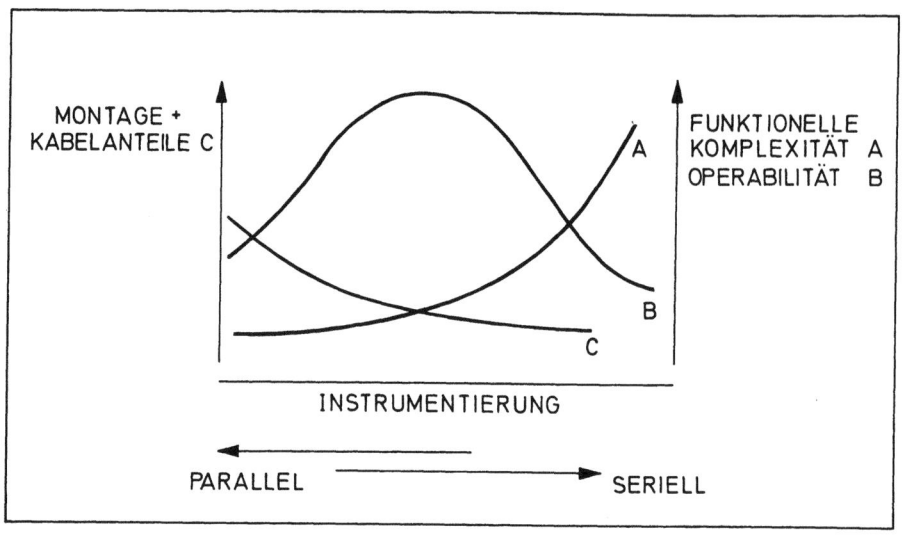

Bild 2   Vergleich von paralleler mit serieller Instrumentierungstechnik

Treibt man dabei nur einen geringen Aufwand für entsprechende Redundanzen, so wird dies in der Regel mit einem Verlust an Verfügbarkeit und Sicherheit erkauft werden müssen. Man wird also bei fast ausschließlic seriellem Betrieb aufwendige Systeme mit m von n (z.B. 2 von 3) - Ausw einsetzen oder für den Notfall ein paralleles Back-up vorsehen müssen. Damit gelangt man aber wieder in Kurvenbereiche steigender Gradienten.

In absehbarer Zeit ist ein vollautomatisch ablaufender Prozeßbetrieb aus technologischen und aus Kostengründen nicht realisierbar. Der Mens stellt somit eine notwendige Komponente der Prozeßführung dar. Da sein schnelles Eingreifen vor allem bei nicht vorprogrammierbaren Störsitua tionen wichtig ist, muß der Prozeß gut zu überwachen und zu bedienen sein; es wird optimale Operabilität gefordert. Ihren qualitativen Verlauf über der Art der Instrumentierung zeigt Kurve B. Er spricht sowoh gegen rein parallele als auch gegen rein serielle Instrumentierung. Di

Informationsverarbeitung des Menschen erfolgt zwar seriell, jedoch ist
die Kapazität seines Kurzzeitgedächtnisses gering, so daß die Durchführung logischer Verknüpfungen und eine schnelle Entscheidungsfindung unterstützt wird durch die Möglichkeit, aus parallel dargebotener Übersichtsinformation Sinnzusammenhänge zu erkennen. Aus den eingangs erwähnten Gründen sollte allerdings der Anteil an Störinformation gering
sein.
Diese Überlegungen zeigen, daß die Lösung in der Mitte liegt und ein
vermutlich prozeßabhängiges Optimierungsproblem darstellt. Einen Beitrag
zur Leistungsfähigkeit serieller und paralleler Bediensysteme liefern
Kollmann und Gutmann.

Serielle und semiserielle Techniken erfordern eine neue medienangepaßte
Informationsdarstellung. Ein kaum bewältigtes Problem dabei ist die
richtige Codierung und Organisation der Information. Es sind hierzu noch
beträchtliche Anstrengungen anthropotechnischer Forschung nötig. Eine
weiterführende Antwort zu diesem Problemkreis geben Geiser und Schmudlach.

Bildschirmtechniken bieten die Möglichkeit, riesige Schaltpult- und
Schalttafelflächen, z.B. 60 m^2 bis 70 m^2 Fläche bei 90.000 bis 100.000
Bausteinen für ca. 3.000 Meldungen in der Warte eines Verteilprozesses,
auf anthropotechnisch günstigere Ausdehnungen zu verdichten. Sie bergen
aber auch die Gefahr in sich zur hochautomatisierten, räumlich zu stark
reduzierten Warte, in welcher der Operator in psychische Schwierigkeiten geraten kann. Hinzu kommt, daß sich die Rolle des Operators als häufig eingreifender Regler zu der eines Überwachers verschiebt. Seine Tätigkeit ist dabei geprägt durch längere Zeiten geringer geistiger Anforderung, unterbrochen von kurzen Phasen mit stark erhöhtem Streß, in
denen schnell und sicher hochqualifizierte Entscheidungen getroffen werden müssen.

Hier stellt sich das Problem der richtigen Auslastung, eventuell unterstützt durch Training über Simulation und das Einbeziehen der Umwelt in
eine mehr systematische Gestaltung der Warte nach ergonomischen Gesichtspunkten im Rahmen der Gesamtanlagenplanung, ohne allerdings in das Extrem zu verfallen, Hyperarchitekturen zu erzeugen.

Lösungen

Zu neuen Wartenkonzepten, welche auf die aufgezeigten Probleme eingehen, kommt man, wenn bei der Wartengliederung die Aufgaben der Prozeßführung von den Aufgaben der technischen Betriebsführung klar getrennt und die Kommunikationsmittel entsprechenden Funktionsbereichen zugeordnet werden, die dem Tätigkeitsprofil und den Kompetenzen des Bedienpersonals angepaßt sind. Im allgemeinen Fall sind in der Warte oder in Wartennebenräumen fünf Funktionsbereiche vorgesehen (Bild 3).

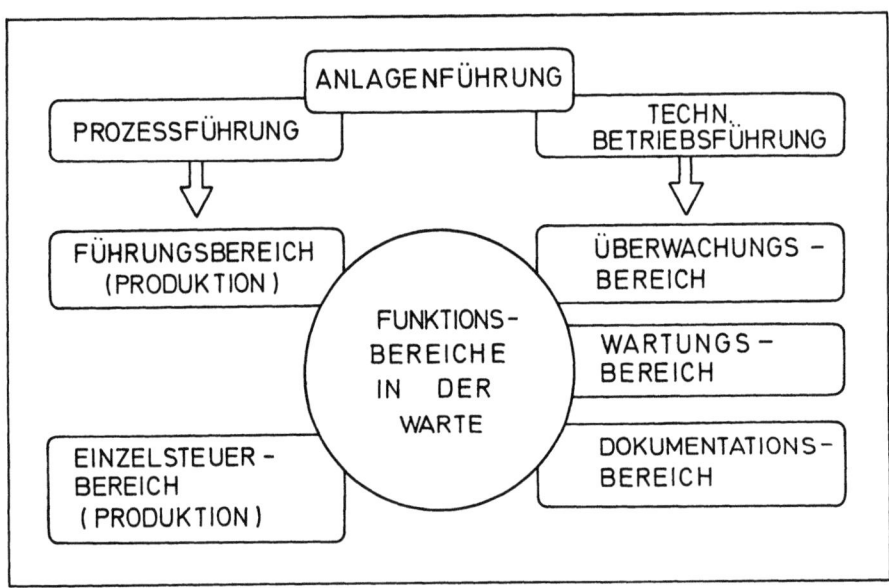

Bild 3   Funktionsbereiche in der Warte

Im Führungs- und Einzelsteuerbereich sind alle Funktionen zusammengefaßt, die der unmittelbaren Prozeßführung, insbesondere der Aufrechterhaltung der Produktion dienen.

Der Führungsbereich selbst beinhaltet folgende Hauptfunktionen:

  Prozeßüberwachung und -eingriff bei ungestörtem Prozeßverlauf

  Überwachung auf Grenzsituationen und Eingriff bei Störungen, bevor der Schutz die Anlage abschalten kann

Eingriff bei gefährlichen Situationen und in Katastrophenfällen (Notabschaltungen)

Zuständig ist hier der Hauptoperator (oder mehrere bei großen Anlagen).

Im Einzelsteuerbereich werden sekundäre Funktionen der Prozeßführung abgewickelt, wie

Anfahrvorbereitung und Stillsetzen der Anlage

Eingriffe bei außergewöhnlichen Zuständen

Überwachung und Eingriff bei Inbetriebnahme

Der Einzelsteuerbereich, der nicht ständig besetzt ist, fällt in die Kompetenz der Hilfsoperateure.

Der Überwachungsbereich dient dem Schichtführer bzw. Betriebsingenieur zur Anwahl und Ausgabe von Übersichtsinformation und zur Störanalyse. Von hier aus erfolgt die Prozeßrechnerbedienung.

Nicht im Wartenraum befinden sich die Einrichtungen zur Dokumentation des Betriebsgeschehens und zur Langzeitüberwachung durch Ingenieure und Betriebsleitung.

Ebenso wird man Wartungs- und Reparaturtätigkeiten (z.B. an Automatiken) durch Elektriker und Mechaniker möglichst außerhalb der Warte verlagern.

Bild 4 zeigt das Modell einer konsequent nach Funktionsbereichen gegliederten Warte am Beispiel der Kraftwerkstechnik.

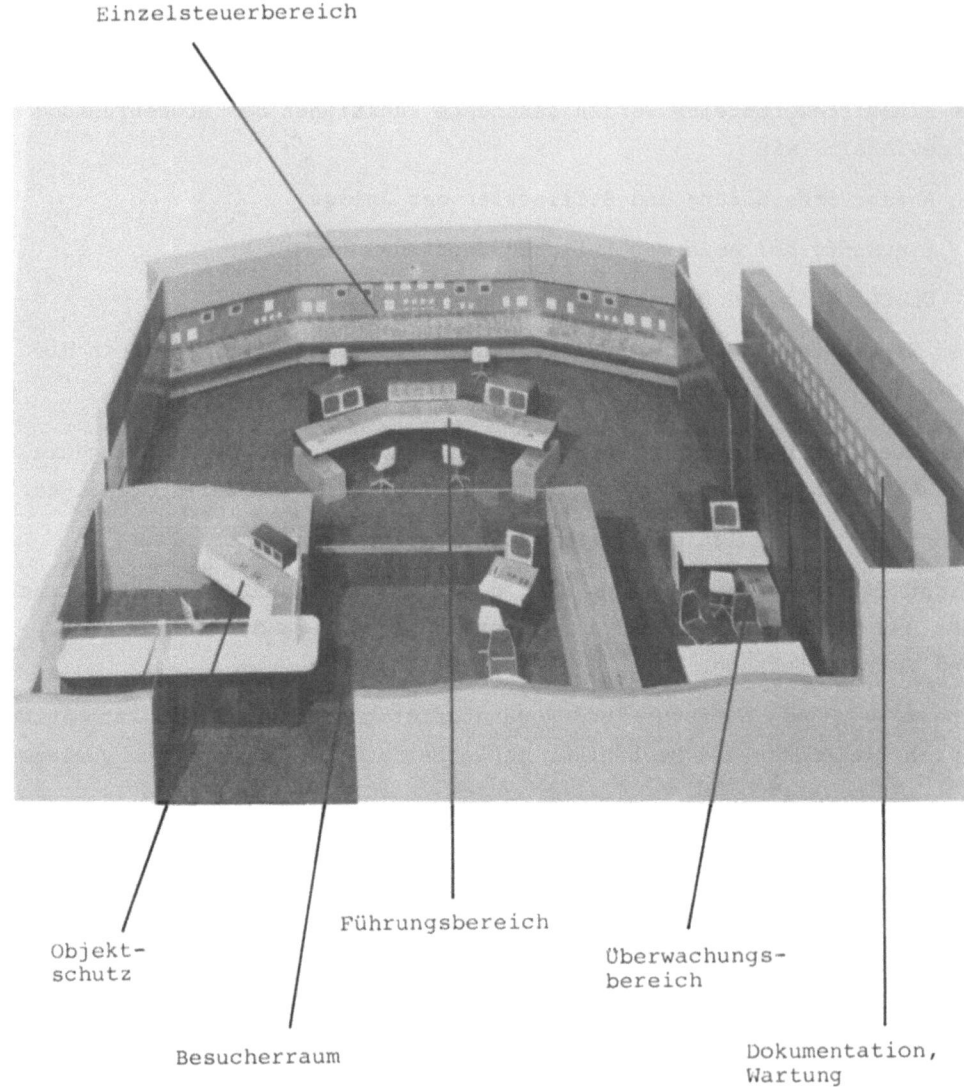

Bild 4   Modell einer nach Funktionsbereichen gegliederten Kraftwerkswarte

Das Prinzip ist jedoch auch auf andere Prozesse übertragbar.
So wurde es, um ein weiteres Beispiel zu nennen, auf einen Verteilprozess angewandt.
Einen Eindruck davon gibt Bild 5.

Bild 5   Beispiel einer nach funktionellen und ergonomischen Gesichtspunkten gegliederten Warte eines Verteilprozesses

Die Wartenausführung stellt eine gelungene Lösung dar, bei der funktionelle Anforderungen im guten Einklang stehen zu Architektur, Design und ergonomischen Umweltanforderungen, wie Beleuchtung, Akustik und Klimatisierung. Während zur Bedienung ein hierarchisches, rechnergeführtes Bediensystem eingesetzt ist, das den Operator in leicht überschaubaren Schritten an die Problemlösung heranführt, hat man bei der Visualisierung allerdings hauptsächlich konventionelle Mittel beibehalten. Lediglich zur Ausgabe von Warnmeldungen und Meßwertgruppen sind fünf Datensichtgeräte eingesetzt.

Den bisher fortschrittlichsten Einsatz von prozeßrechnergestützten Bildschirmeinheiten bieten interaktive Systeme zur Prozeßbedienung.

Dafür ist das EAF-System des IITB der Fraunhofergesellschaft ein Beispiel. Es arbeitet nahezu ohne konventionelle Visualisierungsmittel (Bild 6 und Bild 7).

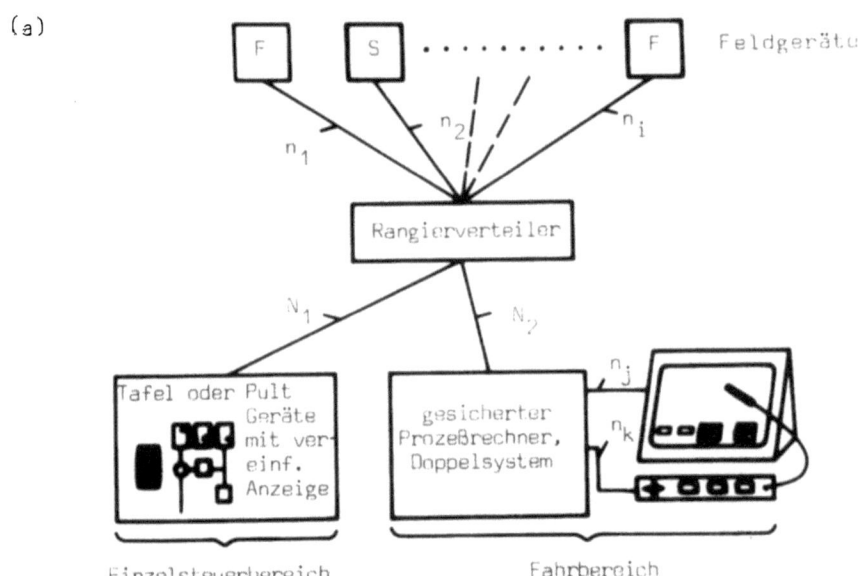

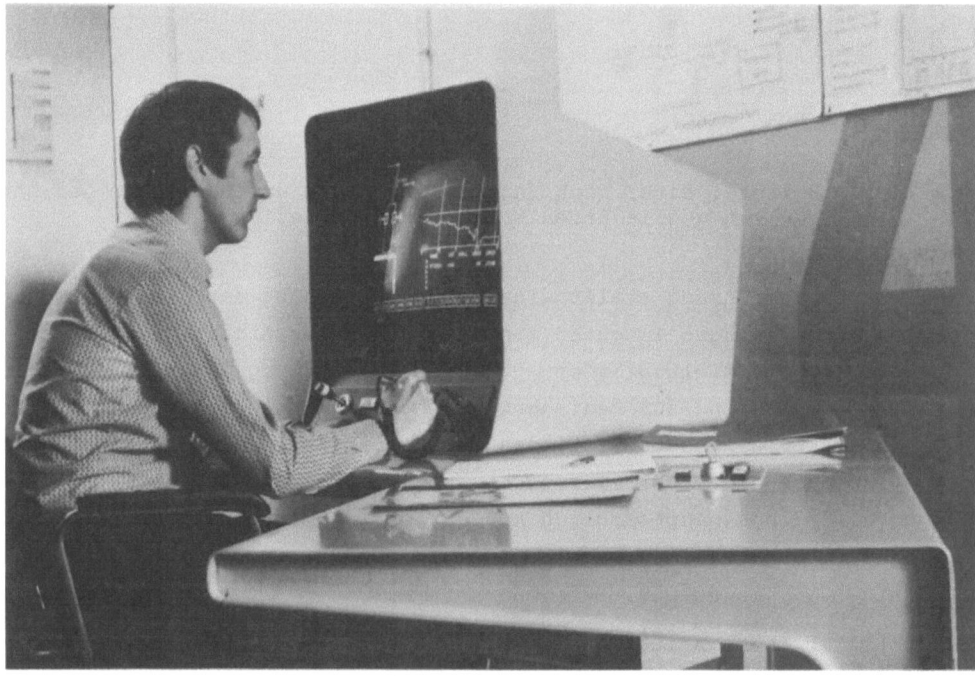

Bild 6, Bild 7   Das Ein-Ausgabe-Farbbildschirmsystem
                 (EAF) des IITB der Fraunhofergesellschaft

Zur Beobachtung und Bedienung steht ein Bild mehrfacher Bildschirmgröße zur Verfügung, das durch einen Steuerknüppel verschoben werden kann (rolling map).

Zur Informationsdarstellung können Symbole, Texte, α-numerische Zeichen, Kurven und Balken kombiniert werden. Die Bedienung erfolgt über virtuelle, d.h. auf dem Bildschirm dargestellte Schalter und Tasten, die durch einen Lichtgriffel betätigt werden. Dies alles wird durch Kombination eines Farbbildschirmgerätes mit einem Minirechner erreicht.

Über erste Betriebserfahrungen mit diesem System werden Wischermann und Becker berichten.

Trends

Die Trends der zukünftigen Warten- und Leitstandstechnik stehen unter dem Aspekt einer bildschirmgestützten Überwachung und Bedienung. Anstatt der bisherigen Beobachtung sekundärer Größen, aus deren Verknüpfung der Operator seine Entscheidung ableiten muß, wird man das Prozeßgeschehen so visualisieren, daß diese Entscheidung unmittelbar getroffen werden kann.

Man wird dem Operator gezielt nur die Information anbieten, die er für die jeweilige Situation benötigt. Dazu wird man die Information hierarchisch organisieren und Anwahltechniken ohne Adreßbuch und Codewörter verwenden. Man wird die Anwahl vielmehr über Lichtgriffel oder berührungssensitive Elemente direkt auf dem Bildschirm vornehmen.

Bei der Visualisierung selbst wird man den Mustererkennungsprozeß des Operators unterstützen durch Zusammenfassen von Detailinformation zu übergeordneten Gestaltseinheiten (Superzeichenbildung) und durch aufgabenspezifische Codierung in Form und Farbe.

Im Zuge dieser Trends wird bei allen Prozessen die Zentralisierung der Überwachung und Bedienung weiter zunehmen, aber ebenso der Bedarf an einer einfachen Bedienungshardware vor Ort.

Insgesamt wird eine größere Sicherheit der Prozeßführung erwartet, durch eine gewisse funktionelle, eventuell auch räumliche Dezentralisierung auf der Basis von Bussystemen und μ-Prozessoren. Damit verbunden sein wird eine Reduktion der Verkabelung und eine Senkung der Montage- und Wartungskosten, vor allem auch im Bereich der Warte. Dies wird unterstützt werden durch Standardisierung von Prozeßeinheiten und bis zu einem bestimmten Grad sogar ganzer Anlagen.

Mathematische Prozeßmodelle und adaptive Regelsysteme werden mehr Störungsprophylaxe anstatt "post mortem review" ermöglichen.

Bei der Wartengestaltung selbst wird man sicherlich verstärkt anthro
technische und ergonomische Erkenntnisse einsetzen. Dadurch wird ein
Verbesserung des heute noch vorhandenen Mißverhältnisses von Nutz- z
Störinformation bei der Mensch-Maschine-Kommunikation erzielt werden
aber auch die Vermeidung physischer oder psychischer Schäden durch e
schlecht angepaßte Umwelt.

Das Gesicht zukünftiger Warten wird jedoch nicht ungewohnt sein. So
ein vollständiger Fortfall parallel angeordneter Einzelgeräte und ko
ventioneller Fließbilder nicht erwartet. Sie werden eine sinnvolle E
gänzung zu den modernen interaktiven Sichtgerätetechniken sein, die
Richtung großflächiger Plasmadisplays und Multivisionswänden tendier
Entsprechend der Wichtigkeit des visuellen Kanals des Menschen werde
optische Kommunikationsmittel auch weiterhin dominieren. Sie werden,
wenn auch nicht in naher Zukunft, durch auditive Ein-Ausgabe-Medien
gänzt werden. Die wichtigsten Trends sind in Bild 8 zusammengefaßt.

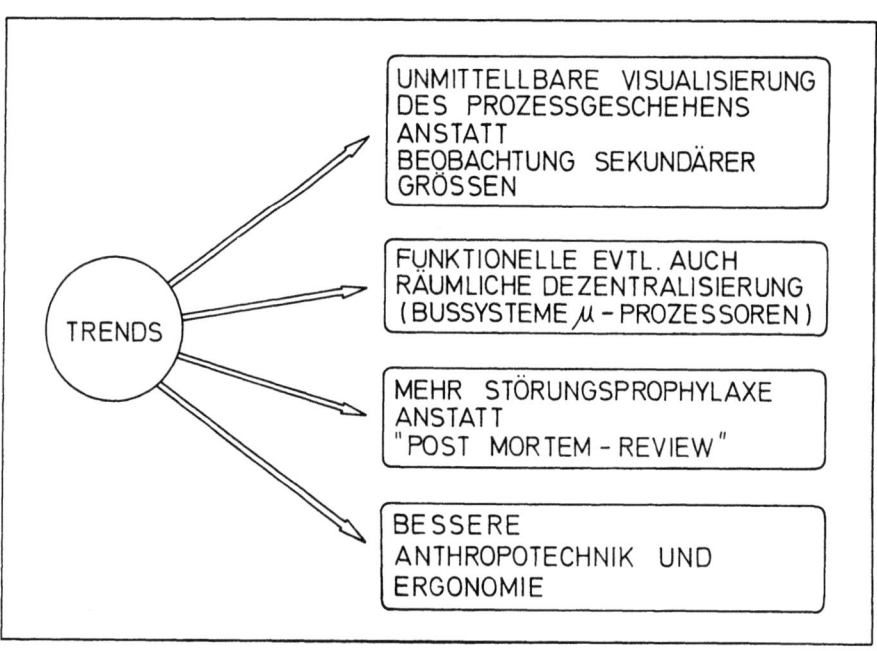

Bild 8   Trends der Wartentechnik

RECENT IMPROVEMENTS IN OPERATIONAL FACILITIES IN COMPUTER CONTROLLED CHEMICAL PLANTS

VERBESSERUNGEN IN DER BEDIENUNG VON RECHNERGESTEUERTEN CHEMISCHEN ANLAGEN

P.I. Burton M.Sc.Techn., Ph.D.
Kent Automation Systems Ltd.,
Hitchin, U.K.

Zusammenfassung

Die Kosten von Rechnerleistung sowie voll und halbgraphischer Farbdisplayeinheiten sind jetzt ausreichend gefallen, um ihre Einbeziehung in das "durchschnittliche" Rechner-Automatisierungs-System zu überdenken. Zusätzlich wurden passende höhere Programmiersprachen mit Echtzeiterweiterungen entwickelt. Daher stehen jetzt die Werkzeuge für den Entwurf von Mensch-Maschine-Interfaces zur Verfügung, deren Informationsein- und Ausgabe auf den Operateur und nicht auf die bequemste Weise auf den Rechner zugeschnitten ist. Zwei Aspekte werden diskutiert. Der erste schildert im einzelnen den Entwurf eines Automatisierungssystems speziell für Mehrzweck-Batch-Anlagen, das erlaubt interaktiv neue Produktenfolgen zu definieren, die Konfiguration für den Produktionsablauf festzulegen, und den Betrieb individueller Einheiten zu aktivieren. Der zweite betrifft allgemeine Hilfen für den Operateur und beschreibt verschiedene Typen des VDU[+]-Displayformats einschließlich eines Vorschlags für eine "totale Zustands"-Anzeige. Eine Methode zur Korrelation individueller Alarmmeldungen mit ihren Ursachen als Hilfe für den Operateur bei der Fehleranalyse wird ebenfalls besprochen.

MULTI-PURPOSE BATCH PLANTS

In the following discussion on improvements in operator facilities, a multi-purpose batch plants is defined as one where several of a library of products can be produced simultaneously on a campaign basis. Each campaign may consist of one or more batches and campaigns of the same product can use any suitable selection of process equipment. Products can be added and deleted on-line depending on the market requirements. Chemicals typically produced in multi-purpose batch plants are dyestuffs, dyestuff intermediates and pharmaceuticals. There is a certain degree of chemical similarity between the members of each group and it is possible to break down their production methods into individual product building bricks commonly called unit operations. Various combinations of these can be used to produce any member of the range (1).

The steps involved in defining, initiating and completing a production campaign are as follows:

1. Campaign configuration. The operator must specify which vessels are to be used for the new campaign. Each vessel entered must be checked for suitability. This can be done by comparing the requirements for that position with the entered vessel's details or by predefining the selection available in the configuration program. The system design must also give maximum equipment utilisation by allowing campaigns to be configured and started before any vessels have been freed by their current campaigns.

   The result of a successful campaign configuration is a "reserved campaign" whereby each vessel is marked as being reserved for that campaign (it is normal to allow only one level of reservation). A reserved campaign can be deleted and redefined at any time.

2. Campaign initiation. A reserved campaign can be made active as soon as its first position is available. The operator informs the system that the vessel is free and the system automatically assigns the relevant sequence program and recipe list (2) for that position to the vessel's sequence block. This process is repeated for the succeeding vessels as they also become free.

[+]Visual Display Unit

3. Campaign completion. A campaign can be terminated manually, on operator request, or automatically after a specified number of batches have been produced. Each position is 'freed' as the last batch leaves it and the last position in the campaign frees itself and also removes all other campaign details.

The following aspects must also be considered.

4. Market requirements, particularly for dyestuffs, mean continual change in the contents of the library and it must be possible to add new products (and delete old ones) on-line. This involves producing a sequence program and recipe list for each position and then attaching them to the library.

5. New products, previously produced only on laboratory scale, must be tested to ensure that scale-up is practical. This is often done manually in spare equipment but some form of "unit operation" automation is desirable.

The following control system design allows full automation and provides an ergonomic operator interface for definition purposes. The availability of a powerful, interactive high-level language (e.g. BASIC) is assumed.

1. The requirements for maximum equipment utilisation and automatic campaign initiation are solved by relatively straightforward extensions to the sequence executive. A campaign is initiated by call routine (e.g. START CAMPAIGN PRODUCT 123456) and each position is automatically attached as it becomes free.

2. Campaign configuration. The operator must choose a suitable vessel for each position in the configuration. This is readily solved if all vessels are fully equipped and any vessel can be used for any position - but this is unlikely. In practice there will be several classes of vessel and thus a fixed number of options for each position in each campaign. A lot of complicated checking is saved if each product has its own program specifying the vessel combinations suitable for it. This should be conversational. Figure 1 is an example of a typical K90 BASIC program which has the following conversation with the operator.

```
CAMPAIGN DEFINITION FOR PRODUCT 11200
STEP 1.1.   VESSEL - P1 OR P2?
STEP 1      VESSEL - R3 OR R4?
STEP 2      VESSEL - Q4, Q5 OR Q6?
NO. OF BATCHES REQUIRED?
CAMPAIGN DEFINITION COMPLETE.
```

The program checks each reply to ensure that the vessel selected is not already reserved for another campaign. If it is, it prints - "VESSEL ALREADY RESERVED" - and asks the question again. At the end of a successful configuration, the selected vessels are permanently reserved and details of the campaign are saved in a special campaign area.

3. New product definition. If the unit operation approach can be applied, it is possible to write a BASIC program which will generate the master sequence program for a new product. The BASIC program will contain details of each unit operation's arguments and produces a small piece of sequence code as each is defined. A design to cover most applications allows up to two 'action' and two 'check' unit operations to run in parallel for each step. A typical conversation is given below - operator replies are underlined.

```
5 REM CAMPAIGN DEFINITION PROGRAM FOR
10 REM PRODUCT 11200
20 STRING 30                        !STRING LENGTH
30 DIM A%(255)                      !ARRAY FOR SEQ.BLOCKS AND LISTS
40 DIM B%(255)                      !ARRAY FOR CAMPAIGN LIST
60 REM PROGRAM NORMALLY ENTERED HERE
80 IF DATAWORD% ><5 GOTO 5000
90 PRINT "CAMPAIGN DEFINITION FOR PRODUCT 11200"         !HEADING
100 INPUT "STEP 1.1 VESSEL - P1 OR P2",P$:IF P$="END" GOTO 1500
110 IF P$="P1" THEN P%=1 ELSE IF P$="P2" THEN P%=2 ELSE GOTO 1500
120 CALL GETBLK (P%,A())            !GET SEQ.BLOCK
130 IF A%(24)><0 GOTO 1600          !CHECK RESERVED OR MAINTENANCE
140 B%(3)=P%                        !SET FIRST VESSEL ON LIST
150 INPUT "STEP 1 VESSEL - R3 OR R4",P$:IF P$="END" GOTO 1500
160 IF P$="R3" THEN P%=3 ELSE IF P$="R4" THEN P%=4 ELSE GOTO 1500
170 CALL GETBLK(P%,A%())            !GET SEQ.BLOCK
180 IF A%(24) ><0 GOTO 1800         !CHECK IF RESERVED
190 B%(4)=P%                        !SET SECOND VESSEL ON LIST
200 INPUT "STEP 2 VESSEL - Q4,Q5 OR Q6",P$:IF P$="END" GOTO 1500
210 IF P$="Q4" THEN P%=5 ELSE IF P$="Q5" THEN P%=6
220 IF P$="Q6" THEN P%=7 ELSE GOTO 1900
230 CALL GETBLK (P%,A%())
240 IF A%(24) ><0 GOTO 2000
250 B%(5)=P%                        !SET THIRD VESSEL ON LIST
260 REM   ETC TO VESSEL 7
400 REM THIS SECTION FINDS A SUITABLE PARAMETER LIST
410 REM FOR THIS CAMPAIGN
420 FOR I%=1 TO 50
430 CALL GETTAB (I%,A%())           !FIND A TABLE
440 IF A%(1)=-1 GOTO 450            !TABLE FREE?
445 NEXT I%
450 B%(1)=11200                     !PRODUCT NUMBER
460 B%(2)=I%                        !P.LIST NUMBER
470 REM CAMPAIGN DEF.LIST IS NOW COMPLETE.STORE
480 REM COMPLETED LIST IN RESERVED AREA
490 OPEN "COR:CAMPS" AS FILE 1 RECORD SIZE 64
495 PUT #1 RECORD 1 FROM B() : CLOSE 1
500 REM NOW SET UP SEQ.BLOCKS WITH PROCESSING
510 REM FILE,RECIPE AND PLIST.
520 FOR J%=3 TO 10                  !7 SEQ. BLOCKS
530 CALL GETBLK(B(J%),A%())         !GET BLOCK
550 READ X,Y                        !GET REC.NUMBER AND PROC.FILE
560 A%(26)=X                        !SAVE RECIPE NUMBER
570 A%(27)=Y                        !SAVE P.F. NUMBER
580 A%(28)=B%(2)                    !P.LIST NUMBER
590 CALL SETBLK(B(J%),A%())         !WRITE SEQ.BLOCK
600 NEXT J%
650 PRINT "CAMPAIGN DEFINITION COMPLETE"
700 STOP
1500 REM ERROR HANDLING FOR STEP 1.1
1510 PRINT "INVALID VESSEL NAME" : GOTO 100
1600 PRINT "VESSEL",P$,"ALREADY RESERVED" : GOTO 100
1700 REM ERROR HANDLING FOR STEP 1
1710 PRINT "INVALID VESSEL NAME" : GOTO 150
1720 REM ETC ETC ETC
3000 DATA 1,2,3,5,7,10,2            !PROC.FILE AND RECIPE DATA
5000 END
EOT
```

FIG. 1. K90 BASIC program for campaign definition.

```
PRODUCT NAME? 123456

POS1 : STEP 1 : S1 : CHARGE
                    WHAT? H2O
                    QUANTITY? 2000
               S2 : NO
               C1 : NO
               C2 : NO

       STEP 2 : S1 : AGITON
                    SPEED? 50
               S2 : NO
               C1 : MINCK
                    WHAT? M1
                    LIMIT? 25
               C2 : NO

       STEP 3 : S1 : CHARGE
                    WHAT? TPA
                    QUANTITY? 6520
               S2 : HEATON
                    DV? 85
               C1 : NO
               C2 : MAXCK
                    WHAT? T10
                    LIMIT? 95

       STEP 4 : etc.
```

CHARGE, AGITON (agitator on), HEATON, MINCK (minimum check) and MAXCK (maximum check) are all unit operation names. As each is entered, the operator is asked for the relevant details such as the liquid to be charged and its quantity.

The check sequences cause the variables specified to be continuously monitored and put the reactor into a safe state immediately a limit is exceeded.

6. Manual operations. The operator can request individual unit operations to be run on a particular vessel. This is most useful for new product testing and is quicker and much safer than attempting to open and close each valve individually from the control panel. The program is conversational and is essentially a subset of the new product definition program. A typical conversation could be

```
VESSEL? R4
UNIT OPERATION NAME? CHARGE
WHAT? H2O
QUANTITY? 15000
```

GENERAL OPERATOR AIDS

The human operator with his powers of logic and deduction is an essential component of the control system and every effort must be made to design the computer system to assist him in his decisions. Two aspects are discussed below – displays and fault analysis.

DISPLAYS

The first computer control systems used in-line displays to give information about individual measurements and used the 'control by exception' principle for process alarms, the argument being that points in alarm need not concern the operator. This is still valid but is not the whole story. Alarm limits are generally set fairly wide and although points may not yet be in alarm they will still show a deviation which the operator can usefully include in his analysis of the current state of the process. In the recent past, alphanumeric visual display units have replaced in-line displays as the major display device and are able to display information on groups of points. This is an improvement but still has its drawbacks - digital data is compact and precise but difficult to assimilate quickly and quite useless for some purposes (one need only try to tune a loop using a digital display of the input). The current trend is to use semi and full graphic VDU's with "analog" displays which use man's natural ability for pattern recognition to convey the state of the plant. (3,4).

Some of the displays commonly in use and some of the possibilities are described below.

SEQUENCE STATUS DISPLAYS

This is usually an alphanumeric VDU used to give an overview of all sequence operations and is thus applicable to batch processes and those continuous plants which have start-up and shut-down sequences. Typically (1) the line consists of vessel name, batch number, current step number, current unit operation name and a space for text which is used for operator information and instruction. This format is not suitable for large multi-product batch plants because it presents more information on one screen than can be readily understood and the display is often made more incomprehensible by presenting it in vessel order rather than campaign order. Figure 2 gives an alternative display based on the software structure described in the first section with the information grouped in campaign order. The major step number and details of each of the four unit operations are given for each vessel. This implies one VDU for each active campaign - potentially a lot - or several shared VDU's and an additional means of indicating the operator action messages that appear on the right hand side of the screen.

PLANT SECTION DISPLAYS

Colour semi-graphic VDUs are used to display plant sections in flow chart form together with relevant measured values, on/off valve states etc. The facility to change colour and symbol can be used to advantage to improve legibility - for example an m.v. in alarm can be written in red, an open on/off valve can have a different symbol to a closed one, a moving conveyer can contain an arrow indicating its direction. This use of colour and shape change is particularly suited to batch plants where the current plant state is often more relevant than the actual measurements. Building and modifying such diagrams should be a simple on-line function.

ANALOG DISPLAYS

An 'analog' display in this context means the representation of an analog value by a shape as opposed to a numeric representation.

1. Meter format.

A typical VDU display line for one point could be

R17T10   MV   123.4   DEG.C   DV   125.0   LAL   115.0   HAL   140.0   AUTO

CAMPAIGN : 98

PRODUCT : 123456 SKYBLUPINK Y.D.

NO. OF BATCHES : 26

LAST COMPLETE BATCH : 11

POS1 : R12   STEP 3   PREPARATION   BATCH NO. 13
        S1   10   2   CHARGE TPA 6520 KG. ACTUAL = 6532 KG. CONFIRM OK.
        S2
        C1   2   MINCK. AGITATOR 20 R.P.M.

POS2 : R10   STEP 7   COUPLING   BATCH NO. 12
        S1   6   4   CHARGE NAOH 2000 KG
        S2   5   3   COOL. DV = 4 DEG. C.
        C1   2   MINCK. AGITATOR 15 R.P.M.
        C2   2   MAXCK. TEMP. 6 DEG. C.

POS3 : F3   STEP 1   READY FOR NEXT BATCH
        S1
        S2
        C1
        C2

FIG. 2 Improved Sequence Status Display For Multi-Product Plant

A group display for reactor R17 may have 24 lines of such information thereby presenting so much data that it is difficult to select a particular item and impossible to get a general 'feel' for that reactor's condition. One vital piece of information which is missing from the above format is the instrument range.

A more understandable display is the 'meter' format.

```
R17T10   MV   123.4   DEG.C   50!--------------L----M-----H------!200
LR17T10  DV   125.0   DEG.C   50!-----------------------S---------!200 AUTO
```

This format can be used on an alphanumeric VDU but the choice of symbols and colour available on a colour semi-graphic VDU can be used to improve the display considerably.

```
R17T10   MV = 123.4  DEG.C   50|_____▼__▼__▼_____,200
         DV = 125.0  AUTO                      ▲
```

2. Graphical representation.

The meter format gives a useful 'lower level' display but is not very practical for overview displays because of the limited number of points that can be accommodated. An alternative method (5) describes a graphical representation which was applied to a series of batch fermenters.

Setpoints (or design values) and alarm limits are normalised and each measurement is shown as a vertical bar. Up to 12 such groups can be displayed on one screen allowing over 100 measured values to be shown. One group is for 'key variables' and the others were grouped according to kind - temperatures, yields etc. The resolution of each point is low but nevertheless points in alarm were readily identified. Each group could be displayed in more detail with numeric data as shown on figure 3.

3. 'Wolff' diagram. 'Total state' display.

Wolff (6) describes a polar co-ordinate display which he used to represent physiological information. Various parameters such as temperature, blood pressure, heart rate, white count etc. are normalised and plotted along the radii of the diagram such that, when they are all normal, their envelope will form a circle - fig. 4(a), 4(b). This envelope changes shape as the parameters vary and he suggested that each disease would have its own set of typical shapes called disease templates. Coekin (7) applied this approach to tolerancing and reports tests on pattern analysis which prove the human aptitude for pattern recognition and memory.

This technique could be used to advantage to display process measurements in a "total state" format.

Figures 5(a) and 5(b) show a suitable representation. Alarm limits and design values are normalised so that the design values fall on a mean circle within the two limit circles. The measurements are then drawn along radii. The measurement scale between the alarm limits can be expanded or non-linear. For example, the length of the radius could be proportional to the square of the error which would result in little distortion for small errors but significant distortion for large errors. Colour changes can be used to provide additional visual information - in fig. 5(b), points in alarm are represented by red radii, points not in alarm by green radii and the envelope in blue.

	T1	T2	T3	T4	T5
MV	40	45	76	25	80
DV	25	48	75	30	75
HAL	35	60	90	45	90
LAL	10	35	50	10	50

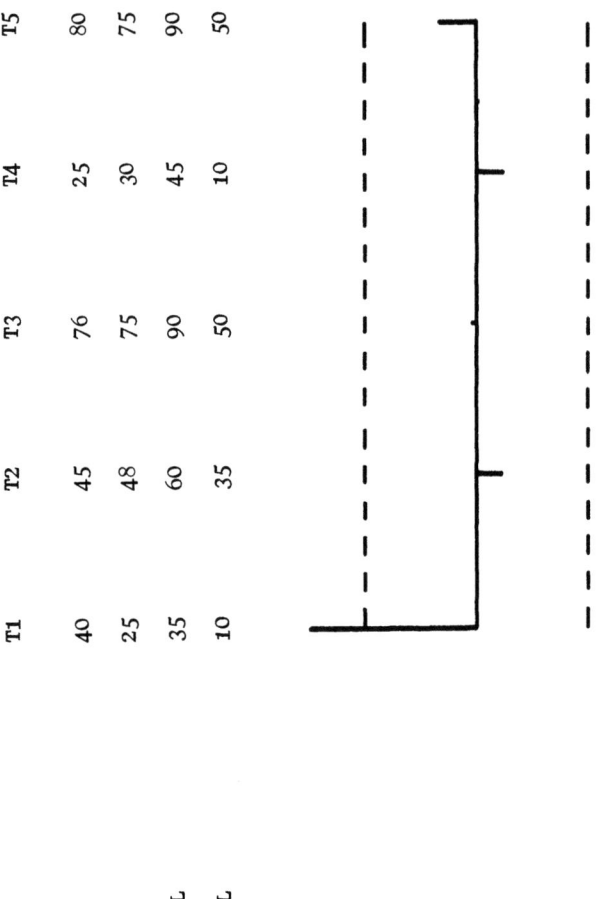

FIG. 3. "Temperature group" display

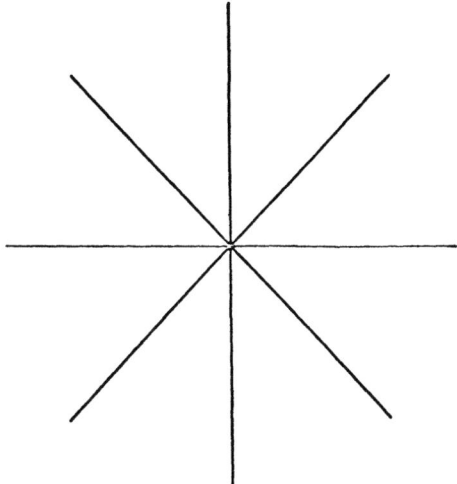

FIG. 4(a) "Total state" radius representation

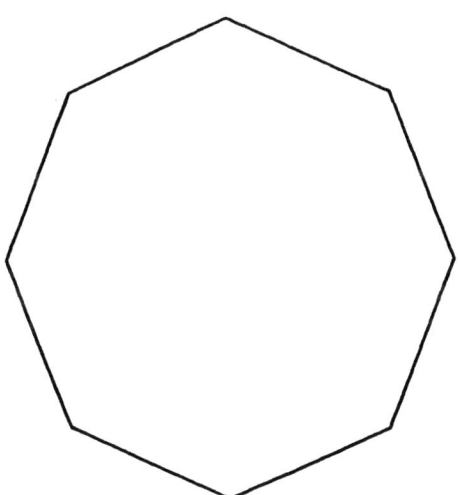

FIG. 4(b) "Total state" envelope representation

Key variables are chosen for inclusion on the display and allocated to the various radii so that significant shape changes represent distinct plant conditions. Fig. 5(b) contains 16 measurements - a 16" screen could hold at least 64 and possible up to 128 values. Trends can be readily determined by saving past values at predefined time intervals for replay in time order.

FAULT ANALYSIS

The 'control by exception' principle results in effect' information rather than 'cause' information and, in a crisis situation, the operator can be confronted with a long list of effects many of which have the same cause. Details of a system incorporating such fault analysis (8) and recent work (9), (10) prompted by the Flixborough disaster indicate that the main problem lies in deciding which parameters are significant and how they relate to the various fault conditions. This reduction of the total combinations of events into those which are significant is essential - if each of 8 measurements has 3 states, low, normal and high, 6561 different combinations exist. Different approaches (9) (10) to this reduction have been described but once completed, the result is a series of 'effect' checks, some time-related, for each cause. It is more difficult to include environmental checks (e.g. hairline fractures) and practically impossible to include human error, but at least in these cases the operator will quickly know which faults cannot have caused the problem.

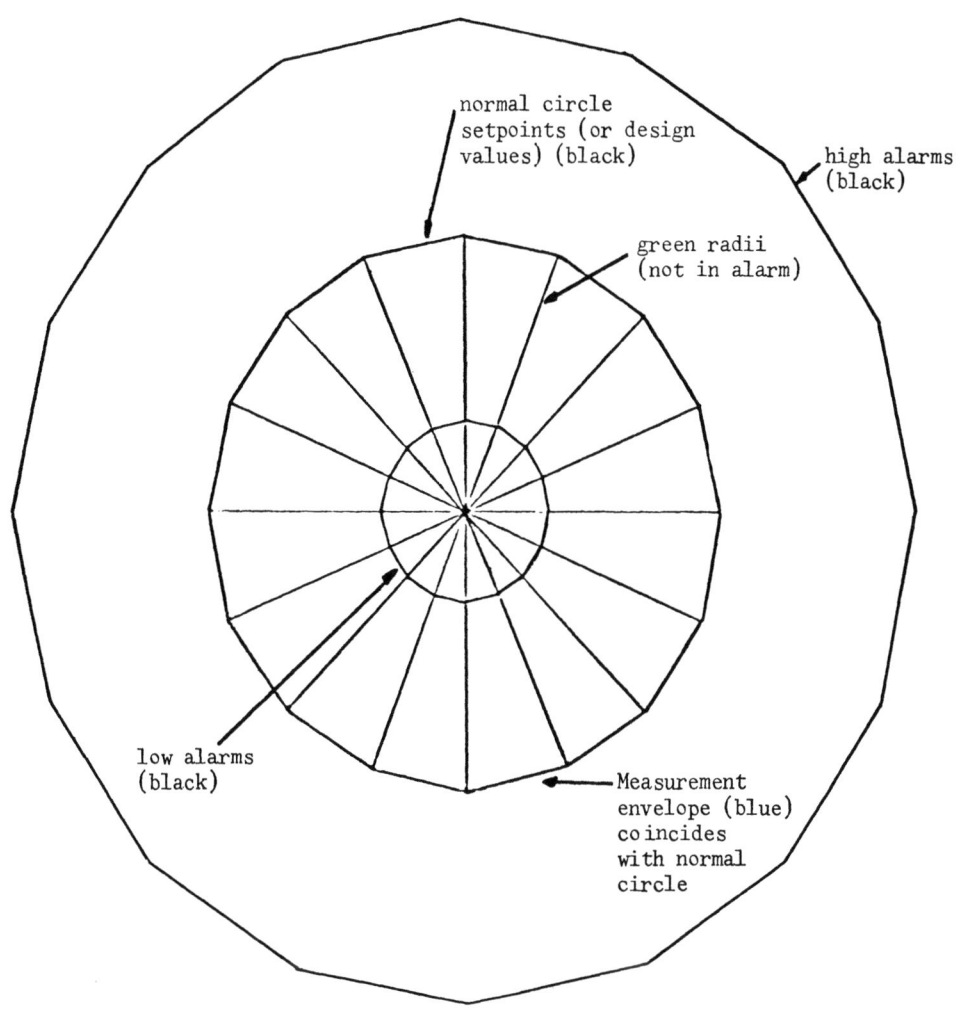

FIG. 5(a) Total state. All measurements at their setpoints.

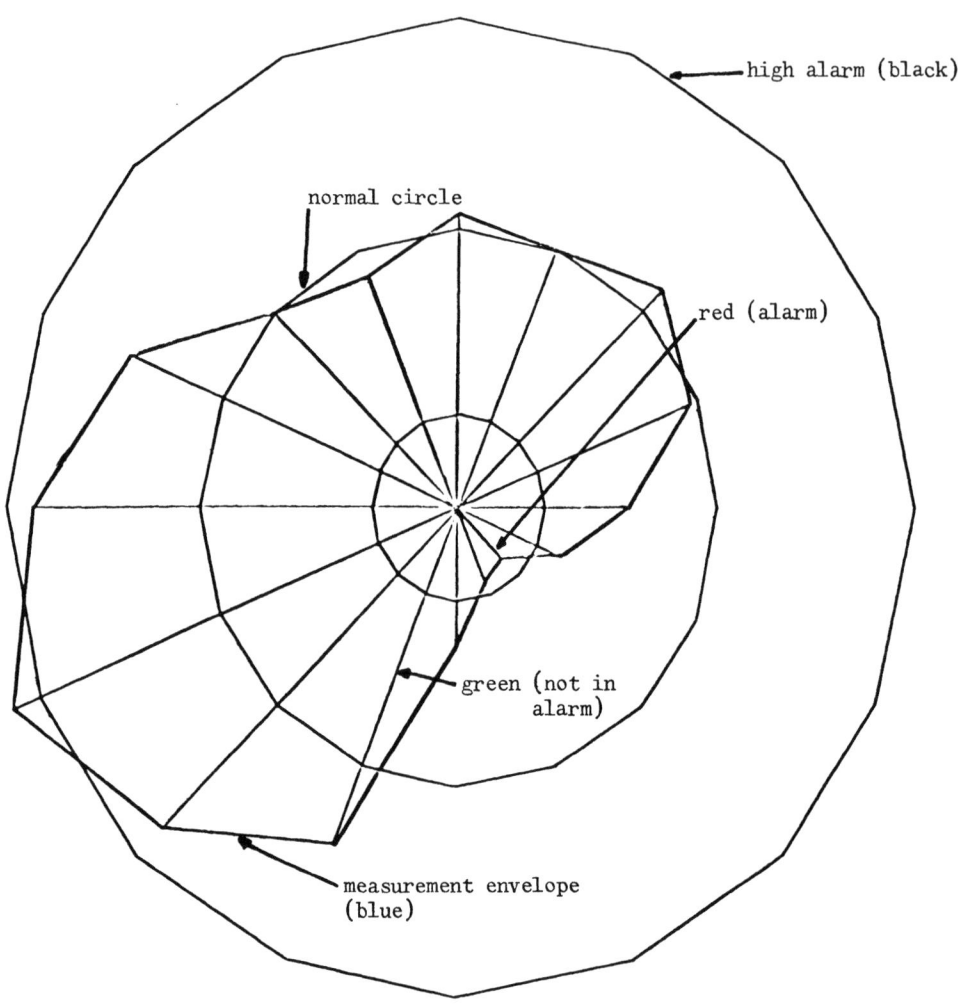

FIG. 5(b) Total state. Severe disturbances in two plant areas.

Bibliography.

1. Burton P.I. "Computer controlled sequencing". ISA Second Joint Spring Conference Montreal, April 23-25 1975.

2. Burton P.I. "Sequence control in fine chemicals, plastic and dyestuff production". Minicomputers in Industrial Process Control. Miniconsult 1974.

3. Umbers I.G. "CRT/TV displays in the control of process plant : a review of applications and human factors design criteria". Warren Spring Laboratory Report no. LR 242 (CON) Sept. 1976.

4. Guidelines for the design of man/machine interfaces for process control". International Purdue Workshop for Industrial Computer Systems. 1st revision : June 1976.

5. Lundell R., Laiho P, Meskaren A. "Integrated computer control system for a pilot fermenter unit". European Fed. of Chem. Eng. Florence 23-24 Sept. 1976.

6. Wolff H.S. "Signal received but not understood" IMM Prof. Group 6 Colloquium on the interpretation of biological signals.

7. Coekin J.A. "A versatile presentation of parameters for rapid recognition of total state". IEEE Conf. Rec. 69 c 58 - MMS. 1969.

8. Barth J., Maarleveld A. "Operational aspects of a d.d.c. system". I. Chem. E. Symposium Series No. 24 (1967).

9. Andow P.K., Lees F.P. "Process Computer alarm analysis -outline of a method based on list processing". Trans. I. Chem. E. vol 53 no. 24 p. 195.

10. Berenblut B.J. Whitehouse H.B.
"A method for monitoring process plant based on a decision table analysis". The Chemical Engineer No. 318 p. 175.

CODIERUNG UND ORGANISATION DER INFORMATION AUF FARBSICHTGERÄTEN AUS ANTHROPOTECHNISCHER UND BETRIEBLICHER SICHT

CODING AND ORGANISATION OF INFORMATION ON COLOUR DISPLAY SYSTEMS. HUMAN ENGINEERING ASPECTS FOR INDUSTRIAL APPLICATIONS.

Dr.-Ing.G.Geiser
IITB, 75 Karlsruhe

Dipl.-Ing.U.Schmudlach
Brown, Boveri & Cie., 68 Mannheim

Summary

It is a common opinion that the use of colour will improve the presentation of information for the human operator. The real effects of colour for the perception, coding and organisation of information are discussed.
Conclusions are:
The number of different colours on displays is limited to 3-5.
Colourcoding reduces the searchtime for critical targets.
An appropriate organisation of the presented information on a display supports the effectiveness of colour as an aid for the human operator.

1. Einleitung

Der in Zentralwarten technischer Prozesse vom Menschen aufzunehmende Informationsfluß wächst trotz zunehmend dezentraler Vorverarbeitung. Dadurch gewinnen die anthropotechnischen Gesichtspunkte bei der Gestaltung der Kommunikation zwischen dem Menschen und dem technischen Prozeß großes Gewicht. Die Gestaltung der Schnittstelle Mensch-Maschine erfolgte vor allem in Warten aus kumulierten Erfahrungswerten, die teilweise subjektiven Bewertungen unterlagen. Für die anthropotechnische Gestaltung der Informationsdarstellung eines komplexen technischen Prozesses ergeben sich die Problemkreise der Erkennbarkeit, Codierung und Organisation der Information (Bild 1, 2). Voraussetzung für die Erkennbarkeit optischer Information ist die an die Eigenschaften des visuellen Systems angepaßte Wahl von Darstellungsparametern wie z.B. Sehwinkel, Kontrast, Rasterung usw. Die Codierung besteht in der geeigneten Abbildung der Informationen auf Sinnesreize. Neben der Wahl zwischen dem visuellen und auditiven Sinneskanal bestehen insbesondere bei der optischen Informationsdarbietung zahlreiche alternative Codierungsmöglichkeiten, z.B. alphanumerische Zeichen, Bildzeichen, Farbe, zeitabhängige Zeichen. Die Organisation der Information umfaßt die Darstellung mehrerer Informationen unter Berücksichtigung ihrer gegenseitigen Abhängigkeit. Beispiele für Organisationsformen von Prozeßinformation sind tabellarische oder kartographische Darstellungen.

Dieser Bericht veröffentlicht Ergebnisse aus einem mit Mitteln des Bundesministers für Forschung und Technologie (Kennzeichen DV 5.505) geförderten Forschungsvorhaben des Projektes Prozeßlenkung mit DV-Anlagen (PDV) im Rahmen des 3. DV-Programms der Bundesregierung. Die Verantwortung für den Inhalt liegt ausschließlich bei den Autoren bzw. den geförderten Unternehmen.

In diesem Beitrag wird der Einfluß der Verwendung von Farbe zur Informationsdarstellung auf Sichtgeräten im Hinblick auf die Erkennbarkeit, Codierung und Organisation der Information behandelt.

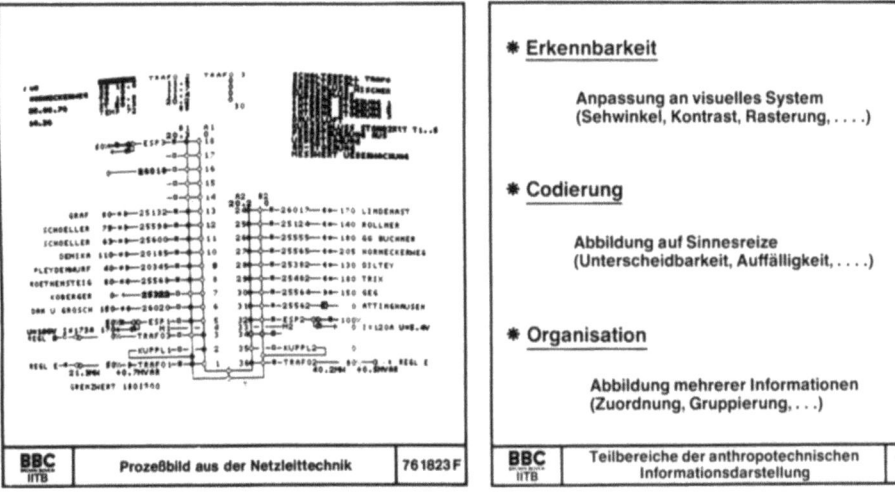

Bild 1   Bild 2

2. Verwendung von Farbe zur Darstellung von Prozeßinformation

Die Entwicklung auf dem Gebiet der Anzeigetechnologie hat zu einsatzfähigen, farbtüchtigen Anzeigegeräten geführt, wie z.B. Farbfernsehbildschirme und Leuchtdiodenanzeigen. Neuartige Anzeigetechnologien werden u.a. danach beurteilt, ob sie die Möglichkeit der Farbdarstellung aufweisen. Speziell für die Darstellung von Prozeßinformation steht eine Reihe von Farbsichtgerätesystemen zur Verfügung, vielfach befinden sie sich bereits im Einsatz.

2.1 Beurteilung der farbigen Darstellung

Um den Nutzen der farbigen Darstellung von Prozeßinformation beurteilen zu können, werden für die Entwicklung, Einsatzplanung und für den Betrieb von Anzeigesystemen Bewertungskriterien benötigt. Bei der Beantwortung der Frage, ob ein farbtüchtiges Sichtgerät in einer Prozeßwarte eingesetzt werden soll, werden vielfach qualitative, subjektive Bewertungskriterien angewandt (Bild 3) wie z.B. "Farbe erhöht die Übersichtlichkeit, Auffälligkeit und den Informationsgehalt einer Prozeßabbildung". Grundsätzlich wird die Verwendung von Farbe als vorteilhaft eingestuft. Eine Reihe von experimentellen Untersuchungen, zitiert in /1/, bestätigt, daß auch die Benutzer von Anzeigesystemen, wie z.B. erfahrene Piloten, der Farbdarstellung den Vorzug geben. Als Begründung geben sie an, daß die farbige Darstellung weniger eintönig, anstrengend und ermüdend sei.

Jedoch in /2/ wird gezeigt, daß diese Art der Bewertung von Anzeigesystemen aufgrund des subjektiven Eindruckes im Widerspruch zu anderen Bewertungsverfahren stehen kann, die z.B. auf der Messung von Leistungsparametern des Menschen bei einer Aufgabe beruhen. Zwei Gruppen von Versuchspersonen hatten Gedächtnisaufgaben zu lösen, bei denen Folgen von Zeichenpaaren dargeboten wurden. Dabei wurde das Erinnerungsvermögen an einzelne Zeichenpaare mit und ohne Farbcodierung gemessen. Bei der einen Versuchspersonengruppe bestanden die Zeichenpaare aus einem Bildzeichen (z.B. Kreis, Quadrat oder Stern) und aus einem Farbzeichen. Bei der zweiten Gruppe der Versuchspersonen war das Farbzeichen jeweils durch seine verbale Bezeichnung ersetzt. Es ergab sich eine signifikant und deutlich geringere Fehlerrate bei Verzicht auf die Farbcodierung. Daneben wurden die Versuchspersonen aus beiden Gruppen nach dem Experiment befragt, welche der beiden Codierungsarten sie zur Erfüllung der Gedächtnisaufgabe am ehesten für geeignet halten. Ausnahmslos entschieden sich die Versuchspersonen für die Farbcodierung, obwohl jede die Aufgabenstellung nur mit einer Codierungsart durchgeführt hatte. Neben dem Ergebnis, daß für die hier untersuchte Gedächtnisaufgabe die Farbcodierung nicht die vorteilhafteste Codierungsart darstellt, ist daraus zu folgern, daß die Beurteilung des Nutzens der Farbdarstellung aufgrund des subjektiven Eindruckes von der Beurteilung durch Leistungskriterien, wie z.B. Fehlerrate, Zeitbedarf, abweichen kann. Im folgenden werden Gestaltungsregeln für die Farbdarstellung behandelt, die ausschließlich aufgrund der Bewertung durch Leistungskriterien entstanden sind.

2.2 Erkennbarkeit von Farben

Die visuelle Farbwahrnehmung ist ein komplexer Vorgang, der zahlreichen Einflußgrößen unterliegt. Verschiedene in der Literatur beschriebene experimentelle Untersuchungen erlauben die Formulierung von Gestaltungsregeln im Hinblick auf die Erkennbarkeit von Farben. Der Begriff Erkennbarkeit bezeichnet hier die Eigenschaften von Farben, die unter Berücksichtigung der Merkmale des visuellen Systems des Beobachters eine möglichst schnelle und fehlerfreie Wahrnehmung ermöglichen. Zentrale Vorgänge bei der Wahrnehmung farbiger Reize sind die Detektion und die Klassifikation. Bei der Detektion ist die Aufgabe des Beobachters festzustellen, ob ein Reiz vorhanden ist oder ob dies nicht der Fall ist; bei der ggf. sich anschließenden Klassifikation ist der dargebotene Reiz einer von mehreren alternativen Klassen zuzuordnen. Z.B. ist die Aufgabe, in einer Prozeßwarte festzustellen, ob ein Alarm vorhanden ist oder nicht, eine Detektionsaufgabe. Die Ermittlung der Art des Alarmes (z.B. Grenzwertüberschreitung) ist eine Klassifikationsaufgabe. Sowohl für die Detektions- als auch für die Klassifikationsaufgabe sind die spektrale Zusammensetzung, Kontrast, Leuchtdichte und der Sehwinkel farbiger Reize wesentliche Gestaltungsparameter. Daneben sind der Winkelabstand eines Reizes von der zentralen Sehachse des Beobachters sowie ggf. dessen Farbfehlsichtigkeit zu beachten. Der Sehwinkel alphanumerischer Zeichen muß bei ungerasteter, einfarbiger Darstellung den Mindestwert von ca. 12 Bogenminuten besitzen, damit eine schnelle und genaue Lesbarkeit gegeben ist; im Falle gerasteter Zeichen (Punkt- und Zeilenraster) ist dieser Wert auf 15 - 20 Bogenminuten zu erhöhen /3/ (Bild 4). Da die Fähigkeit zur Farbunterscheidung mit kleiner werdendem Sehwinkel abnimmt, ist die Zahl der bei einem Anzeigesystem verwendbaren Farben in Abhängigkeit von dem Sehwinkel der farbigen Zeichen begrenzt. In /4/ werden Experimente zur Bestimmung der Größe farbiger, quadratischer Zeichen als Funktion der Anzahl der auf einen Farbfernsehbildschirm verwendeten Farben beschrieben. Unter normalen Beobachtungsbedingungen (Kontrast 5:1, Zeichenleuchtdichte ca. 100 cd/m^2, Beleuchtungsstärke 200 lx) ergab sich, daß lediglich vier Farbkategorien (Rot,Grün,Blau,Purpur) verwendbar sind, wenn die Zeichen einen Sehwinkel von 17 Bogenminuten aufweisen und vom Beobachter hohe absolute Unterscheidungssicherheit verlangt wird. Bei absoluter Unterscheidungsaufgabe hat der Beobachter im Gegensatz zur relativen keine Möglichkeit, das zu beurteilende Farbzeichen mit einem anderen unmittelbar zu vergleichen. Nach /4/ können bei Vergrößerung der Zeichen (ab einem Sehwinkel von 45 Bogenminuten) sechs Farbklassen verwendet werden.

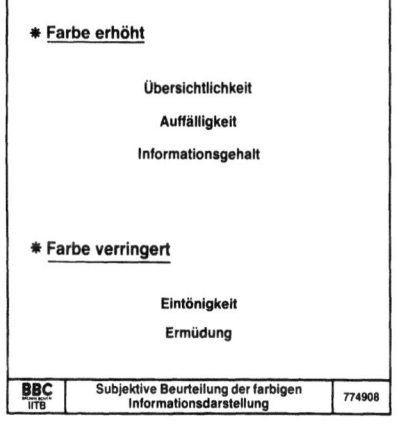

Bild 3

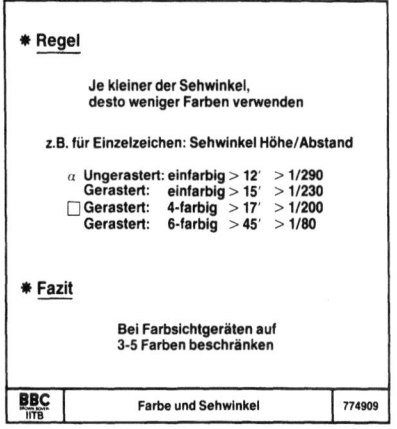

Bild 4

Auch bei sehr großen Farbreizen ist die Zahl der bei absoluter Klassifizierung sicher unterscheidbaren Farben relativ gering. In dieser Hinsicht unterscheidet sich die Farbwahrnehmung nicht von der absoluten Klassifizierung eindimensionaler optischer Reize, wie z.B. Länge, Winkellage einer Linie, Helligkeit. Die pro Absoluturteil bei einem eindimensionalen Reiz übertragene Information liegt im Bereich von 2 bis 3 bit. Im Falle der Farbwahrnehmung können unter idealen Bedingungen 9 Farbtöne absolut klassifiziert werden /5/. Im Hinblick auf die bei der praktischen Anwendung von Sichtgeräten vorliegenden Bedingungen wird eine Beschränkung auf 3-5 Farbtöne vorgeschlagen /6/.

Beim Einsatz von Bildschirmen in Warten sind grundsätzlich zwei Anordnungen zu unterscheiden:
- Beobachtungsabstand ca. 75 cm, z.B. bei Kleinwarten mit Lichtgriffelbedienung.
- Beobachtungsabstand ca. 150 cm, z.B. in Netzleitstellen mit Anwahleinrichtungen und 2-3 Schirmen pro Arbeitsplatz.

Hier erscheinen α-numerische und Bildzeichen - je nach Bildschirmgröße und Betrachtungsabstand- unter Sehwinkeln von 20-60 Bogenminuten; d.h. es sind 4-6 Farbklassen möglich. Zu beachten ist, daß sich mit der Zahl der verwendeten Farben der maximal mögliche Betrachtungsabstand verringert. Oder es gilt auch: mit der farbigen Darstellung verringert sich die Gesamtzahl der auf einem Bildschirm darstellbaren Zeichen.

Bei Verwendung von Farbe auf Sichtgeräten ist der farbfehlsichtige Beobachter zu berückrücksichtigen. Der Anteil der Farbfehlsichtigen beträgt bei Männern ca. 8% und bei Frauen ca. 0,4% /7/ (Bild 5). Der Farbfehlsichtige verwechselt Farben, die für den Normalsichtigen verschieden sind. Innerhalb der Gruppe der Farbfehlsichtigen wird nach dem Grad des Sehdefekts zwischen Monochromaten, Dichromaten und anomalen Trichromaten unterschieden, wobei z.B. der Monochromat überhaupt keine bunten Farben, sondern nur Helligkeitsunterschiede wahrnehmen kann. Zahlenmäßig am stärksten (ca. 5% der Männer) ist eine Gruppe der anomalen Trichromaten, die Deuteranomalen. Sie weisen eine Schwäche bei der Unterscheidung von Rot und Grün auf. Wegen dieser Sehmängel wird bei Piloten der heutigen Hochleistungsflugzeuge das Farbsehvermögen sorgfältig geprüft. Bei Beobachtern von Bildschirmen in Prozeßwarten wird eine solche Prüfung in der Regel nicht vorgenommen. Obwohl die Beobachtungsbedingungen in Prozeßwarten weit günstiger sind als im Cockpit eines Flugzeuges, sollte dies bei der Verwendung von Farbe für kritische Aufgaben berücksichtigt werden. Hier bietet sich der Einsatz von Farbe zur redundanten Codierung an, d.h. die Farbe ist nicht alleiniger Träger der Information; hierauf wird im folgenden Abschnitt eingegangen.

2.3 Farbcodierung

Die Codierung von Informationen auf Sichtgeräten besteht in der Transformation von Nachrichten aus dem technischen Prozeß in Reize für den visuellen Sinneskanal des Beobachters. Es eignen sich hierfür zahlreiche Codierungsdimensionen, d.h. physikalische, unabhängig veränderbare Merkmale eines optischen Musters. Beispiele für optische Codierungsdimensionen sind die Größe, Form, Lage, Intensität und die Farbe eines Zeichens. Der sich aus dem Nachrichtenvorrat ergebende Satz von Reizen stellt das Codealphabet dar (Bild 6). Unterscheiden sich zwei Zeichen des Codealphabetes nicht nur in einem Merkmal, so liegt eine mehrdimensionale Codierung vor.

Mehrdimensionale Codes weisen Redundanz auf, wenn die verschiedenen Merkmale nicht unabhängig voneinander sind. Bild 1 enthält Beispiele für verschiedene Codealphabete, wie alphanumerisch Zeichen, Bildzeichen und Farbe, wobei die Farbe zur redundanten Codierung der alphanumerisch gekennzeichneten Meßstellen verwendet wird.

Um die Frage zu beantworten, welche Codes sich für die einzelnen Aufgaben des Beobachters eines Sichtgerätes eignen, sind dessen Eigenschaften bei der Decodierung der dargestellten Zeichen zu beachten (Bild 6). Bei der Aufnahme und Verarbeitung eines Codezeichens hat der Beobachter zunächst bis zu drei Klassifikationsaufgaben zu lösen. Die erste Aufgabe besteht darin, das Codezeichen aufgrund seiner physikalischen Merkmale zu klassifizieren, z.B. ein rotes Farbzeichen als solches einzustufen. Die nächste Klassifikationsaufgabe stellt den eigentlichen Decodierungsvorgang dar, bei welchem dem Codezeichen die zugrundeliegende Nachricht zugeordnet wird. Im Falle des roten Farbzeichens kann die zugehörige Nachricht aus dem Prozeßablauf "Grenzwertüberschreitung eines Meßwertes" heißen. Beim dritten Klassifikationsvorgang schließlich folgt der Nachricht eine Reaktion, die z.B. in der Sollwertveränderung eines Reglers bestehen kann. Bei allen diesen Klassifikationsvorgängen benötigt der Beobachter Zeit, und es besteht die Gefahr der Fehlklassifikation. Eine geeignete, an die jeweilige Aufgabe angepaßte Codierung hilft, Zeitbedarf und Fehlerrate möglichst klein zu halten. Im folgenden werden wichtige Eigenschaften von Farbcodes im Vergleich zu anderen Codes behandelt.

- <u>Umfang des Codealphabetes</u>

    Wie im vorherigen Abschnitt beschrieben, ermöglicht die Unterscheidbarkeit von Farben die Verwendung von nur 5 Codezeichen. Bild 7 enthält den Vergleich der empfohlenen Höchstzahl der Kategorien verschiedener Codes /5/. Daraus ist zu ersehen, daß die Farbcodierung in dieser Hinsicht z.B. den eindimensionalen Codes "Helligkeit" und "Blinken" überlegen ist. Ferner geht daraus hervor, daß die Farbe zur Codierung quantitativer Information nicht geeignet ist, sondern lediglich zur Darstellung qualitativer Information, wie z.B. Lage eines Meßwertes bezüglich Toleranzgrenzen, Priorität einer Meldung. Für die Höchstzahl der Kategorien eines Codes ist nicht nur die psychophysische Unterscheidbarkeit zwischen den einzelnen Kategorien maßgebend, sondern auch die Klassifikationsleistung bei den weiteren in Bild 6 angegebenen Stufen des Decodiervorganges, in denen dem Codezeichen die dazugehörige Nachricht und Reaktion zugeordnet werden. Daraus folgt, daß bei einem geübten Beobachter die Zahl der Kategorien der einzelnen Codes erhöht werden kann. Für die Codierung vielstufiger Information bieten sich alphanumerische Zeichen mit einer praktisch unbegrenzten Kategorienzahl an, die sich aus der Kombination möglichkeit der Zeichen ergibt.

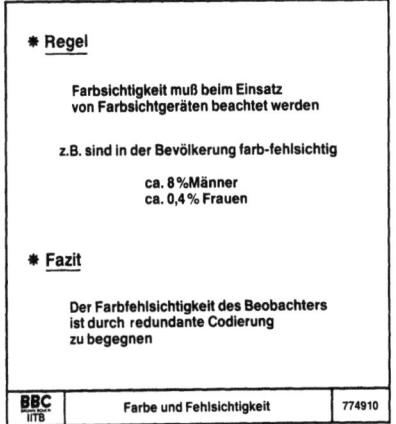
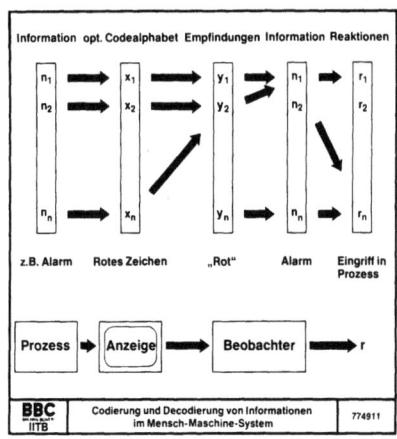

Bild 5   Bild 6

Codierung bei Suchaufgaben

Die Suche nach einem Ziel, z.B. nach einer Meßstelle, ist eine Aufgabe, die dem Beobachter eines Sichtgerätes häufig gestellt ist. Die Zeit, die ein Beobachter benötigt, um ein Suchziel zu finden, ist näherungsweise der Zahl der gleichartigen Bildelemente proportional. Z.B. hat die Verdopplung der Zahl der auf dem Sichtgerät dargestellten Meßstellen zur Folge, daß sich die Suchzeit für eine bestimmte Meßstelle ebenfalls verdoppelt. Verschiedene experimentelle Vergleiche /1/ zeigen, daß die Farbcodierung zu wesentlich kürzeren Suchzeiten führt als z.B. Codierung durch Helligkeit, Größe, geometrische Zeichen, Buchstaben oder Ziffern.

Wegen des großen Nachrichtenvorrates, der auf Sichtgeräten in Teilmengen darzustellen ist, ist hier die Verwendung von Farbe meist auf die redundante Codierung beschränkt. Hier ist die Farbe nicht das alleinige, sondern ein zusätzliches Unterscheidungsmerkmal zwischen Codezeichen, wie folgende 2 Beispiele verdeutlichen. Die Klassenzugehörigkeit einer Meßstelle (Druck, Temperatur, Durchfluß) wird zusätzlich codiert (Bild 8). Die redundante Farbcodierung ergibt eine erhebliche Reduzierung der Suchzeit gegenüber dem Fall der nichtredundanten Codierung, falls der Beobachter die Farbe des Suchzieles, in unserem Fall der Meßstelle, kennt.
Wichtigste Einflußgrößen sind hierbei die Dichte der Informationen und die Zahl der zur

redundanten Codierung verwendeten Farben. Die Art der Farbe des Suchzieles selbst hat keinen Einfluß /8/. Es zeigt sich, daß mittlere Suchzeit in erster Linie von der Zahl der Informationen abhängt, welche die gleiche Farbe wie das Suchziel aufweisen. Bei Verwendung weniger Farbkategorien (<5) gilt hier zumindest näherungsweise ein linearer Zusammenhang /9/, /10/. Daraus folgt, daß die Einführung einer redundanten Farbcodierung bei geringer Zahl der Farbkategorien eine Reduzierung der Suchzeit bewirkt. Bild 9 zeigt die Suchzeit als Funktion der Zahl der Farbkategorien, gemittelt über Suchaufgaben bei unterschiedlicher Informationsdichte /10/. Während die redundante Farbcodierung bis zur Verwendung von 3 Farben eine beträchtliche Verkleinerung der Suchzeit ergibt, steigt die Suchzeit ab etwa 10 Farben wieder stark an (Bild 10). Die Gründe für das Ansteigen der Suchzeit liegen einerseits in der mangelnden Unterscheidbarkeit und andererseits in der zunehmend heterogenen Struktur der Informationen, die ein farbselektives Absuchen erschwert.

Die Anwendung der redundanten Farbcodierung auf einem Sichtgerät, auf dem Prozeßinformation in drei verschiedenen Organisationsformen dargestellt wird, zeigt Bild 11: kartographische Darstellung in Form eines Fließbildes, tabellarische Darstellung in Form einer Liste und Darstellung von Zeitverläufen in Form von Kurven. Der Beobachter dieser Darstellung hat zwischen diesen Teilen Zuordnungen herzustellen, indem er z.B. ausgehend von der Lage einer Meßstelle im Fließbild und deren Istwert den Sollwert und die Grenzwerte des Meßwertes aus der Liste entnimmt. Gegebenenfalls orientiert er sich dann noch über seinen zeitlichen Verlauf in der Vergangenheit anhand der Kurvendarstellung. Vor jeder Zuordnung zwischen zwei Organisationsformen hat der Beobachter einen Suchvorgang durchzuführen, der hier durch die Farbcodierung in allen drei Fällen wesentlich erleichtert wird.

2.4 Farbe und Organisation der Information

Durch die Farbcodierung wird die Suchzeit nach einem Suchziel bekannter Farbe verringert. Die Wirkung der Farbcodierung kann jedoch erheblich gesteigert werden, wenn die Organisation der Information auf die Farbcodierung abgestimmt ist. Unter der Organisation der Information wird die Darstellung mehrerer Informationen unter Berücksichtigung der zwischen ihnen bestehenden Zusammenhänge verstanden. Bild 12 zeigt die Darstellung von vier zusammengehörenden Gruppen von Informationen, wobei die Gruppenzugehörigkeit durch Farbcodierung gekennzeichnet ist. Auf die Organisation dieser Information wurde in diesem Fall verzichtet, d.h. jede Information kann an jedem beliebigen Ort auftreten, der nicht von einer anderen Information bereits belegt ist. Im Gegensatz dazu sind in Bild 13 dieselben Informationen in einer Organisationsform farbig dargestellt, welche die Gruppenzugehörigkeit der einzelnen Informationen berücksichtigt. Der Auftrittsort einer Information ist beschränkt auf einen Teilbereich des Bildes; jede Information kann nur entlang des Gruppenzugehörigkeit kennzeichnenden farbigen Linienzuges auftreten. In einer experimentellen Untersuchung /11/ wurden Suchaufgaben an diesen beiden Darstellungsarten durchgeführt. Dabei ergab sich bei der durch eine geeignete Organisation unterstützten Farbcodierung gemäß Bild 13 eine um mehr als die Hälfte verringerte Suchzeit gegenüber der Darstellung nach Bild 12. Für die Praxis der Farbbildschirme (Bild 14) folgt hieraus die Notwendigkeit, eine dem Anwendungsfall angepaßte Systematik für die Anordnung von Symbolen und Zeichen festzulegen.

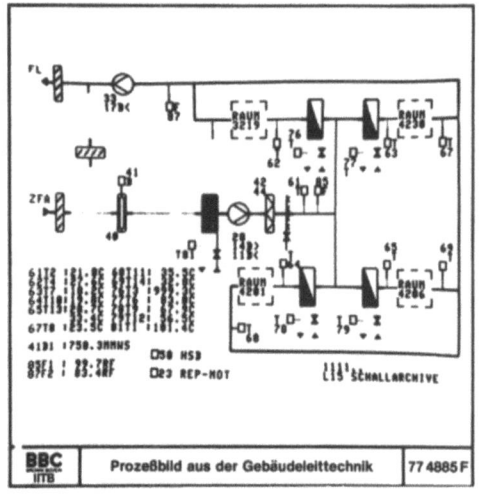

Bild 7

Bild 8

Die Meßstelle des Fließbildes und die Meßstellen-Nummer in der Liste sind in entspr. Farbe codiert, die sich bei Grenzwertüberschreitung ändert.

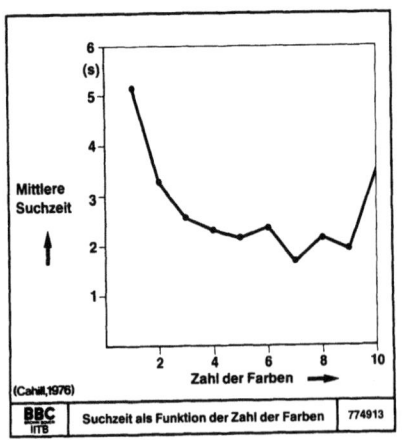

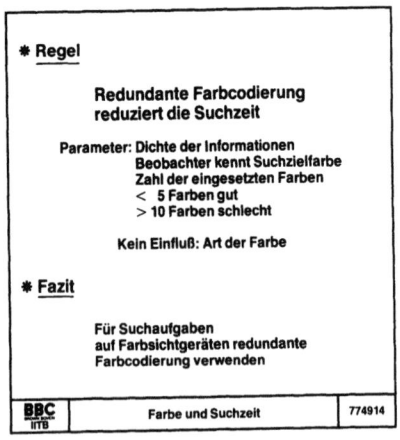

Bild 9

Bild 10

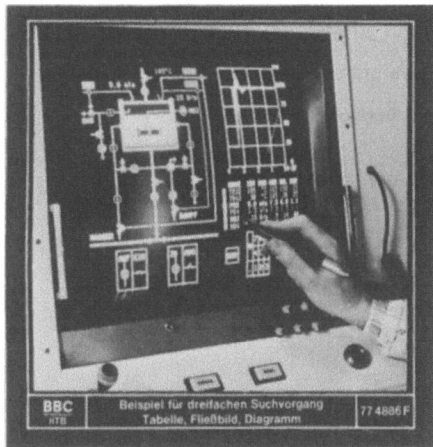

Bild 11

Die Meßstellen des Fließbildes, die Zeilen der Tabelle und Kurven des Diagrammes sind in sich entsprechenden Farben codiert.

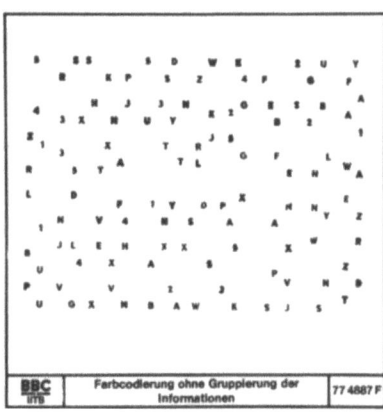

Bild 12

Die alphanumerischen Zeichen sind durch 4 Farben in Gruppen eingeteilt.

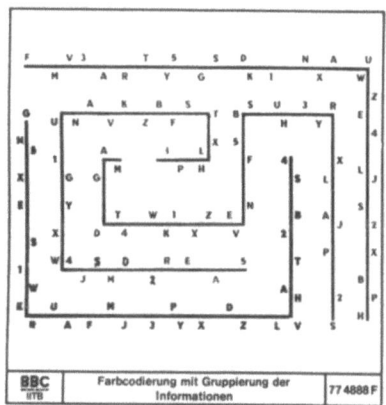

Bild 13

Die durch 4 Farben in Gruppen eingeteilten Gruppen sind entsprechend örtlich gruppiert.

Bild 14

Anm.: Aus technischen Gründen mußte bei den Farbsichtgeräte-Darstellungen auf Buntdrucke verzichtet werden.

Die Bilder 15 und 16 zeigen die Übertragung der Gestaltungsregel zur Gruppierung von Informationen auf ein praktisches Beispiel aus dem Anwendungsbereich der Netzleittechnik. Texte und Symbole werden ohne und mit entsprechender Anordnung verwandt.

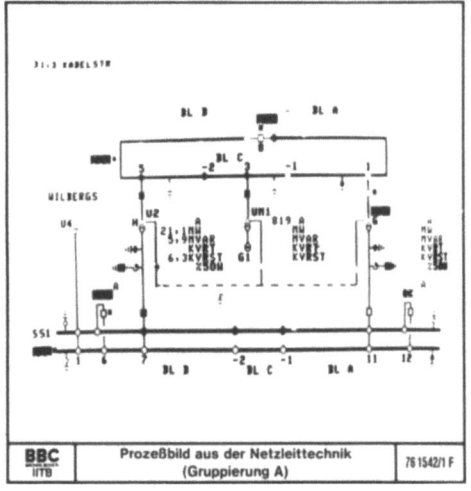

Bild 15

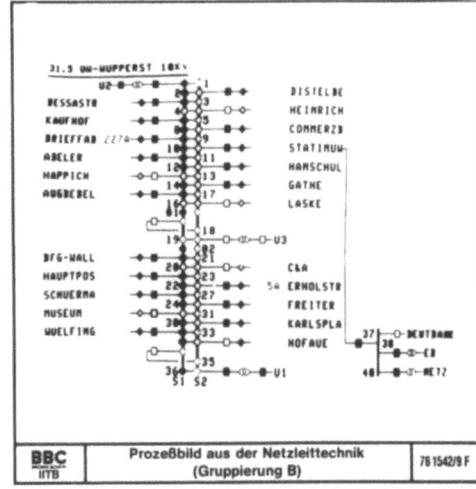

Bild 16

3. Schlußfolgerungen

Die Verwendung von Farbe zur Informationsdarstellung auf Sichtgeräten wird vom Benutzer uneingeschränkt positiv bewertet. Die Bewertung anhand von Leistungskriterien erlaubt Aussagen zur aufgabenspezifischen Gestaltung der Farbdarstellung. Grundsätzlich gilt, daß die Zahl der Farbkategorien nicht größer als 5 sein soll und daß farbige Zeichen unter einem größeren Sehwinkel als im monochromatischen Fall darzubieten sind. Insbesondere bei Suchaufgaben, einer der Grundaufgaben des Beobachters an Sichtgeräten, erweist sich die Farbcodierung anderen Codes als deutlich überlegen. Auch im Hinblick auf das Auftreten von Farbfehlsichtigkeit des Beobachters ist die redundante Farbcodierung vorzuziehen. Mit Rücksicht auf den Decodierungsvorgang und die Reaktionszuordnung des Beobachters ist eine konsistente Verwendung der Farbkategorien zu verwenden, d.h. innerhalb eines technischen Prozesses darf eine Farbe nicht mehrere Bedeutungen besitzen. Durch eine geeignete Organisation der Informationen auf einem Sichtgerät, welche die Beziehungen zwischen den einzelnen Informationen berücksichtigt, kann die Effektivität der Verwendung von Farbe wesentlich erhöht werden.

4. Literatur

/1/	Christ, R.E.:	Review and Analysis of Color Coding Research für Visual Displays. Human Factors 17 (1975), S. 542 - 570
/2/	Karner, C.:	Perceived vs actual value of colorcoding. Proc. 19th Annual Meeting of the Human Factors Society, Oct., 14 - 16, 1975, Dallas, USA, S. 227-231
/3/	Geiser, G.:	Grundlegende Eigenschaften und Beobachtungsbedingungen optischer Anzeigen. In: Mensch-Maschine-Kommunikation in Leitständen, Kap. 6 (in Vorbereitung)
/4/	Häusing, M.:	Color Coding of Information on Electronic Displays. Proc. of the 6th Congress of the International Ergonomics Association, July, 11 - 16, 1976, Univ. of Maryland, USA, S. 210 - 217
/5/	McCormick, E.J.:	Human Factors in Engineering and Design. McGraw-Hill, New York, 1976, S.101
/6/	Meister, D.; Sullivan, D.J.:	Guide to Human Engineering for Visual Displays. Bunker-Ramo Corporation, 1969
/7/	Richter, M.:	Einführung in die Farbmetrik. W.De Gruyter, Berlin, 1976, S. 196
/8/	Smith, S.L.:	Color Coding and Visual Search. J. of Exp. Psych., 64 (1962), S. 434 - 440
/9/	Green, B.F.; Andersen, L.K.:	Color Coding in a Visual Search Task. J. of Exp. Psych., 51 (1956), S. 19 - 24
/10/	Cahill, M.-C.; Carter, R.C.:	Color Code Size for Searching Displays of Different Density. Human Factors, 18 (1976), S. 273 - 280
/11/	Geiser, G.; Uhlemann, H.; Reinig, H.-J.:	Modellbeschreibung und Experimente zur Entscheidungsfindung bei der Verknüpfung von Informationen. IITB-Bericht Nr. 9161, 1976

LEISTUNGSFÄHIGKEIT SERIELLER UND TEILSERIELLER LEITSYSTEME IN VERFAHRENSTECHNISCHEN ANLAGEN *)

EFFICIENCY OF SERIAL AND SEMISERIAL COMMAND SYSTEMS FOR PROCESS CONTROL

M. Gutmann, E. Kollmann

Hartmann & Braun AG

6 Frankfurt/Main

Summary

Four command-systems configuration had been defined and tested. They had been compared by means of a simulated pilot plant. The scope of the experiment and its interpretation was "manual control in case of failure".

1. Einleitung

Die Fortschritte der digitalen Elektronik haben neben Verbesserungen in den Meß-, Regel- und Steueranlagen zunehmend Auswirkungen auf die Leitstände der Verfahrensindustrie. Darstellungsarten wie Sichtgeräte und Alarmdrucker bieten neue Alternativen zur Wartengestaltung. Aber auch Anwahltechniken zur Mehrfachverwendung von Anzeige- und Bedienplätzen werden zunehmend interessant. Mit ihnen können die Leitstände der immer größer und komplexer werdenden Produktionseinheiten drastisch reduziert werden. Vor Einführung solcher serieller Bediensysteme muß aber sichergestellt werden, daß die Operateure damit ihre Aufgaben ebensogut oder besser erfüllen können wie bisher. Zur Klärung dieser Frage wurde eine vergleichende Studie mit industrietypischen Leitsystemvarianten durchgeführt.

Zwei Arbeiten wurden bisher zu diesem Thema veröffentlicht. Die erste von F. Böttger benutzte nichttechnische Objekte, um allgemeine Aussagen über

---

*) Dieser Bericht veröffentlicht Ergebnisse aus einem mit Mitteln des Bundesministers für Forschung und Technologie (Kennzeichen DV 5.505) geförderten Forschungsvorhaben des Projekts Prozeßlenkung mit DV-Anlagen (PDV) im Rahmen des 2. DV-Programms der Bundesregierung. Die Verantwortung für den Inhalt liegt ausschließlich bei den Autoren bzw. den geförderten Unternehmen.

serielle Informationserfassung zu erhalten. Die zweite benutzte zwar Regelkreise und Anwahlleitgeräte, deren Arbeitsweise sich jedoch erheblich von typischen Industriebedingungen unterscheiden.

Der von uns gewählte Versuchsaufbau besitzt dagegen folgende Merkmale:

a) Es werden drei Industrieanlagen mit typischen vermaschten und nichtlinearen Verhalten simuliert.
b) Die Regler und weitere Automatisierungsmittel zeigen ebenfalls typische Kopplung als Kaskaden, Verhältnisregelung etc.
c) Es werden mehrere Leitsystem-Varianten mit unterschiedlicher Informationsbreite benutzt, die jeweils industriemäßig auf ihren Einsatz optimiert sind.

Diese Anordnung kommt einer Pilotanlage sehr nahe, ohne den Beschränkungen bei Benutzung eines realen Prozesses zu unterliegen.

2. <u>Die Versuchseinrichtung</u>

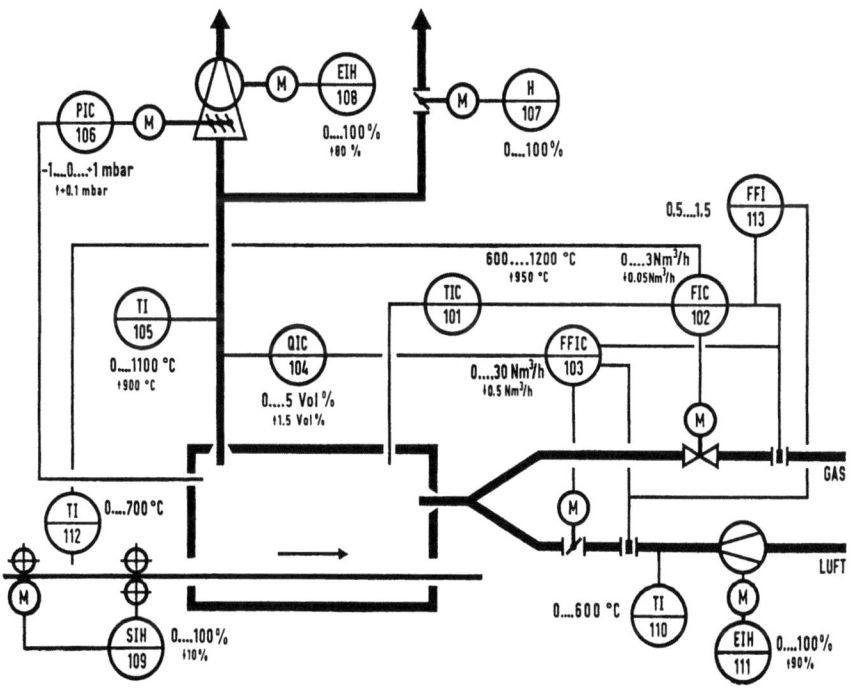

Bild 1: Fließbild des Durchlaufofens

2.1 Der simulierte Prozeß

Als Simulator wurde ein PDP8-Rechner eingesetzt, auf dem sowohl der Streckenteil als auch die Regel- und Steuereinrichtung nachgebildet wurde. Als zu regelnder Prozeß wurde versucht, einen Durchlaufofen möglichst realistisch nachzubilden.

So wurden nichtlineare Zusammenhänge, z.B. der Flammtemperatur von dem Luft-/Gas-Verhälnis berücksichtigt und typische Störungen z.B. des Gasvordruckes multiplikativ eingekoppelt. Die Dynamik der Wärmevorgänge entspricht einer RC-Ersatzschaltung nach Bild 2.

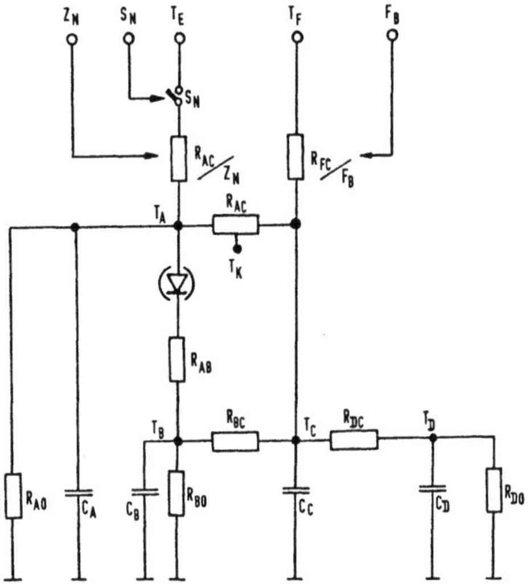

Die Regelanordnung in Bild 3 zeigt die für diese Anlage typische Vermaschung mit einer Temperatur-Durchflußkaskade und einer korrigierten Verhältnisregelung. Der Prozeß wird insgesamt neunmal durchgerechnet, davon werden jedoch je drei als Kesselfeuerung bzw. als Abwasserneutralisation interpretiert.

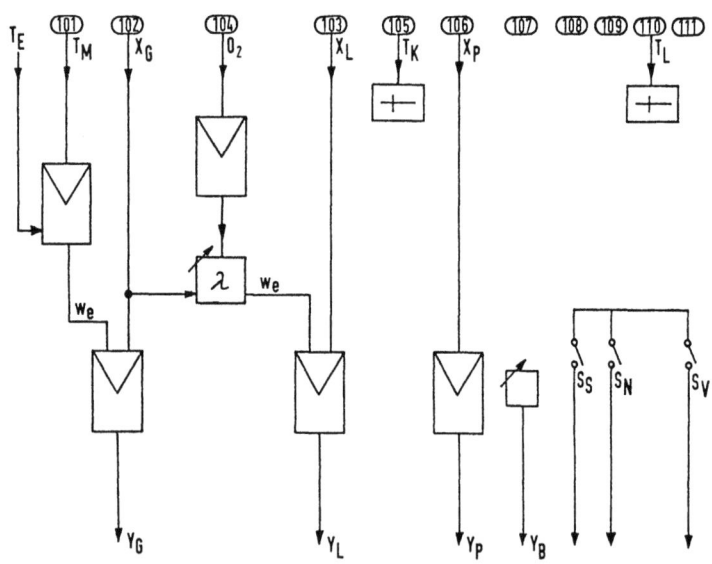

Bild 2: RC-Ersatzschaltung der Wärmevorgänge im Ofenmodell

Bild 3: Anordnung der Regler und Schalteingriffe für das Ofenmodell

2.2 Leitsysteme

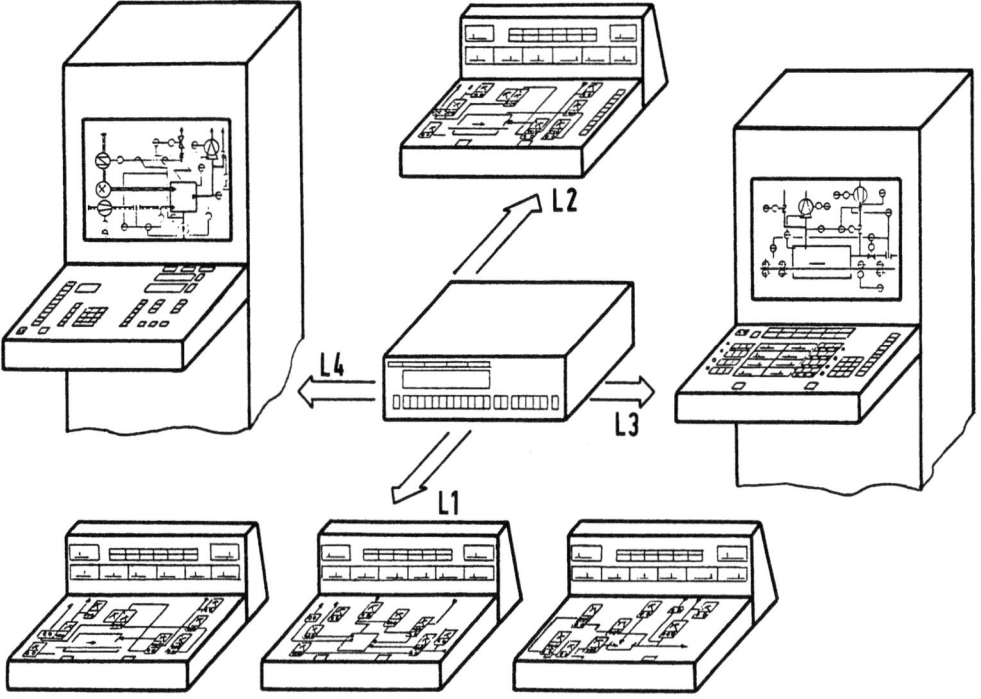

Bild 4: Übersicht über die Leitsysteme

Paralleles Leitsystem (L 1)

Für drei Prozesse wurden drei Teilpulte benutzt, die eine Gesamtpultbreite von 2,5 m ergeben. Die Bedienknöpfe sowie binäre und analoge Rückmeldungen sind in Mosaiktechnik als konstruktive Einheit in ein Blindschaltbild eingeordnet, die Störmeldungen und Istwertanzeigen sind oberhalb des Blindschaltbildes örtlich zugeordnet. Dieser Wartentyp ist in Kraftwerken und Großanlagen der Hüttenindustrie verbreitet.

System mit Gruppenanwahl (L 2)

Als Sonderfall für eine Zentralwarte für eine Vielzahl identischer Kleinprozesse (z.B. Haubenglühöfen) wurde eines der Teilpulte (Ofenmodell) ausgewählt, das zusätzlich mit einer Tastatur auf die einzelnen Anlagenteile geschaltet werden kann. Bei einer Störung blinkt die Anwahltaste des gestörten Prozesses. Nach erfolgter Anwahl blinkt die Einzelstörmeldung wie bei System 1.

System mit Mehrfachanwahl (L3)

Während die Leitsysteme 1 und 2 das Anlagenbild konstruktiv enthalten, wird hier eine Wechselbildanlage eingesetzt. Es wurde ein frei anwählbarer Diaprojektor benutzt. Die Störwertsignalisierung erfolgt wie bei L2 über Blinklicht in der Anwahltastatur und nach Anwahl mit Signallampen für die einzelnen Grenzwerte. Anstelle eines Klartextes wird hierbei die betr. Meßkreis-Nr. angezeigt. Dem Bedienungsmann stehen vier konventionelle Leitgeräte zur Verfügung, die er beliebigen Meßkreisen eines Prozeßmodells über eine Zehnertastatur zuordnen kann. Die Meßgrößen werden analog angezeigt, jedoch zwangsläufig mit einheitlicher Skala 0...100%.

System mit Einzelanwahl (L4)

Anlagenbilddarstellung wieder über Diaprojektor, Störungsmeldung als Klartext mit Meßstellen-Nr. über Teletype. Der Bedienungsmann kann jeweils nur eine Meßstelle anwählen. Ein digitaler Anzeiger ist dann fest dem Meßwert der angewählten Meßstelle zugeordnet; auf einem zweiten Digitalanzeiger können die Regelabweichung, die Stellgröße, der Sollwert oder Grenzwerte angewählt werden. Die Schaltbefehle werden über den Zustand anzeigende Funktionsdrucktasten eingegeben.

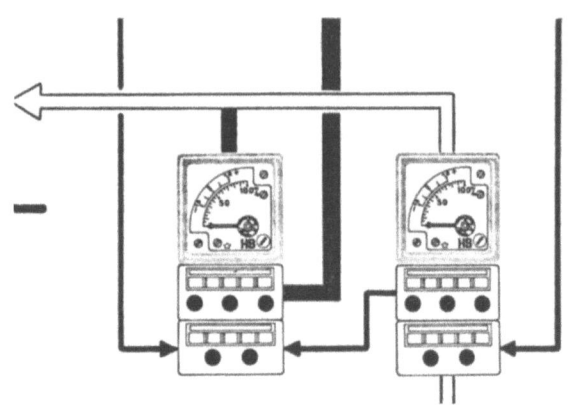

Bild 5: Pultausschnitt von L1/L2

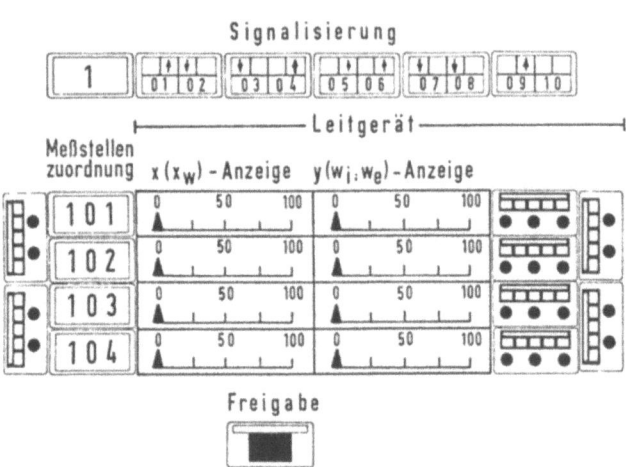

Bild 6: Leitgerät von L3

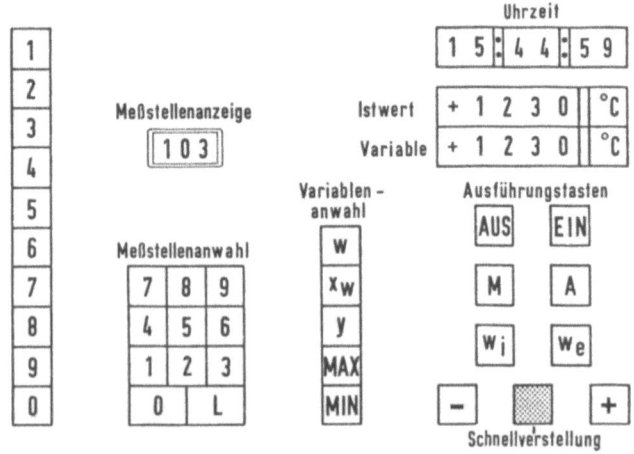

Bild 7: Leitgerät von L4

2.3 Die Versuchsleitung

Zur Steuerung des Versuchsablaufs kann der Versuchsleiter per Dialog in die Simulation eingreifen. Er kann die Simulation starten und anhalten, auf Anfangswerte rücksetzen und vorbereitete Störfolgen mit automatischer Zeitsteuerung von einem Lochstreifenleser einlesen lassen. Zur Protokollierung kann er sich beliebige Meßgrößen auf Linienschreibern ausgeben lassen.

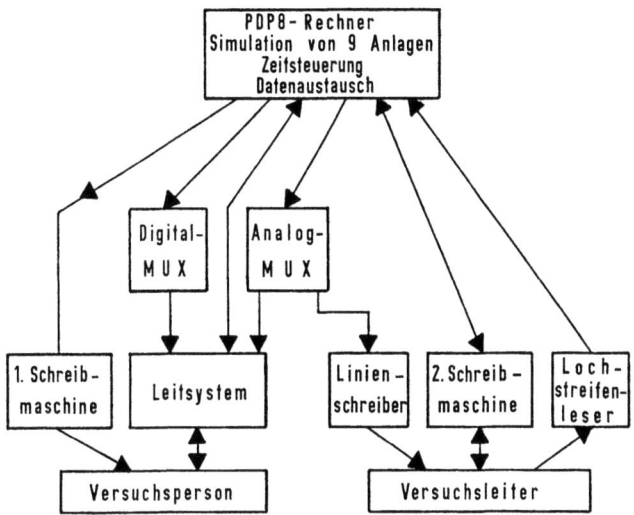

Bild 8: Informationsfluß in der Versuchsanlage

2.4 Versuchspersonen

Für die Versuche standen zum einen erfahrene Inbetriebnahme-Ingenieure, zum anderen sachkundige Schaltungstechniker zur Verfügung.

3. Beschreibung der Versuche

Nachdem die Versuchspersonen ein Einführungshandbuch studiert hatten, mußten sie zunächst alle Anlagenabschnitte über die Leitsysteme 1, 3 und 4 in Betrieb nehmen und auf den Sollzustand hochfahren. Hierbei konnten sie sich vom Versuchsleiter beraten lassen und auch einzelne Vorgänge wiederholen. Nach dieser etwa 1 Tag dauernden Einführung wurden zwei Versuchsreihen durchgeführt und ausgewertet. In der ersten waren gestörte Leitgeräte aufzusuchen und die Störung durch Schalteingriffe zu beseitigen. Die insgesamt 18 auf die drei Anlagentypen unregelmäßig verteilten Störungen wurden in festem Zeittakt ausgegeben. Der Takt wurde nach jeweils erfolgreich abgearbeiteten Störungen verkürzt, solange bis die Versuchsperson überfordert war.

Im Gegensatz zu dieser einfachen Suchaufgabe waren in der zweiten Testreihe die Störungen nicht mehr durch Rückschalten zu beseitigen. Unter Beachtung anlagenbedingter Zusammenhänge mußten Handstellgrößen verstellt, Sollwerte verändert oder Nebenaggregate umgeschaltet werden. Die unterschiedliche Informationsbreite der einzelnen Leitsysteme wirkte sich hier besonders aus. Auch diese 28 Einzelversuche wurden unregelmäßig über die drei ausgewählten Anlagen verteilt aber jeweils vom Versuchsleiter erst eingeleitet, wenn die vorige Störung abgearbeitet war. Als Leistungskenngrößen wurden dabei die Zeit bis zum ersten richtigen Eingriff, die Zahl aller Fehleingriffe und die Zeit erfaßt, während der sich die gestörte Regelabweichung außerhalb einer Toleranzgrenze befand.

4. Versuchsergebnisse

4.1,1. Versuchsreihe: Schalteingriffe

Für jede der bis zu 45 Störungen wurde die Zeit bis zu ihrer Beseitigung erfaßt. Je Versuchsperson wurde daraus der Mittelwert und die Streuung errechnet. Das Histogramm der Mittelwerte (Bild 9) zeigt sehr deutliche Unterschiede für die vier Leitsysteme. Da die Zeiten sehr kurz sind, wirkt sich hier die Meßkreiserkennungs- und Anwahlzeit bei den Systemen L3 und L4 entscheidend aus. Bei System L1 wird der Eingriffsort durch Blinklicht oder

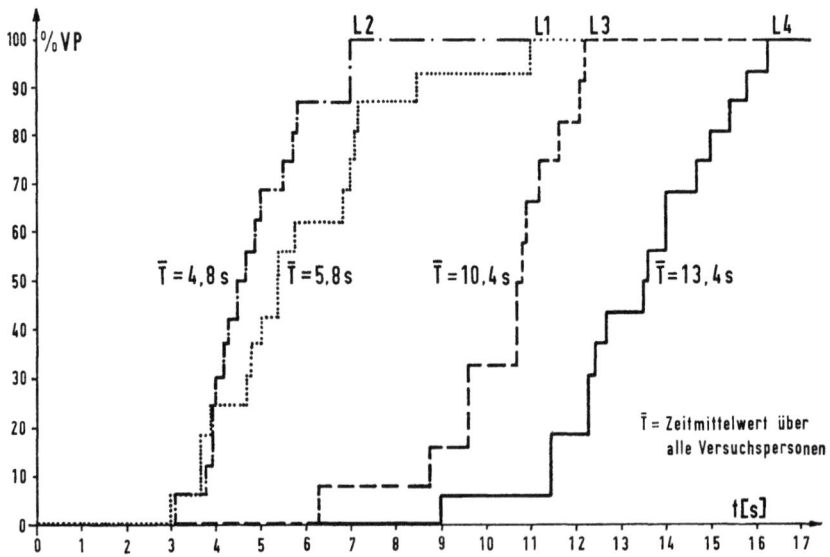

Bild 9: Mittlere Bearbeitungszeiten für Schalteingriffe als Summenhäufigkeitskurven

unmittelbar durch ein Wechseln der Zustandsanzeige erkannt. Im Leitsystem L2 ist die Pultfläche auf 1/3 reduziert, was zu noch kürzeren Reaktionszeiten führt.

Die Streuwerte sind praktisch proportional zu den Mittelwerten und liefern daher keine zusätzlichen Erkenntnisse.

Es wurde versucht, die Gesamtmittelwerte auf die einzelnen Tätigkeiten aufzuteilen:

Einzeltätigkeit	Leitsystem			
	L 1	L 2	L 3	L 4
Wegzeit	1,1	-	-	-
Ausdruck Teletype	-	-	-	3,6
Diaprojektor	-	-	(2,2)	(2,2)
Anwahl 1stellig	-	0,3	0,3	-
Anwahl 3stellig	-	-	4,2	3,9
weitere Anw. (1/3 d. Fälle)	-	-	1,3	1,3
Erkennungs- u. Reaktionszeit	4,7	4,5	4,6	4,6
Gesamtmittelwert	5,8 s	4,8 s	10,4 s	13,4 s

Die Erkennungs- und Reaktionszeit von durchschnittlich 4,6 s erscheint sehr hoch, enthält aber zusätzlich die prozeßbedingten Verzögerungen zwischen Rückschalten und Grenzwertunterschreitung.

2. Versuchsreihe: Regelversuche

Bei den komplexeren Aufgaben dieser Versuchsreihe müssen meist mehrere Meßgrößen angewählt und verstellt werden. Dennoch sind zunächst die relativen Unterschiede für die Zeit bis zum 1. richtigen Eingriff zwischen den Leitsystemen geringer, siehe Bild 10.

Das System L4 hat jedoch für diese Aufgabe eine zu geringe Informationsbreite und weist deswegen deutlich verlängerte Bearbeitungszeiten auf.

Das Leitsystem L2 wurde hier ausgelassen, weil mit ihm nur ein Anlagentyp (hier Ofenanlage) dargestellt werden kann und es sonst im Aufbau mit L1 identisch ist.

Neben der Zeit bis zum 1. richtigen Eingriff wird auch die Anzahl der Fehleingriffe zur Beurteilung herangezogen. In Bild 11 sind sie mit den Zeitmittelwerten als Fehler-Zeit Fläche dargestellt.

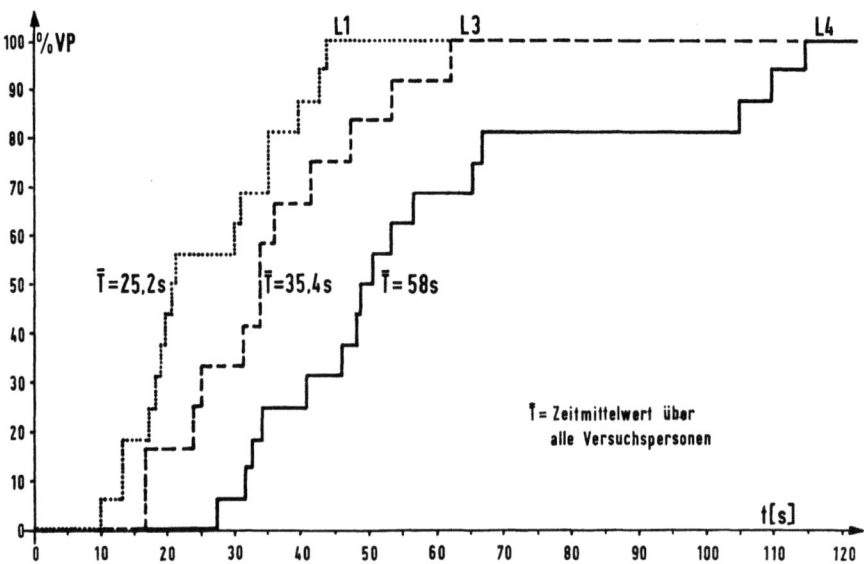

Bild 10: Mittlere Zeiten bis zum 1. richtigen Eingriff für die Regelversuche

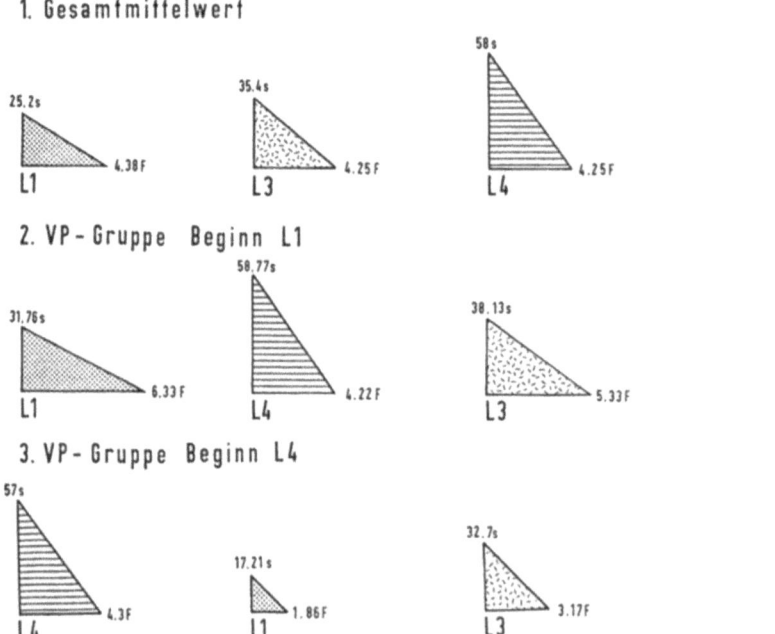

Bild 11: Zeit - Fehler Flächen für die Regelversuche

Während sich bei den Gesamtmittelwerten praktisch gleiche Fehlerraten ergeben, zeigen sich deutliche Unterschiede, wenn man die Versuchspersonen nach ihrer Bearbeitungsreihenfolge unterteilt (2. u. 3. Reihe im Bild 11).

Die VP-Gruppe, die mit L4 begann, mußte sich ein inneres Modell der Regleranordnung bilden, das ihnen bei den anschließenden Leitsystemen zugute kam. Die restlichen Versuchspersonen hatten mit L1 begonnen und konnten sich dort am eingebauten Fließbild orientieren. Beim Übergang zu L4 hatten sich dann ähnliche Anfangsschwierigkeiten wie die erste Gruppe.

Während der Abarbeitung der Störungen wurden wichtige Meßgrößen auf Linienschreibern aufgezeichnet. Im Beispiel (Bild 12) sind die Versuche für die Störung im Luftregelkreis wiedergegeben. Diese Störung wirkt sich auf den Sauerstoff und die Temperatur und über die noch intakte Temperaturregelung auch auf den Gasdurchfluß aus.

Deutlich ist der Nachteil des nur eine Meßgröße anzeigenden Systems L4 erkennbar, mit dem u. a. die Temperaturabweichung nicht rechtzeitig erkannt wurde.

Die etwas zeitaufwendige Auswertung der Schreibstreifen wurde nur für drei typische Regelversuche durchgeführt. Die erfaßten Zeiten, während der die Regelabweichung sich außerhalb einer Toleranzbreite befand, wurden über alle Versuchspersonen gemittelt.

Abweichungszeiten für drei ausgewählte Regelversuche:

Versuch	Nr.	Syst. L1	Syst. L3	Syst. L4	Reihenfolge
Einfachregelkreis mit Totzeit	11	153 s	144 s	106 s	L4-L3-L1
4 gekoppelte Regelkreise	15	185 s	98 s	327 s	L3-L1-L4
Führungskreis mit Trägheit	16	266 s	238 s	284 s	L3-L1-L4

Im Versuch 11 ist das Leitsystem L4 infolge genauer Stellgrößendosierung und digitaler Stellungsrückmeldung begünstigt. Die Schwierigkeit bestand in dem Totzeitverhalten einer ungekoppelten Regelgröße, für die ein Leitgerät ausreichte. Daher liefert L4 die besten Resultate.

Im Versuch 15 mußten mindestens drei Meßgrößen beobachtet werden, um Sekundärstörungen abzufangen. System L4 ist dabei stark benachteiligt. Hier wie beim Versuch 16 bewährt sich System L3 am besten, da ein gezielter Informationsaufbau möglich ist.

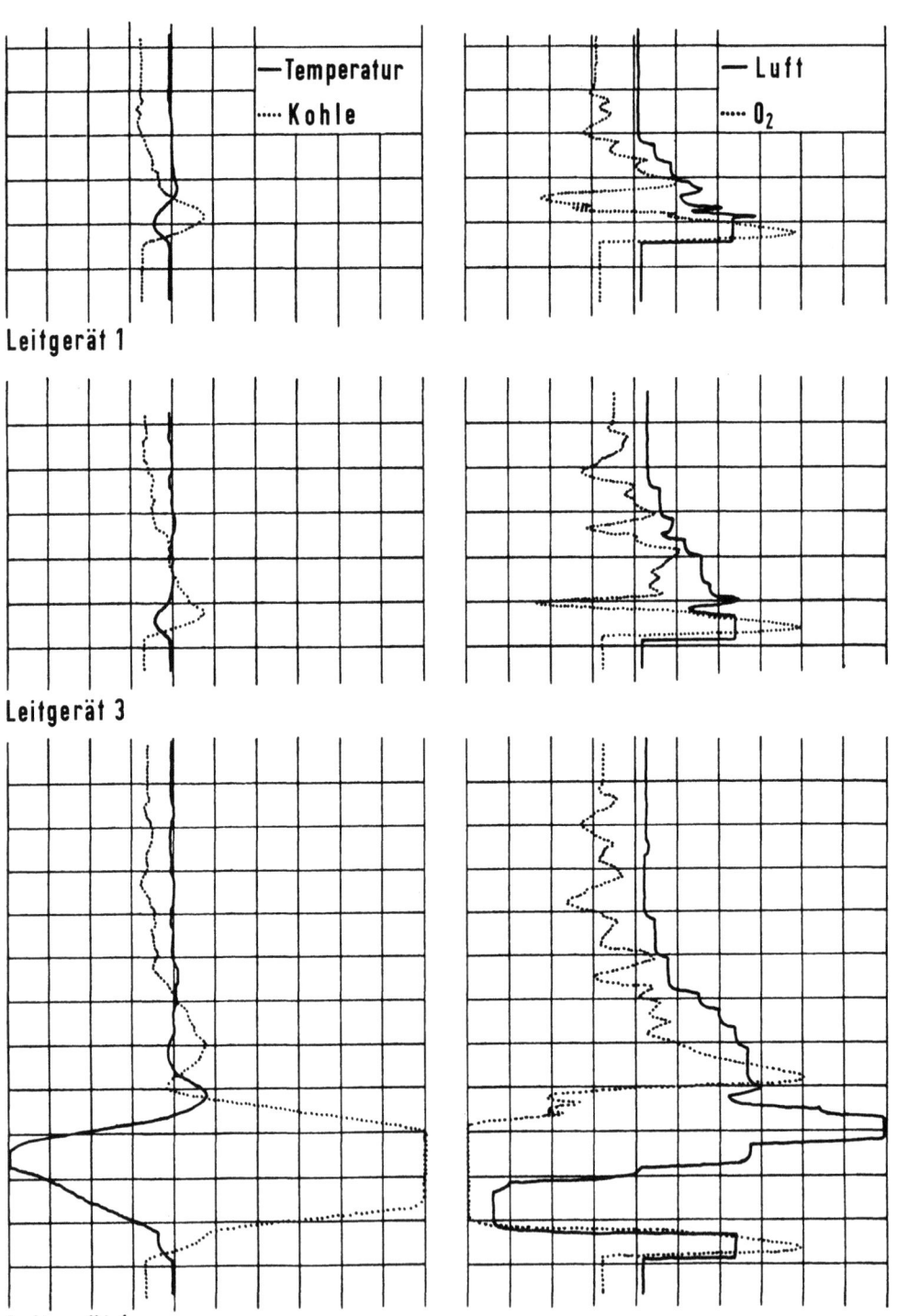

Bild 12: Ausregelung der Störung 15

5. Schlußfolgerungen

Anwahl-Leitsysteme weisen drei wesentliche Merkmale auf, die <u>Zahl</u> der parallel angebotenen Anzeigen und Stelleingriffe, die <u>Gestaltung</u> dieser Anzeige- und Bedieneinheiten und die <u>Gestaltung</u> der <u>Anwahl</u>.

Für die <u>Zahl</u> ergeben sich Mindestwerte in Abhängigkeit von der Anlagenvermaschung und den auszuführenden Aufgaben. Die Mindestwerte sollten nicht wesentlich überschritten werden, um Störinformationen fernzuhalten. Die Zahl der Bedieneinheiten kann dabei kleiner sein als die der Anzeigen. Aus der Aufgabenabhängigkeit der Informationsbreite ergibt sich ferner die Forderung nach getrennten und unterschiedlich gestalteten Arbeitsplätzen für den Operateur, den Betriebsingenieur und den Wartungstechniker.

Bei der <u>Gestaltung</u> dieser Konsolen spielt der Platzbedarf nur eine untergeordnete Rolle. Daher sollten die Möglichkeiten optimaler Gliederung, hoher Auflösung der Anzeigen, und die Grob/Feinstufung der Anzeigen und Stelleingriffe voll genutzt werden. Dies ist bei handelsüblichen Geräten noch nicht erreicht.

Für die <u>Anwahl</u> wird empfohlen, die Anwahltasten mit Meldelampen für Sammelsignale zu kombinieren, die bei mehrstufiger Anwahl der betreffenden Informationsebene entsprechen müssen. Deshalb soll für jede Anwahlstufe ein räumlich getrennter Tastenstreifen vorhanden sein.

Die hierarchische Gliederung sollte so erfolgen, daß je Stufe aus 8 bis 16 Untergruppen ausgewählt wird.

Wenn außer den genannten Forderungen für eine genügende Schulung der Bedienmannschaft gesorgt wird, dann kann den Anwahl-Leitsystemen in Zukunft einige Erfolge vorausgesagt werden. Dann sind Anwahl-Leitsysteme den konventionellen Systemen ebenbürtig oder sogar überlegen.

6. Literatur

1 Benz, Böttger; Anthropotechnische Untersuchung über die menschliche Informationsverarbeitung bei paralleler und bei serieller Informationsdarbietung, rtp 74, H.6, S.137

2 Schumacher; Untersuchung zur Informationsausgabe und Bedienung in Prozeßwarten bei der manuellen Mehrfachregelung, rt 76, H.5, S.145

3 Gutmann; Leitsysteme, Untersuchung von parallelen Systemen, Systemen mit Teilanwahl und seriellen Leitsystemen, PDV-Bericht (erscheint 1977)

THE MAN-MACHINE INTERFACE IN PROCESS CONTROL - STATE OF THE ART AND TRENDS

MENSCH-MASCHINE-BEZIEHUNG IN DER LEITTECHNIK, STAND UND TREND

G.L. Fraser
Foxboro-Yoxall Ltd.
Redhill, Surrey, England.

Zusammenfassung

Diese Arbeit verfolgt die Entwicklung des neuzeitlichen Denkens über die Leitstandtechnik von seinen Anfängen beim Konzept des dedizierten Displays über die Analyse der notwendigen Eigenschaften des Mensch-Maschine-Interfaces bis zur Betrachtung des gegenwärtigen Trends. Bezüglich der letzteren Phase wird ein spezielles System als Beispiel verwendet, welches in seinem gegenwärtigen Stadium einen kleinen ersten Schritt in Richtung des Evolutionsprozesses zukünftiger Leitstände darstellt.

Introduction

Modern process control systems reflect the rapid and impressive advances in electronic technology which have occurred over the past decade. As a result, whatever the size or complexity of his control problem, the user will generally be able to procure a proven, well engineered system to meet his overall process control requirements.

In most cases, however, one key element in the control scheme has received little more than passing attention--that element is the human operator. Historically, most regulatory control systems have evolved using the same basic approach to the operator interface that has existed ever since the first instruments were manufactured.

Instruments have moving mechanical pointers and adjustment knobs primarily because of the way that information is handled within the instruments and control systems themselves--not because they are necessarily the best way of interfacing from the operator's point of view. Admittedly, much effort has been expended in determining the optimum size of instrument faceplates, whether to use toggle switches or push-buttons, etc. and this has resulted, in some instances, in instruments which come as close as possible to the ideal--within the constraints imposed by the inflexibility of the dedicated display concept.

This is not meant as a total condemnation of the dedicated display. However, the constraints imposed have resulted in a situation where, apart from a few notable exceptions, no one has appeared to address himself in a global sense to the all-important questions:

- what is the operator's role?
- how can he optimize his efficiency in carrying out this role?

These are questions which must be answered if process plant manufacturers and users now, and in the future, are going to make maximum use of all the resources available to them, in the most efficient manner. That is why the man-machine interface is receiving increasing attention in the development of control room systems for the future.

Roles and Characteristics

The process operator's key role, as part of the overall control system, is that of decision maker. All his other activities are either contributive or consequent to that role. Most control systems, however, impose other tasks upon him which are a consequence of the control system philosophy and structure rather than of his role requirements.

The key role of the man-machine interface should be to maximize the efficiency of the process operator's implementation of his role. To fulfill its role, the man-machine interface must provide a means of exchanging information between the man and the process. In considering this information exchange, four main characteristics must be taken into account:

- CONTENT - what information, how much?
- PRESENTATION - how does the operator acquire information?
- INTERACTION - how does he relay information?
- CONFIGURATION - how is the information physically arranged within an instrument and within the total workstation?

The Traditional Approach to Instrumentation

Without it necessarily being stated in this way, process control instrumentation has always addressed the above points to some degree or other. Let us consider this in a historical sense so that the significance of the characteristics may be put in perspective. A typical modern control panel is shown in Figure 1 as a general illustration of the following points.

CONTENT - This has been a matter primarily of <u>instrument selection</u> rather than of design. But, in that context, it has been a major factor in <u>control room design</u>. There must always be a trade-off between (a) measurements and control loops which are essential, those that are desirable, those which might be useful, those which require historical information (recording) to be available, etc., and (b) the size and cost of the control panel and, therefore, the control room. With the increase in size and complexity of modern process plants and the rising costs associated with control room construction, the constraints imposed by the dedicated display concept assume major proportions.

PRESENTATION - The majority of instruments have analog displays because, if information is available in the form of an analog voltage or current signal, then the easiest and least expensive way of presenting that information to the operator is to use a volt meter. Hence, the moving pointer display.

We have, to a large extent, allowed PRESENTATION to be driven by the mechanical constraints of the traditional technologies rather than to analyse how the information can best be presented to the operator for the use to which he will put it.

Examples abound. For one, consider our concern with size, shape, and orientation of instrument scales. Existing concepts are, in the main, outgrowths of meter movement technology. For instance, the circular scale follows from bi-metallic and bellows technology <u>not</u> from scale design optimised for best reading of information.

Another example is the question of reading a process variable to an exact value or to a general position within its total range. Such requirements vary from moment to moment depending upon process conditions. Now, a digital readout is optimum for precise reading but an analog indication gives a better idea of relationship. Very few instruments have ever provided a solution to this problem.

Yet another aspect of PRESENTATION is alarm indication. Is the flashing light box, with associated audible devices, necessarily the most efficient way of (a) drawing the operator's attention to an abnormal condition, and (b) providing the proper information about process conditions which will enable him to take the <u>correct</u> action in the most <u>efficient</u> and <u>safe</u> manner?

Basically, the modern control panel presents the operator with a multitude of parallel, dissimilar sources of information which situation, in many cases, does not enable him to address himself efficiently to his prime role.

<u>INTERACTION</u> - The interactive facilities provided for the operator have evolved

in a similarly haphazard manner, utilizing the most expedient path consistent with the technology intrinsic to the instrument's fundamental purpose. A simple example here is the setting of values of setpoints and other variable parameters which is frequently accomplished with different techniques on the same instrument (e.g. thumbwheels, toggle levers, rotary potentiometers, etc.)

This variety of techniques and procedures imposes tasks upon the operator without contributing to his fulfillment of his key role.

CONFIGURATION - This is the area where most development activity has been concentrated in the past. Learned theses have been written about the relative merits of horizontal and vertical moving pointers, of moving pointer and moving scale indicators, of pushbuttons and switches, and many other considerations. Such debate simply highlights the inflexibility of configuration imposed by the use of fixed function instruments.

And, of course, this inflexibility extends to the fixed function control panel. The panel designer has to consider what information should be where on the panel, what sources of information should be adjacent to each other and where must information be repeated. These considerations may change with time or in accordance with process conditions or control mode. And adding to or modifying an existing control panel reduces to a mechanical task with its attendant constraints, inconvenience and cost.

The Man Machine Interface - An Independent Subsystem

Having reviewed what some of the problems are with our present approach to the man-machine interface, let us now consider what we must do to get back to meeting the real needs of the operator.

Most of the problems discussed have a common thread - inflexibility. And this is generally a consequence of the predominantly mechanical technology used in instrument construction. If we could advance to the stage where the man-machine interface can be designed _independently_ of the constraints imposed by the size of an instrument or of the forms of signals, then we can design it for the operator (Figure 2).

If we follow this line of thought, we conclude that what is required is physical _and_ functional independence for the man-machine interface. This should be achieved at the individual loop level and at the total system level and should incorporate a consistency of approach to fully match the operator's needs.

THE CRT - A Tool With Potential

Of all the proven display devices available, the cathode-ray tube (CRT) offers the greatest potential in designing a functionally independent man-machine interface. Experience with computer control systems has made us familiar with the concept of serial displays, utilizing CRT's, with which the operator can call up comprehensive, alphanumeric information about a particular loop and can enter information and commands in a similar manner. Implementation of such a concept as the primary interface for a process operator has not generally been completely successful. Some of the reasons for this lack of success are as follows:

1. Being a digitally driven device, the CRT is commonly used to display information in alphanumeric format. Little use has been made of graphic capability to provide the operator with information such as measurement profiles, trends, etc., where an analog display can relay so much more information.

2. By itself, the CRT is not an interactive operator interface. It displays only and must have associated with it some means of putting information into the system. Procedure keyboards, light pens, cursors have all been tried but have generally been implemented in such a way that they reflect efficiency of programming not the functional requirements.

3. The CRT's flexibility is unimaginatively utilized and relatively unexploited. Display formats are rigidly fixed and individual CRT's are frequently dedicated to displaying one type of information (e.g., "alarm" CRT), very likely in one format. Access is frequently restricted to one loop or point at a time. Now, what an operator requires is at least the option of observing more than one loop at a time, either for the purpose of monitoring the effect of some action he is taking or perhaps to analyze the current performance or status of a whole section of the process. What he needs is a combination of serial and parallel access.

Thus, the potential of the CRT has not really been exploited in relation to the functional independence requirement of the man-machine interface. The past few years have seen a move towards the ideal situation and the trend will continue in the development of control room systems in the future. In order to illustrate this trend, we will examine the evolution of one such system as a typical example.

Split Architecture Equals Physical Independence

In 1972, The Foxboro Company introduced a process control system called SPEC 200. Among its many features, one significant fact about this system from the point of view of this paper is that it embodies the principle of "split architecture". This phrase, now widely accepted and applied to other systems of similar concept, simply means that the display function--the man-machine interface--is physically separate from the control function, the latter being implemented on circuit cards housed in equipment racks.

For the first time in a wide range process control system, we had physical <u>independence</u> between the control system and the man-machine interface. Many of the constraints previously imposed on both sides were now removed. No longer was the size and shape of the man-machine interface dictated by the size of an electronic control package. Control panels became much simpler in construction and most important, much more freedom was available in optimizing the arrangement of instruments in the control panel from the operator's point of view. The layout in the equipment racks could be optimized for easier and more efficient loop interconnection wiring without affecting the control panel design.

Another feature of SPEC 200 electronic instrumentation is a subsystem, known as INTERSPEC, which provides all the digital/analog interfacing necessary to communicate between the control system and a digital processing device. Incorporated in the equipment rack area, this subsystem, via a single cable up to 1.5 KM long, transmits and receives data and commands relating to process and control variables. Since up to 16 modular subassemblies, each handling up to 16 control loops, may be connected to this serial data link, we saw the beginning here of the realization of distributed control.

The above point has been made because, although this serial data link concept was first introduced as an interface for computer control--thus providing physical independence for that area--its significance is far greater than that, namely, in the man-machine interface.

Functional Independence

Although physical independence was beginning to be achieved, systems, at this stage, did not address the question of functional independence. There was still a one-to-one relationship between the control function in the rack and the display instrument in the panel. In other words, the same information was available in the same form as before, with no means to transform it from its "control" context to an optimized "man-machine interface" context.

The next step, therefore, in the evolutionary process was to achieve this functional independence. In the case of the SPEC 200 system, this became a reality by the introduction in 1976 of an extension to the system called VIDEOSPEC.

This subsystem contains the computational capability to alter the content of the information stored in the controllers, as well as its presentation, configuration and the operator's interactive capability, from a "control context" to an optimized "man-machine interface" context. In fact, using computer terms, VIDEOSPEC has a separate "display data base" which is totally independent of the "control data base."

Figure 3 shows a VIDEOSPEC control centre at the new paper mill of Holmens Bruk AB at Braviken in Sweden.

The system consists of a range of console assemblies which can be configured to meet a variety of requirements. At the heart of the system is an electronics package which encompasses a minicomputer. Thus it has the basic potential to achieve functional independence as well as physical independence. But, of course, it is the exploitation of that potential through programming which determines the success or otherwise of such a system.

At present, VIDEOSPEC and similar systems, by design, go little further than simulating panel instruments on the CRT screen. In other words, PRESENTATION has hardly changed. It has expanded in scope in that alphanumeric information augments the analog form. Significant changes have taken place, however, in the areas of CONFIGURATION, INTERACTION, and CONTENT as will now be shown.

CONFIGURATION - The Operational Hierarchy

The basic philosophy adopted in such systems is that they should offer a selection of intelligently designed displays structured in a versatile operational hierarchy. This hierarchical approach stems from the way that an operator relates to the process and to the control panel (see Figure 4).

A panel is usually arranged to correspond to the organization of the process. The complete panel represents the entire plant, a section of the panel represents a process section, and so on, down to individual loop instruments. A corresponding hierarchy of displays must be provided in a centralized display system to provide viewing capability ranging from plant overview to loop detail.

In addition, such a system must take into account the fact that the operator with a panel performs a large amount of mental "filtering" of the total parallel information CONTENT. He may, at any particular time, look only at certain types of instruments (only measurement pointers, perhaps) while ignoring the rest. A functionally independent centralized display system can do this filtering for him by enabling him to select from a number of types of display at the same level in the hierarchy.

The independent "man-machine interface data base" concept also means that control loops (or indicators, manual loading stations, etc.) can be located at any one or several locations in the lower level of the hierarchy. What this gives is the equivalent of complete freedom in locating--and relocating--instruments in a control panel.

In summary, the simultaneous vertical/horizontal structure of the display hierarchy in conjunction with the positional freedom of loop displays offers major improvements over the control panel.

INTERACTION - The Variable Function Keyboard

To take full advantage of the benefits to be gained in the area of CONFIGURATION, there must exist an efficient means of manipulating the hierarchy and the control elements displayed within it. The operator's need for information may be continuous, periodic, on-demand, or automatic. And his choice of actions varies widely in number and type depending upon process conditions and the control elements with which he is dealing.

What is needed is an operating procedure which matches available actions to a particular task and to the current conditions. One device which automatically offers significant advantages is the variable function keyboard, which changes its function to suit the operator's needs.

The crux of variable function operation lies in the parallel/series aspects of the operator's manipulative tasks. Actions are inevitably serial, even though they may consist of a rapid sequence or may simultaneously affect several process elements. Further, analysis shows that the number of pertinent alternative actions required at any instant is very small--about ten out of several hundred possible actions.

Hence, at any instant, the operator needs only a very small keyboard provided with those few appropriate choices. In VIDEOSPEC, for instance, he has 15 unmarked variable function keys whose labels are displayed on the bottom line of the CRT immediately above, aligned with each key. In the course of the entire operating procedure, these 15 keys can assume about 150 distinct actions grouped into about 350 combinations of sets of key labels.

The variable function operating procedure automatically moves from one set of actions to another when a key is pushed. Several such sequences can be used, each optimized for a particular category of actions the operator may choose to perform, and sequences are initiated by pushing a fixed-function key. The operator can interrupt a sequence and return to an earlier format within it through a reset key or he may completely reinitialize it or start a new one through the fixed function keys.

Figure 5 illustrates the use of a variable function keyboard, in this case, to progress from one level in a display hierarchy to another. The upper half of the figure shows an AREA display and the lower half shows the GROUP display called up by depressing the indicated key. The operator could then go on down the hierarchy to expand the information on, say, loop F350 by depressing the key indicated at the GROUP level. The point to be noted in this example is the way in which the selection of available actions represented by the bottom line of the CRT change to reflect the characteristics of the current display.

Testing in both research and field environments has confirmed several advantageous features of the variable function keyboard:

- Security - illegal actions are impossible since the only available actions are those pertinent to current display conditions.
- Simplicity - the operator can find a desired key quickly since only a few are active at a time, they are concentrated in a small area and they are clearly identified.
- Self-training - very little formal training has been needed to achieve competence in running complex processes. No memorization of procedures is required.

CONTENT - Wide Choice With Minimal Overheads

Once a system such as we are considering is connected to a control system, it has complete access to the "control data base" for manipulation to create its own "man-machine interface data base." And, because of the shared nature of the display, there are fewer constraints--and, therefore, fewer compromises--in deciding what control loops are required, what measurements should be indicated ... and which points to record. It is probably in this latter area that the greatest impact is seen, so again, let us look at VIDEOSPEC to illustrate our point.

Since VIDEOSPEC has a memory capability, it can store data over a period of time for recall at a later time. The information which the operator may request will be displayed to him on the CRT screen. He can look at two or four traces at a time with the traces being updated at either of two selected rates. The effect is like a two-pen or four-pen, two-speed, trend recorder with the ability to select any of the measurements within the entire system for recording. Figure 6 shows a console with trend displays activated.

In addition to this real-time trend recording facility, the system uses a diskette memory to store data on up to 200 measurements over a continually moving period of either eight or twenty-four hours. At any time, the operator can request display on the screen of any of these historical data files in the same format as the real-time trend recording.

What this all means is that the operator has available to him a variety of methods of displaying recorded data on a selective basis without the necessity for a large number of chart recorders occupying panel space and requiring routine attention. Should hard-copy of a particular trend display be required, an optional videocopier quickly provides accurate copies of the display on the screen.

The Future

The current design of centralized control consoles typified by VIDEOSPEC, as described above, is the initial expression of the functional independence concept in operator/process communications. This concept evolved as the basis from which to reach beyond the traditional panel operations to the information exchange requirements of higher level process control and management structures.

This does not mean, however, that we will see the total demise of the control panel in the near future. Indeed, we are already beginning to see the emergence of functionally independent instruments which enable the retention of the control panel concept but which offer more versatility in the areas of content, presentation and interaction.

At present, the driving force in the man-machine area is the increasing capability and availability of electronic substitutes for previously mechanical technology, including computational, memory, display and interactive devices and the programming techniques to exploit them. In taking advantage of such technological advances, we must ensure that we do not allow ourselves to get caught up in the constraints of electronic expediency as we have in the past with regard to the mechanical technology.

We have by no means achieved the ultimate in the man-machine interface. But the implementation, however basic, of the concept of physical and functional independence is a step in the right direction. And in todays systems, we can see the effects of that first step and its obvious significance in determining progress along the evolutionary path towards the man-machine interface of the future.

REFERENCES

1. <u>Guidelines for the Design of Man-Machine Interfaces for Process Control</u>, MMI Committee of the International Purdue Workshop for Industrial Computer Systems, Engineering Experiment Station Bulletin, 143 Series, Purdue Laboratory for Applied Industrial Control, Purdue University, October 1975.

2. Williamson, R. A., Jr., "The Operator/Process Interface" sections 24.20-24.41, <u>Electronic Engineers' Handbook</u>, 1st edition, ed. Donald G. Fink, McGraw-Hill Book Company, 1975.

3. Williamson, R. A., Jr., et al., "Human Engineering, Read-outs and Displays", chapter III, <u>Instrument Engineers' Handbook</u>, supplement one to vols. I and II, ed. Bela G. Liptak, Chilton Book Company, 1972.

4. Kitchenka, F. L. and Williamson, R. A., Jr., "Process/Operator Interface - Past and Future" (to be published in <u>Control Engineering</u>)

5. Beaverstock, M.C., Stassen, H.G., and Williamson, R.A., Jr., "Man-Machine Interface Design in the Process Industries" (paper prepared for 13th Annual NASA/University Conference on Manual Control, M.I.T., Cambridge, MA, June 1977)

FIGURE 1   Typical control panel

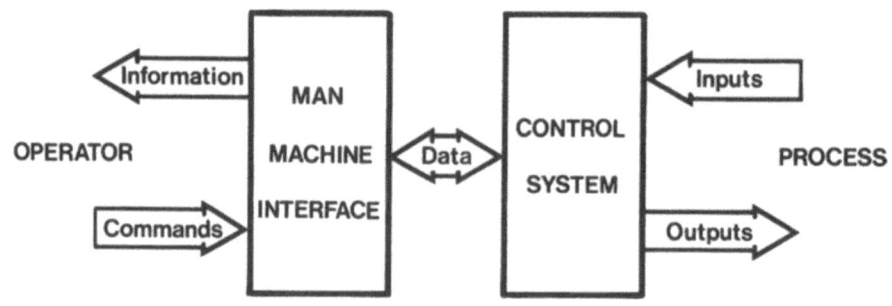

FIGURE 2   The man-machine interface as an independent subsystem

FIGURE 3   VIDEOSPEC operations centre at a paper mill in Sweden

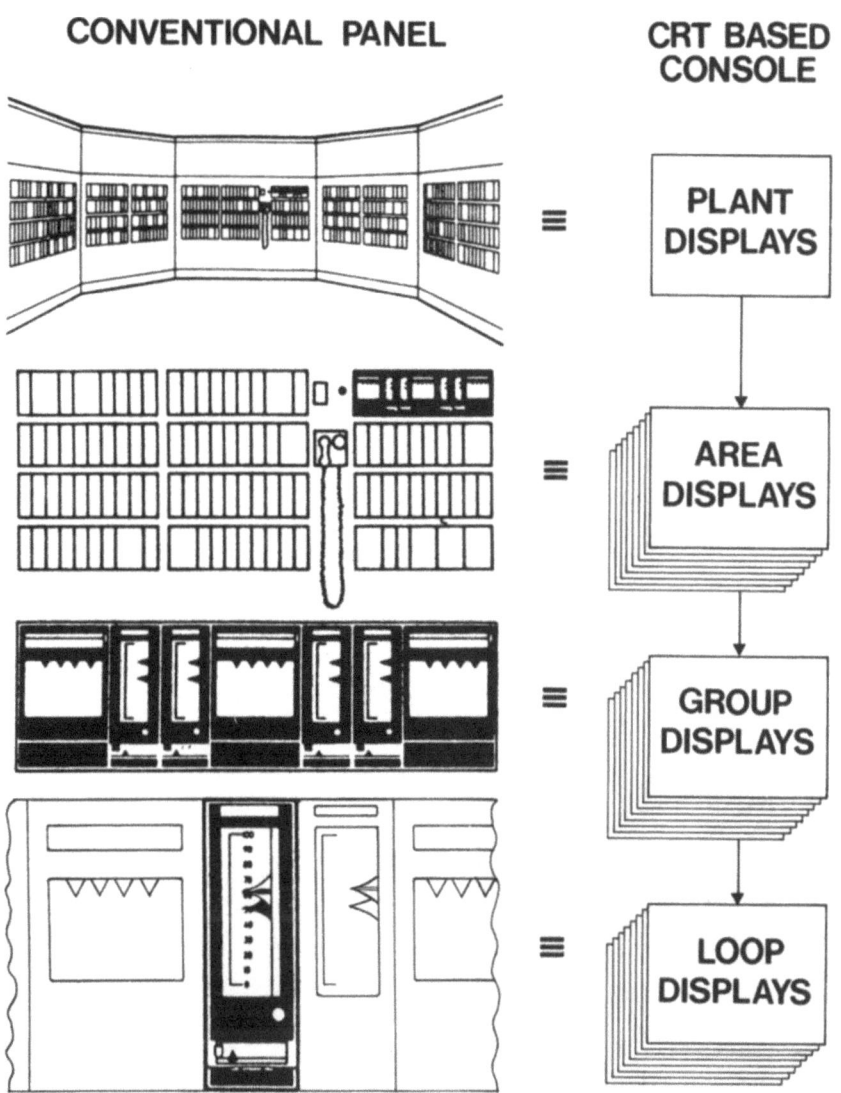

FIGURE 4 Operational hierarchies

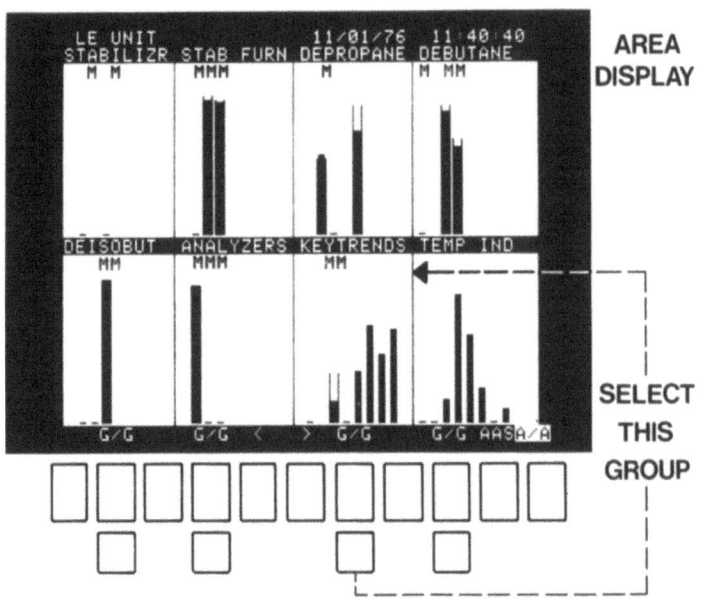
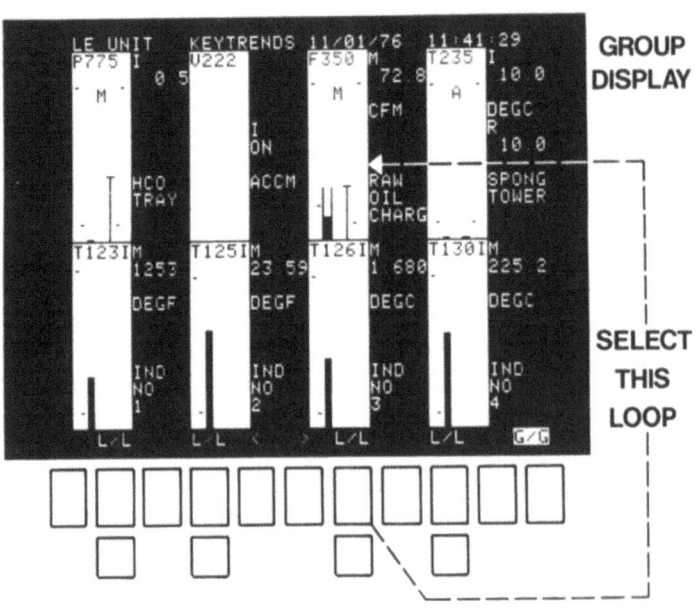

FIGURE 5 Variable function keyboard operation

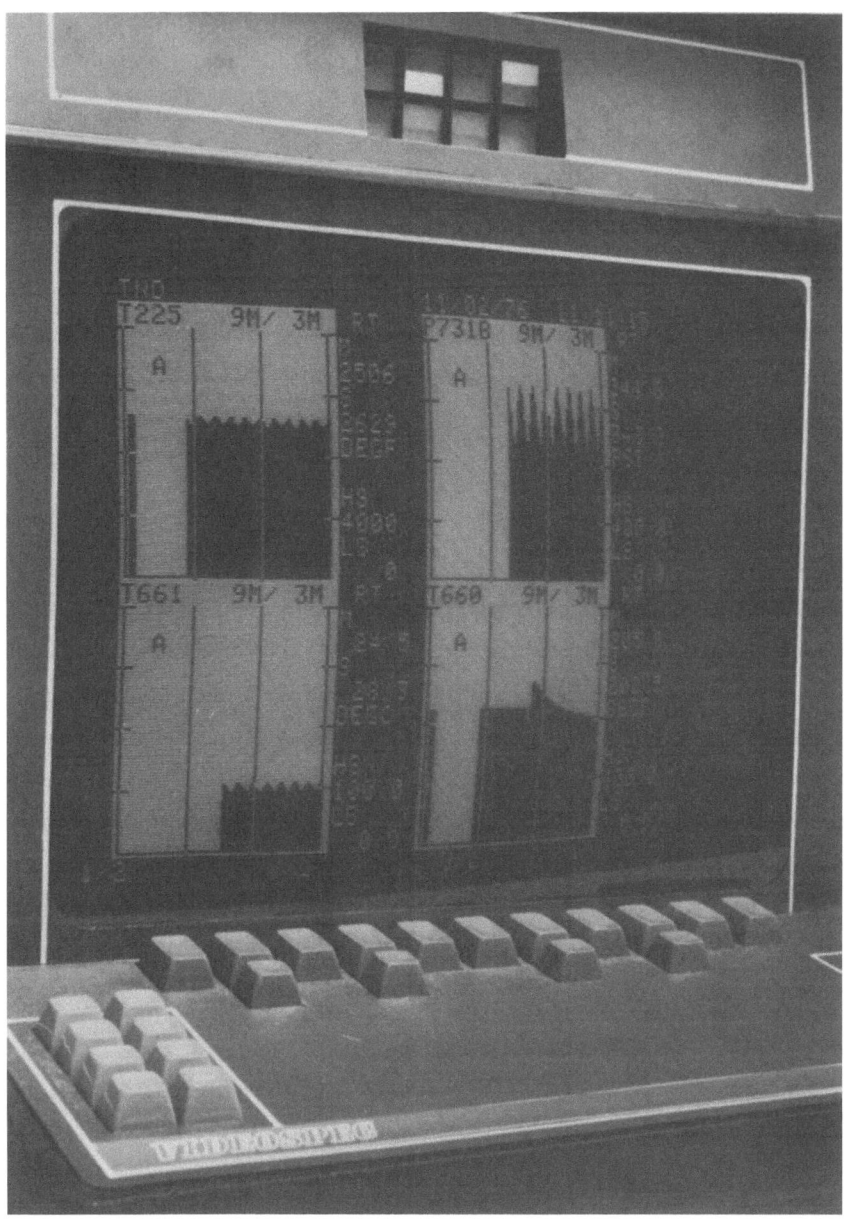

FIGURE 6 Process trend displays on a CRT console

RATIONALISIERUNG IN PLANUNG UND ERSTELLUNG VON PROZESSWARTEN +)
RATIONALISATION OF THE DESIGN AND IMPLEMENTATION OF CONTROL ROOMS FOR PROCESS CONTROL

W. Böttcher

Hartmann & Braun AG

6000 Frankfurt (Main)

Summary

As to the process control station, the growing rate of automation and the extent of industrial processing engineering systems have been increasing the expenditure of the design and assembly work. The prerequisites for economical planning and assembly during the period of drafting, planning and erection are describes as follows.

1. Einleitung

   Bei der Neuerrichtung von verfahrenstechnischen Anlagen besteht ein allgemeiner Trend zu größeren Einheiten. Damit verbunden ist ein wachsender Automatisierungsgrad, wie man ihn an der Zunahme der Meßstellen und der gesteuerten Antriebe in Kraftwerken von 1958 - 1976 erkennen kann (Bild 1). Diese Entwicklung ist auch für andere Technologien durchaus typisch. Sie bedeutet einen erheblichen Zuwachs der Instrumentierung und damit erhöhte Aufwendungen bei Planung und Erstellung der Prozeßwarten.

   Als weitere Einflüsse sind zu beachten:
   - die Vielfalt technischer Lösungsmöglichkeiten durch die alternative Anwendung von Rechnern, Bildschirmsystemen, pneumatischen oder elektrischen Kompaktregelsystemen, in Einzelkomponenten aufgelösten MSR-Systemen.

+) Dieser Bericht veröffentlicht Ergebnisse aus einem mit Mitteln des Bundesministers für Forschung und Technologie (Kennzeichen DV 5.505) geförderten Forschungsvorhabens des Projekts Prozeßlenkung mit DV-Anlagen (PDV) im Rahmen des 2. DV-Programms der Bundesregierung. Die Verantwortung für den Inhalt liegt ausschließlich bei den Autoren bzw. den geförderten Unternehmen.

- die zusätzlichen Nahtstellenprobleme durch die Kombination technisch unterschiedlicher Teilsysteme, z. B. für Steuerung, Regelung, Datenverarbeitung usw.

- erhöhte Anforderungen an die Verfügbarkeit der Gesamtanlagen

- erhöhte Sicherheitsanforderungen in Bezug auf Umweltschutz, Blitzschutz, Explosionsschutz, Erdbeben und kritische Ausfälle von Anlageteilen

- zunehmende Berücksichtigung besonderer anthropotechnischer und ergonomischer Anforderungen

- kürzere Liefer- und Erstellungszeiten auch komplexer werdender Anlagen (siehe Vergleich der Einstellzeiten von Kraftwerken in USA und Deutschland) (Bild 2), die mehr Parallelarbeit erforderlich machen.

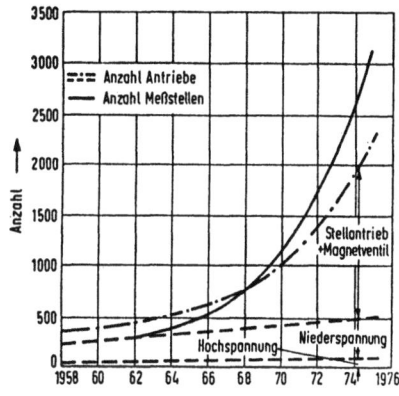 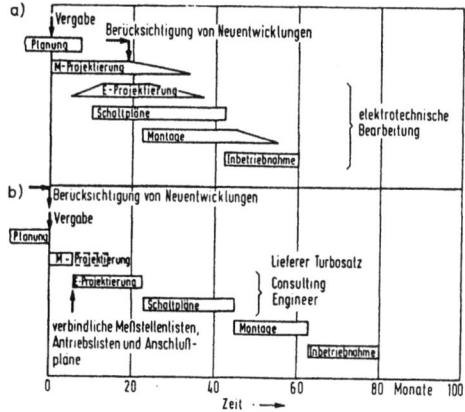

Bild 1: Zuwachsfunktion der Anzahl gesteuerter Antriebe bzw. Meßstellen in Kraftwerken [2]

Bild 2: Zeiten für die Erstellung von Kraftwerken [2]
a) deutsche Kraftwerkstechnik
b) amerikan. Kraftwerkstechnik

Im folgenden sollen Möglichkeiten zur Reduzierung des Aufwandes bei der Planung und Erstellung von Prozeßwarten aufgezeigt werden. Unter Planung sei hier eine Konzept- und eine Projektierungsphase verstanden, unter Erstellung eine Fertigungs-, Prüfungs-, Montage- und Inbetriebnahmephase. Unter der Prozeßwarte soll der Leitstand einschließlich aller Instrumente, der Wartenraum sowie alle Wartennebenräume mit Schränken und Einrichtungen für die MSR- und Rechnertechnik verstanden werden. Die unterschiedlichen Aufwendungen für die Beschaffung der verschiedenen Automatisierungssysteme sollen nicht betrachtet werden, da sie häufig technisch vorgegeben sind.

2. Konzeptphase

Die Konzeptphase geht der Ausschreibung durch den Besteller oder Hauptplaner voraus. Von einem geeigneten technischen und organisatorischen Konzept hängt es ab, inwieweit bei Projektierung und Erstellung alle Rationalisierungsmöglichkeiten genutzt werden können, auch wenn an der Projektierung und Erstellung der Warte im umfassenden Sinn mehrere Lieferanten beteiligt werden. Dabei sind folgende Punkte von besonderem Einfluß:

2.1 Technisches bzw. Automatisierungskonzept

- Festlegung des Automatisierungskonzeptes, d. h. Aufgabenstellung für Regelung, Steuerung, Schutz, Datenerfassung, -verarbeitung und -darstellung.

- Alternativ in Frage kommende Gerätetechniken, z. B. pneumatische oder elektrische Kompaktregler und deren Kombination mit Rechnern.

- Absprache mit den Verfahrensingenieuren über die Meßwerte und Stellgrößen [1], die für das Fahren der Anlage nötig sind. Instrumente, die nur zur Wartung, Überwachung und im Störbetrieb erforderlich sind, können gegebenenfalls zur Entlastung außerhalb des Prozeßleitstandes vorgesehen werden.

- Festlegung technischer Nahtstellen wie z. B. Datenschnittstellen (20 mA, V-24 Schnittstellen, Festlegung von Bussystemen) Spannungsversorgung mit zulässigen Toleranzen, einheitlichen Bürden für Meßumformer u. ä..

- Vorschriften und technische Standards und Genehmigungsbedingungen des TÜVs u. ä., deren Berücksichtigung zu erheblichen Mehrkosten führt.

2.2 Wartenkonzept

Das prinzipielle Wartenkonzept sollte vor Ausschreibung weitgehend festliegen, so daß schon bei der Bauplanung, die vor der Bestellung der Automatisierung liegt, berücksichtigt werden kann.

Es sind 2 Grundtypen zu unterscheiden (siehe Bild 3):

a) die verfahrensablauf-orientierte Warte,
    die meist zu langgestreckten Tafeln und Pulten führt und
    beim Einsatz von Kompaktreglern bevorzugt wird.

b) die bedien-orientierte Warte,

die zu einem kleinen Hauptleitstand führt, aber nicht in jedem Fall zu einer kleineren Warte. Sie setzt eine Trennung der Informations- und Betätigungsgeräte von der verarbeitenden Elektronik voraus. Der Raumbedarf wird vom Leitstand in die Wartennebenräume verlagert. Die Trennung erfordert zusätzlichen Projektierungsaufwand.

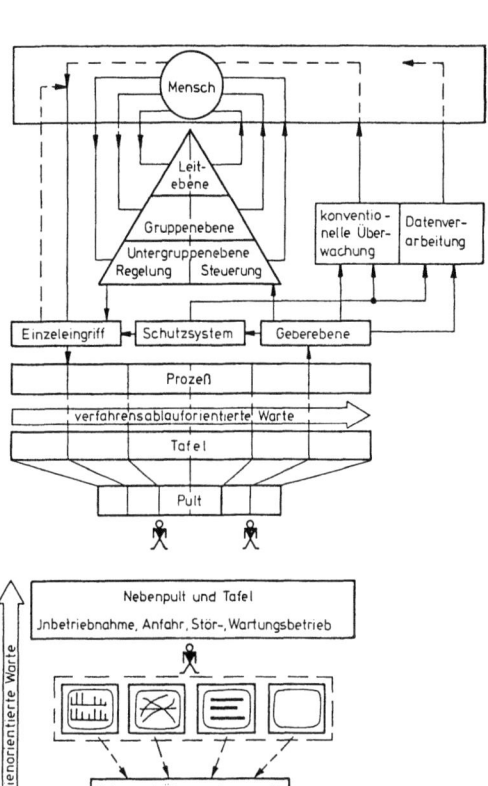

Bild 3: Verfahrensablauf- und bedienorientierte Warten

Das Wartenkonzept hängt von den Schwerpunkten der Aufgaben des Bedienungs- und Wartungspersonals in den einzelnen Betriebsphasen ab. Ihre Spezifikation sollte den anthropotechnischen und ergonomischen Überlegungen vorausgehen. Die Lösungen führen oft zu Einzelkonstruktionen, die entsprechend aufwendig sind und die Gefahr beinhalten, daß wesentliche Gesichtspunkte nicht berücksichtigt werden. Um dies zu vermeiden, sind Standardwartenkonzepte, wie z. B. für Kernkraftwerke nützlich, weil dabei alle wiederkehrenden Probleme optimiert werden können. Hierzu gehören z. B. Beleuchtung, Abstand und Abmessungen von Pult, Instrumententräger und Tafel, um z. B. die Ablesbarkeit der Instrumente sicherzustellen, Klimatisierung, grundsätzliche Aufteilung der Informations- und Betätigungselemente für Hauptleitstandsfahrer, Störbetrieb usw..

Bild 4: Funktionsorientierte Bildschirmwarte

2.3 Bearbeitungskonzept

In der Regel kann man davon ausgehen, daß eine Automatisierungsanlage mit Projektierung, Gerätelieferung, Warte, Dokumentation und Montage nicht von einer Firma geliefert wird. Vergleichbare Nahtstellenprobleme treten aber auch bei der Zusammenarbeit mehrerer Abteilungen in einer Firma auf. Eine reibungslose Auftragsabwicklung ist nur bei der Beachtung günstiger Planungsschnittstellen möglich. In der Regel ist es zweckmäßig, daß Planungspakete von dem jeweiligen Lieferanten mit übernommen werden, da hier die besseren Detailkenntnisse vorliegen. Dem Auftraggeber obliegt die Koordination der verschiedenen Planungsaktivitäten, wozu besonders zählt

- die Festlegung eines Anlagenkennzeichensystems, nach Möglichkeit in Übereinstimmung mit der Verfahrenstechnik [3] . Sie erleichtert die Bearbeitung an den Nahtstellen und ist Voraussetzung für die spätere Benutzung der Dokumentation durch den Betreiber. Sie ist absolut erforderlich für jede EDV-Bearbeitung.

- Festlegung für die Ausführung der Unterlagen

- Sicherstellung der Information bei paralleler Bearbeitung

- Änderungsdienst

- Anwendung zentraler oder dezentraler Rangierverteiler

  Der Rangierverteiler erfüllt mehrere Aufgaben:
  - Übergabe Verteiler vom Feld
  - Planungsgrenze zwischen verschiedenen Komponentenlieferanten
  - Nahtstelle zwischen terminlich versetzten Planungspaketen
  - einfache Möglichkeiten der Funktionsänderungen während Planung, Errichtung und Inbetriebnahme
  - Reservedisposition zwischen Feld und Warte

  Er reduziert in der Regel den Projektierungsaufwand bei höherem Aufwand an Kabeln, Plänen und Anschlußstellen. Bei geeignetem Konzept, das kritische Nahtstellen vermeidet, können bei Einsatz eines dezentralen Rangierverteilers Einsparungen erzielt werden. Z. B. bei einem Kraftwerk mit ca. 2.000 Antrieben im Bereich der Steuerung 56.000 Anschlüsse und ca. 40.000 Rangierverbindungen [2].

3. Projektierungsphase

In der Projektierungsphase müssen die Konstruktionsarbeiten für Wartenraum und Leitstand parallel zur Auslegung der MSR-Anlage und der Erstellung der schaltungstechnischen Unterlagen durchgeführt werden, damit der Ausbau beendet ist, wenn mit Gerätebestückung und Verdrahtung begonnen werden soll. Dies bedeutet besondere Rücksichtnahme auf mögliche Änderungen sowohl in der Bestückung als auch in der Verdrahtung. Zu beachten ist auch, daß mit der Auswahl der Geräte bereits die Kosten für Einbau, Verdrahtung, Prüfung und Änderungen festgelegt werden. Einen größeren Einfluß auf den Projektierungsaufwand hat die Wartenkonzeption und die Technik. In einer verfahrensablauf-orientierten Warte können Kompaktregler eingesetzt werden. Besondere Pläne für Verbindungen von Regler, Anzeiger, Leitgerät und Signalisierung sind nicht notwendig, da sie im Gerät standardmäßig vorgegeben sind. Bei aufgelösten Systemen entsteht hier zusätzlicher Aufwand.

3.1 Konstruktion

Kabeldurchbrüche, Kabelschächte, Anschlüsse an Decken, Boden und Wänden müssen für den Leitstand bereits bei der Erstellung des Rohbaus festgelegt werden, bevor die genaue Bestückung festliegt. Es darf dadurch die spätere Verkabelung nicht erschwert werden und die freizügige Bestückung nicht eingeschränkt werden. Für Konstruktion und Wartenbestückung sollte deshalb auf gleiche Standards zurückgegriffen werden. Dies erleichtert gleichzeitig die Projektierungsarbeit, weil Vordrucke für die Bestückung zur Verfügung gestellt werden können, ebenso Hinweise für maximale Anschlußmöglichkeiten, Erwärmung usw..

Insbesondere bei der Belegung von Tafeln und Pulten bekommen die Gesichtspunkte der Bedienbarkeit, der Arbeitssicherheit, der Ablesbarkeit, Ergonomie und Wartungsfreundlichkeit größere Bedeutung. Neben den verschiedenen Planern für Steuerung, Regelung und Rechner sind Betreiber, Innenarchitekt, gegebenenfalls Arbeitsmediziner und TÜV beteiligt. Die Planung der möglichen Varianten auf Zeichnungen hat sich bei großen Anlagen als unzweckmäßig erwiesen. Es werden als Planungshilfen Magnetfolien mit der Geräteansicht auf den Standards entsprechenden einfachen Pult- und Tafelmodelle im Maßstab 1:1 aufgebracht. Sie erlauben leichte Änderung und einen Originaleindruck bei den Planungsbesprechungen. Sie sind für das Bedienungspersonal dieser Warte als Schulungsmöglichkeit geeignet. Die Elemente können immer wieder verwendet werden.

Bei vielen Warten werden Fließbilder oder Blindschaltbilder verwendet, um eine Übersicht über verfahrenstechnische Anlagen zu geben und die Bedienbarkeit zu verbessern. Sie werden z. T. durch eingebaute Leuchtmelder und anzeiger ergänzt oder als "full graphic panel" mit Reglern und Bediengeräten gemischt. Die Auslegung dieser Fließbilder erfordert hohen Aufwand bei der Absprache zwischen Verfahrenstechniker und Konstrukteur. Änderungen sind bei der Verwendung von Kunststoffleisten, Siebdruck oder auch Fotodruck an der fertigen Anlage kaum durchzuführen. Ein Ersetzen des Fließbildes mit eingebauten Geräten ist praktisch unmöglich. Eine Erleichterung für die Änderungen bieten Mosaiktechniken. Hier können nachträglich Teile ausgewechselt und ergänzt werden. Es gibt jedoch nur wenige Ausführungen, die eine freizügige Kombination von Fließbild und sowohl kleinen als auch großen Geräten erlauben.

Es werden Anlagenbildanzeigen auch auf Bildschirmen dargestellt. Der Aufwand für die Auslegung ist in vielen Fällen vergleichbar, wenn nicht eine Programmierung mit dem Lichtgriffel auf der Anlage selbst vorgenommen werden kann. Einfache Bedienbarkeit vorausgesetzt, kann die Auslegung und Änderung vom Betreiber selbst durchgeführt bzw. durch einen Spezialisten vor Ort kurzfristig an die Erfordernisse der Anlage angepaßt werden.

Bild 5: Programmierung einer Anlagenbildanzeige mit Lichtgriffel

3.2 Projektierung und Schaltungsunterlagen

Eine Beschränkung der Gerätetypen und Festlegungen für wiederkehrende Problemlösungen (Regelkreise und Steueraufgaben) ermöglichen Standardschaltpläne. Die Schaltung wird nicht mehr einzeln entwickelt und gezeichnet, sondern nur die regelkreisspezifischen, beweglichen Daten, wie Anschlußbezeichnungen und Kennzeichnung des Regelkreises, werden in eine Mutterpause eingetragen. Der Aufwand kann reduziert und die Übersichtlichkeit erhöht werden, wenn auf Innenschaltbilder, auf Wirkschalt- und Stromlaufpläne verzichtet wird. Eine weitere Erleichterung ergibt sich, wenn auf den Standardplänen, Signalpfade eingetragen werden und man die zugehörigen Bewegungsdaten in Tabellen einträgt [6]. Diese Darstellung ist auch Voraussetzung bei der Bearbeitung der Verdrahtungspläne mit der EDV, will man auf aufwendige EDV-gesteuerte Plotter verzichten. Der Einsatz der EDV erweist sich als notwendige Voraussetzung für rationellere Verdrahtung.

3.3 EDV-Einsatz

Die Größe der Anlage und der wachsende Automatisierungsgrad bedeuten die Verarbeitung einer immer größer werdenden Menge von Projektierungsdaten, von der für einzelne Aktivitäten immer nur eine Teilmenge benötigt wird. Mit Hilfe von EDV-Programmen ist man in der Lage, z. B. Kennblätter mit allen wesentlichen Daten für Binärsignale, Meßstellen, Antriebe auszudrucken. Die offenen Punkte können geklärt und über den gleichen Beleg in die Datei eingegeben werden. Es sind Sortierungen nach Terminen, Lieferanten, Anlagenabschnitten, Gerätetypen möglich. Verdrahtungslisten können sowohl in die zweckmäßige Verdrahtungsreihenfolge für die Montage als auch in der Reihenfolge der Belegung für Prüfung und Service ausgedruckt werden. Bei handverdrahteten Rangierungen sind Zeitersparnisse bis über 50 % möglich. Durch Umsetzen der Verdrahtungslisten in einen Lochstreifen können bei der Verwendung von Halbautomaten für wire-wrap und Termipoint-Verdrahtung bei Elektronikschränken ähnliche Ersparnisse erzielt werden. Dabei können auch Listen für die Beschaffung, Disposition und den Einbau von Material und Geräten ausgedruckt werden. Die schnelle Bearbeitung durch den Rechner läßt Änderungen bis kurz vor dem Ausdruck ohne Einfluß auf die Unterlagen zu. Der vollen Nutzung der EDV steht entgegen, daß bei der Zusammenarbeit mehrerer Firmen die Nahtstellen nicht so entwickelt sind, um eine Übergabe der Daten vom Planer zum Hersteller mit Datenträgern zu realisieren. Dies wäre insbesondere bei großen Projekten wünschenswert, da auch in den Herstellwerken für die Weiterbearbeitung der Aufträge EDV eingesetzt wird. Von Absprachen zwischen den Planern verschiedener Technologien und Herstellern sind zukünftig Verbesserungen zu erwarten. Voraussetzung ist allerdings, daß auch die an den Betreiber zu liefernden Unterlagen in einer der EDV angepaßten Form akzeptiert werden.

4. Erstellungsphase

Der größere Teil der Kosten für eine Warte fällt bei der Erstellung an. Zur Erstellung gehören Vorfertigung von Standardteilen und -schränken, Werksmontage der Wartenteile, Verdrahtung und Prüfung im Werk, Wartenaufstellung auf der Baustelle einschließlich Fußboden, Verkleidung, Lichtdecke, Geräteeinbau, Verkabelung und Anschließen sowie Funktionsprüfung. Der Personalaufwand hat hierbei den größten Anteil.

4.1 Vorfertigung und Werksmontage

Je mehr bei den Wartenteilen auf Standards zurückgegriffen wird, desto eher ist eine Serienvorfertigung möglich. Dies bezieht sich sowohl auf ganze Einheiten, z. B. Schränke, wie auf Teile von Baukastensystemen einschließlich dem Aufrüstptogramm, z. B. Montageblechen, Befestigungsschienen, 19"-Baugruppenträgern und Rastern für Mosaiktechnik. Verschiedene Wartensysteme erlauben trotzdem die Anpassung an die individuellen Aufgabenstellungen. Sicher ist aber eine weitere Beschränkung in der Praxis notwendig, wenn man Kosten sparen will. Man kann beispielsweise bei den Schrankabmessungen für MSR-Aufgaben mit wesentlich weniger als 36 nach DIN 41 488 zulässigen Varianten auskommen. Die Standardisierung darf sich aber nicht nur auf den Blechanteil beschränken, der z. B. bei Elektronikschränken nur 10 - 15 % Schrankkosten einer vollverdrahteten Einheit ohne Steckkarten und Geräte ausmacht.

4.2 Verdrahtung

Wesentliche Rationalisierungsreserven liegen in der Verdrahtung.

a) Verringerung der Anschlußzahl

Auf die Reduzierung der Anschlüsse durch dezentrale Rangierverteiler wurde bereits hingewiesen. Die Möglichkeit, Schalttafelgeräte in Tafeln und Pulten ohne Zwischenklemme anzuschließen, wird häufig nicht genutzt. Eine uneinheitliche Anschlußtechnik zwingt zur Verwendung unterschiedlicher Leitungsdurchmesser, so daß zwischen den Geräten Übergangsanschlußstellen vorgesehen werden müssen. Durch Zusammenfassung der Geräte, die zu einer Funktionsgruppe gehören, in einem Schrank oder Tafelfeld werden ebenfalls Verbindungen und Anschlußstellen eingespart.

b) Verringerung der Anschlußzeiten

Die funktions- oder ortorientierten Verdrahtungs- und Leistenpläne haben keine Informationen über eine zeitsparende Arbeitsfolge. Durch die EDV können Unterlagen arbeitsgerecht aufbereitet und als spezielle Verdrahtungsliste ausgedruckt werden. Dies gilt besonders bei der Verdrahtung von Elektronikschränken. In den Listen sind die Drahtlängen für jede Verbindung angegeben. Sie können vorbereitet werden, so daß sich der Verdrahter auf die Verbindung konzentrieren kann.

Besonderer Augenmerk ist auf die Verbindungstechniken zu legen. Durch
modere Anschlußtechniken können bei Verwendung von wire-wrap- und
Maxi-Termipoint-Technik bis zu 0,5 Min./Verbindung eingespart werden.
Dies bedeuter bei einer mittelgroßen Anlage mit 120.000 Anschlüssen bis
zu über 200 Manntage.

Zeiten für verschiedene Anschlußtechniken einschließlich
Abisolieren nach Standardauflagen

	Litze 0,5 mm^2	Draht 0,8 $\varnothing$
Anklemmen an Reihenklemmen	35"	20"
Flachstecker 2,8 x 0,8 mm an Steckverteilern	40"	-
Löten an Lötverteilern	40"	35"
Löten an Reihenklemmen	40"	40"
Maxi-Termipoint	7"	7"
wire-wrap	-	15"

Diese Anschlußtechniken erlauben gleichzeitig den Einsatz von Halbautomaten, die die Werkzeuge genau auf die Anschlußstelle positionieren. Neben weiteren Einsparungen in der Verdrahtungszeit werden Fehlverbindungen vermieden und es wird dadurch der Zeitaufwand für Prüfungen, Fehlersuche und Änderungsarbeiten reduziert.

c) Verdrahtungsfreundliche Gerätetechnik

Geräte werden meistens zu unterschiedlichen Zeitpunkten aus den verschiedenen Gründen geliefert. Dies behindert die Verdrahtung. Einheitsgehäuse für Gerätesysteme und Baugruppenträger für 19"-Technik erlauben eine Verdrahtung ohne Geräte. Sie stellen gleichzeitig eine einheitliche Verdrahtungsebene und die Zugänglichkeit zu den Anschlüssen bei beliebiger Kombination sicher.

4.3 Wartenmontage

Zur Wartenmontage des Prozeßleitstandes im engeren Sinn zählen das Aufstellen der Pulte, Tafeln, Schränke und Rangierverteiler, der Einbau der Geräte, die Verkabelung, das Anschließen, Änderungen und die Funktionskontrolle. Für einen Teil der Arbeiten gilt das vorher gesagte. Das Aufstellen der Einheiten ist ein einmaliger Vorgang. Trotzdem muß bei der Konstruktion das Transport- und Meßstellenproblem mitberücksichtigt werden. Da häufig fremde Montagefirmen an der Aufstellung beteiligt sind, sind geeignete Aufstellungsanweisungen wünschenswert, wenn der Hersteller nicht zweckmäßigerweise die Aufsicht übernimmt. Die Verkabelung kann erleichtert werden, wenn sie beidseitig nach Farben standardmäßig aufgelegt wird. Dies bedeutet einen Verzicht von Rangierungen über die Verkabelung. Bei der Konstruktion ist auch die Montage-, Anschluß- und Prüffreundlichkeit zu beachten, die mit anderen Anforderungen (z. B. Höhe der Pulte) kollidiert.

Zusammenfassung

Es werden Rationalisierungsmöglichkeiten ungenügend genutzt, da das know-how darüber verstreut ist. Wünschenswert für den Planer ist die Zusammenfassung des Standes der Technik, z. B. in einem Handbuch für Wartenplanung.
Der Einsatz von Rechnern wird behindert, weil das vorhandene Programm nicht abgestimmt und die Investitionen für kleinere Planer zu groß sind. Die Zusammenarbeit mehrerer Planer erfordert ein einheitliches Konzept, definierte Schnittstellen. Dies ist nur durch einen engen Erfahrungsaustausch möglich. Die Hersteller sollten darin eingeschlossen werden, da die Fertigungsunterlagen im Wartenbereich ebenfalls in das Gesamtkonzept gehören. Eine weitere Standardisierung der Warten- und Gerätetechnik wird die Rationalisierungsbemühungen im Wartenbereich erleichtern.

Literatur

1. Denkes, R.: Einsatz von EDV-Anlagen zur Planung und Projektierung von Kraftwerksanlagen am Beispiel der Elektrotechnik, VDE-Fachbericht 27 (1972), S. 51 - 58
2. Freimeyer, P., Gondosch, M., Popp, H.: Die Weiterentwicklung des Rangierverteilers im Wärmekraftwerk, Elektrizitätswirtschaft 72 (1973), Heft 2, S. 28 - 33
3. Christiansen, W., Strebel, H., Anders, H., Pannenbäcker, K., Popp, H.: Kennzeichnung von Anlagen und Geräten in Kraftwerken, Elektrizitätswirtschaft Bd. 75 (1976), Heft 24, S. 935 - 944
4. Böttcher, W., Siems, H., Hennecke, H.: Planung und konstruktive Gestaltung von Prozeßleitständen, Regelungstechnische Praxis und Prozeß-Rechentechnik, Heft 11 u. 12 (1974), S. 296 - 298 u. S. 323 - 328
5. Herbst, L., Scholz, K., Schneider, W., Stürmer, W.: Wartentechnik - Der Weg zur optimalen Warte, Prozeßanalyse, H&B-Sonderdruck L 3501
6. Amberger, H., Denkes, R., Dutschke, G., Eifert, G, Frank, G., Jochem, E., Kniffler, U., Köhler, G., Langmandel, L., Reumschüssel, K., Schneider, W., Siems, H.: Neuzeitliche Schaltungsunterlagen für die Leittechnik in Wärmekraftwerken, Elektrizitätswirtschaft Jg. 72 (1973), Heft 6, S. 133 - 138

MODERNE RECHNERGESTÜTZTE WARTEN FÜR KOMMUNALE BETRIEBE

COMPUTERASSISTED CONTROL ROOMS OF MODERN DESIGN FOR MUNICIPAL PLANTS

G. Flotho, H. Scharpenberg
Brown, Boveri & Cie., Aktiengesellschaft
6800 Mannheim

Summary

Based on an application study, account of the basic procedure when planning a control room is given. This application study was aligned on a concrete project, starting from the problem assimilation and system synthesis up to alternative system proposals and suggestions for the internal decision of the customer. The solution is described and reasons are given for.

1. Ausgangssituation

Bei der Anlage handelt es sich um ein Großklärwerk mit ca. 1,2 Mio Einwohnergleichwerten. Bisher erfolgte die Steuerung und Meßdatenerfassung vor Ort. Das Informationsmengengerüst enthält ca.

- 2000 Stör- und Betriebsmeldungen
- 350 Meßwerte
- 400 Steuermöglichkeiten und
- 100 Sollwertvorgaben

Die Anlage hat eine ungewöhnlich große räumliche Ausdehnung. Der Technologie und der Geografie entsprechend lassen sich Informationsschwerpunkte erkennen. Bild 1 zeigt eine Zusammenfassung in 4 Teilgebiete.

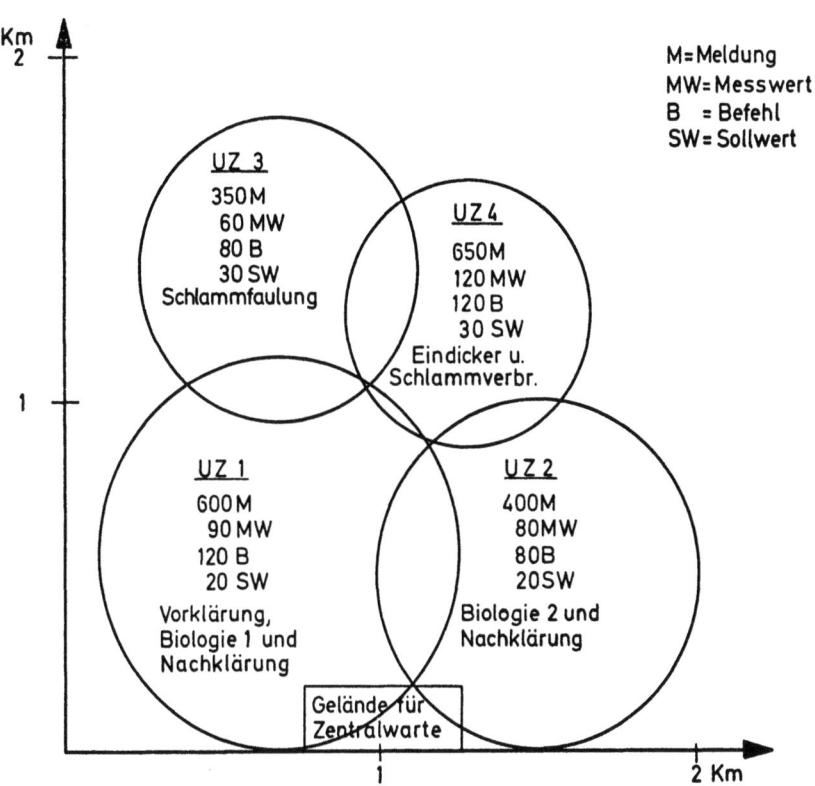

Bild 1: Zuordnung der Informationen zu Schwerpunkten UZ1 bis UZ4

In Informationsschwerpunkten waren bereits zum Teil Unterzentralen gebildet. Es wäre also möglich gewesen, diese 4 Unterzentralen jeweils als Warte auszubauen und zu besetzen. Folgende Argumente sprachen jedoch für e i n e Zentrale:

- Entlastung des Personals durch zentrales Protokollwesen, dadurch auch Vermeiden von Fehlern z.B. beim Übertragen örtlich aufgenommener Meßwerte in ein Gesamtjournal.

- Im Mehrschichtbetrieb in dezentraler Fahrweise wären z.B. jeweils 4 Unterzentralen zu besetzen. Den Überblick über das Verfahren, zumal über den möglichst optimierten Ablauf des Gesamtprozesses, haben jedoch nur wenige Fachleute. E i n e Zentrale löst also Personalprobleme und erleichtert die Personalführung, z.B. für Wartungs- und Reparatureinsätze.

- Die Wunschvorstellungen des Betreiber gingen auch in Richtung
  der Automatisierung und Optimierung, z.B. den Energiehaushalt
  betreffend. Die Realisierung ist nur zentral möglich.

2. Aufgabenstellung

Aus der Ausgangssituation ergeben sich folgende Aufgaben:

2.1 Überwachung und Steuerung der gesamten Anlage von einer Zentralwarte aus mit zentraler Erfassung und Aufbereitung der Informationen,

2.2 Aufrechterhaltung des Betriebes bei Ausfall der Zentralwarte im Sinne der Sicherheit der Betriebsführung,

2.3 Berücksichtigung quantitativer Reserven für spätere Ausbauten,

2.4 Berücksichtigung qualitativer Reserven für zukünftige Optimierungs- und Automatisierungsaufgaben.

3. Lösungsansätze

Erfahrungen aus der Bearbeitung ähnlicher Projekte in den letzten Jahren sind in Bild 2 dargestellt.

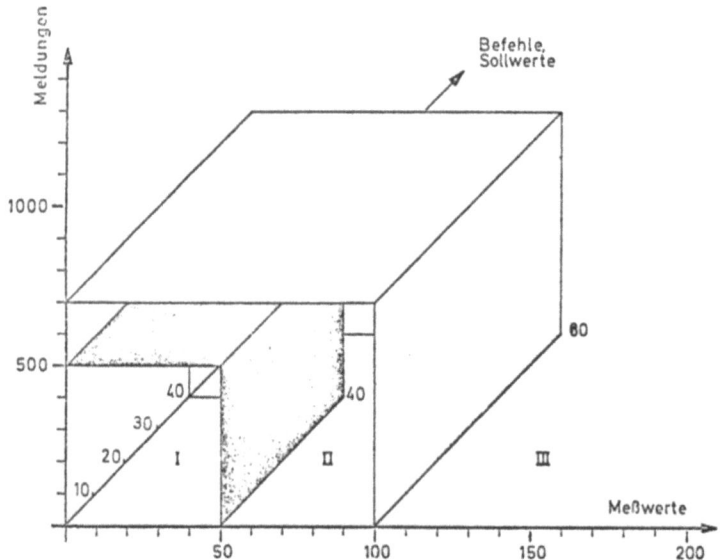

Bild 2: Zuordnung von Wartenkonzeptionen I - III
zu Informationsmengen

Der Bereich mit den Informationsmengen bis 50 Meßwerten, 500 Meldungen und 40 Befehls- bzw. Sollwertdaten ist der Bereich konventioneller Warten. Im Bereich II mit einem mittleren Informationsmengengerüst wird bereits mit Datalogging gearbeitet. Größere Datenmengen gemäß Bereich III erfordern im allgemeinen eine intelligentere Datenverarbeitung. Diese Aussagen gelten für Wasserwerke, Abwasseranlagen und Gas- und Wassernetze, wo im Normalfall die Häufigkeit des Eintretens von Zustandsänderungen gering ist.

Tabelle 1 zeigt die grundsätzlich möglichen Darbietungs- und Steuerungseinrichtungen in der Warte, unterteilt nach den 3 Bereichen gemäß Bild 2.

Tabelle 1: Darbietungs- und Steuerungsmittel in der Warte

Bereich gemäß Bild 2	Darbietungs- und Steuerungsmittel	Sollwerte	Befehle	Störmeldungen	Betriebsmeldungen	Grenzwerte	Trendlogs	berechnete Meßwerte	Meßwerte
I	Anzeigeinstrumente								x
	Linienschreiber						x		x
	Meldelampen			x	x	x			
	Einzelsteuerschalter		x						
	Sollwertpotentiometer	x							
II	Anzeigeinstrumente								x
	Mehrfachschreiber						x		x
	Störmeldeeinrichtungen			x	x	x			
	Anwahlinstrumente						x		x
	Rechenbausteine					x	x		
	Anwahlsteuerung	x	x						
	Datalogger				x	x	x		x
III	Mehrfachschreiber						x		x
	Displays (α-num)			x	x	x		x	x
	graf.Displays			x	x	x	x		
	Schreibmaschinen			x	x	x		x	x
	Plotter							x	x
	Prog.Steuerungen		x						
	DDC	x						x	

Die rein konventionelle Warte scheidet aufgrund dieser Überlegungen
als Lösung in jedem Falle aus. Nach dem Informationsmengengerüst
bewegen wir uns im Bereich III. Als Entscheidungskriterien zur Fein-
planung und Auswahl nach Bild 2 bzw. Tabelle 1 dienten weiterhin
Fragen der

- Dokumentation (Darstellung und Häufigkeit)
- Übersichtlichkeit (Gesamtübersicht und Details)
- Beeinflussung des Prozesses und
- ein gewisser Zwang zur Öffentlichkeitsarbeit.

Tabelle 2 stellt für 2 mögliche Lösungen Probleme, Vorteile und
Kostenschwerpunkte gegenüber.

Bild 3 zeigt das Funktionsschema einer rechnergestützten Warte.

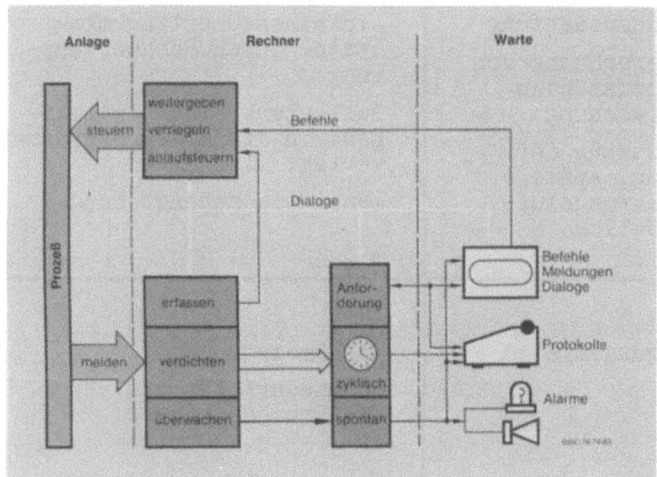

Bild 3: Funktionsschema der rechnergestützten Warte

Tabelle 2: Probleme, Vorteile, Kostenschwerpunkte für 2 Lösungsmöglichkeiten

	Zentral mit Prozeßdatungsverarbeitungsanlage (PDVA)	Dezentral mit Datenkonzentration, E/A-Prozessoren und zentraler PDVA
Probleme	Engpaß Rechner Rechenzeitprobleme zahlr. Kabelverbindungen oder Fernwirkanlage Sicherheitskonzept	Unterbringung der E/A-Prozessoren Sicherheitskonzept Aufteilung der Informationen auf die Unterzentralen (Dezentralen)
Vorteile	kleine Warte autom. Dokumentation und Datenauswertung autom. Berechnung von Gefahrenzuständen und Überwachung Unterstützung der Steuerung, spätere Prozeßführungsaufgaben möglich	Ausnutzung der gegebenen Informationsschwerpunkte einfaches Übertragungssystem durch Rechnerkopplung Teilautark, wenn Intelligenz in die E/A-Prozessoren verlegt wird sonst wie nebenstehend
Kostenschwerpunkte	PDVA Übertragungssystem	PDVA E/A-Prozessoren Raumbedarf für die E/A-Prozessoren

4. Lösung

Gewählt wurde ein Mischkonzept, das die Vorteile der angeführten Lösungsmöglichkeiten und die Forderung nach Betriebssicherheit soweit als möglich berücksichtigt.

Bild 4 zeigt eine detaillierte Darstellung dieses Konzeptes mit den Hauptkomponenten

- kleinere PDVA in den 4 Unterzentralen
- PDVA in der Zentrale mit angeschlossenen teilgrafischen Display, alphanumerischen Displays, Blattschreiber
- Mosaik-Übersichtsbilder.

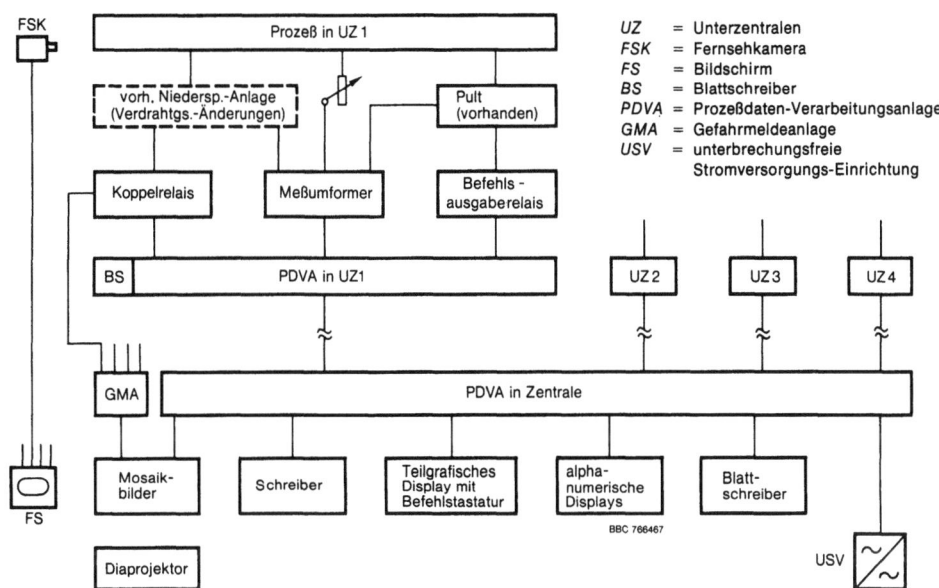

Bild 4: Blockschema der gewählten Lösung

Hier ist ersichtlich, daß auf der Koppelrelaisebene vor dem Prozeß bestimmte Meldungen ausgeblendet und über eine direkte Datenübertragung auf eine Gefahrmeldeanlage in der zentralen Warte gegeben werden. Diese Meldungen werden somit unabhängig von der Funktionsfähigkeit der Datenverarbeitungsanlagen auf das verfahrenstechnische Mosaikbild ausgegeben. Dieses Mosaikbild stellt nicht wie bei konventionellen Warten den Prozeß in allen Details dar, sondern gibt nur eine Übersicht und im Fall von Störmeldungen die Anregung an den Operator, Detailinformationen einzuholen. Diese Detailinformationen

erhält der Operator durch Anwahl des betreffenden Anlagenteils auf
das teilgrafische Farbsichtgerät. Hier erscheint eine Darstellung
wie als Beispiel in Bild 5 gezeigt.

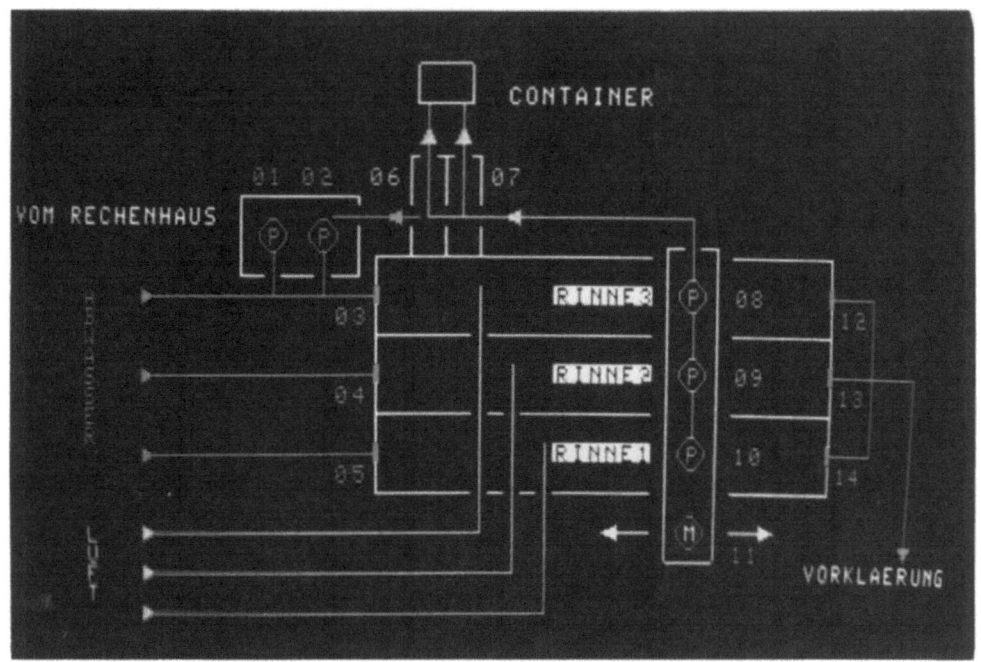

Bild 5: Prozeßdetails auf teilgrafischem Display

Ein gestörtes Aggregat wird durch Blinken des Symbols gekennzeichnet. Gleichzeitig mit der Anwahl des Prozeßbildes erscheinen zugehörige Meldungen und Meßwerte auf einem alphanumerischen Display. Mit Hilfe der Tastaturen kann der Operator durch Anwahl des gewünschten Aggregats und durch Betätigung von Befehlstasten ein Aggregat ein/ausschalten oder verstellen. Im Prozeßbild wird nach Eintreffen der Rückmeldung die Ausführung des Befehls quittiert durch Farbänderung des entsprechenden Symbols.

Meldungen, Befehlseingaben und umfangreiche Protokolle, letztere auch für statistische Zwecke, werden auf den Blattschreibern ausgegeben.

Wenn der Zentralrechner ausgefallen sein sollte, wird in den Rechner der Unterzentralen ein Notprogramm eingeleitet, wodurch unter anderem die Protokollierung wichtiger Werte sichergestellt bleibt.

Bild 6 zeigt den eigentlichen Wartenraum. Im Hintergrund sind die beiden Übersichtsbilder für den Prozeß und die elektrischen Schaltanlagen zu erkennen. In einem Zwischenbord sind Mehrfachlinienschreiber und das teilgrafische Farbdisplay eingebaut. Im Steuerpult hat der Operator in der Hauptblickrichtung vor sich die oben bereits erwähnten Tastaturen und rechts davon alphanumerische Displays sowie Fernsehmonitore.

Ein Protokolldrucker ist ebenfalls im unmittelbaren Funktionsbereich des Operators aufgestellt. Bild 6 zeigt auch, daß ergonomische Gesichtspunkte und der Zwang zur Öffentlichkeitsarbeit bei der Gestaltung des Wartenraumes berücksichtigt wurden.

5. Spiegelung der Lösung an der Aufgabenstellung und Kritik

5.1 Zentrale Überwachung und Steuerung

Die Überwachung erfolgt automatisch, Abweichungen vom gewählten Betriebszustand werden akustisch und optisch signalisiert. Die Steuerung erfolgt nur über den Bildschirm. Bei Rechnerausfall muß örtlich gesteuert werden. Die unwesentlichen Betriebsmittel sind immer nur vor Ort steuerbar, da Aufwand für Fernsteuerung nicht vertretbar. Die Informationserfassung erfolgt vollautomatisch. Labormeßwerte müssen jedoch von Hand eingegeben werden, solange keine kontinuierlichen Meßverfahren mit elektrischer Ausgangsgröße realisiert sind. Die Aufbereitung berücksichtigt alle bisher vom Betreiber vorgenommenen Auswertungen. Der Ausstoß von überflüssigem Zahlenmaterial wurde vermieden.

5.2 Sicherheit des Betriebs

Bei Ausfall der Zentralwarte kann nur noch von den Unterzentralen gesteuert werden. Das reicht in diesen seltenen Fällen bei den gegebenen langsamen Prozeßabläufen für die Aufrechterhaltung des Betriebs aus. In Melderichtung werden einige wichtige Störmeldungen auf konventionelle Weise in der Zentralwarte angezeigt. Die Unterzentralen ermöglichen eine eingeschränkte automatische Datenerfassung. Aufwendige Redundanzen (Doppelrechner) wurden aus Gründen der Wirtschaftlichkeit verworfen.

5.3 Quantitative Reserven

Das Gesamtsystem enthält je nach Komponente ca. 10-20 % Reserve.

5.4 Qualitative Reserven

Prozeßführungs- und -optimierungsaufgaben werden zu einem späteren Zeitpunkt realisiert, um nach einer Phase der Datenerfassung und -Auswertung Prozeßmodelle zu erarbeiten. Die Hardware ist jedoch so ausgelegt, daß Prozeßaufgaben nur Erweiterungen der Software bedeuten. Das Konzept der Dezentralen erleichtert die Erprobung gewählter Verfahrensalgorithmen in autarken Teilprozessen.

Bild 6: Wartenraum

ERFAHRUNGEN

MIT EINEM EIN-/AUSGABE-FARBBILDSCHIRM-SYSTEM

ZUR ZENTRALEN STEUERUNG EINES DAMPFNETZES MIT

DATENTRANSPORT ÜBER RINGFÖRMIGE SAMMELLEITUNGEN

EXPERIENCE GAINED

WITH AN INPUT/OUTPUT-COLOUR SCREEN-SYSTEM

FOR THE CENTRAL CONTROL OF A STEAM NET WITH

DATA TRANSFER VIA RING-SHAPED BUS

Dr.-Ing. H. Wischermann, Ing. grad. C. Becker

Thyssen Aktiengesellschaft, 4100 Duisburg

SUMMARY

Experience with an input/output-colour screen-system is described, which substitute a control panel completely. Herefore are used: virtual keyboards adapted to the actual task operated with light pen, an intuitive movement of the picture on the screen with a joy stick and a displaying of alphanumeric and other symbols, process charts and curve fields in mixed mode. This system contents two processors, which are controlling the screen with light pen input and the remote control devices. Both processors, completed with electronic change over switches, forming functional redundancy fully used in normal operation. In case of failures, the undisturbed processor can drive the whole system alone with deductions. The programming of the system takes place with the light pen only. 20 weeks after delivering the availability of the whole system ist already about 99 % relative to calendar time.

1. Einleitung

Seit Ende des Jahres 1976 steht das Ein/Ausgabe-Farbbildschirm-System zur Steuerung eines Energieträgers zur Verfügung. Dieses sogenannte EAF-System verkehrt mit dem Prozeß über 2 Sammelleitungen, die zu einem "offenen" Doppelring geschaltet sind.

2. Aufgabenstellung und Lösungen

Gemäß der gestellten Aufgabe soll von einer vorhandenen Energiewarte aus das räumlich sehr ausgedehnte Dampfleitungsnetz zentral gesteuert werden. Dabei sind folgende Gegebenheiten zu beachten:

Bei einer Länge des Dampfleitungsnetzes von 216 km auf einer Fläche von rd. 7 km^2 speisen 1 bis 4 Erzeuger in das Leitungsnetz ein. Etwa 70 Verbraucher benötigen zwischen 0,03 und 20 t Dampf pro Stunde. Die an sich vorhandene Speicherfähigkeit des Leitungsnetzes steht für Steuerungszwecke praktisch nicht zur Verfügung. In der 1. Baustufe der Dampfnetzsteuerung sind rd. 60 Meßwerte und Signale zu übertragen. In der vorhandenen Energiewarte ist - ohne bauliche Erweiterung - kein Platz für die in herkömmlicher Technik erforderlichen Schreiber, Anzeigegeräte und Bedienelemente.

Im Bild 1 und 2 sind die Planungsunterlagen zum Wartenausbau in Analogtechnik mit Einzelleitungen und EAF-System mit Sammelleitungen dargestellt. Beim EAF-System ist der geringere Platzbedarf und Verkabelungsaufwand deutlich zu erkennen.

Im Bild 3 sind die Übertragungskosten der Einzelleitungen einer Lösung mittels Sammelleitungen gegenübergestellt. Die mittlere Entfernung zwischen der Energiewarte und den Meßstellen beträgt 3,8 km. Für die Einzelleitungen ist der Bereich von 0,50 bis 1,00 DM je m Adernpaar als einmalige Leitungskosten eingezeichnet.

Bei den Übertragungskosten mit Sammelleitungen sind die Geräte zur Datenübertragung entsprechend berücksichtigt. Bereits bei 60 Meßwerten und Signalen ist eine Übertragung über Sammelleitungen kostengünstiger.

Aufgrund dieser Verhältnisse bietet es sich an, von der herkömmlichen Wartentechnik abzuweichen und ein platzsparendes EAF-System mit Sammelleitungen einzusetzen.

3. Aufbau des EAF-Systems (Bild 4)

Die Bediensteuerung und der Koordinator arbeiten mit einer zentralen Organisation und teilen sich im ungestörten Betrieb die Aufgaben. Im Störungsfalle - erkannt durch die Überwacher - wird der ungestörten Einheit über den zentralen Umschalter die gesamte Peripherie zugeteilt [1], [2], [5]. Im gestörten Betriebszustand übernimmt der ungestörte Anlagenteil die wichtigsten Aufgaben des Gesamtsystems. Vor dem Umschalten in den "Ein-System-Betrieb" versucht die zentrale Organisation einen Wiederanlauf des gestörten Gerätes.

Die Datenübertragungssteuerung zu den bis zu 10 km entfernten Unter-Stationen erfolgt seriell über normale Fernsprechleitungen. Je Leitung werden 2 Adernpaare benötigt. Fehlersignale werden auf dem Bildschirm angezeigt und auf dem Blattschreiber protokolliert. Überwacht werden die Pulslänge, die Pulsabstände, Codefehler und die Funktionsfähigkeit der Unter-Stationen. Bei Störungen auf der Leitung 1 schalten die Unter-Stationen selbständig auf die Leitung 2 um und prüfen im Abstand von 30 min, ob die Leitung 1 wieder funktionstüchtig ist. Von einigen Schwierigkeiten bei der Inbetriebnahme abgesehen, ist bisher keine Unter-Station - durch gleichzeitige Störungen auf beiden Leitungen - ausgefallen.

4. Arbeiten mit dem EAF-System

In der Betriebsart Bildaufbau erscheint auf dem Bildschirm für jedes Symbolfeld ein Punkt. Die Bilder lassen sich mit Hilfe eines Lichtgriffels und einer virtuellen Tastatur direkt auf dem Bildschirm zeichnen. Während des Zeichnens bleibt die Meßwerterfassung in Betrieb. Im Bild 5 ist in der Betriebsart "Bildaufbau" der Ausschnitt eines Sichtgerätebildes dargestellt, das aus 126 Zeichen und Buchstaben, 4 Werten in Ziffern- und Balkendarstellungen, 8 Binärsignalen, einem Kurvenfeld und 4 Beschriftungszeilen besteht. Zum Anlegen dieses Bildes werden etwa 30 Minuten benötigt. Die Ausbildung des Personals zum Anlegen von Bildern dauert etwa 8 Stunden. Programmierkenntnisse sind nicht erforderlich.

Da das Ändern oder Neuanlegen von Bildern so einfach, relativ schnell und ohne zusätzliche Hilfsmittel möglich ist, konnten sogar noch nach der Inbetriebnahmephase spezielle Vorstellungen des Bedienungspersonals kurzfristig realisiert werden.

Im Bild 6 sind in der Betriebsart "Prozeßführung" die unterschiedlichen Alarmmeldungen und die wahlweise einzublendenden Meldungszeilen dargestellt. Beim Durchfluß (F) ist die obere Alarmgrenze (OAGR), beim Druck ist die obere Toleranzgrenze (OTGR) und bei der Temperatur die obere Meßbereichsgrenze (OBGR) überschritten. Obwohl der "Bildaufbau" abgeschlossen ist, können mit dem Lichtgriffel noch Soll- und Ersatzwerte eingegeben werden. Alle Alarmmeldungen und Bedienungseingaben werden protokolliert. Sie sind im übrigen durch die unterschiedliche Darstellung auf dem Bildschirm leicht voneinander zu unterscheiden. Außer dem in der Betriebsart "Bildaufbau" angelegten Kurvenfeld besteht in der Betriebsart "Prozeßführung" die Möglichkeit, 8 beliebige Meßwerte, gleichzeitig in verschiedenen Farben bis zu 25 Stunden zurückliegend als Kurven darzustellen.

5. Belastung des Bedienungspersonals

Das EAF-System ermöglicht es, die Steuerung des Dampfleitungsnetzes so aufzubauen, daß das Bedienungspersonal nur bei Unregelmäßigkeiten aufmerksam gemacht wird. Ein ständiges Beobachten des Bildschirmes ist also nicht erforderlich. Bedienungseingaben werden weitgehend im Dialog durchgeführt. Alle Eingaben können über den Bildschirm vor dem Wirksamwerden nochmals überprüft werden.

Das Bedienungspersonal ist im störungsfreien Betrieb von der ständigen Beobachtung aller Meßwerte entlastet und demgemäß positiv gegenüber dem EAF-System eingestellt.

6. Statistik der Ausfälle

Während der Inbetriebnahmephase, der Probebetriebsphase und der Testphase wurden bei Störungen die Zusammenhänge, die zum Ausfall führten, besonders gründlich analysiert, um etwaige Systemfehler einer Erstanlage sicher erkennen zu können. Ab Mitte April 1977 wird die Anlage voll genutzt und läuft relativ störungsfrei.

Für die Zeit ab 21.04.1977 bis zur Drucklegung dieses Manuskriptes sind in den Bildern 7 und 8 die Verfügbarkeit der Gesamtanlage (EAF-System und Fernwirksystem) sowie die mittleren Betriebszeiten zwischen 2 Ausfällen dargestellt. Um Tendenzen erkennen zu können, sind die Auswertungen jeweils auf den Zeitraum von einer Woche bezogen.

Im Bild 7 ist zu erkennen, daß die Ausfälle durch Störungen bis zum Eingriff in das System am 31.05.1977 unter 1 % der Kalenderzeit abgesunken sind. Nach dem Einbau des Notbetriebes in der 7. Woche steigt der Störungsanteil in der 8. Woche auf 6 % an.

Unter geplanten Unterbrechungen wurden die Ausfallzeiten zusammengefaßt, die durch Ergänzungs- und Erweiterungsarbeiten, durch Schulung, Vorführung und vorbeugende Wartungsarbeiten entstanden sind.

Im Bild 8 ist zu erkennen, daß die mittleren Betriebszeiten zwischen zwei Störungen oder Unterbrechungen zunächst auf 41 Stunden ansteigen und dann, während der Arbeiten an der Anlage, auf 15 Stunden absinken. Ab dem 16.06.1977 teilt sich die Kurve. Der untere Kurvenzug gibt die mittlere Betriebszeit an, wie sie ohne den selbständigen Wiederanlauf und ohne den Notbetrieb gewesen wäre. Der obere Kurvenzug gibt die tatsächliche zur Verfügung stehende mittlere Betriebszeit an. Der selbständige Wiederanlauf benötigt ca. 25 s Zeit. Diese Unterbrechung ist für die Dampfsteuerung ohne Bedeutung. Durch den Einbau des selbständigen Wiederanlaufes und des Notbetriebes steigt die mittlere Betriebszeit zwischen zwei Ureingaben wieder an.

Seit dem 16.06.1977 sind Software-Zähler eingebaut, die die Ausfälle der Floppy-Disk, der Kopplungseinheit zwischen der Bediensteuerung und dem Koordinator sowie der Datenübertragungs-Steuerung zählen. Da bei Drucklegung dieses Manuskriptes noch keine nennenswerten Ergebnisse vorlagen, wird erst im Vortrag auf diese Auswertung eingegangen.

7. Wünsche an das EAF-System

In 6 Monaten Betriebserfahrung mit dem EAF-System entstanden einige Wünsche und Vorschläge für Verbesserungen oder Erweiterungen am System:

- Die Zeitachse im "Wahlfreien Schreiber" (wahlfreie Kombination verschiedener Meßwerte in analoger Darstellung) ist für 25 Stunden fest vorgegeben. Das bedeutet, jeder Punkt im Diagramm stellt den Mittelwert über rd. 6 mir dar. Für eine detailliertere Aufzeichnung ist eine variable Zeitachse wünschenswert. Dazu ist jedoch eine Speicherplatzerweiterung erforderlich.

- Zur Lösung von nicht standardisierten, anwenderspezifischen Aufgaben steht noch keine Eingabemöglichkeit über den Bildschirm zur Verfügung.

8. Schlußfolgerung

Die Erfahrungen mit dem EAF-System lassen folgende weiterführende Überlegungen zu:

1. die über mehrere Werksteile verteilten Energiewarten für alle übrigen energieförmigen Medien zu zentralisieren,

2. die Geräte in herkömmlicher Wartentechnik nach Erreichen ihrer Lebensdauer - aus wirtschaftlichen Gründen - nicht mehr zu ersetzen, sondern auf EAF-Systeme umzurüsten.

3. Erweiterungen in der Energiesteuerung nur noch mit EAF-Systemen durchzuführen.

Literatur

/1/ Grimm, R., Trück, H.: Autarkes Ein-/Ausgabe-Farbbildschirmsystem zur Prozeßsteuerung mit situationsanpaßbarer virtueller Tastatur.

IITB-Mitteilungen 1975, S. 48-52

/2/ Grimm, R., Trück, H.: Ein-/Ausgabe-Farbbildschirmsystem, einsatzbereit für eine verfahrenstechnische Warte.

IITB-Mitteilungen 1976, S. 38-40

/3/ Höller, H., Kundi, M., Schmid, H., Stidl, H.-G., Thaler, A., Winter, N.: Arbeitsbeanspruchung und Augenbelastung an Bildschirmgeräten

Automationsausschuß der Gewerkschaft der Privatangestellten, Verlag des ÖGB, Wien (1975), S. 3-46

/4/ Margulies, F.: Arbeit am Bildschirm belastet die Augen

"Wirtschaft und Wissen" Nr. 12 - Die deutsche Angestellten-Zeitschrift, S. 3-5

/5/ Heger, D., Saenger, F., Trück, H., Viehweger, W.: Selbsttätige Funktionsüberwachung von redundanten Prozeßrechnern zur Begrenzung von Ausfällen mit Hilfe abgestufter Betriebstests.

IITB-Mitteilungen 1977, S. 48 - 53

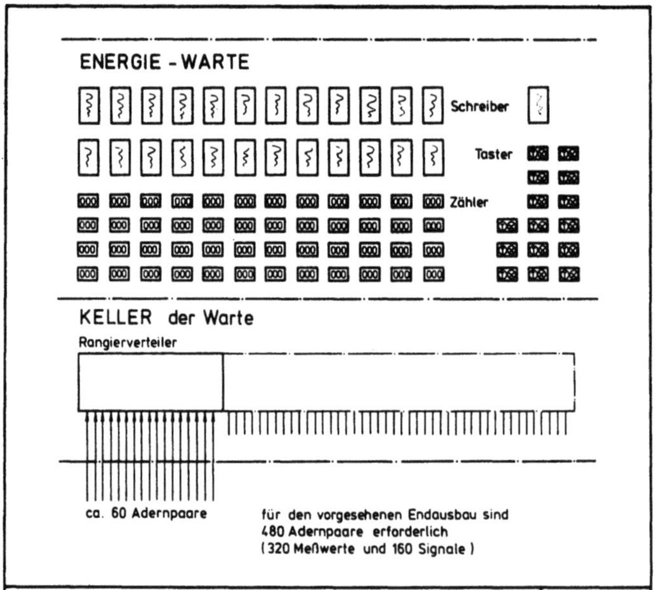

Bild 1: Planungsunterlage Lösung 1
Wartenausbau in Analogtechnik mit Einzelleitungen

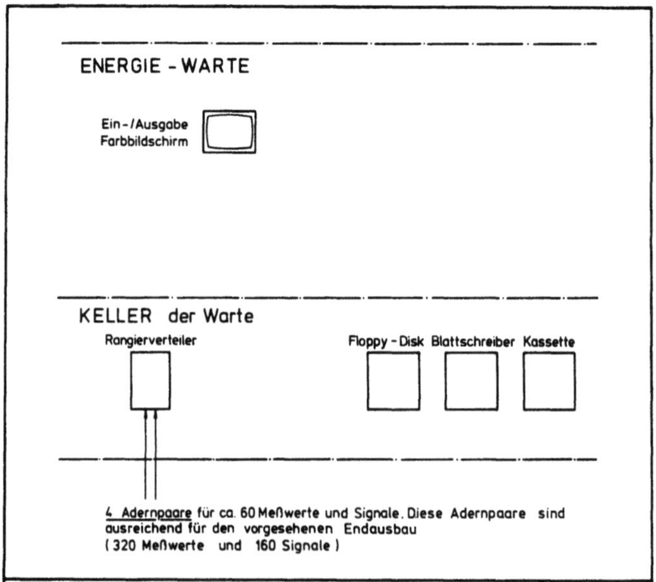

Bild 2: Planungsunterlage Lösung 2
Wartenausbau mit EAF-System und Sammelleitungen

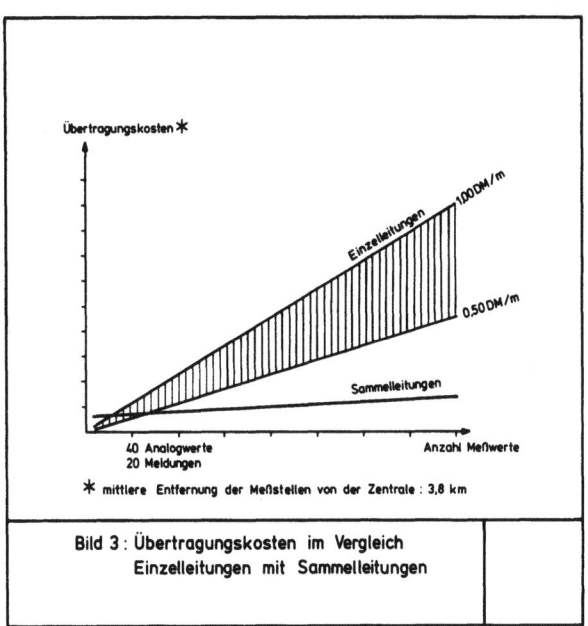

Bild 3: Übertragungskosten im Vergleich Einzelleitungen mit Sammelleitungen

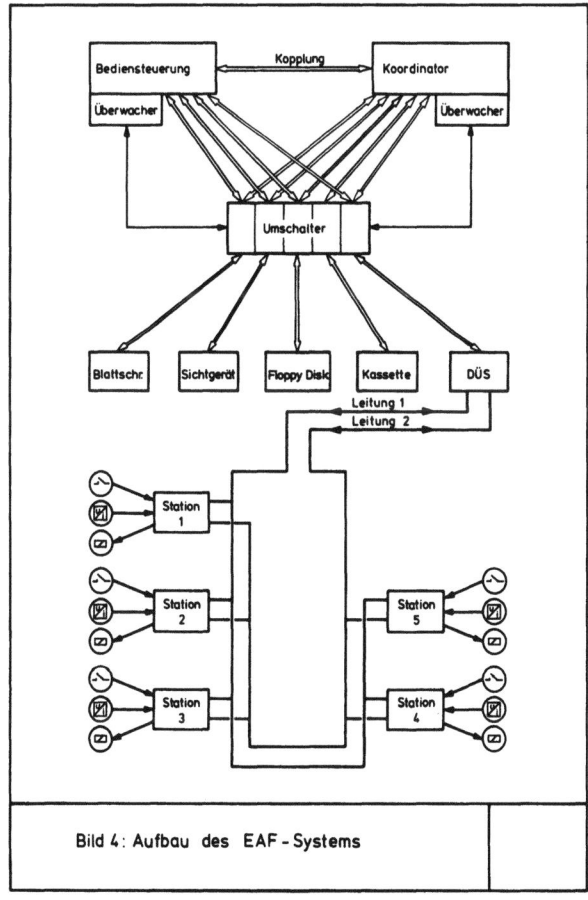

Bild 4: Aufbau des EAF-Systems

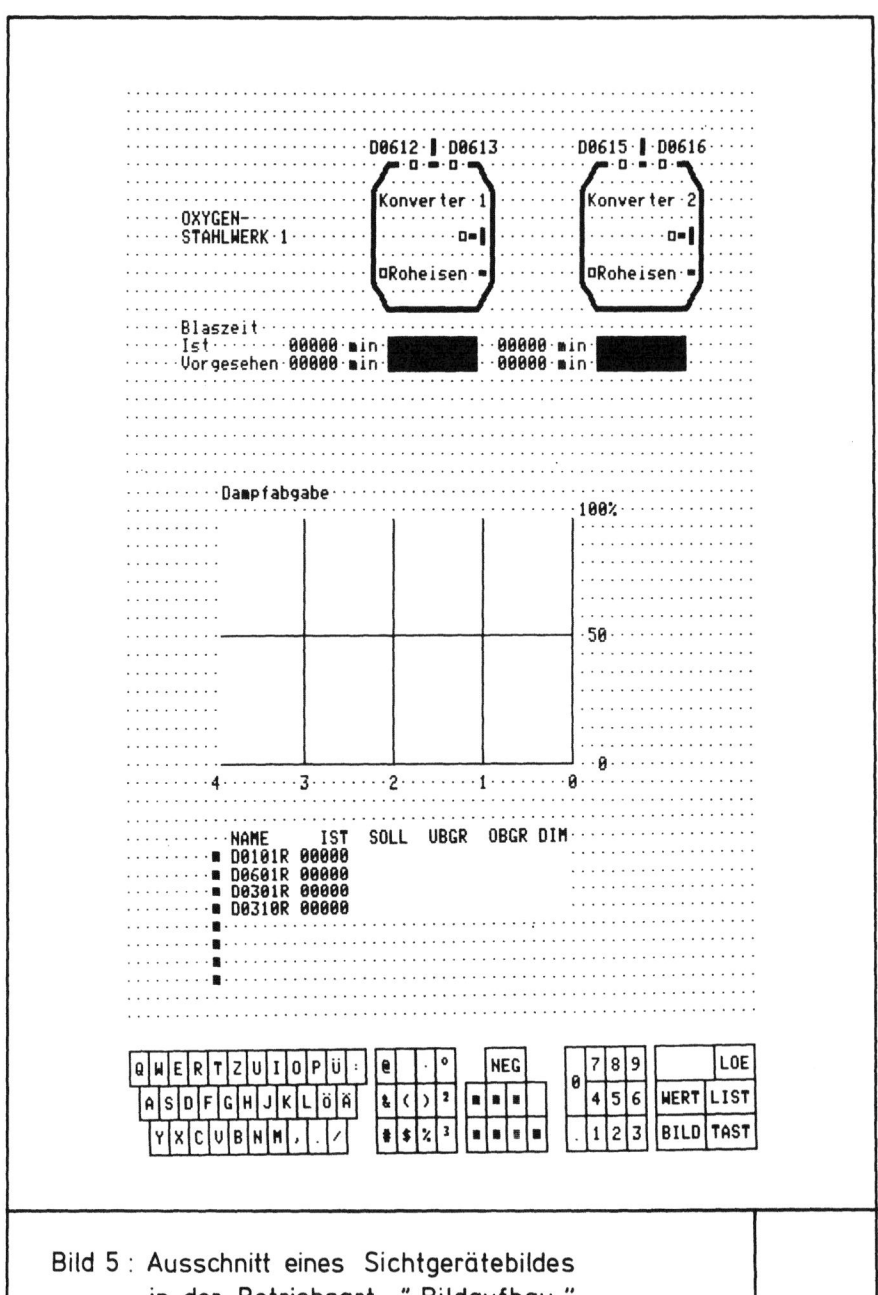

Bild 5: Ausschnitt eines Sichtgerätebildes in der Betriebsart "Bildaufbau"

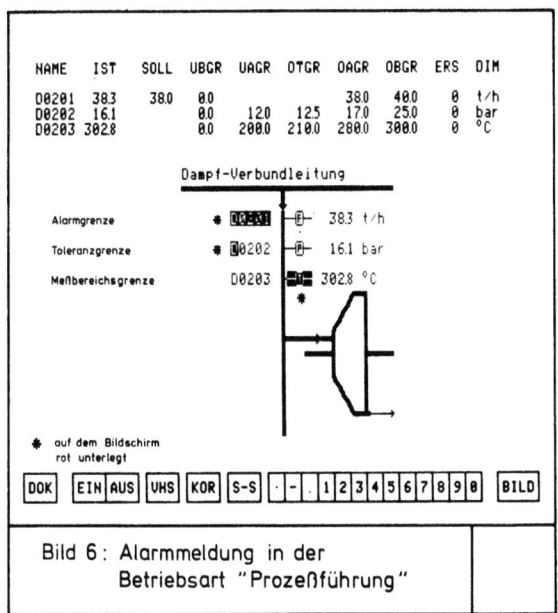

Bild 6: Alarmmeldung in der Betriebsart "Prozeßführung"

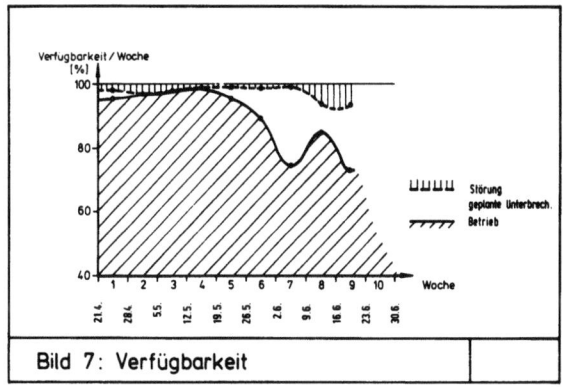

Bild 7: Verfügbarkeit

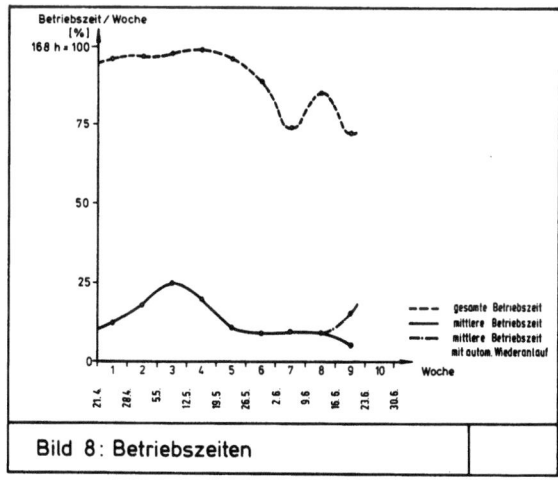

Bild 8: Betriebszeiten

RÄUMLICH VERTEILTE PROZESSRECHNERSYSTEME, AUTOMATISIERUNGSSTRUKTUREN IM WANDEL

LOCALLY DISTRIBUTED PROCESS COMPUTER SYSTEMS, CHANGING CONTROL STRUCTURES IN AUTOMATION

D. Heger, H.-H. Schwarz[*], H. Steusloff

Institut für Informationsverarbeitung in Technik und Biologie
der Fraunhofer-Gesellschaft
7500 Karlsruhe

[*]SIEMENS AG, 8520 Erlangen

Summary

Today's situation of automation and the characteristics of the most important control structures are analized. The result of this analysis requires structural changes. The essential advantages of locally distributed computer systems for process control are outlined. A discussion of the aspects of hardware, communication systems, programming and availability follows. Finally it is pointed out that elements which solve the problems of distributed real time computer systems are available now and that the trend towards this kind of systems will increase.

1. Zur Situation

Die Meß-, Steuer- und Regelungstechnik, kurz Automatisierungstechnik hat einen hohen Stand erreicht, wozu die Prozeßdatenverarbeitung erheblich beigetragen hat [1,2]. Dennoch beginnen sich heute Ansprüche und Produktprogramme wieder auseinander zu entwickeln. Hierfür sind mehrere sich überlagernde Trends verantwortlich:

- Die Automatisierungsaufgaben werden komplizierter, da Verfahren zur Energie- und Rohstoffeinsparung, zur Qualitätserhöhung, zur Erhöhung von Zuverlässigkeit und Umweltsicherung und vieles mehr einbezogen werden,

- da solche komplexen Aufgaben rationeller, auch nach Inbetriebnahme einer Anlage, und mit geringeren Anforderungen an spezielle DV-Kenntnisse (Abstraktionsvermögen) gelöst werden müssen,
- wegen rascher Kostensteigerung feinmechanischer Baugruppen und von Metalleiter-Kabelmaterial sowie von Löhnen und Gehältern,
- wegen rascher Kostensenkung von hochintegrierten Halbleitern, besonders deutlich bei Mikroprozessoren,
- wegen einer wachsenden Menge theoretischer Verfahren, die praktische Aufgaben lösen können, sofern eine gewisse Mindestrechenkapazität bereit steht.

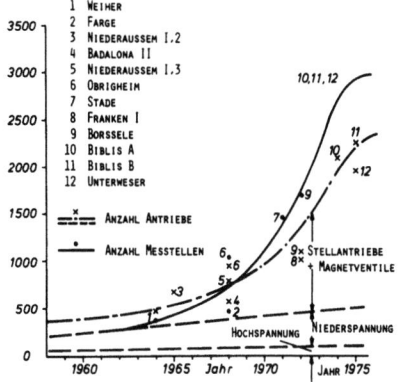

Bild 1: Zuwachsfunktion: Anzahl gesteuerter Antriebe/Meßstellen im Kraftwerksbereich

Als Beispiel für die wachsende Komplexität ist in Bild 1 der Zuwachs an Meßstellen und gesteuerten Antrieben im Kraftwerksbereich dargestellt [3], der eine Einflußgröße auf die Komplexität einer Anlage ausmacht. Ähnlich wächst die Komplexität in anderen Bereichen, in denen die erstgenannte Aufgabenvermehrung eingetreten ist.

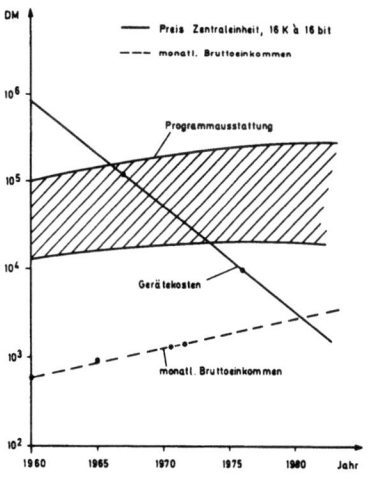

Bild 2: Entwicklung des Preises für kleine Zentraleinheiten und Programmausstattung sowie des mittl. monatl. Bruttoeinkommens je Beschäftigten in der BRD

Als Beispiel für die Kostentrends sind in Bild 2 die Kostenentwicklung einer Rechnerzentraleinheit mit 16 k Worten Arbeitsspeicher, die des mittleren monatlichen Bruttoeinkommens je Beschäftigten in der BRD und die Aufwendungen für die Programmausrüstung (Anwender- und Betriebsprogramme mit anwendungsbedingter Streubreite) solcher Rechner dargestellt: exponentielle Entwicklungen über zwei Dezenien, oft als dramatisch bezeichnet. Eine weitere Aufschlüsselung solcher Kostentrends ist z.B. in [4] bezüglich hardware-software-Verhältnis, in [5] bezüglich Verkabelung - Randgeräte - Zentraleinheit und in [6] bezüglich Planung - Montage - Geräte zu finden.

2. Problemstellung

Die vorgestellten Trends führen zu quantitativen Änderungen bis zu einer Größenordnung pro Dezenium. Solche Änderungen können nur durch qualitative Anpassungen der Automatisierungsverfahren aufgefangen werden. Sie betreffen insbesondere den Kern der Automatisierungstechnik, Signalart (Informationscodierung) und Struktur. Die Umstellung von der analogen Signaldarstellung zu einer digitalen ist bereits mit der Einführung des Prozeßrechners begonnen worden. Mit der wachsenden Menge und Verarbeitungstiefe der Information ist dieser Wechsel obligatorisch. Er soll hier aber nicht weiter behandelt werden.

Die andere Problemstellung sei dagegen im einzelnen weiterbehandelt: Welche Automatisierungsstruktur kann aufgrund welcher Eigenschaften die steigenden Anforderungen einerseits und die Kostentrends andererseits am besten und auch möglichst langfristig bleibend lösen?

3. Automatisierungsstrukturen und ihre Eigenschaften

Die Fülle möglicher Automatisierungsstrukturen von wenigen Aufgaben an Kleinanlagen angefangen bis zur Aufgabenvielfalt von Großanlagen führt zu einer entsprechend großen Menge von Automatisierungsstrukturen bezogen auf ihre praktische Ausprägung [7, 8]. Sie lassen sich jedoch alle auf zwei Grundstrukturen zurückführen (Bild 3): den Stern als Grundelement einer Zentralstruktur und das Polyeder als Grundelement einer dezentralen Struktur. In der praktischen Ausprägung können je nach betrachteter Teilaufgabe (Verarbeitung oder Bedienung oder Signalverarbeitung) die Grundelemente mehrfach verwendet sein. Beispielsweise in

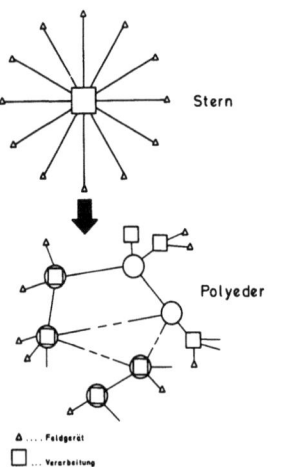

Bild 3: Grundstrukturen von Automatisierungseinrichtungen

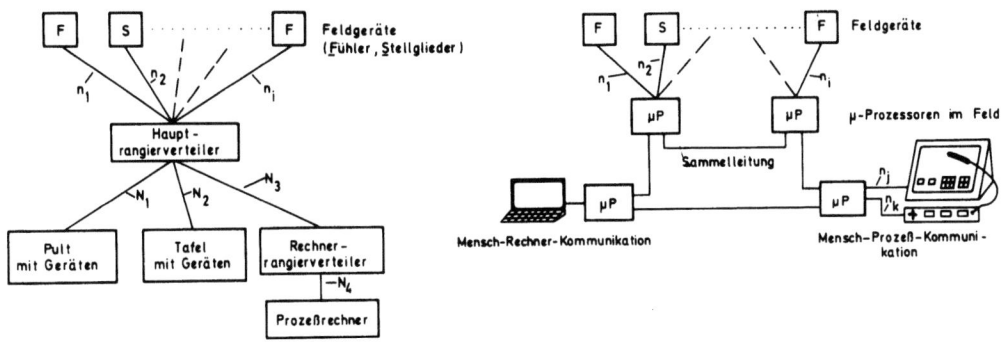

(a)   (b)

<u>Bild 4</u>: Praktische Ausprägung von Automatisierungsstrukturen

Bild 4(a) ist der Sternpunkt für die Verarbeitung der Prozeßrechner oder die Tafel (mit Regelgeräten), für die Bedienung das Pult oder die Tafel und für die Verteilung jeweils der Rangierverteiler. In Bild 4(b) ist die Hauptstruktur ein Polyeder, jede Ecke bildet jedoch selbst einen sehr viel kleineren Stern.

Die von der Struktur her bestimmten Haupteigenschaften von Automatisierungssystemen sind:

- Informationsübertragungsleistung (einschl. Kommunikation)
- Verarbeitungsleistung (einschl. Echtzeitverhalten)
- Verfügbarkeit (Rekonfiguration)
- Bedien- und Wartbarkeit
- Konstruierbarkeit (Entwurf, Planung, Dokumentation, Änderungen)
- Herstellbarkeit (Fabrikation, Lieferung, Montage, Inbetriebnahme)
- Kosten (einschl. Verteilung auf verschiedene Bereiche).

Die Informationsübertragung findet bei zentralen Systemen parallel zwischen den Feldgeräten (Meßfühler, Stellglieder) und dem Sternpunkt statt.

Die Verarbeitungsleistung wird bei Analog-Geräten ebenfalls parallel erbracht, bei Digital-Geräten (Prozeßrechnern) meist seriell. Hierzu ist eine Kommunikationssteuerung notwendig (Meßstellenwähler, ADU, Konsistenzkontrolle), die im Verarbeitungssternpunkt durchgeführt wird.

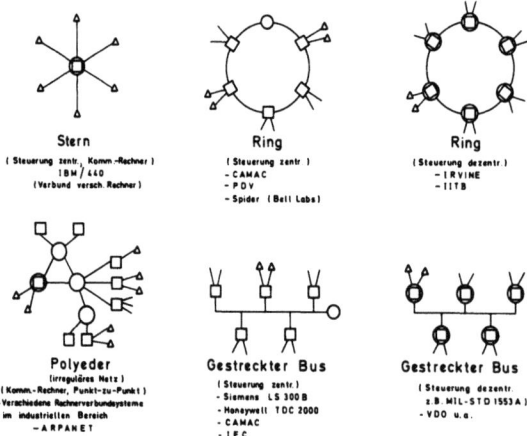

Bild 5: Die wichtigsten Verbundarten für verteilte Rechnersysteme

Bei dezentralen Systemen bestehen mehrere Alternativen. Sie sind in Bild 5 dargestellt. Im irregulären Netz tauschen die örtlich verteilten Verarbeitungseinheiten über ein Netz von Verbindungsleitungen Informationen aus. Dieser Informationsaustausch wird mit Hilfe besonderer Kommunikationssteuerungen (meist selbst Rechner) dezentral gelenkt. Im zunehmendem Maße entstanden Vorschläge zur Realisierung und zum Betrieb von Sammelleitungssystemen, in denen mehrere Datenquellen und -senken oder auch Teilnehmer einen gemeinsamen Kommunikationsweg miteinander teilen [10,...,24]. Entweder dienen sie zum Sammeln nicht komprimierter Prozeßdaten in einer zentralen Verarbeitungseinheit, die ihrerseits Stellsignale über die gleiche Leitung ausgibt. Meist wird in diesen Fällen die Kommunikation auf der Sammelleitung zentral gesteuert. Oder über die Sammelleitung findet der Austausch vorverarbeiteter bzw. globaler Steuerdaten zwischen verschiedenen Verarbeitungseinheiten statt. In diesen Fällen bietet es sich an, die zentrale Kommunikationssteuerung durch eine dezentrale Steuerung zu ersetzen. Die zentral oder dezentral gesteuerten Sammelleitungsstrukturen lassen sich auf zwei Grundformen zurückführen: die gestreckte und die ringförmige Sammelleitung.

Das Echtzeitverhalten bzw. die Verarbeitungsleistung hängt wesentlich von der Verarbeitungs- und Kommunikationsstruktur ab. Während bei zentraler Struktur der Datentransport zwischen Feldgeräten und Sternpunkt praktisch verzögerungsfrei abläuft und die Verarbeitungs- und Kommunikationsleistung des Sternpunktes den Leistungsengpaß darstellt, können verteilte Systeme abhängig von der räumlichen Verteilung von Datenquellen und -senken, Verarbeitungsleistung und Aufgaben und von der gewählten Verbundart optimal an die Anforderungsströme angepaßt werden. Prinzipiell läßt sich durch Vervielfachung der Verarbeitungsteilkapazitäten die in einem Netz vorhandene Datenverarbeitungskapazität beliebig vermehren, durch die als Folge davon vermehrt auftretende Kommunikation werden jedoch die Verbindungswege zu den Leistungsengpässen des Gesamtsystems. Das Problem der günstigsten Zuteilung von Sammelleitungen wird in einer Reihe von Arbeiten untersucht [25,...,29].

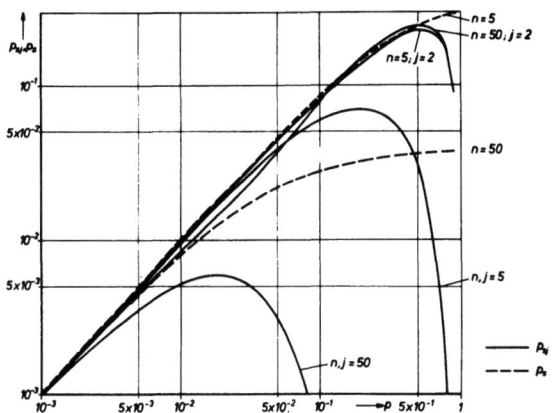

Bild 6: Sendewahrscheinlichkeit einer Station P_{sj} bzw. p_s abhängig von der Sendewunschwahrscheinlichkeit p, der Stationszahl und der Lage j.

In Bild 6 ist am Beispiel eines ringförmigen Sammelleitungssystemes für n = 5 bzw. 50 Teilnehmerstationen die Sendewahrscheinlichkeit p_s, p_{sj} als Funktion der in allen Stationen gleich angenommenen Sendewunschwahrscheinlichkeit p dargestellt. Bei zentraler Steuerung der Kommunikation befindet sich immer nur ein Telegramm auf dem Ring und die Sendewahrscheinlichkeit p_{sj} ist abhängig von der Stationslage j. Bei dezentraler Kommunikationssteuerung können sich gleichzeitig mehrere Telegramme auf dem Ring befinden und die Sendewahrscheinlichkeit p_s ist ortsunabhängig. Zu beachten bleibt, daß sich für das Echtzeitverhalten nur Wahrscheinlichkeitswerte angeben lassen [24].

Die Verfügbarkeit von Prozeßrechnersystemen stellt ein Hauptproblem bei ihrem Einsatz dar [30, 31]. Bei zentralen Automatisierungsstrukturen hängt sie von der Verfügbarkeit der im Sternpunkt vorhandenen Verarbeitungseinheit ab. Bei verteilten Systemen besteht die Möglichkeit, die im Gesamtsystem vorhandene Verarbeitungskapazität abhängig von der jeweiligen Störsituation und dem funktionellen Gewicht verschiedener Verarbeitungsaufgaben neu zu verteilen. Hierzu sind an die Rekonfigurationsmöglichkeiten angepaßte Fehlerdetektions- und -klassifikationseinrichtungen sowie Hard- und Software-Umschaltvorrichtungen erforderlich, die eine zeitlich angemessene Rekonfiguration sicherstellen. Zu dem Problem fehlertolerierender Rechnersysteme seien aus einer Vielfalt von Veröffentlichungen einige genannt [32,...,41]. Hervorzuheben ist hier das Prinzip der funktionsbeteiligten Redundanz, das im Normalbetrieb die installierte Verarbeitungsleistung voll nutzt.

Die Bedienbarkeit eines Automatisierungssystems hängt im wesentlichen ab von der Verfügbarkeit der die Bedienung unterstützenden Funktionsgruppen wie Informationsübertragung und Verarbeitung und von der klaren Untergliederung in Bedienfunktionen und -abschnitte. Ähnliches gilt für die Wartbarkeit, wobei hier die einfache Erweiterbarkeit sowie das weitgehend rückwirkungsfreie Ersetzen von defekten Funktionseinheiten mit automatischem Wiederanlauf hinzukommen. Die modulare Struktur verteilter Systeme kommt diesen Zielen entgegen und eröffnet zusätzlich die Möglichkeit, ein ganzes System aus einer Vielzahl identischer Funktionseinheiten bausteinartig aufzubauen.

Der Entwurf und die Planung von zentralen Automatisierungsstrukturen muß die im Sternpunkt maximal zu installierende Verarbeitungsleistung berücksichtigen, während bei verteilten Systemen die Verarbeitungskapazitäten der örtlichen Verteilung und zeitlichen Veränderung der Anforderungsströme leicht angepaßt werden können. Man spricht hier auch von "open end design". Darüber hinaus wird bei verteilten Systemen durch die offenliegende Untergliederung und die Möglichkeit zur Wiederholung von Unterstrukturen der Aufbau einer Dokumentation vereinfacht und ihr Umfang verringert.

Für Fabrikation, Test, Lieferung, Montage und Inbetriebnahme gilt Ähnliches. Auch hier kann die Modularität verteilter Systeme genutzt werden.

Bei einer Gegenüberstellung der Geräte- und Verkabelungskosten von sternförmig strukturierten Systemen gegenüber verteilten Systemen mit ringförmiger Sammelleitung ergeben sich durchschlagende Kostenvorteile für das verteilte System (Bild 7). In diesem Vergleich wurde der ungünstige Fall statistischer Gleichverteilung von Meßstellen und Stellgliedern über Prozeßbereiche verschiedener Abmessungen angenommen. Die insgesamt benötigte Leitungslänge für die Verbindung sämtlicher Signalquellen und -senken zu den optimiert verteilten Verarbeitungseinheiten ist als Funktion ihrer Anzahl n dargestellt. Bei einem Sternsystem (n = 1) ergibt sich ein

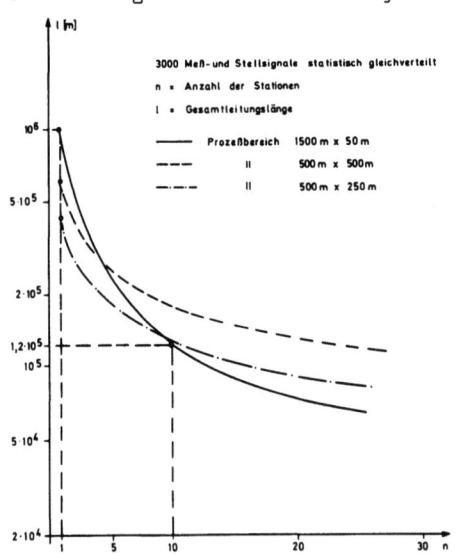

Bild 7: Auswirkung auf Verkabelung bei Verwendung einer ringförmigen Sammelleitung

Verkabelungsaufwand, der um den Faktor 5 bis 10 über dem Aufwand für zehn verteilte Verarbeitungsstationen liegt. Zu beachten ist hier, daß die Kosten für Verkabelungen eine steigende Tendenz aufweisen, während die Kosten für Verarbeitungseinheiten weiterhin sinken.

Die genannten Eigenschaften verteilter Systeme lassen erwarten, daß bei geschickter Aufteilung und Organisation sowie Bereitstellung einfacher Programmierungs- und Bedienhilfsmittel Automatisierungsaufgaben höherer Komplexität und mit höheren Verfügbarkeitsanforderungen gelöst werden können.

4. Verteilte Prozeßrechnersysteme

Die Leistungsmerkmale und die Verfügbarkeit verteilter Prozeßrechnersysteme sind wesentlich geprägt von der Gerätetechnik, dem Kommunikationssystem und der Programmierung.

4.1 Ihre Gerätetechnik

Die Gerätetechnik wird durch eine Vielzahl von Einflußgrößen bestimmt. Davon seien nur einige aufgeführt:
- Aufgabenumfang
- geographische Verteilung des Prozesses
- funktionelle Untergliederung in Informationsübertragung, Verarbeitung und Bedienung
- Verfügbarkeitsanforderungen
- Umweltbedingungen am Einsatzort
- vorhandene Einrichtungen wie Telefonnetz und Rechner
- bestehende Normen und Vorschriften
- technologischer Fortschritt und Kostentrends.

Dementsprechend vielfältig sind die praktischen Realisierungen. Die Informationsübertragung kann erfolgen über elektrische Leiter oder neuerdings auch über Lichtleiter, die hohe Übertragungsraten bei vernachlässigbarer Störbeeinflussung zulassen. Häufig werden öffentliche oder private Fernsprech- und Datenleitungen genutzt. Die wesentlichen Merkmale sind nachfolgend zusammengestellt:

o Spezialleitungen:
- einmalige Kabel- und Installationskosten
- hohe Datenraten je nach Entfernung und Kabeltyp
- einfache Datenübertragungssteuerungen möglich
- herstellerspezifische Ausführung

	- auf innerbetrieblichen Bereich beschränk
	- Trend: Symmetrische Leitung ⟶ Koaxkabel ⟶ Lichtleitkabel
o Öffentliche Datenleitungen:	- gebührenpflichtige Stand- oder Wählleitungen einschl. Datenübertragungseinrichtung
	- max. Datenrate von der DBP vorgeschrieben
	- überregionale Verbindungen.

Die Verarbeitung erfolgt je nach Anwendungsfall in Mikro- oder Minirechnern bis hin zu sehr leistungsfähigen größeren Rechnern. Gewöhnlich laufen die einzelnen Verarbeitungsschritte in je einer Verarbeitungseinheit streng seriell ab, Rechner mit mehreren parallel arbeitenden Prozessoren werden nur in Spezialanwendungen eingesetzt.

Auch in der Bedienung finden zunehmend Techniken Eingang, die ein hohes Maß an rechnergestützter Verarbeitung einschließen [43, 44].

Weiterhin ist die gerätetechnische Realisierung von den Verfügbarkeitsanforderungen bestimmt. Diese bedingen Fehlerdetektions- und lokalisierungseinrichtungen sowie Umschaltvorrichtungen, die zur Begrenzung der Fehlerausbreitung und zur Rekonfiguration erforderlich sind. Verteilte Automatisierungsstrukturen begünstigen das Prinzip der funktionsbeteiligten Redundanz.

4.2 Ihre Kommunikationssysteme

Die Kommunikation zwischen den räumlich verteilten Rechnern wird durch unterschiedliche Formen eines Kommunikationssystems hergestellt, in dem die Rechner durch Datenwege gekoppelt sind. Jede Beziehung zwischen den Benutzerprozessen der Rechner erfordert einen Nachrichtentransport durch das Kommunikationssystem.

Die Struktur eines Kommunikationssystems verteilter Prozeßrechner wird geprägt durch ähnliche Gesichtspunkte wie in 4.1 angegeben. Hinzu kommen die Kosten des Kommunikationssystems. Vereinfachend findet die Datenübertragung in einem Kommunikationssystem entweder in Punkt-zu-Punkt-Verbindungen oder Mehrpunkt-Verbindungen über Sammelleitungen statt.

Die Punkt-zu-Punkt-Verbindung über Spezialkabel oder Standleitungen öffentlicher Datennetze steht bei den gekoppelten Rechnern uneingeschränkt zur Verfügung. Aus dieser Grundform der Verbindung werden heute die meisten Kommunikationssysteme aufgebaut, weil sie eine flexible Vermaschung und einfache Erweiterbarkeit zulassen. Bei dieser Organisation kann jeder Rechner über jede angeschlossene Leitung den Datenaustausch initiieren. Durch Vermaschung des Netzes kann eine hohe Verfügbarkeit erreicht werden. Für Kommunikationssysteme, die Rechner mit größerer räumlicher Verteilung und unterschiedliche Rechnersysteme verbinden, ist diese Form der heute übliche Weg.

Das Konzept der Mehrpunktverbindungen legt das Gewicht auf Einsparung von Kabel- und Leitungsbenutzungskosten, da der Datenweg als Sammelleitung ausgeführt ist. Die Sende- und Empfangswünsche können durch eine zentrale oder dezentrale Koordination zugeteilt werden.

Zur zentralen Koordination werden von einem Zentralrechner aus die an der Sammeleitung mithörenden "Unterstationsrechner" aufgefordert, Daten zu senden oder zu empfangen. Nachteilig wirkt sich hierbei aus, daß der Datenverkehr zwischen den Unterstationen über die Zentrale vermittelt wird und damit die Verfügbarkeit von der Zentrale abhängt. Weiterhin folgt aus dieser Vermittlungstechnik auf der Sammelleitung eine große Anzahl von Koordinationstelegrammen.

Zur Erhöhung der Verfügbarkeit serieller Bus-Systeme werden in jüngster Zeit auch redundante Ringleitungen vorgeschlagen. Die Redundanz kann entweder durch eine doppelt ausgeführte Ringleitung [16] oder dadurch erreicht werden, daß man bei Störungen von der Betriebsart "Ringverkehr" in eine Betriebsart "Pendelverkehr" übergeht [24].

Neben der erwähnten zentralen Koordination läßt sich die Übertragung auf Sammelleitungssystemen auch dezentral steuern, hiermit läßt sich das Problem der Verfügbarkeit lösen und der Organisationsoverhead verringern. Ringnetze sind eine Sonderform, einfache Datenübertragungssteuerungen und Transportsysteme sind die Folge.

Ein Problem bleibt die Vorausberechnung der Busbelastung durch die miteinander kommunizierenden Rechner. Hierzu können abhängig von der jeweiligen technischen Realisierung statistische Aussagen gemacht werden.

Die logische Struktur eines Nachrichtentransportsystems ist im Prinzip bei allen heute bekannten Kommunikationsstrukturen gleich. Im Idealfall sind die in Bild 8 dargestellten Funktionsschichten so ausgeführt, daß die für die Kommunikation bereitgestellten Funktionen unabhängig von der Übertragungsprozedur und der physikalischen Realisierung des Nachrichtentransports sind.

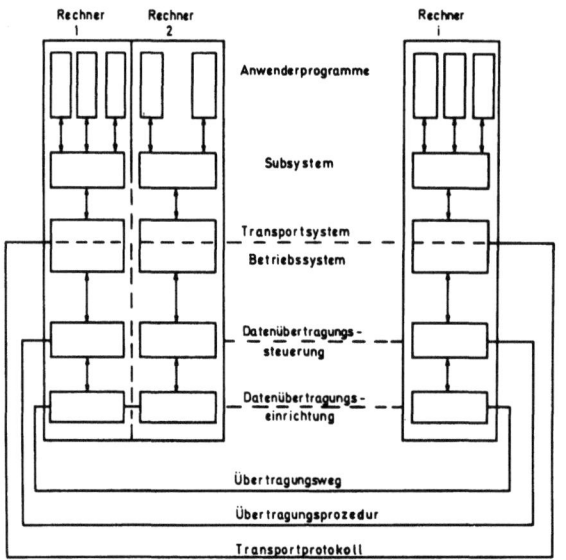

Die Funktion des Kommunikationssystems ist der Transport von Nachrichten mit denen sich daraus ergebenden Aufgaben:

o Nachrichten annehmen und puffern

o Nachrichten auf Vollständigkeit, Fehler und Ziel untersuchen

o Nachrichten weiterleiten

o Überwachung des Nachrichtentransports auf Randbedingungen wie Zeitverhalten, Verfügbarkeit etc.

Bild 8: Logische Struktur eines verallgemeinerten Transportsystems

Das Subsystem nimmt Transportaufträge von den Anwenderprogrammen entgegen und leitet sie dem Transportsystem zu. Das Transportsystem übergibt die übernommenen Nachrichten unter Verwendung von Betriebssystemfunktionen an eine Datenübertragungssteuerung, die für die Kontrolle des Übertragungsweges und ggf. mit Anschluß von Datenübertragungseinrichtungen den physikalischen Transport der Nachrichten sorgt.

Um den Datenaustausch über die Übertragungswege zwischen den Kommunikationspartnern zu ermöglichen, müssen verbindliche Absprachen getroffen werden. Solche Vereinbarungen definieren z.B.
- Ablauf des Datenaustausches
- Steuerzeichenbewertung und Blockformat
- Gleichlaufverfahren
- Übertragungsgeschwindigkeit und -richtung
- Maßnahmen zur Datensicherung.

Die Datenübertragungsprozeduren werden heute überwiegend von speziellen Datenübertragungssteuerungen realisiert mit dem Ziel, die Arbeitsrechner von der häufig aufwendigen Prozedurabwicklung zu entlasten. Neben herstellerspezifischen Prozeduren haben jene an Bedeutung gewonnen, die aufgrund internationaler und nationaler Standardisierungsbemühungen festgelegt werden können (z.B. MSV/BSC/BISYNC, HDLC). Die Entwicklung befindet sich hier jedoch noch im Fluß [45].

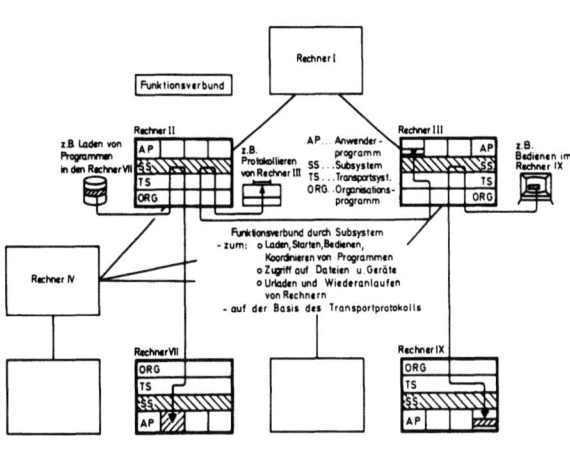

Die Aufgabe des Transportsystems ist die Vermittlung von Nachrichten im Kommunikationssystem (Bild 9). Das Transportsystem erfüllt diese Aufgabe auf der Basis von im gesamten Kommunikationssystem gültigen Regeln, dem sog. Transportprotokoll. Üblich ist heute das Store- and forward-Prinzip, bei dem von den Übertragungswegen ankommende Nachrichten zwischengepuffert und anhand einer beigegebenen Zielinformation an den Zielort weitergegeben werden. Der Zielort kann sowohl ein empfangsbereiter, zugeordneter Benutzerprozess wie auch ein weiteres Transportsystem sein.

Bild 9: Vermittlung von Nachrichten im Kommunikationssystem

Die Transportfunktion beinhaltet im einzelnen:
- logischer Aufbau und Abbau von Verbindungen
- Quittierung der fehlerfrei empfangenen Nachrichten bzw. Aufforderung zur Wiederholung im Fehlerfall
- Wegesteuerung
- Nachrichtentransport.

Auf der Basis des Transportprotokolls sind zusätzliche Vereinbarungen über den Inhalt und die Bedeutung der Nachrichtentelegramme erforderlich (Anwenderprotokoll). Die Nachrichtentelegramme selbst werden vom Transportsystem weitergeleitet und im Zielrechner einem Subsystem übermittelt. Funktionen, die von Subsystemen von Prozeßrechnern verlangt werden, sind
- Laden, Starten, Bedienen, Koordinieren von Programmen
- Zugriff auf Dateien und Geräte
- Urladen
- Datenaustausch

innerhalb des Kommunikationssystems.

4.3 Ihre Programmierung

Für zentrale Rechnersysteme sind heute weit entwickelte Programmierungssysteme verfügbar, während die Programmierung verteilter Rechensysteme bislang kaum unterstützt wird. Dabei werden zentrale Systeme derzeit noch überwiegend in Assemblersprachen programmiert, obwohl die Nachteile dieses Sprachentyps (Planungs- und Dokumentationsaufwand, Programmtest und fall- sowie rechnerspezifische Problemlösungen) spürbar sind. In neuerer Zeit setzen sich daher die höheren Programmiersprachen auch in der Prozeßprogrammierung durch. Da jedoch in den aus anderen Anwendungsbereichen übernommenen Sprachen, wie z.B. FORTRAN, die besonderen Anforderungen der Echtzeitprogrammierung nicht berücksichtigt sind, wurden sie durch die Verwendung unspezifischer Sprachelemente, wie z.B. den Unterprogrammaufruf CALL, angepaßt und damit der Assemblercharakter für diese Sprachelemente wieder eingeführt [46]. Für die Programmierung verteilter Systeme mit Mikro- oder Minirechnern gilt dies in verstärktem Maße. Es soll daher über einen systematischen Ansatz versucht werden, die notwendigen Beschreibungsmittel in Anwendungsprogrammiersprachen für verteilte Prozeßrechnersysteme zu ermitteln.

Betrachtet man eine Programmiersprache als Beschreibungsmittel für ein Automatisierungssystem, so müssen sich die Merkmale der Sprache aus den Merkmalen des Automatisierungssystems ableiten lassen [47]. Letztere Merkmale sind wiederum zu ermitteln durch eine Dualitätsbetrachtung, wie sie aus der Systemtheorie bekannt ist: Automatisiertes und automatisierendes System weisen korrespondierende Merkmale auf. Beschreibt man z.B. das automatisierte System systemtheoretisch durch seine Zustände, so muß die Programmiersprache die Mittel zur Darstellung solcher Zustände bereitstellen. Vor einer Diskussion des Ergebnisses dieser Ableitung soll der Strukturaspekt einer Anwendungsprogrammiersprache erörtert werden.

Jede Programmerstellung bedeutet für den Programmierer einen Entscheidungsprozeß bei der Auswahl und Anwendung von Sprachelementen zur Formulierung einer Problemlösung. Es ist bekannt, daß mehrstufige hierarchische Entscheidungs-

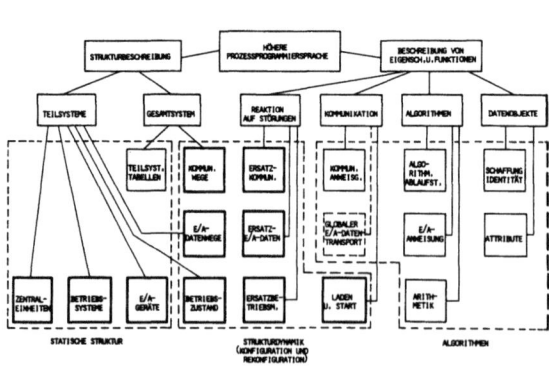

Bild 10: Struktur einer Prozeßprogrammiersprache für räumlich verteilte Prozeßrechnersysteme

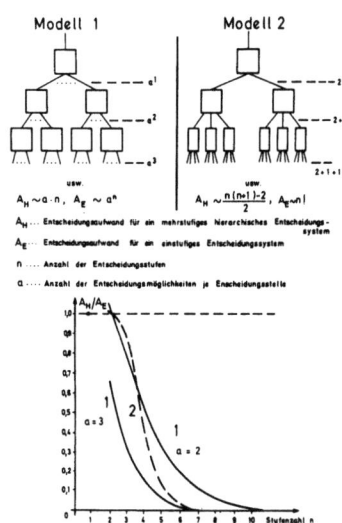

Bild 11: Zur Struktur von Programmiersprachen

systeme [48] gegenüber einstufigen Systemen den Entscheidungsaufwand verringern und die Richtigkeit der Entscheidung erhöhen. Bild 11 zeigt den Rückgang des Entscheidungsaufwandes und damit die Entlastung des Programmierers für zwei hierarchische Strukturmodelle von Programmiersprachen, wobei Modell 2 realen Sprachen gut angepaßt ist.

Der in Bild 10 gezeigte Vorschlag für eine Prozeßprogrammiersprache enthält die Ergebnisse der systemtheoretischen Herleitung der erforderlichen Sprachelemente, die hierarchisch strukturiert sind. Man erkennt drei Gruppen von Sprachelementen, diejenigen zur Beschreibung der Struktur des Automatisierungssystems - unterteilt in statische und veränderliche Strukturzustände - und die Sprachelemente zur Beschreibung der Algorithmen. Von besonderer Bedeutung sind die Sprachelemente zur Reaktion auf Strukturveränderungen, z.B. durch Störungen. Ihnen liegt das Prinzip zugrunde, Implizitismen bei der Reaktion auf Störungen möglichst weitgehend zu ersetzen durch die explizite Beschreibung der jeweils betriebszustandsabhängigen Aktionen, um das Systemverhalten bei wechselnden Betriebszuständen transparent und ggf. prüfbar zu machen.

Untersucht man heute existierende höhere Prozeßprogrammiersprachen (einschl. PEARL [49]) anhand von Bild 10, so stellt man fest, daß die durch Umrahmung hervorgehobenen Elemente fehlen. Prozeßprogrammiersprachen für verteilte Prozeßrechnersysteme mit funktionsbeteiligter Redundanz müssen Sprachelemente enthalten für

- Teilsystemkommunikation:
  Für den Bedarf der Prozeßautomatisierung durch E/A-Anweisungen und globale zugängliche Objekte (im PEARL-Sinne) abgedeckt. Für Datenverbundsysteme mit hohem Vermaschungsgrad sind u.U. weitere Sprachelemente zur Formulierung der Wegesteuerung erforderlich.

- Strukturbeschreibung:
  Außer erstem Ansatz in PEARL (SYSTEM-Teil) zur Datenwegstrukturbeschreibung bislang nicht verfügbar. Zur Strukturbeschreibung gehört

auch die ggf. dynamische Zuordnung von Programmen zu Teilsystemen
- Nutzung von funktionsbeteiligter Redundanz: Beschreibung der Reaktion
  auf Strukturänderungen durch veränderte Betriebszustände (Störungen).

Die beiden letzteren Sprachelementegruppen sollen jeweils durch ein
Beispiel verdeutlicht werden. Nachfolgend ist ein Vorschlag gezeigt
für die Beschreibung der statischen Eigenschaften von Teilsystemen innerhalb eines verteilten Prozeßrechnersystems.

```
STATIONS,
NAME         : STA1, 56;
PROCTYPE     : IITB;
WORKSTOR     : 5600000, 5649142;
STATEID      : (STA1PR: H'188'), (STA1COM: H'430'),
  :
DEVICE ANIN0:  ANIN0, IN, WORD, FIXED (15),
               H'F101', H'F102', H'F103',
               NONE, NONE, H'F104', NONE;
DEVICE ANIN5:  ...
  :
OPSYS        : (ACTIVATE, TERMINATE, SUSPEND, CONTINUE),
               (AT, ALL, UNTIL, WHEN),
               (ENABLE, DISABLE, TRIGGER),
               NONE, NONE, NONE;
NAME         : STA2, 57;
  :
STAEND;
```

Die Beschreibung gliedert sich in drei Teile für:
- die Zentraleinheit (Stationsnummer und Name, Prozessortyp bzw.
  Befehlssatz als Name, Arbeitsspeichergrenzen, Betriebszustandscodes
  und zugehörige Bezeichner),

- die Ein-/Ausgabegeräte (Name, Informationsrichtung und -blockung,
  Registeradressen in vorgegebener Reihenfolge und damit vorgegebener
  Registerfunktion),

- das Betriebssystem (Aufzählung der vorhandenen Funktionen in Form
  der entsprechenden Schlüsselworte der Anwenderprogrammiersprache,
  in der die Semantik der Funktionen definiert ist).

Die Nutzung funktionsbeteiligter Redundanz ist u.a. gegeben durch
eine betriebszustandsabhängige Zuordnung von Programmen zu Teilsystemen, die mit den folgenden sog. Ladeanweisungen beschrieben werden
kann:

```
MODULE MOD1;
LOAD;
TO STA1 LDPRIO 5 INITIAL STARTNO1;
TO STA3 LDPRIO 5 ON(STA1PR.AND..NOT. STA3PR)RES;
TO STA2 LDPRIO 5 ON(STA1PR.AND. STA3PR);
SYSTEM;
    :
PROBLEM;
    :
MODEND;
```

Das Beispiel ist auf die Modulstruktur von PEARL bezogen, d.h. auf die kleinste, in PEARL übersetzbare Einheit "MODULE", bestehend aus dem SYSTEM-Teil (Datenwegbeschreibung), dem PROBLEM-Teil (Algorithmenbeschreibung) und hier zusätzlich dem LOAD-Teil (Ladestrategiebeschreibung). Die Ladeanweisungen bestehen aus der Angabe eines Teilsystems, aus einer Ladepriorität, aus einer Betriebszustandsbedingung und optionalen Zusätzen. Die Ladepriorität gibt die Wichtigkeit eines Programmoduls innerhalb eines Teilsystems an; sie ist zu unterscheiden von der Ablaufpriorität. Der Betriebszustand INITIAL bezeichnet den Urlade- und Normalzustand, während die in Klammern eingeschlossenen logischen Ausdrücke nicht normale Betriebszustände beschreiben. Die optionale Angabe einer Startnummer für den Initialzustand soll die Urstart-Reihenfolge eines Programmsystems beschreiben; das optionale Attribut RESIDENT möge ein Urladen von Modulen in Ersatz-Teilsysteme bewirken, um dort auch bei Ausfall der Lademodulbibliothek verfügbar zu sein.

Die vorgestellten Sprachelemente nach der in Bild 10 und 11 vorgeschlagenen Struktur können einen Beitrag zur Portabilität von Anwendungsprogrammen in verteilten Prozeßrechensystemen auch mit heterogener gerätetechnischer Struktur leisten. Sie machen ein komplexes verteiltes Rechnersystem erst wirtschaftlich nutzbar. Man erkauft dies durch eine hohe Komplexität der unterstützenden Systemprogramme, die im folgenden betrachtet werden sollen. Dabei kann die klassische Zweiteilung in Programmerzeugungssysteme und Betriebs- bzw. Laufzeitsysteme beibehalten werden. Es werden jedoch, insbesondere im Betriebssystem aufgrund der Systemverteilung neuartige Funktionen auftreten. Wesentlich ist, daß der Anwender bei der Formulierung seiner Automatisierungsalgorithmen problembezogen vorgehen kann und die Verteilung des Rechnersystems erst in einem zweiten Schritt bedenken muß. Diese Arbeitsweise ist n u r mittels höherer Programmiersprachen realisierbar.

Die zu fordernde Einsetzbarkeit gerätetechnisch heterogener Teilsysteme
erfordert ein gegenüber herkömmlichen Systemen erweitertes Programmerzeu-
gungssystem (Bild 12), welches in der gezeigten Form gleichzeitig verschiedene Anwenderprogrammiersprachen, insbesondere auch Generatorspra-
chen (Formularsprachen) neben algorithmischen Sprachen zuläßt. Für eine
unter Echtzeitbedingungen auszu-
führende Programmrekonfigura-
tion entsprechend dem LOAD-Teil
der Programme müssen die zu ver-
lagernden Programme für alle
Teilsysteme, in denen sie bei
Auftreten vorgeplanter Betriebszustände ablaufen sollen,
ablauffähig vorliegen bzw. vorbereitet sein. Um den Aufwand
vieler, maschinenspezifischer
Übersetzer entsprechend der
Heterogenität der Teilrechner
zu verringern, ist das Konzept der Übersetzung in eine
maschinenunabhängige Zwischensprache geeignet. Erst die Codegenerierung
ist maschinenspezifisch. In der Codebibliothek kann dasselbe Quellenprogramm in unterschiedlich codierter Form vorliegen. Ein statischer
Binder erzeugt daraus ladbare Maschinenprogramme. Zur Auswahl der
Codegeneratoren und einzubindender Bibliotheksfunktionen dienen die
Angaben in der erwähnten statischen Teilsystembeschreibung. Die Lademodulbibliothek soll weiterhin die urladbaren Betriebssysteme enthalten; ein sog. Dynamischer Lader besorgt das Laden von Betriebssystemen
und Automatisierungsprogrammen in die Teilsysteme unter Verwendung des
Kommunikationssystems.

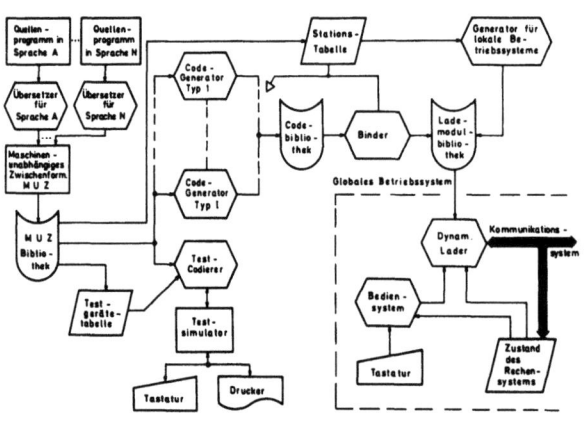

Bild 12: Struktur eines Programmer-
zeugungssystems für verteilte Prozeßrechnersysteme

Die Verteilung des Betriebssystems in einem verteilten Rechnersystem
hat zwei Forderungen zu beachten:

- Jedes Teilsystem sollte bei Ausfall der Kommunikation mit den übrigen
  Teilsystemen im Inselbetrieb weiterarbeiten können.

- Für den Anwender sollte das verteilte Rechnersystem ein geschlossenes, einheitliches Automatisierungssystem darstellen. Das verteilte
  Betriebssystem muß die erforderlichen Funktionen für die Abbildung
  einer geschlossen formulierten Automatisierungs-Problemlösung auf
  die Teilsysteme bereitstellen.

Die erste Forderung bedingt ein ggf. in der Funktionenmenge individuell
generierbares, selbständiges Betriebssystem für jedes Teilsystem [50].
Zur Erfüllung der zweiten Forderung ist dieses, zunächst einem Einzel-
rechner-Betriebssystem entsprechende Betriebssystem zu   e r g ä n z e n
um Funktionen der verteilten

- Datenkommunikation der Teilsysteme,
- Synchronisation und Programmablaufsteuerung über Teilsystem-
  grenzen hinaus,
- Verwaltung verteilter Datenbasen.

Während die Datenkommunikation der Teilsysteme heute bereits breit ein-
satzfähig sind, liegen für die beiden letzten Funktionen Lösungsansätze
vor, die anhand weiterer Untersuchungen zu vervollständigen sind [51],
um in voller Allgemeinheit einer geschlossenen Lösung zugeführt werden
zu können.

5. Schlußbemerkung

Fortgeschrittene Entwurfs- und Modellierungsmethoden [52] lassen bei
Nutzung der vielfältigen gerätetechnischen Möglichkeiten zusammen mit
dezentral gesteuerten Kommunikationssystemen und weiterentwickelten
höheren Programmiersprachen die Entwicklung leistungsfähiger, hoch
verfügbarer, leicht und wirtschaftlich handhabbarer verteilter Prozeßrechnersysteme technisch zu [53]. Der sich abzeichnende Trend zu
derartigen Automatisierungsstrukturen wird begleitet von der Notwendigkeit und Schwierigkeit Kommunikationsvereinbarungen und Programmiersprachen, die allen technischen Forderungen gerecht werden, zu ver-
einheitlichen und einer internationalen Normung zuzuführen.

Literatur

1. INTERKAMA-Berichte 71. Hrsg. Arbeitsgemeinschaft INTERKAMA,
   R. Oldenbourg Verlag München, Wien, 1972.

2. INTERKAMA-Berichte 74. Hrsg. Arbeitsgemeinschaft INTERKAMA,
   VDI-Verlag GmbH, Düsseldorf, 1975.

3. Denkes, R., Kniffler, U.: Einsatz von EDV-Anlagen zur Planung und
   Projektierung von Kraftwerksanlagen. Planung und Abwicklung von
   leittechnischen Ausrüstungen für verfahrens- und kraftwerkstechn.
   Projekte mittels EDV. Arbeitsgemeinschaft des VDE-Bezirksvereins,
   Frankfurt am Main, 24.11. bis 15.12.1975.

4. Boehm, B.W.: Software Engineering. IEEE Transactions on Computers,
   Vol.C-25, No.12, Dec. 1976.

5. Syrbe, M.: Höhere Zuverlässigkeit von Prozeßrechensystemen und
   niedrigere Peripheriekosten durch verteilte Mikroprozessoren.
   rt 1974, H.9, S.264-269.

6. Syrbe, M.: Meßwartengestaltung. 39. NAMUR-Hauptsitzung, 4./5.11.76, Krefeld.

7. Oppelt, W.: Kleines Handbuch technischer Regelvorgänge. Verlag Chemie GmbH, Weinheim/Bergstr., 1956.

8. Anke, K., Kaltenecker, H., Oetker, R.: Prozeßrechner. Wirkungsweise und Einsatz. R. Oldenbourg Verlag, München-Wien, 1971.

9. Anderson, G.A., Jensen, E.D.: Computer Interconnection Structures: Taxonomy, Characteristics, and Examples. Computing Surveys, Vol.7, No.4, Dec.1975, S.197-213.

10. Haussmann, G., Mielentz, P.: Schnittstellen zwischen Zentraleinheiten und Peripheriegeräten. Versuch einer tabellarischen Darstellung. Datenverarbeitung AEG-Telefunken 7, Nr.1, 1975, S.6-12.

11. Clauß, M., Meier, G., Vulkas, N.: Sammelleitungssystem für rechnerangepaßte Übertragung von Prozeßinformation. Gesellschaft für Kernforschung, Karlsruhe, KFK-PDV 91, 1977.

12. Hüllemann, H.: Leitsysteme für Gebäudeautomation. Regelungstechn. Praxis, H.5, 1976, S.124-128.

13. Brandenburg, K., Eisenburger, L., Hüllemann, H., Palz, P.: LS 300 B, ein neues Leitsystem für die Haus- und Betriebstechnik. Siemens-Zeitschrift 49, H.6, 1976, S.412-418.

14. Halling, H., Abbott, D., Becks, B., Brandenburg, G., Conway, R., Ringel. H.: Implementierung des seriellen CAMAC-Highways mit programmierbaren Crate-Kontrollern auf Mikroprozessorbasis.Ges.für Kernforschung, Karlsruhe, PDV-E 37.

15. International Electrotechnical Commission, IEC-TC66: Electronic Measuring Equipment. Standard interface systems for Programmable measuring apparatus, Part 2: Byte-serial/bit-parallel interface systeme, June 1974. Herausg. U.Schmidt PEI Hamburg.

16. Färber, G.: Duplexringleitungssystem mit normierten Schnittstellen. Gesellschaft für Kernforschung, Karlsruhe, PDV-E 18.

17. Jacob, H., Motsch, W., Weber, W.: Rechnerperipheriesystem zur dezentralen Erfassung und Ausgabe von Betriebs- und Prozeßdaten. Regelungstechnische Praxis, H.6, 1975, S.176-184.

18. Pierce, J.R.: Network for Block Switching of Data. The Bell System Technical Journal, Vol.51, No.6, July-August, 1972, S.1133-1145.

19. Spec 200 - Interspec. Technical Information 2 DN-210, Juni 1972. Druckschrift der Firma Foxboro.

20. Dezentralisiertes digital arbeitendes Automatisierungssystem TDC 2000. Elektronik 1976, H.6, S.30.

21. MOD III, Process Control System. Druckschrift der Firma Taylor, 1976.

22. Kürner, H.: Prozeßrechner-Schnittstellen. Regelungstechn. Praxis, H.11, S.331-340, H.12, S.361-369, 1975.

23. Buxmeyer, E., Haussmann, G., Mielentz, P., Walze, H.: Serielles Bussystem für industrielle Anwendungen unter Echtzeitbedingungen (PDV-Bus). Gesellschaft für Kernforschung, Karlsruhe, KFK-PDV 70, Mai 1976.

24. Heger, D.: Vergleich der statistischen Eigenschaften zweier Verfahren zur Übertragungssteuerung in verteilten Prozeßrechnersystemen. IITB-Mitteilungen 1976, S.50-53.

25. Kleinrock, L.: On Communications and Networks. IEEE Transactions on Computers, Vol.C-25, No.12, December 1976, S.1326-1335.

26. Avi-Itzhak, B.: Heavy Traffic Characteristics of a Circular Data Network. Bell System Technical Journ., Vol.50, No.8, Oct.1971, S.2521-2549.

27. Hayes, J.F., Sherman, D.N.: Traffic Analysis of a Ring Switched Data Transmission System. The Bell System Technical Journal, Vol.50, No.9, Nov. 1971, S.2947-2978.

28. Meister, B.: Queueing Analysis of a Loop Transmission System with Traffic between any two Units. E.Gelenbe and D.Potier (eds.) International Computing Symposium 1975, S.83-89.

29. Meister, B.: Verweilzeiten für zeitdiskrete Wartesysteme. Informatik-Fachberichte 9, Modelle für Rechensysteme, Springer-Verlag Berlin, Heidelberg, New York, 1977, S.24-47.

30. Born, A., Schmidt, P., Wiethoff, G., Strack, W.: Vergleichende Untersuchungen über die Zuverlässigkeit mehrerer PDV-Systeme in einem Hüttenwerk. Gesellschaft für Kernforschung, Karlsruhe, PDV-E 81, August 1976.

31. Angst vor dem Systemausfall. Computerwoche 4.2.1977.

32. Special Issue on Fault-Tolerant Computing. IEEE Transactions on Computers, Vol.C-24, No.5, May 1975.

33. Special Issue on Fault-Tolerant Computing. IEEE Transactions on Computers, Vol.C-25, No.6, June 1976.

34. Avizienis, A.: Fault-Tolerant Systems. IEEE Transactions on Computers, Vol.C-25, No.12, Dec. 1976, S.1304-1312.

35. Hopkins jr., A.L., Smith III, T.B.: The Architectural Elements of a Symmetric Fault-Tolerant Multiprocessor. IEEE Transactions on Computers, Vol.C-24, No.5, May 1975, S.498-505.

36. Wakerly, J.F.: Microcomputer Reliability Improvement Using Triple-Modular Redundancy. Proceedings of the IEEE, Vol.64, No.6, June 1976, S.889-895.

37. Misunas, D.P.: Error Detection and Recovery in a Data-Flow Computer. Proceedings of the 1976 Internat.Conf.on Parallel Processing. IEEE Cat.Nr. 76 CH 1127-0C, S.114-122.

38. Mills, D.L.: Transient Fault Recovery in a Distributed Computer Network. Trends and Appl. 1976: Micro and Mini Systems. IEEE Computer Society 76 CH 1101-5C, S.76-83.

39. Schneeweiß, W.: Struktur von Schaltwerken, die für eine fehlertolerierende Informationsverarbeitung geeignet sind. Gesellschaft für Kernforschung Karlsruhe, PDV-E 49.

40. Fischler, M.A., Firschein, O.: A Fault Tolerant Multiprocessor Architecture for Real-Time Control Applications. Proceedings of the First Annual Symposium on Computer Architecture, Vol.2, No.4, Dec. 1973, IEEE Catalog No. 73CH0824-3D, S.151-157.

41. Heger, D., Saenger, F., Trück, H., Viehweger, W.: Selbsttätige Funktionsüberwachung von redundanten Prozeßrechnern zur Begrenzung von Ausfällen mit Hilfe abgestufter Betriebstests. IITB-Mitteilungen 1977, S.48-53.

42. Heger, D., Peschke, P.: Datenübertragung mit Lichtleitern in Prozeßrechnersystemen mit verteilten Mikroprozessorstationen. IITB-Mitteilungen 1976, S.53-58.

43. Grimm, G., Trück, H.: Ein-/Ausgabe-Farbbildschirmsystem, einsatzbereit für eine verfahrenstechnische Warte. IITB-Mitteilungen 1976, S.38-40.

44. Wischermann, H., Becker, C.: Erfahrungen mit einem Ein-/Ausgabe-Farbbildschirm-System zur zentralen Steuerung eines Energienetzes mit Datentransport über ringförmige Sammelleitungen. INTERKAMA-Kongreß 1977.

45. Walze, H.: Sammelleitungssysteme als Schlüssel für die dezentralisierte Prozeßautomatisierung. INTERKAMA-Kongreß 1977.

46. Falk, H.: Micro-Computer-Software makes its Debut. IEEE Spectrum, Oct. 1974, S.78-84.

47. Steusloff, H.: Zur Programmierung von räumlich verteilten, dezentralen Prozeßrechensystemen. Dissertation 1977 an der Fakultät für Informatik der Universität (TH) Karlsruhe.

48. Schwerdtmann, W.: Ein Vergleich einstufiger und hierarchischer Mustererkennungssysteme. Dissertation 1973 an der Universität Karlsruhe (TH), Fakultät für Elektrotechnik.

49. Timmesfeld, K.H., et al.: PEARL-Vorschlag für eine Prozeß- und Experimentautomatisierungssprache. Gesellschaft für Kernforschung, Karlsruhe, Projekt PDV, KFK-PDV1 und PDV-E10 (1973.

50. Wettstein, Becker-Weimann, Winkler, Wosnitza: Ein modernes modulares Betriebssystem für Prozeßrechner und seine Generierung. Gesellschaft für Kernforschung, Karlsruhe, Projekt PDV, in Vorbereitung.

51. Holler, E.: Koordination kritischer Zugriffe auf verteilte Datenbanken in Rechnernetzen bei dezentraler Überwachung. Universität Karlsruhe (TH), Fakultät für Informatik, Dissertation 1974.

52. Holler, E., Drobnik, O., Knöpker, R.: Entwurf und Modellierung von Mehrrechnersystemen für Prozeßlenkungsaufgaben. Gesellschaft für Kernforschung, Karlsruhe, KFK-PDV 57, Sept. 1975.

53. Heger, D., Steusloff, H., Syrbe, M.: Echtzeitrechnersystem mit verteilten Mikroprozessorstationen: eine vollständige Lösung heutiger Automatisierungsstrukturprobleme. IITB-Mitteilungen 1977, S.61-67.

DEZENTRALISIERTE PROZESSREGELUNG MIT MIKRORECHNERN [x)]

DEZENTRALIZED PROCESS CONTROL BY MICROCOMPUTERS

H. Birck und G. Schmidt
Lehrstuhl und Laboratorium für
Steuerungs- und Regelungstechnik
Technische Universität München
8000 München 2

Summary

Paper describes principal features and various levels of decentralized process control systems with microcomputers. Technical details and data of major industrial microprocessor controllers are compared by means of a table. Problems of operator/process interfacing with respect to new developments in technology, as well as software and hardware aspects for decentralized control units are reported. The paper concludes with a discussion of future trends in microprocessor process control.

1. Einführung

Analysiert man die in den vergangenen Jahren ausgeführten Prozeßregelungen im Hinblick auf den Rechnereinsatz, so lassen sich im wesentlichen drei Typen von Anlagen erkennen:
. mit konventionellen, analogen pneumatischen oder elektronischen Einzelreglern ausgeführte Anlagen, die praktisch keinen Gebrauch von Rechnertechnik machen;
. mit der neuesten Generation von analogen Prozeßreglern ausgerüstete Prozesse, wobei ggf. im Sinne einer Führungsregelung (SPC) Sollwerte, Reglerparameter, etc. von einem übergeordneten Führungsrechner eingestellt werden können;
. mit zentralem Prozeßrechner und DDC-Software zur primären Bereitstellung der Reglerfunktion für eine Vielzahl von Regelkreisen konzipierte Prozeßregelungen, wobei allerdings zur Überbrückung eines temporären Rechnerausfalles zumindest kritische Regelkreise durch analoge Bereitschaftsregler (Backup) abgesichert werden.

Typisch für diese Prozeßregelkonzepte ist, daß die bisherige Art des Rechnereinsatzes die analoge Reglertechnik kaum veränderte und konventionelle Strukturen weitgehend

---

[x)] Arbeiten zu diesem Beitrag wurden teilweise mit Mitteln des BMFT (DV 5.505), Projekt PDV, im Rahmen des 3. DV-Programmes der Bundesregierung durchgeführt.

Tabelle 1:

Stufen zur Realisierung dezentralisierter Prozeßregelungen mit Mikrorechnern

1. Mikrorechner-Großschaltkreise (Ein- oder Mehr-Chip)
    . zur Schaffung digitaler Schnittstellen begrenzter Intelligenz bei Sensoren (z.B. Skalierung, Linearisierung) und Effektoren (z.B. Stellungsreglerfunktionen)
    . zur Realisierung von Einzel- oder Mehrkreisreglern
 	
    z.B. mit 8085 (8 bit)- oder PACE (16 bit)-Bausteinfamilie

2. Mikrorechner-Steckkartensysteme
    . zur Realisierung verteilter Regelsysteme mit Kommunikationsschnittstelle
 	
    z.B. mit AEG ALU 80, INTEL SBC 80, SIEMENS System 210

3. Mit Kommunikationsprozessoren ausgerüstete analoge Einzelprozeßregler, die sternförmig oder über Bus zu Systemen verschaltet werden können
 	
    z.B. Bailey 7000-PLUS, C-link (TI 9900)
         Beckmann 8800, ASCII Connection (INTEL 8080)
         Foxboro SPEC 200, INTERSPEC
         Taylor MOD III, Quick-Scan 1300

4. Komplette Mikrorechnerregeleinheiten (Ein- oder Mehrkreis) einsetzbar
    . als autonome Einheit
    . als Grundbaustein in Systemen
 	
    z.B. Contronic 3, EPTAK, MPC-80, MICON IV, PMS-500, SESLOOP, UCS 3000

5. Komplette dezentralisierte Mikrorechnerregelsysteme   z.B. EMCON-D, TDC 2000, IITB-Echtzeit-Mikrorechnersystem
6. Mikrorechnerregelsysteme mit variabler Zuordnung und stärkerer örtlicher Verteilung von Funktionen   z.B. TDC 2000 mit Process Interface Unit TDC 7100

beibehalten wurden. Der Prozeßrechner blieb in der Regel eine prozeßferne Komponente, die jedoch insbesondere bei reinen DDC-Regelungen eine starke Tendenz zur funktionellen und örtlichen Zentralisierung von Regelaufgaben mit sich brachte.

Die Grenzen dieser technischen Konzeption zeichnen sich seit geraumer Zeit ab. Insbesondere ist auf diesem Wege kaum mehr eine Kosteneindämmung oder -reduzierung bei Projektierung, Installation, Betrieb und Modifikation von Regelanlagen zu erwarten. Auf dem Hintergrund einer stürmischen Entwicklung der Großintegration von Mikrorechnerbausteinen setzte deshalb folgerichtig eine ungewöhnlich heftige Diskussion bisheriger Prozeßinstrumentierungskonzepte ein, die teilweise in kostspielige Forschungs-und Entwicklungsprogramme zur Realisierung verbesserter oder neuartiger Prozeßregler und -regelsysteme einmündete. Kennzeichen dieser Systeme sind insbesondere die Dezentralisierung von Regelungsfunktionen, d.h. die Entflechtung der Aufgaben bisheriger zentraler DDC-Prozeßrechner, ihre Übertragung auf viele kleinere zugeschnittene Mikrorechner sowie deren funktionelle Aufteilung und ggf. lokale Verteilung im zu regelnden Prozeß.

Die dazu vorliegenden technischen Systeme und Produkte zeigen bereits die außerordentliche Vielgestaltigkeit der Ansätze und Realisierungsmöglichkeiten mit dieser neuen Technik. Sie umfassen den gesamten Bereich der Meßwerterfassung und -aufbereitung, der Realisierung der Regelungsfunktionen, der Bedienung und Überwachung der Regler, der Kommunikation mit einer Zentrale oder ggf. auch untereinander, sowie die Möglichkeit zu automatischen oder manuellen Eingriffen über die Stelleinrichtungen. So wird, wie Tabelle 1 im einzelnen zeigt, bereits auf der untersten Ebene eines Prozeßregelsystems mit Hilfe von Mikrorechnerbausteinen und -systemen die Schaffung digitaler Schnittstellen für konventionelle, analoge Meßfühler, Stelleinrichtungen und Regler (Stufen 1, 2 und 3) möglich. Ferner werden neue digitale Ein- oder Mehrkreisregler unterschiedlichster Komplexität und Komforts (Stufe 4) bis hin zu kompletten dezentralisierten Mikrorechnerregelsystemen mit aufwendigem Prozeßdatenbus und zentraler Bildschirmstation (Stufe 5) angeboten. In jüngster Zeit wurden bei der letztgenannten Gruppe zusätzliche periphere Einrichtungen angekündigt, die eine stärkere lokale Verteilung und variable Zuordnung elementarer Meßwerterfaß-, Steuerungs- und Regelungsfunktionen im Prozeß zulassen dürften (Stufe 6). Die folgenden Abschnitte werden auf Schwerpunkte dieser Entwicklungen im einzelnen eingehen.

2. Eigenschaften dezentralisierter Prozeßregelsysteme

Hohe Rechnergrundkosten und das nach dem Erfahrungssatz von Grosh für DV-Anlagen, nämlich

$$\text{Rechnerkosten} = \text{Konstante} \cdot \sqrt{\text{Rechnerkapazität}} ,$$

unterproportionale Wachstum der Kosten mit steigender Kapazität förderten zentrali-

sierte DDC-Systeme mit einer Bedienung vieler Regelkreise im Zeitmultiplexverfahren.
Demgegenüber ermöglichen heute billige Mikrorechner den Aufbau dezentralisierter
Systeme zur Prozeßregelung mit folgenden entscheidenden Vorteilen:
- Verteilung des Ausfallrisikos in der gesamten Regelanlage
- Übersichtlichkeit und Modularität im Aufbau der Systeme
- Einsparung von Verkabelungskosten.

In einem dezentralisierten System ist bei entsprechend hoher Zuverlässigkeit der verwendeten Mikrorechnersysteme der Ausfall der gesamten Anlage im Vergleich zu einem mit Zentralrechner ausgerüsteten System sehr unwahrscheinlich. Bei geeignet konzipiertem dezentralisiertem Aufbau fallen bei einem Defekt einer Systemkomponente immer nur Teilfunktionen aus, die ggf. schnell lokalisiert und repariert werden können. So dürfte insbesondere die Verfügbarkeit eines dezentralen Prozeßregelsystems, d.h.

$$\text{Verfügbarkeit} = \frac{\text{MTBF}}{\text{MTBF} + \text{MTTR}} ,$$

infolge vergleichsweise geringerer mittlerer Reparaturzeiten (MTTR) gegenüber der Verfügbarkeit zentralisierter Regelanlagen wesentlich ansteigen.

Ferner erleichtert die Übersichtlichkeit dezentraler Systeme, die durch eine klare Zuordnung der Funktionen zu einem zugehörigen Hardware-Baustein mit fester Software gekennzeichnet ist, die Planung neuer Anlagen, deren Inbetriebnahme und Wartung. Im Gegensatz zu zentralen DDC-Minirechnern fördern die Modularität und überschaubare Modulkosten auch die Installation kleinerer Systeme, wobei die Möglichkeit zu späteren Erweiterungen besteht.

In vielen Fällen kann die Dezentralisierung der Funktionen auch zu einer erheblichen Reduktion der Verkabelungskosten führen, wenn zusammen mit der Verteilung der Intelligenz in einem Instrumentierungssystem gleichzeitig die Kommunikationsfähigkeit der einzelnen Bausteine erhöht wird. Mikroprozessoren sind ohne weiteres in der Lage, Schnittstellenfunktionen, die für die Ankopplung von Reglern etc. an entsprechende digitale Kommunikationssysteme notwendig sind, zu übernehmen. Da Datenübertragungssysteme am Prozeß, wie z.B. Bussysteme, durch Zeitmultiplex-Verfahren hochgradig ausgenutzt werden können, ergibt sich eine wesentliche Reduktion der Verkabelungskosten im Vergleich zu Systemen mit zentralisierter Intelligenz, die Daten über sternförmig verlaufende Datenwege (analog oder digital) mit dem Prozeß austauschen.

Grundsätzlich kann zwischen zwei extremen Fällen der Dezentralisierung unterschieden werden: Besitzen die digitalen Mikrorechner-Regler keine Datenverbindung untereinander oder zu anderen Rechnern, dann liegt eine Struktur ähnlich der bei der Instrumentierung mit konventionellen analogen Reglern vor. Im zweiten Fall der Dezentralisierung können alle Regler mit anderen Rechnern (Mini oder Mikro) kommunizieren.

Dabei handelt es sich um echte dezentralisierte Mikrorechnersysteme zur Prozeßregelung.
Weiterhin kann das dezentrale Mikrorechnerregelsystem örtlich zentral in einer Warte für die Prozeßführung und Bedienung angeordnet werden, so wie es heute zumeist in verfahrenstechnischen Anlagen der Fall ist. Bei einem räumlich ausgedehnten oder stark strukturierten Prozeß (z.B. Transport, Stahl, Petrochemie) liegen die Vorteile einer auch räumlich verteilten Anordnung der Regler-Einheiten auf der Hand: hier sind selbst ohne Einsatz komplizierter Bussysteme erhebliche Verkabelungskosten einzusparen.

Neben der hardwaremäßigen Dezentralisierung muß jedoch auch eine Dezentralisierung der Software einhergehen, um zu einer vernünftigen Eigenständigkeit der Systemkomponenten zu kommen, die für das Verhalten des Restsystems bei Ausfall eines Teilsystems notwendig ist. Das Verteilen der Funktionen hat also auch zur Folge, daß z.B. Beriebssystem-Funktionen, Kommunikations-Programme, Regelalgorithmen etc. in dem dezentralisierten System mehrfach, d.h. in vielen Einzelkomponenten vorhanden sein müssen.

Das einfachste dezentralisierte System zur Prozeßregelung wird durch Bild 1 beschrieben. Es ist zweistufig, hierarchisch aufgebaut. Einzel- oder Mehrkreis-Regler übernehmen auf der unteren Ebene die Regelfunktionen einschließlich der dazugehörigen Bedienfunktionen und der Alarmüberwachung. Über ein Bussystem, ggf. auch Sternleitungen, kann sich der übergeordnete Prozeßrechner u.a. durch Verwendung der Datenbasis des Reglers ein Bild über den Prozeßzustand machen und seine Maßnahmen zur Vorgabe von Sollwerten, Reglerparametern usw. an die Regeleinheiten sowie zur Protokollierung ergreifen. Das beschriebene System kann im Prinzip auch teilweise analog realisiert werden, wie z.B. eine jüngst von Beckman angekündigte Mikrorechner-Steckkarte beweist, die den Regler 8800 mit einer ASCII-Schnittstelle versieht. Hier wird also zunächst die für die Regelfunktion bewährte analoge Technologie beibehalten und nur behutsam ein neuer Weg eingeschlagen. Ein rein digitales dezentralisiertes System

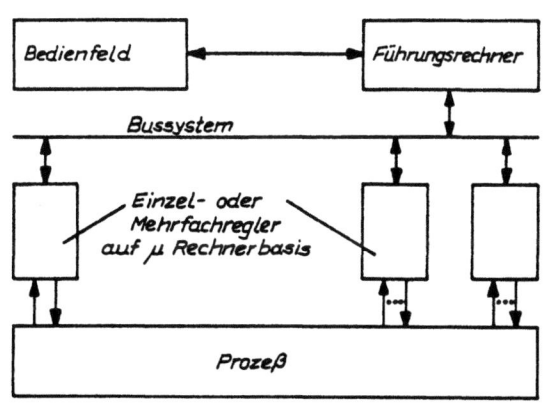

Bild 1: Dezentrales Regelungskonzept mit prozeßnahen Reglern

ließe sich z.B. unter Verwendung der Mikrorechnerregler MICON IV, SESLOOP, MPC-80, EPTAK, UDAC (s. Tab. 2) realisieren.

Bei zentraler Anordnung der Regler-Einheiten innerhalb einer Warte kann es zur Reduktion der Verkabelungskosten sinnvoll sein, auch auf der Meß- und Stellgeräteseite ein Bussystem einzuführen, Bild 2. Voraussetzung für die Einführung eines solchen Feldbus-Systems ist allerdings, daß bereits bei den Meß- und Stellgeräten dezentralisierte Intelligenz vorhanden ist. Kurzfristig ist jedoch anzunehmen, daß sich dezentralisierte Systeme schneller durchsetzen können, wenn die Reglereinheiten auf gängige Einheitssignale, z.B. 0(4) ... 20 mA, im Ein- und Ausgang angepaßt sind. Dann steht die ganze Palette der bisher gebräuchlichen Meß- und Stellgeräte zur Verfügung. Daher sind auch die meisten bisher bekannten und käuflichen, dezentralisierten Mikrorechnersysteme zur Prozeßregelung so ausgelegt.

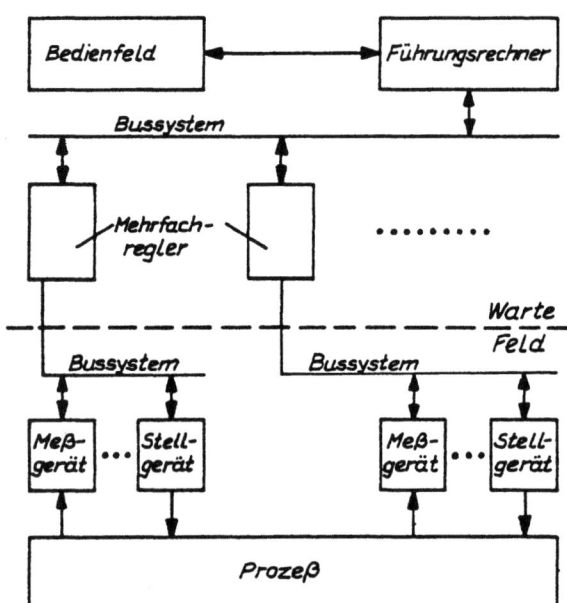

Bild 2: Dezentrales Regelungskonzept mit prozeßfernen Reglern

3. Analyse bekannter Mikrorechner-Regler

Da innerhalb eines größeren Prozesses neben den Regelungsaufgaben auch Steueraufgaben anliegen, und außerdem Mikrorechner-Regler prinzipiell auch zur Übernahme von Steueraufgaben programmiert werden können, liegt eine Kombination beider Funktionen in einem Gerät u.U. nahe. Reine Steuergeräte seien in dieser Übersicht jedoch ausgeklammert, um den vorgegebenen Rahmen nicht zu sprengen.

Tabelle 2 enthält eine Übersicht über die wesentlichen, heute bekannten Mikrorechner-Systeme für die Prozeßregelung. Dabei kann kein Anspruch auf Vollständigkeit erhoben werden. Wie diese Tabelle zeigt, ist die größte Übereinstimmung der Systeme

heute im Bereich der Funktionen zu finden. Praktisch alle Systeme bieten PID- bzw.
PI-Algorithmen als Standard. Werden mehrere Algorithmen für das gleiche
System angeboten, so handelt es sich in der Regel um Varianten von PID. Prinzipiell
besteht bei einigen Systemen für den Anwender jedoch die Möglichkeit, selbst beliebige Algorithmen zu programmieren. Alle Systeme bieten ferner die Möglichkeit - sofern der Mikrorechner-Regler nicht bereits selbst digitale Steuerfunktionen ausüben
kann - die Reglereinheit mit einer speziellen Steuereinheit auf Mikrorechner-Basis
zu kombinieren. Weiterhin ist in allen Systemen eine Meßwertvorverarbeitung, wie z.B.
eine Linearisierung möglich. Gemeinsam ist allen Geräten ferner die vorhandene pro-
zeßseitige Anpassung an Einheitssignale (in der Tabelle nicht aufgeführt). Selbstverständlich sind alle Geräte als autonome Einheiten betreibbar. Der dazu notwendige gerätetechnische Grundaufwand für kleinere Prozesse variiert allerdings erheblich.

Die Unterschiede der betrachteten Systeme liegen im wesentlichen in der Größe der
Grundeinheit und damit im Minimalaufwand sowie in der Art der Verbindung zu einem
Prozeßrechner, im Anwendungsgebiet und insbesondere bei der Bedienung und Anzeige.
Hier sind alle Varianten vom Kodierschalter über Tastatur, Bedienblattschreiber und
CRT sowie Digitalanzeigen vorhanden. Natürlich wirkt sich der Komfort dieser Lösun-
gen entscheidend auf den Preis aus.

Contronic 3, ein deutsches Prozeßautomatisierungssystem mit Mikroprozessoren, ist
für Anwendungen in der Kraftwerkstechnik gedacht. Es enthält dezentrale Einzelkreisregler auf Mikrorechner-Basis. Wie in der Kraftwerkstechnik üblich, ist der Bedie-
nungsteil getrennt von der Regler-Recheneinheit. Durch den stark modularen Aufbau
des Contronic 3 - Systems, das neben den Komponenten zur Regelung auch Komponenten
zur Steuerung, Signalaufbereitung, zur Anzeige und Bedienung, zur Überwachung und
zur Schutzverriegelung enthält, wird eine hohe Flexibilität erreicht. Dies führt zu
einer engen Verzahnung konventioneller Instrumentierung mit Mikroprozessor-Rechen-
einheiten. Bezüglich der Bedienung wurde versucht, das bisher gewohnte beizubehalten.
Dies geht soweit, daß die Parameter des PID-Regelalgorithmus über Potentiometer eingestellt werden.

Der 4-Kreis-Regler MICON IV ist der einzige industrielle Kompaktregler für die Verfahrenstechnik, der für den Einbau in eine Wartentafel geeignet ist. Er entält den
4-Bit-Prozessor 4004 und bietet nur einen PI-Algorithmus. Ein serieller Anschluß zu
einem Führungsprozeßrechner ist vorhanden. Damit läßt er sich in eine Systemstruktur
nach Bild 1 einfügen.

In die nächste Gruppe der Mehrkreisregler gehören vom Grundaufwand her gesehen die
16-Kreis-Regler PMS-500, SESLOOP und MPC-80. Der PMS-500 ist in erster Linie für die
Laborautomatisierung gedacht, wobei der Anwender oder der Hersteller noch die spe-

Tabelle 2: Analyse einiger bekannter Mikrorechnersysteme für die digitale Regelung

	Contronic 3 H & B	MICON IV Process Systems Inc.	PMS-500 Bell & Howell	Sesloop Sprecher + Schuh
Einsatzbereich	Kraftwerkstechnik	Verfahrenstechnik	Labor Verfahrenstechnik	Verfahrenstechnik
Funktion:				
Zahl der Kreise	1 pro Reglerkarte	4	16	16
Meßwertlinearisierung	ja		ja	ja
Kaskadenbildung	extern/intern	extern	intern	interne Verschaltung
Verhältnisregelung	ja	-	muß vom Anwender programmiert werden	ja
Störgrößenaufschaltung	ja	-		ja
vom Anwender frei programmierbar?	ja	-	ja	ja
Tastzeit	0,5 s fest	0,2 ... s einstellbar	Vielfache von 0,5 s	1 ... 128 s einstellbar
Steuerungsfunktionen	nur kombiniert mit Steuereinheit	ja	ja	durch Verbindung mit Steuergerät Sestep
Bedienung:				
Anzeige	getrennt von der Reglereinheit	2 Werte digital	1 Wert digital	1 Wert digital
Dateneingabe	Potentiometer	Kodierschalter	Tastatur	inkremental
Protokollierung	-	-	Drucker	TTY
Alarmmeldungen	Einzelmeldungen	-	ja	5 Stück pro Kreis
techn. Einheiten	-	-	ja	ja
Ein/Ausgabe:				
analoge Eingänge	4	4 ... 16	16	32
analoge Ausgänge	1	4	16	16
digitale Eingänge	beliebig kombinierbar	4 ... 24 bit	152 bit	-
digitale Ausgänge	beliebig kombinierbar	2 ... 12 bit	152 bit	-
Datenverbindungen zu anderen Rechnern	seriell, V 24	seriell, 4 Größen pro kreis können ausgetauscht werden	-	zu Sequenzsteuergerät und Führungsrechner (seriell)
Bemerkungen	enge Verzahnung konventioneller Instrumentierung mit Mikroprozessor-Recheneinheiten in einem System	Kompaktregler für Schalttafel-Einbau	kundenspezifische Software-Erstellung durch Hersteller möglich. Zahl der Ein/Ausgänge kundenspezifisch erweiterbar	flexibler Regler-Baustein

MPC-80 Negretti & Zambra	UDAC Reliance Electric	Eptak G + W Eagle	UCS - 3000 Bristol	TDC 2000 Honeywell
Verfahrenstechnik	Verfahrenstechnik	Verfahrenstechnik	Verfahrenstechnik	Verfahrenstechnik
16	16 ... 64	bis 127	8 80	8 pro Kernregler (bis 64 pro Grundregler)
ja	ja		ja	ja
intern	intern/extern	intern	intern/extern	extern
ja	ja	-	ja	ja
-	ja	-	ja	ja
ja		ja	ja(Übersetzung beim Hersteller od. Host Computer)	nein
Vielfache von 0,1 s bzw. 1 s	1 ... 255 s	Vielfache von 10 ms	fest	1/3 s fest
durch Erweiterung Hard- und Software	ja	sehr komfortabel	ja	mit Batch Controller
1 Wert digital	1 Wert digital TTY, CRT	1 Wert ditigal	alphanum. Anzeige, analoge Parallelanzeige, CRT, TTY	anal. Parallelanzeige 1 Wert digital, CRT
inkremental und Tastatur	Tastatur	Tastatur	Tastatur	Tastatur und inkremental
TTY	TTY	Drucker	Drucker, TTY	Drucker
Summer	ja	2 pro Kreis	ja	ja
?	ja	ja	ja	ja
16 (variabel)	16 64	variabel	8	16 pro Kernregler
16 (variabel)	16 64	variabel	4	8 pro Kernregler
16 bit	32 ... 128	16 ... 2048	16 bit	-
16 bit	32 ... 128	16 ... 2048	16 bit	-
seriell, sternförmig	seriell, 110 ... 9600 Baud	seriell	vorhanden	schneller, serieller Bus
erweiterbar mit Steuerfunktionen und Datenerfassung	höhere Problemorientierte Sprache für Steuerungen und Regelungen	Steuer- und Regelgerät in einem, höhere Macrosprache	kundenspezifische Software-Erstellung durch Hersteller möglich variable Zahl an Ein/Ausgängen	hoher gerätetechn. Grundaufwand, Regelung dezentralisiert, Bedienung zentralisiert, leicht erweiterbar, geeignet für Großsysteme

zielle Programmierung vornehmen müssen. Für die Verfahrenstechnik gibt es ein PID-Software-Paket. SESLOOP ist ein komfortabler Prozeßregel-Baustein, der sowohl über eine Konsole als auch über eine TTY oder CRT bedient werden kann. Alarme werden auf der Konsole gemeldet oder auf Wunsch mittels TTY protokolliert. Pro Regelkreis können 5 Alarme überwacht werden. Durch Anschluß an ein Sequenzsteuergerät (SESTEP) über eine 4-Draht-Leitung ist es möglich, Chargenprozesse zu fahren. MPC-80 dagegen kann durch Steckkarten und Zusatzsoftware für solche Aufgaben erweitert werden.

UDAC und EPTAK zeichnen sich insbesondere durch einen höheren Zentralisierungsgrad und dadurch aus, daß sie sowohl für PID-Regelung als auch für Sequenzsteuerung in einer Makro-ähnlichen, höheren Sprache programmiert werden können. Obwohl die Systeme UCS-3000 und TDC-2000 in ihrer Minimalkonfiguration 8 Kreise bedienen können, liegen sie wegen ihres hohen Grundaufwandes preislich in der gleichen Größenordnung wie die o.a. 16-Kreis-Regler. Der hohe Grundaufwand hat jedoch eine enorme Erweiterungsfähigkeit der Systeme zur Folge, so daß sich beide Geräte zum Einsatz im Rahmen von Großprozessen anbieten.

Das derzeit umfassendste System zur dezentralisierten Prozeßregelung, TDC 2000, zeichnet sich besonders durch seinen stark modularisierten Aufbau aus. Ein Kernregler besteht aus einer Recheneinheit, die 8 Software-Rechenblöcke für die Bedienung von insgesamt 8 Kreisen einschließlich der Ein- und Ausgabe der dazu notwendigen Analogwerte besitzt. Ausgangsseitig sind 8 Halteglieder vorhanden, die über eine getrennte Speisung versorgt werden. Die Bedienung erfolgt über ein Daten-Eingabe-Pult mit Digitalanzeigen und Tastatur. Insgesamt 8 Kernregler können über dieses Pult bedient werden. Zusätzlich sind noch konventionelle analoge Anzeige-Einheiten anschließbar, über die bei einem Ausfall des Kernreglers die Regelkreise manuell gefahren werden können. Die Kernregler selbst sind über einen sehr schnellen Prozeßbus, "Data-Hiway" genannt, an ein großes Bildschirmsystem angeschlossen, das eine Bedienung des Gesamtsystems ermöglicht.

Ein deutsches Projekt, das in die gleiche Klasse von verteilten Automatisierungssystemen mit Mikrorechnern zielt, ist das freiprogrammierbare IITB-Echtzeit-Rechnersystem [7]. Um eine Lichtleiterringleitung gruppieren sich dezentrale Prozeßmikrorechnerstationen. Eine ansteckbare Anzeige- und Bedieneinheit erlaubt deren Wartung, aber auch einen Inselbetrieb. Die Programmierung erfolgt mit der auf Mehrrechnersysteme erweiterten, höheren Programmiersprache PEARL. Als Warte wird ein Ein-/Ausgabe-Farbbildschirmsystem verwendet.

4. Bedienung und Anzeige

Hinsichtlich der Gestaltung der Bedienung und Anzeige werden momentan zwei Wege beschritten: sie entweder zentral über ein Sichtgerät oder dezentral über Bedienungsknöpfe und Anzeigen auszuüben. Man kann gegenwärtig sogar von zwei widerstrebenden

Tendenzen sprechen, nämlich die Regelfunktion zu dezentralisieren, aber die Anzeigefunktionen zu zentralisieren. Beispiele hierzu sind VIDEOSPEC (Foxboro), MOD III (Taylor) und TDC 2000. VIDEOSPEC und MOD III können in ein konventionell, analog bestücktes Instrumentierungssystem zur Prozeßregelung integriert werden und ermöglichen den Prozeß und seinen Zustand auf einem farbigen, graphischen Sichtgerät darzustellen. Darüberhinaus kann bei TDC 2000 die gesamte Bedienung, wie z.B. das Ändern von Sollwerten, Parametern, Reglerbetriebszuständen und die Rekonfiguration von Regelkreisen, zentral über die Tastatur des Sichtgerätes vorgenommen werden. Der Vorteil socher Sichtgeräte ist, daß Anzeige und Bedienung durch geeignete Software sehr komfortabel gestaltet werden können. Allerdings ist auch auf einem Sichtgerät - zumindest bei Großprozessoren - die Information nicht völlig parallel sondern höchstens gruppenweise seriell verfügbar. Dies wirft u.U. Probleme auf, wenn ein Alarm in dem gerade nicht angewählten Anlagenteil auftritt. Der derzeit noch hohe Preis graphischer Sichtgeräte bedingt ihren zentralen Einsatz und dies dürfte momentan ihr größter Nachteil sein. Für den Störungsfall benötigen sie nämlich ein Backup, die z.B. bei VIDEOSPEC durch die Bedien- und Anzeigeelemente der analogen Regler und bei TDC 2000 durch die Digital-Eingabe-Pulte bzw. zusätzliche analoge Anzeigeelemente am Kernregler gegeben sind.

Im Sinne der Dezentralisierung völlig konsequent wäre eine Verteilung der Anzeige- und Bedienfunktionen, die der Verteilung der Regelfunktionen entspricht. Damit wird die Information wieder in weitgehend paralleler Form zugänglich. Als Beispiele hierzu seien Contronic 3 oder RECOM 2 gennannt (Bild 3), der eine Eigenentwicklung unseres Laboratoriums ist und im Rahmen der INTERKAMA'77, Sonderausstellung "Angewandte Forschung", ausgestellt ist.

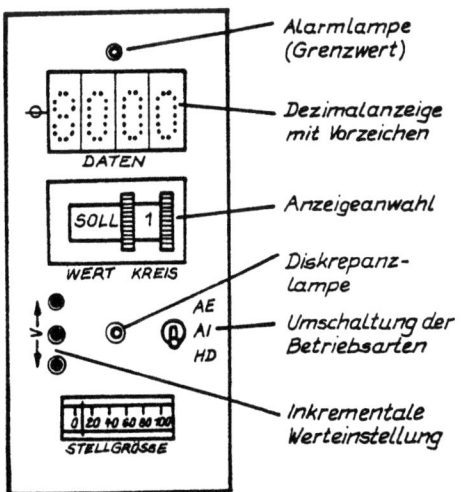

Bild 3: Frontplatte des Zweikreiskompaktreglers RECOM 2

5. Softwarefragen zu digitalen Regeleinheiten

Ein wesentlicher Gesichtspunkt für den Anwender eines Mikrorechner-Reglers ist seine Programmierbarkeit. Im engeren Sinne ist darunter z.b. die Auswahl der Art der Meßwertvorverarbeitung, die Zuordnung mehrerer Kreise zu Kaskaden oder die Auswahl vorhandener Algorithmen zu verstehen. Diese "Programmierung" kann mehr oder weniger flexibel geschehen:

. über das Bedienfeld per Tastendruck (z.B. mit Digital-Eingabe-Pult des TDC 2000) oder über online-Kommandos auf einem Bedienblattschreiber in einer problemorientierten Sprache (z.B. Eptak, UDAC)

. über das Anfertigen eines Kartenstapels, der offline übersetzt wird (z.B. UCS-3000)

. durch Austausch vorprogrammierter Festwertspeicher (z.B. Contronic 3, MICON IV).

Obwohl alle Hersteller von Mikrorechner-Reglern standardmäßig nur PID-Algorithmen anbieten, ist es bei vielen Geräten jedoch möglich, einen beliebigen Regelalgorithmus selbst frei zu programmieren. Dies sei in erweitertem Sinne unter Programmierbarkeit verstanden (s. auch Tab.2). Ein wesentlicher, bis heute wenig genutzter Vorteil digitaler Mikrorechner-Regler ist gerade die Möglichkeit, nichtkonventionelle Regelverfahren für neue Anwendungen erschließen zu können, deren Realisierung mit analoger Technologie oder mit Prozeßrechnern bisher wirtschaftlich zu aufwendig erschien. Als Beispiele hierzu seien die mittels Mikrorechnerregler durchgeführten Zweigrößen-Extremwertregelung eines Ölbrenners genannt, die eine wesentliche Verringerung der Schadstoffemission zur Folge hat [1] oder die modale Temperaturregelung eines Wärmeleiters [2].

Die Art dieser Programmierbarkeit im erweiterten Sinne bewegt sich innerhalb zweier Grenzen: den nicht völlig frei programmierbaren Systemen, wie z.B. Contronic 3, MICON IV oder TDC 2000 und völlig frei programmierbaren Mikrorechner-Systemen, die in ihrer Hardware-Auslegung für dezentralisierte Aufgaben in der Prozeßregelung geeignet sind, für die aber noch kein entsprechendes Softwarepaket angeboten wird. Die Steckkartensysteme ALU 80 [8], SBC 80 und 210 [9] fallen in die letztgenannte Gruppe. Hinsichtlich der analogen Peripherie und einer Schnittstelle zu anderen Rechnern kann sofort die passende Hardware-Konfiguration zusammengesteckt werden. Nur hinsichtlich der Bedien- und Anzeige-Elemente ist eine Eigenentwicklung hardwareseitig notwendig.

Eine Mittelstellung nehmen jene Regelsysteme ein, bei denen der Hersteller die notwendige Hardware, ein Standard-Softwarepaket für die Regelung, Bedienung und Anzeige liefert, sowie die für den Anwender notwendige Hilfestellung bietet, um einen eigenen Algorithmus mit einem möglicherweise anderen Anzeige- und Bedienprogramm in das vorhandene Hard- und Softwaresystem integrieren zu können. Ein typisches Beispiel dafür ist SESLOOP (Tab.2), dessen Softwarestruktur, Bild 4, im folgenden exemplarisch erläutert wird.

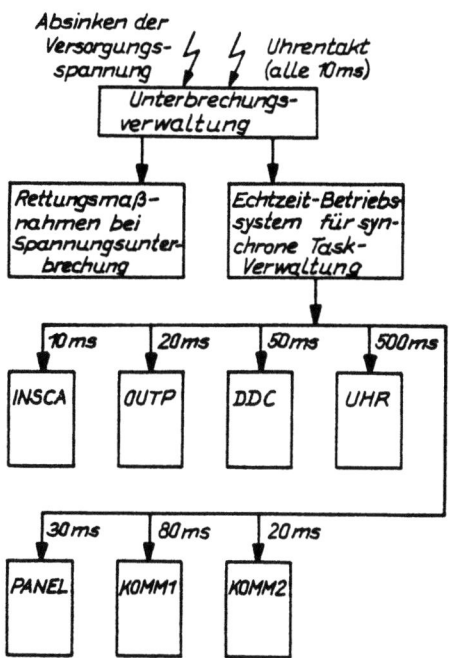

Bild 4: Echtzeit-Programmstruktur des Mehrkreisreglers SESLOOP

Ein Mikrorechner-Regler kann im Prinzip mit minimal 2 Unterbrechungssignalen auskommen [3]. Das erste wird von einer Detektionsschaltung für das Absinken der Versorgungsspannung unter eine bestimmte Schwelle geliefert. Dieses Signal veranlaßt über die Unterbrechungsverwaltung das Ansprechen einer Routine für die notwendigen Rettungsmaßnahmen auf höchster Prioritätsebene. Diese Maßnahmen bestehen im wesentlichen aus dem Retten der im Prozessor gespeicherten Information in einen nicht flüchtigen Speicher und dem geordneten Anhalten des Prozessors. Die im Netzteil gespeicherte Energie muß für die Sicherstellung dieser Maßnahmen noch ausreichen. Im Falle des Wiederanstieges der Spannung wird das Programm dann hardwaremäßig an einer definierten Stelle gestartet.

Ein zweites Unterbrechungssignal mit einer Periodendauer von 10 ms wird von einem Taktgenerator abgeleitet und dient als Echtzeit-Referenz. Über ein synchron arbeitendes Echtzeit-Betriebssystem werden z.B. 7 Parallelprogramme verwaltet, die in Zyklen unterschiedlicher Dauer aufgerufen werden. Im 10 ms-Raster unterbricht das Betriebssystem den laufenden Rechenprozeß (Task), prüft in seiner Zeitverwaltung, ob neue Teilprogramme zur Bearbeitung angemeldet werden müssen und startet ggf. über eine Task- und Prozessor-Verwaltung einen Rechenprozeß höherer Priorität, bzw. es setzt

den alten Rechenprozeß fort. Ist dieser beendet, dann werden eventuell bereits unterbrochene oder neu zu startende Rechenprozesse niederer Priorität bearbeitet. Die 7 Teilprogramme umfassen in diesem Beispiel folgende Funktionen:
- zyklisches Abfragen der analogen Peripherie (INSCA)
- Ausgabe der Stellgrößen (OUTP)
- Auswertung der Meßwertvorverarbeitungs- und Regelalgorithmen (DDC)
- Berechnung von Datum und Uhrzeit (UHR)
- Anzeige und Bedienung (PANEL)
- Bearbeitung einer TTY/CRT-Schnittstelle (KOMM1)
- Bearbeitung einer Rechner/Rechner-Schnittstelle (KOMM2).

Möchte der Anwender nun seinen selbst programmierten Algorithmus in das Softwaresystem integrieren, dann muß er dem Algorithmus und der eventuell speziell zugehörigen Anzeigeroutine (z.B. bei anderer Parameterdarstellung) eine Nummer zuordnen. Beide Unterprogramme werden dann an einer definierten Stelle über eine Liste in die Teilprogramme DDC bzw. PANEL eingefügt. Alle anderen Teilprogramme bleiben unverändert.

6. Gesichtspunkte zur Hardware

Bezüglich der hardwaremäßigen Konzeption digitaler Mikrorechner-Regler sei auf die Literatur verwiesen, z.B. [4] , [5]. An dieser Stelle seien nur einige Gesichtspunkte angesprochen, die für den Anwender von Bedeutung sind.
Sollen dezentralisierte Mikrorechner-Regler zu einem System gekoppelt werden, stellt sich die Frage nach der Art dieser Verbindung. In einigen Fällen bieten die Hersteller serielle Linienstrom-(TTY-)Schnittstellen an (Tab.2), die nur eine sternförmige Verbindung zulassen. Der Grund für diese Schnittstellenauswahl liegt in deren weiter Verbreitung bei der Verwendung von Peripheriegeräten in der Prozeßdatenverarbeitung. Für diese Schnittstellen gibt es preiswerte Großschaltkreise (UART's). Im Sinne einer Einsparung von Verkabelungskosten bei bzw. durch Dezentralisierung sind Bussysteme für solche Aufgaben in der Prozeßregelung wesentlich besser geeignet. Hier beseht jedoch das Problem, daß abgesehen vom CAMAC- und IEC-Bus, die beide eher für Laboranwendungen gedacht sind, noch kein Bussystem für die Anwendung in verteilten Prozeßregelsystemen existiert, das von mehreren Herstellern angeboten wird und als ein gewisser Standard angesehen werden könnte. Dadurch ergibt sich für den Anwender die unangenehme Situation, daß er bei der Verwendung von Hersteller-spezifischen Bussystemen auf auf dessen Prozeßregelkomponenten angewiesen ist. Dies wird z.B. bei TDC 2000 besonders deutlich. Es bleibt daher zu hoffen, daß sich Prozeßbussysteme, wie z.B. der PDV-Bus oder dgl. in Zukunft zu einem industriellen Standard entwickeln werden [6], um damit eine Kompatibilität von Geräten verschiedener Hersteller zu bewirken. Betrachtet man die Datenraten bereits konzipierter Bussysteme, stellt man fest, daß diese erstaunlich hoch liegen. Der PDV-Bus arbeitet mit 120 kbit/s und der "Data-Hiway" TDC 2000 mit 250 kbit/s unter Einsatz von Koaxialkabeln. Diese hohen Daten-

raten sind die Folge einerseits der Verwendung von Sichtgeräten im System und andererseits der Forderung nach kurzen Alarm-Reaktionszeiten. Aus konzeptioneller Sicht stellt sich jedoch die Frage, wieso überhaupt so kurze Reaktionszeiten nötig sind. Wichtige Alarme, die schnelle Reaktion erfordern, sollten nämlich dezentral aus Sicherheitsgründen auf unterster Ebene bearbeitet werden (s. Bild 1). Sonst können nämlich bei Ausfall des Bussystems oder des Rechners, der die Alarme über das Bussystem sammelt und zentral bearbeitet, große Probleme auftauchen. Zumindest für Reglersysteme nach Bild 1 und für Aufgaben in der Verfahrenstechnik läßt sich zeigen, daß unter den genannten Voraussetzungen auf diesem Bussystem im Mittel nur Datenraten von 1 bit pro Sekunde und Regelkreis benötigt werden [3].

Beim hardwaremäßigen Aufbau von Mikrorechner-Reglern müssen bestimmte Sicherheits-Vorkehrungen getroffen werden. So ist z.B. durch einen nichtflüchtigen Speicher dafür zu sorgen, daß bei Unterbrechung der Versorgungsspannung kein Informationsverlust auftritt. Zu diesem Zweck bieten sich gegenwärtig batteriegepufferte Schreib-Lesespeicher (RAM) auf CMOS-Basis an (z.B. SESLOOP) oder kleine Kernspeicher, wie z.B. im Kernregler TDC 2000. Hier dient der Kernspeicher nicht als Arbeitsspeicher, sondern in ihm werden zyklisch die wichtigsten Daten aus dem Halbleiter- Schreib/Lesespeicher sicherheitshalber abgelegt.

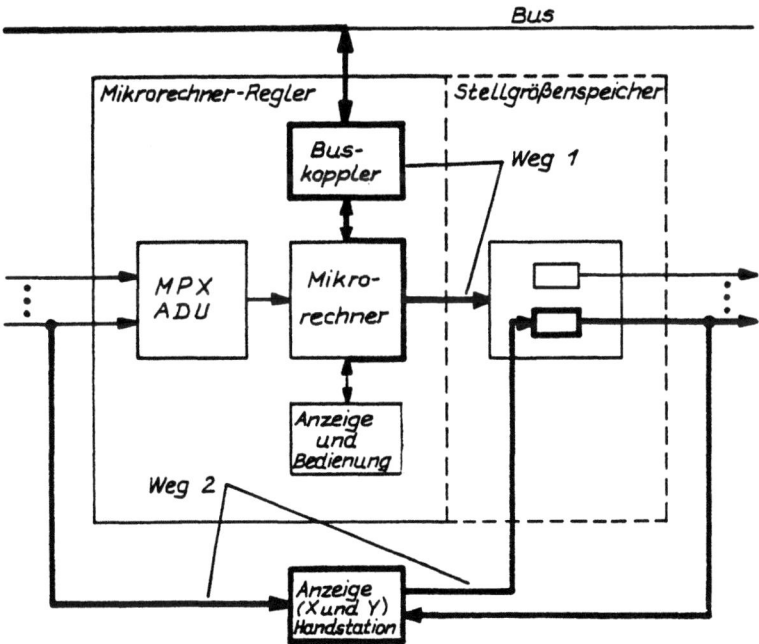

Bild 5: Alternative Signalwege bei Ausfall eines Mehrkreis-Mikrorechner-Reglers
Weg 1: z.B. TDC 2000
Weg 2: z.B. TDC 2000, SESLOOP

Da über die Zuverlässigkeit von Mikrorechner-Reglern derzeit noch keine verbindlichen Angaben vorliegen, ist es bei Mehrkreis-Reglern u.U. notwendig,eine getrennt gespeiste Handstation als Backup vorzusehen, um bei einem Ausfall des Reglers die Stellgrößen noch beeinflussen zu können. Falls beim Ausfall des Mikrorechners auch die Anzeigefunktionen für Istwert und Stellgröße mit ausfallen kann, muß die Handstation auch diese Funktion bereitstellen, Bild 5. Bei einem Einzelkreisregler sind ähnlich wie beim Analogregler solche Maßnahmen nicht notwendig.

Im Störungsfall kann bei Mehrkreisreglern über die Handstation direkt auf den Stellgrößenspeicher zugegriffen werden (Signalweg 2 in Bild 5). Dabei ist es gleichgültig, ob dieser Speicher im Regler sitzt - allerdings mit getrennter Speisung - oder ob das Stellglied selbst diesen Speicher repräsentiert. Ist der Mehrkreisregler in ein System integriert, kann in der Regel über den Bus oder eine andere Rechner/Rechner-Schnittstelle die Stellgröße verstellt werden (Signalweg 1 in Bild 5). Dies setzt allerdings meist das Funktionieren gewisser Teile des Mikrorechners voraus. Beispielsweise darf dessen interner Rechenbus nicht blockiert sein. Ein anderes Konzept verfolgt EMCON-D (s. Tab.1), der zur Stützung der Mikrorechner-Regeleinheit ein analoges Backup enthält.

Um einen Anhaltspunkt dafür zu bekommen, wie stark die wirtschaftlichen Gesichtspunkte zur Zusammenfassung mehrerer Kreise in einem digitalen Kompaktregler sind, wurden die Kosten einiger in unserem Laboratorium entwickelten Regler hinsichtlich ihres Ausbaus auf mehrere Regelkreise analysiert. Dabei wurden die reinen Bauteilekosten (einschließlich Bedienungs- und Anzeigeelemente) zu Einzelstückpreisen ohne MwSt ermittelt. Für eine annähernd betriebswirtschaftliche Kalkulation wurden diese Kosten mit dem Faktor 4 multipliziert. Die mit etwa 1 Mannjahr anzusetzenden Softwarekosten (für ein kleines System) sind nicht darin enthalten, da man sie bei grösseren Stückzahlen (mit unveränderter Software!) vernachlässigen kann.

Es ergab sich eine zunächst näherungsweise lineare Abhängigkeit von der Zahl der implementierten Regelkreise, Bild 6. Der Kostenanstieg hat seine Ursache im steigenden Aufwand für Mulitplexer im Analogeingang, D/A-Wandler im Analogausgang, für Anschlüsse, Speicher und für die Anzeige und Anwahleinrichtungen auf dem Bedienfeld. Die bei einem größeren Zentralisierungsgrad notwendigen Maßnahmen für eine Bereitschafts-Handstation mit gesondertem Netzteil bewirken dann einen Sprung der Kostenkurve und einen steileren proportionalen Anstieg. Ein Vergleich der Kosten für eine Instrumentierung mit Analogreglern zeigt, daß danach der digitale Mehrkreis-Regler unter den gegenwärtigen Umständen ab etwa 4 Kreisen wirtschaftlich realisiert werden kann. Man beachte jedoch, daß zwischen beiden Lösungen ein großer Unterschied hinsichtlich der Eigenschaften und Leistungsfähigkeit der eingesetzten Geräte besteht. Außerdem sei darauf hingewiesen, daß die Kostenentwicklung für Mikrorechnersysteme einen starken Abwärtstrend aufweist. Die Kurve für die Kosten von Mehrkreisreglern in Bild 6 (Stand August 1976 [3]) dürfte sich daher in naher Zukunft bereits weiter nach unten verschieben.

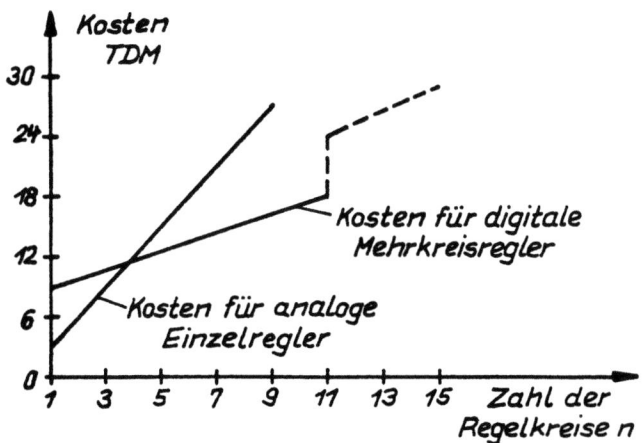

Bild 6: Vergleich zwischen den Kosten von Analogreglern und von digitalen Mehrkreisreglern in Abhängigkeit von der Zahl implementierter Regelkreise (Stand: August 1976)

7. Ausblick und Tendenzen

Die Entwicklung von Mehrkreisreglern mittels Mikrorechnern stellt derzeit einen Kompromiß dar zwischem dem Streben nach konsequenter Dezentralisierung und Wirtschaftlichkeit. Damit sich Einzel- oder Zweikreis-Regler auf breiter industrieller Basis durchsetzen können, ist auch eine Verringerung der Kosten für den A/D-Wandler und die Anzeige notwendig, denn die Kosten für den Prozessor machen heute bereits nur einen kleineren Teil der gesamten Hardwarekosten aus.

Eine wesentliche Aufgabe für die Entwickler digitaler Regelgeräte liegt in Zukunft auf dem Gebiet der Anzeige und Bedienung und zwar sowohl bei Sichtgeräten als auch bei digitalen oder evt. quasianalogen Anzeigen am Einzelregler. Vergleicht man die Ähnlichkeit der Frontplatten analoger Regler mit der Vielfalt der Bedienelemente bei digitalen Reglern, dann zeigt sich, daß noch ein weiter Weg bis zur einheitlichen Frontplattengestaltung digitaler Regler zurückzulegen ist. Sicherlich wird jedoch in Zukunft eine gewisse Gewöhnung des Bedienpersonals an die Digitaltechnik erforderlich sein, z.B. an Tastaturen, Digitalanzeigen oder Sichtgeräte. Auch bezüglich der Wartung von Reglersystemen werden Umstellungen eintreten. Durch geeignete Diagnosehardware und -software ist man jedoch in der Lage, die Fehlersuche zu schematisieren und automatisieren.

Die bereits durch funktionelle Dezentralisierung erzielbare höhere Verfügbarkeit von Prozeßregelanlagen, kann in Zukunft durch sorgfältige Auswahl der Mikrorechnertechnologie, sowie durch Entwicklung strukturell hochzuverlässiger Regler gesteigert werden.

Mikrorechnerregler sind flexibler und für eine wesentlich größere Klasse von Aufgaben einsetzbar als Analogregler. Dies reicht z.b. von dem Fahren eines Chargenprozesses mit einem einzigen Regler bis zum Einsatz nichtkonventioneller Regelverfahren, wie z.B. echte Mehrgrößenregelungen oder Extremwertregelungen. Mit wachsendem Verständnis für diese Möglichkeiten werden starke Impulse auf die Anwendung dezentralisierter Mikrorechnerregler ausgehen.

Durch den schnellen technologischen Fortschritt der Mikrorechner-Technik in den vergangenen 5 Jahren ist ein revolutionärer Wandel auf dem Gebiet der dezentralen Regelgeräte und -systeme möglich geworden. Beispiele in dieser Hinsicht sind EMCON-D oder TDC 2000. Fraglich bleibt jedoch, ob der Anwender bereit sein wird, sich so schnell auf völlig neue Systemkonzeptionen umzustellen. Das langsamere, evolutionäre Eindringen der Mikrorechner in dezentralisierte Regelsysteme, unter Mitverwendung bewährter Instrumentierungskomponenten, ist möglicherweise der risikolosere und gangbarere Weg für den Anwender.

Schrifttum:

Die zur Ausarbeitung dieses Beitrages ausgewerteten zahlreichen Aufsätze und Firmenunterlagen können hier nicht im einzelnen zitiert werden.

1. Birck, H.; Jacob, H.G.; Schmidt, G.: Regelungstechnische Maßnahmen zum schadstoffärmeren Betrieb von Ölbrennern kleiner Leistung. KFK-PDV 111, Karlsruhe, 1977.

2. Schmidt, G.; Posch, B.: The design of a microcomputer controller for distributed parameter systems. Proceedings of the IFAC 6th World Congress Boston/Cambridge, Instrument Society of America, Pittsburg, Pennsylvania USA, 1975.

3. Birck, H.: Kompaktregler mit Mikrorechner-Bausteinen. Dissertation an der Technischen Universität München, 1977.

4. Birck, H.: Struktur eines digitalen Kompaktreglers. Mikroprozessoren und Mehrprozessorsysteme für die Prozeßlenkung, KFK-PDV 50, Karlsruhe, 1975.

5. Birck, H.: Ein digitaler Regler auf Mikrorechner-Basis. Elektronik, Heft 4, 1976, S. 63-66, 68.

6. Buxmeyer, E.; Hausmann, G.; Mielentz, P.; Walze, H.: Serielles Bussystem für industrielle Anwendungen unter Echtzeitbedingungen (PDV-Bus). KFK-PDV 7o, Karlsruhe, 1976.

7. Heger, D.; Steusloff, H.; Syrbe, M.: Echtzeitrechnersystem mit verteilten Mikroprozessorstationen: eine vollständige Lösung heutiger Automatisierungsstrukturprobleme. IITB-Mitteilungen 1977, S. 61-67.

8. Düll, E.H.: Prozeßautomatisierung mit Mikroprozessoren am unteren Ende der Prozeßrechner. Beitrag V.3 Kongreß Interkama'77.

9. Kotte, W.; Oitzl, E.: Mikrocomputersystem 210. Siemens-Zeitschrift, Heft 4, 1977, S. 249-254.

PROZESSAUTOMATISIERUNG MIT MIKROPROZESSOREN AM UNTEREN ENDE DER PROZESSRECHNER

PROCESS AUTOMATION BY MEANS OF MICROPROCESSORS AT THE LOW END OF PROCESS COMPUTERS

E. H. Düll
AEG-Telefunken
6453 Seligenstadt

Zuammenfassung: Die Struktur moderner Prozeßautomatisierungssysteme wird gezeigt. Prozessoren sind dabei Schlüsselkomponenten. Mikroprozessoren sind heute schon in der Lage eine Prozeßrechnerfamilie im unteren Leistungsbereich zu ergänzen.
Die relativ kurzen Innovationszyklen für Mikroprozessoren können von den Automatisierungs-Systemen nicht im gleichen Tempo mitgemacht werden. Man muß deshalb für eine längerfristige Konstanz der wichtigen Schnittstellen sorgen. Der Aufwand hierfür wird an zwei Prozessor-Beispielen dargestellt.

Summary: The structure of modern process-automation-systems will be shown. CPUs are key-components. The standard microprocessors of today can play their part as CPUs at the low end of a process-computer-line. Process-automation-systems cannot follow the fast turn-over of microprocessor-types. It is necessary to keep the key-bus-lines and interface-procedures constant over a longer time-period. At what expense this can be done is demonstrated at two examples.

Seit etwa 5 Jahren sind Mikroprozessoren als typische Beispiele für LSI-Schaltkreise im Einsatz. Neben den ersten Anwendungen im Konsumgüter- bzw. im technischen Seriengeschäft findet erst in der letzten Zeit der Mikroprozessor breiten Eingang in die Prozeßautomatisierung mit dem Hauptgewicht auf einem universellen Mehrzweckeinsatz, meist in der Form eines noch weitgehend frei programmierbaren Mikrocomputers. Da diese Prozessoren anwendungsneutral sind, finden sie dort Anwendung in der Prozeßautomatisierung, wo die Stückzahlen für kundenintegrierte Schaltkreise zu klein sind, oder wo Probleme bisher nur mit Minicomputern lösbar waren. In Bild 1 sind auf zwei Achsen einmal die Leistungfähigkeit von Prozessoren (Mikrocomputer- und Kleinprozeßrechner-

Zentralteil) zum anderen die Leistungsfähigkeit der damit ausgerüsteten Anwendungssysteme dargestellt.

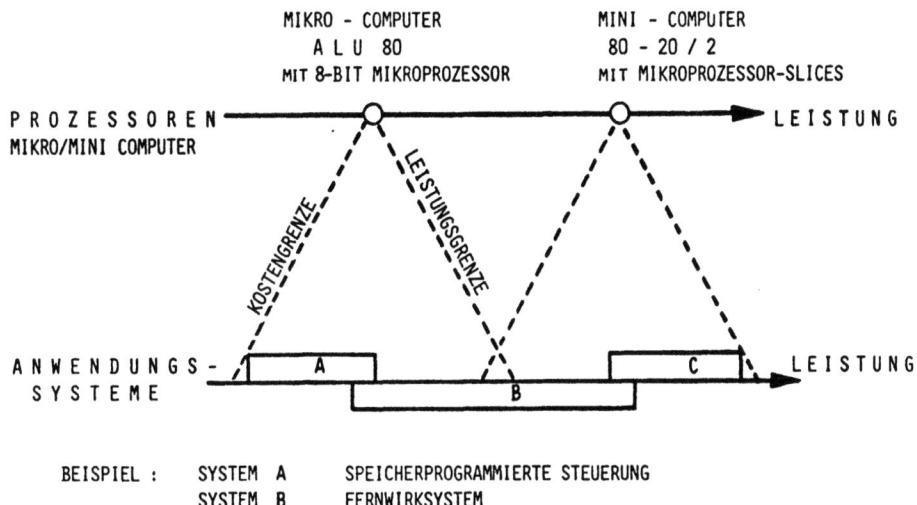

Bild 1 : Prozessoren und Anwendungssysteme

Mit einer geringen Anzahl von Prozessoren (im Beispiel je einer für den unteren und mittleren Bereich) läßt sich heute ein weites Anwendungsspektrum abdecken, wobei der Trend der gestrichelten Grenzlinien bei den Kosten eine fallende und für die Leistung eine steigende Tendenz zeigt.

Die zwei hier betrachteten Prozessoren sind aufgebaut mit einem gängigen 8-Bit-Mikroprozessor (Mikrocomputer ALU 80) einerseits und bipolaren 4-Bit-Mikroprozessorscheiben (Zentralprozessor 80-20/2) anderseits.
Für einen gemeinsamen systemtechnischen Einsatz dieser sehr unterschiedlichen Aufbautechnik wird im folgenden ein Konzept erläutert. Man kann davon ausgehen, daß die Leistungsfähigkeit anwendungsorientierter Systeme durch Austausch und/oder Verbundbetrieb der Prozessoren wechselnden Anforderungen angepaßt werden kann.

Für die anwendungsorientierten Systeme A und C von Bild 1 ist die leistungsmäßige Zuordnung zum Prozessor eindeutig. Beim System B handelt es sich dagegen beispielsweise um ein Fernwirksystem, dessen Leistungsspektrum im unteren Teil mit einem 8-Bit-Prozessor (NMOS) und im oberen Leistungsbereich mit einem Kleinprozeßrechner-Zentralteil (Bipolar) abgedeckt wird. Der nahtlose Übergang vom unteren zum oberen Leistungsbereich muß durch einheitliche Schnittstellen sichergestellt sein. Das Konzept hierfür soll nachfolgend erläutert werden.

Die Analyse moderner, elektronischer Produktsysteme [1] für die Automatisierung hat gezeigt, daß die in Bild 2 vorliegende Grund-Struktur immer wieder entsteht. Üblicherweise wird man nicht die hier gewählten allgemeinen Bezeichnungen benutzen, sondern direkt Namen für Komponenten oder Schnittstellen. Interessant ist, daß man in diese grundsätzlichen Betrachtung Hardware und Software gleichermaßen mit einbeziehen kann.

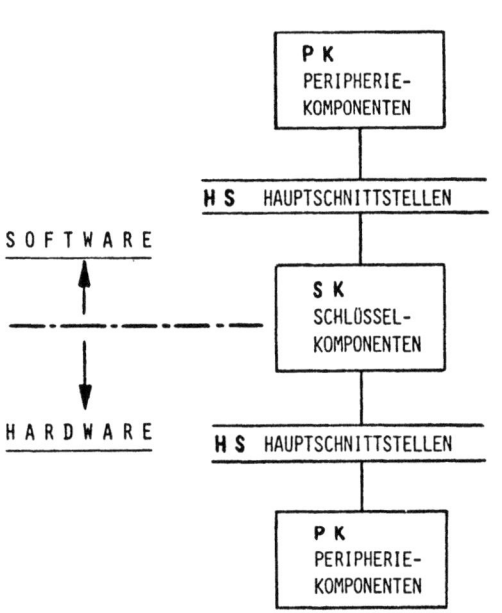

Bild 2 : Struktur moderner elektronischer Produktsysteme für die Automatisierung

Die Begriffe sind im einzelnen folgendermaßen zu verstehen:
Das Rückgrat der Produktsysteme bilden sogenannte Hauptschnittstellen (HS). In der Gerätetechnik sind es Datenschienen (Busse) und Eckdaten für die mechanische Aufbautechnik. In der Software sind es z.B. Sprachen (FORTRAN, PL/M u.ä.) oder Betriebssystemdienste. Hauptschnittstellen sind dadurch gekennzeichnet, daß an ihnen mehr als zwei Teilnehmer konfiguriert werden können. Hauptschnittstellen werden per Definition festgelegt, verbindlich für eine Reihe von Produktsystemen.

Eine besondere Rolle spielen die Schlüsselkomponenten (SK). Es sind in der Regel komplexe Komponenten zur Kopplung zweier oder mehrerer Hauptschnittstellen. Hierzu gehören Mikrocomputer oder auch Zentraleinheiten von Prozeßrechnern (als Verbindung zwischen einem Bus und einer Maschi-

---

[1] Ein Produktsystem besteht aus kombinationsfähigen Hardware- und Software-Komponenten, deren Konfigurationen für Aufgaben der Prozeßautomatisierung projektiert werden. In der Regel ergibt sich aus der Zusammenarbeit mehrerer Produktsysteme ein Anlagensystem.

nensprache), Betriebssysteme (als Verbindung zwischen Maschinensprache und sogenannten Betriebssystemdiensten) und Koppeleinrichtungen zwischen Bussystemen unterschiedlicher Struktur (z.B. zwischen parallelem Gerätebus und seriellem Anlagebus). Schlüsselkomponenten sind bei Festlegung einheitlicher Hauptschnittstellen in verschiedenen Produktsystemen verwendbar.

Periphere Komponenten arbeiten an nur einer Hauptschnittstelle, meist mit individuellen Ausgängen etwa zum Prozeß oder zum Bedienenden. Hierzu gehören Meßumformer, Regler, Informationsdarstellungsgeräte und der Bereich der Prozeß- und Datenperipherie.

Periphere Komponenten geben den jeweiligen Produktsystemen Flexibilität und Anwendungszuschnitt. Sie werden oft nur in einem Produktsystem eingesetzt, wir sprechen dann von speziellen peripheren Komponenten (PKS). Daneben gibt es periphere Komponenten universeller Natur, etwa Sichtgeräte oder digitale Ein/Ausgabe. Sie erscheinen in mehreren Produktsystemen, wir nennen sie dann universelle periphere Komponenten (PKU).

Insgesamt setzt sich damit ein Produktsystem aus peripheren und Schlüsselkomponenten zusammen, die über einheitliche Hauptschnittstellen miteinander verkehren.

Durch Kombination von vielfach verwendbaren Schlüsselkomponenten mit universellen und speziellen peripheren Komponenten entstehen die anwendungsbezogenen Produktsysteme. Ein Beispiel für ein solches System auf Mikroprozessor-Basis ist in Bild 3 dargestellt. Schlüsselkomponente ist der Mikrocomputer ALU 80, der auf der Hardwareseite die Hauptschnittstellen "Palleler Ein/Ausgabebus" und "Speicherbus" und auf der Softwareseite die Schnittstelle "Maschinensprache" miteinander koppelt, weitere Schlüsselkomponenten PL/M-Compiler und Mini-Betriebssystem verbinden diese mit den speziellen Anwendungsprogrammen, die ebenso wie die Digital-Ein/Ausgaben zu den peripheren Komponenten zu rechnen sind.

Die geringen Innovationszeiten für sehr komplexe LSI-Schaltkreise, vor allem Mikroprozessoren können von Produktsystemen auf dem Gebiet der Prozeß-Automatisierung nicht mitgemacht werden. Aus diesem Grund ist es notwendig, inbesondere Hauptschnittstellen und komplexe Schlüsselkomponenten mikroprozessor-typunabhängig aufzubauen. Der Grundgedanke dabei ist die Ummantelung des Mikroprozessor-Kerns (siehe Bild 4) mit entspechenden Anpassungen, welche es gestatten, die einmal festgelegten

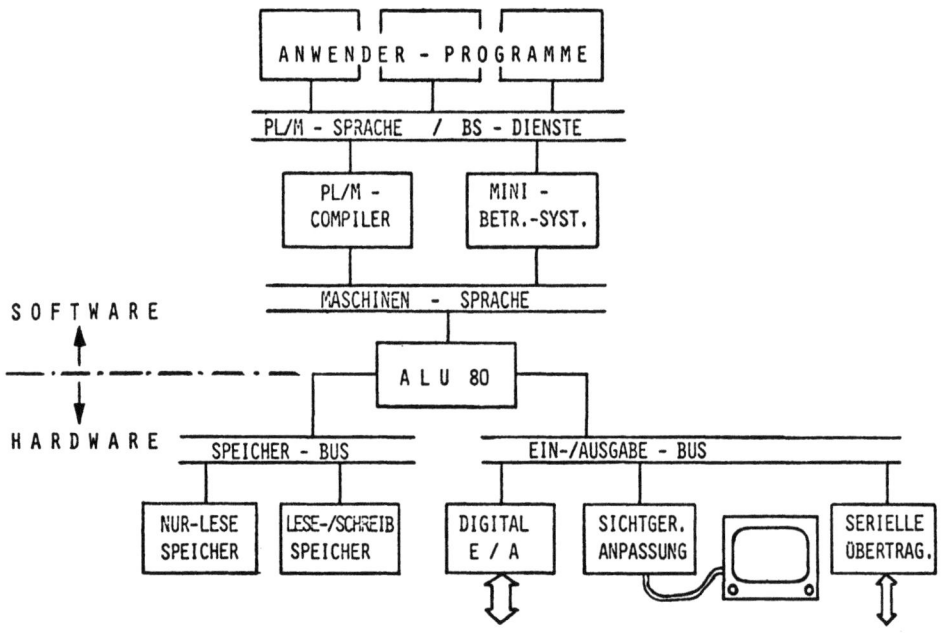

Bild 3 : Beispiel für ein Produktsystem auf Mikroprozessor-Basis

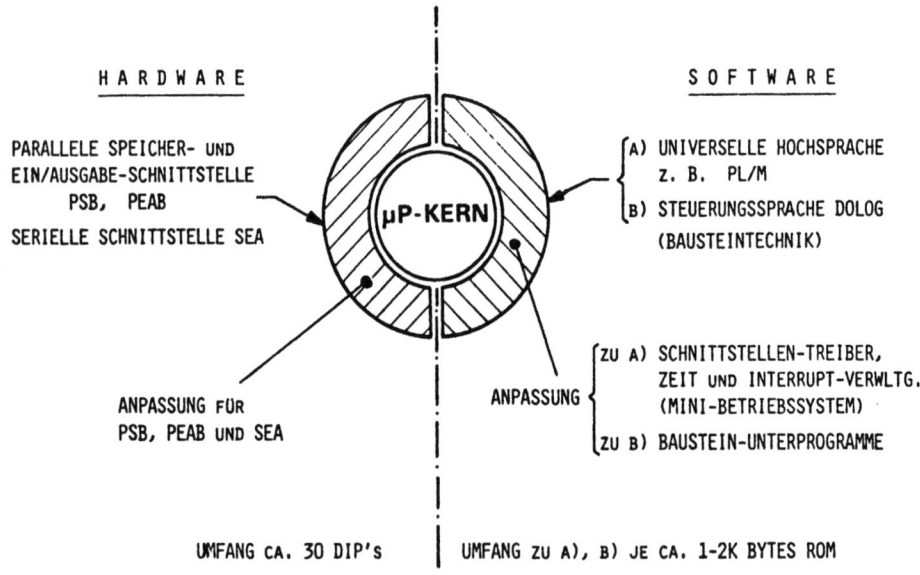

Bild 4 : Ummantelungsprinzip dargestellt am Beispiel eines
8-Bit-Mikroprozessors

Schnittstellen unabhängig vom jeweils verwendeten Mikroprozessor konstant zu halten.

Bei Einsatz eines neuen Mikroprozessor-Typs muß dann nur der Hardware- und Software-Anteil der Ummantelung ersetzt werden und die übrigen Systemkomponenten bleiben erhalten.

Dieses Prinzip wurde für die Prozessoren ALU 80 (Bild 6,7) und 80-20/2 (Bild 8,9) ausgeführt. Eine Aufwandsbetrachtung für den Anpassungsaufwand folgt in Tabelle 1 und wird noch erläutert.

Ein Beispiel für die Ummantelung und die wesentlichen Schnittstellen ist der Mikrocomputer ALU 80 (Bild 5).

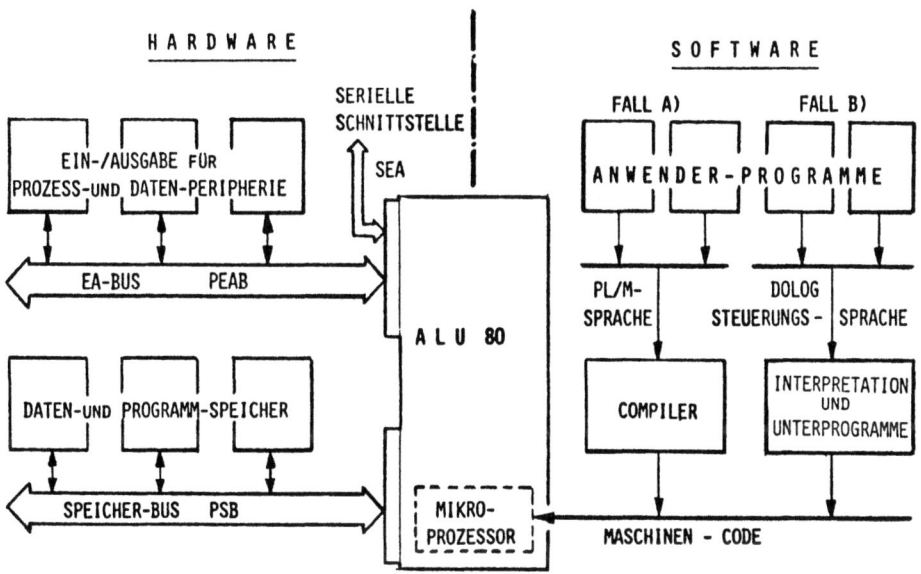

Bild 5 : Prozessor ALU 80, Beispiel für Schnittstellenummantelung

Auf der Hardwareseite sind folgende Hauptschnittstellen zu betrachten:
- die serielle Schnittstelle (SEA) für den Anschluß einfacher Bediengeräte oder für eine Kopplung mit einem Leitrechner. Diese Schnittstelle ist schon weitgehend durch Normen standardisiert. (Telegrafiestrom oder V 24/28 bzw. DIN 66020).
- der parallele Ein-/Ausgabe-Bus (PEAB). Dieser ist so ausgelegt, daß ein vorhandenes breites Ein-/Ausgabegerätespektrum in vielen Produktsystemen genutzt werden kann.

- der parallele Speicher-Bus, der im allgemeinen eine höhere Datenrate als der Ein-/Ausgabe-Bus zuläßt. Die Speicherschnittstelle zeigt noch die stärkste Ähnlichkeit mit der jeweiligen Mikroprozessor-Schnittstelle. Dies ist dann von Vorteil, wenn die vom Halbleiterhersteller angebotenen LSI-Bausteine wie Speicher oder spezielle Steuerwerke angeschlossen werden.

Auf der Software-Seite handelt es sich um folgendes:
Es ist zu unterscheiden zwischen Einzelanwendungen und solchen mit prinzipiellen Wiederholcharakter (z.B. für die Steuerungstechnik, Ablauf- und Verknüpfungssteuerungen). Für Einzelanwendungen wird vorteilhaft eine höhere Programmiersprache eingesetzt [1]. In diesem Fall müssen in der softwareseitigen Ummantelung Vorkehrungen zum Betreiben der Geräteschnittstellen getroffen sein. Für abgegrenzte Einsatzbereiche wie etwa der Steuerungstechnik ist es wirtschaftlicher, einen speziellen anwendungsorientierten Sprachumfang zu schaffen, etwa in der Art einer Bausteintechnik [2,4,5]. Beide Konzepte, höhere Programmiersprache und anwendungsorientierte Bausteintechnik, können vom Anwender alternativ genutzt werden. Es ist dann lediglich ein Austausch der ROM-Schaltkreise für die jeweils erforderliche Software-Anspannung vorzunehmen.

Am Beispiel des 8-Bit-Mikrocomputers ALU 80 wird die Ummantelung erläutert. Bild 6 zeigt das Blockbild dieses Prozessors.
Der Prozessor-Kern besteht aus:
- CPU   (Zentraleinheit) mit Mikroprozessor und Randbausteinen
- IR   (Interrupt) Unterbrechungsverarbeitung der internen Störungssignale wie Parität oder Spannungsausfall und der über die Schnittstellen ankommenden Unterbrechungssignale

Die Ummantelung auf der Hardware-Seite besteht aus den Funktionsblöcken:
- SEA   (serielle Ein-/Ausgabe) Schnittstelle für potential-getrennt Vierdraht-Einfachstrom-Übertragung
- PSB   (paralleler Speicher-Bus) besteht im Wesentlichen aus den Mikroprozessor-Schnittstellen-Signalen
- PEAB   (paralleler Ein-/Ausgabebus) Umsetzung der internen 8-Bit breiten Datenschnittstelle auf 16-Bit Wortbreite, und programmgesteuerte Bildung der Steuersignale für Daten- und Adreß-Ein-/Ausgabe auf dem Bus. Anpassung der internen Unterbrechungsstruktur an die Arbeitsweise des parallelen Ein-/Ausgabe-Bus.

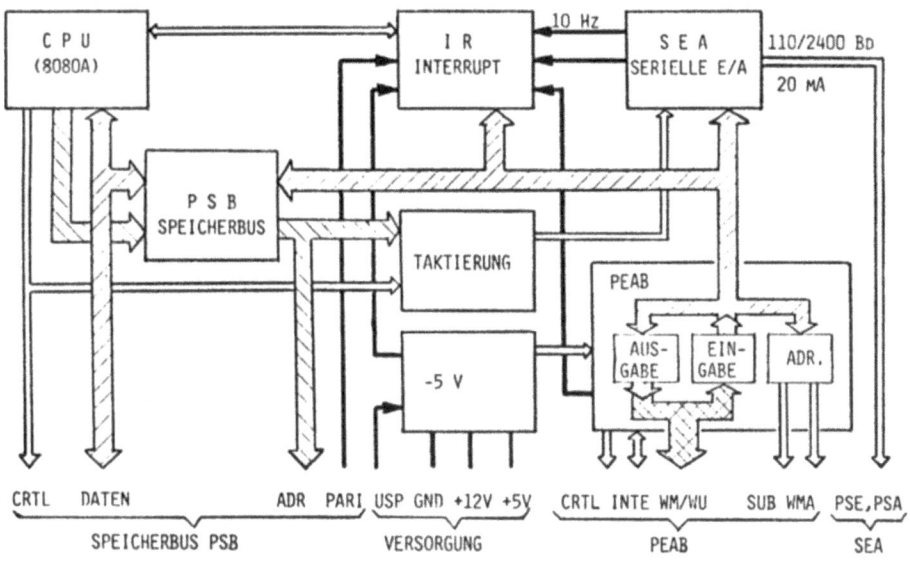

Bild 6 : Blockbild des Prozessors ALU 80

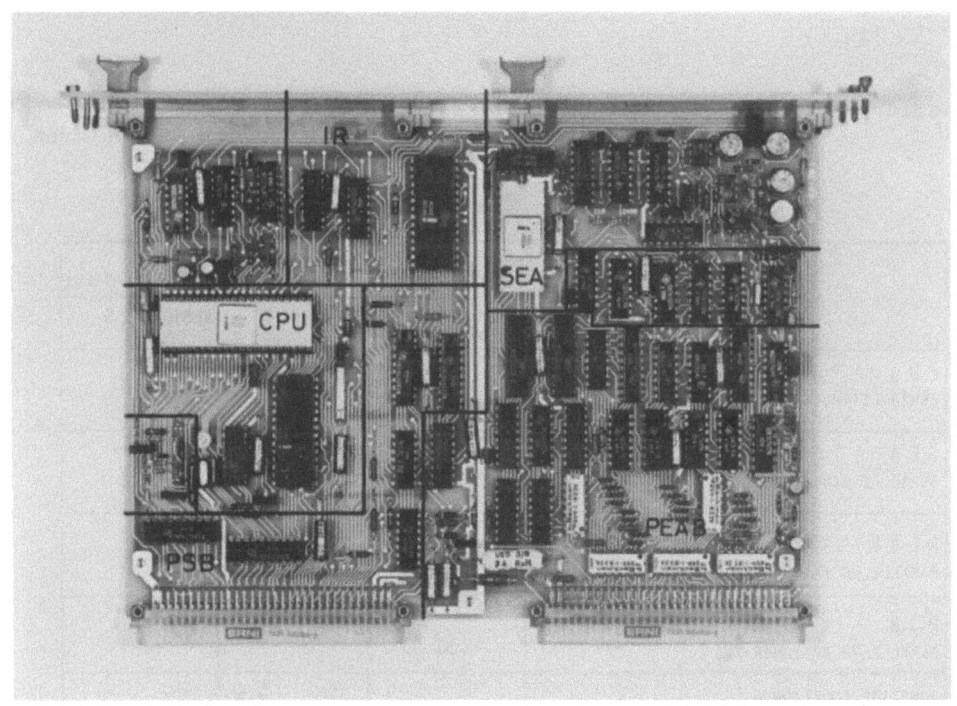

Bild 7 : Prozessor ALU 80, Sichtbarmachung der Funktionsblöcke

Um den Aufwand für diese prozessorunabhängigen Schnittstellen zu demonstrieren, sind die einzelnen Funktionsblöcke des auf einer Leiterplatte Größe F nach DIN 41 494 (Doppel-Europaformat) aufgebauten Mikrocomputers (ALU 80) in Bild 7 durch schwarze Linien abgegrenzt.

Die Ummantelung auf der Software-Seite besteht aus etwa 1K Byte Fest-Programm, das in einem ROM-Schaltkreis auf der hier nicht betrachteten Speichereinheit untergebracht ist.

Daraus ergibt sich, daß für die Geräte-Schnittstellenanpassung 60% der Leiterplattenfläche bei 50% der Materialkosten beansprucht werden. Im einzelnen sind prozentualer Flächenbedarf und Kostenaufteilung im Vergleich zum Zentralprozessor des Prozeßrechners 80-20/2 in der Tabelle 1 aufgezeigt.

Für den Zentralprozessor 80-20/2 ist die Blockaufteilung in Bild 8 dargestellt.
Die einzelnen Funktionsblöcke sind auf zwei Leiterplatten (Doppel-Europaformat) untergebracht und durch Trennlinien in Bild 9 verdeutlicht.

Tabelle 1 : Prozentuale Aufteilung der Leiterplattenfläche und der anteiligen Kosten für die Funktionsgruppen der Prozessoren ALU 80 und 80-20/2

	ALU 80 (EINE LEITERPLATTE)		80-20/2 (ZWEI LEITERPLATTEN)	
	FLÄCHE %	KOSTEN * %	FLÄCHE %	KOSTEN * %
CPU ZENTRALEINHEIT	15	30	50	60
SEA SERIELLE EIN-/AUSGABE	15	20	--	--
PEAB PARALLELER E/A-BUS	30	20	15	15
PSB PARALLELER SPEICHER-BUS	15	10	20	15
SONSTIGE FUNKTIONEN TAKT, DEKOD., INTERR.-EING.	30	20	15	10

* STAND MITTE 1977

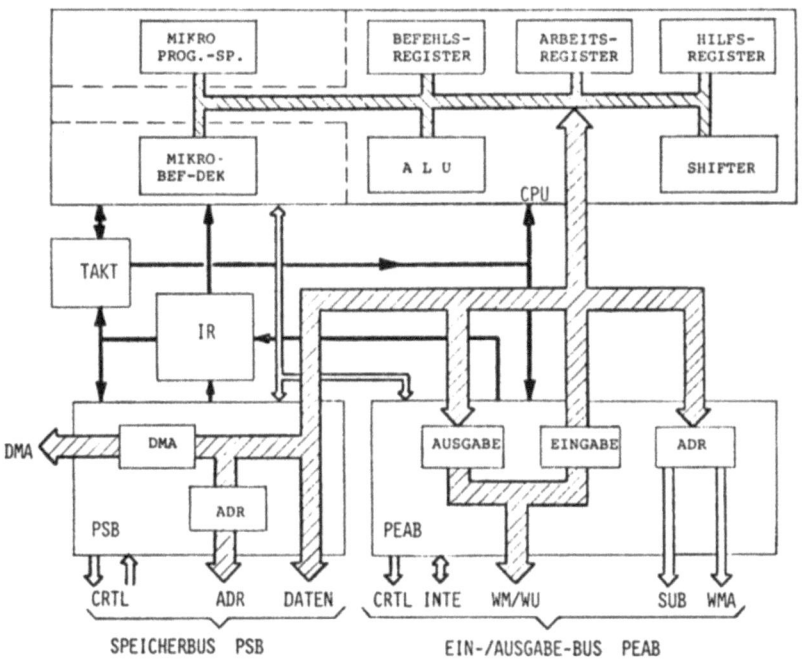

Bild 8 : Blockbild des Prozessors 80-20/2

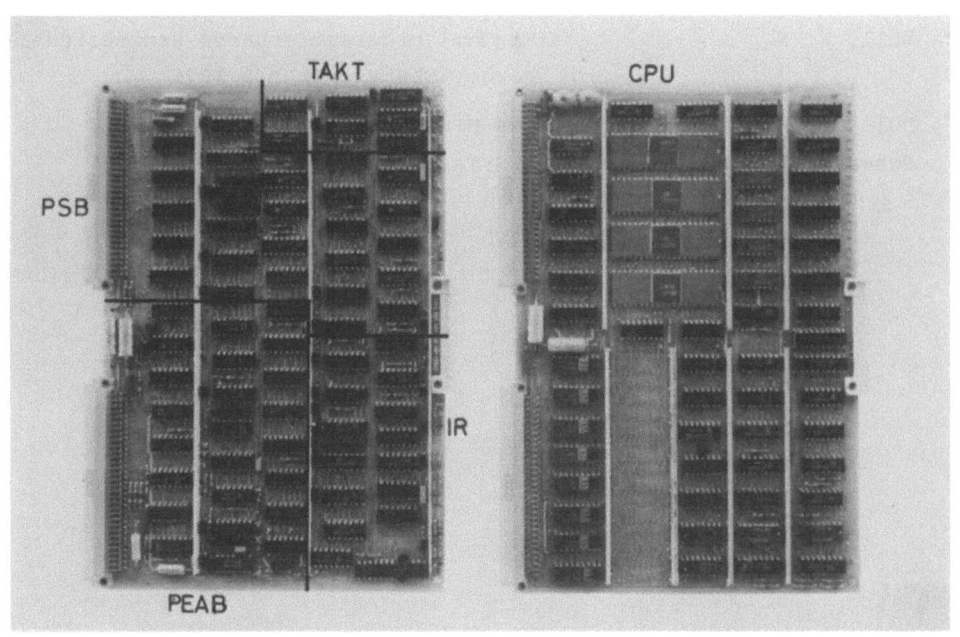

Ziel war es, dem Block PEAB die gleichen Signale zu geben, wie dem entsprechenden Block des Mikrocomputers ALU 80. Die Speicherschnittstelle PSB hat aufgrund der höheren Leistungsfähigkeit des Zentralprozessors einen zusätzlichen DMA-Anschluß. Bedingt durch den höheren CPU-Aufwand liegt der prozentuale Anteil von Fläche und Kosten bei 35% bzw. 30% für die Geräte-Schnittstellenanpassung (Tabelle 1).

Literatur

/1/ ACM Tagungs-Berichte   Praxis von Sprachen, Programmiersprachen, Programmgenerator,
                            Hrsg. D. Krönig, Hanser-Verlag 1976

/2/ Informatik Fachberichte Fachtagung Prozessrechner 1977
                            Hrsg. G. Schmidt, Springer-Verlag 1977

/3/ Düll, E. H.   Der Mikroprozessor in der Steuerungstechnik rtp H 11 1974

/4/ Korn, G. A.   Blockdiagramm languages for Mikrozessors, (aus Fachtagung Prozessrechner 1977)

/5/ Düll, E. H.   Ein frei programmierbares Prozeßsteuergerät, Elektronik H 5 1975

/6/ Düll, E. H.   Das Mikrocomputersystem ALUTROL,
    Schwartz, G.   AEG-Telefunken Mittlg. 65 (1975)

HIERARCHICAL ORGANIZATION OF MULTIMINICOMPUTER SYSTEMS

HIERARCHISCHE STRUKTUR VON MEHRFACH-MINIRECHNER-SYSTEMEN

R. L. Ashenhurst
Institute for Computer Research
The University of Chicago
Chicago, IL 60637/USA

Zusammenfassung

Diskutiert wird der Rechenbedarf für die Klasse von Anwendungen, die eine Mischung von on-line und off-line Berechnungen umfassen. Ein solcher Bedarf wird am besten befriedigt durch ein System, das lokale und dedizierte Leistungen mit zentralen und mehrfachbenutzten kombiniert. Dies führt natürlich zur Realisierung einer hierarchischen Struktur. Das hierarchische Konzept umfaßt sowohl die Hardware- als auch die Softwarekonfiguration, besonders wenn die letztere in einem prozeßstrukturierten System verwirklicht ist. Systemeigenschaften werden beschrieben am Beispiel des hierarchischen "Minicomputer Interfacing Support System" (MISS), das an der Universität von Chicago entwickelt wurde.

Acknowledgement. The concepts and system described here are based on projects supported by the U.S. National Science Foundation (Grant GJ-33084X), the Health Resources Administration of the U.S. Department of Health, Education and Welfare (Grant 1-R01 MB-00118), and the Louis Block Fund of The University of Chicago.

Introduction

A few years ago, all that one heard or read would indicate that computing facilities were becoming ever more centralized, with more and more users served by increasingly complex "computing centers," whose facilities were thereby shared. More recently, this trend has been decidedly reversed, and now it seems that every group and every application should have its own dedicated minicomputer or microprocessor.

This trend has been brought about partly by the increasing number of applications which depend much more on local control for their success, and partly by the technology which has made it possible to provide smaller units at a cost advantage. Most local applications, however, are nevertheless part of a larger system, and the picture of a truly isolated and self-supporting computing task is something of an idealization.

In fact, just as human activities can be classified as part of a hierarchy of ever-widening scope, the applications connected with these activities and supported by computing facilities can be so classified, and this suggests that the computing facilities themselves should be organized in a hierarchy, proceeding from more localized and dedicated facilities to more centralized and shared ones [Ref. 1].

The question then arises, how should such a combined facility be designed and configured? To some extent, the answer may be said to depend on the intended application, and so be dismissed from general consideration. One aspect which is characteristic of computing situations, however, is that the application cannot be "pinned down" in a form where it can be detailed quantitatively. Rather, the general character of several types of application to be supported within a particular user group is known, and a premium is put on flexibility of the system to adjust to different "activity mixes."

This paper discusses the general needs of such applications and how combined facilities can support them. It gives as an example one particular such system, the Minicomputer Interfacing Support System developed at The University of Chicago. This is a system originally conceived of as supporting "laboratory minicomputers," and subsequently extended in scope. It is but one of many systems where smaller computers are connected to bigger ones. Developed as a research project, however, it can serve as a useful prototype for what has now become common, but not always explicitly recognized, practice.

User Requirements

Consider a system to serve a pool of users, at scattered sites in the same general geographical area. The users desire a computing facility to support various activities, which thus become applications. The assumption is made that some of these activities require online support--that is, the computing system must be functioning in order that the activities proceed. Although this is to some extent true for all activities which use computing, there are certainly many activities for which the news that "the computer is down" has a far more critical and immediate effect. It is such activities that motivate users to seek more localized computing facilities, thus making them less dependent on remote centers.

Online computing includes the use of computers in laboratory experimentation or industrial process control, where the computer system interacts physically with the application. The category, however, can include other types of interactive systems as well, such as automated design systems, or appointment scheduling and monitoring systems. By contrast, offline activities are those where the immediate priority is not so critical, although some deadline may be (as in the case of summary accounting).

It is assumed the pool of users in the present case have online requirements but may also have offline needs. In principle all of these needs could be served by a centralized system with sufficiently powerful remote access equipment and fast response. Likewise, in principle they all could be served by giving each user or small team a dedicated computing facility of its own. But neither of these solutions is optimum. Therefore, a system which provides for localized, dedicated components communicating with centralized, shared ones would permit a flexible accommodation of mode to either centralized or localized operation, or more likely a combination of both [Ref. 2].

The hardware configuration of such a system, at least in general, does not pose any conceptual problem, and indeed is just that of "small computers connected to large," as seen in so many descriptions today. The software configuration supplied with such a system, however, and the application software configuration appropriately developed, are another matter.

In particular, it should be recognized that there must be provision for an operating system that is system-wide in scope [Ref. 3], as well as an application system or systems developed by individual users or groups [Refs. 4, 5]. Also, since the latter must be developed and probably later, if not continually, modified, provision should be made for supporting application program development as well as operation.

Finally, there are detailed questions of how comprehensive the support should be, how fixed or variable to respond to the mix of needs, how the various modes of interaction for both online and offline use should be supported, and how direct access and backup file capability should be provided.

System Realization

A point of departure for the realization of a system for supporting online/offline use in a combined localized/centralized manner is to consider an appropriate hierarchical organization. In its derivation, the technical use of the word "hierarchy" should not be taken to connote merely a tree-like structure, as is often assumed, but rather the quality of being "ranked in grades, orders or classes, one above another." Such an arrangement is conveniently diagrammed as a tree, but the implication is much more than simply a physical configuration that is "treelike."

In the present case, it is convenient to start from a characterization of hierarchical levels $0, 1, 2, \ldots$, running from "lower" to "upper" in order of immediacy to the user. Actually, only three levels need be identified:

level 0 - that part of the system local to each user or group of users, functioning under local control either as a standalone or as a part of the larger system;

level 1 - that part of the system shared by a set of users with online/offline needs, supplying common services to this category of user;

level 2 - that part of the system used by a wider class of users, providing general services, some of which may be useful for those with online/offline needs.

The realization of a hierarchical system for supporting online/offline users may begin, then, from a specification of what capabilities or services are appropriately provided at each of the levels $0, 1, 2$.

Hierarchical Organization

In this section a more detailed account of the hierarchical organization is given. Some of the choices made in the case of MISS, and the possible alternatives, are explained.

Level 0 consists of a number of user-controlled minisystems. These may be minimally-configured minicomputers (i.e. processor/memory with keyboard input/output), or larger minicomputer-based systems (e.g. minicomputers with disk operating systems and several terminals, or perhaps even minicomputers controlling a multiplicity of microprocessors). They tend to be dedicated to some particular activity or type of activity (e.g. laboratory experiments), which, however, may require considerable variation in mode of use (e.g. for online data collection, communication with offline data processing, and program development). In order to allow maximum options to the user, requirements are imposed on the system at this level as follows: (i) a variety of minicomputer types can be feasibly supported; (ii) the minisystem resources (mainly memory) dedicated to interfacing with level 1 should be minimal; (iii) it must be possible easily to switch the minisystem from interfaced (to level 1) to standalone (entirely independent of the larger system); and (iv) the minicomputer should be able flexibly to function as an interactive terminal (via its keyboard input/output) to the larger system, even simultaneously with carrying out its dedicated control tasks.

Requirements (i), (ii) and (iii) are all fulfilled by designing a software "communications interface" package which runs in the minicomputer, but depends for the major part of its sophistication on software at level 1. Requirement (iv) is achieved by designing a similarly economical "terminal interface" package which runs in the minicomputer, monitoring the keyboard and passing character information back and forth to the communications interface package. In the MISS system as realized, all this package software occupies about 1.3K words (2.6K bytes) of minicomputer memory in contemporary 16-bit minicomputer varieties, and is designed so that application programs in the minicomputer can permit simultaneous execution with terminal activity.

Level 1 consists of a dedicated support system (or a number of replicas of that system). It functions as a nonresident operating system for the minisystems at level 0, which includes file handling capability and unit record input/output, as well as the communications interfacing with level 0 and with level 2. Not the least of its functions is to provide "friendly" interfacing, so as to include amenities which are not present at level 0 by virtue of the minimality requirement (ii) above, and are probably not present at level 2 because of the traditional design assumptions of general-purpose systems (which burden the user with awkward operating procedures such as e.g. job control languages).

The characterization of level 1 as "dedicated" means that only these support functions exist in it, without provision for general batch or interactive application programs. Such provision is made at what is logically level 2, although it is of course possible that some or all of level 2 could be realized in the same hardware that supports level 1. In the case of MISS, an explicit design decision was made to exclude level 2 functions from the level 1 system hardware, which is a mid-size

DEC PDP-11/45 system (processor, 64K memory, 4 disk pack drives, and other peripheral units). It was thought that this course would facilitate the design and tuning of the system to its primary functions, of relatively stable capacity requirements without the added and unpredictable loads that would be engendered by running applications, even as "background."

Two particular problems arise in connection with level 1 that must be handled by special means within the general hierarchical approach. The first is that the consideration of level 1 as a nonresident operating system for minisystems, providing extended input/output such as card reading and printing, suffers from the fact that the physical units accomplishing this are generally not at the minisystem sites, but located with the level 1 hardware. Thus, for example, printouts called for at a minisystem site are generated elsewhere, and must be picked up or otherwise conveyed to the users who requested them. This physical dispersion may seem unavoidable in view of the system philosophy, and to some extent it is. A somewhat mitigating feature is planned (although not yet implemented), however, through use of "remote concentrators" which do not have any higher level system function but merely organize data transmission more efficiently. It is envisioned that such concentrators may exist in locations where several minisystems are clustered in the vicinity. Provision may be made to equip these concentrators with appropriate peripherals whose logical role is equivalent to those connected directly to the primary level 1 hardware. Clearly the main justification for this expedient is physical convenience for minisystem users.

The second problem is a more pervasive one. The nonresident operating system concept works well for functions like file handling and input/output which can essentially be specified independently of the particular minisystem involved. Some operating system functions, however, notably compiling and assembling, are specific to the target computer. The logical place for compilation/assembly to take place is at level 2, since this is essentially an offline function. The existence of many varieties of minisystems, however, according to requirement (i) previously cited, implies for each the existence of at least a cross-assembler, and perhaps a cross-compiler at level 2. This obviously increases the task of providing such facilities for many minisystem varieties. An expedient has therefore been adopted which partially mitigates this necessity. A function called "assembler support" is provided at level 1 which employs the vendor-supplied minicomputer assembler, modified only so that it uses level 1 for its input/output residence (source and object files). Incorporating a new minisystem variety then requires only this modification, which is a task more like that of designing the basic terminal and communications packages according to standard protocols, and relieves the necessity of finding or writing a cross-assembler to function at level 2. This does not wholly solve all problems, but presents an interesting and effective way to keep them within manageable bounds.

Level 2 is a general-purpose system, or a network of such systems. The level 1 system interfaces with these systems in the mode of standard batch (remote job entry station) or interactive (terminal) input/output. As mentioned, certain "friendly" features are incorporated into level 1 so that user convenience can be accommodated without requiring undue special attention from the level 2 system management (to whom the system is just a group of general, although organized, users). Given such interfacing, it is now part of the system definition to decide what services (e.g. compiling) should be provided as part of the nonresident operating system, and what should be left as the responsibility of individual or groups of users. In the case of MISS, these questions have only been addressed in a preliminary way at this writing.

Hardware Configuration

The hardware configuration for the trilevel system described is much as one would think. The levels are physically separate, with the minisystems of level 0 connected to the level 1 dedicated support system by medium speed lines (in MISS, 9600 baud, asynchronous) and a high speed parallel connection linking the dedicated support system to the level 2 general-purpose system (in MISS, 50K baud, synchronous). Figure 1 shows the hierarchical connection schematically, with the levels 0, 1 and 2 referred to for convenience as minisystems, midisystems and maxisystems, respectively. Although only one of each of the latter is shown (which is the situation for MISS), the system is conceived so that an extended version could exist, such as shown in Figure 2, which has multiple midisystems and maxisystems, interfaced by "transducer" units which act as network node controllers. The use of a "concentrator" unit such as mentioned previously is also shown, as is the manner in which microprocessors might be connected with a minisystem controller. All of these extensions do not affect the hierarchical organization of the system or the concept of levels.

For MISS as it now exists, on the University campus, the minisystems are mainly PDP-11s and Data General Novas. The control packages for PDP-8s have also been implemented, but interfacing this older variety is complicated by its less sophisticated addressing structure and its 12-bit wordlength. Communication protocols have been defined relative to standard 16-bit wordlength (which is also that of the midisystem PDP-11) which makes the designing of the interfacing packages for

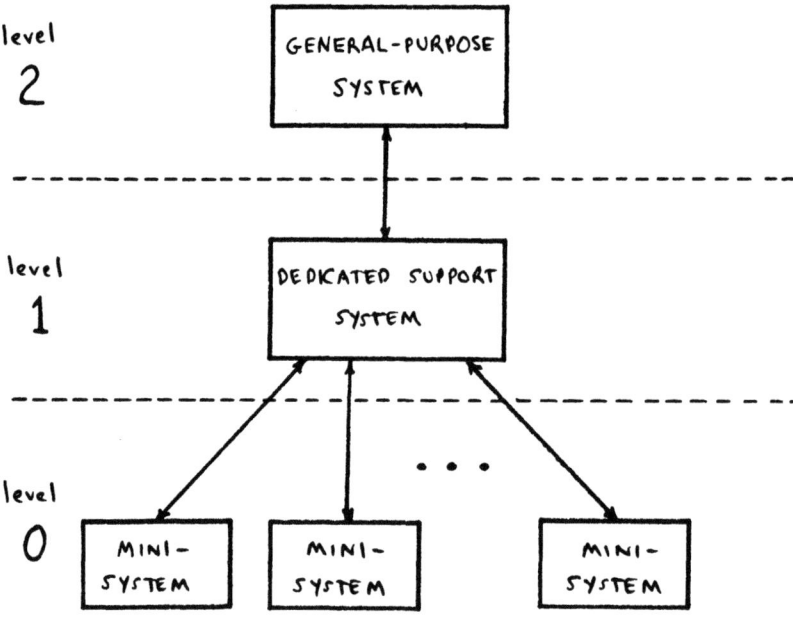

Fig. 1. Hierarchical configuration

other variety of 16-bit minisystems a routine matter. Figure 3 shows a "typical" minisystem hardware configuration with a realtime control interface.

The level 1 midisystem for MISS is, as already mentioned, a 64K PDP-11/45 system. Figure 4 shows the configuration with its peripherals (omitting serial numbers). Note the schematic similarity with Figure 3.

The level 2 maxisystem for MISS is at present the IBM 370/168 system operated for general use in the University by its Computation Center. The hardware connection is through a data channel (2870 byte multiplexor), which allows the modes of communication between levels 1 and 2 to be as general as possible. At the moment the interface is implemented with the aid of a Nova 820 minicomputer as transducer (see Figure 3), and it is planned eventually to have an additional Nova 820 act as a second transducer, so that the two systems are a two-node network. This should make the introduction of additional level 1 systems or (more probably) level 2 systems a possibility. For example, there are user needs which make it desirable to add at level 2 the DEC 20 timesharing system recently acquired by the Computation Center. Finally, there are also plans to implement one concentrator for a group of minisystems in the University Hospitals and Clinics. A PDP-11/40 to be used for this purpose has already been obtained, but the implementation has not been carried out.

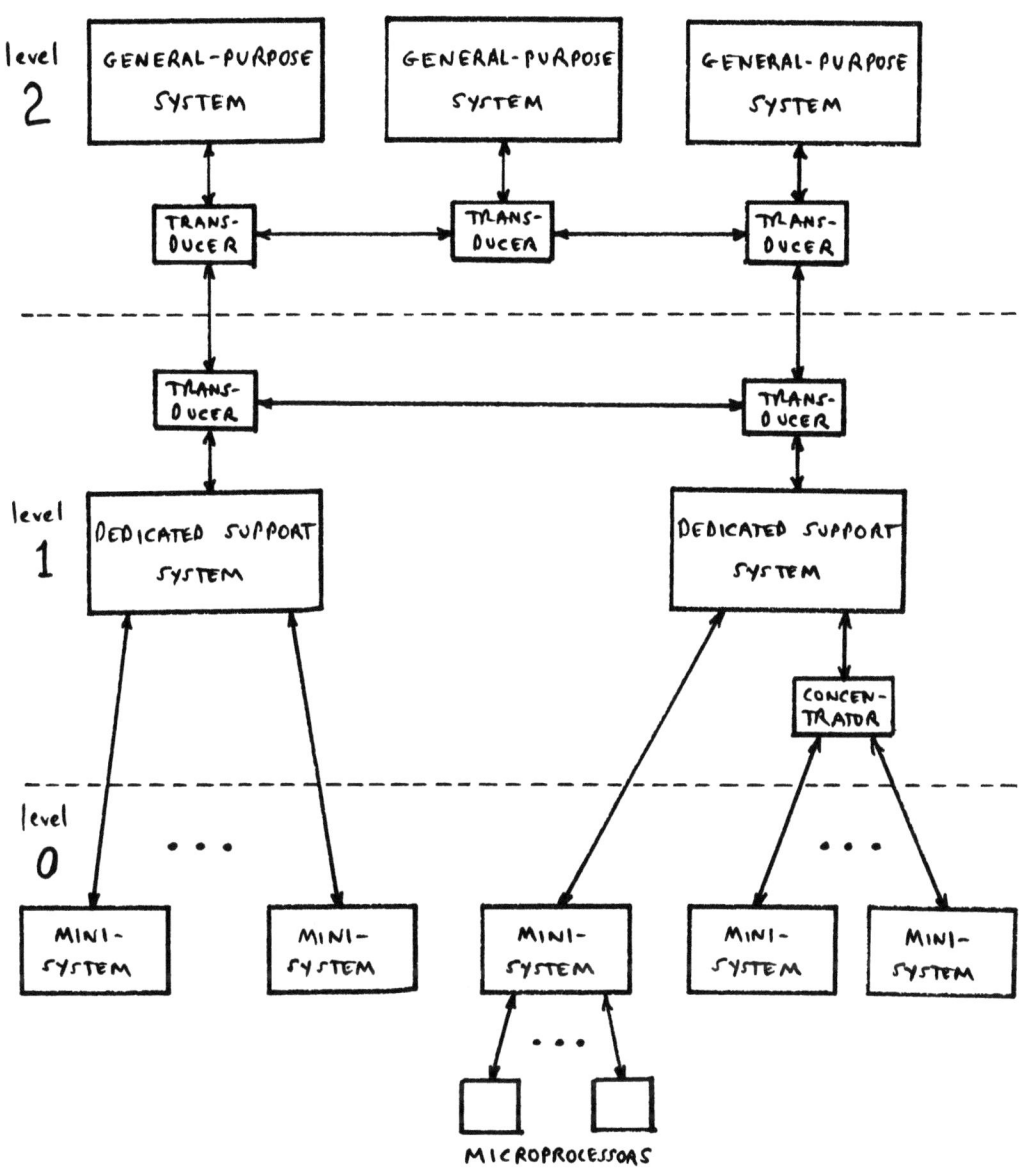

Fig. 2. Extended hierarchical configuration

This has been a very brief sketch of the hardware configuration, more details of which can be found in the references [Refs. 6, 7].

Software Configuration

Of much more interest in this overview, and for the understanding of any system of this kind, is the software configuration. Discussion is hampered by the fact

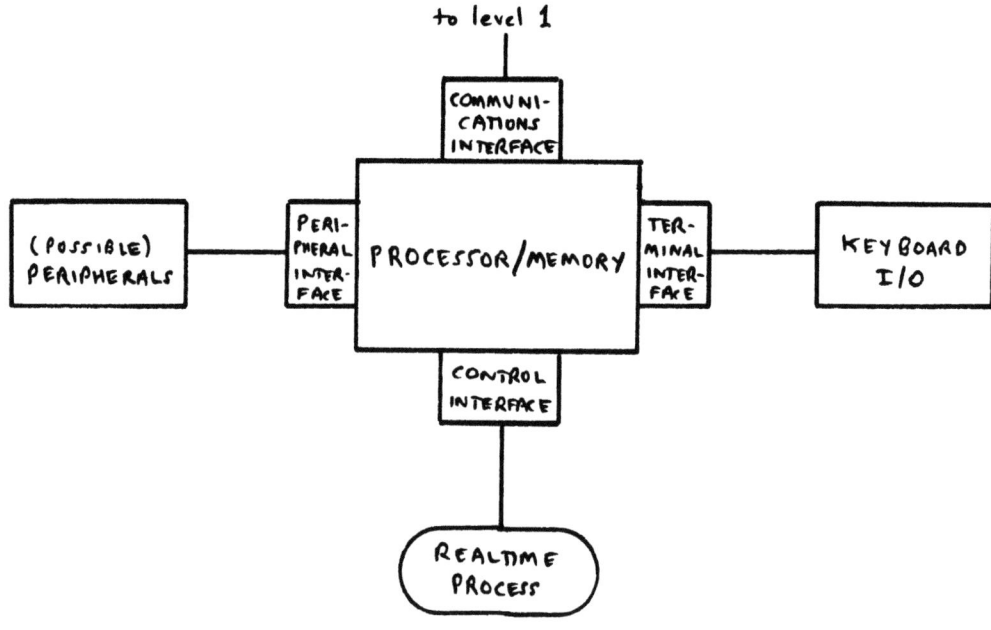

Fig. 3. Typical minisystem configuration

that the term "configuration" applied to software is much less well defined than for hardware, where diagrams in which blocks represent physical units are common.

For certain types of modern systems, the notion of a software configuration can be based on the concept of the process as a unit. A process is an entity roughly characterized as an interacting-program-in-execution, and many operating systems today, and some application systems as well, are process-structured. That is to say, they are organized as a set of potentially existing processes with firmly prescribed protocols of interaction, and the state of the actual system at any time is defined by the set of processes currently in existence (roughly, the set of programs actively executing). Provision must be made in such systems for creating and destroying processes, and this prerogative is usually given to other, perhaps specially privileged, processes. And in many such designs, each process has a unique relationship to some higher-level process (often the one which created it) for monitoring purposes. This relationship is conveniently characterized as parent-child.

Thus at any time in such a system there is a "family tree" of processes, which is a hierarchy in the traditional sense, and this can be taken as the software configuration. More precisely, there is an abstract software configuration which is the general tree of all processes which can logically exist, and at any given time the existing software configuration is a subtree of this. Theoretically, there may be

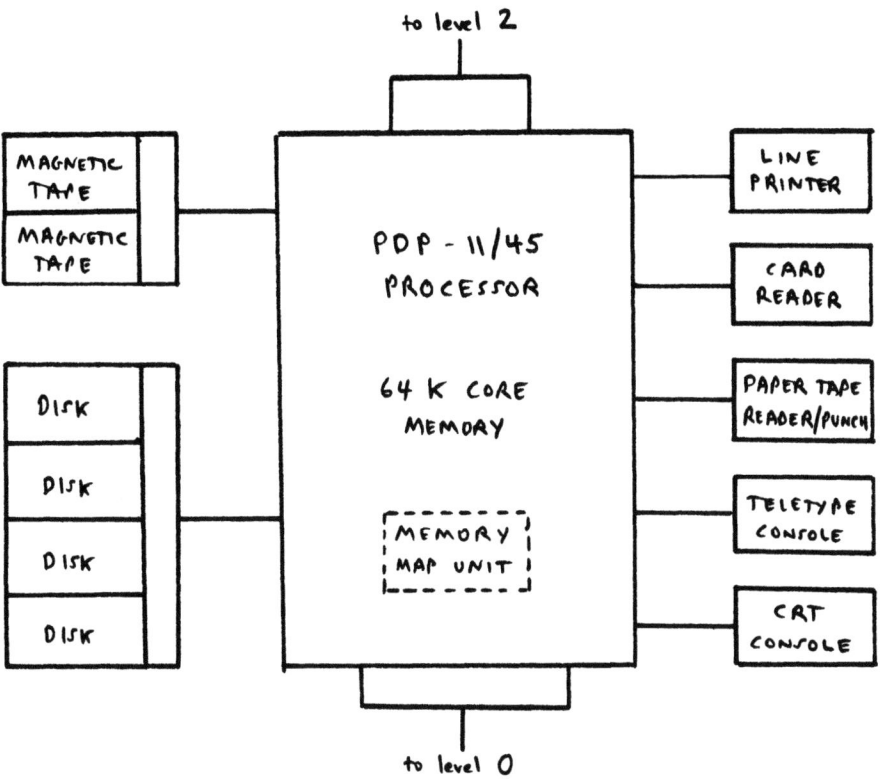

Fig. 4. MISS level 1 system configuration

problems of process identity and abstract infinite chains of processes to make this notion rigorous, but in practice the system structure can usually be delineated without ambiguity in these terms.

The above conceptual framework can be applied to the present case of hierarchical online/offline support systems. In their general use, levels 0 and 2 (minisystem and maxisystem) may or may not be process-structured, but for present purposes it is merely necessary to consider them to be so with respect to interaction with level 1 (midisystem). Thus at level 0 the minisystem terminal and communication packages are considered to be process prototypes, and at any time there can be an existing communication process (the minisystem is online to the midisystem), and one or more existing terminal processes (one for each terminal active on the minisystem--the basic design is for one, but provision has been made to recognize multiterminal minisystem configurations). A similar kind of rudimentary analysis can serve to characterize the processes active at level 2 for interaction with level 1.

The dedicated support system at level 1, however, can be process-structured in its entirety, and the nature and interaction of its processes define the services it provides to online/offline users. The MISS dedicated support system is so structured in its implementation (i.e. an underlying "process mechanism" is programmed at its kernel, and the system is then build as processes operating with the aid of this mechanism). A discussion of the dedicated-support system of MISS in process terms, then, can serve as a prototype for similar characterizations of level 1 systems for online/offline applications.

In the first place, this system operates as a collection of concurrent processes, all of which share processor and memory. Furthermore, certain processes "own" particular peripheral resources, and in fact are "drivers" for them. Such processes are called external, and all others (needing only processor and memory to operate) are called internal.

The basic process structure is shown in Figure 5, with circles standing for processes and lines for parent-child relationships. Shown are six processes: SYSMAN (System Manager), CONMAN (Console Manager), BATMAN (Batch Manager),

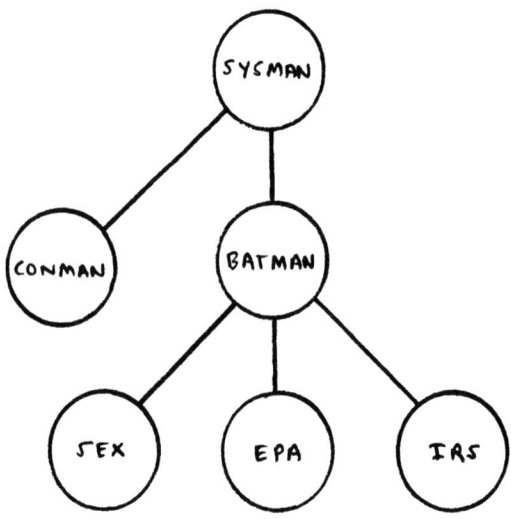

Fig. 5. Basic level 1 software configuration

SEX (System Executive), EPA (External Process Allocator), and IRS (Internal Reckoning Service, i.e. system accounting). These are hierarchically configured as shown, with SYSMAN as the "common ancestor" process for the whole system. CONMAN is an external process associated with the operator's console of the system (not

accessible to minisystem users except to send operator messages), and IRS has the
internal function of monitoring system activity to determine use charges and provide information for system management. BATMAN (somewhat of a misnomer, in
terms of the usual meaning of "batch") serves mainly as a controller for defining
new processes via the operator's console, and hence is mostly important for system
development and modification, and when system malfunctions occur. It is also, however, the parent of the two processes which are parents of the rest of the system
processes, SEX and EPA. These six basic processes exist in this configuration
whenever MISS is operating, and if there were more than one dedicated-support
system (as in Figure 2), there would be such a set of six for each.

Both SEX and EPA are parents of further processes. In Figure 6, a "sample

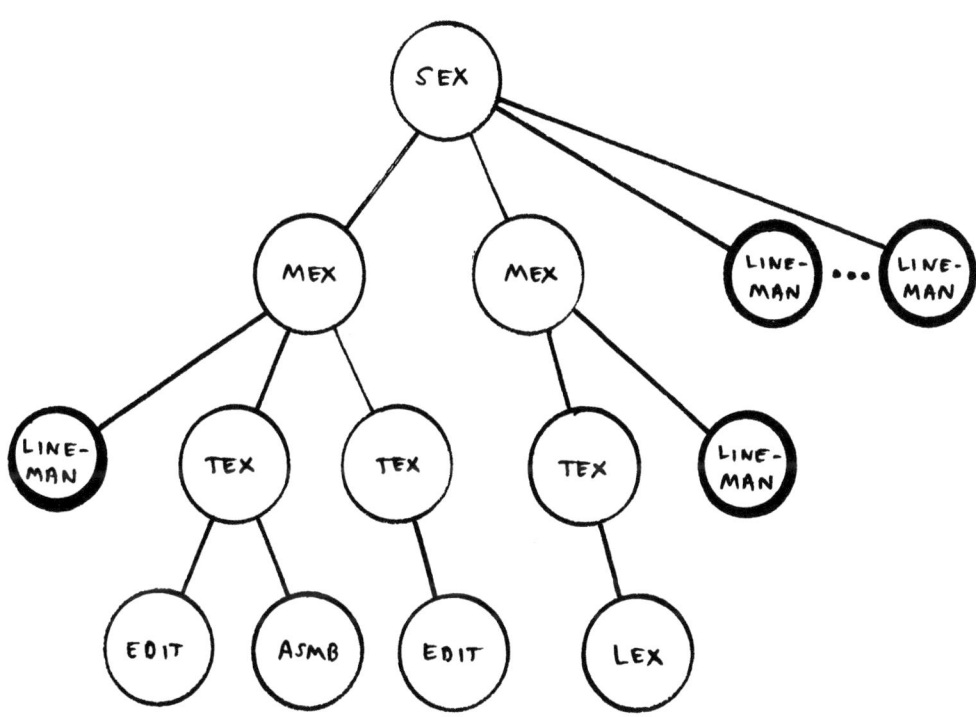

Fig. 6. Minicomputer management software configuration (sample)

configuration" associated with SEX is shown. It is here that the most varied process creation/destruction activity takes place, so the general configuration is complicated to depict. To begin with, SEX is parent of a number of external processes,
LINEMAN (Line Manager), one for each of the 9600 baud lines communicating with
minisystems. When a minicomputer is brought online (by a log-on bootstrap pro-

cedure), SEX creates a monitoring process MEX (Minicomputer Executive), and transfers the parentage of the corresponding LINEMAN to it. MEX also creates a further process TEX (Terminal Executive) for each active terminal associated with the minisystem. The combination of MEX, LINEMAN and TEX oversee a variety of interaction functions between the minisystem and its terminals and the midisystem at level 1.

In particular, there are a number of interactive "packages," each of which gives rise to an associated process when invoked. The minisystem configuration on the left in Figure 6 is depicted as interacting with three such processes, two of which are the text editor EDIT package and one the previously mentioned assembly support ASMB. One EDIT and ASMB are shown both working off a single terminal (the TEX on the left), the other EDIT off another terminal (TEX) associated with the same minisystem (MEX).

The minisystem configuration on the right in Figure 6 is, by contrast, not interacting with any terminal packages, but performing a function (perhaps initiated directly by a terminal command through TEX) overseen by LEX (Load Executive). This is a straight transfer of data between level 0 and level 1, and as such could alternatively be invoked by a minisystem program (by a direct message to MEX). The data transfer operation could take place over an extended period of time (for example, data collection from an experiment), and provision is made for transferring the parentage of LEX should the associated TEX disappear.

Obviously the possible configurations become quite complex, even where but one user minisystem is concerned. The sample configuration presented, however, indicates the range of possibilities. The EDIT and ASMB functions are simply two of a growing repertoire of user terminal services, with new capabilities being added in an orderly way within the process structured framework.

EPA, the External Process Allocator, monitors a collection of processes available to these services for carrying out their assigned functions. In Figure 7 a part of the associated configuration is shown, that associated with the user file system and the printer. For each of the disk drives of the system allocated to user file storage (three at present) there is an associated external process. At the time a diskpack is mounted, a FILEMAN (File Manager) process is created under EPA, and given parentage of the associated disk process. FILEMAN then mediates disk accesses, recognizing that requests may involve multiple logical files on the same disk. An advantage of this mode of procedure, creating FILEMAN at diskpack mount time, is that different variations of it may be created, depending on the nature

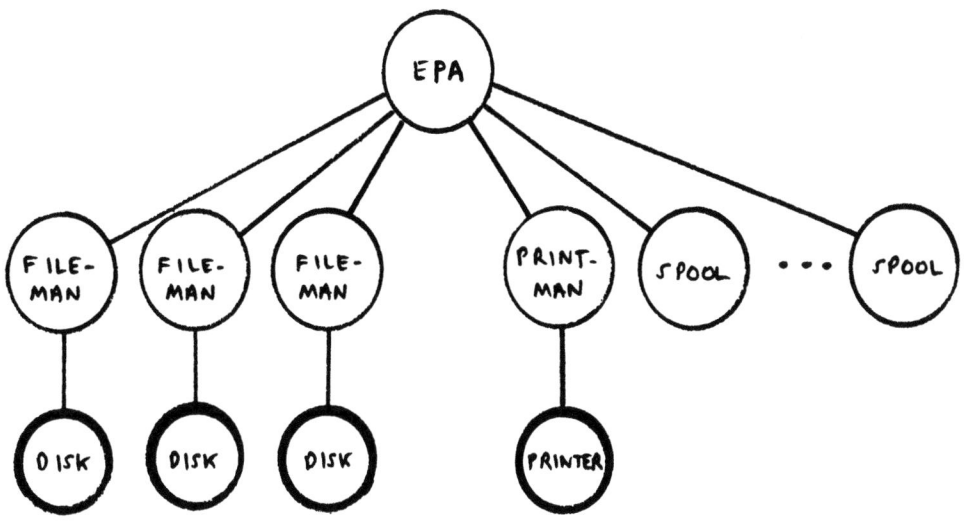

Fig. 7. Peripheral management software configuration (partial)

of the physical file format. Not shown is the control of the diskpack allocated to system residence, which is managed differently.

The other substructure shown in Figure 7 is associated with the level 1 line printer. A process PRINTMAN (Print Manager) supervises the single external process which controls the line printer, and part of its action is to run successive print jobs assembled by a sequence of internal SPOOL processes.

Thus the part of the EPA configuration depicted in Figure 7 could be imagined as performing a succession of requested printouts from source files. Additional substructures of EPA, not shown, are NODEMAN (Node Manager) which oversees the interaction between level 1 and level 2, MAGTAPE (Magnetic Tape) which oversees the tape drives in a manner somewhat similar to that of FILEMAN, and HASPRJE (Remote Job Entry) which acts as a standard HASP workstation for submitting jobs from level 1 to level 2.

The given configuration diagrams do not show the interaction between subsidiary processes under EPA and SEX, which are many and varied. These must be documented in detail, with the observation that in general the minisystem processes (such as MEX) and the function packages (such as EDIT and ASMB) invoke and coordinate one or more of the peripheral processes (such as FILEMAN, SPOOL, etc.) to carry out specified tasks. For example, transmitting blocks of data from minisystems to user files is such a task, as is the reverse process (used, e.g. for minisystem program load). This is done by a message protocol which allows processes to interact, exchange data, etc., without regard to their parent-child associations.

This discussion not only sets forth the software configuration of MISS in what is hoped is a reasonably comprehensible way, but should provide a model for how other systems can be described and compared.

Experience and Assessment

The MISS project was originally funded by the National Science Foundation as a research investigation into hierarchical systems. Subsequent funding has been received from the Health Resources Administration (of the Public Health Service of the U. S. Department of Health, Education, and Welfare) to develop applications in the clinical context. Some internal University funding was also made available to make the system operational at diverse points on the campus. The ultimate object, however, has been to develop an operational system which would be supported by charges to users. At this writing, there are some sixteen minisystems connected and some system costs have been recovered from charged use for more than two years. During this time, however, the system has been under development and expansion, and this is still the case today. Hence a solid assessment on the basis of experience cannot yet be made. Some informal observations are appropriate, however.

The decision to design the dedicated support system of level 1 as a strict process-structured system, permitting additional service processes, and to design it from the ground up as part of the project, meant that the availability of the full level 1 system was delayed compared to what it might have been if existing operating system software had been used. In fact, a preliminary version which supported a single user at a time was put up first, and although this provided valuable operational experience, it added complications in going to the multiuser system because users had gotten used to the simpler model. The multiuser system as now developed and operating, however, has proven extremely satisfactory and at least in some measure justifies the effort expended on it. It is very crash-resistant, to both user and system programmer activity, and when faulty operation does occur, it is almost always a single process, not the whole system, which goes down. In such cases the ailing process can be brought up again without interfering with the operation of the remainder of the system or its user activities.

The decision to make the interface between level 1 and level 2 systems a general network connection via a data channel, but without using some of the more elaborate vendor-supplied hardware for doing this, also caused a great deal of difficulty. This caused delay in getting the hardware interface up and running and consequently, for no logical reason but as these things often happen, the development of the software supporting this interface.

Even in this developmental mode, however, much of a positive nature about the system design approach can be concluded. The benefit of minimal minisystem software and simple interfacing has been observed in the ease with which new minisystems can be connected. The use of hardwired cable connections from the minisystem sites, although requiring an initial investment and effort to install a cable network (using, to a large extent, the already existing steam tunnels on campus), also contributes to economy and simplicity from the user point of view. And finally, the general emphasis on open-ended design, so that the system can be readily expanded and new capabilities added, will be a distinct advantage for future growth. Already the limited opportunity for observing how users approach the system has shown the predicted variety of needs, and hence modes of use, which was taken as a fundamental assumption in the whole MISS project. From this point of view most of the demands made on the design, to be general instead of treating special cases, seems amply justified.

References

1. Ashenhurst, R. L., "Hierarchical Computing," in Proceedings of the EDUCOM/NSF General Working Seminars on a National Science Computer Network, Networks for Research and Education, MIT Press (1974) pp. 74-88.

2. Ashenhurst, R. L., "Centralized or Decentralized Computing--or Maybe Some of Both?," in Digest of Papers, IEEE Computer Society Conference, Fall 1975 (IEEE Catalog No. 75CH0988-6C) pp. 59-60.

3. Ashenhurst, R. L., "Enhancement of Minicomputer Operating Systems through MISS," in Proceedings of the Second Texas Conference on Computing Systems, Computing Systems 1973, University of Texas at Austin (1973) pp. 27-1 - 27-3.

4. Ashenhurst, R. L., "Hierarchical Computer Systems for On-Line Applications," in Proceedings of the Conference on the Computer as a Research Tool in the Life Sciences, Federation Proceedings, v. 33, no. 12 (December, 1974) pp. 2405-7; reprinted in W. Siler and D.A.B. Lindberg (Eds.) Computers in Life Science Research, Plenum Press (1975) pp. 223-27.

5. Ashenhurst, R. L., "Hierarchical Minicomputer Support as a Methodological Aid to the Laboratory Investigator," in Proceedings of a Symposium on Computer Networking and Chemistry, P. Lykos (Ed.), Computer Networking and Chemistry, ACS Symposium Series 19, American Chemical Society (1975) pp. 108-17.

6. Ashenhurst, R. L. and R. H. Vonderohe, "A Hierarchical Network," Datamation, v. 21, no. 2 (February, 1975) pp. 40-44.

7. Ashenhurst, R. L. and R. H. Vonderohe, "MISS-A Hierarchical Multi-minicomputer System," in Minicomputer Systems, vol. 2, Infotech International Ltd., Maidenhead, England (1977) pp. 1-28.

PROZESSRECHNERNETZE FÜR ECHTZEITANWENDUNGEN

MINICOMPUTER-NETWORKS FOR REAL TIME APPLICATIONS

G. Färber
Lehrstuhl für Prozeßrechner
der Technischen Universität München
8000 München

Summary
Distributed processing for process-control-applications requires an efficient message-transportation-system within the network. It is especially important to provide short network-delay-times because they have to be added to the computer-reaction-time to obtain the system-response-time. Also the information concerning the state of the process should be updated in the back-up-processor as often as possible in order to provide an actual point to switch over in the case of processor fail. Some possible methods for message switching and routing are discursed and compared in respect of delay-times and communication-link-reliability. It is shown, that under the restrictions of local minicomputer-networks other principles are optimal than in conventional computer networks.

1. Nachrichten-Transportsysteme für Prozeßrechnernetze

Die allgemeine Tendenz zur Dezentralisierung von Datenerfassungs- und - verarbeitungsfunktionen gewinnt auch im Bereich der Prozeßdatenverarbeitung an Bedeutung: In zunehmendem Umfang werden für Echtzeitanwendungen Prozeßrechnernetze eingesetzt. Diese Abkehr von zentralisierten Prozeßrechnersystemen hat folgende Gründe:

a. Die zu automatisierenden Prozesse sind räumlich ausgedehnt, und zur Reduktion der Verkabelungskosten empfiehlt es sich, Meß- und Stellglieder an lokale Subsysteme anzuschließen.

b. Die Prozesse sind zu komplex, um von einem einzigen Rechner bedient werden zu können. Sie lassen sich jedoch in Teilprozesse einteilen, deren Bearbeitung an verschiedene Rechner delegiert werden kann.

c. Die Anforderungen an die Systemverfügbarkeit steigen: Prozeßrechnernetze können so ausgelegt sein, daß sie den Ausfall einzelner Rechner tolerieren. Das Ziel "minimale Verkabelungskosten" führt zu einer räumlichen Verteilung, in welcher die Rechner Schwerpunkte der jeweiligen Einzugsgebiete für die Meß- und Steuereinrichtungen sind. Andererseits sollte die funktionelle Zerteilung eines Prozesses in Teilprozesse möglichst so erfolgen, daß diese möglichst unabhängig voneinander sind: Der notwendige Informationsaustausch zwischen den Teilprozessen muß auf ein Minimum reduziert werden.

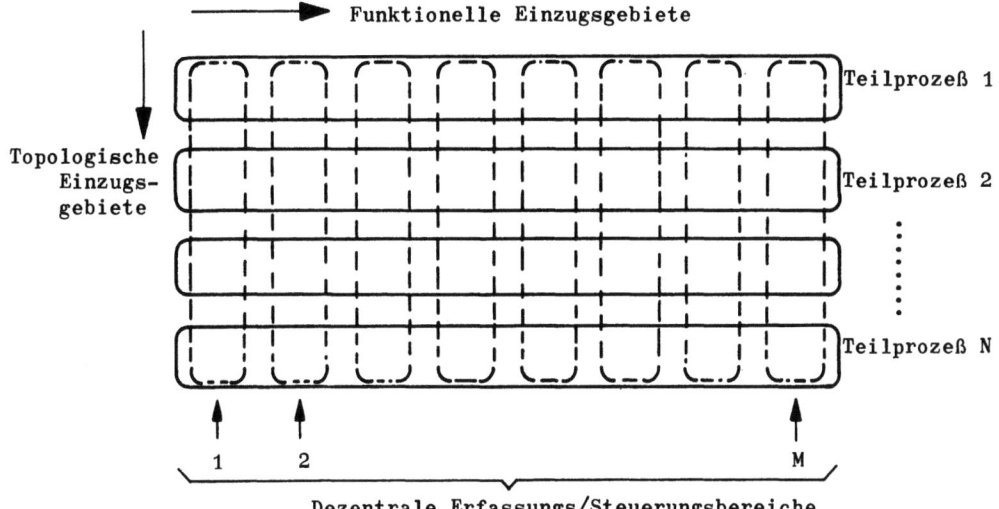

Bild 1: Topologische und funktionelle Verteilung auf ein Prozeßrechner-Netz

In Bild 1 ist diese Situation schematisch dargestellt: Gestrichelt sind die topologisch günstigen Einzugsgebiete eingetragen, mit durchgezogenen Linien die zu einem Teilprozeß gehörenden Bereiche. Ein Beispiel hierfür ist die Automatisierung eines Walzwerkes, bei welchem die Meß- und Stellglieder für die Teilprozesse "Antriebstechnik", "Temperaturregelung", "Mechanische Meßtechnik" oder "Störmeldesystem" gleichmäßig über den gesamten Prozeß verteilt sind.

Wegen der steigenden Kabel- und Kabelverlegungskosten wird man versuchen, das Rechnernetz mit seinen Knoten optimal an die topologischen Gegebenheiten anzupassen. Da die lokalen Rechner mit den Datenerfassungs- und Steuerungsaufgaben nur zu einem Bruchteil ihrer Kapazität ausgelastet sind, wird man ihnen aus Gründen der Ökonomie noch zusätzlich die Verwaltung eines oder mehrerer Teilprozesse anvertrauen: Diese Zuordnung von Teilprozessen an die einzelnen Rechner kann dabei statisch sein oder dynamisch in Abhängigkeit von dem Belastungszustand oder der Funktionsfähigkeit der Netzrechner vorgenommen werden.

Zwischen den Rechnern, welche lokal Prozeßinformation aufnehmen bzw. Steuerungsdaten abgeben, und dem Rechner, der für die Bearbeitung des Teilprozesses zuständig ist, müssen jetzt Nachrichten ausgetauscht werden. Bild 2 gibt zwei Realisierungsmöglichkeiten für das Transportsystem zwischen den Netz-Rechnern wieder: Zum einen kann es sich um ein eigenes Transportsystem handeln, welches beispielsweise über eine Ringleitung oder aber über ein Netz von Vermittlungsrechnern realisiert ist. Die Arbeitsrechner R_i kommunizieren mit dem nächstgelegenen Knoten-Rechner, der die Nachrichten innerhalb des Netzes weiterreicht. Alternativ hierzu können die Arbeitsrechner selbst für die Realisierung des Transportsystems herangezogen werden: Mit einem Teil ihrer Kapazität übernehmen sie Kommunikationsfunktionen. Bild 2b zeigt, daß beispielsweise der Rechner R_2 auch dann betroffen ist, wenn der Rechner R_1 mit dem Rechner R_4 Informationen austauschen will.

K: Knoten-Rechner R_i: Rechner
AMS: Alarme, Meßstellen, Stellgrößen

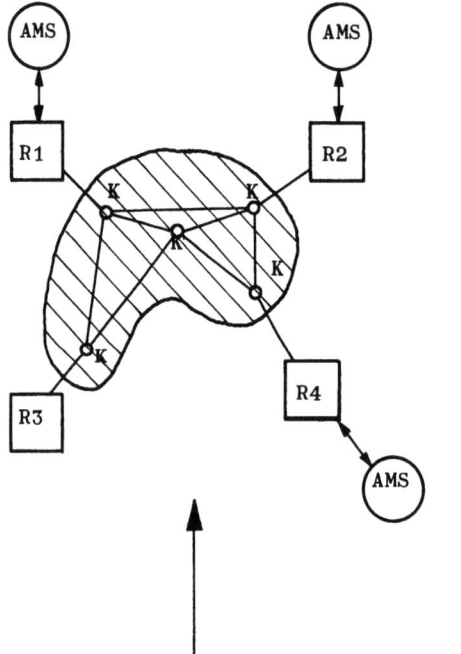
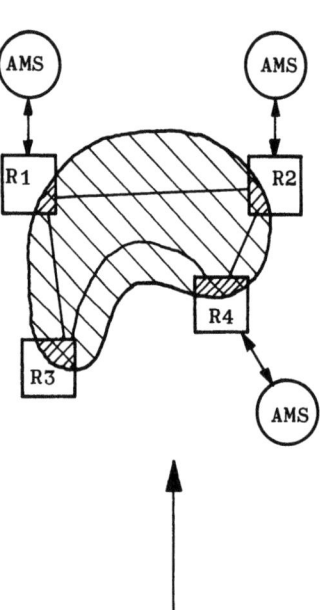

a) Unabhängiges Transportsystem   b) Nutzung der Rechner für Nachrichtentransportaufgaben

<u>Bild 2:</u>   Realisierungsmöglichkeiten für das Transportsystem

An großen Rechnernetzen (z.B. ARPA [1]) wurde das Verhalten solcher Transportsysteme ausführlich untersucht. Prozeßrechnernetze unterscheiden sich von diesen großen Netzen durch unterschiedliche Anforderungen und Randbedingungen.
Die Anforderungen sind härter:
- Die Nachrichtenverzögerungszeit im Netz muß sehr kurz sein, da sie die Gesamt-Reaktionszeit des Prozeßrechensystems additiv vergrößert.
- Die Rekonfiguration (Ausschalten eines defekten Rechners bzw. Einfügen eines reparierten bzw. neuen Rechners) muß in sehr kurzer Zeit erfolgen, damit die Weiterführung des Prozesses möglichst kontinuierlich verläuft.
- Die Übertragungsrate muß möglichst hoch sein, damit die einzelnen Rechner ihre Informationen über den Prozeßzustand möglichst rasch und möglichst häufig austauschen können (möglichst nahtloses Wiederaufsetzen nach dem Ausfall eines Rechners).

Glücklicherweise sind die Randbedingungen günstiger, so daß einige von großen Rechnernetzen her bekannte Probleme nicht oder nur in sehr geringem Umfang auftreten:
- Da die physikalischen Übertragungswege zwischen den Rechnern verhältnismäßig kurz sind und die Qualität dieser Wege im allgemeinen von dem Betreiber des Prozeßrechnernetzes bestimmt werden kann, sind die Übertragungsraten kein Engpaß; es ist also auch nicht erstes Ziel des Prozeßrechnernetz-Transportsystems, diese Übertragungskapazität optimal auszunutzen.
- Durch entsprechende Konzeption des Übertragungsweges können die Übertragungsfehlerraten sehr klein gehalten werden.
- Die durch die Ausbreitung der elektrischen Signale bedingten Nachrichtenverzögerungen sind wegen der kurzen Entfernungen vernachlässigbar.

Unter Berücksichtigung dieser Besonderheiten von Prozeßrechnernetzen sollen im folgenden die Probleme der Nachrichtenvermittlung (Kapitel 2), ein Vergleich verschiedener Wegeauswahl-Verfahren (Kapitel 3) sowie die Anforderungen an die Leistungsfähigkeit des Transportsystems behandelt werden (Kapitel 4).

2. Probleme der Nachrichtenvermittlung in Prozeßrechnernetzen
Eine zentrale Aufgabe in Prozeßrechnernetzen ist die Nachrichtenvermittlung. Aus ökonomischen Gründen ist es nicht vertretbar, jeden Rechner des Netzes mit jedem anderen über eine eigene physikalische Leitung zu verbinden. Die Nachrichten müssen also über zwischengeschaltete Rechner vermittelt werden. Aber selbst wenn das Rechnernetz voll vermascht wäre, könnte es bei entsprechenden Anforderungen an die Systemzuverlässigkeit nicht toleriert werden, daß beim Ausfall von nur einer Leitung zwei Rechner nicht mehr miteinander kommunizieren können. Dagegen bietet ein Netz, dessen Knoten Nachrichten vermitteln können, die Möglichkeit, Nachrichten über mehrere alternative Wege von einer

Quelle zu einem Ziel zu transportieren.

Das klassische Verfahren der Nachrichtenvermittlung (etwa in der Telefonvermittlungstechnik) ist das "circuit-switching": In einer ersten Phase wird eine physikalische Verbindung zwischen dem Sender und dem Empfänger der Nachricht aufgebaut. In der zweiten Phase erfolgt die eigentliche Nachrichtenübermittlung und in der dritten Phase wird die physikalische Verbindung wieder abgebaut. Im Prinzip könnte dieses Verfahren auch für die Nachrichtenvermittlung in Prozeßrechnernetzen eingesetzt werden: Da jedoch die meisten in Prozeßrechneranwendungen zu übertragenden Nachrichten kurz sind, ist der mit dem Aufbau und dem Auslösen einer Verbindung verbundene Aufwand nicht zu rechtfertigen. Einmal hergestellte Verbindungen blockieren außerdem die Leitungen, was besonders in Bezug auf die Übertragung kritischer Alarme nicht vertretbar ist.

Dies ist der Grund dafür, daß sich - auch in großen Rechnernetzen - mehr und mehr das Prinzip des "message-switching" durchzusetzen beginnt. Wie Bild 3a zeigt, werden Nachrichten als komplette Einheiten von einem Knoten zum nächsten übertragen und dort vollständig abgespeichert, bevor sie an den nächsten Knoten weitergegeben werden (store and forward).

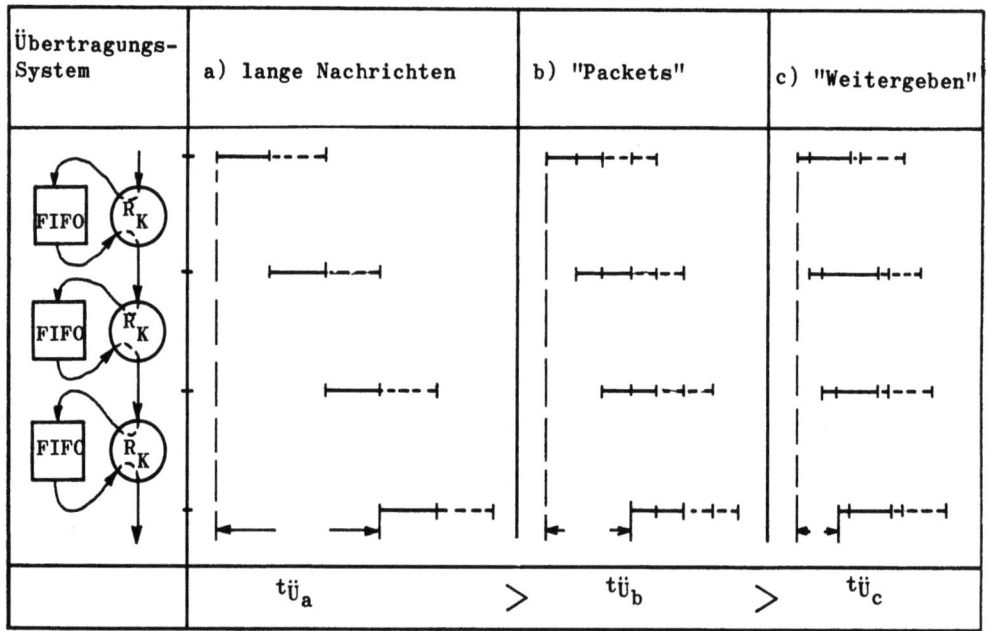

Bild 3: Nachrichten-Verzögerungen bei verschiedenen Vermittlungsverfahren

Tritt bei der Übertragung zwischen zwei Knoten ein Übertragungsfehler auf, so wird diese Nachricht wiederholt, ohne daß andere Teilstrecken in dem Netz hiervon belastet sind.

Das Hauptproblem bei diesem Vermittlungsverfahren ist die Übertragungszeit - es hängt von der Länge der übertragenen Nachrichten sowie von der Zahl der durchlaufenen Vermittlungsknoten ab, nach welcher Zeit die Nachricht beim Empfänger ankommt.

Dieses (aus Bild 3a erkennbare) Problem kann entschärft werden, indem man die Nachricht in viele kurze Pakete zerhackt: Es entsteht das sogenannte "packet-switching". Bild 3b gibt das Prinzip dieses Vermittlungsverfahrens wieder: Die kürzeren Teilnachrichten haben eine kürzere Übertragungszeit von Knoten zu Knoten, so daß die Gesamtverzögerungszeit in dem Netz wesentlich verkürzt wird. Da jede Teilnachricht durch einen Nachrichtenkopf (header) identifiziert werden muß, ist es allerdings nicht sinnvoll, die Pakete zu klein zu wählen: Die relative Belastung durch die Übertragung der Header-Information steigt sonst in nicht vertretbarem Umfang an. Auch für die Übertragung der Pakete zwischen den Knotenrechner gilt, daß die Datensicherung (und Wiederholung im Fehlerfall) auf jeder Teilstrecke getrennt durchgeführt wird.

Die besonderen Verhältnisse in Prozeßrechnernetzen ermöglichen ein weiteres Vermittlungsverfahren, welches - mit dem Ziel einer weiteren Verkürzung der Nachrichtenübertragungszeit im Netz - zwischen den Verfahren "circuit-switching" und "packet-switching" angesiedelt ist. Bei diesem Verfahren, welches in Bild 3c wiedergegeben ist, wird das Prinzip aufgegeben, daß ein Rechnerknoten ein Paket erst dann weitergibt, wenn er das gesamte Paket ordnungsgemäß (d.h. ohne Fehler) erhalten hat. Wenn die zum nächsten Knoten abgehende Strecke frei, also nicht durch eine andere Nachrichtenübertragung belegt ist, kann sofort, nachdem der Header empfangen wurde, die Weitersendung an den nächsten Knoten erfolgen: In dem Header ist ja die Information enthalten, wohin diese Nachricht weitervermittelt werden muß. Das auf der linken Seite von Bild 3 wiedergegebene Pufferprinzip deutet dies an: Im FIFO-Speicher (first in/first out) werden die Nachrichten eingeschrieben, nachdem der Header vollständig empfangen und analysiert werden konnte, kann mit dem Aussenden der Nachricht aus dem FIFO begonnen werden.

Die Fehlerkontrolle kann auch hier völlig zwischen zwei Knotenrechnern abgewickelt werden: Der empfangende Knotenrechner gibt allerdings die noch nicht endgültig abgesicherte Nachricht an den nächsten Knotenrechner weiter in der (wegen der geringen Fehlerrate sehr wahrscheinlichen) Annahme, daß der Block richtig übertragen werden wird. Tritt dann doch ein Fehler auf, so wurde die zweite Teilstrecke umsonst belegt. Bild 3c zeigt, wie durch dieses Verfahren eine weitere Verkürzung der Gesamt-Übertragungszeit von Nachrichten durch das Netz erreicht wird.

3. Vergleich von Wegeauswahl-Verfahren

In diesem Kapitel werden einige auf Prozeßrechnernetze anwendbare Wegeauswahl-Verfahren vorgestellt und verglichen. Unter dem Wegeauswahl-Verfahren (routing) versteht man die Methode, nach der eine Nachricht in einem Knoten (der nicht ihr Zielknoten ist) an einen von mehreren möglichen Ausgängen übergeben wird. Im Prinzip ist das Wegeauswahl-Verfahren unabhängig vom Vermittlungsverfahren; es soll hier am Beispiel des "packet-switching" demonstriert werden.

Ein für große Rechnernetze oft diskutiertes, wegen der schlechten Auslastung der Übertragungskapazität meist jedoch verworfenes Verfahren, ist das "flooding", die Methode also, überhaupt keine Wegeauswahl zu treffen, sondern die Nachrichten immer an alle abgehenden Leitungen weiterzugeben. Dabei ist es natürlich nötig, alle Nachrichten zu numerieren und jede Nachricht in jedem Knoten nur einmal zu akzeptieren: Alle anderen Kopien derselben Nachricht müssen vernichtet werden, da sonst die Nachricht das Netz nicht nur überflutet, sondern auch nicht mehr aus dem Netz entfernt werden kann.

Die Vorteile des Verfahrens liegen auf der Hand:
- Es sind keinerlei Kenntnisse der Netztopologie erforderlich.
- Die Anpassung an andere Netzkonfigurationen (Rekonfiguration, Herausnehmen/ Einfügen von Netzknoten) ergibt sich von selbst. Wenn der Zielknoten überhaupt noch eine Verbindung mit dem Netzknoten hat, welcher die Nachricht ausschickte, dann wird diese benutzt.
- Die Nachricht gelangt auf dem kürzesten Weg (zuerst) zum Ziel: Die Verzögerungszeit im Netz wird somit automatisch minimiert.

Der Nachteil des Verfahrens ist, daß immer alle Nachrichten in alle Knoten übertragen werden, so daß das Netz durch einen großen zusätzlichen Datenverkehr belastet wird. Es erscheint jedoch denkbar, diese Belastung im Hinblick auf die Tatsache zu akzeptieren, daß die Kapazitäten der Übertragungsleitungen nahezu nicht begrenzt sind.

Vergleicht man das Flooding-Verfahren am Beispiel eines ringförmig verkoppelten Netzes (Bild 4a) mit dem Übertragungssystem "Ringleitung" (Bild 4b), dann ergeben sich folgende Sachverhalte:
a. Die Belastung des Übertragungssystems ist in beiden Fällen identisch: Jede Nachricht gelangt an alle Teilnehmer.
b. Während bei dem Ringleitungssystem dieselbe Nachricht fast gleichzeitig an allen Teilnehmern vorbeiläuft, erfolgt die Nachrichtenausbreitung bei dem Netz (Bild 4a) in einer Art pipelining: Die Pakete werden von einem Teil-

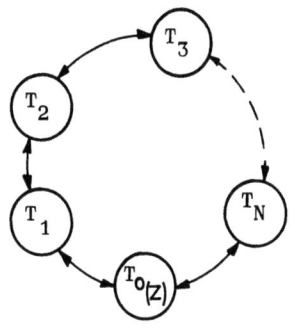

a) Ringförmiges Rechnernetz mit Flooding

Gesamt-Ausfall-Wahrscheinlichkeit

$$q_{ges} \leq \frac{N^2}{4} q_T^2 \quad \text{mit}$$

q_T = Ausfallwahrscheinlichkeit eines Teilnehmers oder einer Teilstrecke

Übertragungszeit im Netz:

$$T_\ddot{U} \leq \frac{N}{2} \cdot \frac{L}{C} \quad \text{mit}$$

L = Länge der Nachricht (bit) und
C = Übertragungsleistung der Teilstrecken (bit/sec)

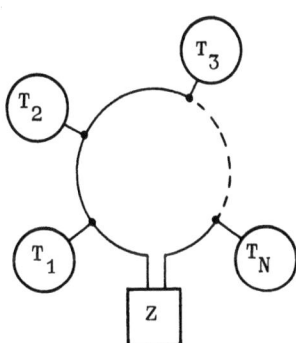

b) Ringleitungs-Übertragungs-System

$$q_{ges} \simeq N * q_K \quad \text{mit}$$

q_K = Wahrscheinlichkeit, daß ein Teilnehmer den Ring blockiert

$$T_\ddot{U} = \frac{L}{C}$$

<u>Bild 4:</u> Ausfall-Wahrscheinlichkeit und Übertragungsverzögerung

nehmer zum anderen weitergereicht. Während zwischen Teilnehmer T_i und T_{i+1} eine Nachricht transportiert wird, kann zwischen T_{i-1} und T_i bereits eine andere Nachricht übertragen werden.

c. Die Übertragungszeit ist daher - schwache Gesamtverkehrsleistung vorausgesetzt - bei der Ringleitung kürzer als bei dem ringförmigen Netz.

d. Bei starkem Verkehr in dem Transportsystem bilden sich auch bei dem Ringleitungsübertragungssystem Warteschlangen: Möchten z.B. alle Teilnehmer gleichzeitig eine Nachricht übertragen, so entspricht die Gesamt-Übertragungszeit für alle Nachrichten derjenigen des ringförmigen Netzes. In dieser worst-case-Situation ist also das ringförmige Netz bezüglich der Übertragungszeiten gleichwertig.

e. Im ringförmigen Netz wird der Ausfall einer Teilstrecke toleriert, und auch ein Knotenrechner kann ausfallen, ohne daß die Kommunikation zwischen den übrigen Teilnehmern hiervor berührt wird. Solange die Beziehung

$$\frac{N}{4} q_T^2 < q_K \quad \text{oder} \quad \frac{q_T}{q_K} < \frac{4}{N \cdot q_T}$$

(Bild 4) gilt, ist das ringförmige Netz überlegen. Bei 20 Teilnehmern und einer Teilnehmer-Ausfall-Wahrscheinlichkeit von 1% muß die Wahrscheinlichkeit, daß die Ringleitung durch einen fehlerhaften Teilnehmer blockiert wird, 20mal kleiner sein als die Ausfall-Wahrscheinlichkeit eines Teilnehmers im ringförmigen Netz, wenn die gleiche Verfügbarkeit des Transportsystems erreicht werden muß.

f. Durch Hinzufügen zusätzlicher Leitungen (höherer Vermaschungsgrad) kann die System-Verfügbarkeit bei dem ringförmigen Netz an die jeweiligen Bedürfnisse angepaßt werden.

g. Aus Bild 4a und 4b geht hervor, daß es bei dem ringförmigen Netz - im Gegensatz zur Ringleitung - keine ausgezeichnete Zentralstation gibt. Die Teilnehmer an dem Transportsystem sind gewissermaßen gleichberechtigt und Vorgänge wie etwa der "Master-Transfer" müssen bezüglich des Transportsystems nicht gesondert definiert werden.

Aus dieser Gegenüberstellung ergibt sich, daß das ringförmige Netz mit dem Wegeauswahl-Verfahren "flooding" in seinen Eigenschaften mit dem Ringleitungs-System durchaus vergleichbar, in den meisten Eigenschaften sogar überlegen ist.

Um eine <u>echte Wegeauswahl</u> treffen zu können, muß Information über die Netztopologie vorhanden sein. Diese Information kann entweder mit der Nachricht selbst an die jeweiligen Knoten geliefert werden oder als lokale Information in den Knoten vorhanden sein.

Bild 5a zeigt, wie die Wegeauswahl-Information mit der Nachricht selbst über das Netz geschickt werden kann: Ähnlich dem Telefon-Wählvorgang wird in jedem

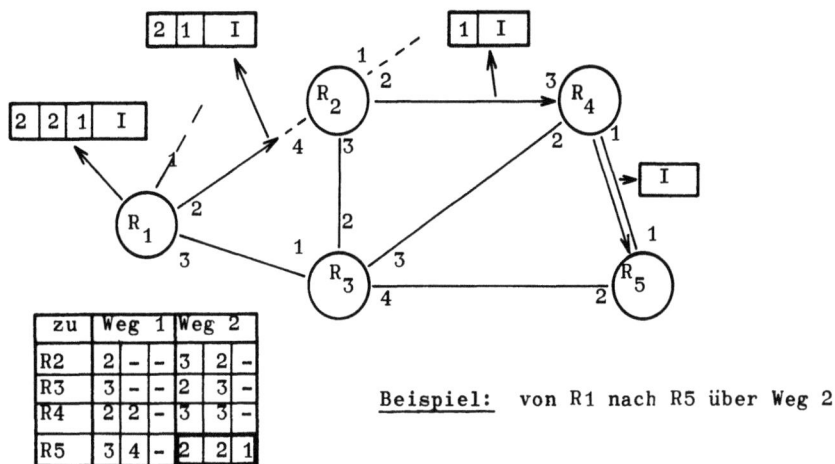

Beispiel: von R1 nach R5 über Weg 2

a) Wegeauswahl-Information aus der Nachricht ("Telefonwahl")

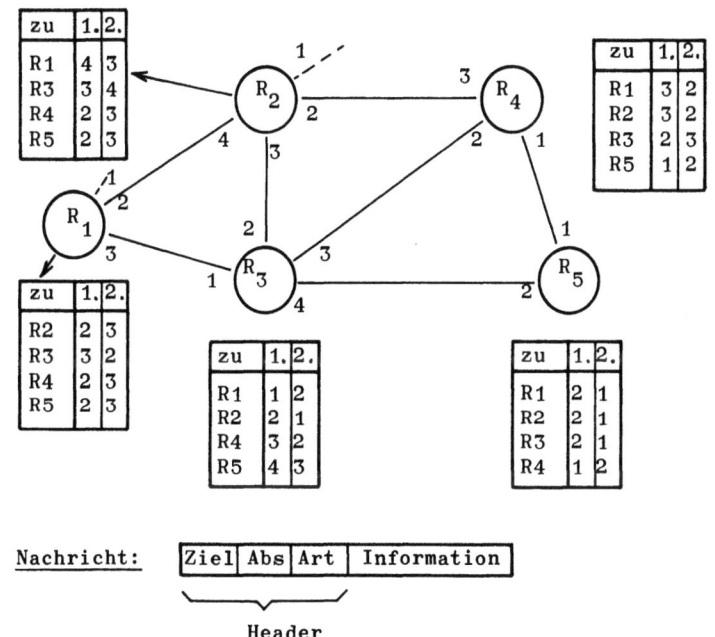

b) Wegeauswahl-Information aus lokalen Tabellen

Bild 5: Bereitstellen der Wegeauswahl-Information

Knoten eine Stelle der Auswahl-Information benutzt und dann aus der Nachricht gestrichen. Die eigentliche Nachricht muß also beim Sender um die Wähl-Information ergänzt werden (aus einer Tabelle, in der sich die Netztopologie widerspiegelt), beim Empfänger kommt sie alleine an - die Wählinformation wurde in dem Vermittlungsknoten beseitigt. Das Verfahren geht zunächst von einem statischen Zustand des Netzes aus: Die erwähnten Tabellen können z.B. zwei alternative Wege beschreiben, die nicht gemeinsame Teilstrecken benutzen - führt der eine Weg (z.B. wegen Ausfall einer Teilstrecke) nicht zum Ziel, so ist eine erfolgreiche Benutzung des zweiten Weges wahrscheinlich. Eigentlich müßten die Tabellen laufend an die aktuelle Konfiguration angepaßt werden.

Fällt eine Teilstrecke auf dem Weg zum Empfänger aus, ohne daß dies dem Sender bekannt ist, dann wird die abgeschickte Nachricht ihr Ziel nicht erreichen. Durch eine übergeordnete Zeitüberwachung der globalen Rückmeldung vom Nachrichtenempfänger erfährt der Sender hiervon und kann jetzt einen weiteren Weg benutzen: Dies würde jedoch u.U. zu unzulässig langen Übertragungszeiten führen. Eine Alternative hierzu ist es, dieselbe Nachricht _gleichzeitig_ über zwei Wege an den Empfänger abzuschicken: Normalerweise wird dann dort eine der beiden Kopien vernichtet. Im Fall eines Teilstrecken- oder Knotenausfalls gelangt die Nachricht (bei alternativen Wegen ohne gemeinsame Teilstrecken) dennoch in der kürzest möglichen Übertragungszeit zum Empfänger: Die Forderung nach einer garantierten kurzen Reaktionszeit wird also durch eine höhere Belastung des Netzes erreicht - dies ist zulässig, da die Übertragungskapazität nicht Netzengpaß ist.

Die klassische, in allen großen Rechnernetzen angewandte Methode der Wegeauswahl, beruht auf dem Einsatz lokaler Wegeauswahl-Tabellen (Routing-Tabellen, Bild 5b). Dieses Verfahren basiert auf der Tatsache, daß der optimale Weg einer Nachricht von einem Knoten zu einem Zielknoten unabhängig davon ist, welchen Weg die Nachricht bisher genommen hat. Im Kopf der Nachricht muß also nur die Adresse des Zielknotens angegeben sein, dann kann der jeweils durchlaufene Knoten zunächst prüfen, ob er selbst Zielknoten für diese Nachricht ist, andernfalls findet er in einer knotenspezifischen Wegetabelle den besten Weg in Richtung Zielknoten. Auch diese Wegetabelle kann mehrere alternative Wege beinhalten: Fällt ein Weg aus, dann muß ein zweiter oder dritter Weg beschritten werden.

Bei festgelegter Netztopologie können die Wegetabellen fixiert sein, bei Veränderungen müssen andere Wegetabellen erzeugt und an die einzelnen Knoten verteilt werden. Diese Wegetabellen-Erzeugung kann entweder an einer zentralen Stelle erfolgen, in der die jeweilige Topologie bekannt ist (Netzwerk-Kontroll-Center) oder dezentral durch individuelle Kommunikation mit den Nachbarknoten erreicht werden (vgl. ARPA-Netz mit dem Prinzip der Delay-Vektoren). Diese de-

zentrale Gewinnung der Wegeauswahl-Tabellen erlaubt zwar die Anpassung an jede
Änderung im Netz, sie benötigt jedoch Zeit, welche die Reaktionszeit des Transportsystems in ungünstigen Situationen unzulässig verlängert. Es zeigt sich
auch hier wieder, daß für große Rechnernetze entwickelte Verfahren nicht optimal für den Einsatz in Prozeßrechnernetzen geeignet sind.

Abschließend sei auf die unabhängig vom Wegeauswahl-Verfahren bestehende Notwendigkeit hingewiesen, das Netz laufend auf seine Funktionsfähigkeit hin zu
überwachen und entsprechende Statusinformationen so rasch wie möglich an die
einzelnen Knoten zu verteilen. Nur dadurch wird es dem Netz möglich, rasch auf
Umkonfigurationen (Einfügen neuer und Herausnehmen defekter Knoten) zu reagieren: Die Reaktion muß beispielsweise sicherstellen, daß jetzt in der neuen
Situation wieder zumindest zwei Alternativen für die Übertragungsstrecke im
Netz vorhanden sind und daß die einzelnen Knoten auch darüber informiert sind.
Nur so kann sichergestellt werden, daß das Netz auch mit einem zweiten oder
dritten Ausfall fertig wird und daß die Anforderungen an die Reparaturzeiten
für ausgefallene Knoten nicht zu hoch werden.

4. Anforderungen an die Leistungsfähigkeit des Transportsystems
Bei der Festlegung der Leistungsfähigkeit des Transportsystems bei Prozeßrechnernetzen müssen folgende Gesichtspunkte beachtet werden:
a. Sicherstellung einer möglichst stoßfreien Übergabe der Verwaltung eines
   Teilprozesses für den Fall, daß der bearbeitende Rechner ausfällt.
b. Gewährleistung der durch den Prozeß gegebenen Reaktionszeit-Anforderung.

Um die Forderung a zu erfüllen, muß der jeweils aktuelle Prozeßzustand sowie
der Zustand des zugehörigen Programms nicht nur dem den Teilprozeß bearbeitenden Rechner bekannt sein, sondern auch dem Rechner, der im Notfall diese Arbeit
übernimmt. Der bearbeitende Rechner sorgt an bestimmten "Check-points" dafür,
daß ein konsistenter Satz von Prozeßzustands-Information an das back up-System
übertragen wird. Je dichter diese Check-points zeitlich liegen, um so stoßfreier kann im Notfall die Übergabe der Kontrolle erfolgen (wobei hier nicht
auf die Verfahren eingegangen werden kann, nach denen dieser Notfall festgestellt wird: Auch hier ist natürlich das Transportsystem wesentlich beteiligt).

Müssen z.B. N bit als Prozeßstatus-Information übergeben werden und sollen
hierzu maximal P% der Gesamt-Übertragungskapazität C der Verwendung zum back
up-Rechner bereitgestellt werden, dann ist der Zeitabstand T_{ch} zwischen zwei
Check-points

$$T_{ch} \geq N/(P*C)$$

Je größer die verfügbare Übertragungskapazität C ist, desto dichter können die
Check-points gelegt werden.

Zur Bestimmung der Reaktionszeit (Forderung b) muß der Weg des Alarms zum Teilprozeß-Rechner und von dort zurück zum Auslösen der Reaktion verfolgt werden: Wie Bild 6a zeigt, muß die Alarmnachricht über N Knotenrechner transportiert werden, ebenso die Nachricht, die die Reaktion enthält (u.U. muß diese Reaktion auch an einen anderen oder an mehrere Knoten übertragen werden). In diesem Fall kommen also zu der Reaktionszeit des Rechners T_R noch zweimal die Übertragungszeit über das Transportsystem hinzu:

$$T_{ges} = T_R + 2 \times T_{\ddot{U}}$$

Damit die Reaktionszeit des Gesamtsystems nicht durch die Übertragungszeiten des Netzes wesentlich verschlechtert wird, sollte zumindest gelten:

$$T_R \geqslant 2 \times T_{\ddot{U}}$$

In Bild 3 wurde bereits demonstriert, wie sich die Übertragungszeit im Transportsystem beim Durchlaufen mehrerer Knotenrechner aufsummiert; dabei wurde davon ausgegangen, daß die jeweils abgehenden Leitungen immer für den Weitertransport bereitstehen - eine Situation, die häufig nicht gegeben ist, da ja über dieselben Teilstrecken auch andere Nachrichten übertragen werden müssen.

Betrachtet man die Situation in dem einzelnen Knoten, so sind dabei folgende Zeiten zu beachten (Bild 6b):

a. Die reine Nachrichtentransportzeit T_T, die von der Kapazität C (bit/sec) der abgehenden Übertragungsstrecke sowie von der Länge L (bit/Nachricht) der Nachricht abhängt: $T_T = L/C$ (sec/Nachricht). In Prozeßrechnernetzen kann man davon ausgehen, daß sowohl die Übertragungskapazität aller Teilstrecken als auch die Länge aller Nachrichten konstant ist.

b. Die Verarbeitungszeit T_V im Knoten, in der z.B. die Wegeauswahl getroffen werden muß. Diese Zeit kann ebenfalls als konstant angenommen werden.

c. Die Ausbreitungszeit T_A, die durch die physikalische Ausbreitung der elektrischen Signale gegeben ist. Sie kann bei der räumlichen Nähe der Prozeßrechnerknoten vernachlässigt werden.

d. Die mögliche Wartezeit T_W im Knoten, wenn die abgehende Leitung noch gerade eine andere Nachricht überträgt oder wenn noch weitere Nachrichten zur Übertragung anstehen. Diese Wartezeit hängt von der Statistik der Zeitintervalle ab, in welchen die Nachrichten zur Übertragung bereitgestellt werden. Darüber kann man a priori keine genaue Aussage machen, es erscheint jedoch sinnvoll, sich mit zwei Fällen zu befassen:
   - Mit dem **Mittelwert** der Wartezeit, wobei man in Ermangelung genauerer Kenntnisse annimmt, die Zeitintervalle seien poisson-verteilt mit einer mittleren Nachrichtenrate λ (bzw. mit dem mittleren Intervall $1/\lambda$).
   - Mit der "worst case"-Situation, in welcher viele (z.B. von allen ankommenden Leitungen) Nachrichten gleichzeitig eintreffen und alle über die-

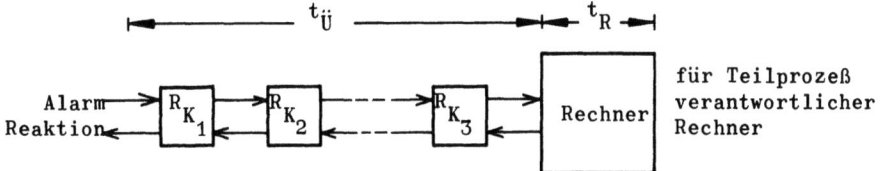

$t_{\ddot{U}}$ = Übertragungszeit zum/vom reagierenden Rechner
t_R = Reaktionszeit des Rechners
$T_{ges} = 2 * t_{\ddot{U}} + t_R$

a) Der Weg vom Alarm zur Reaktion

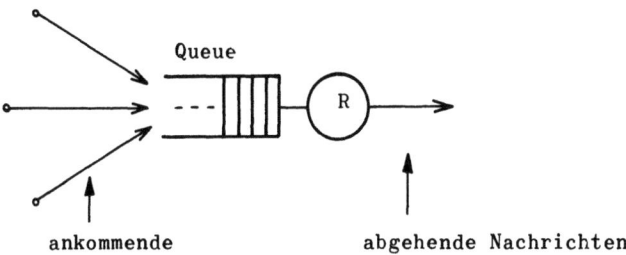

b) Zur Wartezeit im einzelnen Knoten

<u>Bild 6:</u>   Übertragung von Nachrichten im Netz

selbe abgehende Leitung übertragen werden wollen.

Zunächst soll die Nachrichtenverzögerungszeit T_N in einem Knoten ("single server") für die Mittelwert-Situation bestimmt werden. Es gilt:
$$T_N = T_V + T_T + T_W$$
T_W ist unter der Voraussetzung poisson-verteilter Nachrichtenankunftszeiten:
$$\frac{\lambda * \overline{t^2}}{2(1- \lambda \cdot \overline{t})}$$
(z.B. nach Kleinrock [2]). Dabei sind $\overline{t}$ und $\overline{t^2}$ das 1. und 2. Moment der Wahrscheinlichkeitsverteilung für die Zeiten, mit denen die Nachrichten aus der Warteschlange abgeschickt werden können. Im vorliegenden Fall (alle T_T sec kann eine Nachricht abgeschickt werden) gilt:
$$\overline{t} = T_T \quad \text{und} \quad \overline{t^2} = T_T^2$$
Für die um die konstante Verarbeitungszeit T_V verminderte Nachrichtenverzögerungszeit gilt dann:
$$T_N - T_V = T_T + T_W = \frac{L}{C} + \frac{\lambda (L/C)^2}{2(1- \lambda \cdot L/C)}$$
$$= \frac{L}{C} \cdot \frac{1-(\lambda \cdot L/C)/2}{1- \lambda \cdot L/C}$$

Diese Gleichung ist in Bild 7 für einige Werte von λ in Abhängigkeit von C/L, also der durch die Ausgangsleitung ermöglichten Zahl von Nachrichten pro Sekunde wiedergegeben. Zu den Ordinatenwerten muß dann jeweils noch die konstante Verarbeitungszeit T_V addiert werden.

Aus diesem Bild geht hervor, daß die Rate der über die abgehende Leitung übertragbaren Nachrichten wesentlich höher sein muß als die mittlere Nachrichten-Ankunftsrate, wenn nicht unzulässig lange Übertragungszeiten entstehen sollen: Für die Übertragung einer Nachricht über n Knoten wird diese Zeit n-fach benötigt. Die Gesamtübertragungszeit $T_{\ddot{U}}$ beträgt also unter der Voraussetzung identischer C, λ, L und T_V
$$T_{\ddot{U}} = n \times (T_V + \frac{L}{C} \frac{1-(\lambda \cdot L/C)/2}{1- \lambda \cdot L/C})$$
Hieraus wird deutlich, daß
- in den einzelnen Knoten keine großen Verarbeitungszeiten T_V toleriert werden können,
- die Kapazität der Ausgangsleitungen gar nicht groß genug sein kann und
- die Nachrichtenlänge L möglichst kurz sein soll (wobei das Unterschreiten einer gewissen Länge nicht sinnvoll ist, da der Header immer eine Länge von mindestens 16 bit hat und daher Nachrichten mit kürzerer Länge zu einem zu großen Overhead führen).

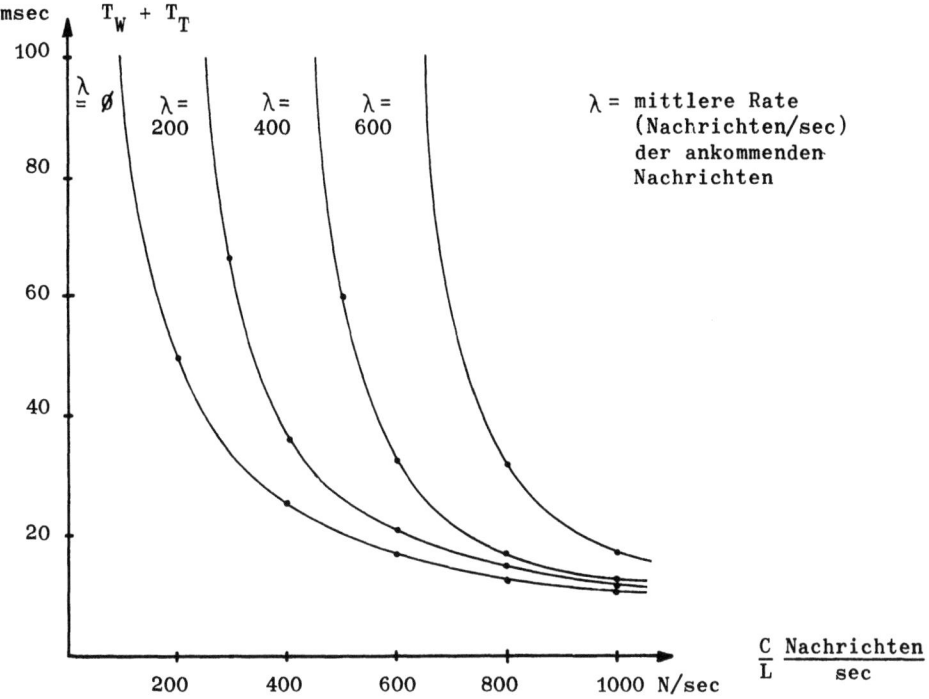

Bild 7: Warte- und Übertragungszeit zwischen 2 Knotenrechnern in Abhängigkeit von Ankunfts- und Absenderate

Rechnet man ein Beispiel durch, bei welchem L = 32 bit ist, T_V = 100 Mikrosekunden, λ = 100 Nachrichten/sec und N = 4 Knoten, so ergeben sich folgende Übertragungszeiten $T_{\ddot{U}}$:

C (bit/sec)	$T_{\ddot{U}}$ (msec)
5 000	48
10 000	16
100 000	1.7
1 000 000	0.53

Bei der Übertragungsrate von 1 Mio. bit pro Sekunde spielt bereits die Verarbeitungszeit T_V die entscheidende Rolle: Bei einer - z.B. durch Übergabe an spezielle Hardware - auf 10 µsec verkürzten Zeit T_V kann die Übertragungszeit $T_{\ddot{U}}$ noch weiter auf 170 µsec reduziert werden.

Betrachtet man als zweiten Fall die "worst-case"-Situation, daß in einem

Knoten viele Nachrichten gleichzeitig zur Übertragung anstehen, dann kann folgendes festgestellt werden:

a. Die Wartezeiten T_W verlängern sich für jede wartende Nachricht um T_T.
b. Diese Situation tritt in jedem Prozeßdaten-Übertragungssystem, z.B. auch in Ringleitungssystemen auf: Spätestens jedoch an dem Rechner, der auf die Ereignisse reagieren muß.
c. Gibt es Nachrichten unterschiedlicher Wichtigkeit, dann muß das in Bild 6b beschriebene Prinzip "first come, first served" verlassen werden, es wird durch die Beachtung von Prioritäten, die im Nachrichten-Header vermerkt sind, ersetzt: Dieses Verhalten gestattet eine Anpassung an die prioritätsgesteuerten Interruptsysteme der bearbeitenden Rechner.
d. Auch hier ist entscheidend, daß T_T so kurz wie möglich ist, so daß C so groß wie irgend möglich gewählt werden muß.

Mehrfach wurde jetzt die Notwendigkeit betont, die Übertragungsrate C möglichst hoch zu halten. Es wurde auch festgestellt, daß dies von Seiten der physikalischen Verbindung in Prozeßrechnernetzen problemlos möglich ist. Im folgenden soll untersucht werden, über welche Einrichtungen die Knotenrechner verfügen müssen, damit sie diese hohen Übertragungsraten bewältigen können.

Verwendet man in den Knotenrechnern standardmäßig verfügbare Datenfernverarbeitungsanschlüsse (Synchron- oder Asynchron-Adapter), dann entsteht durch jede Leitung in jeder Übertragungsrichtung etwa folgende Belastung des Knotenrechners:
Pro Nachricht à 32 bit (4 Bytes) müssen 4 Interruptprogramme mit beispielsweise je 60 µsec sowie eine Blockendebehandlung von nochmals 80 µsec durchgeführt werden (Bearbeitungszeit t_B insges. 320 µsec). Bei der Übertragungsrate C und voller Auslastung der Leitung muß alle 32/C Sekunden eine Nachricht bearbeitet werden, und die relative Belastung beträgt

$$P = 100 \frac{t_B}{L/C} \% = C \times 10^{-3} \% \quad (C \text{ in bit/sec})$$

Bei jeweils 4 Vollduplexanschlüssen pro Knotenrechner (Vermaschungsgrad 4) müssen gleichzeitig 8 solche Leitungen bedient werden, so daß die Gesamtbelastung des Knotens mit Kommunikationsaufgaben

$$P_{ges} = 8 \cdot 10^{-3} \cdot C \%$$

beträgt. Toleriert man z.B. eine 40%ige Belastung durch Kommunikationsaufgaben, dann ergibt sich eine maximal zulässige Übertragungsleistung von

$$C = 5000 \text{ bit/sec.}$$

Wie die obenstehende Tabelle zeigt, genügt dies in vielen Prozeßrechneranwendungen nicht: Eine Reaktionszeit-Verlängerung um 2 x 48 msec kann für viele Prozesse nicht toleriert werden.

Daraus ergibt sich die Notwendigkeit, die Kommunikationsfunktionen in den
Knotenrechnern durch leistungsfähigere Hardware zu unterstützen. Diese Hardware muß neben der Verwaltung der physikalischen Verbindung auch für die Abwicklung der Übertragungsprozeduren und für die Wegeauswahl verantwortlich
zeichnen, so daß die Kommunikationshardware nur die Nachrichten an den Knotenrechner selbst weitergibt, die für ihn bestimmt sind. Zu einem vernünftigen
Hardwareaufwand (etwa eine Doppeleuropa-Karte) kann ein Kommunikationsprozessor bereitgestellt werden, der 4 Vollduplexleitungen mit einer Rate von mehr
als 100 000 bit pro Sekunde unterstützt und außerdem die Knotenverarbeitungszeit für die weitervermittelte Nachricht T_V wesentlich verkürzt [3] ; man
kann heute auch noch leistungsfähigere Kommunikationsprozessoren (bis z.B.
Mbit/sec) zu vertretbarem Aufwand bereitstellen, so daß die Knotenrechner
weitgehend für ihre eigentlichen Aufgaben, die Datenerfassung und Steuerung
sowie für die Verwaltung von Teilprozessen zur Verfügung stehen.

5. Schlußbetrachtung

Durch die Verwendung geeigneter Verfahren für die Nachrichtenvermittlung und
die Wegeauswahl sowie durch den Einsatz geeigneter Hardware kann erreicht
werden, daß die durch den Nachrichtentransport im Prozessornetz hinzukommenden Zeitverzögerungen bei der Bearbeitung eines Alarms im Mikrosekundenbereich
bleiben. Die Wahl der geeigneten Verfahren (welche sich z.T. wesentlich von
den in großen Rechnernetzen eingesetzten Verfahren unterscheiden) stellt auch
sicher, daß diese Zeiten nicht nur im statistischen Mittel gelten, sondern daß
sie als garantierte Zeichen betrachtet werden können: Dies gilt insbesondere,
wenn die Nachrichten entsprechend ihrer Wichtigkeit gekennzeichnet sind und
damit in den Vermittlungsknoten bevorrechtigt behandelt werden.

Dennoch gibt es Reaktionszeitanforderungen, die auch von einem optimalen Nachrichtentransportsystem nicht bewältigt werden können. Man muß dann versuchen,
eine Hierarchie von Alarmbehandlungen zu installieren. Dabei ist folgende
Tatsache hilfreich: Je zeitkritischer die Alarme sind, desto weniger komplex
sind die ausgelösten Reaktionen. Im einfachsten Fall führt der Alarm zum Abschalten von bestimmten Aggregaten im Prozeß, z.B. zu Sicherheitsabschaltungen. Diese zu einem Teilprozeß gehörenden einfachen Alarmreaktionen können
dann gewissermaßen aus dem für den Teilprozeß verantwortlichen Rechner an den
lokalen Rechner ausgelagert werden. Der Teilprozeß-Rechner wird nur noch von
dem Alarm und der erfolgten Reaktion unterrichtet, und diese Nachricht ist
wesentlich weniger zeitkritisch: Sie kann zur globalen Optimierung des Reaktionsverhaltens des Systems verwendet werden, was eine gelegentliche Modifikation der ausgelagerten lokalen Reaktion zur Folge haben kann.

Gegenüber Einprozeßrechner-Systemen verbessert sich natürlich das Reaktionszeitverhalten, da ja immer mehrere lokale Rechner gleichzeitig auf Alarme reagieren können. Wartezeiten, wie sie bei den Überlegungen in Kapitel 4 behandelt wurden, treten in Einzelrechnern in verstärktem Maße auf.

Verteilte Prozeßrechnersysteme erhalten, etwa im Bereich der Gebäudeleittechnik, immer größere Bedeutung. Die Beherrschung des Nachrichtentransport-Problems ist Voraussetzung, damit weitergehende Aufgaben gelöst werden können: Dazu gehören das Bereitstellen von Entwicklungs-Hilfsmitteln für die systematisierte Aufteilung in Teilprozesse oder für die Verteilung von System-Steuerfunktionen auf das Prozeßrechnernetz.

Literatur

1. Davies, D.W.; Barber, D.L.A.: Communication Networks for Computers. John Wiley & sons, London, 1973.
2. Kleinrock, L.: Scheduling, Queueing and Delays in Time-Shared Systems and Computer Networks. In: Computer-Communication Networks, Prentice-Hall, Englewood Cliffs, 1973.
3. Anonym: Studie "Kommunikationselement" der Fa. PCS, München, Bericht zu dem gleichnamigen Vorhaben im Rahmen des PDV-Projekts der Gesellschaft für Kernforschung mbH, Karlsruhe, 1976.

*) Dieser Bericht veröffentlicht Ergebnisse aus einem mit Mitteln des Bundesministers für Forschung und Technologie (Kennzeichen DV 5.505) geförderten Forschungsvorhabens des Projektes Prozeßlenkung mit DV-Anlagen (PDV) im Rahmen des 3. DV-Programms der Bundesregierung. Die Verantwortung für den Inhalt liegt ausschließlich beim Autor.

SAMMELLEITUNGSSYSTEME ALS SCHLÜSSEL FÜR DIE DEZENTRALE
PROZESSAUTOMATISIERUNG

LINE SHARING SYSTEMS AS A KEY FOR DECENTRALIZED PROCESS
CONTROL

LIGNES BUS SYSTEMES COMME CLE POUR L'AUTOMATION DECENTRALISEE
DE PROCESSUS

H. Walze
Gesellschaft für Kernforschung mbH
7500 Karlsruhe

Summary:

In large industrial plants decentralized control offer advantages. For economical aspects this is confirmed by a comparison of interconnecting costs for centralized and decentralized structures.

For communication between geographically distributed control stations the bit serial line sharing or bus technique is presented as an appropriate means. The brief description of 2 process bus implementations typifies the to days state of the art.

The incompatibility between the various bus implementations makes it difficult to interconnect automation equipment from different vendors. Therefor experts from different German companies and institutes drafted a serial line sharing standard for industrial applications known as PDV-Bus. The most important design criterias and system features are described.

1. Einleitung

1.1 Zentrale/dezentrale Automatisierungsstruktur

Es ist heute unumstritten, daß die zunehmende Komplexität industrieller Prozesse neue Strukturen für Automatisierungssysteme erfordert. Die in den letzten Jahren - also in der Hochzeit der Minirechner - eingesetzten Systeme mit zentraler Intelligenz in den Warten und Kontrollräumen sind aus heutiger Sicht zu unzuverlässig /1//2/, zu wenig flexibel und zu teuer.
Der letztgenannte Nachteil ergibt sich hauptsächlich aus den ständig steigenden Kosten für die manuellen Verkabelungsarbeiten und die Kabel selbst. Sie können bis zu 3/4 der gesamten Hardwarekosten betragen.
Zur Überwindung dieser Nachteile gibt es nur einen vernünftigen Ansatz: Verteilung der Systemfunktionen auf die Orte im Prozeß, an denen sie benötigt werden. Fig. 1 zeigt die Struktur typischer dezentraler Systeme, wie sie bereits heute von US-amerikanischen und japanischen Herstellern angeboten werden.
Vergleicht man für eine vorgegebene Automatisierungsaufgabe die Hardwarekosten eines herkömmlichen zentralen Systems, bei dem alle einzelnen Prozeßsignale direkt an die Prozeß-Ein/Ausgabegeräte in der Zentrale geführt sind, mit denen eines dezentralen Systems, das ausgelagerte Kontrollstationen in Prozeßnähe hat, so werden die Vorteile des letzteren unmittelbar deutlich. In Fig. 2 sind die Verkabelungs- und Anschlußkosten eines zentralen Systems zu den entsprechenden Kosten eines dezentralen Systems ins Verhältnis gesetzt. Dazu wurden für konkrete industrielle Anlagen typische Geräte-, Material- und Lohnkosten angenommen. Oberhalb der Linie "Kostenverhältnis = 1", d.h. für größere Anlagen, führt die dezentrale Lösung gegenüber der zentralen zu erheblicher Kosteneinsparung. Die gestrichelten Kurven berücksichtigen die für das nächste Jahr erwartete Preisentwicklung.
Fig. 3 zeigt die Abhängigkeit zwischen Prozeßsignalzahl und mittlerer Kabellänge für Kostengleichheit zwischen beiden Strukturen.

Die dezentrale Struktur entspricht übrigens auch der historischen prozeßnahen Anordnung von Meß-, Steuer- und Regeleinrichtungen wie sie in der Zeit vor den großen prunkvollen zentralen Warten üblich war.
Während allerdings damals die Kopplung zwischen den dezentralen Kontrollstationen gering war und nur durch den Operateur dargestellt wurde, der z.B. nach dem Ablesen einer bestimmten Betriebsgröße an einer Stelle einen bestimmten Schalter an einer anderen Stelle im Prozeß zu bedienen hatte, ist für die heutigen Prozesse eine engere Kopplung notwendig, da aufgrund ausgereifter Prozeßmodelle ein optimaler, d.h. wirtschaftlicher und zuverlässiger Prozeßbetrieb angestrebt wird.
Diese Kopplung erfordert aber eine schnelle und sichere Kommunikation zwischen den verteilten Kontrollstationen und einer oder mehreren Bedieneinrichtungen. Hierfür wird bereits in vielen modernen Systemen die Sammelleitungs- oder Bustechnik angewandt, die insbesondere für große Entfernungen und viele Stationen gegenüber der Punkt zu Punkt Verbindung Vorteile hat. Sie ermöglicht z.B. eine liniare Kostenprogression beim Ausbau des Gesamtsystems.

Die bekannten Busleitungsstrukturen reichen von offenen über geschlossene - also ringförmige - Anordnungen bis hin zum Netz, in dem die Stationen über redundante Leitungswege miteinander verbunden sind.

1.2 Bitparallele/bitserielle Übertragung

In einem Bussystem werden digital dargestellte Informationen zwischen mehreren angeschlossenen Stationen im Zeitmultiplexverfahren über ein und dieselbe Leitung übertragen. Durch unterschiedliche Stationsadressen kann prinzipiell jede Station mit jeder anderen kommunizieren. Die Übertragung geschieht entweder bitparallel oder bitseriell, d.h. die einzelnen Bits einer codierten Information werden gleichzeitig oder nacheinander übertragen. Für die typischen Entfernungen in großen Anlagen von einigen 100 Metern ist die bitserielle Übertragung hinsichtlich Synchronisationsaufwand, Verdrahtungs- und Steckerkosten vorzuziehen. Der relative Laufzeitunterschied (cable skew) zwischen den einzelnen Adern eines geschirmten twisted pair-Kabels beträgt etwa 5 % der mittleren Signallaufzeit für das gesamte Kabel. Als Konsequenz müssen z.B. bitparallele Übertragungen auf Entfernungen unter 100 Meter beschränkt werden, wenn Impulse mit einer Folgerate von 500 K Baud am Empfangsort noch gleichzeitig auswertbare Flanken haben sollen.
In Fig. 4 ist die Abgrenzung zwischen bitparallelen und bitseriellen Bussen angegeben.
In diesem Beitrag wird ausschließlich die bitserielle Technik betrachtet.

2. Anforderungen aus der Prozeßtechnik

Neben sehr anwendungsspezifischen Anforderungen lassen sich allgemeingültige angeben, die von Prozeßbussystemen erfüllt werden sollten. Diese wurden in nationalen /4/, in europäischen /5/ und internationalen /3/ Gremien beraten und zusammengestellt.

- Die wohl wichtigste Forderung geht davon aus, daß ein Bus für die Informationsübertragung einen Flaschenhals darstellt, d.h. bei Ausfall das Gesamtsystem blockieren kann. Es wird daher verlangt, daß Fehler in einzelnen Stationen nicht die Kommunikation aller anderen Stationen untereinander beeinträchtigen und daß eine rückwierkungsfreie An- und Abkopplung im Betrieb möglich sein muß. Das bedeutet, daß die Integrität der physikalischen Übertragungseinrichtung nicht von der Zuverlässigkeit eines einzelnen elektronischen Bauelementes in einer Station abhängen darf und daß die An- und Abkopplung ohne Auftrennung der Leitung möglich sein sollte. Diese Forderung schließt das vorübergehende Zwischenspeichern von Informationen und deren Veränderung (store and forward), in Stationen aus, die nicht gleichzeitig Buskontrolle ausüben, d.h. Bus-Master sind.

  Ebenfalls aus Zuverlässigkeitsgründen aber auch um eine ausreichende Flexibilität zu erreichen, sollten die Buskontrollfunktionen übertragbar sein (Matertransfer).

- Die Datenwortstruktur sollte die Übertragung von mindestens 12 Bit-Worten (Auflösung von Prozeß ADU's) plus Vorzeichenbit ermöglichen und den gängigen Minirechnerformaten angepaßt sein. Daraus resultiert eine Wortlänge von 16 Bit.

- Zur Erzielung kurzer Reaktionszeiten auf spontane Prozeßereignisse sollte eine azyklische Alarmbehandlung bzw. eine schnelle zyklische Statusabfrage (Polling) vorgesehen werden.

- Neben einzelnen Datenworten sollten auch Datenblöcke variabler Länge übertragbar sein. Das ist z.B. für das effiziente Laden bzw. Umladen von Speichern in angeschlossenen DDC-Prozessoren, Displays usw. notwendig.

- Die Kommunikationsfunktionen müssen auch für einfache Stationen geeignet sein, die nur Einzelworte verarbeiten können.

- Die galvanische Trennung zwischen Bus und Station muß möglich sein, um Erdschleifen und damit Störungen zu vermeiden.

Die in Tabelle 1 enthaltenen Daten wurden in /4/ als typisch für die Prozeßtechnik zusammengestellt. Sie sollen hier einen Eindruck für quantitative Anforderungen vermitteln.

Anwendungsbeispiel	Anzahl der Stationen	Max. Nettobitrate	Max. Buslänge	Max. Reaktionszeit
DNC-System mit 10 Werkzeugmaschinen	10	120 KBit/s	1,5 km	10 ms
Betriebsdatenerfassung und Fertigungslenkung mit 100 Terminals	100	30 KBit/s	3 km	300 ms
DDC-System mit 100 Regelkreisen	100	10 KBit/s	2 km	50 ms

Tabelle 1: Quantitative Anforderungen

3. Systematik

Bei der systematischen Beschreibung eines Kommunikationssystems unterscheidet man nach /3/ fünf verschiedene Ebenen von Spezifikationen (layers of protocol). Diese Systematik gilt auch für Bussysteme; sie soll bei den Systembeschreibungen unter 4. und 5. angewandt werden und wird daher im folgenden kurz umrissen.

- Die physikalische Ebene (1) legt das Übertragungsmedium und die elektrischen, zeitlichen sowie mechanischen Anschlußbedingungen teilnehmender Stationen fest.

    . Leitungsart wie z.B. Koax, twisted pairs, Funkstrecke, Lichtleiter usw.
    . Modulationsverfahren wie z.B. Basisband, FM, AM usw.
    . Bitdarstellung (Bitcode) wie z.B. NRZ, RZ, Biphase, Doppelpulsverfahren usw.
    . Bitsynchronisation durch separate Taktleitung oder durch selbstsynchronisierende (selbsttaktende) Bitdarstellung (selfclocking bit code)
    . Informationsrahmensynchronisation durch Pausen, ungültige Bitdarstellungen (invalid bitcodes) oder bestimmte Bitmuster
    . Datenrate und zugehörige Leitungsbandbreite
    . Fehlerprüfung auf der Leitung durch Amplitudentoleranzdetektor, Zeitüberwachung und ähnliches
    . Elektrische und zeitliche Signalspezifikation (Signalflußdiagramm) für das Interface zur angeschlossenen Station hin
    . Mechanik und Stiftbelegung des Anschlußsteckers

- Die Kommunikationsebene (2) umfaßt alle von der physikalischen Ebene im allgemeinen unabhängigen Festlegungen, die für eine fehlerfreie Kommunikation notwendig sind wie

    . Informationsrahmenstruktur
    . Funktionscodes für Lesen, Schreiben, Initialisieren, Statusabfragen
    . Stationsadressen
    . Blockübertragungsverfahren
    . Alarmbehandlungsverfahren
    . Fehlererkennungsverfahren durch zusätzliche Paritätsbits oder zyklische Codes (CRC - cyclic redundancy check)
    . Wiederherstellung eines definierten operablen Zustandes nach dem Auftreten von Fehlern (error recovery)

- Die Logische Kanalebene (3) ist für Systeme wichtig, bei denen 2 oder mehr Stationen über verschiedene (alternative) physikalische Übertragungsstrecken miteinander kommunizieren können. Sie umfaßt Festlegungen zum

    . Auf- und Abbau von Verbindungen - sog. logischen Kanälen - zwischen mindestens 2 Stationen
    . Unterteilen und Zusammensetzen längerer Informationsblöcke, wobei Teilblöcke über verschiedene logische Kanäle übertragen werden können (Multiplexing und Demultiplexing, Package switching)

Diese Funktionen werden teilweise als Betriebssystemmodule, also softwaremäßig realisiert.

- Die Netzwerkkontrollebene (4) besteht aus Festlegungen, die nur
  für netzförmige Strukturen erforderlich sind. Hierzu gehören:

  . Netzwerkstatuskontrolle
  . Auswahl geeigneter freier Wege zum Aufbau logischer Kanäle
    (routing)

- Die Anwendungsebene (5) enthält Festlegungen, die von der Kommunikationstechnik völlig unabhängig sind:

  . Spezielle Datenformate angeschlossener Prozeßgeräte
  . Spezielle Funktionen zum Initialisieren, Ein-, Aus- und
    Umschalten angeschlossener Geräte usw.. Sie gehören zur
    Anwendungssoftware.

In Fig. 5 sind diese 5 Ebenen zusammenfassend dargestellt. Sie müssen für die in einem System miteinander kommunizierende Stationen gleiche Festlegungen enthalten.

4. Firmensysteme

Um den Stand der Prozeßbustechnik etwas zu beleuchten, werden zwei unterschiedlich konzipierte Firmensysteme vorgestellt, die bereits auf dem Markt sind.
Da hier keine vollständigen Systembeschreibungen gegeben werden können, beschränken sich die Angaben auf die Struktur und die Übertragungstechnik, wie sie entsprechend 3. von den Spezifikationsebenen 1 und 2 festgelegt wird.

4.1 Honeywells Total Distributed Control System TDC 2000

ist für den prozeßnahen Einsatz von Reglern ausgelegt, die durch entsprechend programmierte Mikroprozessoren jeweils bis zu 8 Regelkreise kontrollieren können /6/. Sie heißen Kernregler und sind an den Bus - genannt Datenbahn - angeschlossen und verfügen über jeweils 8 Feldein- und -ausgangsleitungen für 4-20 mA Signale.
Neben den Kernreglern können an den Bus auch analoge Einheiten, Prozeßkoppeleinheiten, Bedienstationen und ein zusätzlicher Prozeßrechner für übergeordnete Optimierungsaufgaben angeschlossen werden.
Der Bus hat eine offene Leitungsstruktur (s. Fig. 6) und besteht in voll ausgebautem Zustand aus 3 max. 1500 m langen Koaxkabeln, die strahlenförmig von der sog. Datenbahnsteuereinheit (DBS) ausgehen und an die jeweils bis zu 63 Stationen transformatorisch rückwirkungsfrei ankoppelbar sind. Aus Betriebssicherheitsgründen können alle Buszweige doppelt ausgelegt werden. Sie bestehen dann aus einer aktiven und einer Standby-Leitung.
Ein Bit wird auf der Leitung durch zwei 0,9 Volt Impulse entgegengesetzter Polarität mit nachfolgenden Pausen (OV) dargestellt (Fig. 7); es ist damit ein selbsttaktender Bitcode. Die Empfänger werden bereits mit dem 1. Bit eines ganzen Rahmens synchronisiert.
Die Bitzeit beträgt 4 μ s und die entsprechende Bitrate 250 KBit/s.

Kommunikationsmäßig müssen 4 Stationstypen am Bus unterschieden werden:

- Die Steuereinheit, deren Funktionen übrigens an keine andere Station delegiert werden können, kontrolliert die Kommunikation durch folgende Funktionen:

    Kopieren von Informationen von einem Buszweig auf alle anderen

- Zuordung zwischen Informationsrahmenprioritäten und einzelnen Stationen
- Automatisches Abfragen aller aktiven Stationen nach ihrem Status (Polling). Wenn keine anderen Übertragungen auf dem Bus stattfinden, werden diese Stationen im 10 ms-Zyklus abgefragt; eine asynchrone Alarmübertragung ist nicht möglich
- Umschaltung auf Standby-Leitung, wenn entsprechender externer Befehl dafür gegeben wurde
- Vergabe des Bussystems an bestimmte Stationen, die dann selbständig andere Stationen ansprechen können

Es muß zwischen 3 Stationstypen unterschieden werden:

- Bevorzugte Stationen sind gegenüber aktiven Stationen bevorrechtigt und können den Bus über separate Leitungen direkt bei der DBS anfordern. Steht einer anfragenden bevorzugten Station prioritätsmäßig der Bus zu, so wird ihr von der DBS die Erlaubnis erteilt, andere Stationen selbständig durch Kommandos anzusprechen. Wenn eine bevorzugte Station nach einem Kommunikationszyklus eine Pause von minimal 80 μs eingelegt hat, kann die DBS den Bus wieder an eine andere Station vergeben. Nur der Operateur kann auch vor dieser Pause die Kommunikation unterbrechen.

- Aktive Stationen antworten auf eine Abfrage durch die DBS, wenn sie Informationen an andere Stationen senden wollen. Nach einer Abfrage sendet jede aktive Station mit Sendewunsch einen Impuls in einem für sie festgelegten Zeitabstand. Entsprechend ihrer Priorität erhält dann diese Station von der DBS den Bus durch einen Aufruf. Sie darf dann andere Stationen durch Kommandos ansprechen

- Passive Stationen können nur Informationen empfangen und durch ein Echo quittieren.

An der halb-duplex ablaufenden Kommunikation zwischen den Stationen sind zwei Arten von Informationsrahmen mit jeweils 31 Bit Länge beteiligt (Fig. 8): Kommandos und Daten.

- Es gibt folgende Kommandotypen:
    - Das Abfragekommando, das nur von der DBS ausgesandt werden kann
    - Das Aufrufkommando mit dem der Bus einer aktiven Station durch die DBS zugeteilt wird
    - Das Lesekommando, das einer Station mitteilt, daß die Information aus der Speicherzelle, deren Adresse in den Kommandobits 17-26 steht, gelesen werden soll
    - Das Schreibkommando das einen entsprechenden Schreibvorgang auslöst.

- Datenrahmen enthalten die zu übertragende Nettoinformation als 16 Bit-Worte oder als Block von 16 Bit-Worten:

    - Einzelwortdatenrahmen dienen entweder der Übertragung einzelner 16 Bit Worte beim Schreiben und Lesen oder als Echo des letzten empfangenen Wortes bei einer Schreiboperation oder als letztes Wort bei einer Datenblockübertragung.
    - Blockdatenrahmen werden innerhalb eines Datenblocks verwendet.
    - Beschäftigt-Rahmen teilen mit, daß die im Kommando angegebene Operation momentan nicht ausgeführt werden kann.

Die Art der Informationsrahmen ist durch die Bits 2, 3, 4 festgelegt.

Zur Fehlererkennung dienen 3 Maßnahmen:
- Jedes empfangene Bit wird auf seinem korreten Bitcode hin geprüft.
- Ein 5-Bit Bose-Chaudhuri-Hocquenghem (BCH)-Fehlererkennungs-Code sichert jeden zu übertragenden Rahmen.
- Antworten auf Kommandos.

4.2 Auch Foxboros INTERSPEC ist in erster Linie für den prozeßnahen Einsatz von Reglerstationen konzipiert /7/. Die Systemstruktur ist in Fig. 9 dargestellt. Wenn keine übergeordneten Optimierungsaufgaben anfallen, kann das kürzlich von der Firma auf den Markt gebrachte Display-Terminal VIDEOSPEC anstelle des Rechners in der Zentrale eingesetzt werden. Die Endausbaustufe kann max. 4 Buszweige mit einer Länge von je 1500 m enthalten, die alle von einer zentralen Steuerstation (Interspec Communication Module, ISCM) ausgehen. An jedem Zweig lassen sich bis zu 16 Stationen über Optokoppler rückwirkungsfei anschließen, die Regler (Controller Communication-Module, CCM) und Analog-Digital-Umsetzer (Analog Input Module, AIM) enthalten können. Dabei sind die AIM's über die CCM's mit dem Bus verbunden.

Die Busleitung besteht aus 3 abgeschirmten twisted pair Kabeln wovon 2 für die eigentliche Informationsübertragung dienen (1 Nachrichtenleitung, 1 Antwortleitung) und eins für die Betriebsüberwachung durch Zeitsignale (Watch Dog Tip) verwendet wird. Auch bei diesem System wird aus Zuverlässigkeitsgründen auf Signalverstärker in der Leitung verzichtet. Ein Bit wird auf dem Bus als ein 9V-Impuls mit einer nachfolgenden Pause dargestellt (Fig. 10). Die Bitdauer beträgt 20μs und die entsprechende Übertragungsrate 50 KBit/s. Dieser Bitcode ist ebenfalls "selbsttaktend" und macht eine seperate Bittaktleitung überflüssig. Die Empfängersynchronisation für einen Rahmen geschieht mit dem ersten empfangenen Bit. Das Ende eines Rahmens wird durch eine Signalpause auf dem Bus erkannt.

Nachrichten werden von der ISCM-Station an CCM-Stationen gesendet und werden durch Antworten von den CCM-Stationen quittiert. Nachrichten und Antworten bestehen aus 27-Bit-Rahmen (Fig. 11). 22 Bits dienen der Informationscodierung, 5 Bits der Übertragungssicherung mit Hilfe eines BCH-Prüfcodes. Bits 1 und 2 identifizieren den Typ der Nachricht bzw. den Typ der Antwort.

- Es gibt 2 Nachrichtentypen:
  . Kommandos bei denen die Bits 9-12 die CCM-Adresse, die Bits 19-22 die Adresse einzelner Regler in einem CCM und die Bits 3, 4, 13, 14 den Operationscode darstellen.
  . Schreibdaten mit der Information in den Bits 3-13, Bits 14-17 enthalten zusätzliche Steuerinformationen.

- und 4 Antworttypen:
  . Antworten mit ADU-Statusinformation im 16. Bit
  . Antworten zur Bestätigung von Schreibkommandos und Schreibdaten
  . Antworten mit Lesedaten in Bits 3-15
  . Antworten mit Fehlerstatusmeldung

Das Lesen einzelner 12 Bit-Daten erfordert 1 Kommando und 1 Antwort. Es ist aber auch ein sequentielles Lesen möglich. Dazu werden alle 16 CCM-Stationen eines Buszweiges durch ein einziges Kommando aufgefordert, zeitlich gestaffelt zu antworten. Zwischen dem Kommando und der Antwort der 1. Station sowie zwischen allen übrigen Antworten bestehen Pausen (kein Signal auf der Leitung) mit festgelegter Länge.

Das Schreiben von Daten in eine CCM-Station erfordert die Übertragung von insgesamt 4 Rahmen. Zunächst wird das Schreiben mit einem Kommando angekündigt. Danach muß die angesprochene CCM-Station mit einer Bestätigung antworten, ob sie bereit ist. Erst wenn das der Fall ist, wird von der Zentrale eine Nachricht mit Schreibdaten ausgesandt. Diese Nachricht muß dann schließlich durch eine Antwort mit Fehlerstatus quittiert werden. Wenn durch das Kommando das Schreiben mehrerer Daten angekündigt wurde, wird diese Fehlerstatusantwort erst nach der letzten Schreibnachricht gegeben. Dazwischen werden die einzelnen Schreibdaten mit einer Bestätigungsantwort quittiert. Diese Übertragungsart bewirkt eine höhere Übertragungseffizienz für Datenfelder.

Zur Fehlererkennung dienen:

- BCH-Code
- Bitcodekontrolle
- Rahmenzeitüberwachung
- Quittierung von Nachrichten durch Antworten

Bei Erkennung eines Übertragungsfehlers wird der jeweils letzte Rahmen wiederholt.

5. PDV-Bus

Die unter 4 beschriebenen Systeme stellen recht spezielle Lösungen für verfahrenstechnische Anwendungen dar. Sie sind nicht kompatibel miteinander, und der Betrieb von Prozeßgeräten der einen Firma an dem Bus der anderen Firma würde einen zu hohen Anpassungsaufwand erfordern.

Viele Anwender hoffen auf die Einführung eines einheitlichen Prozeßbussystems, das die Bildung eines Marktes für standardisierte Komponenten dezentraler Systeme begünstigen - und die Integration von Produkten verschiedener Hersteller erleichtern würde.

Ein derartiger Standard sollte vor allem zukunftssicher sein, was z.B. bedeutet, daß die Spezifikationen die spätere Anwendung von Lichtleitern und neuen Halbleitertechnologien nicht ausschließen dürfen.

Diese Überlegungen führten in einem Arbeitskreis des Projekts "Prozeßlenkung mit DV-Anlagen, PDV" /8/ zu einem Systemvorschlag, der inzwischen als PDV-Bus bekannt ist. Er dient zur Zeit als Basis entsprechender Entwicklungen, die bei namhaften Firmen vom BMFT über das Projekt PDV gefördert werden. Der Vorschlag /9/ schreibt nur die einheitliche Schnittstelle zwischen Bus und Stationen sowie die von der Leitungstechnologie unabhängigen Kommunikationsfunktionen vor. Bis zu 252 Stationen verschiedener Komplexität können rückwirkungsfrei (z.B. über Trafos) an den Bus angekoppelt werden, welcher selbst ring- oder linienförmig (Fig. 12) strukturiert sein kann.

Drei Arten von Stationen sind vorgesehen:
- Steuerstationen (Master), die Nachrichten aussenden, Antworten empfangen, Fehler und Alarmbehandlung durchführen und Kenntnis über die Priorität der übrigen Stationen haben. Zu einem bestimmten Zeitpunkt ist immer nur eine Steuerstation aktiv; andere Steuerstationen verhalten sich dann wie Unterstationen. Für die Übergabe dieser Steuerfunktionen ist eine bestimmte Prozedur festgelegt (Mastertransfer)

- Unterstationen, die Nachrichten empfangen, sowie Antworten und spontane Alarme aussenden können

- Unterstationen, die außerdem (nach Erlaubnis durch die aktive Steuerstation) Nachrichten an andere Unterstationen senden können (Querverkehr)

- Unterstationen, die nur Nachrichten empfangen und Anworten aussenden können, aber nicht alarmfähig sind.

Bitcode und Synchronisationsverfahren auf der Leitung werden im Vorschlag offengelassen. Diese leitungsabhängigen Eigenschaften müssen bei der Entwicklung des Buskopplers berücksichtigt werden. Busleitung und Buskoppler sollten daher immer als Einheit hergestellt und angeboten werden.
Die einheitliche Schnittstelle SDS liegt zwischen Buskoppler und Stationssteuereinheit. Die Informationen werden über diese Schnittstelle als NRZ-Code mit begleitenden Takt- und Steuersignalen übertragen (Fig. 13). Für die elektrische Realisierung gilt die CCITT-Empfehlung X 27. Für die Steckverbindung ist die FTZ Norm 386 TV1 ("V24 Stecker") festgelegt.

Nachrichten und Antworten bestehen aus Bytes, die die Bedeutung Stationsadresse A, Funktionscode F, Datenwort D oder Sicherungsteil S haben können. (s. Fig. 14). Der Kopf von Nachrichten und Antworten hat die Struktur A, F, S. Mit S werden jeweils die beiden vorhergehenden Bytes mit einem CRC-Code gesichert. Einzelne 16 Bit Daten werden mit DDS-, Datenblöcke mit DDS, DDS, ... übertragen.

Folgende Kommunikationsarten sind vorgesehen:
- Kommando an alle Stationen (Broadcasting)
- Kommando an Einzelstation
- Schreiben Einzelwort in Einzelstation
- Schreiben Block in Einzelstation
- Lesen Einzelwort aus Einzelstation
- Lesen Block aus Einzelstation
- Schreiben und Lesen Einzelwort
- Schreiben und Lesen Block

Eine besonders effiziente Alarmübertragung ist mit der Ringstruktur möglich, bei der Nachrichten und Antworten über getrennte Leitungen übertragen werden (Doppelring). Während eine beliebige Nachricht an einer Unterstation vorbeiläuft, kann diese Unterstation einen Alarmpuls auf die Antwortleitung setzen und zwar synchron mit einem zugeornetem Nachrichtenbit. Da die aktive Steuerstation bei dieser Leitungsstruktur ihre Nachricht zurückempfängt, kann sie anhand der Zuordung die Alarmquelle sofort identifizieren.

Der PDV-Bus-Vorschlag soll demnächst aufgrund erster Implementierungserfahrungen erhärtet und abgerundet werden, so daß er dann als tragfähiger Standardisierungsvorschlag in die dafür zuständigen Gremien eingebracht werden kann.

/1/ Syrbe, M: "Höhere Zuverlässigkeit von Prozeßrechnersystemen und niedrigere Peripheriekosten durch verteilte Mikroprozessoren." Regelungstechnik und Prozeßdatenverarbeitung 1974, Heft 9

/2/ Williams T.J.: "Interface Problems for Process Control" 4. IFAC/IFIP International Conference on Digital Computer Applications to Process Control, Zürich March 19-22, 1974

/3/ IEC, TC65, Working Group 6: "Functional Requirements for Industrial Process Computer Inter-Subsystem Communication"

/4/ Arbeitskreis zur PDV-Bus Implementierung (API)

/5/ International Purdue Workshop on Industrial Computer Systems, Purdue-Europe, TC5 "Interfaces an Data Transmission"

/6/ TDC 2oo0 Reference HO-10-01, Nov. 1975, Druckschrift der Firma Honeywell

/7/ Spec 2oo-Interspec, Technical Information 2 DN-210, Juni 1972, Druckschrift der Firma Foxboro

/8/ Eckert, H.: "Projekt Prozeßlenkung mit DV-Anlagen" Regelungstechnische Praxis, rtp, Januar 1976

/9/ Buxmeyer, E.; Hausmann, G.; Mielentz, P.; Walze, H.: "Serielles Bussystem für industrielle Anwendungen unter Echtzeitbedingungen (PDV-Bus)", KFK-PDV-Bericht Nr. 70, Mai 1976

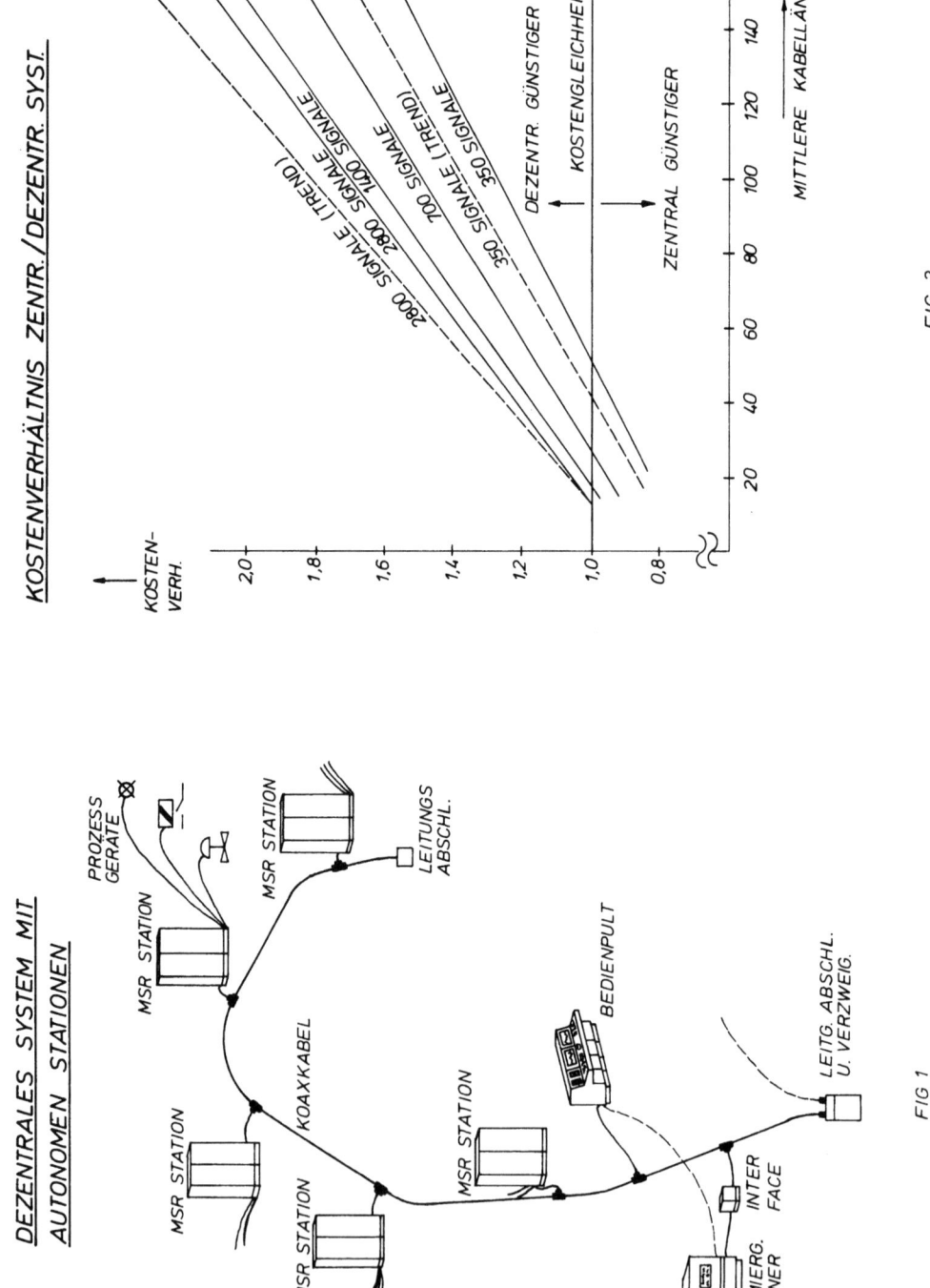

FIG 1

FIG 2

SPEZIFIKATIONSEBENEN
EINES KOMMUNIKATIONSSYSTEMS

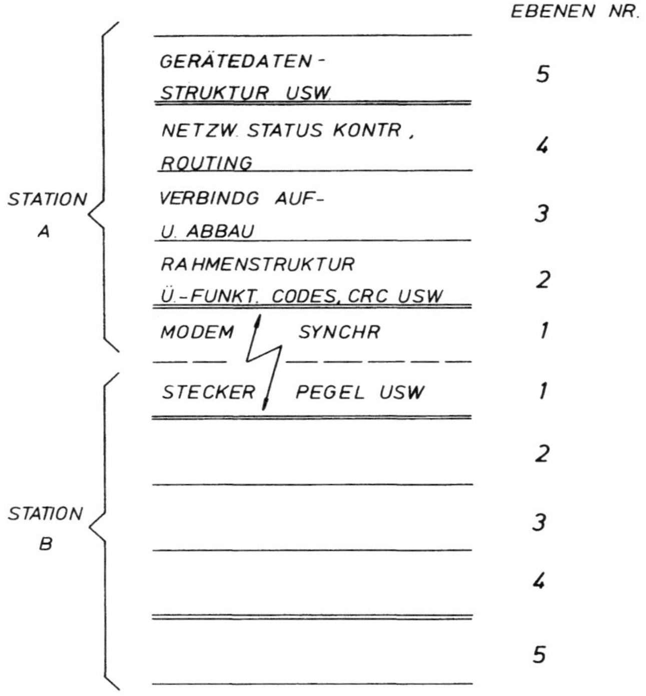

EBENEN NR.	
5	GERÄTEDATEN-STRUKTUR USW
4	NETZW. STATUS KONTR., ROUTING
3	VERBINDG AUF- U ABBAU
2	RAHMENSTRUKTUR Ü-FUNKT. CODES, CRC USW
1	MODEM / SYNCHR
1	STECKER / PEGEL USW
2	
3	
4	
5	

Ebenen 1–5 (oben): STATION A
Ebenen 1–5 (unten): STATION B

FIG 5

KOSTENGLEICHHEITSKURVE

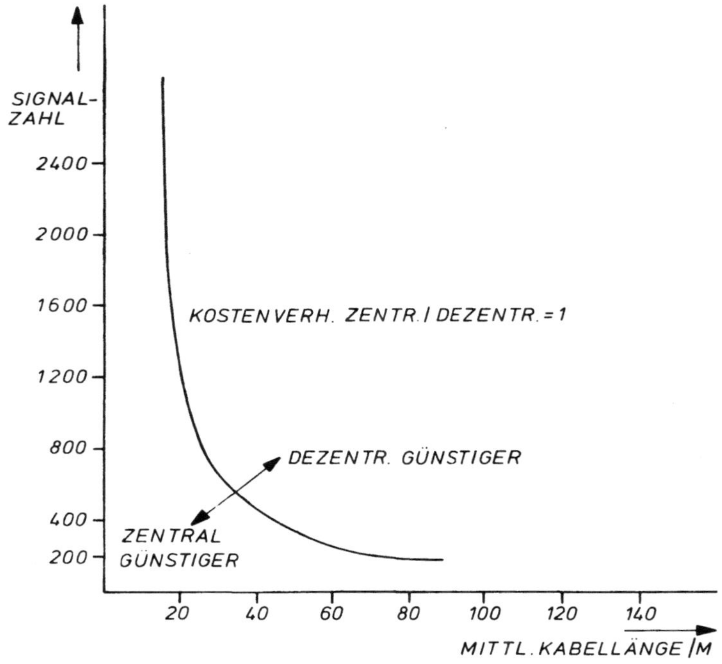

KOSTENVERH. ZENTR./DEZENTR. = 1

DEZENTR. GÜNSTIGER

ZENTRAL GÜNSTIGER

SIGNAL-ZAHL: 200, 400, 800, 1200, 1600, 2000, 2400

MITTL. KABELLÄNGE /M: 20, 40, 60, 80, 100, 120, 140

FIG 3

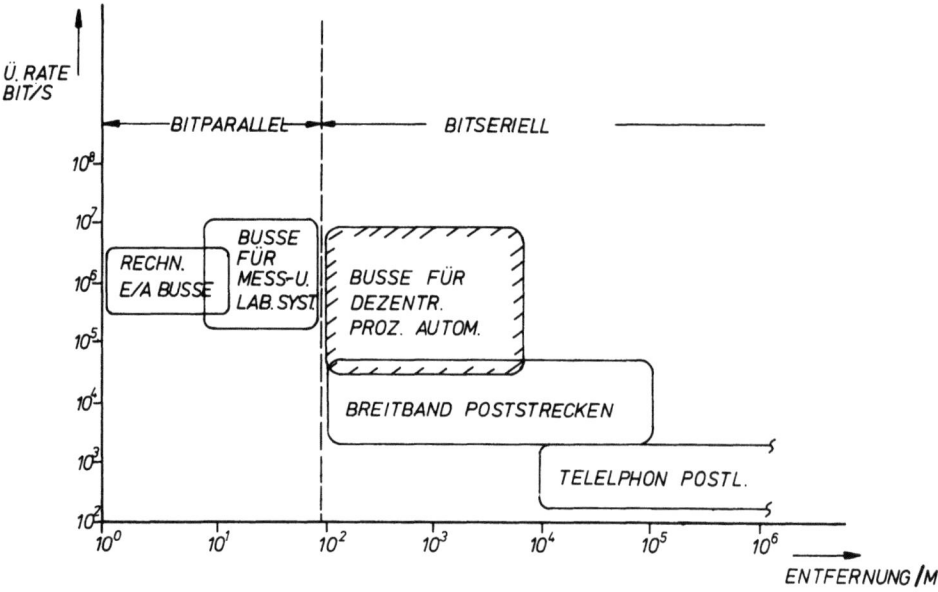

FIG 4

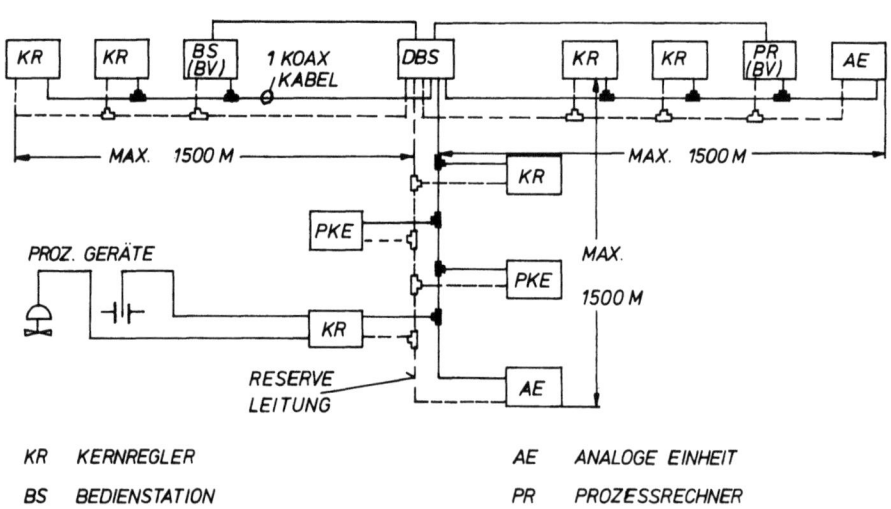

FIG 6

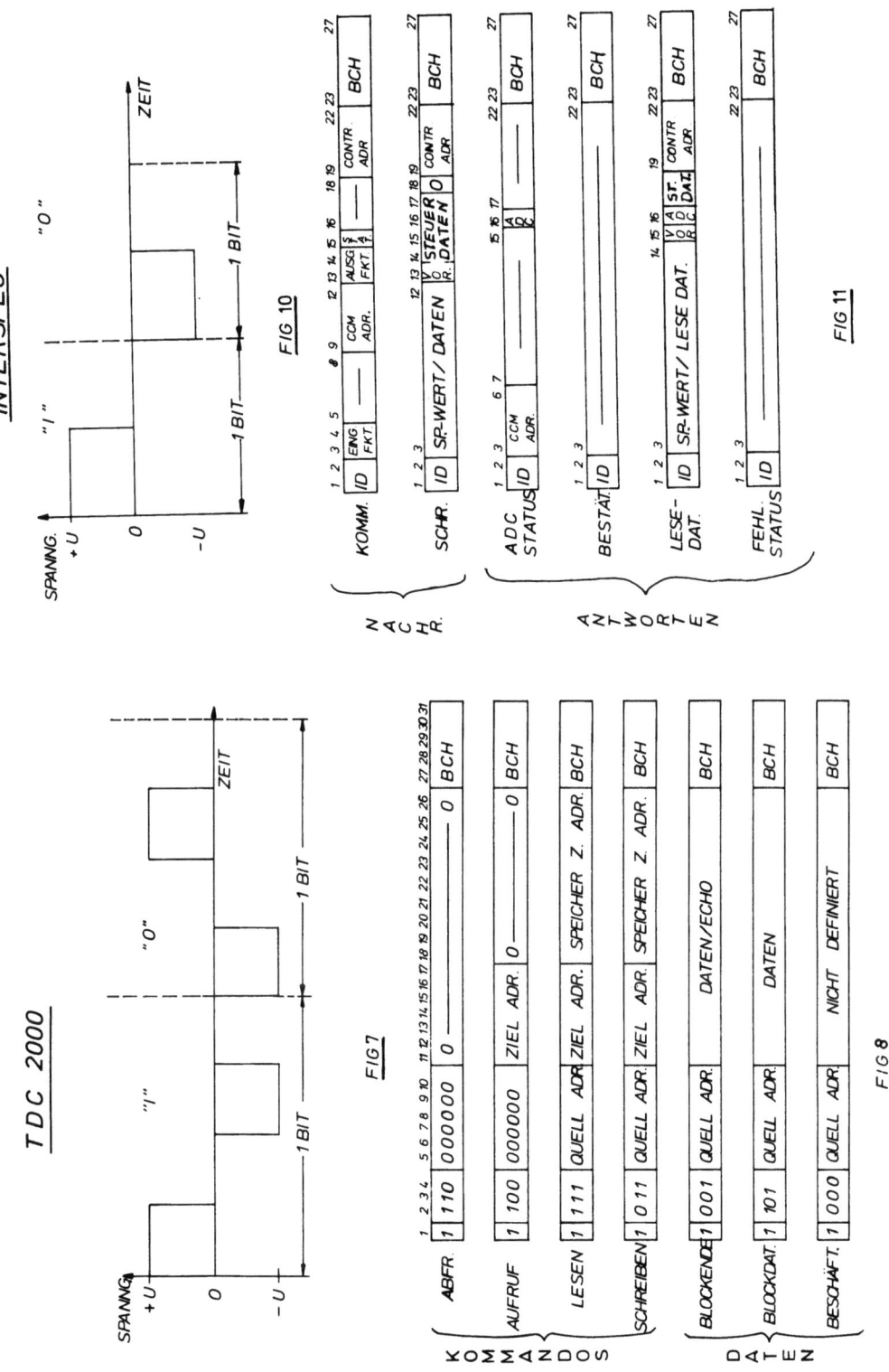

INTERSPEC MIT FOX 1

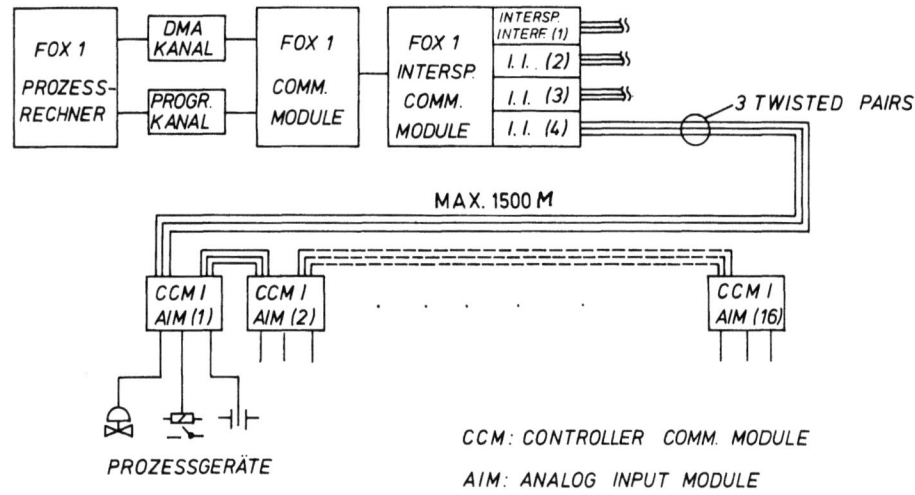

FIG 9

PDV-BUS

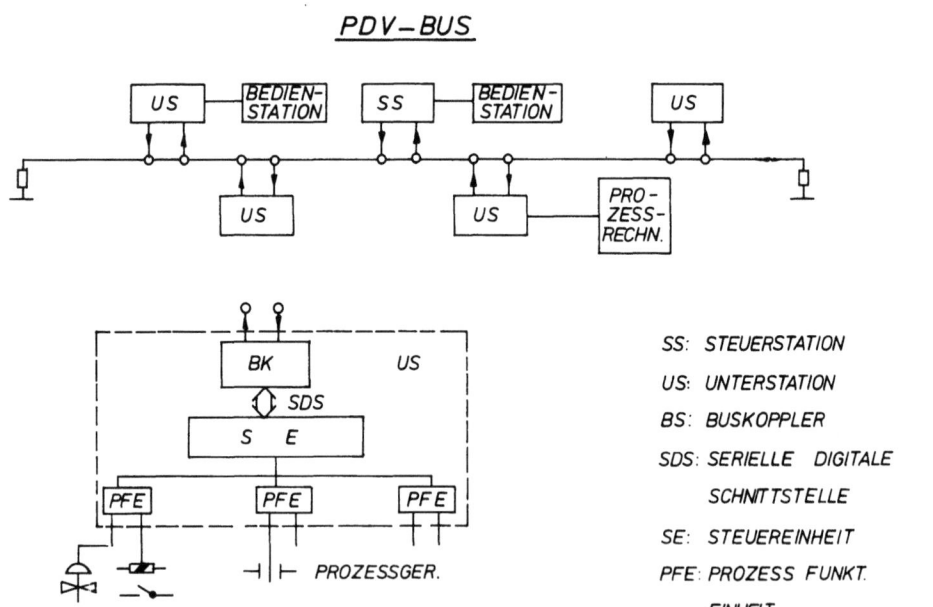

FIG 12

PDV - BUS

ES
ET
RS
SDS
SB
ST
SS
0
NRZ
0
NRZ

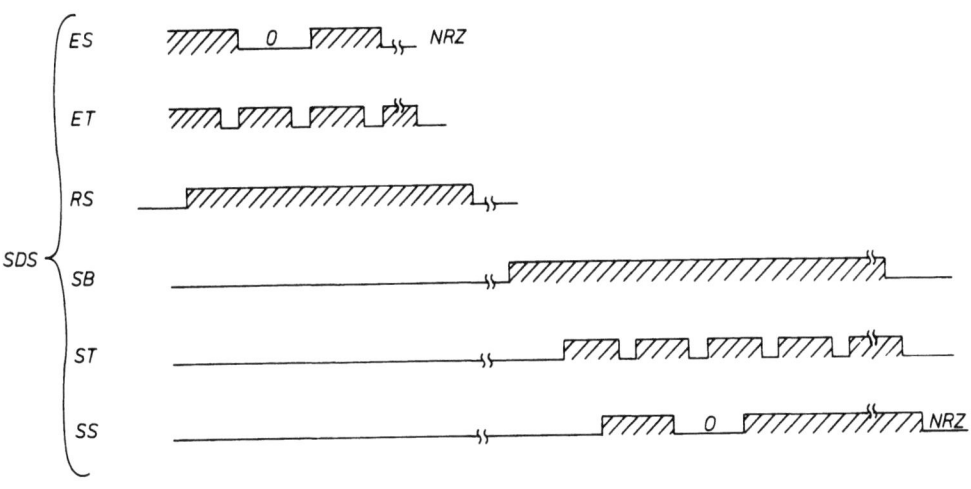

ES : EMPFANGSSIGNAL
ET : EMPFANGSTAKT
RS: RAHMENSYNCHR.
SB: SENDEBEREITSCH.
ST: SENDETAKT
SS: SENDESIGNAL

FIG 13

PDV-BUS

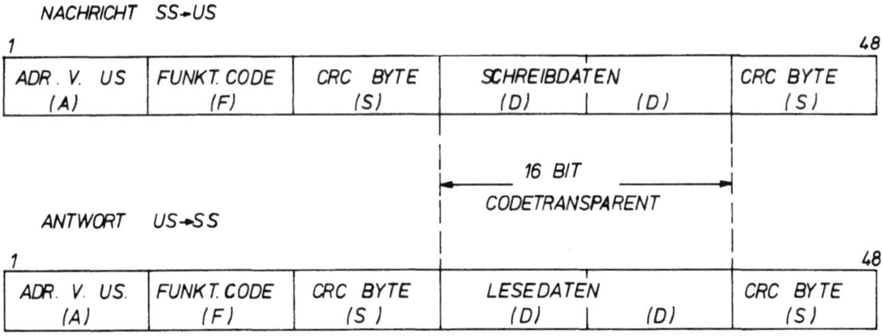

NACHRICHT SS→US
1
48
ADR. V. US (A)
FUNKT. CODE (F)
CRC BYTE (S)
SCHREIBDATEN (D) (D)
CRC BYTE (S)
16 BIT
CODETRANSPARENT
ANTWORT US→SS
1
48
ADR. V. US. (A)
FUNKT. CODE (F)
CRC BYTE (S)
LESEDATEN (D) (D)
CRC BYTE (S)

FIG 14

RECHNERINTEGRIERTE FERNWIRK- UND DATENERFASSUNGSSYSTEME
MIT ZENTRALER UND DEZENTRALER INTELLIGENZ

COMPUTER INTEGRATED REMOTE CONTROL AND DATA LOGGING
SYSTEMS WITH CENTRAL AND DECENTRAL INTELLIGENCE

Elmar Götz

AEG-TELEFUNKEN

Energie- und Industrietechnik AG

Geschäftsbereich Prozeßtechnik

D-6453 Seligenstadt

Summary:
Remote control and data logging systems consist of central data processing stations, peripheral substations und data transfer lines. To increase intelligence of these stations processcomputers of all sizes can be integrated. Microprocessor-integrated substations are late developments. Now the system effectiveness and system amount and therefore the system value of a network for remote control and data logging are functions of the capability of the computers in the different stations of the network. The following paper ist a treatment about networks with computerized stations to gain flexible intelligence.

1. Leittechnik und Prozeßdatenverarbeitung

In den verschiedenen Fernwirkstellen eines Fernwirknetzes wie den Erfassungsstellen eines Datenerfassungsnetzes sind bis vor wenigen Jahren ausschließlich fest verdrahtete elektronische Einrichtungen mit allenfalls mittelbar änderbaren Ein-/Ausgaben, Bedienmöglichkeiten und interner Verarbeitung eingesetzt worden. Die Steigerung der Wirksamkeit [1] solcher Netze setzte zunächst in den Zentralstellen durch Anschaltung und spätere Integration von Prozeßrechnern an. Mit kleinen Prozeßrechnern wurde es dann auch möglich, die Wirksamkeit von Unterzentralen zu vergrößern. Die Einführung von Mikrorechnern gestattet schließlich auch die Schaffung von Unterstellen erhöhter Wirksamkeit. Die Zunahme der Wirksamkeit ist dabei zunächst in der Flexibilität, d.h. in der Anpassungsfähigkeit von Verkehrs- und Verarbeitungsleistung an sich wandelnde Aufgabenstellungen zu sehen, im weiteren aber auch häufig in der höheren

Ausbaufähigkeit sowie der Erhöhung von Verfügbarkeit und Sicherheit [2].

Fernwirk- und Datenerfassungsnetze sind Teile leittechnischer Systeme. Solche Systeme bestehen aus den Stellgliedern, Fühlern, Zählern und Meßgliedern an den Datensenken und -quellen des zu leitenden Prozesses sowie Datenverarbeitungseinrichtungen und Leitstellen (Bild 1). Von den Leitstellen gehen Auslösesignale, Daten und Programme an die Datenverarbeitung. Von dieser werden Ereignisse und Ergebnisse an die Leitstelle zurückgemeldet. Aus den Eingaben von der Leitstelle und den Informationen von den Datenquellen des Prozesses bildet die Datenverarbeitung entsprechend dem ihr durch Konfiguration, Umfang und Inhalt der eingesetzten Geräte und Programme eingeprägten Verhalten die Informationen für die Stellglieder an den Datensenken des Prozesses und den Informationsausgabegeräten in den Leitstellen.

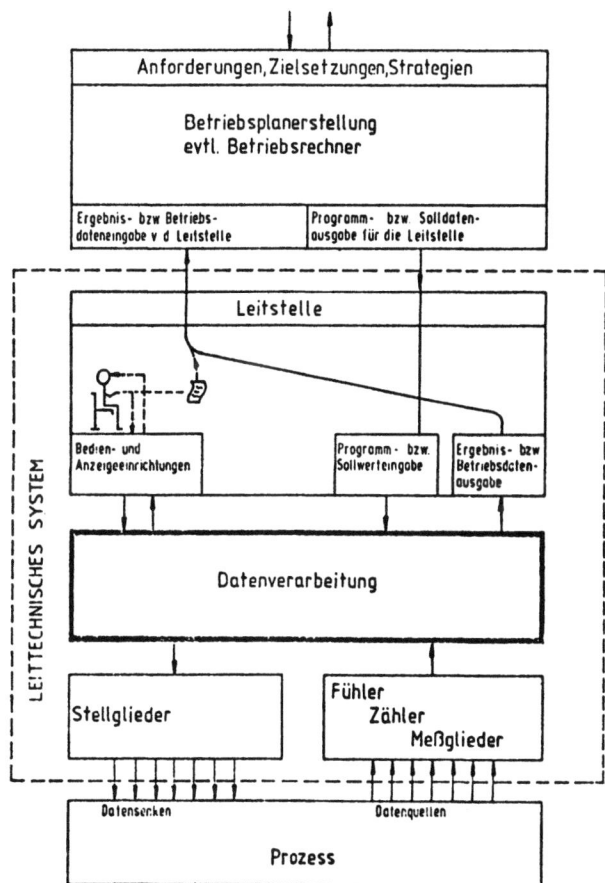

Bild 1: Leittechnisches System

Aus diesem Grunde ist die Datenverarbeitung des leittechnischen
Systems überwiegend an der Wirksamkeit des leittechnischen Systems
beteiligt, desgleichen hat der damit verbundene Aufwand bedeutenden
Anbei am Gesamtaufwand. Der Wert der Datenverarbeitung kann
schließlich durch das Verhältnis von Wirksamkeit zu Aufwand
(Leistungspreisverhältnis) angegeben werden.

Die Systemwirksamkeit kann man als Summe gewichteter Punktwertungen
für die Leistungsfähigkeit, Verfügbarkeit und Sicherheit, den Systemaufwand als Summe gewichteter Punktwertungen für die Kosten, den Rea-
lisierungszeitaufwand und den Anpassungsaufwand bei Änderung des An-
forderungsprofils auffassen, wobei sich eine solche Methode nur für
den Systemvergleich sinnvoll anwenden läßt. Bild 2 zeigt die Vorgehensweise bei der Systemwertermittlung. In Punktetabellen werden
Systemwirksamkeit und Systemaufwand als dimensionslose Wertgrößen
eingetragen. Der Quotient aus beiden Größen ergibt den Systemwert.
Für ein bestimmtes System kann dessen Grad der Komplexität - z.B.
dessen Automatisierungsgrad - als unabhängige Variable zur System-
wirksamkeits- und Systemaufwandsermittlung herangezogen werden. Damit können Optima des Systemwertes gefunden werden.

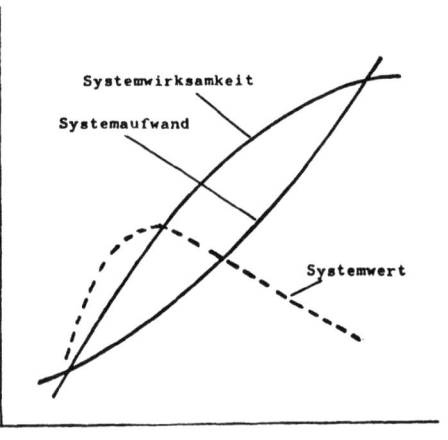

Bewertungsgrößen	Punkte		
	Bewertg	Gewichtg	Wert
Leistungsfähigkeit	L	g_L	$L \cdot g_L$
Verfügbarkeit	V	g_V	$V \cdot g_V$
Sicherheit	S	g_S	$S \cdot g_S$
Systemwirksamkeit	/////	/////	$\Sigma \ldots$

Bewertungsgrößen	Punkte		
	Bewertg	Gewichtg	Wert
Kosten	K	g_K	$K \cdot g_K$
Zeitaufwand	T	g_T	$T \cdot g_T$
Anpassungsfähigkeit	A	g_A	$A \cdot g_A$
Systemaufwand	/////	/////	$\Sigma \ldots$

$$\text{Systemwert} = \frac{\text{Systemwirksamkeit}}{\text{Systemaufwand}}$$

Bild 2: Systemwert

2. Datenerfassungs- und Fernwirknetze

Bei räumlich konzentrierten Prozessen, wie z.B. einer Werkzeugmaschine, ist der Datenverarbeitungsteil ebenfalls räumlich konzentriert in einem Gehäuse oder Schrank untergebracht. Datenerfassungs-

netze und Fernwirknetze bilden den Datenverarbeitungsteil leittechnischer Systeme für räumlich ausgedehnte Prozesse mit räumlich weit verteilten Datensenken und Datenquellen. Typische Beispiele solcher Prozesse sind Öl-, Gas-, Wasser- und Elektrizitätsverteilungsnetze, Entsorgungsprozesse, Gebäudeeinrichtungen und umfangreiche Industrieanlagen. Der Prozeß ist dabei über einige 100 m bis einige 100 km und weiter verteilt. Hierbei ist es notwendig, den Datenverarbeitungsteil des leittechnischen Systems in dezentrale prozeßnahe Verarbeitungsteile - Unterstellen - und zentrale prozeßferne Verarbeitungsteile - Zentralstellen - zu untergliedern. Häufig bietet sich auch ein hierarchisches System mit mehreren Hierarchieebenen als optimale Lösung an. Bei sehr umfangreichen Prozessen kann es auch notwendig werden, daß der Datenverarbeitungsteil von mehreren örtlich auseinander liegenden Leitstellen gefahren werden muß.

Systemwirksamkeit und Systemaufwand eines solchen Datenverarbeitungssystems ergeben sich damit aus dem Anteil der örtlich verteilten Einheiten und deren Zusammenwirken. Bei der Planung der Konzeption solcher Systeme sind auf vielfältige Weise Geräte und Programme auf zentrale und dezentrale Stellen aufteilbar. Optimierungszielgröße kann dabei der Systemwert des Gesamtsystems sein. Daneben sind Suboptimierungszielgrößen in Systemwerten oder deren Einflußgrößen von Teilsystemen denkbar.

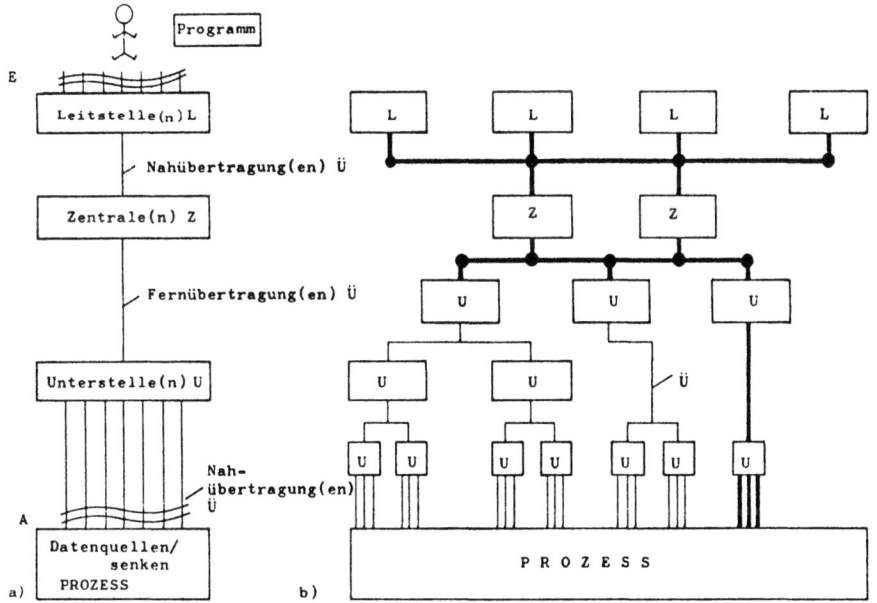

Bild 3: Datenerfassungs/Fernwirknetz
    a) Prinzip   b) Beispiel eines hierarchischen Netzes

In Bild 3a ist das Prinzip eines Datenerfassungs- und Fernwirknetzes dargestellt. Es kann durch zwei Schnittstellen E und A zum Prozeß einerseits und zur Bedienung, Ergebnisausgabe und Dateneingabe andererseits abgegrenzt werden. Zwischen diesen Schnittstellen gibt es wenigstens sechs zusammenwirkende Teile, die ihrerseits untergliedert sein können. Diese Teile sind: Leitstelle(n), Zentralstelle(n), Unterstelle(n), Nahübertragung(en) zwischen Zentralstelle(n) und Leitstelle(n), Fernübertragung(en) zwischen Zentralstelle(n) und Unterstelle(n), Nahübertragung(en) zwischen Unterstelle(n) und Prozeß.

Bild 3b zeigt als Beispiel ein hierarchisch aufgebautes Netz mit fünf Ebenen, in denen Leitstellen, Zentralstellen und Unterstellen angeordnet sind. Die nicht unmittelbar auf den Prozeß wirkenden Unterstellen werden häufig auch als Unterzentralen bezeichnet.

3. Systembeschreibung eines Datenerfassungs- und Fernwirknetzes

Datenerfassungs- und Fernwirknetze bestehen entsprechend den Ausführungen im vorigen Kapitel aus datenverarbeitenden und datenein-/ausgebenden Stellen sowie Übertragungswegen, mit denen die Stellen untereinander und mit dem Prozeß und der Leitstelle verbunden sind. Durch Definition einiger Mengen kann für so ein komplexes Gebilde eine übersichtliche Systembeschreibung gefunden werden. Relevant sind

M1 - die Menge der verteilten Stellen und Bedienpersonen
M2 - die Menge der Übertragungswege
M3 - die Menge der unterschiedlichen Funktionen
M4 - die Menge der Behandlungseinflüsse
M5 - die Menge der Relationen zwischen den Elementen
    der vorgenannten Mengen

Die Menge der verteilten Stellen enthält alle Leit-, Zentral- und Unterstellen und die Menge der Übertragungswege alle Datenverbindungen zwischen den Stellen. Die Menge der Funktionen enthält alle in Leit-, Zentral-, Unterstellen sowie Übertragungswegen einfach oder mehrfach vorkommenden Funktionen, die der Behandlungseinflüsse alle vorkommenden Versorgungs-, Entsorgungs- und Umgebungsbedingungen. Durch die Menge der Relationen wird schließlich das Zusammenwirken der Elemente der verschiedenen Mengen zum Ausdruck gebracht.

Bild 4 zeigt ein Beispiel für diese Art der Systembeschreibung. In Teil a des Bildes 4 ist ein einfaches Netz mit 20 Teilen (M1 ∪ M2), davon einer Bedienperson, drei Leitstellen, einer Zentralstelle, drei Unterstellen und drei Prozeßdatenquellen/senken sowie neun Übertragungswegen, dargestellt. In Teil b des Bildes 4 sind alle vorkommenden Behandlungseinflüsse b1, b2 ... bb (M4) und in Teil d alle

Funktionen c1, c2 ... cc (M3) als Köpfe senkrechter Spalten aufgelistet. In Teil c) des Bildes 4 sind die 20 Teile des Netzes in einem Graphen dargestellt, der das Zusammenwirken verdeutlicht. Am Beispiel des Teiles 6 können dessen Relationen R6 mit der Menge R6 = {6/3, 6/8, 6/b2, 6/c1, 6/c2} beschrieben werden. Diese Angabe drückt aus, daß Teil 6 mit Teil 3 (6/3) und Teil 8 (6/8) gekoppelt ist, den Behandlungseinflüssen b2 (6/b2) ausgesetzt ist und die Funktionen c1 (6/c1) und c2 (6/c2) erfüllt. Die Menge M5 ist damit M5 = {R1, R2, ... , R19, R20} Das Gesamtnetz ist durch die Menge M M = {M1, M2, M3, M4, M5} beschrieben. Für ein bestimmtes Anforderungsprofil an den Datenverarbeitungsteil eines leittechnischen Systems ergeben sich für die Mengen M1 ... M5 meist eine Reihe von Elementen, die lösungsweginvariant notwendig sind, während andere aus gewählten Lösungswegen folgen. Dies gilt insbesondere auch für die Relationen zwischen Stellen und Funktionen.

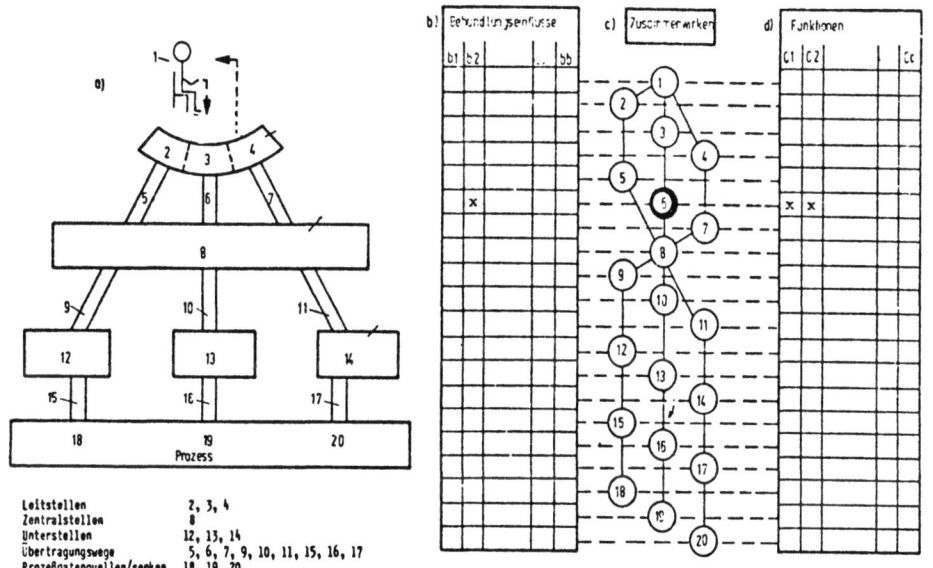

Bild 4: Systembeschreibung

So sind viele Funktionen und damit deren technische Realisierung an Unterstellen - z.B. Ein-/Ausgaben-oder an Leitstellen - z.B. Bedienungseinrichtungen - gebunden, während andere - dazu gehören z.B. Verarbeitungsfunktionen - zur Erfüllung der Aufgaben des Netzes z.B. an Unterstellen dezentral oder in Zentralstellen untergebracht werden. Zur Optimierung des Systemwertes kann man verschiedene alternative Lösungen für ein bestimmtes Anforderungsprofil beschreiben und dann die günstigste Lösung auswählen.

4. Systemwert von Datenerfassungs- und Fernwirknetzen

Der Systemwert eines Datenerfassungs- und Fernwirknetzes kann aus der Systembeschreibung der dargestellten Art ermittelt werden. Dazu müssen Leistungsfähigkeit, Verfügbarkeit, Sicherheit, Kosten, Zeitaufwand, Anpassungsfähigkeit von der Systembeschreibung abgeleitet und durch Vergleich mit einer alternativen Lösung oder einem Anforderungsprofil verglichen und mit Punkten bewertet werden.

Die Leistungsfähigkeit hängt dabei wesentlich von der Anzahl und Art der prozess-seitigen Datenpunkte, der mittleren und kurzzeitigen Frequenz mit der die Datenpunkte aktiviert werden können, der mittleren und kurzzeitigen Reaktionszeit, mit der das Netz auf ein Prozessereignis reagieren kann, der ergonomischen Mächtigkeit der bedienseitigen Ein-/Ausgaben und dem Automatisierungsgrad ab.

Zur Betrachtung der Verfügbarkeit muß festgelegt werden, welche Netzteile für die Verfügbarkeit relevant und bei welchen ein temporärer Ausfall ohne Einfluß auf die Netzverfügbarkeit gewertet werden kann. Darüber hinaus muß geklärt werden inwieweit das Selbstmeldungsprinzip durchgehalten ist bzw. durch regelmäßige Inspektion nichtselbstmeldende Ausfälle aufgedeckt werden und beseitigt werden müssen.

Die Sicherheit kann als das Verhältnis von ungefährlich wirkenden Fehlern zur Summe der gefährlich und ungefährlich wirkenden Fehler angesehen werden. Gefährliche Wirkungen müssen prozeßabhängig definiert werden. Sie hängen im wesentlichen von der Verfügbarkeit sicherheitsrelevanter Operationspfade und der an diesen beteiligten Komponenten ab. Die Kosten ermitteln sich als Summe der Geräte und Programme, der Installation und Inbetriebnahme und infrastrukturellen Aufwendungen, der Zeitaufwand ist vom Projektstart bis zum Beginn des Kapitalrückflusses zu rechnen. Auf Kosten und Zeitaufwand kann damit eine Wirtschaftlichkeitsrechnung aufgebaut werden. Die Anpassungsfähigkeit kann ebenfalls in Kosten ausgedrückt werden. Dabei wird vermerkt welcher Aufwand für ein geändertes (erweitertes, eingeengtes) Anforderungsprofil, z.B. bei der Einbeziehung zusätzlicher Datenpunkte, notwendig ist. Alle Aufwandsgrößen müssen zur Systemwertaggregation ebenfalls einer Punktwertung unterzogen werden. Der Systemwert ist ein optimierbares Gütekriterium für ein Datenerfassungs- und Fernwirknetz. Er eignet sich gleichermaßen zur Strukturoptimierung wie zur Parameteroptimierung.

5. Systemwert und Intelligenz

Bei einer festen Anzahl von Ein-/Ausgabekanälen einer Stelle kann deren Systemwert durch den Einbau von Prozeßrechnern verändert werden. Dies führt in jedem Fall zu einer Leistungsfähigkeitssteigerung. Durch geeignete Auslegung und Nutzung können aber auch Verfügbarkeit und Sicherheit erhöht werden, so daß sich durch eine solche Maßnahme insgesamt die Systemwirksamkeit vergrößert. Betrachtet man die Aufwandsseite, so kann man feststellen, daß sich durch die Fortschritte bei elektronischen Bauteilen, insbesondere durch Steigerung der Integration in den letzten Jahren, wie zum Beispiel bei Mikroprozessoren und Halbleiterspeichern, eine starke Zunahme der Systemwerte dieser Teile ergab und noch fortsetzt.

Die Systemwerte von Stellen können dadurch ebenfalls erheblich gesteigert werden. Dies begann vor einem Jahrzehnt mit der Integration von Prozeßrechnern in Zentralstellen und setzte sich später durch Integration von Miniprozeßrechnern in umfangreichen oder in höheren Hierarchieebenen liegenden Unterstellen fort. Seit kurzem kann man den Systemwert auch kleiner Unterstellen und einzelner Komponenten mit Hilfe von Mikroprozessoren steigern. Unter Integration der Prozeßrechner unterschiedlicher Größe in die verschiedenen Netzstellen sei dabei die Verschmelzung und Durchdringung von Rechnern und bisher vorhandenen Realisierungsmitteln zu einem einheitlichen Ganzen verstanden.

Die Rechnerintegration führt zur Steigerung der Verarbeitungsleistung einer Stelle. Hierbei muß man die Steigerung der Schnelligkeit, die Vergrößerung der Speicherfähigkeit sowie die Erhöhung der Reaktions- und Entscheidungsfähigkeit hervorheben. Da diese Leistungsmerkmale beim Menschen als Intelligenz bezeichnet werden, wurde häufig dieser Ausdruck auch zur Charakterisierung entsprechender technischer Lösungen verwendet. Wenngleich dabei diese Bezeichnung mehr veranschaulichenden Charakter als den einer normalen technischen Beschreibungsgröße hat, eignet sie sich trotzdem gut zur Darstellung der Systemwertbeeinflussung eines Fernwirk- oder Datenerfassungsnetzes durch Integration von Prozeßrechnern in die einzelnen Stellen. Dies kann am Beispiel der Leistungsfähigkeitsbeeinflussung verdeutlicht werden. Der Grundanteil der Leistungsfähigkeit eines Netzes ist durch die Anzahl und Art der Datenpunkte am Prozeß, die Anzahl und Art der Bedien- und Datengeräte und die Netzstruktur im wesentlichen bestimmt. Dazu addiert sich der Teil der Leistungsfähigkeit, der durch das Zeitverhalten, den Automati-

sierungsgrad und die ergonomische Mächtigkeit bestimmt wird. Dieser
Anteil kann durch unterschiedliche Auslegung der einzelnen Netzteile
erreicht werden. So kann durch eine nur signal- und formatwandelnde
Unterstelle, einen sehr schnellen Übertragungsweg und eine zentrale
hohen Automatisierungsgrades gegebenenfalls das gleiche erreicht werden wie durch eine Unterstelle mit hohem Automatisierungsgrad, einem
langsamen Übertragungsweg und einer einfacheren Zentrale.

Bild 5 veranschaulicht die Intelligenz als Teil der zum Systemwert
aggregierten Größen. Beim Fernwirk- und Datenerfassungsnetz kann
sich die Gesamtintelligenz auf die einzelnen Netzteile aufteilen.
Ein Netz mit zentraler Intelligenz ($\alpha = 0$, $\beta = 1$, $\gamma = 0$) hat eine
intelligente Zentralstelle, ein Netz mit dezentraler Intelligenz
($\alpha \neq 0$, $\beta \neq 0$, $\gamma \neq 0$) hat Teil der Intelligenz in den Leit- und Unterstellen.

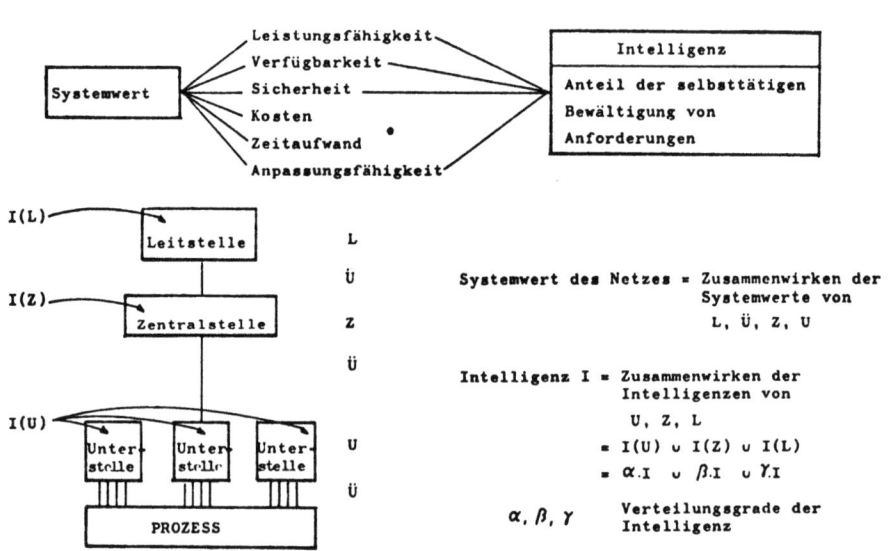

Bild 5: Systemwert/Intelligenz von Netzen

6. Intelligenz-Verteilung in Datenerfassungs- und Fernwirknetzen

Beim Datenerfassungsnetz werden im einfachsten Fall vom Prozeß über
Unterstellen Informationen abgefragt und zur Zentralstelle und von
dieser zu Leitstellen übertragen. Bei Intelligenzsteigerung in der
Zentralstelle durch Integration eines Prozeßrechners sind mit dem
Datenangebot beispielsweise ergonomisch bessere Anpassungen, Datenanalysen, wie Grenzwertüberschreitungen, Linearisierungen, Aggregationen für Verbräuche, Verluste, Prognosen, Statistiken möglich.
Steigert man die Intelligenz in den Unterstellen, z.B. durch Inte-

gration von Mikroprozessoren, so können eine Reihe dieser Funktionen, wie zum Beispiel Grenzwertüberschreitungen oder Linearisierungen, bereits von den Unterstellen ausgeführt werden. Dadurch läßt sich der Informationsfluß über die Übertragungswege erheblich verkleinern. Darüber hinaus bewältigen intelligente Unterstellen kurzzeitig anfallende hohe Datenraten wie z.B. bei der Signalfolgeerfassung. Auf diese Weise ist eine erhebliche Leistungsfähigkeitssteigerung des Datenerfassungsnetzes möglich.

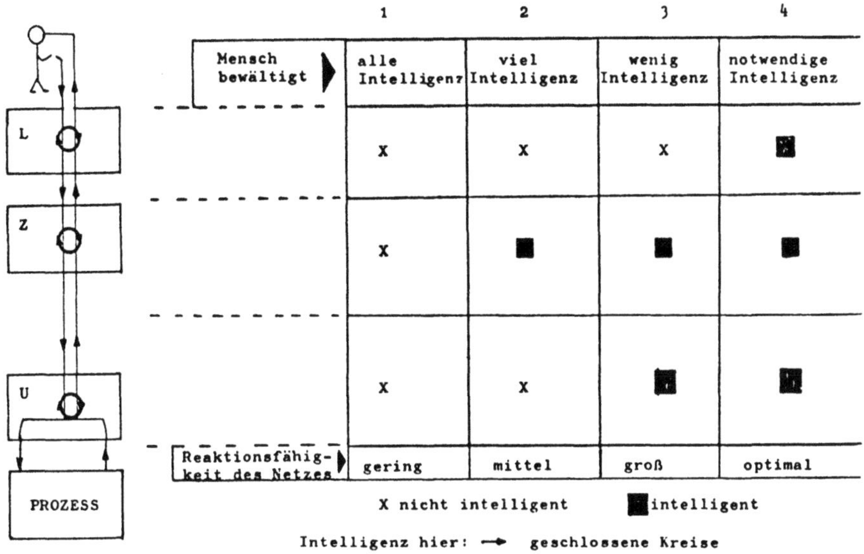

	1	2	3	4
Mensch bewältigt ▶	alle Intelligenz	viel Intelligenz	wenig Intelligenz	notwendige Intelligenz
L	X	X	X	■
Z	X	■	■	■
U	X	X	■	■
Reaktionsfähigkeit des Netzes ▶	gering	mittel	groß	optimal

X nicht intelligent   ■ intelligent

Intelligenz hier: → geschlossene Kreise

Bild 6: Beispiele für die Intelligenz-Verteilung bei FW-Netzen

Beim Fernwirknetz, das durch beide Datenaustauschrichtungen - Erfassung und Steuerung - gekennzeichnet ist, kann über den Grad der Intelligenz in den verschiedenen Stellen zusätzlich die Entscheidungsgenerierung beeinflußt werden. Im einfachsten Fall werden alle Entscheidungen von den Bedienpersonen in der Leitstelle getroffen. Intelligenz-Steigerung in den Unterstellen ermöglicht bereits dort geschlossene Schleifen, indem aus Sollinformationen der Zentrale und örtlich erfaßbaren Istinformationen selbsttätig Steuerinformationen für Datensenken im Bereich der Unterstelle generiert werden. Dies können einzelne Stellbefehlableitungen bis zu hochwertigen Regeleinrichtungen sein. Solche geschlossenen Kreise lassen sich mit dem jeweiligen Datenangebot sowohl in Unterstellen wie in Zentralstellen und Leitstellen einrichten. Dadurch wachsen Automatisierungsgrad und Reaktionsfähigkeit in entsprechend ausgelegten

Netzen. Bild 6 veranschaulicht die Entlastung des Bedienmannes
durch die Einbringung selbsttätig geschlossener Kreise in den verschiedenen Netzstellen und die damit wachsende Reaktionsfähigkeit
der Gesamtanordnung. Unter optimaler Reaktionsfähigkeit ist dabei
die Bewältigung hochwertiger Regelungen mit guter Dynamik und kurzen Zeitkonstanten anzusehen.

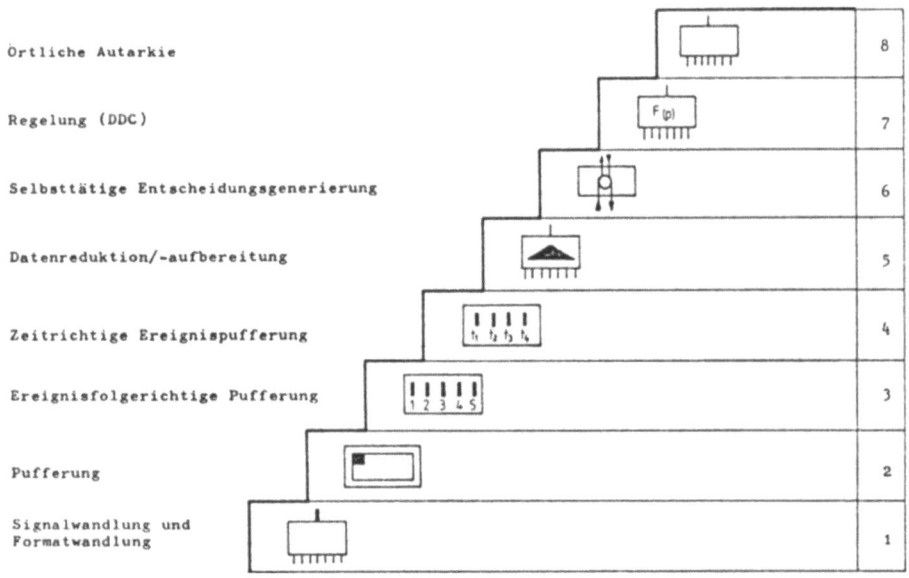

Bild 7: Intelligenz-Stufung bei Unterstellen

Bild 7 zeigt beispielhaft die Intelligenz-Stufung bei Unterstellen.
Als niedrigste Intelligenzstufe ist die Signalwandlung und Formatumsetzung der Prozeßinformationen ausgewiesen. Die nächst höhere
Stufe ist die Pufferung von Informationen, darüber liegt die ereignisfolgerichtige Pufferung. Wieder etwas höher ist die zeitrichtige Ereignispufferung eingeordnet und darüber die Datenreduktion
(Erfassungsrichtung) und Datenaufbereitung (Befehlsrichtung).
Bis zu dieser Stufe sind in den Unterstellen noch keine geschlossenen Kreise. Diese folgen jetzt mit den Stufen für teilweise
selbsttätige Entscheidungsgenerierung und Regelung (DDC). Als höchste Stufe wird in dem Beispiel die autarke Unterstelle bezeichnet,
die lediglich verdichtete Daten an die Zentrale sendet und von dieser erhält und zeitweise sogar, wie z.B. bei Ausfall der Zentrale
oder bei Instandsetzungsarbeiten, völlig selbständig betrieben werden kann. Alle diese Stufen erhöhen die Leistungsfähigkeit. Auf
ähnliche Weise lassen sich Verfügbarkeits- und Sicherheits-Intelli-

genzstufen definieren. Hierbei spielen intermittierende Prüfzyklen,
Redundanzen und Plausibilitätsanalysen eine Rolle. Es sind selbstverständlich viele andere Möglichkeiten der Intelligenzstufung denkbar.

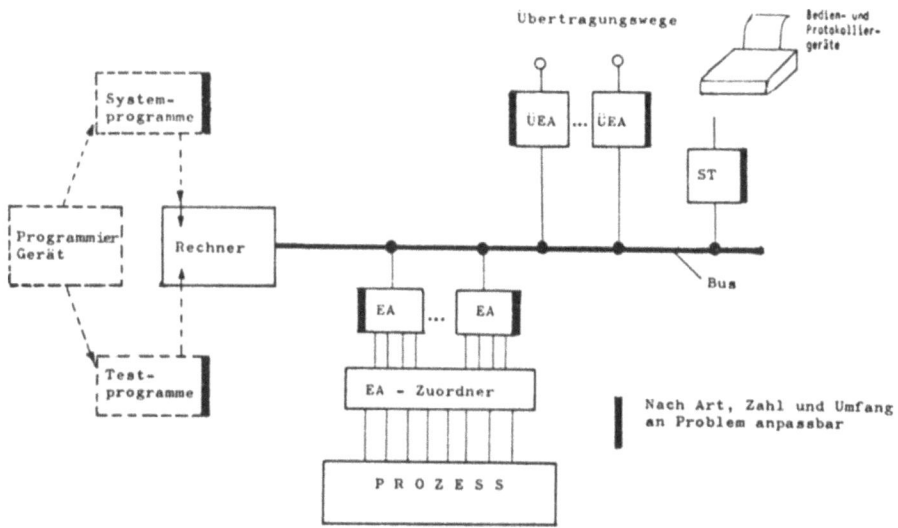

Bild 8: Mittel zur Intelligenz-Dimensionierung
bei Unterstellen

Bild 8 zeigt das Prinzipschaltbild einer Unterstelle, mit der eine solche Intelligenz-Stufung erreicht werden kann. Sie besteht aus einer Busanordnung, an die ein Rechner und die Übertragungsein-/ausgaben (ÜEA) sowie Prozeßein-/ausgaben (EA) und Bedien- und Protokolliergeräte angeschlossen werden können. Durch Wahl der Art und Zahl der Busteilnehmer und der Programme kann die Intelligenzstufe und die EA-Mächtigkeit an das vorliegende Anforderungsprofil der Unterstelle flexibel angepaßt werden.

Bild 9 zeigt das Prinzip der Unterstelle des Datenerfassungs- und Fernwirksystems GEADAT 80. Realisierungsmittel sind dabei ein einheitlicher Bus, an den EA-Peripherie und Prozeßrechner AEG 80 und Mikroprozessoren ALU 80 [3] anschaltbar sind.

Bild 10 zeigt die Vorder- und Rückansicht einer Unterstelle mittleren Ausbaus [4].

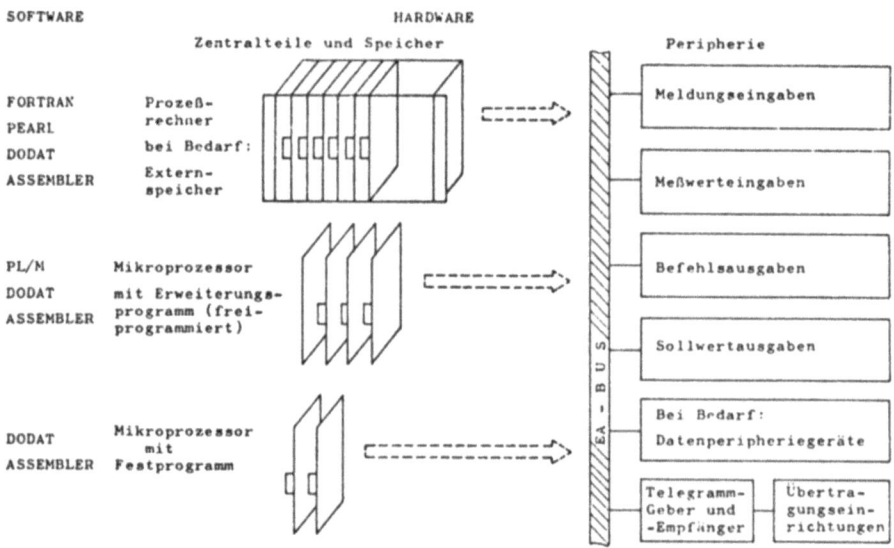

Bild 9: Fernwirk-Unterstation
Prinzip des Systems GEADAT 80

Bild 10: Intelligente Unterstelle des Fernwirksystems GEADAT 80 (Vorderansicht auf vorausgehender Seite)
Werkbild AEG-TELEFUNKEN

7. Zusammenfassung

Auf der Basis von Systemüberlegungen werden die Intelligenzverteilung in Datenerfassungs- und Fernwirknetzen diskutiert und praktische Lösungen vorgestellt. Durch die Integration von Prozeßrechnern in die Stellen solcher Netze und den modularen Aufbau von Geräten und Programmen sind flexible Anpassungen an geforderte Intelligenzstufen möglich. Der Systemwert von Netzen kann damit optimiert werden.

8. Literatur

[1] Zuverlässigkeit von Geräten, Anlagen und Systemen. NTG 3002

[2] Sicherheits- und Verfügbarkeitsfragen zur Leittechnik in verfahrenstechnischen Anlagen. Arbeitsgemeinschaft des VDE-Bezirksvereins Frankfurt/M. vom 17.1.-7.2.77.

[3] E.H. Düll: Prozeßautomatisierung mit Mikroprozessoren am unteren Ende der Prozeßrechner. Kongress INTERKAMA 77.

[4] Dieser Bericht veröffentlicht Ergebnisse aus einem mit Mitteln des Bundesministers für Forschung und Technologie (Kennzeichen DV 5.505) geförderten Forschungsvorhabens des Projekts Prozeßlenkung mit DV-Anlagen (PDV) im Rahmen des 3. DV-Programms der Bundesregierung. Die Verantwortung für den Inhalt liegt ausschließlich bei dem Autor bzw. dem geförderten Unternehmen

ZIELSETZUNG UND PHILOSOPHIE DER FUNKTIONSFEHLER-
SICHERHEIT BZW. -ERKENNBARKEIT BEI ELEKTRONISCHEN BAUGRUPPEN ELEKTRO-
MECHANISCHER MEßGERÄTE

SETTING TARGETS AND PHILOSOPHY FOR SAFETY AGAINST FUNCTIONAL FAULTS
AND THEIR RECOGNITION IN ELECTRONIC SUBASSEMBLIES OF ELECTRO-MECANICAL
MEASURING INSTRUMENTS

A. Mühlfeld, R. Süß
Physikalisch-Technische Bundesanstalt, 3300 Braunschweig

SUMMARY

In certain fields of legal metrology it is necessary to evaluate the
pattern of measuring instruments, in particular with regard to their
constancy and reliability over a period of several years. Difficulties
arise here when a conclusion is to be drawn from the test of an individual measuring instrument concerning the behaviour during operation of
the measuring instruments to be built in series later on. In particular
this applies to electronic subassemblies of such measuring instruments.

As a consequence, reliability tests are largely dispensed with during
the pattern approval procedure for electronic subassemblies. Instead
of this, the operating sequence is controlled by means of incorporated
control circuits which function automatically or which can be released
manually. According to the purpose for which the measuring instrument
is to be used, this control can be optimized as regards function and
price. Recent development and technology (e.g. microprocessors) facilitate designs at reasonable prices.

1. Aufgabenstellung

In diesem Referat soll ein Thema behandelt werden, das zunächst -ab
etwa 1959- Gegenstand intensiver Diskussionen war. Es handelt sich um
das Problem, das Betriebsverhalten von Meßgeräten vorauszusehen, deren
Serienfertigung noch nicht angelaufen ist, und von deren Bauart man
nur ein einziges Handmuster als Prototyp hat. Ob eine gewisse Vorhersage hinsichtlich der Meßbeständigkeit und der Verfügbarkeit während
mehrerer Jahre überhaupt möglich ist und welche Maßnahmen man erforder-
lichenfalls treffen muß, sei im folgenden an den Regelungen im Eichwesen erläutert.

2. Gesetzliche Grundlagen

Im Gesetz über das Meß- und Eichwesen (Eichgesetz) vom 11. Juli 1969 hat der Gesetzgeber festgelegt, daß bestimmte Meßgeräte geeicht werden müssen. Für das Eichwesen sind die Eichbehörden der Bundesländer zuständig. Bei der Eichung wird das Gerät entsprechend der vorgesehenen Verwendungsweise auf Richtigkeit geprüft und nach bestandener Prüfung gestempelt.

Das Meßgerät muß aber nicht nur am Tage der Eichung richtig arbeiten, sondern es soll innerhalb der ganzen Eichgültigkeitsdauer (bei Waagen meistens 2 Jahre) seine meßtechnischen Eigenschaften beibehalten und insbesondere die vorgeschriebenen Fehlergrenzen nicht überschreiten. Das Gerät muß daher zweckmäßig konstruiert sein.

Verständlicherweise kann der Eichbeamte bei der Eichung des Meßgerätes nicht kontrollieren, ob die Bauart ausreichende Meßbeständigkeit und Zuverlässigkeit über mehrere Jahre hinweg erwarten läßt. Deshalb wird vorher eine "Bauartprüfung auf Zulassung zur Eichung" von der Physikalisch-Technischen Bundesanstalt (PTB) durchgeführt.

3. Probleme der Bauartzulassung

Grundsatz bei der Bauartzulassung muß die Gleichbehandlung aller Bauarten hinsichtlich der an sie zu stellenden technischen Anforderungen ohne Rücksicht auf das physikalische Wirkungsprinzip sein.
Bei der Bauartzulassung in der PTB muß dann innerhalb von Wochen anhand eines Mustergerätes und der Konstruktionsunterlagen ein Urteil gefällt werden, ob die Konstruktion Gewähr für ausreichende Meßbeständigkeit bietet. Dabei ist es besonders schwierig auch solche Mängel zu entdecken, die dem Konstrukteur in oft mehrjähriger Entwicklungsarbeit entgangen sind.

Im Bereich der Waagen wurden bereits mehrere tausend Bauartzulassungen ausgestellt. Durch diesen Erfahrungsschatz und die Anwendung besonderer Prüfungsmethoden ist eine Bewertung herkömmlicher mechanischer Konstruktionen ohne besondere Schwierigkeiten möglich. Aufwendiger sind die Untersuchungen neuartiger teilweise elektromechanischer Konstruktionen (z.B. schwingende Saiten, Kreisel u.a.), bei denen das Funktionsprinzip und das Langzeitverhalten von Grund auf neu beurteilt werden müssen.

Noch deutlich aufwendiger werden Prüfungen von Geräten mit komplizierten elektronischen Baugruppen. Wenn eine solche Waage als "schwarzer Kasten" behandelt wird, macht zwar die Prüfung auf Richtigkeit keine anderen Schwierigkeiten als bei herkömmlichen Bauarten, aber eine Vorhersage über das Betriebsverhalten für die gleichzeitig mit untersuchten elektronischen Baugruppen ist auch nach einer recht umfangreichen Prüfung kaum möglich, da -im Gegensatz zum mechanischen Pendant- selbst ein unmittelbar bevorstehender Totalausfall eines einzelnen Bauelementes nicht zu erkennen ist.

Ein solches elektronisches Bauelement könnte aber nun gerade an einer derartigen Stelle in die Schaltung eingebaut sein, an der sein Versagen zwar keinen Totalausfall des Gerätes verursacht, aber doch einen solchen Einfluß auf die Richtigkeit des angezeigten Meßergebnisses hat, daß eine unzulässige Abweichung vom richtigen Wert die Folge wäre.

In diesem Zusammenhang stellt sich alsbald die grundlegende Frage, ob und wie weit man vom Prüfungsergebnis eines einzelnen Mustergerätes auf das Betriebsverhalten der später gefertigten Seriengeräte schließen kann.

Nach hiesigen Erfahrungen kann man bei praktisch allen mechanischen und den meisten primitiveren elektromechanischen Konstruktionen das Verhalten der Seriengeräte innerhalb der Gültigkeitsdauer der Eichung einigermaßen voraussehen. Bei Geräten mit überwiegend elektronischer Meßwerterfassung und -verarbeitung ist dies jedoch nicht möglich, weil die Elektronik der später gefertigten Seriengeräte erfahrungsgemäß unter anderen Bedingungen, von anderem Personal und häufig mit Bauteilen anderer Lieferanten und daher oft auch mit anderen Qualitätseigenschaften hergestellt wird. Soll eine Aussage über die Ausfallrate solcher Seriengeräte gemacht werden, so muß eine ganze Reihe von Prüfmustern untersucht werden; und zwar um so mehr, je geringer die Ausfallrate sein darf. Grundsätzlich müßten sogar alle Untersuchungen dann wiederholt werden, wenn eine neue Meßgeräteserie aufgelegt wird oder wenn auch nur eines oder wenige der elektronischen Bauelemente von anderen Herstellern bezogen werden.

Schließlich ist auch die Festlegung der Zeitspanne notwendig, nach der bestimmte elektronische Baugruppen routinemäßig auszuwechseln sind. Zur Erleichterung der Beurteilung wurde bereits in der Anfangszeit der Entwicklung elektronischer Waagen alsbald von der prinzipiellen

Betrachtung des Meßgerätes als "schwarzer Kasten" abgegangen und die elektronische Schaltung hinsichtlich ihrer Dimensionierung nach kritischen Stellen abgesucht. Auf diese Weise konnte wenigstens ein Teil der Fehlermöglichkeiten beseitigt werden. Die Überprüfung des elektronischen Arbeitsschemas war sowieso notwendig, weil für die eichtechnische Prüfung für jede Geräteart ein spezielles Prüfschema aufgestellt werden mußte. Dieses Schema war so aufzubauen, daß jedes elektronische Bauteil bei der eichtechnischen Prüfung mindestens einmal arbeiten mußte. Diese Zulassungsverfahren in der PTB dauerten bis zu 2 Jahren, die Eichung einer einzigen preisrechnenden Waage erforderte mehrere Stunden. Zur Reduzierung dieses untragbaren Zeitaufwandes wurde im Jahre 1964 für elektronische Baugruppen die Anwendung von Kontrollschaltungen eingeführt.

4. Aspekte der Funktionsfehlererkennbarkeit (FFE)

Seither müssen z.B. elektronische Baugruppen in eichpflichtigen Wägeanlagen so ausgeführt werden, daß ein Defekt eines Bestandteiles entweder nicht zur Ausgabe eines falschen Meßwertes führt oder daß ein für die Bedienung der Waage vorgesehener Operateur diese Störung mühelos erkennen kann (Funktionsfehlersicherheit bzw. -Erkennbarkeit).

Die Interpretation dieser Formulierung ergibt, daß hier keine rein elektronische Aufgabe vorliegt. Es wird ja nicht pauschal verlangt, daß überhaupt keine Falschanzeigen auftreten können. Vielmehr ist entscheidend, daß Falschanzeigen "bemerkt" werden, wobei die Zuverlässigkeit des Operateurs eine wichtige Komponente im Kontrollkreis sein kann. Es versteht sich daher fast von selbst, daß in Meßanlagen, die von ungelernten Personen bedient werden oder bei denen Meßwerte sogar automatisch an Datenverarbeitungsanlagen weitergegeben werden, umfangreichere Kontrolleinrichtungen notwendig sind als bei Meßgeräten, die von hochqualifizierten Personen bedient werden.

Erfahrungsgemäß haben Elektroniker, die neu in dieses Arbeitsgebiet kommen, anfänglich erhebliche Einarbeitungsschwierigkeiten, weil sie zunächst nur die Technik des betreffenden Meßgerätes betrachten. Erst wenn man alle Gegebenheiten der Anwendung und das Betriebsverhalten des Gerätes kennt, kann man Art und Umfang etwa benötigter Kontrolleinrichtungen festlegen.

Die Anwendung von Kontrollschaltungen hat seit Jahren - nach den verständlichen Anlaufschwierigkeiten- aus guten Gründen die Zustimmung z.B. der Hersteller eichpflichtiger Waagen gefunden. So verkürzt sich die von der PTB für eine Bauartzulassung benötigte Zeit beträchtlich, weil es in wenigen Stunden möglich ist, ein elektronisches Arbeitsschema auf Fehlererkennbarkeit zu überprüfen. Der früher gelegentlich notwendige und finanziell recht aufwendige nachträgliche Einbau von Kontrolleinrichtungen ist durch rechtzeitige Kontaktaufnahme mit der PTB und durch die Entwicklung der Mikroprozessoren verschwindend gering geworden.

Naturgemäß gibt es auch heute noch in diesem Bereich einige Probleme. Nicht alle unserer ausländischen Kollegen verfügen in ihren Meßdiensten über ausreichende Erfahrung in der modernen Elektronik. Sie versuchen daher das Problem durch umfangreiche Zuverlässigkeitsprüfungen an einzelnen Mustergeräten zu lösen.

Auch die laufende Überwachung der Fabrikation ist im Gespräch. Eine halbwegs praktikable Lösung wurde bisher jedoch noch nicht gefunden. Es wird daher wohl nach unserer Auffassung dabei bleiben, daß man bestimmte elektronische Baugruppen mit Kontrollschaltungen ausrüsten muß. Dies ist besonders dann unumgänglich, wenn man vom Prüfergebnis eines einzelnen Mustergerätes nicht mit ausreichender Sicherheit auf das Betriebsverhalten der kommenden Seriengeräte schließen kann. Beispielsweise bei Änderung des Fertigungsverfahrens und beim Wechsel des Bauteileherstellers.

4.1 Störungsarten

Wie schon erwähnt ist der Umfang solcher Kontrolleinrichtungen in Abhängigkeit vom Betriebsverhalten des Meßgerätes und der Art seines Einsatzes festzulegen. Es ist daher nicht nötig, daß jede Art von Störung durch die Kontrollschaltung erkannt wird: So kann z.B. der Operateur die durch eine "offensichtliche Störung" verursachte falsche Arbeitsweise ohne weiteres erkennen. Zu solchen offensichtlichen Störungen zählen z.B. Netzausfälle, oder ein teilweiser Ausfall der Ausgabeeinheit, -dann können z.B. eine oder mehrere Ziffern des Abdrucks oder in der Anzeige fehlen- oder man sieht einen andauernden raschen Wechsel der Ziffern in einer der Anzeigestellen u. dgl.

Uninteressant sind auch die "unbedeutenden Störungen", die höchstens einen so kleinen Fehler hervorrufen, daß dieser nicht zu einer Überschreitung der zulässigen Fehlergrenzen führt. Ausgenommen werden auch jene Fehler, die sich durch gleichzeitiges Versagen zweier oder mehrerer voneinander unabhängig arbeitender Bauelemente ergeben können, da diese erfahrungsgemäß außerordentlich selten vorkommen (Mehrfachfehler, Fehler 2. Ordnung).

Somit bliebe als Aufgabe für die Kontrollschaltungen übrig, nur noch jene "bedeutenden Störungen" 1. Ordnung erkennbar zu machen, die vom Operateur sonst nicht bemerkt werden können, die aber ohne Zweifel zur Überschreitung der für die ausgegebenen Meßwerte geltenden Fehlergrenzen führen. Dies also wollen wir unter der Bezeichnung "Funktionsfehler-Erkennbarkeit" (FFE) verstehen.

Welcher Art müssen nun diese Kontrolleinrichtungen sein und nach welchen Gesichtspunkten müssen sie festgelegt werden?

4.2 Kontrollschaltungen und ihre Auswirkungen

Wie schon gesagt, gibt es Kontrollen, die manuell ausgelöst werden und solche, die automatisch ablaufen und zwar entweder <u>zwischen</u> den Messungen - dann spricht man von einer "zeitweiligen automatischen Kontrolle" - oder <u>während</u> der Messung, - dann handelt es sich um eine "ständige automatische Kontrolle." Im allgemeinen werden bei der Beurteilung der Schaltung hinsichtlich FFE in Abhängigkeit von der Anwendungsart des Meßgerätes mehrere verschiedenartige Kontrollen notwendig sein, mit deren Hilfe hinreichende Meßsicherheit erreicht werden kann. Wann und wie oft die Kontrollen durchgeführt werden sollen wird nach Würdigung aller Umstände beim Bauartzulassungsverfahren festgelegt. Dabei wird die Frage der Verwendung manueller oder automatischer Kontrollen durch einen Kompromiß zwischen dem technisch Machbaren und dem wirtschaftlich Vertretbaren entschieden. Manuelle Kontrollen sollen jedoch so einfach durchführbar sein, daß der Operateur die vorgesehene Kontrolleinrichtung auch wirklich betätigt.

Spezielle Vorschriften darüber, wie eine solche Funktionsfehlererkennungsschaltung auszusehen hat, sind nicht herausgegeben worden; dadurch würde nur der Wettbewerb beeinträchtigt werden. Ein Einheitsschaltungskonzept wäre sicher bald die Folge und damit würde der technische Fortschritt behindert werden.

Zusammenfassend kann man sagen, daß nach der Philosophie der PTB diese Kontrollschaltungen die Hersteller der Meßgeräte unabhängig machen sollen von den Lieferschwierigkeiten für elektronische Bauelemente, die sich besonders in den letzten Jahren -oft auch infolge des sehr raschen technologischen Fortschritts- unangenehm bemerkbar gemacht hatten. Sie sollen unabhängig machen von den sich dadurch rasch ändernden Qualitätseigenschaften und schaltungstechnischen Möglichkeiten der angelieferten Bauelemente und sie sollen dem jeweiligen Verwendungszweck des Meßgerätes angepaßt optimale Lösungen hinsichtlich Funktionsfehlererkennbarkeit und Wirtschaftlichkeit bieten.

Behördlicherseits ist es dabei weniger wichtig, großen Wert auf die Verwendung besonders zuverlässiger elektronischer Bauelemente zu legen. Der Hersteller wird aus verkaufstechnischen Gesichtspunkten in jedem Falle die Wahl so treffen, daß die Verfügbarkeit der Geräte nicht zu klein wird. Jedoch wird von der PTB Wert darauf gelegt, daß das Gerät keine falschen Werte ausgibt, die durch nicht erkannte "bedeutende Störungen" hervorgerufen werden und die die für das Meßgerät geltenden zulässigen Fehlergrenzen überschreiten.

Die Forderung nach FFE wird ferner gestellt im Interesse sowohl der PTB als auch der Hersteller und der Betreiber der Meßgeräte, denn für den elektronischen Teil der Anlagen sind dann während des Zulassungsverfahrens in der PTB keine langwierigen Zuverlässigkeitsprüfungen durchzuführen - einige wenige Besprechungen des Schaltungskonzeptes sowie Funktionstests im vorgeschriebenen Temperaturbereich genügen meist. Ferner braucht der Eichbeamte weder bei der Ersteichung noch bei der Nacheichung z.B. die Richtigkeit des in eine Waage eingebauten Preirechners zu überprüfen. Dadurch werden viel Zeit und Kosten gespart.

Das Problem der sowieso nicht praktikablen Fertigungsüberwachung durch die Behörde stellt sich erst gar nicht und die Mehrkosten für die einzubauenden Kontrolleinrichtungen werden immer geringer. Sie waren schon bisher tragbar, wenn das Schaltungskonzept von vornherein im Einvernehmen mit der PTB im Hinblick auf die FFE geplant wurde. Sie werden unbedeutend durch den sich anbahnenden Trend, Mikroprozessoren in den Meßgeräten zu verwenden, die eine gleichzeitige Steigerung der Verwendungsmöglichkeiten der Meßgeräte ohne entsprechenden Aufpreis im Gefolge haben.

Durch die Verwendung von Mikroprozessoren wird es künftig möglich sein, auf zwei verschiedene Geräteausführungen zu verzichten; bisher werden meist noch zwei Gerätetypen hergestellt, nämlich eine Ausführung für den eichpflichtigen Verkehr sowie anspruchsvollere Anwender und eine zweite Ausführung für innerbetriebliche Zwecke.

Weitere Fakten, die die Industrie noch als besonderen Vorteil für den Vertrieb von Meßgeräten mit FFE anführt, ergeben sich im Falle von Haftungsansprüchen für Folgeschäden. Weil der Fehlerzustand der Anlage ohne weiteres erkennbar ist, ist der Verursacher von Folgeschäden juristisch ohne weiteres eindeutig definierbar. Dies könnte besonders im Hinblick auf die bereits im Gespräch befindliche europäische Regelung über eine erweiterte Haftung der Hersteller von Apparaten für Folgeschäden interessant werden, ähnlich wie sie sie schon heute in den USA gibt.

Ferner wird argumentiert, daß ein Gerät mit FFE eine weitere positive Antwort der Industrie an die Verbraucherschutzverbände darstellt.

Außerdem ist ein mit FFE ausgerüstetes Gerät für einige Hersteller ein wesentliches Verkaufsargument, weil manche Kunden darauf bestehen, auch für nicht eichpflichtige Anwendungen eichfähige Meßgeräte einzusetzen.

Ferner weisen Meßgerätehersteller darauf hin, daß für sie die Einsparung an Zeit, die sich aus dem Verzicht auf die langwierigen Zuverlässigkeitstests für die Elektronik während des Zulassungsverfahrens ergibt, ebenso wichtig ist wie die sich dadurch ergebende Vereinfachung des Zulassungsverfahrens und daß selbst in kleinen Betrieben das notwendige know-how auf dem Gebiet der Elektronik heute schon vorhanden ist.

4.3 Vorschriften für elektronische Einrichtungen

Ebenso wie bei anderen eichpflichtigen Meßgeräten gibt es in der deutschen Eichordnung auch Bauvorschriften für die hier betrachteten Meßgeräte mit elektronischen Einrichtungen. Diese Vorschriften sind, wie oben bereits begründet, bewußt allgemein gehalten und lassen daher dem Konstrukteur einen weiten Spielraum. Für Waagen und ihre Zusatzeinrichtungen - also beispielsweise Druckwerke und Geräte zur Fernübertragung und Weiterverarbeitung der Meßwerte - sind die Vorschriften in der Anlage 9 der Eichordnung unter den Punkten 14.8 und teilweise 14.9 festgelegt. Mit Rücksicht auf etwaige Auslegungsschwierigkeiten sind noch zusätzlich erläuternde Rundschreiben der PTB herausgegeben worden.

5. Regelungen im Ausland

Es sei noch vermerkt, daß man beispielsweise bei den metrologischen Meßdiensten der Schweiz und in Frankreich seit einigen Jahren praktisch gleich verfährt wie in Deutschland und daß in den zuständigen Arbeitsgruppen der EWG an einer zufriedenstellenden Formulierung der Richtlinien für Meßgeräte mit elektronischen Einrichtungen gearbeitet wird.
An der großen Anzahl der bereits in Brüssel abgehaltenen Sitzungen erkennt man aber wieder die Schwierigkeiten dieses Grenzgebietes zwischen Elektronik und Metrologie.

SIGNALTECHNISCHE ASPEKTE
VON FUNKTIONSFEHLERN

ASPECTS OF SIGNAL ENGINEERING
FOR FUNCTIONAL DEFECTS

H. - D. Schulz-Methke

Espera-Werke GmbH

D - 4100 Duisburg

Summary

External noise influence and the failure of electronic parts in measuring information systems being the reason for malfunction which affect the accuracy in an inadmissible way. The probability of a functional fault is an essential criterion. It appeared that improvement of the reliability alone does not exclude the individual appearance of sporadic error and economical aspects not to be sufficiently considered. This is important for weight measuring in trade. Well-founded theoretic informative measures for code protection must be taken. These are in a not-trivial case of arithmetic and logical processing parallel or serial working check operations which means operation redundancy. By using micro processors functional error protection also covers the operation code if proportion of the remaining errors is to be held to an allowable rate of 10^{-5} operations.

Der Signaltechnik liegt die Aufgabe zu Grunde, eine Primärinformation in eine Ausgangsinformation zu transformieren, wobei beide durch eine bestimmte Operation miteinander verbunden sind. Die Operation ist im einfachsten Fall eine Weiterleitung vom Entstehungsort des physikalischen Meßwertes zu einer Anzeige, im weiteren Sinne eine logische oder arithmetische Operation, der ein Meßwert unterzogen wird, um verwertbare Resultate zu erhalten. Die technische Realisierung wird durch Störungen beeinflußt, die entweder von außen in das System gelangen wie Störimpulse auf der Versorgungsspannung, der Einfluß von Fremdlicht bei photoelektrischen Meßwertaufnehmern oder Systemveränderungen, die durch eine zu hohe Umgebungstemperatur entstehen; oder sie entstehen in ihm selbst durch kapazitive Kopplungen zwischen Datenleitungen, Einbruch der Betriebsspannung durch Schaltvorgänge und temporären oder stationären Ausfall von Bauteilen.

Während der Bauteilausfall durch technologische Fortschritte ständig geringer wird, gewinnen externe elektrische Störungen an Bedeutung, indem mit zunehmender Zahl von Stromverbrauchern die Größe und die Häufigkeit von Störimpulsen auf der Versorgungsspannung bei netzbetriebenen Geräten zunimmt. Es ist zu vermuten, daß sie zur häufigsten Ursache werden. Eine amerikanische Untersuchung (1) aus dem Jahre 1968 zeigt bereits, daß in Industrienetzen täglich mit 4 Überspannungsimpulsen bis zu 1 μsec Dauer von 400 Volt, von 200 Volt aber bereits mit 1000 Impulsen gerechnet werden muß. In der Zwischenzeit haben sich die Verhältnisse bestimmt nicht gebessert.

Für die Ausführung digitaler Meßinformationssysteme ist der Einfluß elektrischer Störungen daher ein besonderes Problem, und die Störempfindlichkeit digitaler Schaltungen bestimmt zunehmend ihre Verwendbarkeit.

In Bild 1 ist der Störabstand für eine Reihe von integrierten Schaltungen verschiedener Technologien dargestellt, wobei als Maß für die Störgröße die Amplitude des Störimpulses und seine Breite auf der Signalleitung verwendet werden. Impulse, deren Größe unterhalb der ausgezogenen Linien liegen, beeinflussen die Schaltung nicht, oberhalb liegende führen zu Störungen (2).

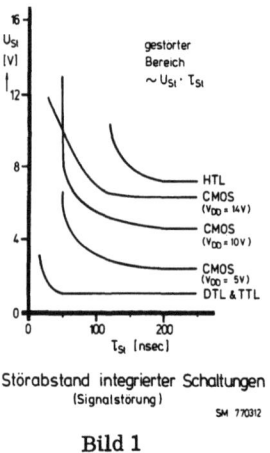

Störabstand integrierter Schaltungen
(Signalstörung)

Bild 1

Bei langsamen Impulsen wirkt die statische Störsicherheit, der Störeinfluß hängt nur von der Impulshöhe ab. Mit abnehmender Dauer des Störimpulses wird die erforderliche Impulshöhe für eine Störung sehr groß, bis schließlich diese dynamische Störsicherheit verhindert, daß noch kürzere Impulse überhaupt stören können.

Der Übergang von amplitudenkonstanter zu amplitudenabhängiger Störempfindlichkeit vollzieht sich etwa dort, wo die Impulsbreite mit der Signallaufzeit in der Schaltung vergleichbar wird.

Ausfallfunktionen, die sich auf das Versagen einzelner elektronischer Bauteile beziehen, sind in hohem Maße von der Sorgfalt bei der Fertigung und von der Verwendungsart abhängig. Die in Bild 2 wiedergegebenen Ausfallraten als Anteil einer Menge von Elementen gleichen Types, die in einer Zeiteinheit ausfällt und die in Klammer angegebenen Ausfallursachen können daher nur als beispielhaft gewertet werden, da in einem Meßgerät die Ausfallrate eines Bauteiles auch vom Verhalten anderer Bauteile abhängt. Am Anfang der Betriebszeit ist ein relativ hoher Ausfall zu beobachten, der nach einigen Hundert Stunden auf einen wesentlich kleineren Wert absinkt und am Ende der Lebensdauer wieder stark ansteigt.

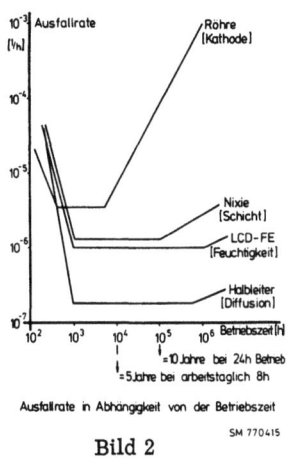

Bild 2

Störungen und der Ausfall von Bauteilen führen zu einer Verfälschung der Systemfunktion in zumeist völlig unkontrollierbarer Weise und sind Ursache der Funktionsfehler, die die Richtigkeit unzulässig beeinträchtigen.
Da Genauigkeit und Verfügbarkeit eines Meßsystemes seine Verwendbarkeit mitentscheiden, ist die Wahrscheinlichkeit eines Funktionsfehlers ein wesentliches Gütekriterium des jeweiligen Gerätes.
Die Optimierung von Meßsystemen hinsichtlich dieses Gütekriteriums kann von zwei Seiten aus erfolgen: Durch Erhöhung der Zuverlässigkeit und durch eine Absicherung gegen Funktionsfehler in der Art, daß Fehler, die in ihrer Größe die zulässige Fehlergrenze überschreiten, mindestens erkannt, in einer weiteren Wertstufe korrigiert werden.
Bei der Meßwertverarbeitung als rein physikalischer Aufgabe sind das Optimierungskriterium der kleinstmögliche quadratische Fehler, die Standardabweichung bei statistischer Fehlerverteilung in Abhängigkeit von der Menge der im System verarbeiteten Informationen.
In der praktischen, wirtschaftlich orientierten Anwendung hingegen und insbesondere als Meßgeräte zur Bestimmung der Leistung im handelsrechtlichen Verkehr ist die Verhältnismäßigkeit der Mittel ein weiterführender Gesichtspunkt. Hier muß man sich durchaus im klaren sein, daß die Größe des noch tolerierbaren Fehlers nicht meßtechnisch sondern anwendungstechnisch bestimmt ist aus dem Grunde, daß Aufwand und Ausführung des Fehlerschutzes von wirtschaftlichen Gesichtspunkten beeinflußt werden. Dieser wirtschaftliche Gesichtspunkt schränkt, mit Ausnahme der Meßsysteme, die zum Schutz von Menschenleben eingesetzt werden und von daher ein höchstmögliches Maß an Sicherheit zu bieten haben, insofern die Wahl der technischen Ausführung ein, als die zusätzlichen Kosten hierfür in angemessenen Grenzen gehalten werden müssen.
Es erfaßt aber die heutige Informationstheorie nicht die semantischen und pragmatischen Aspekte, auf die es bei der Berücksichtigung ökonomischer Aspekte ankommt (3).
Das hat zur Folge, daß die in der Eichordnung (4) festgelegten zulässigen Fehlergrenzen für Meßgeräte in der Verwendung im öffentlichen Verkehr, besonders in der digitalen Meßwertverarbeitung, bisher signaltechnisch nicht optimal erfüllt werden können.
Für die digitale Meßwerterfassung und -verarbeitung, die heute im Mittelpunkt des Interesses steht, ist unzweifelhaft, daß jedes Meßsystem zunächst ein hohes Maß an Zuverlässigkeit besitzen muß, um überhaupt verwendbar zu sein. Wenn man jedoch in der Praxis vor der Aufgabe

steht, durch technische Maßnahmen dafür zu sorgen, daß unzulässige große Meßfehler regelmäßig vermieden oder mindestens erkannt werden, so erfordert dies zusätzliche Maßnahmen, wobei die weitere Erhöhung der Zuverlässigkeit nur das mittlere Verhalten im statistischen Sinne verbessert, nicht aber den sporadisch auftretenden, größenmäßig nicht festlegbaren Einzelfall erfaßt, der z.B. für das Verhältnis Verkäufer-Kunde bei Handelswaagen wichtig ist. In diesem Verhältnis eines Geschäftsabschlusses ist nämlich nicht das mittlere Verhalten der Fehlerverteilung wesentlich, sondern die Einhaltung akzeptabler Fehlergrenzen im Einzelfall (5).

Für eine solche Festlegung von Fehlern und Fehlergrenzen zeigt sich, daß ihre Realisierung durch Erhöhung der Zuverlässigkeit durch Auswahl, Dauerprüfung und Kontrollen schnell an eine ökonomische Grenze stößt, die eine weitere Verbesserung auf diesem Wege nicht mehr gestattet.

Es ist daher ein günstiger Weg, durch zusätzliche Maßnahmen im informationstheoretischen Ansatz der Meßwertbearbeitung einen Funktionsfehlerschutz anzustreben, als auf anderem Wege keine oder nur sehr aufwendige Lösungen zu erhalten. Beschränkt man sich auf digitale Meßsysteme, die man auch als Meßkette wegen des Ineinandergreifens verschiedener Operationen bezeichnet, so ist in binärer Darstellung des Meßwertes ein Fehler die Vertauschung der beiden möglichen Zustände 0 und 1. Die Wahrscheinlichkeit, mit der eine solche Vertauschung auftritt, reduziert den Informationsinhalt der codierten Darstellung des verarbeiteten Meßwertes bis zu dem Punkt, wo sie 0,5 geworden ist und der Ausgang der Meßkette keine verwertbare Information mehr enthält. Dann kann nicht mehr entschieden werden, was falsch und was richtig ist.

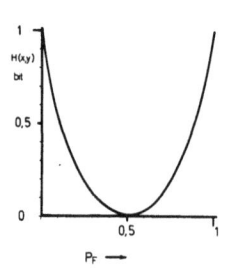

Transinformation vs Fehlerwahrscheinlichkeit

Bild 3

Der Zusammenhang zwischen einer am Eingang einer Meßkette vorhandenen Information H (x) und der am Ausgang der Meßwertübertragung entstehenden Transinformation H (x ; y), die aus der Eingangsinformation durch Überlagung von Störungen y in der Meßkette entstanden ist, ist in Bild 3 in Abhängigkeit von der Fehlerwahrscheinlichkeit PF für symmetrische Störungen binärer Signale dargestellt (6). Von Bedeutung ist eigentlich nur der linke Bereich, indem mit zunehmender Fehlerwahrscheinlichkeit die Aussagesicherheit abnimmt, wie groß der Ausgangswert denn nun wirklich ist, bis zur Grenze $P_F = 0,5$. Bei dieser Fehlerwahrscheinlichkeit ist überhaupt keine Aussage mehr möglich, da jeder bit-Stelle die gleiche Wahrscheinlichkeit zukommt, richtig oder falsch zu sein. Oberhalb von $p_F = 0,5$ nimmt die Richtigkeit der Annahme zu, daß ein Fehler vorliegt, bis man schließlich bei $p_F = 1$ weiß, daß das entgegengesetzte Ausgangssignal das richtige ist.

Um den Inhalt einer Eingangsinformation auf den Ausgang zu übertragen in der Form, daß er entweder als falsch erkennbar ist oder daß er auf den wahrscheinlich richtigen Wert zurückgebracht werden kann, ist es notwendig, die Eingangsinformation zu erweitern. In der Art und Weise, wie das geschieht, bis zu welcher Redundanz und welchem Hammingabstand der Codeworte, spiegelt sich der Wert einer solchen Maßnahme wieder. Erreicht werden soll, daß die am Ausgang abgegebene Transinformation die gleiche Entropie besitzt wie der Entscheidungsgehalt der am Eingang der Meßkette vorliegenden Meßinformationen und zwar in Abhängigkeit von der Fehlerwahrscheinlichkeit. Dabei muß berücksichtigt werden, daß der redundante Teil der Eingangsinformation auch den Störungen unterliegt und damit fehlerhaft mit der gleichen Wahrscheinlichkeit ist. Die Entropie der Eingangsinformation ist in Bild 4 in Abhängigkeit von der Fehlerwahrscheinlichkeit dargestellt und gibt den mittleren Zusammenhang zwischen Fehlerwahrscheinlichkeit und erforderlicher Coderedundanz der Eingangsinformation wieder, die notwendig ist, um am Ausgang den gleichen Informationsinhalt zu haben wie im fehlerfreien Fall.

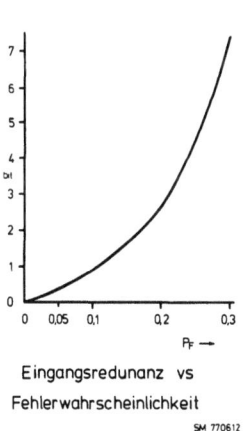

Eingangsredunanz vs Fehlerwahrscheinlichkeit

Bild 4

Bei hoher Fehlerwahrscheinlichkeit ist schließlich auch durch eine hohe Redundanz keine gesicherte Übertragung möglich, das dann vorliegende System versagt ständig.

Wenn sich aus diesem Zusammenhang auch eine Grenze der Fehlerwahrscheinlichkeit und damit ein Gütekriterium ableiten ließe, werden die weiteren Ausführungen zeigen, daß das nur in sehr begrenztem Umfang möglich ist. Solange es sich bei der Meßwertverarbeitung um eine Übertragung und Speicherung handelt, sind redundante Codierung, indem den die Information tragenden Codeworten noch soviel Kontrollstellen systematisch hinzugefügt werden, daß die innere Struktur des neuen Codewortes fehlerhafte Worte erkennen läßt, durch Swoboda (7) zusammenfassend dargestellt. Hier finden sich auch dann Angaben über die Restfehlerrate. Für fehlergesicherte nicht-triviale Informationsverarbeitungen hingegen besteht jedoch die Schwierigkeit, daß ein nach den Gesichtspunkten der Fehlererkennung codierter Meßwert nicht in gleicher Weise logischen und arithmetischen Operationen mit dem Ziel unterworfen werden kann, auf diese Weise auch ein für die Fehlererkennung geeignetes Codewort zu erhalten. Die Kontrollstellen verlieren ihre Funktion, indem sie nicht mehr systematisch mit dem Codewort verbunden sind.

Unterwirft man eine bei Speicherung und Übertragung relativ leicht überprüfbare redundante Codierung andererseits nur hinsichtlich der den Meßwert tragenden Binärstellen einer arithmetischen Operation und berechnet die Kontrollstellen für das Ergebniswort danach neu, so wird ein wesentlich fehlerträchtiger Teil der Meßwertverarbeitung nicht in die Kontrolle einbezogen.

Um in diesen Fällen zu fehlergeschützten Systemen zu kommen, gibt es zwei Wege:
Die eine Möglichkeit sind parallele Kontrollsysteme, die im wesentlichen den gleichen Operationsablauf wie das Meßsystem haben und zumeist synchron zu ihm arbeiten. Die Entscheidung über die Richtigkeit erfolgt am Ende des Systems, indem ein Vergleicher die Übereinstimmung beider Resultate feststellt. Die zweite Möglichkeit sind serielle Kontrollfunktionen, indem ein zweites Mal das System in einer Weise benutzt wird, daß am Ende ein vorherbestimmtes Ergebnis entsteht, dessen Auftreten über die Verwendbarkeit des Resultates entscheidet.

In beiden Fällen muß derjenigen Anordnung, die das Entscheidungssignal liefert, besondere Aufmerksamkeit gewidmet werden, um nicht von vornherein und unabhängig vom Ergebnis eine positive Aussage signalisiert zu erhalten. Von hier aus bestimmt sich der Entwurf funktionsfehlergeschützter Meßsysteme, die in Bild 5 und 6 beispielhaft dargestellt sind.

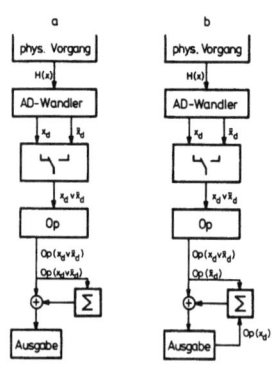

Fehlersicherung durch Serienoperation

Bild 5

Der physikalische Meßvorgang in Bild 5 a liefert eine Eingangsinformation H (x), die in einem Analog-Digital Wandler in zwei, zueinander komplementäre Codeworte x_d und $\bar{x}_d$ umgesetzt werden. Sie werden nacheinander über eine Anordnung, die einem Umschalter entspricht, der Operationseinheit OP zugeführt. Das Resultat $O_p(x_d)$ auf der Grundlage des direkten Codewortes wird in die Anzeigeeinheit geliefert, die Anzeige selbst aber davon abhängig gemacht, ob in einer Summiereinheit Σ ein Resultat vorherbestimmter Größe aus dem direkten und dem komplementär ermittelten Resultat entstanden ist. Dieses Verfahren, zur Kontrolle ein grundsätzlich bekanntes Resultat unter Einschluß des eigentlichen Resultates zu ermitteln, läßt sich noch verbessern, wenn von der Anzeige aus das Ergebnis rückgelesen wird und damit ihre Funktion in die Kontrolle miteinbezogen ist (Bild 5 b). Auch bei Paralleloperationen werden zwei, den Meßwert digital darstellende Codeworte aus dem Analogwert erzeugt und dann aber zwei, im wesentlichen gleichwertigen Operationen unterworfen. Ihre Ergebnisse werden in einem exclusive-or-Gatter auf Übereinstimmung im vorgegebenen Sinne, insbesondere also auf komplementäre Gleichheit überprüft und vom Ergebnis der Prüfung die Freigabe der Anzeige bewirkt. Auch hier läßt sich die Funktion der Anzeige mit in den Kontrollvorgang einbeziehen, wenn das zur Anzeige bereitstehende Ergebnis in die Vergleicherschaltung rückgelesen wird. Schließlich ist es auch möglich, das zur Anzeige bereitstehende Ergebnis einer zur Meßwertverarbeitung inversen Operation zu unterwerfen und mit dem zweiten Digitalwert des Meßwertes zu vergleichen. Vor- und Nachteile beider Möglichkeiten hängen von der Aufgabe und der technischen Realisierung ab.

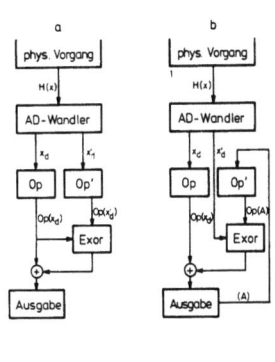

Fehlersicherung durch Paralleloperation

Bild 5

Während bei der Paralleloperation das Verarbeitungssystem doppelt vorhanden sein muß, erfordert das Seriensystem die doppelte Verarbeitungszeit bei vorgegebener Verarbeitungsgeschwindigkeit. In dieser einfachen Form bedeutet daher die Funktionssicherung einen beträchtlichen Mehraufwand, der entweder in der doppelten Anzahl von Bauelementen liegt oder aber schnellere und damit teuere Systeme erfordert, wenn eine vorgegebene Leistung erreicht werden muß. Schließlich muß bedacht werden, daß doppelter Aufwand auch eine Vergrößerung der Fehlerrate durch Bauteilausfall zur Folge hat oder doppelte Bearbeitungszeit bzw. die geringere dynamische Störsicherheit schnellerer Systeme die Häufigkeit von Störungen pro Operation heraufsetzt.

Es hat daher nicht an Versuchen gefehlt, durch geschickte Anordnung den Mehraufwand so zu reduzieren, daß das für den Funktionsfehlerschutz wichtige Gütemaß, die Sicherheit der Erkennbarkeit richtiger Ergebnisse in der Form der Restfehlerwahrscheinlichkeit

$$R = \frac{\text{Anzahl der nichterkannten fehlerhaften Ergebnisse}}{\text{Gesamtzahl der Ergebnisse}}$$

mit geringerem Aufwand gering zu halten. In die Anzahl der richtigen Ergebnisse sind diejenigen mit einzurechnen, die nicht exakt, sondern nur innerhalb der zulässigen Fehlergrenzen richtig sind.

Als fehlerhafte Ergebnisse brauchen mit gewissen Einschränkungen auch nicht diejenigen gerechnet werden, die aufgrund der Größe des Fehlers ohne weiteres als falsch vom Benutzer erkannt werden.

An dieser Stelle ist ein Vergleich mit Fehlerraten bei analog arbeitenden Meßinformationssystemen zu ziehen. Hier sind die informativen Größen Mittelwerte über eine große Anzahl von Mikroprozessen und werden von kurzzeitigen Störungen wenig beeinflußt. Andererseits ändern langzeitige Verschiebungen wie Temperaturänderungen, Kennlinienverschiebungen durch Alterungen den Meßwert proportional zur Meßgröße. Die Restfehlerwahrscheinlichkeit hängt damit wesentlich von der Breite des zulässigen Fehlerbereiches ab. Bei digitaler Darstellung ändert sich wegen der unterschiedlichen Gewichtigkeit der einzelnen bit-Stelle bei gleicher Fehlerwahrscheinlichkeit die Fehlergröße sprunghaft im ganzen darstellbaren Wertebereich, und es wird die Restfehlerwahrscheinlichkeit weitgehend unabhängig von der Breite der zulässigen Fehlerbereiche.

Für die Fehlersicherung durch Operationsredundanz sind, insbesondere aus der Patentliteratur (8) eine Reihe technischer Ausführungsformen bekannt geworden, die der Fehlererkennung dienen und auf die beiden Darstellungsarten zurückgeführt werden können. Dabei ist es stets zweckmäßig, die Kontrollfunktion mit den jeweils binär komplementären Darstellungen zu realisieren, um den Einfluß unsymmetrischer Vertauschungen nach Möglichkeit auszuschließen und die Kontrollaussage nicht als konstantes Signal, sondern als einen Umschaltvorgang zu erhalten.

Im einzelnen wird davon Gebrauch gemacht, daß aus Zahlenwerten operationsinvariante Größen abgeleitet werden können, die im zahlentheoretischen Zusammenhang der Kongruenz begründet sind. So ist der Teilungsrest invariant gegenüber Addition, Subtraktion, Multiplikation und mit Einschränkung auch gegenüber der Division. Werden zwei Zahlen miteinander multipliziert und das Produkt durch eine dritte Zahl geteilt, so entsteht im allgemeinen ein Rest. Er ist bei fehlerfrei ausgeführter Multiplikation genauso groß wie der Rest, der entsteht, wenn das Produkt der Teilungsrest der Faktoren durch die dritte Zahl geteilt wird. Ein Fehlerdatenrechner kann so mit einer wesentlich kleineren Leistungsfähigkeit vielstellige Multiplikationen überprüfen unter Anwendung der Rechenregeln, die als Nenner- oder Elferprobe bekannt sind.

In die binäre Darstellung von Meßwerten sind solche Teilbarkeitsregeln aus den dezimalen Zahlensystem übertragbar mit der Einschränkung, daß bei der zumeist gewählten binär-dezimalen Darstellung (BCD) Korrekturglieder derart angebracht werden müssen, daß die Vereinfachung der Kontrolloperationen gegenüber der eigentlichen wieder aufgehoben wird.

Es fragt sich daher, ob solche auf der Zahlentheorie basierenden Überlegungen überhaupt von Wert sind, wenn höher integrierte Logiksysteme den vom Entwickler zu erbringenden mathematischen Denkprozeß zur Ausnutzung dieser Möglichkeiten kompensieren. Solche Verkürzungen waren solange richtig und sinnvoll, wie der Umfang logischer oder arithmetischer Operationen den Schaltungsaufwand bestimmte.

Mit der Einführung von Mikroprozessoren, deren logisches Verhalten durch ein Operationsprogramm beschrieben wird, ändert sich die Situation in doppelter Hinsicht:

Infolge des hohen Integrationsgrades ist es schlechterdings unmöglich, die Folgen des Versagens eines Transistors im Mikroprozessor vorauszusehen, zumal der Geräteentwickler die Innenschaltung nicht kennt und sie auch in der Auslegung nicht beeinflussen kann. Für ihn ist der Mikroprozessor die "black box", die auf Eingangsgrößen in der bestimmten Weise reagiert wie sie im Befehlssatz festgelegt sind.

Die Befehle wiederum, die im Befehlsspeicher abgelegt sind, sind wie Daten binär codierte Informationen, und damit ist der Operationsablauf der gleichen Fehlerwahrscheinlichkeit unterworfen wie die Daten. Fehler im Befehlssatz sind vergleichbar mit dem Ausfall von Bauteilverbindungen bei konventionellen Digitalschaltungen. Der Geräteentwickler hat aber keinen Einfluß auf den Hamming-Abstand der Befehlsworte, im handelsüblichen Mikroprozessor unterscheiden sich vielfach zwei zueinander inverse Operationen in nur einem bit mit der Folge, daß im Falle eines Fehlers beispielsweise zwei Werte addiert statt subtrahiert werden und das Ergebnis keineswegs auf den ersten Blick als fehlerhaft erkannt werden kann.

Das von v. Neumann angegebene und in einem Mikroprozessor auf kleinstem Raum realisierte Prinzip, in Informationssystemen Daten und Befehle gleichartig zu behandeln, sie als Information aufzufassen und ihren Einfluß auf den Funktionsablauf nur noch von der Stellung in Speichern abhängig zu machen, führt dazu, daß eine Absicherung gegen Fehler nur noch in der Gestaltung des Operationsprogrammes möglich ist. Der Begriff der Funktionsfehlersicherheit, der zunächst aus dem Ausfall von Bauelementen entstanden ist und zusätzliche Maßnahmen im Schaltungsaufbau und der Schaltungsauslegung erzwang, kann in Meßinformationssystemen nur noch erreicht werden, wenn durch eine redundante Programmstruktur Kontrollroutinen ablaufen, die die Fehlererkennung gewährleisten. Es verlagert sich die Lösung der Aufgabenstellung in den Bereich der Systemanalyse und der aus ihr resultierenden Programmierung.

Wie in einem Meßinformationssystem mit Mikroprozessoren vorgegangen werden kann, um einen Funktionsfehlerschutz zu erreichen, soll anhand von Bild 7 dargestellt werden. Es enthält eine Zentraleinheit, den Mikroprozessor μP, der über Adress- und Datenleitung mit dem Programmspeicher ROM, dem Datenspeicher RAM und über Anpaßschaltung mit den peripheren Geräten, dem Meßsystem, einer Tastatur und einer Anzeige, einem Druckwerk in informeller Wechselwirkung steht. Normalerweise werden die Informationen über den Meßwert vom Programm, das im ROM gespeichert ist abgerufen, und zwar entweder zu bestimmten Zeiten im Ablauf oder auf Anforderung in dem Augenblick, indem sich der Meßwert geändert hat.

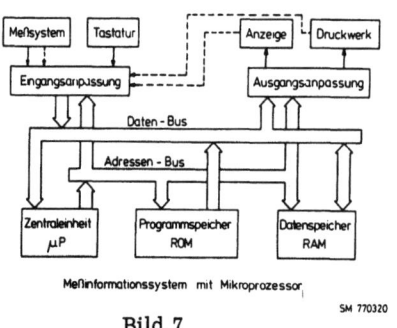

Bild 7

Über eine Eingangsanpassung liegt die Meßinformation dann auf dem Daten-Bus und wird von der Zentraleinheit übernommen, direkt mit anderen, in internen Registern gespeicherten Daten verarbeitet oder zunächst zur späteren Verarbeitung im Datenspeicher abgelegt. Das Ergebnis von Verarbeitungen steht nach dem Programmablauf wiederum im Datenspeicher zur Verfügung.

Es wird von dort entweder durch direkten Speicherzugriff (DMA) oder über die Zentraleinheit auf die Anpaßschaltung des Ausganges gegeben und in der Anzeigeeinheit zur Ablesung wiedergegeben oder im Druckwerk abgedruckt.

Diese Werte können fehlerhaft sein. Ein geschlossener Kontrollkreis entsteht, wenn nach dem Arbeitsablauf die Anzeige und der Abdruck rückgelesen werden und wie die Meßinformation und die manuelle Eingabe durch die Tastatur als Eingangsinformation für ein Kontrollroutine im Programm behandelt werden. Dabei ist es von Vorteil, wenn sie mit einer zweiten Meßinformation verknüpft werden, so wie es in Bild 7 als gestrichelte Linie angedeutet ist. Sind Ausgangsinformation und Ergebnis der Kontrollroutine überdies zueinander komplementär, so kann ein Speicherplatz im Datenspeicher vorgesehen sein, der einen Programmstart nur zuläßt, wenn er leer ist, sodann in ihn Zwischenergebnisse eingeschrieben werden und von dem dann von Null verschiedenen Inhalt der weitere Programmablauf abhängig gemacht ist und nach der Verknüpfung seines Inhaltes mit dem Kontrollergebnis wieder in den Nullwert zurückkommt und hiervon die Freigabe von Anzeige und Abdruck abhängt.

Zu einer Abschätzung der Restfehlerrate funktionsfehlergeschützer Systeme gelangt man, wenn man Erfahrungen aus der digitalen Nachrichtenübertragung im Datendienst verwendet. Hier sind durchschnittliche bit-Fehlerwahrscheinlichkeiten von 10^{-4} beim öffentlichen Telex- oder Telefonnetz und von 10^{-7} bei direkter Teilnehmerverbindung ermittelt worden, die durch Störungen aus der Spannungsversorgung und der Umwelt stammen (9).

Bei einer Meßwertverarbeitung mit einem Mikroprozessorsystem werden pro Verarbeitungszyklus, wenn der Meßwert arithmetischen Operationen wie einer Berechnung des Warenpreises aus einem Gewicht und einem Preis pro Gewichtseinheit unterworfen wird, größenordnungsmäßig 10^4 bit verarbeitet. Das bedeutet, daß mit einer aus Störungen resultierenden Fehlerrate von 10^{-3} gerechnet werden kann, die durch die Funktionsfehlersicherung um Größenordnungen gesenkt wird, da von ihr nicht erkannte Restfehler nur verbleiben, wenn innerhalb eines Operationszyklusses mehrere, sich gegenseitig kompensierende bit-Fehler auftreten. Die größte Restfehlerwahrscheinlichkeit entsteht, wenn trotz eines bit-Fehlers im Operationsablauf das Kontrollregister im obigen Beispiel in Null zurückkehrt, ein Wahrscheinlichkeitsprodukt, das mit 10^{-7} abgeschätzt werden kann. Das entspricht einer Betriebszeit von 3.000 Stunden, und es erweist sich die Ausführung von Kontrollroutinen als ein mit wirtschaftlich vertretbarem Aufwand einsetzbares Mittel, tolerierbare Restfehlerraten zu gewährleisten.

Literatur

1. Rischmüller, K.: Vor dem Ausfall schützen. Elektrotechnik 59 (1977) 14-19
2. Boaen, : Designing logic circuits for high noise immunity. IEEE-spectrum (1973) 52-58
3. Krauß, M.; Woschni, E.G.: Meßinformationssysteme. Heidelberg: Hüthig (1975)
4. Physikalisch-Technische Bundesanstalt: Eichordnung, Anlage 9, Nichtselbsttätige Waagen. Braunschweig: Deutscher Eichverlag (1975)
5. N.N.: Verordnung zur Änderung der Fertigpackungsverordnung. Bundesgesetzblatt I (1973) 843-850
6. Woschni, E.G.: Informationstechnik, Heidelberg: Hüthig (1974)
7. Swoboda, I.: Codierung zur Fehlerkorrektur und Fehlererkennung. München, Wien: Oldenbourg (1973)
8. Deutsches Patentamt, Offenlegungsschriften: Verfahren und Schaltungsanordnung zur Fehlerkorrektur 2545920 (1977). Verfahren und Prüfgerät zum Prüfen eines elektronischen Digitalrechners 1549546 (1976). Preisrechner für eine elektronische Waage 2244570 (1974). Mit einem Hauptdatenrechner verbundener Fehlerdatenrechner geringerer Leistungsfähigkeit 2048473 (1975). Fehlererkennungs- und Korrektureinrichtung 2619159 (1976)
9. Münchrath, R.: Datensicherung auf Übertragungswegen mit zyklischen Codes. Elektronik 25 (1976) 55-59

BEISPIELE FÜR FEHLERERKENNBARKEIT DURCH FUNKTIONSÜBERWACHUNG

AN ELEKTRONISCHEN MESSGERÄTEN

EXAMPLES FOR RECOGNITION OF FAULTS BY MONITORING THE FUNCTION

PROTECTION OF ELECTRONIC MEASURING INSTRUMENTS

HELMWART FÜLLES

TOLEDO WERK

K Ö L N

SUMMARY

The control of measuring instruments for weights and measures by governmental agencies goes far back into history.

Progress in electronic technology has made it necessary not only to prove reliability but also to make errors noticable to the user by signaling a sudden break down in the equipment.

Five examples are offered to illustrate in detail the method of checking the proper function of electronic measuring devices approved by Weight and Measures Authorities

1. Einleitung

Das kommerzielle Wägen aller Handelsgüter von den Rohstoffen bis zu den Fertigprodukten wurde schon in der historischen Vergangenheit bis zurück zu den alten Ägyptern durch staatliche Institutionen wie den Ämtern für Maß und Gewicht überwacht.

Fig.1   *Seelenwägung in der Unterwelt*

Die Meßsicherheit für Waagenbauerzeugnisse der Vergangenheit hingen weitgehend von der Qualität der Vergleichs- oder Prüfgewichtssätze und einiger weniger Pfannen- und Schneidenlagerstellen für den Waagenbalken ab.

Fig. 2
Einsatzgewichte waren auch schon den Römern bekannt

Die fortschreitende Verbesserung der feinmechanischen Fertigung und der optischen Erzeugnisse liefern uns bis heute analoganzeigende Geräte von hoher Meßsicherheit und hoher Lebensdauer (4o bis 5o-jährige industrielle Verwendung sind keine Seltenheit).

Fig. 3
Münzwaagen wurden mit viel Aufwand gebaut und aufbewahrt

Mechanischer Verschleiß an einigen wenigen bekannten Bauteilen bringt diesen Waagen auch bei intensiver Nutzung nur eine Verschlechterung des Wirkungsgrades, der bei einer Eichprüfung nach 2 oder 3 Jahren meist noch in der zulässigen Verkehrsfehlergrenze liegt.

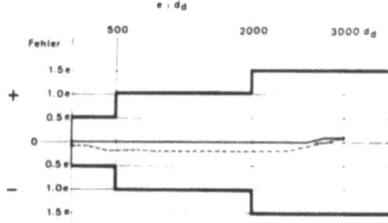

Fig. 4 Fehlerkurve für die Genauigkeitsklasse III Handelswaagen

Die technische Entwicklung elektronischer Bauelemente ließ vor ca. 10 Jahren die ersten eichfähigen digitalanzeigenden Meßgeräte entstehen. Die Vielzahl der erforderlichen Digitalbausteine und ihrer Lötverbindungen ließ bald die Frage nach ihrer Zuverlässigkeit aufkommen, besonders da Anzeigefehler beliebiger Größe als Abweichungen vom Meßwert möglich sind.

Fig. 5 ANORDNUNG VON BAUELEMENTEN FÜR EINE INDUSTRIELLE DIGITALANZEIGEEINRICHTUNG

Zuverlässigkeit und Fehlererkennbarkeit als Alternative sind für Meßgeräte Themen, die auch zur Zeit noch eine große Rolle bei der Erstellung gemeinsamer europäischer Eichgesetze spielen. Auf jeden Fall ist für einen Operateur gerade bei großer Langlebigkeit eines Meßgerätes die Sichtbarmachung eines plötzlichen Gerätefehlers ein großer Vorteil, der wirtschaftliche Schädigungen für Verkäufer wie Käufer einer gehandelten Ware ausschließt.

Mit geringem Mehraufwand kann heute durch geeignete konstruktive Maßnahmen unter Berücksichtigung der zur Verfügung stehenden Technologie eine Funktionsfehlersicherheit erster Ordnung bei der Verarbeitung digitaler Meßwerte in einem Meßgerät erlangt werden.

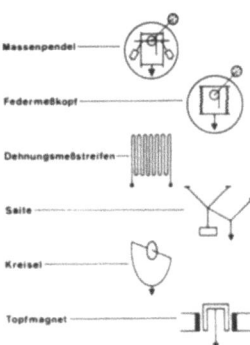

Fig 6 Eichfähige Auswägeeinrichtungen mit unterschiedlichen Meßprinzipien

Meßgeräte, insbesondere Waagen, Volumenmesser oder Taximeter bestehen aus einem Analog- und einem Digitalteil. Der Analogteil ist z.B. eine mit Dehnmeßstreifen bestückte Lastzelle, mit lastproportionaler Spannungsänderung, ein schwingendes Seitenpaar, das mit wachsender Last seine Frequenz ändert oder eine Schlitzscheibe, die lastproportional Impulse abgibt. Volumenmesser z.B. erzeugen durchflußproportionale Impulsfolgen abhängig von der Anzahl der Umdrehungen eines Zählrades.

Der Analogteil muß in den meisten Fällen wie in der bereits zitierten Vergangenheit der mechanischen Waagen als zuverlässig betrachtet werden.

Die Funktionsüberwachung der Digitalbausteine beginnt meistens bei der Analog-Digitalwandlung und endet bei der Meßwertanzeige.

2. Beispiele für Fehlererkennbarkeit
2.1 7-Segment-Anzeige

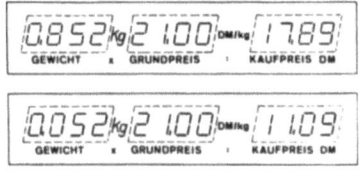

Fig. 7 Meßwertdarstellung mit 7-Segmentanzeigen

Zur Erläuterung der Problematik wird zunächst ein Fehler bei einer Meßwertdarstellung durch 7-Segmentanzeigen an einer Ladentischwaage vorgestellt. Eine Fehlererkennbarkeit ohne Funktionsüberwachung ist für den Geräteverwender und den wechselnden Käufer als rein zufällig anzusehen.

Zwar besitzt eine Ladentischwaage immer zwei Anzeigen, eine für den Kunden und eine für den Verkäufer. Aber der Verkäufer ist in der Regel der bestimmende, preisfestlegende Teil, da er durch seine Produktvorführungen und das Anpreisen der Ware den Kunden ablenkt und er mit seiner Waage und ihrer Funktion vertraut ist.

Nehmen wir an, der Kunde wünscht ein Stück Fleisch für Sauerbraten.

Die Waage zeigt ein Gewicht von o,852 kg; bei einem Grundpreis von 21,oo DM/kg ergibt dies einen Verkaufspreis von 17,89 DM. Bei Ausfall des mittleren Segmentes in der "8" des Preises, würde der Verkäufer 17,09 DM ablesen oder bei Ausfall des oberen Segmentes in der "7" sogar 11,89 DM!

Bei einem Fehler in einer Segmentansteuerung könnte es jedoch auch
passieren, daß statt 11,89 DM, 79,89 DM abgelesen werden.

Es ist sehr vom Einzelfall abhängig, auf welchen Wert sich Kunde
und Verkäufer einigen, sobald ein Vor- oder Nachteil für den anderen erkannt wird. Im Falle einer Entdeckung einer unterschiedlichen Anzeige wird jedoch immer beim Kunden ein Gefühl von Unsicherheit und Mißtrauen zurückbleiben.

Bei Industriewaagen oder anderen technischen Geräten wird meist nur
das Gewicht oder das Volumen als 4- bis 6-stellige Zahl in einer
Anzeige angezeigt. Hierbei ist also das Zahlenergebnis verbindlicher
Wert für Handelspartner, Chemiker oder Mediziner.

Fig. 8   Fehlererkennbarkeit   bei   Nixieröhren

Solange Nixiröhren, die dezimal angesteuert werden, benutzt wurden,
genügte eine Dopplung des Decodierers, um mögliche Fehler durch
Doppelansteuerung zB. Acht über der Null oder durch Dunkelanzeige
sichtbar zu machen.

Der Aufwand für die automatische Funktionsüberwachung von wenigen
7-Segmentanzeigen ist relativ hoch. Wenn jedoch mehr Ziffern überwacht werden - bei Ladentischwaagen sind es bis zu 3o Ziffern - verteilen sich die Grundkosten durch Multiplexen und den Einsatz von
zyklischen Programmen.

Zur Fehlererkennung ist es erforderlich, die 7-Segmente jeder Ziffern-
anzeige in einem zyklischen Programm laufend zu kontrollieren und
auf Funktion oder Nichtfunktion zu untersuchen. Bei schneller Sende-
folge ist eine geringfügige Minderung der Anzeigehelligkeit noch
akzentabel.

z.B. bei einer Licht-Emissions-Diode (LED) zeigt sich ein relativ
gleichmäßiger Spannungsabfall im leuchtenden Zustand. Zur Entdeckung
offener oder kurzgeschlossener Segmente unterscheiden Überwachungskreise folgende Spannungsabfälle:

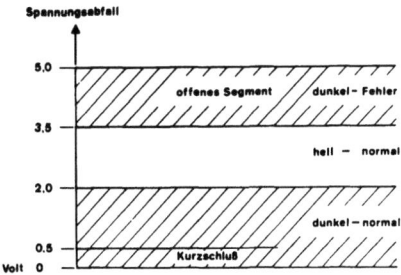

Fig 9   Spannungsabfälle an Licht-Emmissions-Diode

a) Spannungsabfall zwischen 2,o und 3,5 V für ein normal
   leuchtendes Segment.
b) Spannungsabfall über 3,5 V. Fehler infolge eines offenen
   Segmentes (Segment leuchtet nicht und wird als solches erfaßt)
c) Spannungsabfall kleiner als 2,o V für ein normal nicht
   leuchtendes Segment.

Wenn ein Segment kurzgeschlossen ist, leuchtet es nicht und wird
im Vergleicher als normal nicht leuchtend erkannt.
Bei der Erfassung eines Anzeigefehlers (aber auch bei möglichen
anderen Schaltungsfehlern) wird die gesamte Anzeige ausgeblendet
und somit dem Bedienungspersonal ein Fehler signalisiert!

Ein zusätzliches, manuelles Prüfsystem ermöglicht die Überwachung
der Überwachungskreise durch gezieltes Ausschalten eines Elementes
zur Darstellung eines möglichen Defektes.

2.2 Der bidirektionale Zähler

Eine Verdoppelung kritischer Bauelemente und ein kontinuierlicher
Vergleich der Meßergebnisse ist ein naheliegender Weg für eine Funktionsüberwachung einzelner Elemente. Ein bidirektionaler Zähler mit
zwei Lichtschrankensätzen sichert über den laufenden Vergleich unab-
hängiger Zählwerke ein sicheres Ergebnis.

Zählimpulse werden von Strichscheiben oder Strichsegmenten z.B. bei
Waagen, Volumenzählern oder Längenmeßgeräten erzeugt.

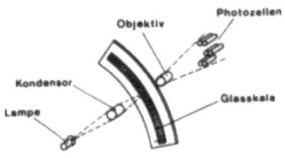

Fig. 10   Photoelektrische Abtastung mit Sicherung gegen Funktionsfehler

Mit einem sich meßwertproportional bewegenden Bauelement (analoger
Geber) ist eine Glasskala verbunden, die ein optisches Strichgitter
enthält. Dieses Gitter wird auf eine Anzahl von Fotozellen projiziert,
die beim Bewegen einer Waage entsprechend den Hell-Dunkel-Wechseln
elektrische Impulse abgeben, die in ihrer Zahl einem auf die Waage
gebrachten Gewichtswert entsprechen.

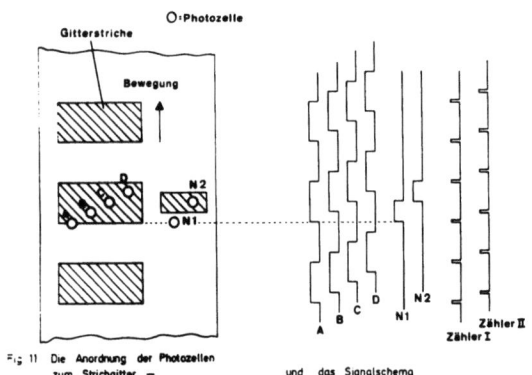

Fig. 11   Die Anordnung der Photozellen zum Strichgitter —   und das Signalschema

Die Fotozellen sind in der Bewegungsrichtung des Gitters derartig
gegeneinander versetzt, daß die Vorwärtsbewegung von einer Rückwärts-
bewegung unterschieden werden kann. Bei Waagen ist am Anfang des Wägebereiches auf der Skala eine Nullmarke angebracht, die zur Nullstel-
lung der nachgeschalteten elektronischen Zähler dient.

Die Fotozellen sind derart angeordnet, daß sie 4 Signale A,B,C,D
bilden, die jeweils eine Phasenverschiebung von 45 Grad in ihrer
Signalfolge haben. Die Nullmarke wird ebenfalls mit zwei Fotozellen
N1 und N2 abgetastet, die um 45 Grad gegeneinander verschoben sind.

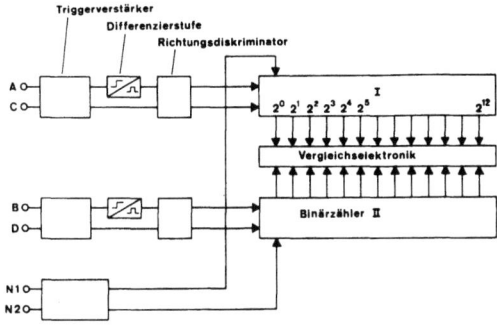

Fig 12   Schaltschema der Signalauswertung

Die Signale A und C betätigen einen Binärzähler I, B und D einen
Zähler II. Die Signale von den Fotozellen werden verstärkt und ge-
triggert und die Signalflanken mit Hilfe von Differenzierstufen in
Zählimpulse verwandelt. Diese werden dann in Abhängigkeit von C und
D über Richtungsdiskriminatoren an die Vor- und Rückwärtseingänge
der Zähler gebracht, die über die zugehörigen Nullsignale N1 und N2
entsprechend auf Null gestellt wurden. Die Ausgänge der Zähler werden in der Vergleichs-Elektronik miteinander verglichen.

Die beiden Zähler sind zeitlich gegeneinander etwas unterschiedlich,
wie das Signalschema zeigt. Die maximale Abweichung ist jedoch nie
größer als 1 Digit, was von der Kontrollschaltung toleriert wird.
Bei Fehlzählungen durch Fehlimpulse oder Defekte in den Bauelementen
wird ein Fehler sichtbar signalisiert.

2.3 Die Funktionsüberwachung durch Doppelung von elektronischen Bauelementen

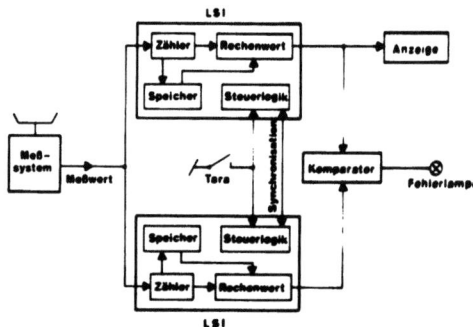

Fig. 13 Blockschaltbild einer funktionsfehlersicheren Präzisionswaage

Als Beispiel sei das Blockschaltbild einer funktionsfehlersicheren Präzisionswaage angeführt. Für diese Waage, die in chemischen und pharmazeutischen Labors sowie in Apotheken häufig verwendet wird, sind kundenspezifische PMOS-Schaltungen eingebaut, die die Forderung nach vielfältigem Einsatz in Waagen mit verschiedener Höchstlast und Auflösung erfüllen.

Für Waagen im eichpflichtigen Verkehr sind zwei gleiche synchron betriebene integrierte Schaltungen vorhanden. Diese Doppelung gewährleistet eine vollständige Funktionsüberwachung, bei einer wirtschaftlichen Lösung. Eine Fehlerlampe läßt sofort einen Funktionsfehler erkennen.

2.4 Die Funktionsüberwachung einer Lastzellenwaage mit Dehnmeßstreifen

Die Waage ist, da sie auch preisrechnende Funktionen durchführt mit einem Mikroprozessor ausgestattet, der zur eigenen Überwachung Prüfbefehle generiert.

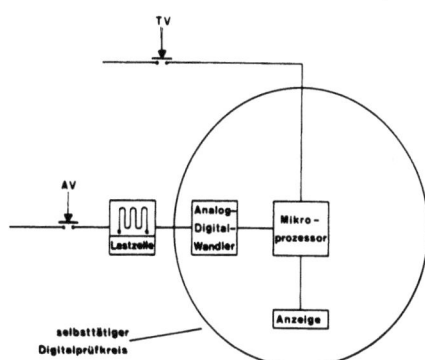

Fig. 14 Funktionsüberwachung einer Lastzellenwaage mit Dehnungs-Meßstreifen

Die Funktionsüberwachung erfolgt:
1. Für den Analogteil durch eine handbetätigte Drucktaste AV zur Überprüfung der Lastzelle und des Analog-Digital-Wandlers mit einer Prüfzahl die etwa 95 % des Wägebereiches entspricht. (hierdurch gleichzeitige Überprüfung der gesamten Steuerung)
2. Für das digitale System durch eine zyklische Selbstprüfung einschließlich der Datenleitungen und Anzeigen.
3. Für die automatischen Prüfkreise durch eine manuelle Kontrolltaste TV, die künstlich einen Fehler kreiert, um die Wirkungsweise der Fehleranzeige zu sichern.

Die Verifizierung des Digitalteiles sei hier zum besseren Verständnis eingehender erläutert.

Die Philosophie der Fehlererkennbarkeit fordert, daß alle Rechnerdatenein- und -ausgangsleitungen, die die Richtigkeit der digitalen Gewichtseingangs- oder -ausgangsdaten beeinflussen überprüft werden. Gleiches gilt für den Analog-Digital-Wandlerausgang und die Rechenoperationen des Mikroprozessors selbst.

Eine digitale Zahl "X" wird in den Rechner übertragen, nachdem ein "Digitaltest-Signal" den Analog-Eingang des Analog-Digital-Wandlers gesperrt hat und der Ausgang unabhängig vom Analogsignal ist. Die Zahl "X" sei z.B. $16384 = 2^{14}$. Arbeitet ein Baustein nicht richtig und wird eine andere Zahl weitergegeben, erfolgt ein Fehlersignal.

Bei der Übertragung der Zahl "X" zum Rechnersystem über die 1,2,4,8
BCD-Datenleitung immer 1 Ziffer gleichzeitig, muß jede der 4 Datenleitungen wenigstens einmal auf "0" oder "1" sein und das BCD-Bild
ändert sich bei jeder Abfrage. Wenn dann die nachfolgende Analyse
der Gewichtsdaten bestätigt, daß "X" gesendet und empfangen wurde,
sind die Eingangsleitungen des Rechners verifiziert.

Durch anschließende Multiplikationen, Speicherungen und Zahlen-
vergleiche muß sowohl auf "Fehler" als auch "richtig" erkannt werden.
Durch dieses Verfahren ist die Funktion des Rechners überwacht.

Alle Daten, die den Gewichtswert bzw. den errechneten Verkaufspreis
beeinflussen, werden beim Schieben von einem Speicherplatz zum anderen immer wieder zurückgelesen und auf gesendete und empfangene Werte
verglichen. Wird beim Vergleichen ein Fehler festgestellt, so wird
die Anzeige ausgeblendet.

2.5 Die Fehlererkennung bei der Datenübertragung auf Meßwertdruck-
werke
Datenausgänge an Meßgeräten mit digitalem Ausgang müssen, wenn sie
Fehler erkennbar machen wollen und einen BCD (Binär-Code) Code haben,
mit einem Paritätsbit versehen sein.

Ein Druckwerk wiederum muß bei Datenannahme den Datenblock über die
Parität auf seine Richtigkeit prüfen und den zu druckenden Wert solange verfolgen, bis sichergestellt ist, daß der abgedruckte Wert
dem solange zwischengespeicherten, empfangenen Wert entspricht.

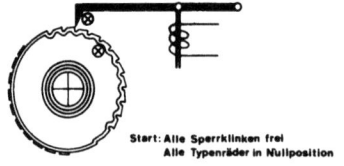

Fig. 15   Absicherung der Druckmechanik bei Meßwertdruckern

Zur Absicherung der Druckmechanik werden z.B. die Druckräder vor dem Einlauf der verschiedenen Ziffern auf eine einwandfreie Grundstellung überprüft. Die Sperrklinken müssen alle außer Eingriff sein. Bei Einlauf der Typenräder wird die Koinzidenz der Typenradstellung mit der Bestromung des Sperrklinkenmagnetes überwacht.

Wenn während des Druckzyklus ein Fehler festgestellt wird, erfolgt ein Abdruck in einem festgelegten "Fehlerformat", das dem Bedienungspersonal anzeigt, daß irgendein Fehler erkannt wurde. Bei Dauerfehlverhalten wird für den Service z.B. im BCD-Code per Leuchtlampen als Service-Hilfe der Fehlertyp angezeigt. Die Prüfschaltung arbeitet während des gesamten Druckzyklus. Wenn ein Fehler zu Beginn des Zyklus erkannt wird, z.B. wenn ein Paritätsfehler bereits bei der Abfrage der Gewichtsdaten von einer Waage erkannt wird, erfolgt nur ein Abdruck im "Fehlerformat", da der Fehler früher erkannt wurde, als die Abfrage bzw. das Einlaufen der Typenräder begann.

Z.B. wird folgende Zeile abgedruckt:
E - - - E - - - E
Hierbei steht groß "E" für Error = Fehler.

	Gewicht	Zeit	Datum
1.)	:::6235 kg	15:20	$^1/_A\,27\,^7/_8$
2.)	E:::::::E	::: :::	$^1/_A\,==\,^7/_8$
3.)	E::6235Ekg	15:20	$^1/_A\,27\,^7/_8$

Fig. 16 Beispiele für Fehlerabdrucke eines Meßwertdruckers

Wird ein Fehler später oder erst während des Druckzyklus erkannt (z.B. nach Start des Druckermotors und Einfallen aller Typenradklinken) werden zwei Zeilen gedruckt.

Zuerst werden die eingelaufenden Fehldaten gedruckt, unmittelbar darauf wird automatisch ein neuer Druckzyklus gestartet und eine zweite Zeile, die nur das Fehlerformat enthält, gedruckt.

Auf Formularen und Karten wird die erste Druckzeile von der zweiten überdruckt. Bei innen- und außenlaufenden Kontrollstreifen erfolgt ein Weitertransport zwischen den Druckzyklen so daß die Druckzeile im "Fehlerformat" unmittelbar der fehlerhaften Druckzeile folgt.

Schlußbetrachtung

Die Reduzierung der Bauelementezahl durch ihren höheren Integrationsgrad erleichtert die wirtschaftliche Herstellung von Meßgeräten mit Fehlersignalisierung. Der derzeitige Mehraufwand in der Fertigung für ein Gerät mit Funktionsüberwachung gegenüber einem Gerät ohne Fehlererkennbarkeit liegt bei ca. 10 bis 15 % der Herstellkosten. Der konstruktive Aufwand ist hierbei nicht berücksichtigt.

Im Hinblick auf die Langlebigkeit der Meßgeräte und die unterschiedlichen MTBF-Daten (Meantime between failures) der elektronischen Komponenten dürfte auf lange Sicht ein Gerät mit Funktionsüberwachung für den Benutzer die sicherere Zukunft bieten.

DIE KOSTEN DER ZUVERLÄSSIGKEIT IN DER MESSTECHNIK

COSTS OF RELIABILITY IN THE INSTRUMENTATION TECHNOLOGY

E. Unger, Th. Stumpf; BBC-Metrawatt Nürnberg/Mannheim

Summary: The reliability is becoming one of the most important attributes of instruments, but it is also the most difficult one to be determinated. There are several measures to improve the reliability. It's more economical to apply many of these measures in small quantities rather than a few in large doses.

1. Die Zuverlässigkeit, eine wichtige, aber schwer meßbare Eigenschaft

Der Wunsch nach zuverlässigen Meßgeräten ist natürlich nicht neu. Zwei wesentliche Veränderungen haben jedoch die Sicherung einer hinreichenden Zuverlässigkeit in den letzten Jahren zu einer besonders wichtigen Ingenieur-Aufgabe gemacht:

a) Viele elektrische Meßeinrichtungen sind durch gestiegene Anforderungen, insbesondere an die Genauigkeit, Schnelligkeit und Universalität wesentlich komplizierter geworden; andererseits steigen die Wünsche an die Zuverlässigkeit; d.h. es liegt ein Zielkonflikt vor, vergl. Tab. 1.
   - Mit den erhöhten Anforderungen sind wesentliche Veränderungen in der Technologie verbunden. Während bei den herkömmlichen, feinmechanischen Geräten - etwa den analogen Schalttafelanzeigeinstrumenten - mit 30 bis 100 mechanischen Bauteilen eine hohe Zuverlässigkeit fast selbstverständlich war, ist das bei den 500 bis 2000 elektronischen Elementen der digitalen Anzeigeinstrumente nur mit großer Anstrengung zu erreichen. Daran ändert auch die Zusammenfassung der Bauelemente zu LSI's nichts Grundsätzliches. Dazu kommt, daß die feinmechanischen Geräte in Jahrzehnten ausreifen konnten.

b) Viele Meßgeräte werden als Glieder immer größerer Anlagen eingesetzt. Das Versagen eines Gerätes hat daher oft schwerwiegende Folgen. Die Tab. 2 zeigt verschiedene typische Aufgaben von Meßeinrichtungen und deren Bedeutung für die Gesamtzuverlässigkeit. Sie dienen häufig zur Überwachung oder Überprüfung der einwandfreien Funktion einer Anlage. Die Meßeinrichtung muß deshalb erheblich zuverlässiger arbeiten als die übrige Anlage. - Von immer mehr Meßgeräten wird erwartet, daß sie 5, 10 oder 20 Jahre ununterbrochen ohne Störung arbeiten, wie das bereits seit langem bei den Haushalt-Elektrizitätszählern üblich ist.

Eine besonders wichtige Meßgeräte-Kenngröße ist die Genauigkeit oder besser der garantierte, maximale Meßfehler. Er ist eine vergleichsweise kritische Größe. Der Meßfehler elektrischer Geräte ist oft nicht mehr sehr weit von den physikalischen Grenzen entfernt, die z.B. durch das Eigenrauschen elektronischer Bauelemente bestimmt werden.

Die meisten Eigenschaften elektrischer Meßgeräte lassen sich leicht innerhalb weniger Stunden überprüfen. Die Zuverlässigkeit entzieht sich jedoch einer schnellen und einfachen Ermittlung. Um eine hinreichende Angabe darüber zu kommen, muß eine ausreichende Zahl von Meßgeräten, z.B. 100 Stück, über eine längere Zeit, z.B. 6 Monate, beobachtet werden.

2. Definitionen

Ein Gerät gilt dann als besonders zuverlässig, wenn es auch nach langer Nutzungsdauer noch brauchbar ist. Die Bilder 1 und 2 erinnern dazu an wichtige Grundbegriffe. Bild 1 zeigt die verschiedenen Ausfall-Wahrscheinlichkeitsverteilungen, Bild 2 die bekannte "Badewannenkurve". Der Verlauf dieser Kurve ist für zahlreiche Produkte typisch: am Anfang verhältnismäßig viele Ausfälle (Frühausfälle), dann ein längerer Zeitabschnitt mit relativ wenig Ausfällen je Zeiteinheit. Anschließend folgen die Abnutzungsausfälle. Durch Wartung oder Reparatur lassen sich die Geräte teilweise "verjüngen". Am Ende der Lebensdauer fallen die Geräte so häufig oder mit so schweren Fehlern aus, daß sich eine Reparatur nicht mehr lohnt. Die Kennwerte der Zuverlässigkeit sind stochastischer Art. Eine fehlerfreie Arbeitsweise ist daher nur mit einer bestimmten Wahrscheinlichkeit vorherzusagen.

Ein praktischer Kennwert ist gemäß Bild 2 die Ausfallrate z, also die negative Bestandsveränderung je Zeiteinheit bezogen auf den vorausgehenden Bestand, z.B. 0,1 % pro Monat oder 1,2 % pro Jahr. Bei exponentieller Abnahme des Bestandes ist die Ausfallrate konstant.

Ist die Ausfallrate bekannt, so läßt sich auf künftige Ausfälle schließen. Für eine Meßeinrichtung, die aus mehreren störanfälligen Bauelementen (oder Baugruppen) zusammengesetzt ist, läßt sich - bei kleinen Ausfallraten - durch die Addition der Ausfallraten der Elemente oft die Ausfallrate des Gesamtsystems errechnen.

In diesem Zusammenhang wird auch an einen anderen geläufigen Kennwert für die Zuverlässigkeit erinnert, an die sog. "Meantime Between Failures" (MTBF) m, die also den mittleren zeitlichen Abstand zwischen Ausfällen angibt. Bei exponentieller Bestandsveränderung gilt

$$z = \frac{1}{m} \quad (1)$$

Das heißt, die Ausfallrate z ist dem mittleren Ausfallabstand m umgekehrt proportional.

Schließlich ist noch der Begriff "Verfügbarkeit" wichtig. Er berücksichtigt die Ausfallzeiten durch Reparatur oder Wartung. [5] bis [8]

Tab. 1

Zielkonflikt

einerseits	andererseits
hohe Zuverlässigkeit	hohe sonstige Anforderungen an meßtechnische Eigenschaften (z.B. Meßfehler, Empfindlichkeit, Einstellzeit, Hilfsenergiebedarf)
	raumsparende Konstruktion
	gefälliges Aussehen (z.B. keine Lüftungslöcher)
	bequeme Handhabung
	niedrige Kosten (Lohn, Material, Investition, Entwicklung)
	(kurze Entwicklungs- und Prüfzeiten)

Mit sehr großem Aufwand lassen sich Geräte höchster Zuverlässigkeit realisieren. Häufig sind diese Einrichtungen dann aber so teuer, daß sie in vielen Fällen nicht mehr wirtschaftlich einsetzbar sind. Umgekehrt lassen sich durch den Verzicht auf Zuverlässigkeit Geräte zu sehr niedrigen Herstellkosten bauen. Nur fallen diese Meßgeräte dann vielleicht so oft aus, daß sie wegen der dadurch verursachten Kosten nicht verwendet werden können. Dazwischen liegt das technisch-wirtschaftliche Kostenminimum. Im Folgenden wird versucht, die Lage und Höhe des Minimums wenigstens grob abzuschätzen. Eine besondere Bedeutung kommt dieser Frage neuerdings auch im Rahmen der verschärften Produzentenhaftung zu. [1] bis [4]

Tab. 2

Grobe Rangfolge der Bedeutung der Zuverlässigkeit bei einigen typischen Meßgeräteanwendungen. 1 = sehr hoch

Anwendungsort	Zweck der Meßeinrichtung	Zuverlässigkeits- anforderung, Rangfolge
Produktion Verteilungsanlagen	Sicherstellen einer wirtschaftlich optimalen Produktion und Verteilung	2
Überwachungsanlagen	Überwachung der betrieblichen Sicherheit (z.B. Isolation)	1
Prüffeld	Prüfen der Gerätesicherheit und der Sicherheitsvorrichtungen	1
Service	Prüfen der Funktion	3
Entwicklung	Wartung, Fehlersuche	3
Forschung	Erkennen unbekannter Korrelationen	3

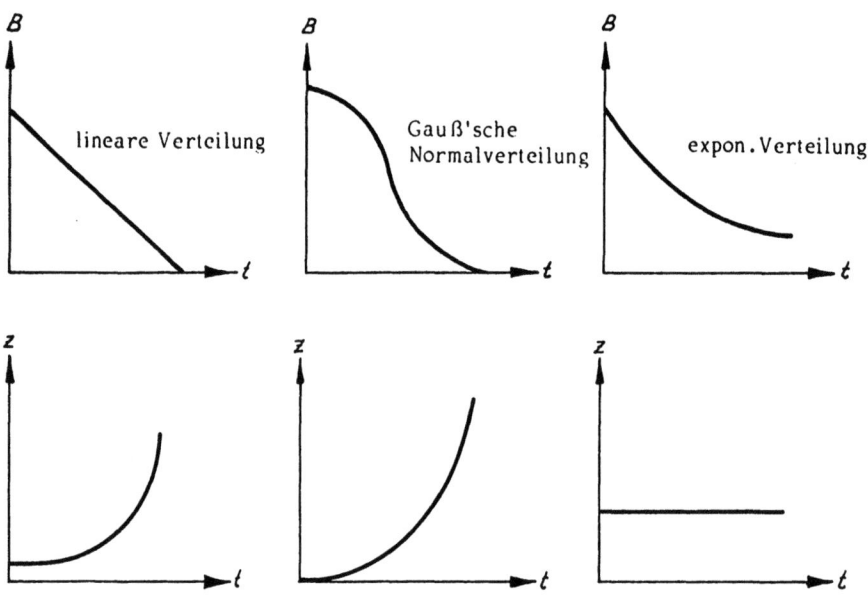

Bild 1
ideale Verteilungsfunktionen
Bestand B(t) d.h. Zahl der brauchbaren Einheiten zum Zeitpunkt t, Ausfallrate z

$$z(t) = \frac{1}{B(t)} \cdot \frac{dB(t)}{dt}$$

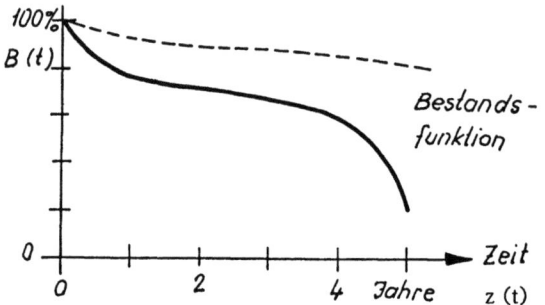

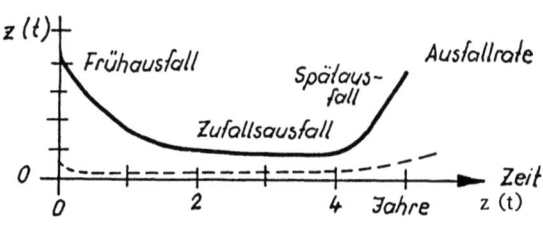

Bild 2
reale Bestandsfunktion $B(t)$
und Ausfallrate $z(t)$

Bestandsfunktion für digitale
Panelmeter (aus dem Jahre
1973) dünn gestrichelt

3. Besondere Maßnahmen zur Zuverlässigkeitssicherung

Fast jeder Entwicklungsschritt oder jede Fertigungsstufe beinhaltet Maßnahmen zur Qualitäts- bzw. Zuverlässigkeitssicherung. Schließlich ist jede Anweisung, z.B. Schrauben fest anzuziehen, eine solche Maßnahme. Diese "normalen" Maßnahmen reichen aber bei den modernen Meßgeräten nicht mehr aus, um eine ausreichende Zuverlässigkeit zu gewährleisten. Mit einigen "besonderen" Maßnahmen - die Abgrenzung zu den normalen ist nicht scharf zu treffen - kann der Hersteller die Zuverlässigkeit noch erheblich verbessern, vergl. Tab. 3.

3.1. Die Ausfallraten verschiedener Bauelemente unterscheiden sich um den Faktor 10^4, auch dann, wenn sie jeweils von hoher Güte sind, vergl. Bild 3. Danach fällt selbst unter günstigen Bedingungen ein Kohleschicht-Trimmpotentiometer mit einer Wahrscheinlichkeit von 1 % p.a. aus, ein Drahttrimmpotentiometer nur mit 0,1 % p.a. Diese Betrachtung gilt unter der Voraussetzung, daß das Meßgerät im Dauerbetrieb eingesetzt wird, also mit etwa 10.000 Stunden/Jahr. Zwei Metallschichtwiderstände, mit welchen der gleiche Spannungsteiler - allerdings fest eingestellt - realisiert wird, führen zu einer Ausfallrate von 10^{-3} % p.a.

Es ist das Ziel der Zuverlässigkeitssicherung, bereits von der Gerätekonzeption her möglichst solche Bauelemente einzusetzen, die von vornherein das Potential für eine hohe Zuverlässigkeit haben.

3.2. Außerdem ist die Zahl der Bauelemente so weit wie möglich zu beschränken. Hier muß allerdings gewichtet werden: 100 Schichtwiderstände sind immer noch weniger störanfällig als das oben erwähnte Potentiometer.

3.3. Die Qualität der Bauelemente und Baugruppen hängt sehr vom Lieferanten ab und ist sogar von Charge zu Charge verschieden. Deshalb muß der Gerätehersteller selbst permanent mit Stichproben Zuverlässigkeitsuntersuchungen an Bauelementen (und Geräten) anstellen, um frühzeitig diese wichtigen Informationen zu bekommen. Die erforderlichen Bauelemente-Prüfstunden verursachen hier erhebliche Probleme, da im allgemeinen hohe Lagerbestände nicht akzeptiert werden können. Zum Teil wird versucht, durch erhöhte Temperaturbelastung eine Zeitraffung bei der Lebensdaueruntersuchung zu erreichen.

Es steht immer nur eine begrenzte Losgröße für begrenzte Zeit zur Verfügung. Fallen von 200 Bauelementen oder Geräten z.B. im ersten Jahr 7 Geräte aus, so ist die mittlere Ausfallquote 3,5 % p.a.. Mit einer Aussagewahrscheinlichkeit von 95 % liegt der wirkliche Wert zwischen 1,35...7,15 % p.a.. Innerhalb von drei Jahren könnten dann - soweit linear extrapoliert werden darf - 4...22 % ausfallen. Das wären für viele Meßgeräte katastrophal schlechte Werte [9].

Hierher gehört auch die Auswertung der Lebensgeschichte früher gefertigter Geräte, insbesondere nach etwa erkannten Schwachstellen, selbstverständlich auch der mechanischen Konstruktionsteile, Meßwerke, Schalter und dergl. Darüber hinaus hilft eine weitgehende Standardisierung der Bauelemente und -gruppen, um frühere Erfahrungen besser ausnutzen zu können.

3.4. Betreibt man Bauelemente und Baugruppen bei nur 50 % oder 20 % der Nennbelastung (Nennleistung, Nennspannung), so sinkt die Ausfallrate oft erheblich, wie aus Bild 5 hervorgeht. Die Kosten mancher derart überdimensionierter Bauteile steigen etwa proportional zur Nennbelastung, wie Bild 4 zeigt.

3.5. Die Ausfallraten hängen von Umgebungsbedingungen der Bauelemente, insbesondere von der Umgebungstemperatur ab. Bei einer um $10°K$ höheren Umgebungstemperatur steigt die Ausfallrate oft um den Faktor 2. Treten in einem Gerät Temperaturen von $80°C$ statt $40°C$ auf, so ist mit einer um den Faktor 10 bis 20 höheren Ausfallquote zu rechnen, vergl. Bild 3. Die Umgebungstemperatur kann gesenkt werden

> durch (künstliche) Belüftung und Kühlung
> durch aufgelockerte Bauweise
> in manchen Fällen durch Überdimensionierung

Das kostet Volumen, Gewicht und vor allem Geld.

3.6. Die Frühausfälle lassen sich durch eine thermische und/oder elektrische Voralterung vermindern. Dazu werden die Geräte während mehrerer Tage z.B. bei $70°C$ Umgebungstemperatur und/oder 120 % der Nennhilfsspannung betrieben. "Schwache" Bauelemente und Baugruppen fallen unter diesen Bedingungen oft aus und werden dadurch erkannt. Zum Teil lassen sich Schwachstellen auch durch thermische oder elektrische Schocks, also kurzzeitige Überlastung, erkennen. Andere Wege, Frühausfälle zu eliminieren, bestehen in einem periodischen Ein- und Ausschalten oder Vibration (in diese Kategorie gehört teilweise auch die Prüfung mit Hochspannung). [10][11]

3.7. Die Genauigkeit oder besser der Meßfehler, vergl. DIN 1319, ist bei den Meßgeräten wie oben erwähnt, eine besonders kritische Größe. Um über lange Zeit eine bestimmte Fehlergrenze (Genauigkeitsklasse) einzuhalten, muß eine bestimmte Genauigkeitsreserve vorgesehen werden. Je größer diese Reserve ist, umso zuverlässiger bleibt das Gerät innerhalb der angegebenen Grenzen, trotz der unvermeidlichen zeitlichen Drift. Diese zeitliche Drift verläuft oft logarithmisch. – Die Schaltungen müssen dazu so dimensioniert werden, daß kleine Änderungen von Bauelementen nur wenig Einfluß auf die richtige Funktion des Gerätes haben.

3.8. Durch geeigneten gemeinsamen Betrieb mehrerer Meßgeräte, mehrerer Baugruppen und Bauelemente läßt sich oft die Ausfallrate erheblich senken (Einbau von Redundanz). Wenn z.B. die Ausfallrate für ein Anzeigeinstrument $z_{A1} = 10^{-2}$ p.a. ist, dann ist bei Parallelbetrieb von zwei Anzeigeinstrumenten die Wahrscheinlichkeit, daß beide gleichzeitig ausfallen $z_{A2} = 10^{-4}$ p.a. Oft sind für redundante Einrichtungen erhebliche zusätzliche Aufwendungen für die rechtzeitige Umschaltung und dergl. nötig.

3.9. Die Ausbildung und Motivation der an der Entwicklung, Herstellung und Prüfung beteiligten Mitarbeiter hat ebenfalls einen maßgeblichen Einfluß auf die Zuverlässigkeit. Manche Hersteller versuchen, mit sog. Zerodefect-Programmen die Mitarbeiter zu motivieren. Hierher gehört auch die Leistungsfähigkeit der Eingangsprüfung, der Fertigung und der Prüfung im Betrieb und die Sorgfalt bei der Handhabung der Teile und Geräte.

3.10. Die Beanspruchungen bei Betrieb, Transport und Lagerung durch Vibrationen, vergl. Bild 3, hohe Temperatur, Feuchte, Verstaubung und aggressive Gase und Dämpfe sollen so gering wie möglich gehalten werden.

3.11. Mit zu den Ausfällen können hier auch Störungen durch Fehlbedienungen oder Überlastung der Geräte gerechnet werden, wenn auch nicht unter dem Aspekt der Zuverlässigkeit im strengen Sinn. Außer durch Überdimensionierung kann man diese Ausfälle durch Schutzeinrichtungen - etwa Schutzschalter und Sicherungen - drastisch herabsetzen. [9] bis [12], [19]

Tab. 3

Verschiedene Maßnahmen, um eine niedrige Ausfallrate z, bzw. eine hohe MTBF m zu erreichen

1. Lt. Fremdstatistik zuverlässige Bauelemente und Baugruppen auswählen
2. Möglichst wenig Bauelemente einsetzen
3. Lt. eigener Statistik unzuverlässige Bauelemente und Baugruppen eliminieren; Fehlerstatistik, Reparaturstatistik; Standardisieren zur Risikoverminderung
4. Überdimensionieren der Bauelemente in Nennleistung, Nennspannung oder Festigkeit
5. Für kleine Umgebungstemperaturen sorgen
6. Voralterung mit erhöhter Temperatur, erhöhter Betriebsspannung, Schaltzyklen, thermischen Schocks, Vibration (Frühausfälle!)
7. Überdimensionieren der Genauigkeit des Gesamtgerätes, worstcase-Dimensionierung
8. Redundanz einbauen
9. Ausbildung und Motivation der Mitarbeiter in Entwicklung und Fertigung ("Qualitätsbewußtsein")
10. Eingangs-, Zwischen- und Endkontrolle abhängig von Fehler- und Ausfallstatistik ausbauen
11. Im Betrieb, beim Transport und bei der Lagerung vermeiden:
    Vibrationen, Feuchte, Überlastung, Verstaubung, aggressive Gase und Dämpfe
12. Wartung regelmäßig vornehmen
(13. Schutzeinrichtungen gegen Fehlbedienung und Überlastung einbauen)

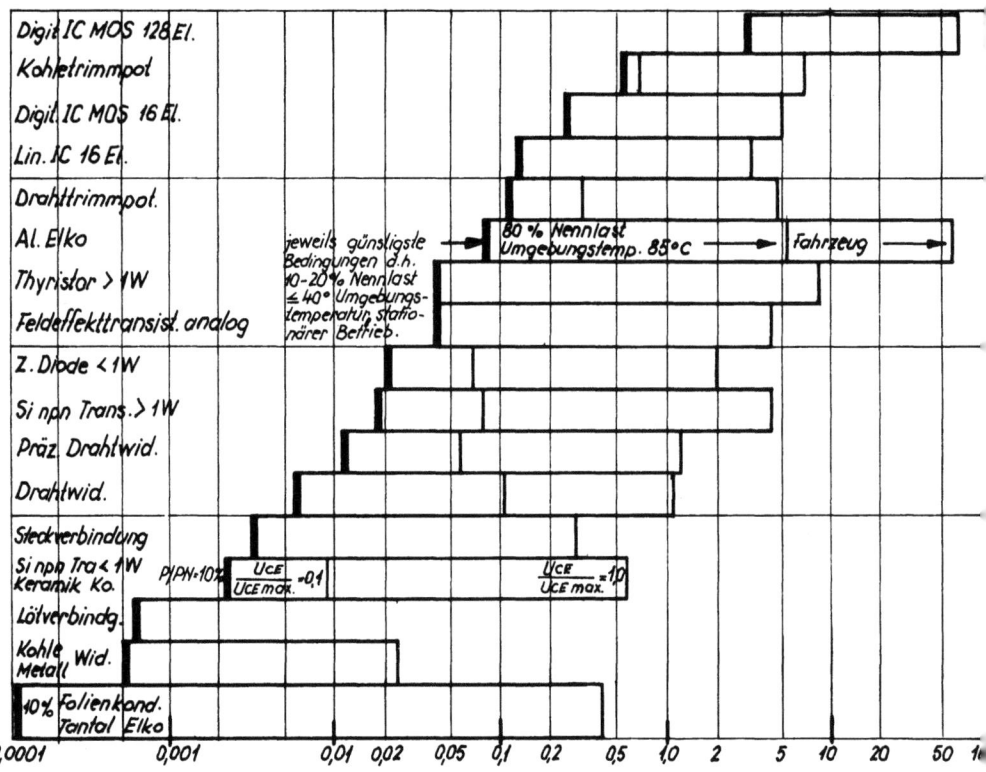

Ausfallrate $\times 10^{-6} \times h^{-1}$ (entspricht % p.a.)

Bild 3
Ausfallraten einiger Bauelemente
unter günstigen Betriebsbedingungen bzw. bei 85°C und zusätzlichem Betrieb im Kfz

4. Zuverlässigkeitskosten und deren Minimierung

Die normalen und die besonderen Maßnahmen zur Zuverlässigkeitssicherung - eines Teilgebietes der übergeordneten Qualitätssicherung - verursachen wesentliche Kosten. Diese Aufwendungen müssen mit den Kosten der dadurch verminderten Ausfälle verglichen werden. Ein Gerät ist dann richtig dimensioniert, wenn die Summe der Kosten ein Minimum erreicht. Dieses Minimum liegt etwas unterschiedlich für Hersteller und Anwender.

4.1. Sättigungserscheinungen bei verschiedenen Maßnahmen

Die in Tab. 3 beschriebenen besonderen Maßnahmen verbessern die Zuverlässigkeit eines Meßgerätes meist schon bei geringer Dosierung. Das Bild 5 zeigt dazu ein typisches Verhalten an einer Baugruppe, welche der Einfachheit halber nur aus einer Sorte Bauelemente bestehen soll. Werden z.B. die Kohleschichtwiderstände gegenüber ihrer Nennbelastung um das Doppelte überdimensioniert (also nur halb belastet), so steigt der MTBF-Wert um den Faktor 2. Eine Verdoppelung der Nennleistung führt nach Bild 4 zu etwa doppelten Kosten.

Eine Verdreifachung der Lebensdauer erfordert aber bereits 10fach höhere (Nenn-)leistung. Ähnliches gilt auch für einige andere Bauelemente, wie auch aus Bild 5 hervorgeht.

Dieses Verhalten finden wir auch bei verschiedenen anderen Maßnahmen zur Zuverlässigkeitssicherung. Immer größere Aufwendungen, z.B. bei der Untersuchung von Nullserien können nicht zu proportional immer größeren MTBF-Werten führen. So werden Maßnahmen zur besseren Kühlung der Geräte sehr bald sehr teuer, ohne daß sie dann noch nennenswert zur Verbesserung der Zuverlässigkeit beitragen. Die Kosten der Geräte steigen umgekehrt proportional mit dem Meßfehler bei Nennbedingungen [14]. Deshalb wird als Erfahrungswert, um Drifterscheinungen vorzubeugen, eine Genauigkeitsreserve von 30 bis 70 % des max. zulässigen Fehlers vorgesehen. Darüber hinaus wird die Vorsorge bald unwirtschaftlich.

Eine offensichtliche Ausnahme von diesem Verhalten stellt die in 3.2. genannte Maßnahme dar, nämlich die Beschränkung der Zahl der Bauelemente - unter sonst gleichen Bedingungen.

In vielen Fällen gilt aber, daß einzelne Maßnahmen zur Zuverlässigkeitssicherung sich bereits in kleiner Dosierung - also bei kleinen Aufwendungen - relativ stark auswirken und eine größere Dosierung keine wesentliche Vergrößerung des MTBF-Wertes bringt.

Es ist daher wenigstens als grober Anhalt richtig, die für die Zuverlässigkeitssicherung aufzuwendenden Mittel möglichst auf mehrere der genannten besonderen Maßnahmen zu verteilen, statt sie auf eine Maßnahme zu konzentrieren.

4.2. Kosten der Sicherungsmaßnahmen

Wie aus den Bildern 4 und 5 hervorgeht, gibt es Teilbereiche, in welchen zwischen den Kosten der Zuverlässigkeitssicherung K_Z und der mittleren Lebensdauer m eines Meßgerätes wenigstens grob ein linearer Zusammenhang besteht

$$K_Z = \frac{C_Z}{z} + c_Z = C_Z \cdot m + c_Z \qquad \text{wobei } C_Z \text{ und } c_Z \text{ Konstante sind} \qquad (2)$$

Mit der Annahme, daß bei hinreichend kleiner Dosierung der besonderen Maßnahmen dieser Zusammenhang in vielen praktisch wichtigen Fällen gilt, läßt sich weiter unten das Kostenminimum suchen.

4.3. Kosten der Unzuverlässigkeit

Dem Anwender, aber auch dem Hersteller (Garantieleistungen) verursachen Geräteausfälle erhebliche Kosten, z.B. durch

       den Stillstand einer Produktionsanlage;
       den Ein- und Ausbau, den Versand des defekten Gerätes oder das Herbeiholen eines Servicetechnikers;
       die eigentliche Reparatur;
       zusätzliche Sicherheitsrisiken und deren Abdeckung
       eine Schädigung des Rufes.

Die Summe dieser Kosten erreicht pro Ausfall oft ein Mehrfaches der Anschaffungskosten des Gerätes, selbst wenn die eigentlichen Reparaturkosten einen kleinen Bruchteil davon betragen. In der Garantiezeit übernimmt der Hersteller zwar die Kosten der Reparatur, die sonstigen und Folgekosten bleiben jedoch beim Anwender.

Mit der Annahme, daß die jährlichen Ausfallkosten proportional der Zahl der Ausfälle pro Jahr sind, ergibt sich

$$K_A = C_A \cdot z = \frac{C_A}{m} \qquad (3)$$

in n Jahren also   wobei C_A eine Konstante ist

$$K_A = n \cdot C_A \cdot z = n \cdot \frac{C_A}{m}$$

4.4. Kostenminimum

Mit den beiden Gleichungen (2) und (3) ergibt sich für die Gesamtkosten

$$K_{ges} = K_Z + K_A \qquad (4)$$
$$= C_Z \cdot m + c_Z + \frac{nC_A}{m} \qquad (5)$$

und für das Kostenminimum

$$\frac{dK_{ges}}{dm} = C_Z - \frac{nC_A}{m^2} \qquad (6)$$

$$m_{min} = \sqrt{\frac{nC_A}{C_Z}} \qquad (7)$$

also $\quad K_{ges\,min} = \sqrt{C_Z \cdot nC_A} + c_Z + \sqrt{C_Z \cdot nC_A} \qquad (8)$

für $C_z = 0$ liegt das Minimum dort, wo Kostengleichheit vorliegt, also bei

$$K_A = K_Z$$

vergl. dazu Bild 6. [20]

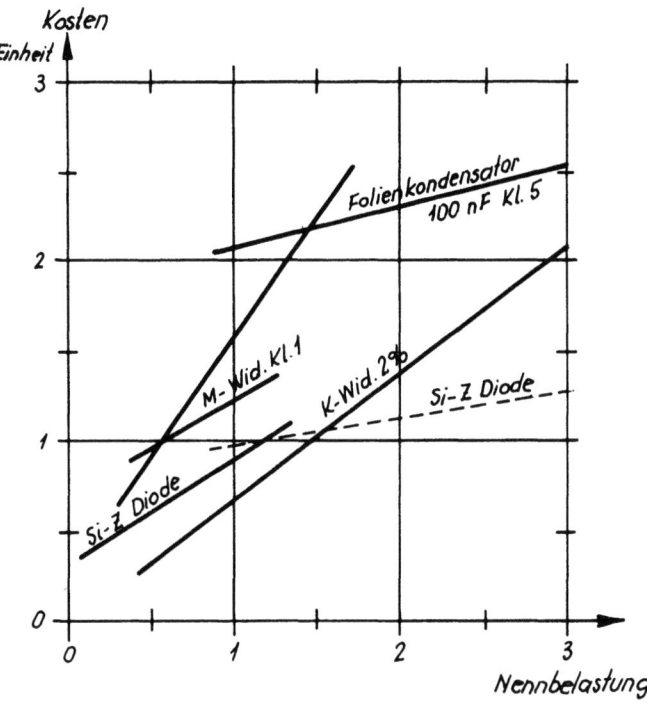

Bild 4

Was kostet das Überdimensionieren?
Kosten der Bauelemente als Funktion der Nennbelastung

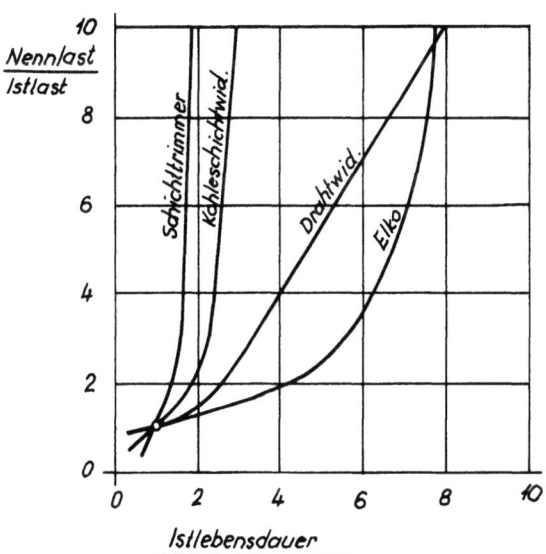

Bild 5
Überdimensionierung
und Lebensdauer

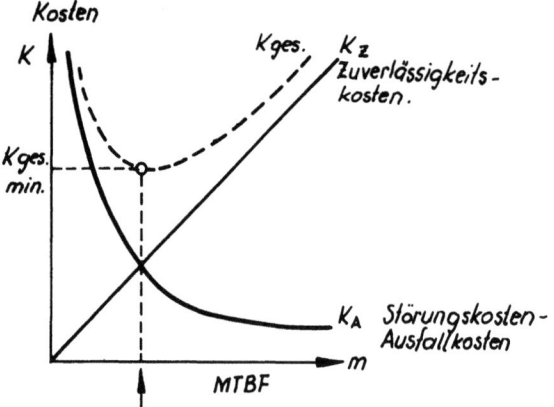

Bild 6
Kostenminimum: Aufwendungen für Zuverlässigkeitssicherung und Kosten der Störungen

5. Beispiele

Die Tab. 4 zeigt die Anzahl der Reparaturdurchläufe im Jahr 1974 für verschiedene Meßgeräte in der Großchemie. In vielen Fällen ist diese Zahl der Reparaturdurchläufe gleich der Ausfallrate z. Sie liegt unter den Bedingungen der chemischen Industrie in der Größenordnung von 5...30 % p.a. für Einbaugeräte. Wird (freilich mit einiger Willkür) angenommen, daß unter besonders günstigen Umgebungsbedingungen und mit einer strengen Definition des Ausfalls diese Rate auf 1/4 reduziert wird, so liegt sie immer noch bei 1,25 (Digitalanzeiger) bis 7,5 % p.a. (Schreiber).

Die Kosten eines Ausfalles erreichen leicht die Größenordnung von 300 bis 500 DM für jeden Schadensfall, also mit der unter günstigen Bedingungen abgeschätzten Ausfallrate bei etwa 3,75 (Digitalanzeiger) bis 40 DM (Schreiber) je Gerät und Jahr. Mit diesen - freilich vagen - Annahmen liegen die mittleren Kosten für Störungen pro Jahr bei Geräten, die unter günstigen Bedingungen betrieben werden, bei ungefähr 1,5 und 5 % des Nettoverkaufspreises, in 3 Jahren also 4,5 bis 15 %. Der untere Wert gilt dabei eher für einfache, der obere für kompliziertere Geräte. In diesem Wertebereich liegen auch die Kosten für die besonderen Maßnahmen zur Zuverlässigkeitssicherung. Zum Beispiel kosten alle Maßnahmen zur Qualitäts- und Zuverlässigkeitssicherung allein im Fertigungsablauf eines Prozeßreglers ca. 6 % des Nettopreises. Die gesamten Qualitätskosten, welche außerdem Prüfung, Ausschuß und Nacharbeit, Garantiekosten umfassen, liegen noch darüber. [21] bis [25]

Tab. 4

Ausfallraten einiger Geräte. Stand 1974 [21], [22], [24]

	Ausfallrate h^{-1}	Ausfallrate a^{-1}	MTBF h	MTBF a
Analoges Schalttafelanzeigeinstrument	$0,5 \cdot 10^{-6}$	$0,5 \cdot 10^{-2}$	$2 \cdot 10^{6}$	$(2 \cdot 10^{2})$
Digitaler Schalttafelanzeiger	$5 \cdot 10^{-6}$	$5 \cdot 10^{-2}$	$0,20 \cdot 10^{6}$	$2 \cdot 10$
Digitaler Präzisionsspannungsmesser	$0,5 \cdot 10^{-4}$	$0,5$	$0,02 \cdot 10^{6}$	2
Analoges Multimeter mittlerer Preisklasse ohne Fehlbedienung	$2 \cdot 10^{-6}$	$2 \cdot 10^{-2}$	$0,5 \cdot 10^{6}$	$0,5 \cdot 10^{2}$
Pneumatischer Regler	$7 \cdot 10^{-6}$	$7 \cdot 10^{-2}$	$0,13 \cdot 10^{6}$	$0,13 \cdot 10^{2}$
Elektropneumatischer Meßumformer	$10 \cdot 10^{-6}$	$10 \cdot 10^{-2}$	$0,1 \cdot 10^{6}$	$0,1 \cdot 10^{2}$
Elektrischer Meßumformer	$10 \cdot 10^{-6}$	$10 \cdot 10^{-2}$	$0,1 \cdot 10^{6}$	$0,1 \cdot 10^{2}$
Ventilregler (Stellglied)	$6 \cdot 10^{-6}$	$6 \cdot 10^{-2}$	$1,4 \cdot 10^{6}$	$1,4 \cdot 10^{2}$
Elektr. 6fach-Punktschreiber	$30 \cdot 10^{-6}$	$30 \cdot 10^{-2}$	$0,03 \cdot 10^{6}$	$0,03 \cdot 10^{2}$
Elektr. Linienschreiber	$24 \cdot 10^{-6}$	$24 \cdot 10^{-2}$	$0,04 \cdot 10^{6}$	$0,04 \cdot 10^{2}$
Elektr. Regler	$1 \cdot 10^{-6}$	$1 \cdot 10^{-2}$	10^{6}	$1 \cdot 10^{2}$

Literatur

1. Hofmann, W.: Zuverlässigkeit von Meßsystemen. Verlag Karl Thieme 1968

2. Schmäing, E.: Bedeutung der Zuverlässigkeit von Meß-, Regel- und Steuereinrichtungen. R. T. 13 (1965) H.9, S. 424

3. Stumpf, Th.: Sicherung der Produktqualität. BBC-Nachrichten 1976, H. 12

4. Angst, W.; Wohler, V.: Betriebssicherheit automatischer Steuerungssysteme. Interkama-Kongreßbericht 1971, S. 379

5. DIN 40041/42 und DIN-Entwurf 40 043 Juni 1977

6. NTG Empfehlung 3002

7. Schaltegger, P.: Mathem. Zuverlässigkeitstheorie. Industrielle Organisation 39 (1970) H.2, S.73

8. Marganitz, A.: Zuverlässigkeit und Sicherheit elektronischer Geräte. Elektronik 1974, H.6, S.213

9. US MIL-Hdbk 217 B

10. Wager; Lang: Statistische Auswertung von Prüfergebnissen. Beuth 1968, S. 133

11. Schäfer, E.: Zuverlässigkeit. Elektronikpraxis, H. 10, 1976, S. 39

12. Egbers, R.: Qualitätssicherung für Industrieelektronik. Qualität und Zuverlässigkeit 21 (1976) H. 11, S. 241

13. Unger, E.: Minimierung der Kosten von Meßeinrichtungen und -anlagen durch wertanalytische Methoden. Interkama-Kongreßbericht 1971, S. 421

14. Tretter, J.: Fehleruntersuchung, Fehlerklassifikat. und Fehlerphys. von Bauelementen Fernmeldepraxis 46 (1969) H. 6, S. 197

15. Olbrich, G.: Militärische Bauelemente und deren Gütesicherung. elektronik industrie 11 (1976) S. 293

16. Streichan, G.: Zuverlässigkeitssicherung bei Geräten in kleineren Systemen. Seminar Zuverlässigkeitssicherung, Electronica 76

17. Fletcher, P.: Burn-in for life. Engg. May 74, S. 364

18. Loranger, A.: The case for component burn-in. Electronics, 1975, H.1, S.73

19. Allan, R.: The failure tracers. IEEEspectrum H. 10, 1976, S. 33

20. Graham, W.: The economics of realiability. quality assurance 2, H.1, März 1976, S.21

21. Templ, E.; Dollmetsch, P.: Meßgeräte Zuverlässigkeit diskutiert. Elektronik 76, H.11, S.103

22. Bartels, Bayer Leverkusen, mündliche Information

23. Angersbach, Hartmann & Braun AG. mündliche Information

24. Escher, G.; Thies, K.A.: Untersuchung der Reparaturhäufigkeit von Meß- und Regelgeräten. RTP 1974, H.9, S. 233

25. Rottgart, J.: Zuverlässigkeit aus der Sicht der Unternehmensführung. NTZ-Kurier 1971, H.8, S. 128

METHODEN ZUR STEIGERUNG DER ZUVERLÄSSIGKEIT VON
PROZESSRECHNERSYSTEMEN

METHODS FOR INCREASING THE RELIABILITY OF
PROCESS CONTROL COMPUTERS

G. Krüger, J. Nehmer
Kernforschungszentrum Karlsruhe
Institut für Datenverarbeitung in der Technik
7500 Karlsruhe, Postfach 3640

Summary

In the tutorial we describe presently available methods and concepts for increasing the reliability of process control computers. They can be devided into two categories. In the first category we summarize methods which try to enforce correct programs during the construction process of software. The second category comprises methods and concepts by which system errors can be tolerated to a certain degree. They are based on software and/or hardware redundancy.

1. Einführung

Die großen technologischen Fortschritte auf dem Halbleitersektor der letzten Jahre haben das Einsatzspektrum von Rechnern wesentlich erweitert. Der Preisverfall bei der Hardware hat hier vor allem komplexe Anwendungen begünstigt, für die ein Rechnereinsatz aus Kostengründen, z.B. wegen des benötigten Arbeitsspeicherbedarfs bisher nicht in Frage kam. Daneben ist in jüngster Zeit ein zunehmender Trend zu beobachten, Rechner in Anwendungen einzusetzen, die eine ständige Betriebsbereitschaft des DV-Systems verlangen wie in der rechnergestützten Platzbuchung (z.B. bei Reiseunternehmen), Betriebsdatenerfassung, Steuerung öffentlicher Verkehrsmittel, Luftraumüberwachung, Reaktorüberwachung etc. Besondere Kritikalität kommt hier den Anwendungen aus dem Bereich der Prozeßsteuerung zu, bei denen durch Ausfall oder Störung des Rechnerbetriebs nicht nur Information verloren geht, sondern Menschen und Material gefährdet sind wie z.B. in der Luftraumüberwachung.

Die Betriebsbereitschaft eines DV-Systems wird jedoch nicht allein durch die Zuverlässigkeit der Hardware sondern durch die Gesamtbetriebsbereitschaft von Hard- und Software bestimmt. Das gegenwärtig breit diskutierte Problem der Konstruktion zuverlässiger Software gewinnt deshalb für den Aufbau hochzuverlässiger Rechnersysteme zunehmend an

Bedeutung.

Die Beschäftigung mit dem Thema "Zuverlässigkeit" bedeutet, sich mit Fehlern in Hard- und Software auseinanderzusetzen. Es ist deshalb notwendig, den Fehlerbegriff zu präzisieren und dessen unterschiedliche Erscheinungsformen zu klassifizieren.

In der Hardware können wir grundsätzlich zwei Fehlerarten unterscheiden. Physikalische Fehler sind Fehler, die alterungsbedingt oder aufgrund von Umwelteinflüssen den Ausfall bzw. die defekte Arbeitsweise eines Schaltkreises, einer Baugruppe einer Mechanik etc. bewirken. Logische Fehler sind Abweichungen zwischen der beabsichtigten Funktion einer Hardwarekomponente und ihrer Realisierung. Sie können durch fehlerhafte Implementierung oder mangelhafte Spezifikation der Funktion verursacht werden.

In der Software können ausschließlich logische Fehler auftreten, d.h. Software kann nicht 'altern'.

Der Begriff 'Fehler' wird künftig ausschließlich zur Bezeichnung von logischen Fehlern benutzt. Den Eintritt einer durch einen physikalischen oder logischen Fehler verursachten Betriebsstörung nennen wir in Anlehnung an die DIN-Norm 40042 Ausfall. Die Unterscheidung ist wichtig, da fehlerhafte Hard-/Software oft lange Zeit in Betrieb sein kann, bevor ein Ausfall auftritt.

Bei den nachfolgenden Ausführungen wird vorausgesetzt, daß die Hardware frei von logischen Fehlern ist. Diese Randbedingung stellt keine nennenswerte Einschränkung der abgeleiteten Ergebnisse dar, da logische Fehler in der Hardware bei serienreifen Rechnern erfahrungsgemäß relativ selten sind. Damit konzentrieren sich die hier diskutierten Methoden zur Zuverlässigkeitssteigerung auf:

- die Reduzierung von Fehlern in der Software,
- die frühzeitige Erkennung von Ausfällen mit dem Ziel, ihre Ausbreitung zu verhindern,
- Verfahren für das schnelle Beheben von Ausfällen.

2. Der Begriff der Zuverlässigkeit

Eine Einführung in Methoden zur Zuverlässigkeitssteigerung von PR-Systemen erfordert zunächst eine Präzisierung des Begriffs Zuverlässigkeit sowie abgeleiteter Begriffe wie Verfügbarkeit und Sicherheit, die oft konträre Anforderungen an die Auslegung der PR-Systeme stellen.

Unter Zuverlässigkeit wird in Anlehnung an die DIN-Norm 40041 die Fähigkeit eines Erzeugnisses verstanden, denjenigen durch den Verwendungszweck bedingten Anforderungen zu genügen, die an das Verhalten seiner Eigenschaften während einer gegebenen Zeitdauer gestellt werden. Diese von der umgangssprachlichen Bedeutung des Zuverlässigkeitsbegriffs abgeleitete Definition erlaubt eine an die jeweilige Problemstellung angepaßte Auslegung und muß deshalb von Fall zu Fall durch präzisere Kenngrößen ergänzt werden.

Große Bedeutung kommt den Zuverlässigkeitskenngrößen <u>Verfügbarkeit</u> und <u>Sicherheit</u> zu. Eine präzisere Definition beider Begriffe soll nun anhand der Abb. 1 vorgenommen werden. Es ist dabei sinnvoll, von den Betriebszuständen 'betriebsbereit' und 'ausgefallen' auszugehen. Der Zustand 'ausgefallen' wird weiter in die Unterzustände 'unerkannt' und 'erkannt' untergliedert. Der Unterzustand 'unerkannt' sei dadurch charakterisiert, daß ein Ausfall noch nicht entdeckt wurde.

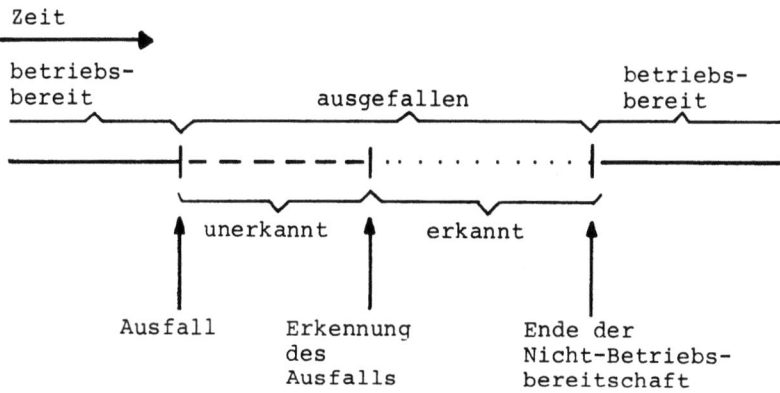

Abb. 1: Zuverlässigkeitsrelevante Betriebszustände eines Rechners

Folgende Abkürzungen werden benutzt:

b <u>mittlere Betriebszeit</u>, das ist die gemittelte Zeitspanne zwischen dem Ende einer Nicht-Betriebsbereitschaftsphase und einem folgenden Ausfall.

u <u>mittlere unerkannte Ausfallzeit</u>, das ist die gemittelte Zeitspanne zwischen dem Beginn eines Rechnerausfalls und dem nachfolgenden Zeitpunkt der Erkennung des Ausfalls.

e <u>mittlere erkannte Ausfallzeit</u>, das ist die gemittelte Zeitspanne zwischen dem Zeitpunkt der Erkennung eines Ausfalls und dem nachfolgenden Ende des Ausfalls.

Unter der Verfügbarkeit verstehen wir dann

$$p_b = b/(b+u+e) \qquad (1)$$

Der noch nicht einheitlich definierte Begriff der Sicherheit kann nur im Kontext von 'ungefährlichen' und 'gefährlichen' Zuständen von technischen Prozessen diskutiert werden, die durch ein PR-System gesteuert werden. 'Gefährliche' Prozeßzustände bedeuten grundsätzlich eine Gefährdung von Menschen und Material.

Ein PR-System ist <u>sicher</u>, wenn es bei Ausfällen keine gefährlichen Prozeßzustände herbeiführt. Sicherheit wird hier demnach als absoluter Begriff aufgefaßt. Die Verfügbarkeit, mit der ein PR-System sicher ist (Verfügbarkeit der Sicherheit) kann dann wie folgt definiert werden:

$$p_s = (b+e)/(b+u+e) \qquad (2)$$

Die abgeleiteten Beziehungen für p_b und p_s zeigen, daß $p_s \geq p_b$ ist, d.h. die Verfügbarkeit der Sicherheit stets größer bzw. gleich der Verfügbarkeit des Betriebes ist. Bei gegebenem b und u kann p_s durch Reduzierung von u beliebig gesteigert werden. Die frühzeitige Erkennung von Ausfällen spielt deshalb für die Beurteilung der Sicherheit eines PR-Systems eine zentrale Rolle.

In dem technisch irrelevanten Extremfall b=u=0 ist die Verfügbarkeit des Betriebs = 0, die der Sicherheit aber = 1. Anforderungen an die Verfügbarkeit des Betriebs und der Sicherheit treten deshalb in realen Systemen immer kombiniert auf.

3. Zwei Methodologien zur Steigerung der Rechnerzuverlässigkeit

Alle nachfolgend diskutierten Methoden zur Steigerung der Rechnerzuverlässigkeit basieren entweder auf konstruktiven Maßnahmen oder wenden das Redundanz-Prinzip an.

Der konstruktive Ansatz verfolgt das Ziel, logische Fehler im Konstruktionsprozeß von Software auszuschließen. Das kann z.B. durch verbesserte Programmier- und Generierverfahren sowie durch die Entwicklung formaler Validierungstechniken (das sind Test- und Verifikationstechniken) erreicht werden. Bei fehlerfreier Software würden dann Störungen nur noch mit der geringen Wahrscheinlichkeit von Bauelemente- bzw. Baugruppenausfällen auftreten, die für viele Prozeßlenkungsanwendungen ausreichend wäre. Hardware- oder Softwareredundanz für die Tolerierung

von Ausfällen existiert nicht. Ausfälle können daher erst durch die
- in der Regel unsinnigen - Reaktionen des Rechner erkannt werden.

Der Redundanzansatz geht von der Annahme aus, daß fehlerfreie Software ebensowenig erreichbar ist wie ausfallfreie Hardware. Er basiert deshalb auf Software- und Hardwareredundanz, durch die Teilausfälle eines Rechnersystems bis zu einem bestimmten Grad toleriert werden können.

Beide Methodologien zur Steigerung der Rechnerzuverlässigkeit haben eine große praktische Bedeutung erlangt und werden am effektivsten kombiniert angewendet. Die Frage, in welchem Verhältnis der Aufwand für die unterschiedlichen Methoden zur Erzielung bestimmter Zuverlässigkeitswerte stehen sollte, wird durch die Kosten beantwortet.

Gegenwärtige Erfahrungen deuten daraufhin, daß extreme Wichtungen zugunsten konstruktiver oder Redundanz-Methoden bei Vernachlässigung der jeweils alternativen Methodologie zu einem ungünstigen Kosten/Nutzen-Verhältnis führen. Eine Kostensteigerung um den Faktor 10 gegenüber konventioneller Programmierung bei dem Versuch, <u>fehlerfreie</u> Software zu produzieren, wird von Avizienis in /4/ berichtet.

Im nachfolgenden Abschnitt werden zunächst konstruktive Methoden zur Steigerung der Softwarezuverlässigkeit behandelt.

4. Konstruktive Methoden zur Erzeugung fehlerarmer Software

Die bestehenden Methoden können prinzipiell in zwei Kategorien eingeteilt werden.

In der ersten Kategorie fassen wir alle Methoden zusammen, mit denen ein fehlerarmer Aufbau der Software <u>schritthaltend</u> mit der Programmentwicklung angestrebt wird. Fehler sollen hier bereits beim Konstruktionsprozeß vermieden werden. In der zweiten Kategorie können alle Methoden zusammengefaßt werden, die das fertige, in einer beliebigen Programmiersprache abgefaßte Programm als Prüfling auffassen und versuchen, es durch Analyse, Test oder mathematische Verifikation zu validieren.

Wir werden nachfolgend die wichtigsten Methoden erläutern und gegeneinander abgrenzen.

Strukturierte Programmierung

Unter diesem Begriff werden Methoden zusammengefaßt, durch die bestimmte Fehlerklassen während der Programmkonstruktion durch strukturierten, d.h. durch geeignete Regeln vorgeschriebenen Programmaufbau ausgeschlossen werden. Im engeren Sinne sind hier die von Dijkstra in /10/ aufgestellten Regeln zur <u>strukturierten Programmierung</u> zu verstehen, durch die Programmstrukturen durch konsequente Anwendung des Prinzips der schrittweisen Verfeinerung (Top-Down-Design) entwickelt werden. Zahlreiche Beispiele in der Literatur zeigen, daß die Qualität und Verständlichkeit komplexer Programmsysteme durch Anwendung der strukturierten Programmierung erheblich gesteigert werden kann. Die Reduzierung von GOTO-Anweisungen, die die Lesbarkeit von Programmen schwer beeinträchtigen, ist eine natürliche Konsequenz gut strukturierter Programme. In neueren Programmiersprachen wie PASCAL und MODULA wurde dem Bedürfnis nach strukturierter Programmierung durch eine Reihe geeigneter <u>Kontrollanweisungen</u> für die Steuerung des Programmflusses Rechnung getragen. Neben der bekannten Anweisung IF...THEN...ELSE...; existieren dort außerdem die WHILE-, REPEAT ... UNTIL- und CASE-Anweisung, mit denen die meisten Programmierprobleme GOTO-frei formuliert werden können.

Weiterführende Vorschläge beziehen sich auf Programmsysteme mit parallel ausführbaren Programmteilen. Hier können durch geeignete Konstruktionsregeln vor allem zeitabhängige Fehler vermieden werden. Das in der Programmiersprache CONCURRENT PASCAL realisierte <u>Monitorkonzept</u> ist ein Beispiel für eine Konstruktionsregel, durch die die korrekte Organisation des Zugriffs mehrerer paralleler Prozesse zu gemeinsamen Daten erzwungen wird.

Entscheidend für die gesicherte Einhaltung von Konstruktionsregeln ist die in den skizzierten Beispielen sichtbar gewordene Tendenz, sie in Programmiersprachen einzubetten. Dies ist gleichbedeutend damit, die semantische Aussagekraft unserer Programmiersprachen zu erhöhen. Sie versetzt die Übersetzer in die Lage, die Einhaltung der Konstruktionsregeln abzuprüfen (compile time checking) und Programme abzuweisen, die gegen die Regeln verstoßen.

<u>Statische Programmanalyse</u>

Die statische Programmanalyse wird in der Regel auf den Programm-Quelltext angesetzt. Eine der wichtigsten Resultate der Programmanalyse ist gewöhnlich die Aufstellung eines Programmgraphen. Sequentielle Programmteile sind dort als <u>Pfade</u> dargestellt, Verzweigungs- und Sammlungspunkte als <u>Knoten</u>. Für jeden Programmpfad wird ferner die Bedingung ermittelt, unter der er durchlaufen wird. Sie wird <u>Pfad-Bedingung</u> genannt und ergibt sich als Relation zwischen Programmvariablen (Abb. 2). Die Pfadbedingungen stellen eine wichtige Information für die Testdatenauswahl zur Durchführung der dynamischen Analyse (Test) von Programmen dar, die sich gewöhnlich an die statische Programmanalyse anschließt.

Darüber hinaus können in der statischen Programmanalyse semantische Zusammenhänge ermittelt werden, die durch die Syntaxprüfung des Compilers oft nicht erfaßt werden, wie z.B. Abprüfen des Wertebereichs von Variablen, Ermittlung von Programmpfaden, die nie durchlaufen werden, Überprüfung von Schnittstellenkonventionen zwischen getrennt übersetzten Programm-Moduln und Abprüfen auf Verklemmungsfreiheit bei Programmteilen, die asynchron zum Ablauf kommen.

Die statische Programmanalyse wird in der Regel mit Hilfe von Rechenprogrammen durchgeführt, die auf eine bestimmte Quellsprache spezialisiert sind. Sprachunabhängige Programmanalysierer sind schwer zu realisieren, da sie eine formalisierte Beschreibungsmethode zur Zuordnung von Semantik zu Programmtexten erfordern.

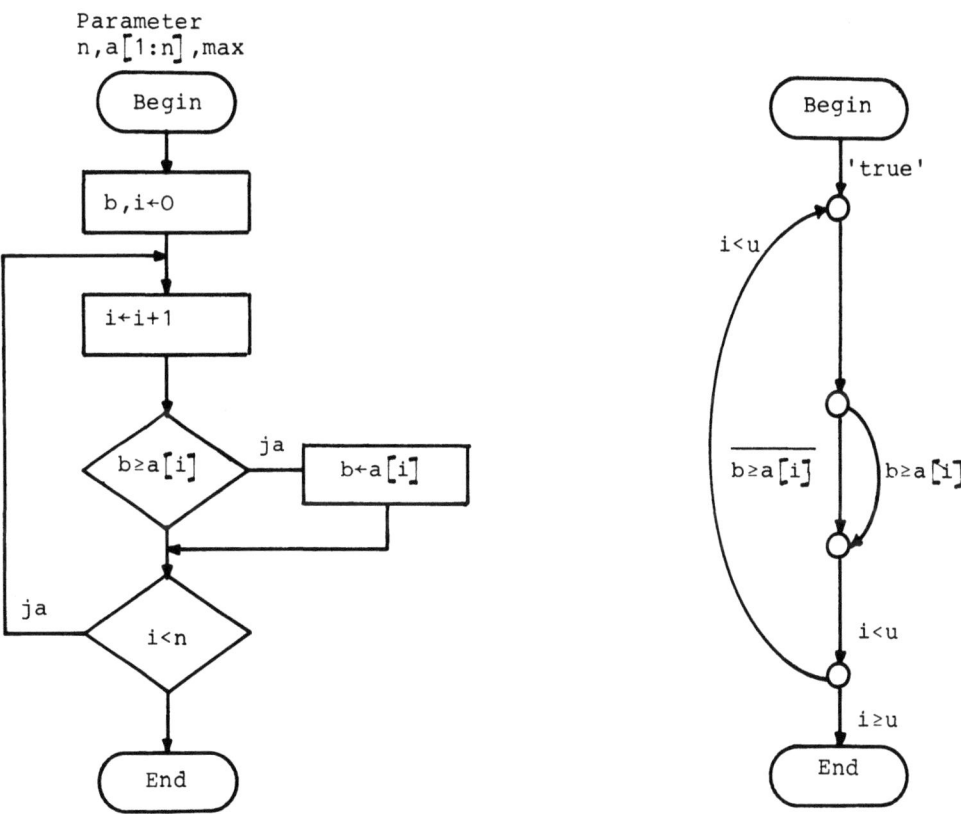

Abb. 2: Flußdiagramm und durch Programmanalyse gewonnener Programmgraph mit Pfadbedingungen
(Im Beispiel wird aus einem Skalar-Feld a der Länge n das Maximum bestimmt)

Testen

Beim Testen werden Programme einer dynamischen Analyse durch direkte Ausführung des Objektprogrammes unter Kontrolle einer Überwachungsprogramms oder durch interpretative Ausführung in simulierter Umgebung unterzogen. Ziel eines Programmtests ist es, nachzuweisen, daß ein Programm für eine Reihe signifikanter Testfälle korrekte Ergebnisse liefert. Die Auswahl signifikanter Testfälle stellt ein schwieriges Problem dar und ist gegenwärtig ein breit diskutiertes Forschungsthema /5,6/.

Ein Programm ist _minimal sorgfältig_ getestet, wenn jeder Programmzweig wenigstens einmal durchlaufen wird. Das folgende Beispiel zeigt, daß dieses Kriterium jedoch kein hinreichendes Kriterium für ein korrektes Programm ist. Angenommen, in einer Programmanweisung z=x+y wurde fälschlicherweise der Operator vertauscht, so daß die Anweisung z=x-y lautet. Der Testfall für (x,y) = (2,0) stellt dann einen nicht signifikanten Testfall dar, da er trotz falscher Formel ein korrektes Resultat liefert. In diesem Beispiel zeigt sich eine der wesentlichen Schwächen des Testens: da die ausgewählten Testfälle nur einen sehr schmalen Ausschnitt aus dem Gesamtspektrum möglicher Eingabeparameter repräsentieren, kann durch Testen zwar die Anwesenheit von Programmfehlern nachgewiesen werden, nicht aber deren Abwesenheit. Eine weitere Randbedingung schränkt die sinnvolle Anwendung von Testverfahren weiter ein: sie setzen gewöhnlich voraus, daß die zu testenden Programme _reproduzierbares_ Verhalten aufweisen, d.h. bei gegebenen Eingabedaten immer dasselbe Resultat entsteht. Diese Bedingung ist aber nur bei Programmen gewährleistet, bei denen nicht Teile simultan ablaufen können wie das bei Prozeßsteuerungsanwendungen oft der Fall ist.

Trotz der genannten Schwächen ist das Testen gegenwärtig die bedeutendste und am häufigsten benutzte Methode zur Qualitätsverbesserung von Software während der Erstellungsphase. Der Hauptgrund dafür ist darin zu suchen, daß Testen bisher als einziges Verfahren erfolgreich auf umfangreiche Programmprodukte angewendet wurde. Nach gegenwärtigen Abschätzungen werden etwa 50% der totalen Produktionskosten von Software für das Testen aufgewendet.

Programmverifikation (Beweisen)

Unter einem Programmbeweis verstehen wir den formalen bzw. semiformalen Nachweis, daß ein Programm für _alle_ Eingaben das korrekte Resultat erzeugt. Der mit mathematischen Methoden geführte Nachweis hat eine wesentlich stärkere Aussagekraft über die Korrektheit eines Programmes als der prinzipiell unvollständige Programmtest.

Unter den gegenwärtig diskutierten Methoden hat die **Assertionen**-Methode bisher die breiteste Beachtung gefunden /7,8/. Bei ihr wird davon ausgegangen, daß über die Eingabedaten bei Programmeintritt sowie die Eingabe-/Resultatdaten bei Programmaustritt Assertionen (Annahmen) formuliert werden.

Assertionen haben die (mathematische) Form logischer Ausdrücke, in denen die **invarianten** Relationen zwischen Eingabe- und Resultatdaten festgehalten werden. Sind die Assertionen **vollständig**, d.h. reflektieren sie **alle** möglichen Relationen zwischen den Eingabe-/Resultatdaten eines Programms, dann können sie als **Programmspezifikation** aufgefaßt werden; sie drücken ohne Bezugnahme auf die interne Implementierung aus, was ein Programm tun soll.

Der Beweis, daß das Programm den Spezifikationen genügt, kann dann folgendermaßen durchgeführt werden: das Programm wird **symbolisch** ausgeführt, indem die formalen Eingabe-Parameter eines Programms durch aktuelle, aber symbolische Eingabedaten ersetzt werden. Der bei Programmaustritt resultierende algebraische Ausdruck muß bei korrektem Programm mit der Ausgangs-Assertion identisch sein. Gelingt dieser Nachweis, den man mit 'Theorem Proving' bezeichnet, dann ist das Programm korrekt.

Das skizzierte Prinzip soll nachfolgend anhand eines einfachen Beispiels demonstriert werden. Die in einer PL/I-ähnlichen Darstellung formulierte Funktionsprozedur berechnet den Absolut-Wert $|x|$ einer ganzen Zahl. Die Assertionen bei Prozedureintritt bzw. -austritt sind in Kommentarklammern eingeschlossen. Parameterwerte bei Prozeduraustritt sind mit einem Apostroph (') gekennzeichnet.

```
ABSOLUTE: PROCEDURE (X)        RETURNS (INTEGER);
/* Eintritts-Assertion: TRUE */
DECLARE X,Y   INTEGER;
IF X < 0
   THEN Y ← -X;
   ELSE Y ←  X;
RETURN (Y);
/* Austritts-Assertion: ((Y = X' | Y = -X') & Y ≥ 0 & X = X') */
END;
```

Um die Korrektheit dieses Programms zu beweisen, müssen zwei Fallunterscheidungen getroffen werden. Wir nehmen dazu an, daß die Prozedur mit dem aktuellen (symbolischen) Eingabeparameter α aufgerufen wird.

Fall a: α < 0

In diesem Fall würde der THEN-Zweig durchlaufen, so daß Y=-α wird. Die Austritts-Assertion nimmt dann folgenden Wert an:

$(-α = α | -α = -α) \& -α \geq 0 \& α = α$

Die Beziehung vereinfacht sich zu

$-α \geq 0$ bzw. $α \leq 0$

Der Beweis für alle α < 0 ist damit erbracht.

Fall b: α ≥ 0

Mit Y=α (ELSE-Zweig) ergibt sich hier für die Austritts-Assertion:

$(α = α | α = -α) \& α \geq 0 \& α = α$

Die Beziehung vereinfacht sich zu

$α \geq 0$, was behauptet wurde.

Wesentlich schwieriger gestaltet sich das Beweisen von Programmen mit **Schleifen** (Loops), in denen die Abbruchkriterien innerhalb der Schleife berechnet werden. Da hier gegenwärtig keine allgemeingültige Methode existiert, den Abbruch einer Schleife unter allen möglichen Eingangsbedingungen zu verifizieren und damit das **Terminieren** von Programmen sicherzustellen, wird der oben geführte Beweis auch als **partieller Beweis** bezeichnet. Er liefert keine Aussage darüber, ob ein Programm terminiert.

Infinite Programmausführungen können auch in Programmen entstehen, in denen Teile zeitlich überlappt zum Ablauf gebracht werden, die über gemeinsame Daten oder Auftragsbeziehungen gekoppelt sind. Sie werden als **Verklemmungen** (deadlocks) bezeichnet und stellen eine Klasse der schwerwiegenden, zeitabhängigen Programmfehler dar. Allgemein gilt, daß die mit Hilfe der oben demonstrierten Beweismethode verifizierten Programme die Eigenschaft aufweisen müssen, frei von zeitabhängigen Fehlern und damit **reproduzierbar** zu sein.

Bisher konnte die Programmverifikation lediglich an relativ einfachen Programmbeispielen erfolgreich demonstriert werden. Bei komplexen, realitätsnahen Programmen stellt die Aufstellung der für die Programmspezifikation notwendig und hinreichenden Assertionen ein oft unlösbares Problem dar. Fehler stellen sich durch unvollständige bzw. fehlerhafte Spezifikationen und durch logische Fehler bei der symbolischen Programmausführung ein, die zu einem falschen Austritts-Theorem führen. Deshalb beschäftigen sich gegenwärtige Forschungsaktivitäten u.a. damit, den Verifikationsprozeß durch Programme weitgehend zu automatisieren und damit einige der Fehlerquellen zu eliminieren. Diese Programme sind unter den Begriffen "Program Verifier" und "Program Prover" bekannt. Ihre Aufgabe besteht bei Vorgabe der Assertionen in der Ermittlung des Austritts-Theorems durch symbolische Programmausführung und dem anschließenden Beweisen des Theorems.

Insgesamt müssen zum gegenwärtigen Zeitpunkt die Aussichten für den erfolgreichen Einsatz von Programmbeweismethoden für komplexe, nicht sequentielle Programme, die in der Prozeßdatenverarbeitung überwiegen, skeptisch beurteilt werden.

5. Steigerung der Rechnerzuverlässigkeit durch Redundanz

Alle nachfolgend diskutierten Methoden der Zuverlässigkeitssteigerung basieren auf dem Redundanz-Ansatz. Gelegentliche Ausfälle von Teilkomponenten eines Rechnersystems werden einkalkuliert. Durch redundante Auslegung der Software bzw. Hardware-Software werden die Voraussetzungen für eine frühzeitige Erkennung von Ausfällen und anschließender Gegenmaßnahmen geschaffen.

Das Spektrum der Gegenmaßnahmen reicht von der Auslösung eines Rechnerstops über Verfahren des Wiederaufsetzens auf einem definierten Zustand des Rechnersystems (Recovery) bis hin zu Umkonfigurierungsmaßnahmen in redundant vernetzten Rechnersystemen.

Im anschließenden Abschnitt werden zunächst Methoden betrachtet, die überwiegend auf Softwareredundanz beruhen.

6. Softwareredundanz

Unter redundanter Software werden hier spezielle Programme und Daten verstanden, die in einem ausfallfreien DV-System (ohne physikalische Hardwarefehler und logische Fehler in der Software) überflüssig wären. Da für die redundante Software zusätzlicher Speicher (Arbeitsspeicher oder Hintergrundspeicher) bereitgestellt werden muß, ist der Begriff Softwareredundanz nicht völlig korrekt. Wir wollen ihn jedoch beibehalten, da die gesamte Logik zur frühzeitigen Erkennung von Störungen und die Gegenmaßnahmen durch Programme realisiert werden.

Softwareredundanzmaßnahmen können in folgende Klassen eingeteilt werden:

a) Plausibilitätstests

Sie dienen zur frühzeitigen Entdeckung abnormaler Bedingungen bei der

Programmausführung oder inkonsistenter Daten und können z.B. folgende
Prüfungen einschließen:
- Abprüfen von Wertebereichen bei der Parameterübergabe zwischen
  Prozeduren.
- Plausibilitätstests an Daten.
  In der Meßwertverarbeitung kann z.B. oft aufgrund der physikalischen
  Zeitkonstanten ein Meßwert zwischen zwei aufeinanderfolgenden Ablese-
  zyklen einen Maximalwert nicht übersteigen. Überschreitungen dieser
  Höchstgrenze können auf eine Verfälschung der Daten aufgrund eines
  Rechnerdefektes zurückzuführen sein.
- Quittungsverkehr zwischen Programm-Moduln.
  Die Erzeugung einer Rückmeldung mit einer Erfolgsbestätigung zwischen
  kommunizierenden Programm-Moduln hilft oft, inkonsistente Zustände
  durch inkompatible Schnittstellen zu erfassen. Sie sind eine häufige
  Fehlerquelle, insbesondere dann, wenn kommunizierende Programm-Module
  durch verschiedene Programmierer erstellt worden sind.
- Ablaufkontrollen
  Eine häufige Fehlerquelle stellen Programmschleifen dar, die nicht
  terminieren, d.h. deren Abbruchkriterien nie erfüllt werden. Bei dynamisch ermittelten Abbruchbedingungen ist es deshalb nützlich, ein
  zweites Abbruchkriterium im Sinne einer fest vorgegebenen oberen
  Grenze von Schleifendurchgängen einzuführen. In dem folgenden Beispiel einer WHILE-Schleife kann zunächst keine Aussage darüber gemacht werden, ob sie terminiert:

```
DO WHILE ((N < K2) & (N > K1));
  .
  .
  .
END;
```

Durch Hinzufügen einer weiteren (konstanten) Abbruchbedingung wird
der Austritt aus der Schleife jedoch nach maximal 10.000 Schleifendurchgängen erzwungen:

```
K = 0;
DO WHILE ((N < K2) & (N > K1) | (K ≥ 10.000));
  .
  .
  .
  K = K+1;
END;
```

Eine weitere Form der Ablaufkontrolle besteht darin, "Kontrollstellen" in ein sequentiell zu durchlaufendes Programm einzubauen (Abb. 3).
Durch sie wird ein Programm in eine bestimmte Zahl von Kontrollab-

schnitten unterteilt, die von dem Programmentwickler durchnumeriert werden. Passieren einer Kontrollstelle bedeutet z.B. den Aufruf eines Unterprogrammes, dem sinngemäß mitgeteilt wird: "Ich komme von Abschnitt A und will nach Abschnitt B". Im einfachsten Fall wird in dem Unterprogramm abgeprüft, ob die Aussage "Ich komme von Abschnitt A" übereinstimmt mit der Aussage ".... und will nach Abschnitt B" nach dem vorletzten Passieren eines Kontrollpunktes.

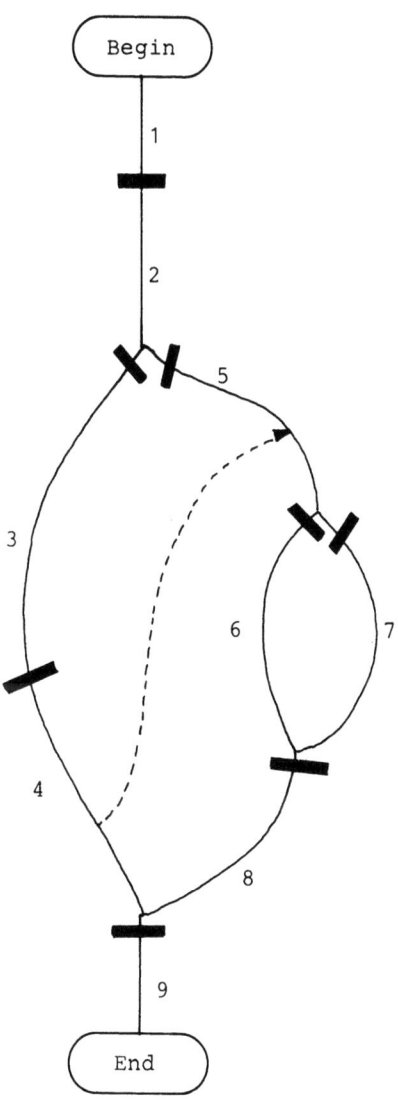

▬ Kontrollstelle

Abb. 3: "Instrumentierung" eines Programms mit Kontrollstellen zur Ablaufüberwachung

Zu diesem Zweck muß in dem Unterprogramm lediglich eine Variable existieren, in dem der gegenwärtig aktive Programmabschnitt geführt wird. Bei festgestellter Übereinstimmung wird der Übergang in einen neuen Abschnitt zugelassen und die neue Abschnittsnummer notiert. Wilde Kontrollübergänge (gestrichelter Pfad in Abb. 3), die durch Verfälschung von Adressen im Arbeitsspeicher entstehen können, aber auch durch fehlerhafte Adreßrechnungen verursacht werden können, werden mit großer Wahrscheinlichkeit beim Durchlaufen des nächsten Kontrollpunktes erkannt. Entsprechende Gegenmaßnahmen können unverzüglich eingeleitet werden.

Der Aufwand für die Einrichtung derartiger Kontrollpunkte ist vernachlässigbar. Das Kontroll-Unterprogramm hat folgenden Aufbau:

```
KONTROLLE: PROCEDURE (KOMME_VON, WILL_NACH);
DCL (KOMME_VON, WILL_NACH) INTEGER;
DCL ABSCHNITT INTEGER STATIC INITIAL (1);
        /* aktiver Programmabschnitt */
IF KOMME_VON = ABSCHNITT THEN
            ABSCHNITT = WILL_NACH;
            ELSE
            AUSFALLBEHANDLUNG;
END;
```

Jeder Kontrollpunkt wird durch einen Prozeduraufruf der Form

```
        CALL KONTROLLE (A, B);
```

realisiert.

b) <u>Halten mehrfacher Kopien von kritischen Programmteilen und Daten</u>

Diese Maßnahme wird oft sehr sinnvoll in Kombination mit den unter a) beschriebenen Plausibilitätstests zur Einleitung wirksamer Wiederanlauf-Strategien angewendet. Sind das fehlerhafte Arbeiten eines Programmes oder inkonsistente Daten entdeckt worden, dann kann oft durch Überschreiben mit einer Backup-Kopie ein definierter Zustand des Rechners hergestellt werden, an dem der Betrieb wieder aufgesetzt wird. Um den durch einen Ausfall ausgelösten Schaden an Programmen und Daten einzugrenzen, ist es ratsam, Kopien auf physikalisch getrennten Datenträgern (z.B. getrennte Arbeitsspeichermodule, getrennte Platten) abzulegen. Der Verlust einer Speichereinheit kann dann ebenfalls toleriert werden.

In der Regel geht durch das hier beschriebene "Wiederaufsetzen" Information verloren. Weniger kritisch ist dieser Verlust in reinen Überwachungssystemen, bei denen das Prozeßabbild in jedem Überwachungszyklus <u>vollständig</u> neu durch den Rechner erfaßt wird. In allen anderen Fällen muß vor Eintritt in die eigentliche Verarbeitungsphase in einer Initialisierungsphase das aktuelle Prozeßabbild neu geladen werden.

c) <u>Hardware-Diagnostik</u>

Hierunter werden spezielle Programme verstanden, die eine systematische Überprüfung der Hardware vornehmen. Beispiele sind Programme zum Austesten des Instruktionssatzes, zur Überprüfung der Register, Speichertestprogramme sowie Programme für die Überprüfung von E/A-Kanälen und Hintergrundspeichern. Da diese Programme nicht an den Echtzeitentscheidungen mitwirken, können sie im 'Hintergrund' mit niedriger Priorität in Zeiten abgewickelt werden, in denen der Prozessor sonst untätig wäre.

Das Ziel eines von Randall in /3/ beschriebenen Forschungsprojektes ist es, eine Reihe der unter a-c) aufgezählten Maßnahmen in ein geschlossenes Konzept für den Aufbau fehlertoleranter Software zu integrieren. Elemente der Softwarekonstruktion sind die sog. "Error-Recovery-Blöcke". Sie bestehen aus n alternativen Prozeduren, die exakt derselben Spezifikation genügen, aber auf unterschiedliche Weise implementiert wurden, sowie einem Abnahmetest (Abb. 4). Die Bedeutung eines "Error-Recovery-Blocks" entspricht etwa der einer Prozedur: Der Block wird mit bestimmten Parametern aufgerufen und kehrt nach Ausführung an die dem Aufruf folgende Stelle im Programm zurück. Die interne Ablaufsteuerung sorgt dafür, daß nach einem Aufruf die Kontrolle zunächst an die erste Prozedur P_1 übergeht. Nach Ausführung der Prozedur wird anhand eines zwangsweise zu durchlaufenden <u>Abnahmetests</u> geprüft, ob das erzeugte Resultat akzeptiert wird. Im positiven Fall wird der "Error-Recovery-Block" wie über einen Unterprogrammrücksprung verlassen. Fällt der Abnahmetest jedoch negativ aus, wird die alternative Prozedur P_2 aktiviert. Der Vorgang wiederholt sich bis entweder ein Prozedurlauf den Abnahmetest erfolgreich übersteht oder auch die letzte Alternative P_n ohne Erfolg versucht wurde. In diesem Fall wird der "Error-Recovery-Block" mit einer Fehlermeldung verlassen.

Der Abnahmetest wird auf eine logische Gleichung angewendet, in der nach Maßgabe des Programmierers invariante Relationen zwischen Ein- und Ausgabeparametern des Moduls festgehalten werden. Sind die angegebenen Relationen notwendig und hinreichend, dann stellen sie entsprechend den bei Programmbeweisverfahren benutzten "Assertionen" eine formale Programmspezifikation dar.

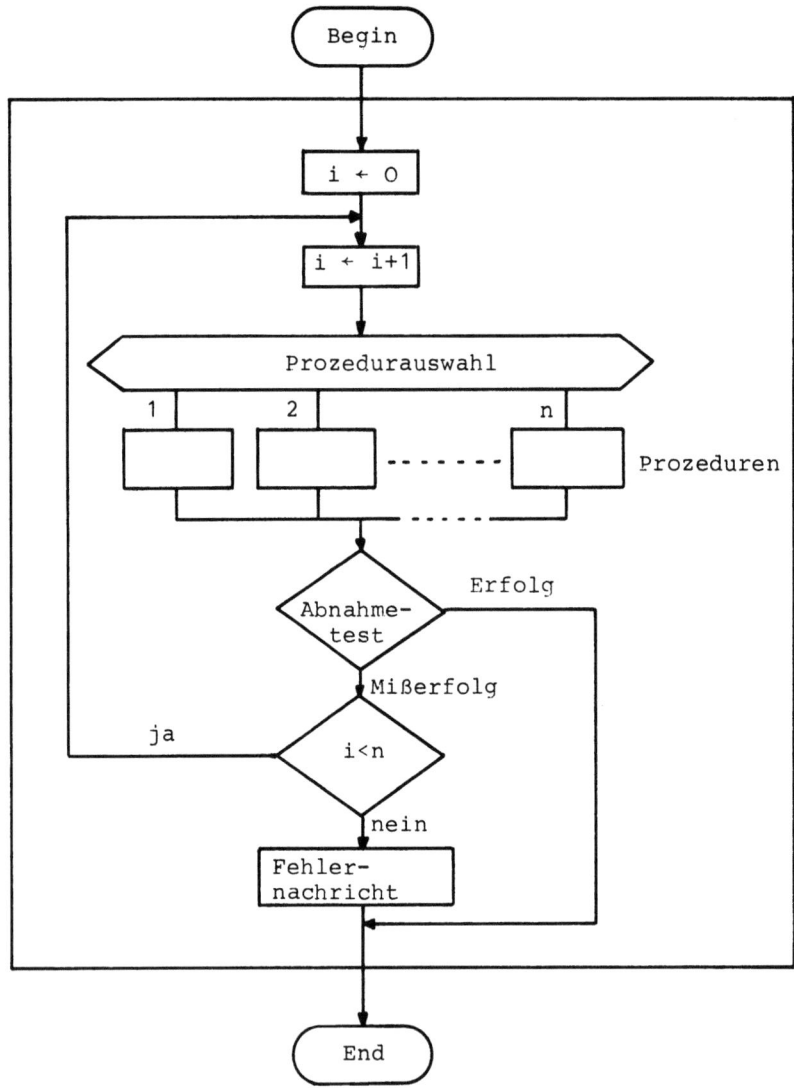

Abb. 4: Prinzipieller Aufbau eines "Error-Recovery-Blockes"

Die oben beschriebene Methode stellt den Versuch dar, die im Ingenieurwesen bekannte Technik der "Stand-by"-Redundanz auf die Konstruktion von Software anzuwenden und scheint erfolgversprechend.

Es werden auch Anstrengungen unternommen, die Organisationseinheit "Error-Recovery-Block" programmiersprachlich zu fassen. Eine mögliche Syntax für einen "Error-Recovery-Block" ist die folgende:

```
ENSURE <boolean expr>
    BY <procedure>
    {OR BY <procedure>}*
    ELSE error;
END;
```

Es bleibt abzuwarten, ob dieser Vorschlag in fortgeschrittenen Programmiersprachen seinen Niederschlag findet.

Die Wirksamkeit der vorgestellten Softwareredundanz-Maßnahmen ist wesentlich von dem Isolationsgrad zwischen der "normalen" Software und den redundanten Erweiterungen abhängig. Ausfälle in einem Teilsystem, die sich ungehindert in redundanten Komponenten ausbreiten können, reduzieren die Wahrscheinlichkeit, daß die redundanten Teile der Software bei einem Teilausfall nicht ebenfalls in Mitleidenschaft gezogen werden. Als geeignet erweisen sich hardwaregestützte Speicherschutzmechanismen (z.B. segmentierter Adreßraum, Speicherschutzschlüssel, Map-Tabelle), durch die eine Ablage von "normaler" und redundanter Software in geschützten Speicherbereichen möglich wird. Physikalisch getrennte Speichermodule erhöhen den Isolationsgrad weiter und garantieren, daß auch bei Ausfall eines Speichermoduls das Gesamtsystem noch funktionstüchtig bleibt.

7. Hardwareredundanz

Die im letzten Kapitel diskutierten Maßnahmen zur Zuverlässigkeitssteigerung wurden primär durch Softwareredundanz erreicht. Die Logik zur Erkennung, Diagnose und Abwehr von Ausfällen ist dort durch Programme realisiert.

In den nachfolgenden Abschnitten werden Maßnahmen zur Zuverlässigkeitssteigerung behandelt, die ihren Ursprung in zusätzlicher Hardwarelogik haben.

Spezielle Hardwarelogik zur frühzeitigen Erkennung häufig auftretender Teilausfälle wie z.B. Paritätsprüfung findet man schon lange in der Rechnerorganisation. Sie werden im nachfolgenden Abschnitt nur der Vollständigkeit halber kurz erwähnt, da sie den wohlbekannten Stand der Technik darstellen und auch softwareseitig in den Betriebssystemen beherrscht werden.

Die verbleibenden Abschnitte setzen sich mit unterschiedlichen Formen der Redundanz auf Systemebene auseinander. Wir verstehen darunter Hardwareredundanz, die durch Vervielfachung von Standard-DV-Komponenten wie Prozessoren, Speichermoduln, Kanäle, Hintergrundspeicher, Datenwegen usw. erzeugt wurde. Die gegenwärtig auch bei Mini- und Mikrorechnern anzutreffenden vielfältigen Möglichkeiten der Zusammenschaltung von Rechnerkomponenten läßt diese Form der Redundanz zur Abwehr von Hardwareausfällen sehr attraktiv erscheinen.

Nahezu alle der nachfolgend skizzierten Methoden erfordern jedoch auch begleitende Softwaremaßnahmen. Der Begriff "Hardwareredundanz" kennzeichnet lediglich das dominierende Hilfsmittel, das zur Steigerung der Rechnerzuverlässigkeit eingesetzt wird.

8. Hardwareredundanz zur Erkennung von Ausfällen

Eine seit langem verbreitete Methode beruht darauf, digitale Information mit zusätzlichen (redundanten) Bits zu versehen, die zu Prüfzwekken herangezogen werden. Redundante Prüfinformation wird sowohl zur Sicherung von Daten gegen Verfälschung in Speichermedien (Paritätsbit/Speicherwort im Arbeitsspeicher, Prüfbyte im Plattenspeicher) als auch zur Absicherung von Datenübertragungen über Kanäle, Datenfernleitungen (z.B. CRC-Prüfung) eingesetzt.

Die aufgrund der redundanten Information festgestellten Ausfälle von Rechnerkomponenten werden gewöhnlich über den Unterbrechungsmechanismus dem Prozessor gemeldet. Die in der Regel nicht maskierbaren Fehler-Unterbrechungssignale führen zur sofortigen Unterbrechung des laufenden Programmes und Anstoßen einer privilegierten Fehlerbehandlungsroutine im Betriebssystem. Sie kann je nach Art des Fehlers mit mehrfachem Wiederholen der Operation reagieren, die dem Ausfall vorausging. Diese Maßnahme ist z.B. bei "unerkannten Operationen" oder "Paritätsfehler" sinnvoll, die oft durch transiente (d.h. kurzzeitige, vorübergehende) Ausfälle verursacht werden. Mehrfaches erfolgloses Wiederholen der Operation wird in der Regel mit Programmabbruch und Ausgabe einer Fehlernachricht beantwortet. Bei defekten Speicherzellen kann oft durch Umspeicherung der dort abgelegten Daten-/Programmteile und Vermeidung weiterer Benutzung der defekten Speicherbereiche der Betrieb aufrechterhalten werden.

Bei Prozeßrechnern ist es ferner üblich, den Ausfall der zentralen Stromversorgung zu überwachen und dem Prozessor über eine Unterbrechung zu melden. Nach einem "Unterspannungsalarm", der den Ausfall der Stromversorgung signalisiert, bleibt in der Regel noch genügend Zeit, in der zugehörigen Unterbrechungsroutine den gesamten Prozessorzustand in den Arbeitsspeicher zu retten. Durch Einschalten der Spannung zu einem späteren Zeitpunkt wird ebenfalls eine Unterbrechungsroutine gestartet, in der der zuvor "gerettete" Prozessorzustand wieder aktualisiert werden kann. Die Programmbearbeitung wird damit exakt an der Stelle fortgesetzt, an der sie unterbrochen wurde. Dieser Mechanismus kann jedoch nur in Prozeßautomationsaufgaben sinnvoll eingesetzt werden, in denen keine in Echtzeit anfallenden Daten verarbeitet werden müssen.

9. Datensicherung durch redundante Speicher

In einer Reihe von Prozeßautomationsaufgaben fallen über lange Zeiträume Daten an, deren Verlust unbedingt vermieden werden muß. Das gilt z.B. für viele Bereiche der rechnergestützten Betriebsdatenerfassung, Lagerbestandsverwaltung usw. Die gelegentliche Unverfügbarkeit des Rechners (z.B. durch Ausfall des Prozessors) kann toleriert werden, wenn die langfristig gesammelten Daten nicht verloren gehen, sondern über Unverfügbarkeitsphasen hinübergerettet werden.

Eine übliche Technik besteht darin, den zur langfristigen Datenhaltung benutzten Speicher zu verdoppeln und die Information in beiden Speichern abzulegen. Von Vorteil ist es, wenn die Zugriffswege zum Speicher unabhängig sind, so daß ihr Ausfall nicht den Zugang zu beiden Speichern blockiert. In Abb. 5 ist für den häufiger vorkommenden Fall, daß die Daten auf einem Externspeicher abgelegt sind, die redundante Rechnerkonfiguration dargestellt.

Nach einem Speicherverlust (z.B durch Plattenkratzer) muß vor Inbetriebnahme eines Ersatzspeichers in einer Initialisierungsphase die Information von der intakten Speichereinheit einschließlich des kompletten Dateiverzeichnisses auf den Ersatzspeicher kopiert werden.

10. Erhöhung der Systemverfügbarkeit durch Mehrprozessorsysteme

Mehrprozessorsysteme, bei denen mehrere, in der Regel identische Prozessoren über einen gemeinsamen Arbeitsspeicher gekoppelt sind, haben insbesondere in der kommerziellen Datenverarbeitung weitgehende Verbreitung gefunden. Der Vorteil von Mehrprozessorsystemen liegt darin, daß bei Ausfall eines Prozessors der Rechnerbetrieb mit verminderter Leistungsfähigkeit aufrechterhalten werden kann. Das betroffene Programm kann jedoch in der Regel nicht an der abgebrochenen Stelle fortgesetzt werden, da der zum Ausfallzeitpunkt gültige Prozessorkontext unzugänglich ist. Eine Ausnahme bildet der bereits diskutierte Stromausfall, sofern jeder Prozessor eine eigene Stromversorgung besitzt. Das abgebrochene Programm muß deshalb gewöhnlich neu gestartet werden.

Teilausfälle, die durch transiente Hardwarefehler verursacht werden, sind dagegen schwer detektierbar und können zu einer allmählichen Ope-

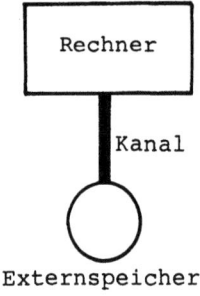

Externspeicher

a) Ungesicherte Datenhaltung

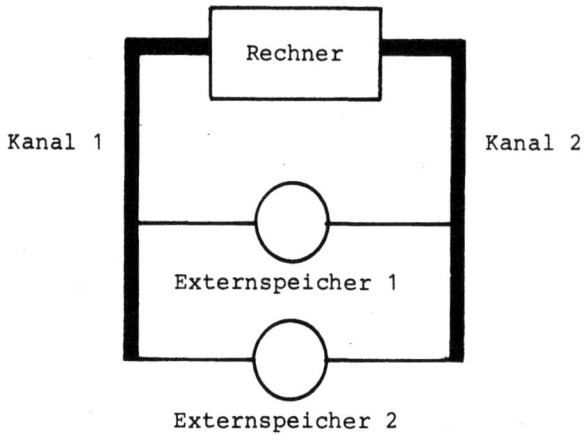

b) Gesicherte Datenhaltung durch redundante Speichereinheiten und Kanäle

Abb. 5: Datensicherung bei langfristiger Datenhaltung

rationsunfähigkeit (Totalausfall) des gesamten Systems führen. Das hat seine Ursache darin, daß eine Ausbreitung von Störungen durch "Anstekkung" intakter Nachbarkomponenten über den gemeinsamen Arbeitsspeicher mit <u>einem</u>, für alle Prozessoren zuständigen Betriebssystem, nur schwer zu verhindern ist.

Ein weiterer Nachteil von Mehrprozessorsystemen sind die relativ hohen Kosten für Spezialentwicklungen wie z.B. spezielle Instruktionen zur Synchronisierung von Speicherzugriffen (LOCK/UNLOCK) und Multiport-Speicher, die für einen effizienten Betrieb unbedingt erforderlich sind.

11. Passive Stand-by-Redundanz

In den nachfolgenden Abschnitten werden DV-Systeme betrachtet, die durch Zusammenschaltung konventioneller Einprozessor-Mini-/Mikrorechner entstehen (Redundanz auf Systemebene). Die Erfahrung hat gezeigt, daß sich damit vorgegebene Zuverlässigkeitsforderungen kostengünstiger realisieren lassen als durch die hoch-integrierten Mehrprozessorsysteme, da aufgrund des höheren Isolationsgrades der über Datenleitungen (und nicht über einen gemeinsamen Arbeitsspeicher) gekoppelten Einzelrechner eine wirksame Eingrenzung von Teilausfällen möglich ist.

Stand-by-Redundanz ist die am häufigsten anzutreffende Form von Hardwareredundanz und kann sowohl zur Steigerung der Verfügbarkeit des Betriebes als auch der Sicherheit eingesetzt werden. In dem hier betrachteten Spezialfall der passiven Stand-by-Redundanz ist nur ein Rechner aktiv, alle beigestellten Reserverechner sind dagegen abgeschaltet. Sie sind lediglich leitungsmäßig an das Prozeßinterface angeschlossen. Eine entsprechende Anordnung mit n-1 Reserverechnern ist in Abb. 6 dargestellt (häufig ist n=2). Sie zeigt, daß alle Rechner über zwei Signalleitungsstränge a und b mit einem sog. Akzeptor verbunden sind. Die Funktionsweise der Anordnung ist folgende: Der Akzeptor erwartet in periodischen Abständen, daß sich der aktive Rechner (angenommen R_1) über die Signalleitung b "meldet". Das Signal führt im Akzeptor zum Rücksetzen eines Zeitgebers, der sofort von neuem beginnt, einer vorgegebenen (und von außen einstellbaren) Zeitschwelle TIMEOUT entgegenzuzählen.

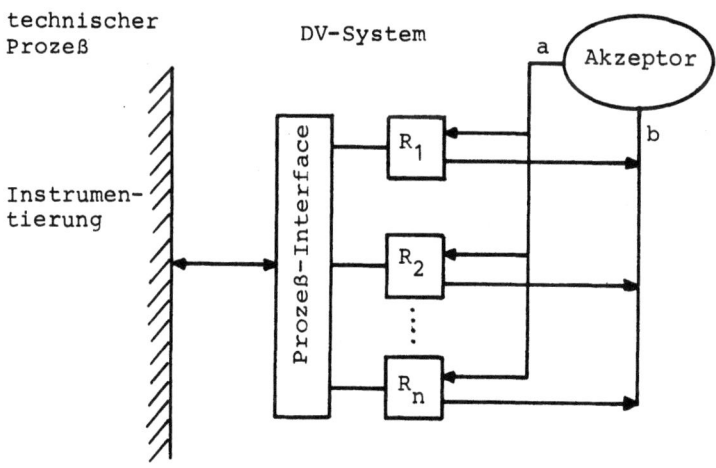

Abb. 6: DV-System mit (n-1) passiven Stand-by-Rechnern

Vorzeitiges Rücksetzen des Zeitgebers wird als Zeichen "akzeptiert", daß der Rechner intakt ist. Der Akzeptor reagiert nicht. Sollte jedoch der Zeitgeber die Zeitschwelle TIMEOUT erreichen, ohne vorher durch den aktiven Rechner (R_1) zurückgesetzt zu werden, so löst der Akzeptor über die Signalleitung a folgende Aktionen aus:

- der aktive Rechner (R_1) wird zwangsweise abgeschaltet (elektronische Abschaltung der Stromversorgung),
- nach einem festgelegten Auswahlverfahren wird ein bis dahin passiver Rechner (z.B. R_2) über ein entsprechendes Signal eingeschaltet, der nach Durchlaufen der Initialisierung den Betrieb aufnimmt.

Die primitive Logik des Akzeptors erlaubt seine Realisierung durch eine einfache, konventionelle Hardwareschaltung. Hier liegt gleichzeitig der Schlüssel für die Wirksamkeit der Anordnung: die gegenüber Rechnern vergleichsweise geringe Zahl benötigter elektronischer Schaltkreise gewährleistet, daß die Hardwarezuverlässigkeit des Akzeptors vergleichsweise hoch gegenüber der Rechnerzuverlässigkeit ist. Ausfälle der Gesamtanordnung durch Ausfall des Akzeptors können dann vernachlässigt werden.

Ein Nachteil der Anordnung ist ihre mangelnde Fähigkeit, Ausfälle des aktiven Rechners zu erkennen, die sich nicht durch zeitlichen Verzug bemerkbar machen. Dieser Nachteil könnte umgangen werden, wenn der Akzeptor nicht nur Zeitbedingungen sondern auch die Gültigkeit von Resultaten abprüft. Es ist leicht einzusehen, daß er dann selbst die Leistungsfähigkeit der Rechner besitzen muß, deren Arbeitsweise er überwacht. Damit wäre jedoch die Forderung nicht mehr erfüllbar, daß die Unverfügbarkeit des Akzeptors gegenüber der Unverfügbarkeit der Rechner vernachlässigbar ist.

Einen Ausweg aus dieser Situation bieten Systeme mit <u>aktiver</u> Stand-by-Redundanz, die nachfolgend diskutiert werden.

12. Aktive Stand-by-Redundanz

Als wichtigste Vertreter werden hier n-modulare Systeme betrachtet, bei denen die korrekte Arbeitsweise des Systems durch eine <u>Mehrheitsentscheidung</u> von m Rechnern (m ≤ n) bestimmt wird. Man spricht dann auch von m-von-n-Systemen. Als häufigste Vertreter findet man in praktischen Anwendungen 2-von-3-Systemen, auf die sich die nachfolgenden Beispiele konzentrieren.

Im Gegensatz zu DV-Systemen mit passiver Redundanz sind in Anordnungen mit aktiver Redundanz alle Rechner aktiv. Dadurch erhält man grundsätzlich die Möglichkeit, Resultate mehrerer Rechner zu vergleichen und damit die Bedingung für zuverlässige Arbeitsweise des Gesamtsystems schärfer zu fassen als durch eine reine Zeitbedingung. Ein zusätzliches Problem entsteht durch die Notwendigkeit der Koordinierung der Rechner untereinander; es muß sichergestellt sein, daß die Ausgabe nur <u>eines</u> der als intakt erkannten Rechner tatsächlich an den technischen Prozeß weitergegeben wird. Die Ausgaben der übrigen Rechner müssen unterdrückt werden. In den Darstellungen werden deshalb Ein- und Ausgabeseite getrennt.

Für die Koordinierung der Rechner in der Gesamtanordnung und die Überwachung des Betriebes existieren viele unterschiedliche Konzepte, die sich in wesentlichen Details unterscheiden. Die nachfolgend diskutierten Systemkonfigurationen sind einer Systematik von Eggenberger /17/ entnommen und speziell unter dem Gesichtspunkt ihres Einsatzes in unterschiedlichen Typen von Prozeßautomationsaufgaben entwickelt worden.

Zwei Grundkonfigurationstypen werden behandelt:
Typ A für binäre Ausgabe und Typ B für komplexe Ausgabe.

Typ A (binäre Ausgabe)

Der hier behandelte Konfigurationstyp ist für Prozeßrechneranwendungen geeignet, bei denen zwischen zwei aufeinanderfolgenden, in der Regel periodischen Bearbeitungszyklen nur <u>ein</u> binäres Ausgabesignal erzeugt wird. Als Anwendungen kommen alle Arten von Überwachungsaufgaben in Frage, bei denen der Zustand eines technischen Prozesses in fest vorgegebenen Perioden kontrolliert und ein Alarm-/Stromabschaltung-/Ventilschluß usw. bei festgestellter Störung ausgelöst werden soll.

Abb. 7 zeigt die grundsätzliche Anordnung des Konfigurationstyps A für ein 2-von-3-System. Zentrale Elemente zur Koordinierung und Überprüfung des Gesamtsystems sind der bereits bekannte Akzeptor sowie der Zeitgeber. Der Zeitgeber sendet periodische Zeitsignale an alle Rechner und den Akzeptor. Dadurch wird eine zentrale Taktung des gesamten Systems erzwungen.

Die Arbeitsweise des Systems ist folgende:
Nach Eintreffen des Starttaktes (T_1) übernehmen alle Rechner über das Eingabe-Prozeßinterface ihre Eingabedaten. Sie ermitteln daraufhin das binäre Ausgabesignal und erwarten den nächsten Takt (T_2) des Zeitgebers. Nach Eintreffen des Taktsignals T_2 geben alle Rechner ihr binäres Ausgabesignal über die Leitung b auf den Akzeptor.

Aufgrund der im Akzeptor getroffenen Mehrheitsentscheidung veranlaßt dieser die Ausgabe entweder eines '1' oder '0' Signals an das Ausgabeinterface (Leitung a).

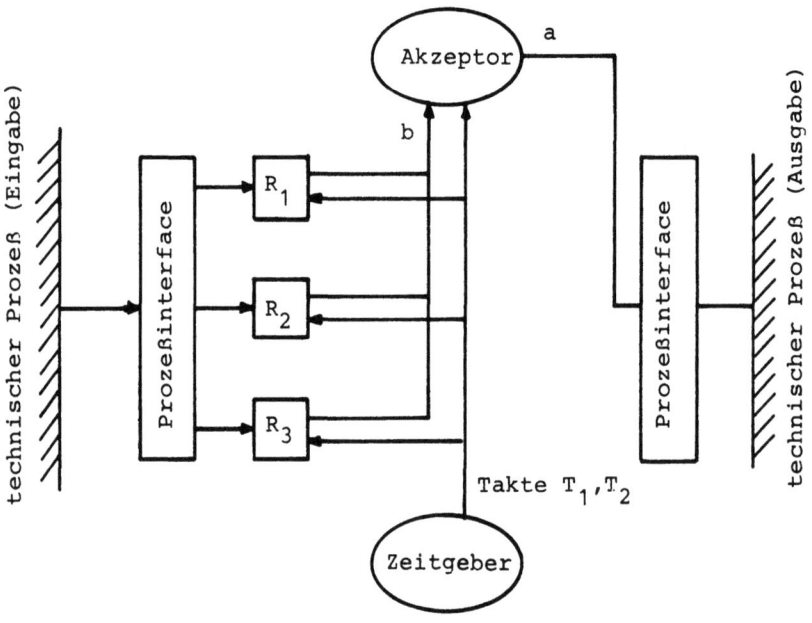

Abb. 7: Aktives Stand-by-System (2-von-3) mit binärer Ausgabe

Die im Akzeptor vollzogene Prüfung kann präziser durch folgende logische Funktion beschrieben werden:

$(T_2 = T_{x1} = T_{x2} = \ldots = T_{xm})$ & B_{x1} & B_{x2} & $\ldots B_{xm}$

Die Bedeutung der Funktion ist folgende:
Der Akzeptor erzeugt den Wahrheitswert "true" an der Leitung a wenn

1. wenigstens m Rechner (bezeichnet mit x1 ... xm, wobei m bei 2-von-3-Systemen den Wert 2 annimmt) zum Zeittakt T_2 ihr binäres Ausgabesignal für den Akzeptor erzeugt haben und

2. diese m Rechner den Bool'schen Wert '1' ("true") an den Akzeptor ausgeben.

In allen anderen Fällen wird der Wahrheitswert "false" durch den Akzeptor ausgegeben. Das zeigt, daß der Akzeptor nicht nur eine reine Zeitbedingung als Maß für die Bewertung der Zuverlässigkeit des Systems abprüft sondern auch einen Ergebnisvergleich durchführt.

In der Praxis findet man zwei zusätzliche Varianten des Typs A. Extreme Zuverlässigkeitsansprüche wie z.B. in der Reaktortechnik erfordern oft eine Vervielfachung der Instrumentierungseinrichtungen des technischen Prozesses /16/. Das Prozeßinterface (Eingabe) müßte in diesem Falle 3mal in der Abb. 7 vorhanden sein.

Ferner ist es oft erforderlich, daß die Rechner untereinander Zwischenergebnisse austauschen, die zur Berechnung des Endresultats herangezogen werden. Eine Kopplung der Rechner untereinander über Standard-Koppeleinrichtungen ist in diesem Fall erforderlich.

Typ B (komplexe Ausgabe)

Dieser Konfigurationstyp ist für beliebige Ausgabe innerhalb eines Bearbeitungszyklus geeignet. Ein DV-System dieses Typs kann deshalb für alle Steuer- und Regelaufgaben eingesetzt werden.

Als zusätzliche Schwierigkeit gegenüber binärer Ausgabe beim Typ A erweist sich der Ergebnisvergleich zwischen mehreren Rechnern, ohne die Logik der zentralen Überwachungs- und Koordinierungseinrichtungen wesentlich zu erweitern. Diese Randbedingung konnte bei der in Abb. 8 gezeigten Anordnung erfüllt werden. Sie erhält als zusätzliches Element gegenüber dem Konfigurationstyp A lediglich einen Selektor, der die Ausgabeseite des zum "Master" bestimmten Rechners auf das Prozeßinterface durchschaltet. Die prinzipielle Funktionsweise der Anordnung ist folgende:

Mit dem Takt T_1 werden die Eingabewerte vom technischen Prozeß übernommen und anschließend verarbeitet. Aus den auszugebenden Größen wird - z.B. durch Bildung der Quersumme - eine Prüfgröße berechnet und von jedem der Rechner an ein Kontrollregister ausgegeben. Nur der augenblicklich zum "Master" bestimmte Rechner wird jedoch erfolgreich sein und seine Prüfgröße tatsächlich in das Kontrollregister schreiben. Mit dem Takt T_2 des Timers lesen nun alle Rechner die Prüfgröße aus dem Kontrollregister aus und vergleichen sie mit ihrem intern ermittelten Wert. Mit dem Takt T_3 schließlich geben alle Rechner ihr binäres Zustimmungssignal an den Akzeptor aus: bei mehrheitlicher Zustimmung behält der gegenwärtige "Master" für eine weitere Periode seine Sonderrolle. Er wird anschließend die eigentliche Prozeßausgabe steuern. Danach erwarten alle Rechner wieder den Zeittakt T_1. Lehnen die Rechner dagegen mehrheitlich die im Kontrollregister abgelegte Prüfgröße des "Masters" ab, so wird der Selektor über die Ausgabeleitung (a) des Akzeptors aufgefordert, einen anderen Rechner zum "Master" zu bestimmen. Über einer Unterbrechung werden alle Rechner zur Wiederholung des letzten Schritts aufgefordert bis eine mehrheitliche Zustimmung erreicht ist.

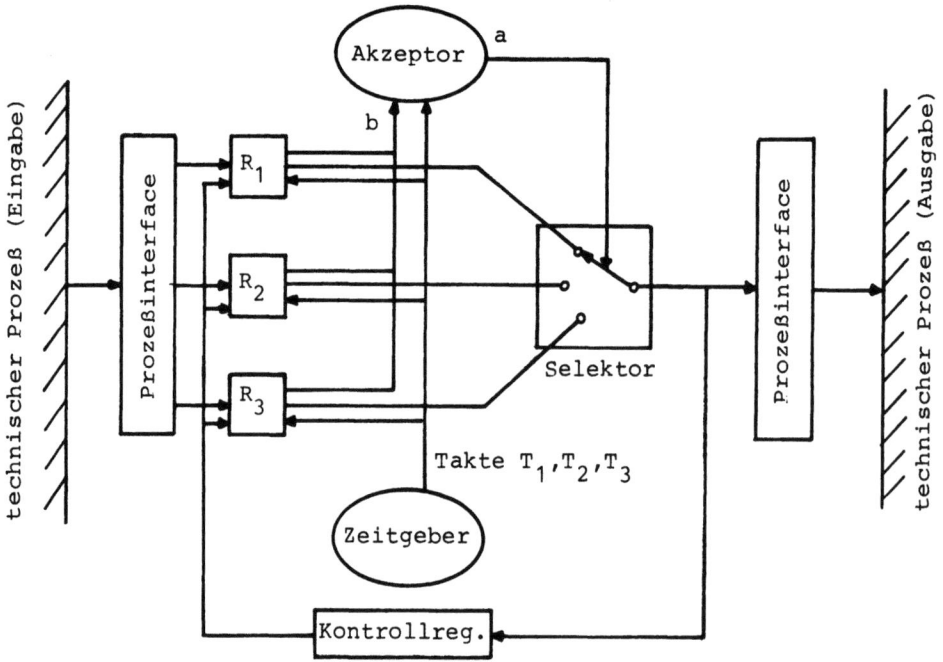

Abb. 8: Aktives Stand-by-System (2-von-3) mit komplexer Ausgabe

Die einfache Logik des Akzeptors vom Typ A konnte dadurch erhalten werden, daß das Ergebnis des "Masters" an alle Rechner zurückgekoppelt wird und der Ergebnisvergleich in den Rechnern selbst durchgeführt wird Lediglich das binäre Zustimmungssignal wird an den Akzeptor ausgegeben. Die im Akzeptor vollzogene Prüfung wird deshalb durch dieselbe logische Funktion beschrieben wie im Falle des Typs A:

$$(T_2 = T_{x1} = T_{x2} = \ldots T_{xm}) \& B_{x1} \& B_{x2} \& \ldots \& B_{xm}$$

Die binären Zustimmungssignale $B_{x1} \ldots B_{xm}$ entstehen als Resultat des Ergebnisvergleichs der Prüfgröße im Kontrollregister (E_K) mit dem Prüfwert jedes Rechners, der sich zum Zeittakt T_2 an der Abstimmung beteiligt ($E_{x1} \ldots E_{xm}$):

$$B_{x1} \& B_{x2} \& \ldots \& B_{xm} \rightarrow (E_{x1} = E_K) \& (E_{x2} = E_K) \& \ldots$$
$$\& (E_{xm} - E_K)$$

Abschließend sei darauf hingewiesen, daß auch beim Konfigurationstyp B der Betrieb in den Rechnern **symmetrisch** ist. Den Rechnern ist nicht bewußt, wer von ihnen momentan zum "Master" bestimmt ist, da diese Entscheidung ausschließlich dem mit höherer Zuverlässigkeit arbeitenden Akzeptor obliegt.

13. Dynamische Redundanz

In den vorangegangenen Kapiteln wurden redundante Rechnerkonfigurationen behandelt, in denen die redundanten Ersatzkomponenten <u>statisch</u> bestimmten Rechnerkomponenten fest zugeordnet sind, die sie im Störungsfall ersetzen. Dies führt generell zu einer Vervielfachung der Hardware, hat aber den Vorteil einer relativ einfachen Softwareorganisation.

Eine kosteneffektivere Form der Redundanz, die dynamische Redundanz, kann in verteilten DV-Systemen realisiert werden, in denen mehrere Rechner zu einem Verbund zusammengeschaltet sind. Das Prinzip der dynamischen Redundanz beruht darauf, ein Überangebot an Rechenleistung und Verbindungswegen bereitzustellen, ohne jedoch den zusätzlichen Leistungsreserven Aufgaben fest zuzuordnen. Vielmehr werden die Rechneraufgaben dynamisch in Abhängigkeit vom momentanen Grad des Ausfalls des Gesamtsystems zugeordnet.

Verteilte DV-Systeme werden auch zunehmend in der Prozeßlenkung eingesetzt. Geringere Störanfälligkeit des Gesamtsystems, geringere Verkabelungskosten sowie reduzierte Softwarekosten sind die Hauptvorteile gegenüber konventionellen zentralisierten Lösungen. Zwei Netztopologien haben sich weitgehend durchgesetzt: hierarchische Netze und Ringleitungsnetze.

Anhand der Abb. 9 soll das Prinzip der dynamischen Redundanz zunächst bei hierarchischen Netzen illustriert werden. Der ausgezogene Teil der Abb. 9 stellt ein baumartig strukturiertes Netz dar. Information (Daten, Aufträge) kann dort zwischen dem Prozeßinterface und dem Führungsrechner in der 3. Rechnerebene immer nur über einen möglichen Pfad fließen. Die in diesem Pfad eingeschlossenen Rechner sind die Bearbeitungsstationen für die Information. Der Ausfall eines Verbindungsweges oder eines Rechners auf einem ausgewählten Pfad legt den gesamten Pfad oberhalb der ausgefallenen Komponente tot.

Durch jeweils 4 zusätzliche Verbindungswege zwischen den Rechnerebenen eins und zwei sowie der Rechnerebene 1 und dem Prozeßinterface kann durch dynamische Redundanz die Verfügbarkeit dieses Systems wesentlich gesteigert werden. Es ist leicht zu erkennen, daß sowohl das Prozeßinterface als auch alle vier Rechner der Rechnerebene 1 über zwei alternative Pfade mit dem Führungsrechner verbunden sind. Der Ausfall einer Leitung bzw. eines Rechners (mit Ausnahme des Führungsrechners) kann deshalb toleriert werden, ohne daß der Betrieb des Gesamtsystems gestört wird. Voraussetzung ist jedoch, daß die Rechenleistungsreserven vorgehalten werden, so daß bei dynamischer Umlagerung von Aufgaben vom einen Rechner auf einen anderen durch die Mehrbelastung keine Engpässe entstehen.

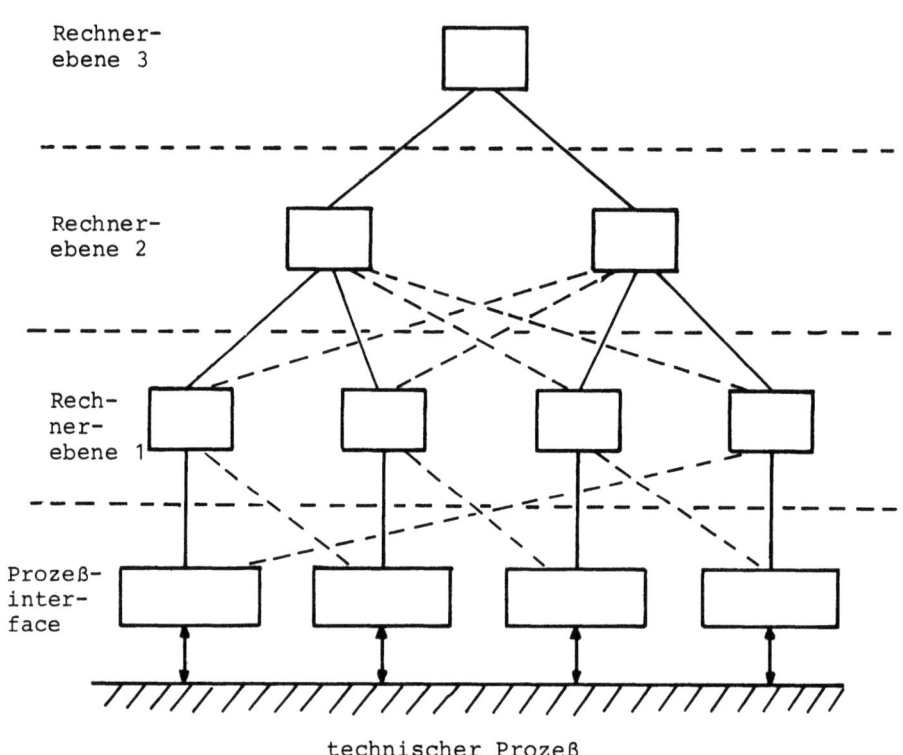

––––– redundante Verbindungswege

Abb. 9: Dynamische Redundanz in einem hierarchischen Rechnernetz

Ähnliche Maßnahmen zur Bereitstellung dynamischer Redundanz können in Ringleitungsnetzen getroffen werden. In Abb. 10 ist ein Ringleitungsnetz dargestellt, in dem durch einen zweiten (redundanten) Bus und alternative Anschlüsse zum Prozeßinterface die Voraussetzungen für dynamische Redundanz geschaffen werden. Koordinierung und Überwachung können in derselben Weise wie bei den hierarchischen Netzen erfolgen, sofern die Kontrolle im Netz nach hierarchischen Prinzipien ausgeübt wird.

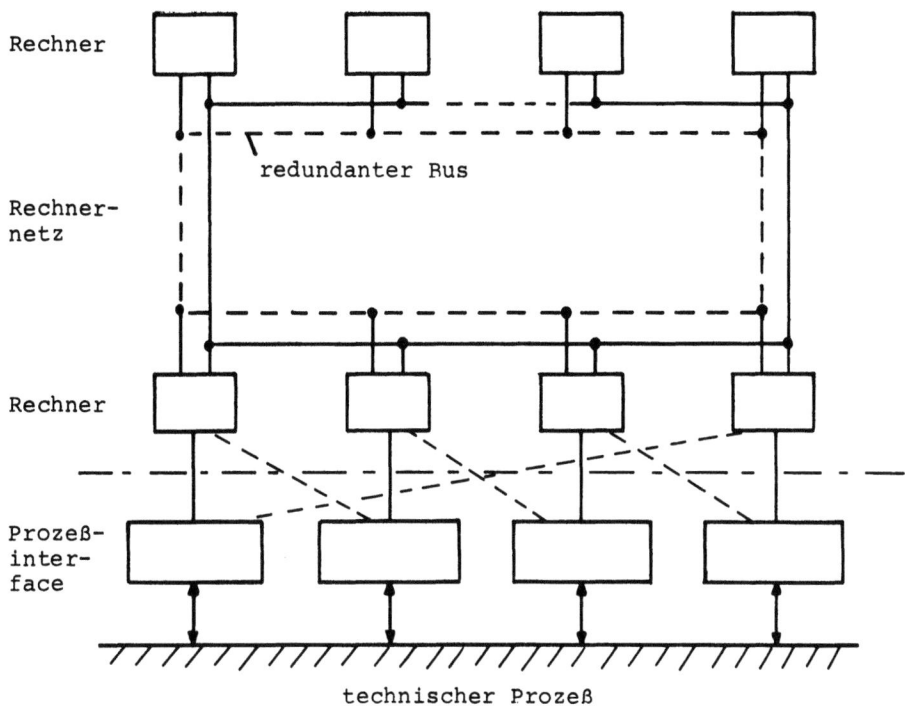

Abb. 10: Dynamische Redundanz in einem Ringleitungsnetz

Ein Vorteil beider Konfigurationstypen ist, daß keine besonderen hardwaregestützten Koordinierungs- und Prüfeinrichtungen erforderlich sind. Koordinierung und Prüfung erfolgen bei hierarchischer Netzkontrolle von "oben" nach "unten" durch die jeweils vorgesetzte Kontrollinstanz. Inkorrektes Verhalten eines Rechners oder Leitungsausfälle werden von der darüberliegenden Ebene festgestellt und durch dynamisches Umdirigieren der Arbeitslast auf einen Alternativrechner/-Leitung beantwortet. Das Fernabschalten/-einschalten eines untergeordneten Rechners durch seinen "Vorgesetzten" sollte dabei möglich sein.

Schlußbemerkung

Die zitierten Veröffentlichungen wurden primär unter dem Gesichtspunkt ausgewählt, dem interessierten Leser den Zugang zu solchen Publikationen auf dem Sektor "Rechnerzuverlässigkeit" zu eröffnen, die das Thema mit einer gewissen Breite behandeln und damit als Ausgangspunkt eines vertieften Studiums geeignet sind. In /1,2/ werden bevorzugt Hardware- und systemtechnische Aspekte von fehlertoleranten Rechnersystemen behandelt, während in /3/ vorrangig Probleme der Softwarezuverlässigkeit diskutiert werden. /4/ stellt eine gute State-of-the-Art-Übersicht über Hardware-, System- und Softwaremethoden zur Zuverlässigkeitssteigerung von Rechnern dar. Verschiedene Programmtestmethoden werden ausführlich in /5,6/ behandelt. Die beiden Ausgaben der ACM-Computing Survey über "Reliable Software" /8,9/ befassen sich schwerpunktmäßig mit zuverlässigen Betriebsorganisationsstrukturen und formalen Methoden zur Programmverifikation. Beweismethoden für Software werden ebenfalls in /7/ diskutiert. Anwendungen von Redundanzmethoden in fehlertoleranten Mehrrechnerkonfigurationen werden in /11-16/ beschrieben. In /7/ wird eine generelle Systematik für DV-Systeme mit n-modularer Redundanz eingeführt.

Referenzen

/1/ Special Issue: Fault Tolerant Computing
IEEE Transactions on Computers, Vol. C-24, No. 5 (1975)

/2/ International Symposium on Fault Tolerant Computing
Paris, June 18-20, 1975 (IEEE Catalog No. 75 CHO974-6C)

/3/ International Conference on Reliable Software,
SIGPLAN Notices 10, No. 6 (1975)

/4/ Computer Systems Reliability,
Infotech State of the Art Report 20 (1974)

/5/ J.C. Huang: An Approach to Program Testing, ACM Computing Survey 7, 113-128 (1975)

/6/ Series of Papers on the Special Issue: Software Testing,
IEEE Transactions on Software Engineering, 194-231 (1976)

/7/ B. Elpas, K.N. Levitt, R.J. Waldinger, A. Waksman: An Assessmant of Techniques for Proving Program Correctness, ACM Computing Surveys, Vol. 4, No. 2, 97-147 (972)

/8/ Special Issue: Reliable Software I: Software Validation,
ACM Computing Surveys Vol. 8, No. 3 (1976)

/9/ Special Issue: Reliable Software II: Fault Tolerant Software,
ACM Computing Surveys Vol. 8, No. 4 (1976)

/10/ O.J. Dahl, E.W. Dijkstra, C.A.R. Hoare
Structured Programming, Academic Press, London and New York
(1972)

/11/ K.J.H. Hodges: A Fault Tolerant Multiprocessor Design for Real-Time Control, Computer Design, 75-81 (1973)

/12/ W. Corpus, G. Graf, E. Hurtienne: Einsatz eines Doppelrechnersystems im Kernkraftwerk Stade, Siemens-Zeitschrift 47, 530-535 (1973)

/13/ J. Zürn: Mehrrechnersysteme zur Erhöhung der Zuverlässigkeit, Angewandte Informatik 8, 333-341 (1975)

/14/ A. Hörder, H. Strelow, K.H. Wobig: Sichere Mehrrechnersysteme hoher Verfügbarkeit, Elektronische Rechenanlagen 3, 118-124 (1975)

/15/ L. Böhme, G. Groth: Prozeßdatensicherung in Doppelrechnersystemen hoher Verfügbarkeit, Fachtagung "Prozeßrechner 77", Augsburg 7.3.-8.3. (1977)

/16/ J. Nehmer: Computerized Safeguarding of Nuclear Power Plants: A Case for Reliable Software, IFIP Working Conference on "Constructing Quality Software", Novosibirsk, May 24-27 (1977)

/17/ O. Eggenberger: Aufbau zuverlässiger Prozeßrechnersysteme durch Redundanzbildung (persönliche Mitteilung)

SICHERHEIT - DEFINITION UND BEWERTUNG INSBESONDERE FÜR STEUERUNGEN

SAFETY - DEFINITION AND VALUATION WITH SPECIAL REFERENCE TO CONTROL SYSTEMS

H. Heckmann
Brown, Boveri & Cie., A.-G.
6800 Mannheim

Zusammenfassung

Die Vermeidung von Gefahren für Menschen und/oder Maschinen, hervorgerufen durch Fehler in technischen Einrichtungen, rückt vermehrt in den Vordergrund der Bemühungen bei der Lösung von Automatisierungsaufgaben. Damit wächst die Bedeutung von Sicherheitsmaßnahmen insbesondere ihre qualitative und quantitative Bewertung. Für Festlegungen zwischen Betreiber, Hersteller und Genehmigungsbehörden sind diese Aussagen von entscheidender Bedeutung. Der Beitrag beschreibt hierfür die Sicherheitsvereinbarung und ihre Beziehung zur Zuverlässigkeit.

Summary

To avoid the danger to life and/or property arising from failures in technical systems is considered to become more important to the realization of control systems. This increases the relevance of safety measures, especially in respect to qualitative and quantitative valuation. These statements are decisive for agreements between customer, producer and regulatory commission. The following article describes the structure of a safety agreement and its relations to reliability.

Das Bedürfnis nach qualitativen und quantitativen Aussagen über die Sicherheit im Sinne der Verhinderung einer Gefährdung von Menschen und/ oder Maschinen durch technische Einrichtungen nimmt immer mehr zu. Steigender Umfang und Komplexität der Automatisierungseinrichtungen verstärken diesen Trend. Die vorliegenden Gesetze und Vorschriften enthalten größtenteils entweder sehr allgemeine Aussagen wie das Maschinenschutzgesetz oder sehr spezielle und lösungsgebundene Aussagen wie verschiedene sicherheitstechnische Regeln und Bestimmungen. Es existieren keine allgemein gültigen und insbesondere lösungsunabhängige Definitionen und Bewertungsmöglichkeiten für die Sicherheit. Daneben besteht eine große Sprachverwirrung durch die unterschiedliche Benutzung und Bedeutung verschiedener Begriffe.

Es besteht aus diesen Gründen vermehrt die Forderung nach eindeutigen Definitionen, Bewertungs- und Beschreibungsverfahren für die Sicherheit. Dies gilt insbesondere für präzise Vereinbarungen zwischen Betreiber, Hersteller und Genehmigungsbehörden sicherheitstechnischer Einrichtungen.

Der AK 5.2.1 der VDI/VDE GMSR hat die Aufgabe, allgemein gültige Definitionen und Bewertungsmethoden der Sicherheit für die Steuerungstechnik zu erarbeiten. Dabei ergab sich die Notwendigkeit Grundlagen für die Sicherheitstechnik allgemein zu schaffen die über das ursprüngliche Ziel dieses AK hinausgehen.

1. **Qualitative Sicherheit.** Ziel der Beschreibungsmethoden der qualitativen Sicherheit ist eine klare, eindeutige und umfassende Aussage über die Sicherheit einer technischen Einrichtung zu machen. Dies gilt insbesondere für die Formulierung von Aufgaben und die Dokumentation für sicherheitstechnische Einrichtungen. Die Sicherheitsvereinbarung kommt diesen Forderungen besonders entgegen. Sie ist wie folgt festgelegt:

Die qualitative Sicherheit ist die Eigenschaft, die ausdrückt, daß von der Betrachtungseinheit keine Gefährdung ausgeht. Diese Eigenschaft wird durch ein bestimmtes Verhalten (Verhaltensliste) beim Auftreten von vereinbarten Fehlern (Fehlerliste) für eine definierte Betrachtungseinheit erreicht. Diese Festlegungen erfolgen in Form einer Sicherheitsvereinbarung.

Die Gliederung dieser Vereinbarung zeigt Bild 1 und umfaßt Aussagen über das Verhalten (Wirkung) einer Einrichtung bei bestimmten Fehlern (Ursache). Die Nahtstelle zum Prozeß und zum Menschen werden berücksichtigt. Die Sicherheitsvereinbarung kann für verschiedene Betrachtungseinheiten z.B. für Geräte, Teilsysteme und Gesamtanlagen benutzt werden. Bei Anwendung für eine übergeordnete Einheit können die Angaben der Fehler- und Verhaltensliste für eine Teilkomponente entfallen. Es ist darauf zu achten, daß die Betrachtungseinheit eine genau definierte Abgrenzung vor allem gegenüber dem Prozeß erhält und eine möglichst geschlossene funktionelle Einheit entsteht. Steuerungseinrichtungen umfassen daher auch die Ein- bzw. Ausgabegeräte.

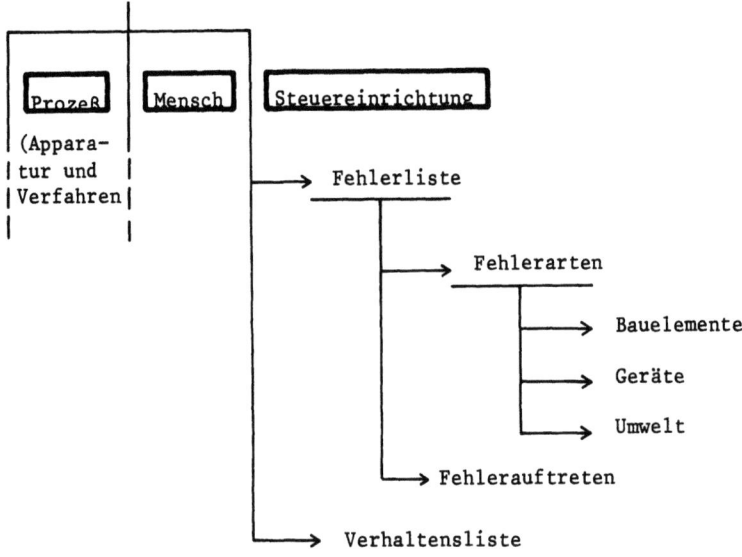

Bild 1   Sicherheitsvereinbarung

Die Verhaltensliste beschreibt die Funktionsweise der Steuerung beim Auftreten der in der Fehlerliste vereinbarten Fehler. In Bild 2 sind einige typische Verhaltensweisen angegeben. Im Rahmen sicherheitstechnischer Betrachtungen ist es angebracht, zwischen eindeutig sicherheitsgerichteten Aktionen und nicht eindeutig sicherheitsgerichteten Aktionen zu unterscheiden. Im ersten Fall sollen Fehler zu einem gefahrlosen Funktionszustand führen (z.B. energieloser Zustand), im anderen Falle wird die volle Funktionsfähigkeit gefordert (Sicherung der Gesamtfunktion).

Die Fehlerliste beschreibt die Fehlerarten und das Fehlerauftreten. In Ergänzung zu DIN 40 041 und DIN 40 042 ist es sinnvoll festzulegen, daß ein Fehler die funktionelle Auswirkung eines Ausfalles ist. Bauelementeausfälle sind daher Fehlerursachen. Mehrere Ausfälle können denselben Fehler verursachen. Es ist weiterhin das zeitliche Verhalten der Parameteränderung des Bauelementes zu beschreiben. Hier ist insbesondere wichtig, zwischen Sprung- und Driftausfall wegen den zu treffenden Maßnahmen zu unterscheiden. Im ersten Fall ändert das Bauelement die zu betrachtende Eigenschaft sprungartig (z.B. vom Augenblickswert auf Unendlich). Im zweiten Fall wird ein langsames Wegdriften aus einem vereinbarten Toleranzband angenommen. Ein Gerätefehler ist die unzu-

lässige Funktionsweise eines Gerätes und wird durch das funktionelle
Verhalten beim Auftreten von Bauelementefehlern bzw. Umwelteinflüssen
bewirkt. Weitere Fehlerbegriffe sind im Normentwurf DIN 19 237 Teil 10
enthalten.

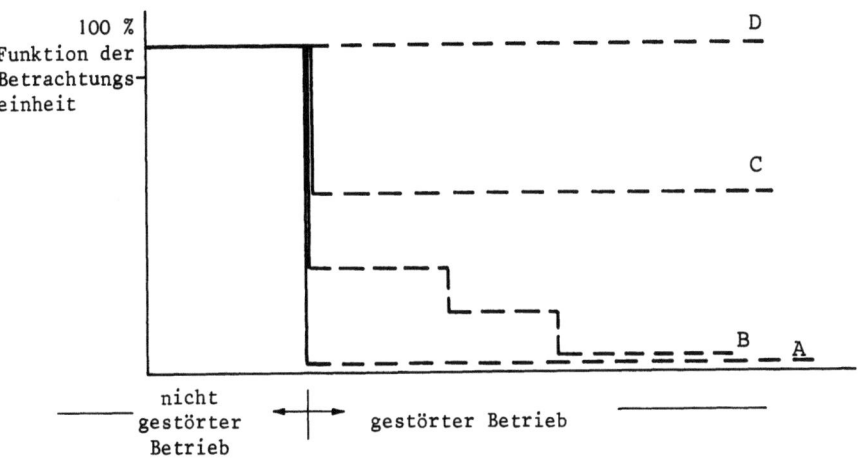

A: Sichere Abschaltung in den energielosen Zustand

B: Sichere Abschaltung in den energielosen Zustand mit
zeitlich begrenzter Sicherung einer Teilfunktion

C: Sicherung einer Teilfunktion

D: Sicherung der Gesamtfunktion

Bild 2   Verhaltensliste, Beispiele für Verhaltensweisen

Die Umwelt ist eine Einflußgröße, die auf alle 3 Betrachtungseinheiten,
Prozeß, Mensch und Steuerung, einwirkt. Es werden zunächst nur die auf
die Steuerung einwirkenden Umwelteinflüsse betrachtet. Es können dies
sein: Temperatur, Druck, Feuchte, Schock, Fremdkörper, Strahlung, Stör-
und Zerstöreinkopplung, Erdbeben usw.

Das Fehlerauftreten beschreibt den zeitlichen Zusammenhang beim Auftreten von mehreren Fehlern. Es sind daher hier genaue Angaben über das
zeitliche Verhalten der einzelnen Fehler notwendig. Im Hinblick auf
eine mögliche Einteilung von Sicherheitseinrichtungen und deren prinzipielle Realisierung hat es sich als zweckmäßig erwiesen, zumindest
zwischen Einfach- und Doppelfehler zu unterscheiden. Dabei wird von
folgenden Definitionen ausgegangen:

Einfachfehler ist ein Fehler, der durch den Ausfall eines oder mehrerer Bauelemente hervorgerufen wird, und dessen Ursache behoben ist, bevor ein weiterer Fehler auftritt.

Zweifachfehler sind Fehler, die hervorgerufen werden durch das Auftreten von zwei beliebigen, in ihrer Auswirkung entgegengesetzten Fehlern gleichzeitig oder innerhalb einer solchen Zeit, daß sie nach außen keine sicherheitsmäßige Reaktion bewirken.

Diese Definitionen gehen davon aus, daß der Einfachfehler eine häufige Forderung darstellt und der Zweifachfehler für die Betrachtungsweise mehrkanaliger Systeme mit in sich fehlergeschützten Überwachungseinrichtungen besonders sinnvoll ist.

Die Sicherheitsvereinbarung legt zunächst nur die sicherheitstechnischen Eigenschaften der Steuereinrichtung fest. Die Verhinderung einer Gefährdung des Menschen und/oder Maschine muß auch Festlegungen über das Verhalten im Fehlerfalle des bedienenden Menschen und des zu steuernden Prozesses beinhalten. In der Sicherheitsvereinbarung sind Aussagen über die Nahtstellen zum Prozeß und zum Menschen notwendig. Bei letzterem ist eine mögliche Grobgliederung für die Beschreibung: unbeabsichtigte, beabsichtigte Fehlbedienung und Sabotage.

Die Vereinbarung bestimmter Fehler in der Fehlerliste hat zwei wichtige Konsequenzen. Die Festlegung der Fehler zwingt alle Beteiligten zur klaren Aussage, bei welcher Ursache ein sicherheitstechnisch richtiges Verhalten von der Steuerung gefordert wird. Dies ist sowohl bei der Aufgabenstellung als auch bei der Dokumentation von entscheidender Bedeutung. Die Auswahl setzt weiterhin die Diskussion technischer und wirtschaftlicher Gesichtspunkte voraus. Die weitere Konsequenz besteht darin, daß das Auftreten nichtvereinbarter Fehler ein Verhalten außerhalb der Verhaltensliste bedeutet und damit die im System verbleibende Gefährdung darstellt.

Die grundsätzliche Betrachtungsweise und die generellen Definitionen machen die Sicherheitsvereinbarung allgemein anwendbar. Durch geeignete Ergänzungen kann sie für viele techn. Einrichtungen, elektrischer und mechanischer Art, benutzt werden.

Bei der Sicherheitsvereinbarung wird davon ausgegangen, daß das vereinbarte Verhalten bei jedem vereinbarten Fehler unabhängig von der Häufigkeit bzw. Wahrscheinlichkeit seines Auftretens erreicht wird. Die Überprüfung geschieht durch den Sicherheitsnachweis (s. Bild 3b). Mit Hilfe einer Ausfallart- und Effektanalyse werden die einzelnen Fehler hinsichtlich ihrer Wirkung auf das Verhalten der Betrachtungseinheit untersucht. Dies geschieht bei kleinen Einheiten und vereinfachenden Annahmen von Hand. Bei umfangreichen Systemen oder bei Berücksichtigung von Bauelementetoleranzen durch Simulation mit Rechnerprogrammen. Das Ergebnis des Sicherheitsnachweises kann nur eine Erfüllung oder Nicht-Erfüllung der Vereinbarung ergeben.

Für die Sicherheitsvereinbarung sind je nach spezieller Anwendung weitere Detailfestlegungen möglich und sinnvoll.

Tabelle 1   Definitionen zur Sicherheit

Sicherheit:	Fähigkeit einer Betrachtungseinheit innerhalb der vorgegebenen Grenzen und während einer gegebenen Zeitdauer keine Gefährdung zu bewirken.
qualitative Sicherheit:	Die qualitative (vereinbarte) Sicherheit ist die Eigenschaft, die ausdrückt, daß von der Betrachtungseinheit keine Gefährdung ausgeht. Diese Eigenschaft wird durch ein bestimmtes Verhalten (Verhaltensliste) beim Auftreten von vereinbarten Fehlern (Fehlerliste) für eine definierte Betrachtungseinheit erreicht. Diese Festlegungen erfolgen in Form einer Sicherheitsvereinbarung.
quantitative Sicherheit:	Die quantitative Sicherheit ist die Eigenschaft, die ausdrückt, daß von der Betrachtungseinheit keine Gefährdung ausgeht. Diese Eigenschaft wird durch Kenngrößen bewertet.
Sicherheitswahrscheinlichkeit:	Wahrscheinlichkeit, daß die Betrachtungseinheit bis zum Zeitpunkt t im sicheren Zustand ist.

2. **Quantitative Sicherheit.** Neben der beschriebenen qualitativen Sicherheit ist eine quantitative Sicherheitsbetrachtung notwendig. Hierbei wird die Eigenschaft bewertet, die ausdrückt, daß von der Betrachtungseinheit keine Gefährdung ausgeht (s. Tabelle 1). Kenngrößen hierfür sind beispielsweise die Sicherheitswahrscheinlichkeit (s. Tabelle 1) und die mittlere Zeit für ein gefahrloses Verhalten zwischen zwei gefährlichen Ausfällen (MTBS) [1] . Die Berechnung erfolgt analog der Berechnung der entsprechenden Zuverlässigkeitskenngrößen (s. Bild 3a).

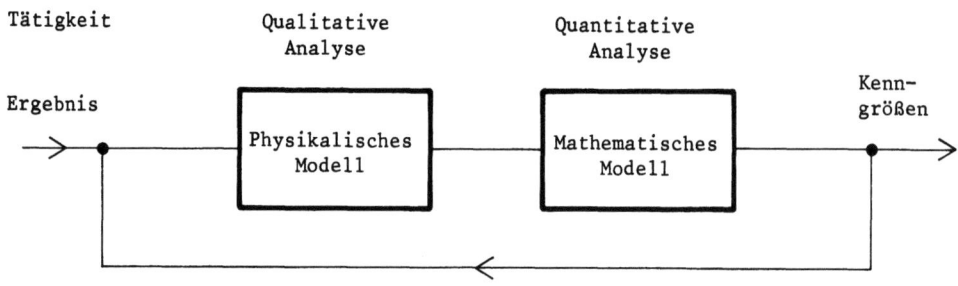

3a Quantitative Zuverlässigkeit und Sicherheit

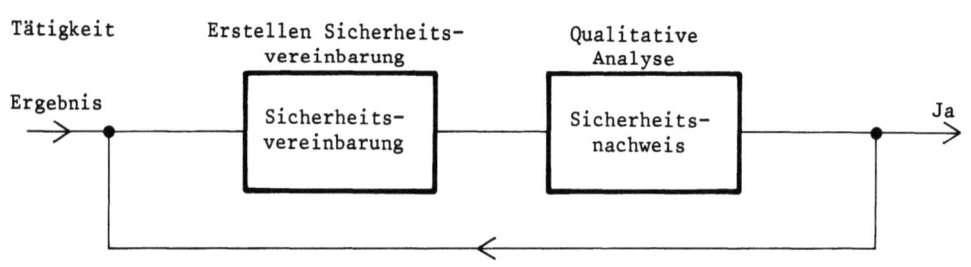

3b Qualitative Sicherheit

Bild 3   Tätigkeiten und Ergebnisse bei Zuverlässigkeits- und Sicherheitsbetrachtungen

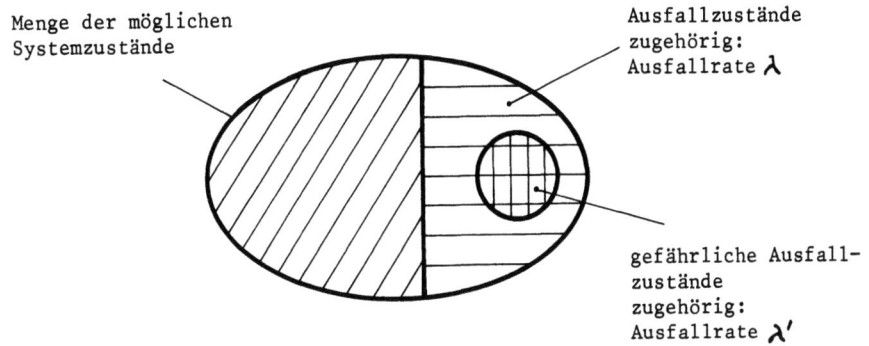

Bild 4 Ausfallzustände und Ausfallraten bei den
Zuverlässigkeits- und Sicherheitskenngrößen

Das physikalische Modell wird mit Hilfe der Ausfallart- und Effektanalyse erstellt. Dabei werden die gefährlichen Ausfallzustände (s.Bild 4) als Teilmenge der Gesamtausfallzustände durch Betrachtung ihrer Fehlerauswirkungen ermittelt. Das mathematische Modell dient dann der Berechnung der Kenngrößen. Die Ausfallraten die in diesem Zusammenhang verwendet werden, beziehen sich auf die gefährlichen Ausfallzustände der verwendeten Elemente (s. Bild 4). Daneben werden die weiteren Komponenten wie Reparatur- und Wartungsstrategie in bekannterweise berücksichtigt.

Diese Ermittlung von λ' geschieht dadurch, daß die möglichen Ausfallarten der Bauelemente hinsichtlich ihrer Systemauswirkungen analysiert werden. Der Kurzschluß einer Diode kann beispielsweise gefährliche und der Unterbruch ungefährliche Folgen haben. Die Ausfallrate λ' ist dann ein Teil der Ausfallrate λ.

3. Beziehung Zuverlässigkeit - Sicherheit. Auch bei der Zuverlässigkeit ist eine quantitative und qualitative Betrachtungsweise sinnvoll. Die quantitative Zuverlässigkeit hat das Ziel,in bekannterweise Kenngrößen zu ermitteln. Bei der qualitativen Zuverlässigkeit wird davon ausgegangen, daß für bestimmte Komponenten Aussagen über ihre Zuverlässigkeit bei vereinbarten Beanspruchungen vorliegen. Die Zuverlässigkeitsvereinbarung legt fest welche Komponenten zum Einsatz kommen. Der Zuverlässigkeitsnachweis stellt die Qualitätsangaben durch Nachweis von vergleichbaren Einsatzverfahren oder repräsentativer Labormessungen sicher (s. Bild 5).

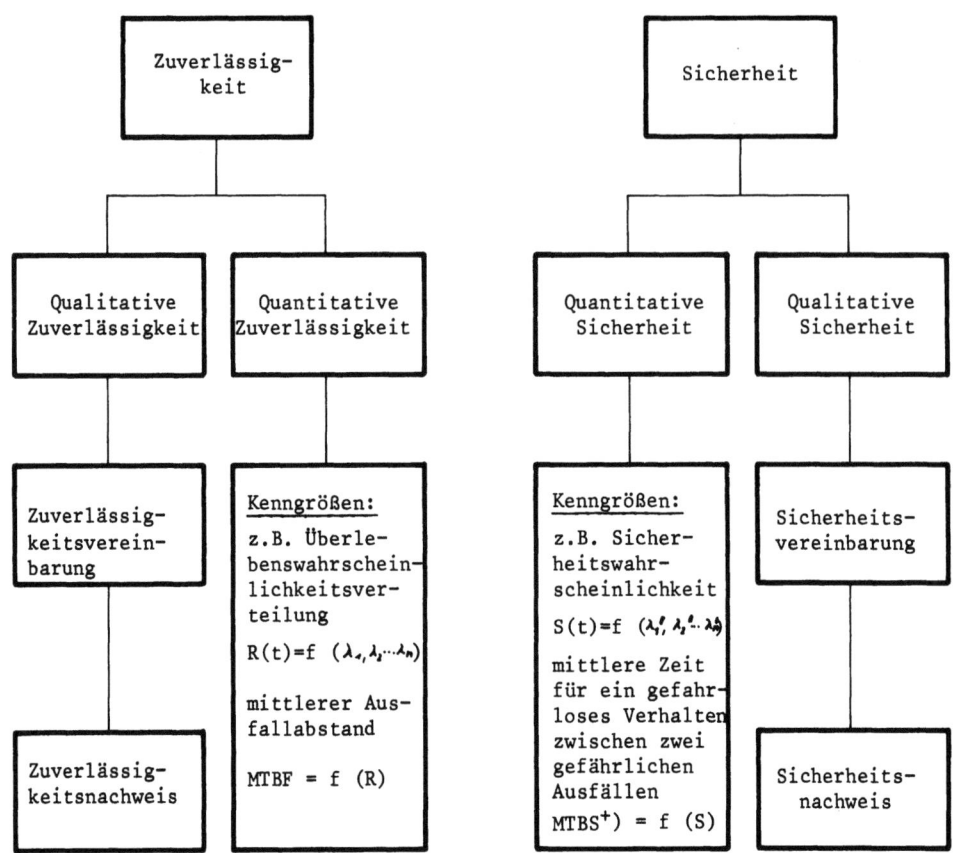

+) MTBS (mean time between safty breaks)

Bild 5   Qualitative und quantitative Bestimmung der Zuverlässigkeit und Sicherheit

Die Tätigkeiten und Ergebnisse auch bei der quantitativen Zuverlässigkeit zeigen die gleiche Vorgehensweise wie bei der Sicherheit (s.Bild 5) Die beschriebenen Betrachtungsweisen und Definitionen ergeben eine gleichartige Behandlung von Sicherheit und Zuverlässigkeit. Die Sicherheit kann somit sowohl für die quantitative als auch qualitative Bestimmung als spezieller Fall der Zuverlässigkeit angesehen werden. Diese Beziehung zeigt Bild 5.

Die beschriebenen Vorschläge für die Definitionen und Bewertungen der Sicherheit und ihre Beziehung zur Zuverlässigkeit stellen eine in sich geschlossene Betrachtungsweise dar, die einen neuen Weg zur eindeutigen und umfassenden Behandlung sicherheitstechnischer Fragen ermöglicht. Die Vorschläge werden weiter diskutiert und insbesondere im Sinne einer einfachen Anwendung vervollständigt.

Literatur

1. Frey, H.: Die Sicherheit als Bewertungskenngröße für Automatisierungssysteme.
   Tagungsband "Technische Zuverlässigkeit" Nürnberg 1975.

EINIGE ASPEKTE DER ZUVERLAESSIGKEIT UND SICHERHEIT BEI DER AUTOMATION DISKONTINUIERLICHER CHEMIEPROZESSE MIT PROZESSRECHNERN

SOME ASPECTS OF RELIABILITY AND SAFETY IN COMPUTER-CONTROLLED CHEMICAL BATCH PROCESSES

Roland Best und Peter Fink
Sandoz AG, Basel

Summary

At first some basic influences on reliability and safety are mentioned and general possibilities are listed for improving reliability and safety of computer controlled production plants.

Furtheron these general possibilities are discussed on the basis of some examples, such as possibilities on the side of the plant, positioning devices, of transducers, transmitters, controllers, computer-hardware, -software and process-simulation.

1. Einflussfaktoren auf Zuverlässigkeit und Sicherheit

Bei der Betrachtung von Sicherheit und Zuverlässigkeit von Gesamtanlagen sollte man grundsätzlich den Prozess (einschliesslich Apparatur) und das Automatiksystem (von den Messfühlern über die Transmitter zum Prozessrechner und zurück über allfällige Wandler zu den Stellorganen) auseinanderhalten. Zuverlässigkeit und Sicherheit hängen nicht in erster Linie - wiewohl dies oft angenommen wird - vom gewählten Automatiksystem ab, sondern sind Funktionen sämtlicher Teilsysteme. Will man die Verfügbarkeit einer Gesamtanlage erhöhen, so muss man logischerweise primär auf die schwächsten Glieder in der Kette einwirken. Früher wurden Verfügbarkeitsrechnungen von Gesamtsystemen über die Produktformel der Wahrscheinlichkeitsrechnung:

$R_{tot} = \prod_{i=1}^{n} R_i$ abgewickelt, wobei auch einfache Fälle von Redundanz berücksichtigt werden konnten. Ausserdem wurden vorwiegend einfach strukturierte überschaubare Systeme analysiert wie in [1]. Heute dagegen führt bereits der Einsatz von Automatiksystemen häufig zu sehr komplexen Strukturen, die nur noch mit umfassenderen Methoden untersucht werden können [2].

Die Zuverlässigkeit einer Anlage äussert sich in ihrer Verfügbarkeit, während die Sicherheit darauf abzielt, Schäden an Mensch, Maschinen, Edukten und Produkten, die im Störungsfall auftreten können, auf ein Minimum zu begrenzen. Massnahmen, die zur Erhöhung der Zuverlässigkeit getroffen werden, führen daher nicht zwangsläufig auch zu höherer Sicherheit. Hauptsächlich bei Explosions- und Kontaminationsgefahr hat man prozess-seitig (auch apparateseitig) dafür zu sorgen, dass die Sicherheit, bzw. die Gegenwahrscheinlichkeit eines Unfalles gross bleibt. Aber auch bei weniger schlimmen Ereignissen, wie Ausfall von benötigten Apparaten ohne Standby, welche zum Stillstand der Produktion führen, hat man durch "sichere" Apparate dafür zu sorgen, dass solche Ereignisse mit einer grossen Wahrscheinlichkeit ausbleiben. Diese Aufgabe muss in erster Linie dadurch gelöst werden, dass die Entwicklungschemiker und Verfahrensingenieure den Prozess, bzw. die Apparatur derart festlegen und aufeinander abstimmen, dass die Anordnung Apparatur/Prozess in sich sicher ist (intrinsic safety des Systems Apparatur/Prozess). Diese "Eigensicherheit" kann durch vernünftige Prozessführung (vorbeugende Massnahmen), Entkoppelung der Einheiten bei Batch-Prozessen, ferner durch technisch zuverlässige Apparate und durch Eventualmassnahmen wie Explosionsklappen, Sollbruchstellen etc. hoch gehalten werden. Alle diese Massnahmen sind für jeden Prozess verschieden und müssen individuell festgelegt werden, weshalb an dieser Stelle nicht weiter darauf eingegangen wird.

Zudem kann die Prozess-/Apparatesicherheit durch das Automatiksystem erhöht werden, indem man das Automatiksystem nicht nur für Regelungen und Sequenzsteuerungen benutzt, sondern auch noch für Sicherheitsaufgaben, beispielsweise dazu, Prozessvariabeln zu überwachen und gegebenenfalls über Software oder auch autarke hardwaremässige Logiken zu reagieren. In diesen Bereich gehören Trend- und Grenzwertüberwachungen mit den entsprechenden Reaktionen (beispielsweise Notsequenzen).

Diese zusätzliche Anlagensicherheit muss selbstverständlich auf einer entsprechenden Zuverlässigkeit des Automatiksystems basieren. Da auch bei modernsten, voll-elektronischen Automatiksystemen bei einem Ausfall gerechnet werden muss, ist es in allen Fällen erforderlich, dem Automatiksystem eine autark funktionierende Sicherheitsebene überzuordnen, die dafür sorgt, dass die Anlage bei Ausfall der Automatik in eine sichere Stellung gefahren wird. Bei rechnergesteuerten Anlagen wird man daher eine Steuerungshierarchie wählen, wie sie etwa in Bild 1 dargestellt ist. Auf die hier gezeigte Steuerebene für Back-up-Regelungen und Handeingriffe kann in manchen Fällen verzichtet werden. Da die Zuverlässigkeit der Mini- und Mikrocomputersysteme in den letzten Jahren beträchtlich gestiegen ist, sind die heutigen Anwender bestrebt, den Aufwand für Back-up-Systeme möglichst klein zu halten.

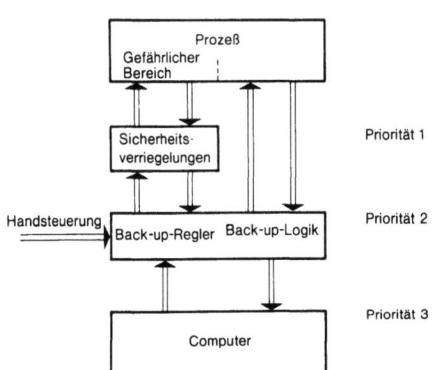

Bild 1. Darstellung der Prozesssteuerung als Mehrebenen-Hierarchie

2. Generelle Möglichkeiten zur Erhöhung von Zuverlässigkeit und Sicherheit rechnergesteuerter Produktionsanlagen

Eine rechnergesteuerte Chemieproduktionsanlage setzt sich aus einer Anzahl von Teilsystemen zusammen, deren Bausteine einen stark unterschiedlichen Grad der Zuverlässigkeit aufweisen. Wenn es darum geht, eine Anlage sicherer bzw. zuverlässiger zu gestalten, muss daher auf die schwächsten Glieder der Kette eingewirkt werden. Wenn wir versuchen, diese Teilsysteme nach mittlerer Zuverlässigkeit ihrer Bauteile zu ordnen, so erhalten wir in Reihenfolge zunehmender Betriebssicherheit:

- Mechanische Anlagenteile (Verfahrenstechnische Apparate)
- Stellglieder (Ventile, Schieber und dergleichen)
- Messfühler (vor allem pH)
- Transmitter, Regler
- Computer, Prozess-Interface
- Computer, CPU (central processor unit = Recheneinheit)

Die Betriebstauglichkeit verfahrenstechnischer Apparate ist für den MSR-Ingenieur im allgemeinen ein Tatbestand, mit dem er einfach leben muss. Die immer noch weit verbreitete Auffassung, der MSR-Mann könne die Zuverlässigkeit von Verfahrensapparaten durch den Einbau möglichst raffinierter Mess- und Ueberwachungsfühler aufpolieren, entpuppt sich leider immer wieder als Irrtum. Echte Verbesserungen sind hier nur in der konzeptuellen Phase der Anlagenprojektierung möglich. Hier besteht beispielsweise die Möglichkeit, das chemische Verfahren so zu wählen, dass als unzuverlässig geltende Verfahrensapparate überhaupt nicht benötigt werden. Wenn dies trotz allem nicht möglich ist, kann man bei Verfahrensapparaten mit hoher Ausfallrate für Redundanz sorgen.

Stellglieder und Messfühler stellen eine weitere Klasse von Elementen dar, die oft die Zuverlässigkeit einer Produktionsanlage untergraben. Hier hat es der MSR-Ingenieur schon leichter, Abhilfe zu schaffen, indem er etwa die Stellungen von Ventilen und anderer Stellglieder durch Endschalter oder auch analoge Weggeber überwacht bzw. indem er kritische Messfühler verdoppelt oder schwierig zu messende Prozessvariabeln durch Plausibilitätstests absichert.

Auf Seite des Rechners ist es eine Reihe von Hardware- und Software-Massnahmen, die zur Erhöhung der Systemsicherheit führen. Darauf soll in den folgenden Abschnitten näher eingegangen werden.

3. Beispiele von Massnahmen, die zur Erhöhung von Zuverlässigkeit und Sicherheit der Produktionsanlage beitragen

Ohne Anspruch auf Vollständigkeit werden hier in loser Reihenfolge einige Massnahmen aufgezählt, die in der Firma Sandoz AG erfolgreich durchgeführt worden sind. Sie beziehen sich auf alle Teilsysteme der Anlage, so dass wir die im letzten Abschnitt angeführte Reihenfolge beibehalten.

3.1 Massnahmen auf der Apparateseite (Verfahrenstechnik)

Batch-Produktionsanlagen bestehen meist aus einer Kaskadenschaltung mehrerer Verfahrenseinheiten (Units). Tritt in einer solchen "Unit" eine Störung auf, so besteht die Gefahr, dass als Folgereaktion nach einer gewissen Zeit die gesamte Produktionsanlage ausfällt (Doministein-Effekt). Um dies zu verhindern, wurden in einer Kaskadenapparatur an kritischen Stellen Puffergefässe zwischen die einzelnen Verfahrensblöcke geschaltet (Bild 2). Die Dimensionierung dieser Puffergefässe ist nicht einfach. Ihre Grösse ist vor allem eine Funktion der Störhäufigkeit (MTBF) der verschiedenen "Units", der benötigten Reparaturzeit (MTTR) und der tolerierten Gesamtausfallrate (availability) der Anlage. Eine Gruppe von Mathematikern in unserer Firma hat mit Hilfe von Monte-Carlo-Methoden ein mathematisches Modell entwickelt, welches uns erlaubt, die optimale Puffergrösse bei gegebenen Parametern zu ermitteln.

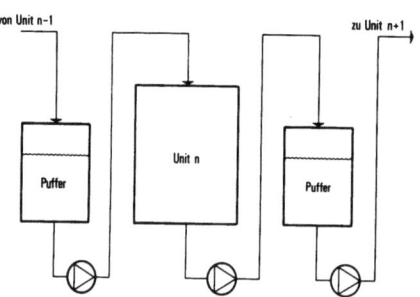

Bild 2.
Zwischen einzelne Verfahrensblöcke geschaltete Puffergefässe erhöhen die Verfügbarkeit der Gesamtanlage

In einer Farbstoffproduktionsapparatur werden eine Reihe in Kaskade geschalteter Perlmühlen zur Feinstmahlung des Farbstoffpigments verwendet. Diese Mühlen sind relativ störanfällig, da sie verstopfen können, oder da Störungen an der Gleitringdichtung der Rotorwelle auftreten können. Da derartige Störungen nicht zu umgehen sind, wurden Standby-Mühlen vorgesehen. Sobald eine Mühle ausfällt, wird sie überbrückt (Bypass); es wird dann eine der Standby-Mühlen zugeschaltet, die ihrerseits im Normalbetrieb überbrückt war. Das Apparateschema einer derartigen Mühle ist in Bild 3 dargestellt.

Wichtig ist in dieser Anwendung, dass der Störungsfall durch das Automatiksystem einwandfrei erkannt wird. Zu diesem Zweck wird der Druckabfall über die Mühle überwacht, ferner auch Niveau und Druck der Sperrflüssigkeit für die Gleitringdichtung.

Sobald eine dieser Messgrössen einen Grenzwert über- oder unterschreitet, wird die Mühle autark abgeschaltet. Der für die Steuerung der Anlage verwendete Rechner schaltet dann automatisch eine der Standby-Mühlen zu.

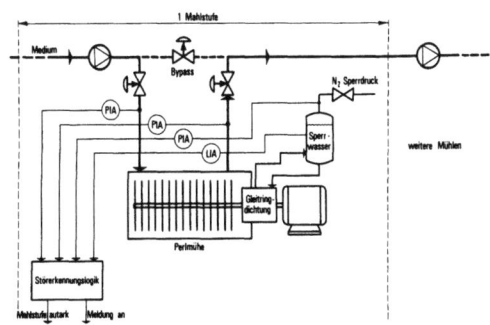

Bild 3.
Standby-Perlmühlen als Beispiel für Redundanz in der Produktionsanlage.

3.2 Massnahmen bei Stellgliedern

Stellglieder wie Ventile, Schieber, Klappen u.ä. können leicht durch mechanische Defekte mancherlei Art in Störung gehen. Wird eine Produktionsanlage automatisiert, so muss das Automatiksystem über derlei Ausfälle innert nützlicher Frist informiert werden. Zu diesem Zweck wurden in mehreren rechnergesteuerten Produktionsanlagen der Sandoz AG Ventile und ähnliche Stellglieder mit kontaktlosen Endschaltern ausgerüstet (induktive Näherungsschalter, Bild 4). Der in Bild 4 gezeigte Reaktor ist ferner auf drei Kraftmessdosen gelagert. Ueber diese Wägeeinrichtung werden nicht nur sämtliche Dosierungen gesteuert, sondern auch das Leergewicht des Reaktors überwacht; somit ist die Wägeeinrichtung gleichzeitig auch eine Kontrolle des Bodenauslaufventils bzw. der Bodenauslaufventile zugehöriger Vorlagen.

Bild 4.
Kontaktlose Endschalter informieren das Automatiksystem über die wahre Stellung der Ventile in der Anlage.

3.3 Massnahmen bei Messfühlern

Dass die Zuverlässigkeit einer Anlage mit den verwendeten Messfühlern steht oder fällt, ist nur allzu bekannt. In vielen Fällen können Messprobleme dadurch umgangen werden, dass man auf eine andere Messmethode ausweicht. In einer Farbstoffproduktionsanlage wurde beispielsweise eine sehr genaue Verhältnismengendosierung nicht über eine Durchflussregelung, sondern gravimetrisch über Gewichtsmessungen realisiert. Bild 5 zeigt vereinfacht das zugehörige Apparateschema. Der zeitliche Ablauf der Verhältnisdosierung ist aus Bild 6 ersichtlich. Die Steuerung der Regelventile erfolgt über einen Prozessrechner. Dieses Beispiel zeigt den heutigen Trend auf, die Messfühler möglichst ausserhalb der zu messenden Medien zu plazieren. In unserer Firma laufen zur Zeit Versuche, Durchflussmengen mittels Ultraschallmesstechnik zu erfassen, d.h. ebenfalls mit Fühlern, die ausserhalb der Rohrleitungen befestigt werden. Eine befriedigende Lösung dieses Problems liegt allerdings noch nicht vor, da auch die Ultraschallmesstechnik ihre Tücken hat.

Ein immer wiederkehrendes Problem bei der Automatisierung chemischer Prozesse bildet die Endpunktbestimmung von Teilreaktionen. Die in älteren, von Hand gesteuerten Produktionsanlagen häufig praktizierten Bestimmungsmethoden mit Indikatorpapieren (die im übrigen meist äusserst selektiv sind) lassen sich im allgemeinen kaum automatisieren, so dass alternative Messverfahren gesucht werden müssen.

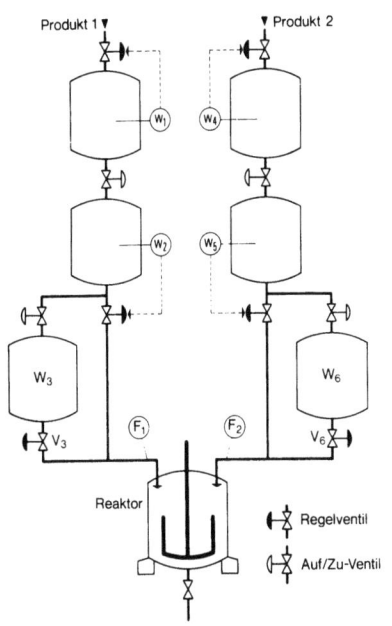

Bild 5.
Beispiel einer gravimetrischen Verhältnismengenregelung

Ein Beispiel für diese Kategorie von Automatisierungsproblemen stellt der in unserer Firma entwickelte Messfühler für Diazotierungen dar. Bei einer Diazotierung (Bildung einer Stickstoff-Doppelbindung -N=N-) wird in eine vorgelegte Aminlösung so lange Nitritlösung zudosiert, bis die Reaktion beendet ist. Der Vorgang kann auch in umgekehrter Folge verlaufen.

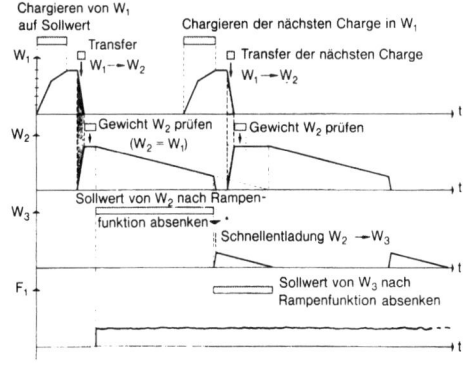

Bild 6.
Zeitlicher Ablauf der in Bild 5 gezeigten Verhältnismengenregelung

Bei der Herstellung salzsaurer Diazofarbstoffe bilden sich stets dann
nitrose Gase (N_xO_y), wenn Nitritlösung im Ueberschuss vorhanden ist.
Solange die Nitritlösung von der Reaktion verbraucht wird, entsteht
nur eine geringe Menge nitroser Gase. Diese Menge nimmt jedoch schlagartig zu, wenn die Reaktion beendet ist. Der Endpunkt der Diazotierung
kann nun dadurch bestimmt werden, dass man die Konzentration der nitrosen Gase im Gasraum des Reaktors misst. Als Messzelle dient eine spezielle Redox-Elektrode (Bild 7). Sie unterscheidet sich von einer gewöhnlichen Redox-Elektrode dadurch, dass die zur Potentialmessung verwendete Platinelektrode (hier ein Pt-Netz) dauernd von einer Elektrolytlösung umspült wird. Das Probengas wird mittels einer Fördereinrichtung (hier Druckluft) zum Pt-Sieb geleitet und bestreicht dieses
dauernd. Die nitrosen Gase gehen mit dem Elektrolyten der Redox-Elektrode eine (bisher nicht bekannte) Ionenreaktion ein, die zur Bildung
eines elektro-chemischen Potentials führt. Das gemessene Redox-Potential ist daher ein Mass für die Konzentration nitroser Gase und kann
zur Steuerung des Prozesses benutzt werden. Die hier geschilderte Methode bleibt vorderhand auf die Produktion salzsaurer, wässriger Diazofarbstoffe beschränkt.

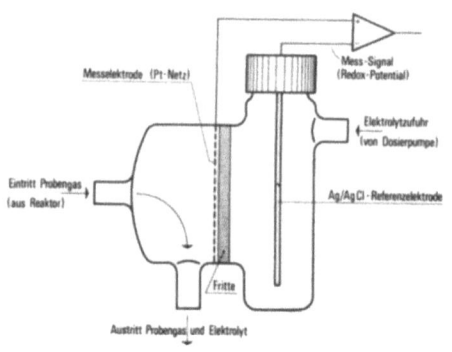

Bild 7.
Messfühler für die Endpunktsbestimmung von Diazotierungen

3.4 Massnahmen auf Seite der Transmitter, Regler u. dgl.

Diese Ebene birgt zwar nicht so viele Störmöglichkeiten wie die oben
diskutierten Messfühler; dennoch muss man ihr bei der Projektierung
einer neuen Produktionsanlage die erforderliche Aufmerksamkeit schenken.

Transmitter werden bei grösseren Anlagen meist in eigens vorgesehenen Transmitterschränken (Messwarten) untergebracht. Für Inbetriebsetzung, Wartung und Unterhalt ist es von grossem Vorteil, wenn sämtliche Transmitter als Einschübe für 19-Zoll-Racks erhältlich sind. Obwohl heute bereits viele Gerätehersteller zu dieser Bauform übergegangen sind, verwenden immer noch zahlreiche andere Hersteller beliebige andere Bauformen, was den Aufbau der Messwarten natürlich beträchtlich erschwert und die Wartung kompliziert.

Beim Bau von Reglern (elektronisch und pneumatisch) sind die meisten Hersteller zur Einschubtechnik übergegangen. Die heutigen Regler haben einen sehr hohen Stand bezüglich Zuverlässigkeit und Komfort erreicht. Es wird dennoch immer noch zu wenig beachtet, dass man sich auch mit gewöhnlichen Reglern Probleme einhandeln kann. Viele Regelingenieure kaufen sich ihre PID- oder sonstigen Regler als "Black box" ein in der Ueberzeugung, dass ihr Verhalten so ist, wie es in den Lehrbüchern steht. Verschiedene Regler zeigen jedoch die unangenehme Eigenschaft des sog. "Reset wind-up" oder Sättigung des I-Terms. Liegt nämlich beim Anfahren einer Regelung der Messwert längere Zeit ausserhalb des sog. P-Bandes um den Sollwert, so kann vor allem bei pneumatischen Reglern der I-Anteil hochlaufen (bei pneumatischen Reglern bis zum Speisedruck von meist 1,4 bar ≙ 150% Stellgrösse). Die Regelung überschiesst dann sehr stark, was fälschlicherweise oft als Eigenschaft der Regelstrecke interpretiert wird. Zudem verstreicht nach einer Vorzeichenänderung der Regelabweichung geraume Zeit, bis die Stellgrösse wieder unter dem Maximalwert liegt, was sich wie eine Totzeit in der Regelstrecke äussert und stabilitätsmässig äusserst schlecht sein kann. Demgegenüber gibt es eine Reihe von (meist elektronischen) Reglern, die intern über derartige Begrenzungsvorrichtungen verfügen, dass die Summe von P-Term, I-Term und D-Term nie grösser als 100% des Ausgangssignalbereichs werden kann. Zusätzlich werden hier P- und D-Term derart priorisiert, dass ein I-Term erst dann gebildet werden kann, wenn P + D-Term zusammen kleiner als 100% sind, d.h. wenn sich die zu regelnde Grösse innerhalb des P-Bandes befindet. Wenn man derartige Regler auswählt, spart man sich erst noch zusätzliche Aufwendungen für Strukturumschaltungen und anderes mehr.

Zur Ebene der Transmitter und Regler können auch die elektro-pneumatischen Wandler gerechnet werden. Obwohl es sich hier um "Trivialbausteine" handelt, darf doch nicht unerwähnt bleiben, dass hier noch sehr störanfällige Produkte auf dem Markt anzutreffen sind. Als allzu häufig anzutreffende Störung sei das Abwandern des Nullpunktes über längere Zeit aufgeführt, was meist eine Folge mechanischer Dejustierung oder Kriechens gewisser Bauteile ist. Andere Störquellen sind z.B. Vibrationsempfindlichkeit, lageabhängiges Ausgangssignal, geringe Belastbarkeit des pneumatischen Ausgangssignals, Instabilität des pneumatischen Ausgangssignals u.a.m.

3.5 Massnahmen auf Seite des Rechners, Hardware

Die Zuverlässigkeit der Rechner ist in den letzten Jahren ganz erheblich gesteigert worden; dies ist weitgehend eine Konsequenz der "Large Scale Integration", dank der die Zahl der Einzelteile in einem Rechner drastisch gesunken ist und zukünftig noch weiter sinken wird. Man ist daher weitgehend davon abgekommen, Doppelrechnersysteme aus Zuverlässigkeitsgründen einzusetzen. Dennoch geht der Trend nicht etwa in Richtung Einzelrechnersysteme, in dem ein einzelner CPU alle Funktionen ausführt. Vielmehr gelangen in zunehmendem Masse Multiprozessor-Systeme zum Einsatz, in denen die sog. "Intelligenz" auf eine Reihe meist auf Mikroprozessoren basierender CPU's verteilt ist. Diese Entwicklung ist eine logische Konsequenz des Preiszerfalls im Sektor Computerhardware. Sie führt immer mehr dazu, dass Mikrorechner heute Funktionen übernehmen, die früher von anderen, meist speziell zugeschnittenen Geräten ausgeübt worden waren. Eine derartige Verteilung der Intelligenz führt zwangsläufig dazu, dass beim Ausfall eines einzigen Rechners nur ein geringer Teil der gesamten Anlage ausfällt. Zuverlässigkeit und Sicherheit des Gesamtsystems werden daher erhöht.

Ein Umschwung scheint sich weiterhin in der Konzeption der sog. "Mann-Maschine-Kommunikation" zu vollziehen. Legten früher viele Rechneranwender noch grosses Gewicht auf recht umfangreiche Synoptik-Paneele, auf denen sämtliche Messfühler und Stellglieder des Prozesses dargestellt waren, ist man heute überwiegend zur Einsicht gekommen, dass derartige Gebilde meist gar nicht überblickbar sind. Heute verlagert sich das "Human interface" immer mehr in Richtung Bildschirmgeräte, von denen meist mehrere vorhanden sind.

Ein einzelnes Bildschirmgerät bietet dem Bedienungsmann meist nur den momentan interessierenden Teil der Anlage, allerdings versehen mit jeder nur wünschenswerten Menge von Prozessdaten wie Messwerte, Zustände binärer Stellglieder usw. (Beispiel: Owens-Illinois Plasma Display, Bild 9).

Ursache von Rechnerausfällen sind oft die in den Rechnern bzw. im Prozessinterface verwendeten Speisegeräte. Dies führte dazu, dass in einer grösseren Prozessrechneranlage der Sandoz AG sämtliche Speisegeräte herausgenommen wurden und durch Doppelspeisegeräte ersetzt wurden. Diese sind nicht mehr wie ursprünglich über das ganze Rechnersystem wirr verteilt, sondern in einem gemeinsamen Schrank untergebracht (Bild 8). Jedes Einzelnetzgerät eines Doppelspeiseblockes ist allein in der Lage, den vollen Laststrom zu liefern, so dass hier eine 100-prozentige Redundanz vorhanden ist. Jede Ueber- oder Unterschreitung der Nennspannung eines Speisegerätes wird speichernd gemeldet. Wird zudem die Nennspannung eines Netzgerätes um einen voreinstellbaren Wert überschritten, so schaltet sich dieses Gerät automatisch mittels "Crow-bar" (Kurzschluss-Schalter) ab. "Crow-bar"-Sicherungen sind in jeder Rechneranlage dringend zu empfehlen. Eine der häufigsten Ausfallursachen bei linear arbeitenden (d.h. nicht schaltenden) Speisegeräten ist nämlich das Kurzschliessen des Serieregeltransistors; geschieht dies, dann geht die Ausgangsspannung des Netzgeräts auf den Wert der Trafo-Sekundärspannung hinauf. In der Praxis kann das bedeuten, dass TTL-Schaltungen statt mit 5V mit 10V betrieben werden, was verheerende Folgen zeitigt. Leider muss immer wieder festgestellt werden, dass Rechnerhersteller an den Speisegeräten Geld einsparen, natürlich zu Lasten des Anwenders.

3.6 Massnahmen auf Seiten des Rechners, Software

Mit den rapid fallenden Hardwarepreisen gehen rapid steigende Software-Kosten Hand in Hand. Ein Verhältnis von einem Viertel Hardwareaufwand zu drei Vierteln Softwareaufwand ist heutzutage normal und verschiebt sich für die kommenden Jahre eher Richtung 20 zu 80% oder zu noch extremeren Werten. Auch der Zuverlässigkeit der Software ist also gebührende Beachtung zu schenken.

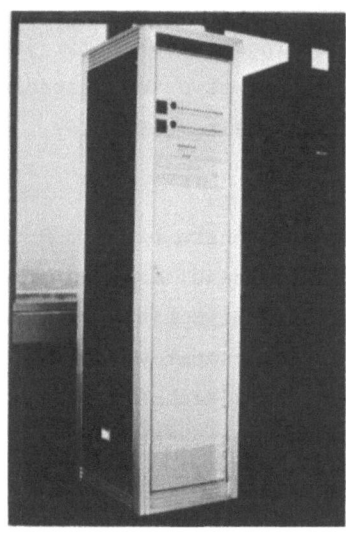

Bild 8.
Geräteschrank mit überwachten Doppelspeisegeräten für die zuverlässige Speisung eines grösseren Prozessrechnersystems.

Da man die Fehlerfreiheit von Softwareprogrammen nie schlüssig für alle möglichen Lauffälle beweisen kann, empfiehlt es sich bei on-line-Applikationen sehr, Massnahmen zur Erhöhung der Zuverlässigkeit zu treffen. Einige Massnahmen, die in unserem Hause diesbezüglich getroffen wurden, sind die folgenden:

- Beschaffung von ausschliesslich solchen Rechnersystemen, deren Betriebssystemsoftware bereits bei $x(\sim 10)$ Kunden während $y (\sim 3)$ Jahren zufriedenstellend gelaufen ist. Dies führte in unserer Firma dazu, dass wir oft für das heutige Elektronikzeitalter sogenannte "Museumsrechner" beschafften. Unsere diesbezüglichen Erfahrungen sind aber gut.

- Basierend auf einem guten Betriebssystem, sind wir bestrebt, gute Applikationssoftwarepakete zu erstellen und sogar Pakete zur Ueberprüfung der Standard Software (problemorientiert und Betriebssystem) zu programmieren; letzteres oft in Assembler-Sprache.

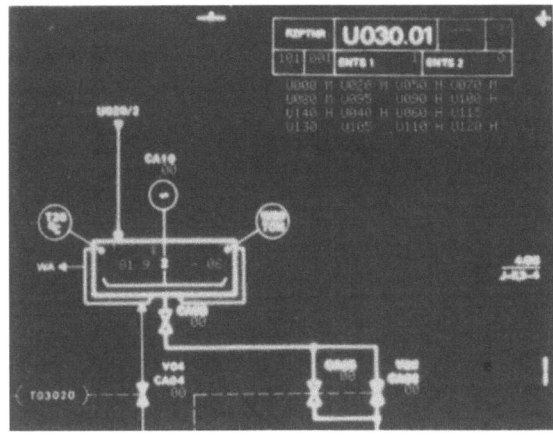

Bild 9.
Bild einer Apparate-
Einheit dargestellt
auf dem Owens-Illinois
Plasma-Display

Für unsere vorwiegend in der Spezialitätenchemie vorkommenden Batch-Prozesse schreiben wir die Applikationssoftware für verschiedene Betriebsmodi (Bild 10):

1) - Anfahren
2) - Normalbetrieb
3) - Ausfahren
4) - Sicherheitszustand softwaremässig
5) - Wiederanfahren aus dem Sicherheitszustand
6) - Softwaremässiger Handbetrieb (für Reparaturen)
7) - Zurückgehen aus dem Handbetrieb (nach Reparaturen)
   Oft kommen für den Montag bis Freitag-Betrieb noch die Betriebszustände:
8) - Wochenendhalt am Freitag (Ueberwachungsphasen)
9) - Wiederanfahren am Montag   dazu.
10) - Watchdog-Modus

Der Wechsel vom Normalbetrieb (Modi 1-3) in den Sicherheitszustand (4) wird sehr platz- und zeitsparend durch tabellengetriebene Software (Fill in the blanks technique) gesteuert (Bild 11), die sich auf Apparateeinheiten und Phasen beziehen. Zusätzlich zu diesen Betriebsmodi in der Applikationssoftware führen wir oft Plausibilitätstests durch, beispielsweise:

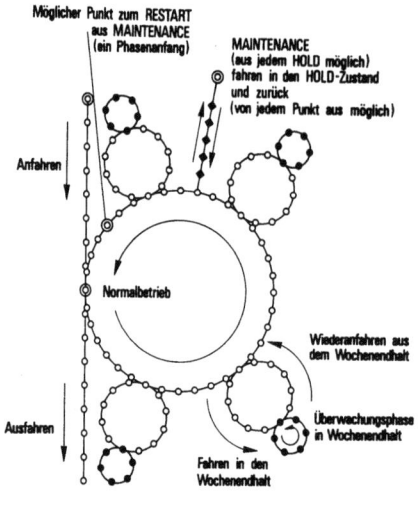

Bild 10.
Betriebsmodi für Batch-Prozesse

- Redundante Messungen (Flow in einen Kessel und Gewicht des Kessels mit Vergleich);
- Kompatibilitätstests von zwei sich folgenden Rezeptursätzen;
- Plausibilitätstests für alle vom Anlagenfahrer eingegebenen Werte (Analysenwerte, Durchsatzfaktoren, Rezeptwerte, Sollwerte etc.);
- Zeitglieder (Software-Timer zur Ueberprüfung maximal zulässiger und minimal möglicher Prozesszeiten u.a.m.)

Eine vernünftige Applikationssoftware und deren Prüfung auf Fehler reichen aber nicht aus. Wir erachten es als nötig, zusätzlich zu bereits bestehenden "Check-Packages" der Standard Software zur Ueberprüfung der Hardwarefunktionen noch eigene generelle Ueberwachungsroutinen zu schreiben, wie z.B.:

- Output-drive-table-Ueberwachung. Output-drive-tables werden per definitionem von der Software verändert. Wer soll hier merken, ob Veränderungen gewollt oder nur statistische Fehler sind ? Wir sind diesem Problem derart zu Leibe gerückt, indem wir verschiedene Ausgänge (etwa 10%) definiert, aber nicht verdrahtet haben.

Diese "dummy-Ausgänge" haben wir möglichst gleichmässig über die output-drive-table gestreut und mit Null bzw. Eins eingefroren. Diese "dummy-Ausgänge" werden sekundlich überwacht, denn sie dürfen sich nicht ändern. Aendert sich einer dieser Ausgänge, so wird das ganze Rechnersystem sofort auf den sogenannten Watchdog-Modus (Nr.10) gesetzt.

- Bei einem Doppelrechnersystem wurde bemerkt, dass bei Uebernahme des Sklavenrechners durch den Ueberwachungsrechner nach Softwarefehler in der Ablauflogik derselbe Fehler dann auch durch den Ueberwachungsrechner begangen wird, was zu Doppelrechnerausfall führte. Aus diesem Grund wurde eine Umschaltung auf den Ueberwachungsrechner nach Softwarefehler nur noch dann erlaubt, wenn der Fehler nicht in der normalen anwenderprogrammierten Phasenlogik auftritt. Im Falle eines Phasenlogikfehlers (Verweilen des Programmes für mehr als einige wenige Sekunden in derselben Apparateeinheit) wird die entsprechende Einheit in den Sicherheitszustand (4) gefahren und der Arbeitsspeicher zum Start der nächsten Einheit neu geladen.

PHASE RELATED TABLE

Unit: Internal Phase: External Phase: (Octal)

Phase Description: Function 39 Panel Ident.:

Location of Phase Logic:

Block: Track: Number of Blocks:

Fn. 39 word Nr.	Cont Nr.	JMCODE		Cont. Nr.
001	0			1
002	2			3
003	4			5
004	6			7
005	10			11
006	12			13
007	14			15
008	16			17
009	20			21
010	22			23
011	24			25
012	26			27
013	30			31
014	32			33
015	34			35
016	36			37
017	40			41
018	42			43
019	44			45
020	46			47
021	50			51
022	52			53
023	54			55
024	56			57
025	60			61
026	62			63
027	64			65
028	66			67
029	70			71
030	72			73

Table	0	1	2	3	4	5	6	7	10	11	12	13	Contact Nr.	Octal	Fn. 39 word Nr
PHASHO - 1													0 - 13		031
2													14 - 27		032
3													30 - 43		033
4													44 - 57		034
5													60 - 73		035
IGNORE - 1													0 - 13		036
2													14 - 27		037
3													30 - 43		038
4													44 - 57		039
5													60 - 73		040
GOHOLD - 1													0 - 13		041
2													14 - 27		042
3													30 - 43		043
4													44 - 57		044
5													60 - 73		045
FMENST - 1													0 - 13		046
2													14 - 27		047
3													30 - 43		048
4													44 - 57		049
5													60 - 73		050
CSCAN - 1													0 - 13		051
2													14 - 27		052
3													30 - 43		053
4													44 - 57		054
5													60 - 73		055
DETAB - 1													0 - 13		056
2													14 - 27		057
3													30 - 43		058
4													44 - 57		059
5													60 - 73		060

This table is in Section A of the Working File. It denotes Contact Inputs that are feedback from CA's that control binary valves.

															Fn. 38
REVCIM - 1													0 - 13		220
2													14 - 27		221
3													30 - 43		222
4													44 - 57		223
5													60 - 73		224

Rev.: Datum:

Bild 11. Phasen- und einheitsbezogene Tabelle

Viele weiteren Sicherheitsfunktionen, wie

- 3 ineinander geschachtelte Pärchen von Alarmgrenzen für jeden Analogeingang mit entsprechenden Sicherheitsroutinen,

- Ausschluss von gefährlichen Eingabefunktionen für den Anlagenfahrer durch Schlüsselschalter,

- Auto-Restarts nach Stromunterbrüchen (Warm Restart, Cold Restart) u.a.m.

werden bei unseren Rechnersystemen implementiert.

3.7 Simulation des Prozesses zur Ausprüfung der Software mittels Simulationspaneelen

Für das Austesten der Software-Programme aller Einheiten werden Hardware-Simulationspanels mit synoptischen Fliessbildern gebaut. Diese Panels können wahlweise anstelle des Prozesses mit dem Automatiksystem gekoppelt werden. Digitalausgänge des Rechners werden durch LED angezeigt. Digitaleingänge (zu DO's zugehörige Rückmeldungen) sind durch Leucht-Drucktasten realisiert. Sie sind derart geschaltet, dass jeder Kontaktausgang seine Rückmeldung(en) direkt setzt. Will man eine Kontaktdiskrepanz simulieren, so ist die Leuchtaste zu drücken und die entsprechende Softwarereaktion abzuwarten und zu beobachten (z.B. Notphase oder auch nur Meldung auf Schreibmaschine).

Bild 12.
Ausschnitt eines Simulationspanels

Zur Simulation von Analogeingängen sind auf dem Simulationspanel Drehpotentiometer angebracht. Die Analogausgänge des Rechners gehen beim Simulieren entweder ins Leere oder können durch eine Drucktaste beim entsprechenden Potmeter kurzgeschlossen und als Eingänge wieder eingelesen werden. Der DDC-Regelkreis regelt dann auf den rechnerinternen Sollwert (Bild 12).

Literaturverzeichnis

1. Stäheli, J.O.: Aspekte der Zuverlässigkeit von Prozessrechnersystemen. Chemische Rundschau, Solothurn 1974.

2. Schneeweiss, W.G.: Ermittelung der Zuverlässigkeit von Prozessautomatisierungssystemen, Forschungsbericht KFK-PDV 34, Karlsruhe 1975.

AUTOMATISIERUNGSEINRICHTUNGEN MIT ANGEPASSTEN ZUVERLÄSSIGKEITSKENNGRÖSSEN

AUTOMATION EQUIPMENT WITH SUITABLE RELIABILITY CHARACTERISTICS

E. Hofmann, W. Schneeweiss
Siemens AG, D 7500 Karlsruhe

Zusammenfassung:

Es werden Beispiele von Automatisierungseinrichtungen vorgestellt, in denen die Zuverlässigkeitskenngrößen für die Aufgaben der Prozeßführung und des Schutzes vor Gefahren aus dem Prozeß an die jeweiligen Anforderungen kostengünstig angepaßt sind.

Summary:

Examples of process control equipments are presented in which the reliability characteristics for the tasks of process control and of safety from dangers originating from the process are adapted to the demands at hand at reasonable costs.

1. Einleitung

Jeder technische Prozeß erzeugt außer Produkten (Waren) oder (Dienst-)Leistungen auch mehr oder weniger große Gefahren für Personen, Anlagen und Umwelt (Bild 1). Maßnahmen zur Erhöhung von Zuverlässigkeitskennwerten müssen deshalb gleichzeitig drei Zielrichtungen haben, nämlich

- hohen Produktions-Umfang und hohe -Güte,
- hohes Ausmaß der Schadensverhütung und
- geringe Kosten der "Zuverlässigkeitsmaßnahmen".

In diesem Sinne einer globalen Wirtschaftlichkeits-Optimierung werden in den Abschnitten 3 und 4 Beispiele für "angepaßte" Automatisierungssysteme diskutiert. Abschnitt 2 bringt die zum Verständnis der Beispiele nötigen allgemeinen Überlegungen zur Beurteilung von Automatisierungseinrichtungen, die der Betriebsführung dienen und solchen, die dem Schutz dienen.

2. Beurteilung von Prozessen und von Einrichtungen zur Prozeßführung bzw. zum Schutz

Es ist charakteristisch für die gesamte Zuverlässigkeitstechnik, daß Maßnahmen zur Sicherstellung eines störungsfreien Betriebes einer Anlage (sog. Betriebsfunktion) teilweise kollidieren mit Maßnahmen zur Sicherstellung eines gefahrenfreien Betriebs (sog. Schutzfunktion). Als einleuchtendes Beispiel zeigt diesen Sachverhalt das Funktionieren des Verkehrssystems Schiene/Straße an einem beschrankten Bahnübergang.

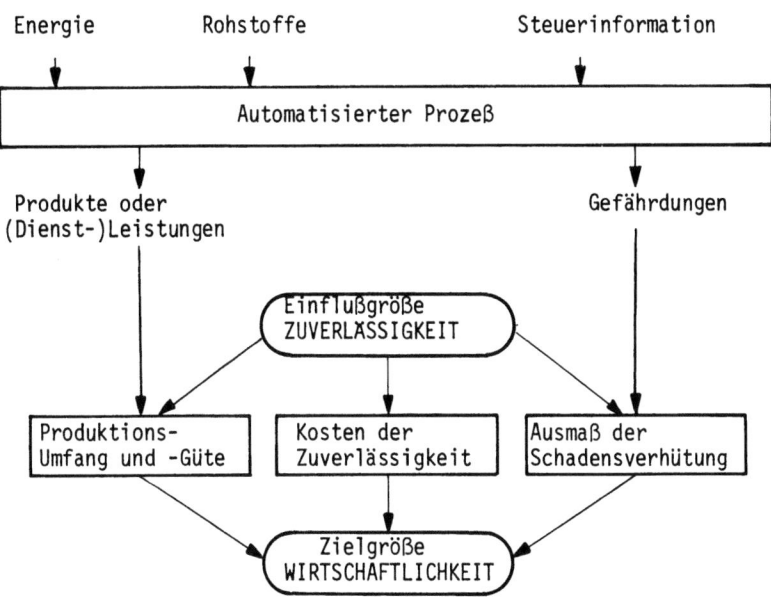

Bild 1   Zuverlässigkeitsprobleme beim Automatisieren

Bild 2 zeigt Störungen von Schutz- bzw. Betriebsfunktion, wobei selbstverständlich in Bild 2b kein Zug erwartet werden soll. Bild 3 zeigt sehr deutlich die Problematik des Redundanzeinsatzes. In beiden Fällen a und b wird zwar etwas für die jeweils als besonders wichtig angesehene Funktion des Systems getan, aber die jeweils andere Funktion wird verschlechtert.

Der geschilderte Interessenkonflikt zwischen Betriebs- und Schutzfunktion wird besonders deutlich bei denjenigen Schutzsystemen, die eine Abschaltung des technischen Prozesses bewirken. Hier ist einerseits für die Schutzfunktion zu beachten, mit welcher Rate gefährliche Grenzwertüberschreitungen im Prozeß auftreten und wie groß die mittlere relative Ausfalldauer des Schutzsystems ist, denn das Produkt beider Rechengrößen kann nahezu die Unfallrate sein. Andererseits ist für die Betriebsfunktion die Rate unnötiger Abschaltungen zu bestimmen sowie die Kosten einer Abschaltung (unter Berücksichtigung ihrer mittleren Dauer), denn das Produkt beider sind die unnötigen Ausfallkosten pro Zeiteinheit.

Wenn man also eine einfache Standardlösung angemessen verbessern möchte, muß man sich zunächst zusätzliche Informationen über den Prozeß und die Ausfallarten der an ihn anzupassenden Automatisierungsmittel verschaffen.

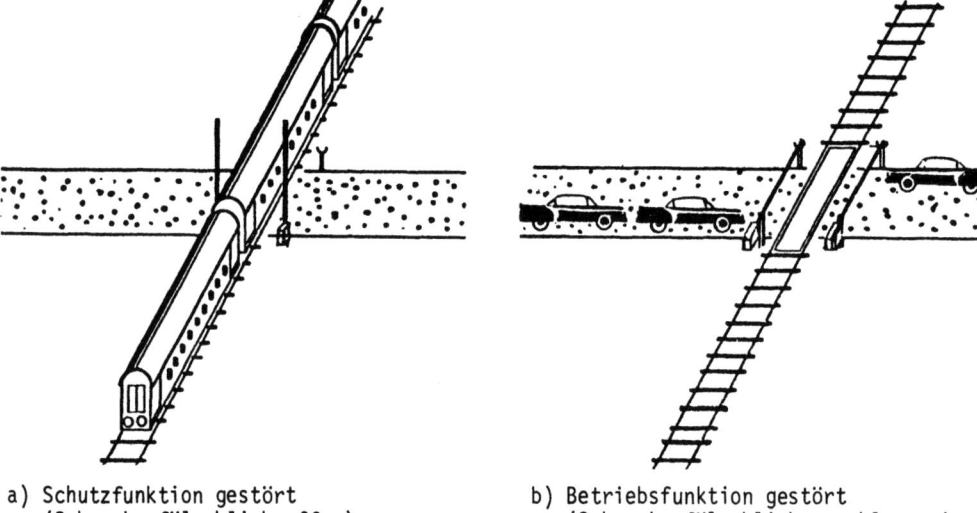

a) Schutzfunktion gestört
   (Schranke fälschlich offen)

b) Betriebsfunktion gestört
   (Schranke fälschlich geschlossen)

Bild 2   Automatisierungseinrichtung (Bahnschranke) mit zwei Ausfallarten

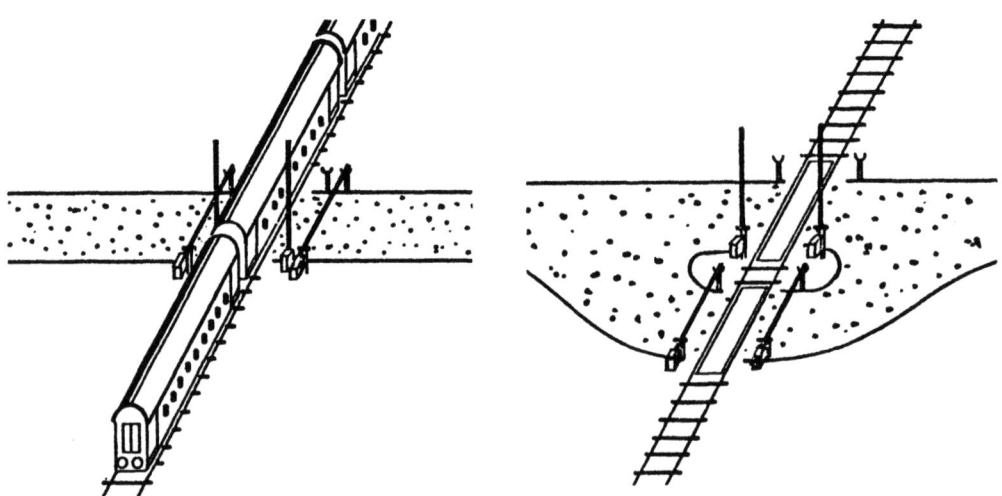

a) Redundanz für Schutzfunktion

b) Redundanz für Betriebsfunktion

Bild 3   Redundanz zur Erhöhung der Verfügbarkeit. Bei Erhöhung der Verfügbarkeit einer Funktion wird die der anderen erniedrigt!

Genauer werden bei Schutzsystemen die möglichen Fehler aufgeteilt in aktive und passive Fehler und zusätzlich in selbstmeldende und nicht selbstmeldende Fehler. Ein aktiver Fehler führt zu einem (unnötigen) Ansprechen der Schutzeinrichtung, er ist ungefährlich, beeinträchtigt natürlich den Betrieb des Prozesses. Ein passiver Fehler verhindert das Ansprechen des Schutzsystems. Passive selbstmeldende Fehler können im allgemeinen in aktive Fehler überführt werden. Die nicht selbstmeldenden passiven Fehler sind die gefährlichen Fehler.

Zusammenfassend gilt: Bei der Bestimmung der Zuverlässigkeitskenngrößen von Automatisierungseinrichtungen, insbesondere von

- Verfügbarkeit (nach DIN 40042)
- Mittlerer fehlerfreier Zeit (MTBF ≙ Mean Time Between Failures)
- Mittlerer Ausfalldauer (MTTR ≙ Mean Time To Repair)

ist von den verschiedenen Fehlerarten auszugehen. Wichtig ist dabei, möglichst viele Fehler möglichst schnell zu erkennen und möglichst genau zu lokalisieren, um sie rasch zu beheben. Falls Fehler sich nicht selbst melden, müssen spezielle Prüfungen ständig wiederholt durchgeführt werden.

Zur Verbesserung von Zuverlässigkeitskenngrößen dienen so viele Maßnahmen, daß hier nur die allerwichtigsten aufgezählt werden können, nämlich Sorgfalt bei Entwurf, Fertigung, Transport, Montage und Betrieb, Wahl hochwertiger, geprüfter Bauelemente und Werkstoffe, Unterlastung und Redundanz.

3. Beispiele für angepaßte Automatisierungseinrichtungen

Dem wachsenden Sicherheitsbewußtsein (Zuverlässigkeitsbewußtsein) bei Herstellern und Betreibern von Automatisierungsanlagen folgend wurden in den letzten Jahren nach unterschiedlichen Prinzipien aufgebaute Automatisierungseinrichtungen mit erhöhter Zuverlässigkeit entwickelt.

Im folgenden werden an drei Beispielen vorwiegend für Steuerungsaufgaben die wichtigsten Prinzipien der Zuverlässigkeitserhöhung durch Redundanz vorgestellt. Dabei dient Redundanz in Form von Verdoppelung nicht dem Aufbau von 1-von-2-Systemen, sondern der Fehlererkennung im 1-von-1-System. Die relevanten Zuverlässigkeitskenngrößen werden in Abschnitt 4 zusammengefaßt dargestellt.

3.1 Zweikanalige Steuerung mit statischen Signalen

In der einfachsten Ausführung dieses Prinzips wird die Steuereinrichtung aus zwei identischen Geräten aufgebaut. Die Steuerbefehle an den Prozeß werden jedoch nur ausgegeben, wenn sie von beiden Steuereinrichtungen übereinstimmend ermittelt wurden. Defekte in den verarbeitenden Elementen innerhalb der Steuerung und dann auch Abweichungen der Eingangsgrößen können für unbestimmte Zeit verborgen bleiben und sich akkumulieren, und zwar sogar bis zur Ausgabe übereinstimmender jedoch falscher Signale.

Diese hier aufgezeigten Grenzen lassen sich durch zwei einfache Maßnahmen vorteilhaft verschieben:

(1) Durch eine (im allgemeinen manuelle) Funktionsprüfung lassen sich bei Steuerungen geringer Verarbeitungstiefe, z.B. bei Verriegelungssteuerungen an Fertigungsmaschinen, alle möglichen Zustände des Steuerwerks überprüfen. Damit wird die Fehleroffenbarungszeit unabhängig vom betriebsmäßigen Datenfluß.

(2) Schon bei Steuereinrichtungen mit mäßiger Verarbeitungstiefe wird eine vollständige Prüfung von Hand sehr umfangreich, wenn Vergleicher ausschließlich an den Ausgängen der Steuerwerke zur Verfügung stehen. Es empfiehlt sich dann zusätzliche Vergleicher an möglichst vielen Ausgängen von Verknüpfungs- und Speichergliedern innerhalb des Steuerwerkes anzuschließen. Damit wird neben der Vereinfachung der manuellen Prüfung als zusätzlicher Vorteil erreicht, daß sich ein größerer Anteil an Fehlern zwischen den Prüfzeitpunkten offenbart.

Unter der Annahme, daß ein Vergleicher den Umfang eines Verknüpfungsgliedes erreicht, haben die bisher beschriebenen Maßnahmen zu einer Verdreifachung des Steuerungsumfanges geführt. Die Vergleicher müssen dann ebenfalls auf Fehler überwacht werden. Das in Bild 4 vereinfacht dargestellte System benutzt Vergleicherschaltungen, die in einer Kette angeordnet sind und bei intakter Steuereinrichtung von einem Taktpuls durchlaufen werden. Das Signal am Ende der Kette taktet einen Gleichstromübertrager zur Versorgung der Steuerungsausgänge. Erkennt ein Vergleicher eine Abweichung zwischen den Steuerungen oder tritt in einem der Vergleicher ein Defekt auf, so führt dies gleichermaßen zu einer Unterbrechung in der Oberwachungskette. Die Ausgänge der Steuerung werden stromlos. Diesem Zustand der Steuerung muß der sichere Zustand des Prozesses entsprechen.

3.2 Zweikanalige Steuerung mit dynamischen Signalen

Dem in Abschnitt 3.1 beschriebenen Steuersystem haftet der Nachteil an, daß die Fehleroffenbarungszeit maximal der Abstand manueller Prüfungen werden kann.

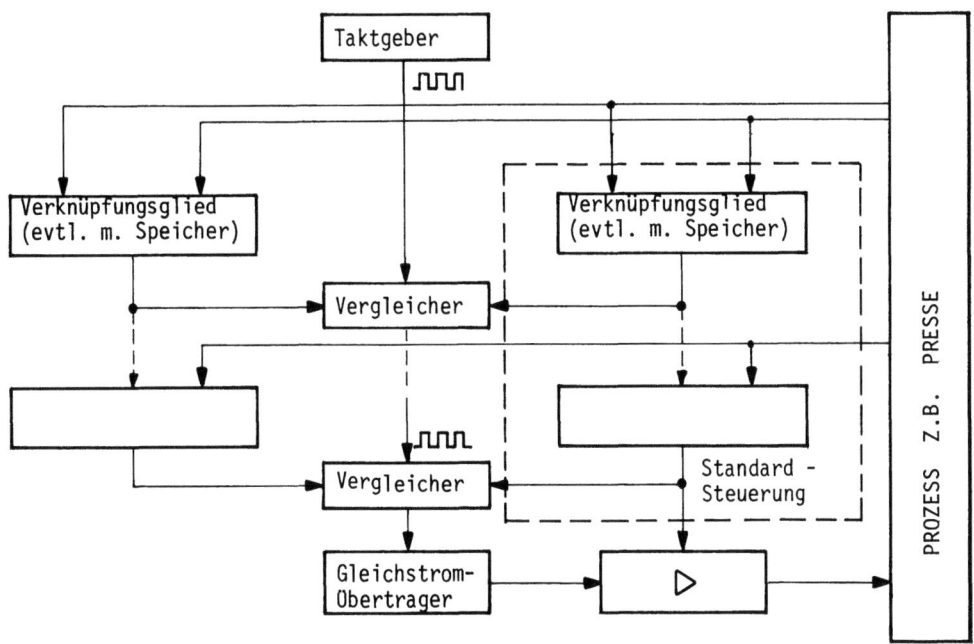

Bild 4 Zweikanalige Steuerung mit statischen Signalen und dynamischer Überwachung

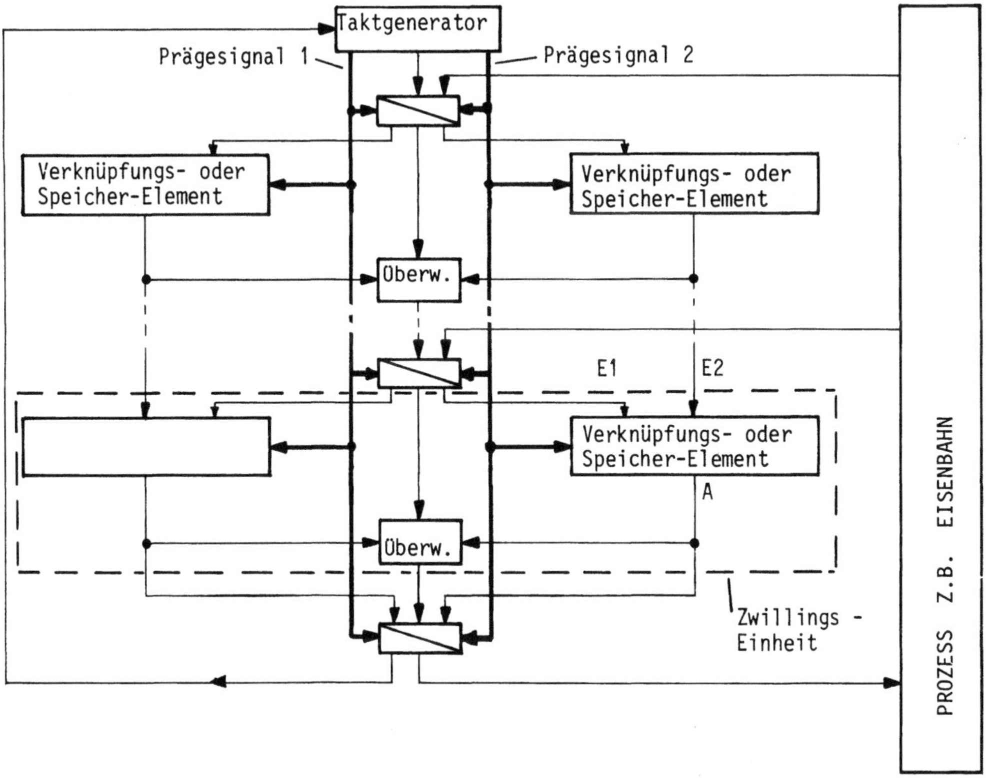

Bild 5 Zweikanalige Steuerung mit dynamischen Signalen

Das nun betrachtete System URTL /1/ (Überwachte Widerstands-Transistor-Logik) erreicht dagegen eine extrem kurze Fehleroffenbarungszeit, denn es benutzt in den informationsverarbeitenden Kanälen und in der Überwachungskette dynamische Signale. Die Grobstruktur einer damit aufgebauten Steuerung zeigt Bild 5. Die zweikanalige Signalverarbeitung wird in Zwillingseinheiten durchgeführt. Eine Zwillingseinheit kann ein Verknüpfungs- oder ein Speicherglied sein und ist gemeinsam mit dem dynamischen Überwachungsglied in einem DIL-Gehäuse untergebracht. Die beiden Kanäle sind identisch aufgebaut und arbeiten mit antivalenten getakteten Signalen. In jeder Taktperiode werden die Signale am Ausgang jeder Zwillingseinheit umgeschaltet und ständig auf Antivalenz geprüft. Jeder im Steuerungsgerät auftretende Fehler wird somit noch in derselben Taktperiode entdeckt. Außerdem verhindert jeder Fehler die Weitergabe des Überwachungssignals. Das Fehlerfreisignal am Taktgenerator bleibt aus. Dieser kann dann keine weiteren Signale aussenden, die Ausgänge der Steuerung werden damit stromlos.

Bild 6 zeigt das Prinzip eines Verknüpfungsbausteins in dieser Technik. Es muß ja erreicht werden, daß dieselbe logische Verknüpfung in einem Takt positives und im nächsten Takt negatives Ausgangssignal ergibt usf. Erzeugt z.B. Kanal I die NOR-Verknüpfung $\overline{A \vee B}$, so muß Kanal II gleichzeitig

$$A \vee B = \overline{\overline{A} \wedge \overline{B}}$$

erzeugen. Dabei bekommt Kanal I die Signale A und B angeboten, Kanal II die Signale $\overline{A}$ und $\overline{B}$, d.h. Kanal II muß nun die NAND-Verknüpfung realisieren. Außerdem vertauschen beide Kanäle samt ihren Eingangssignalen laufend ihre Rollen. Das ist realisierbar durch ein 2-von-3-Glied mit Negation am Ausgang, was unmittelbar aus der Wahrheitstabelle von Bild 6 abzulesen ist.

Das Anwendungsgebiet dieser Technik ist die gesicherte Informationsverarbeitung höchster Zuverlässigkeit. Die in URTL®-Technik aufgebauten Steuerwerke verhalten sich im Fehlerfall eindeutig sicherheitsgerichtet. Deshalb ist ein wichtiges Anwendungsgebiet die moderne Eisenbahnsignaltechnik. Die Komplexität und Verarbeitungstiefe derartiger Einrichtungen ist begrenzt durch den Systemtakt und die Integrationsdichte (ein Verknüpfungs- oder Speicherelement pro DIL-Gehäuse).

3.3 Programmierbare Steuerung als modulares 2-von-3-System

Das bekannte 2-von-3-Prinzip ist in idealer Weise dazu geeignet, Steuerungen aufzubauen, die in gleichem Maße die Betriebsfunktion und die Schutzfunktion mit erhöhter Zuverlässigkeit ausführen können, da jeder Einfachfehler toleriert wird. Diese Fehler können sofort geortet, gemeldet und durch den Austausch des defekten Moduls ohne

Betriebsunterbrechung beseitigt werden. Bild 7 zeigt eine nach diesem Prinzip aufgebaute speicherprogrammierbare Steuerung. Der Zentralteil und die Datenbusse von und zu den Eingabe-/Ausgabeeinheiten sind 3-fach aufgebaut. In 2v3-Mehrheitsbildnern werden die in getrennten Steuerwerken synchron erarbeiteten und über getrennte Datenwege übertragenen Signale auf Übereinstimmung geprüft. Weicht am Eingang dieser Mehrheitsbildner ein Signal von den beiden anderen ab,so führt das zu einer Fehlermeldung, der Ausgang führt jedoch das richtige Signal dem nachgeordneten Schaltungsteil zu. Bild 8 ist eine Prinzipschaltung eines Mehrheitsbildners mit Fehlermeldeausgängen.

Zur Peripherie hin kann das Redundanzniveau an die Prozeßaufgaben angepaßt werden. Im Bild 7 ist die 2-kanalige Ansteuerung eines Brennstoffventils einer Brennersteuerung mit einer Überwachung des Ansteuerkreises eingezeichnet. Es muß gewährleistet sein, daß das Brennstoffventil in jedem Augenblick zu schließen ist. Dazu wird es über zwei Eingabe-/Ausgabeeinheiten angesteuert. Zur Kontrolle auf Masseschluß, Kleben der Ansteuerkontakte, Defekte in der ansteuernden Elektronik wird vom Steuerprogramm in vereinbarten Zeitintervallen für eine Zeit kleiner der Abfallzeit des Brennstoff-Relais jeweils einer der Ansteuerkontakte geöffnet und über eine Binäreingabe der Wechsel des Ansteuerpotentials geprüft.

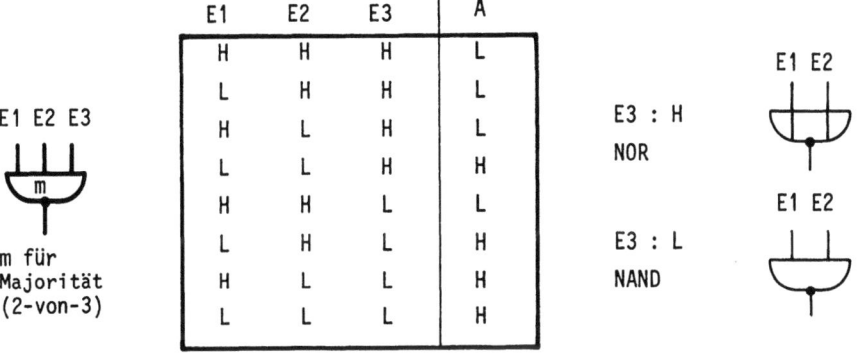

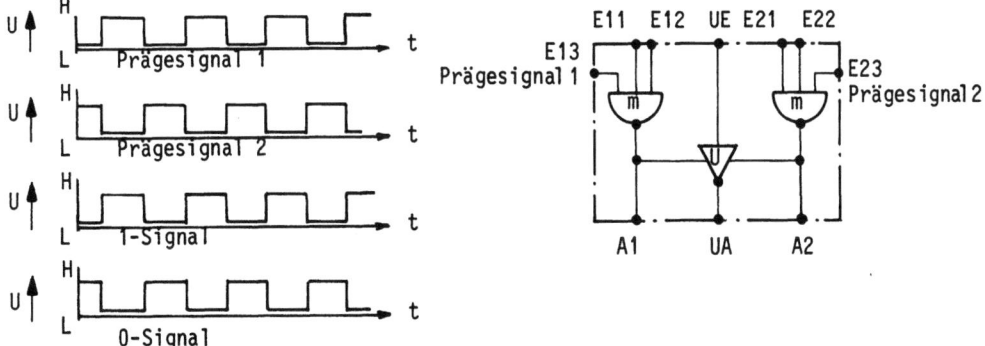

Bild 6   Verknüpfungsbaustein bei URTL®

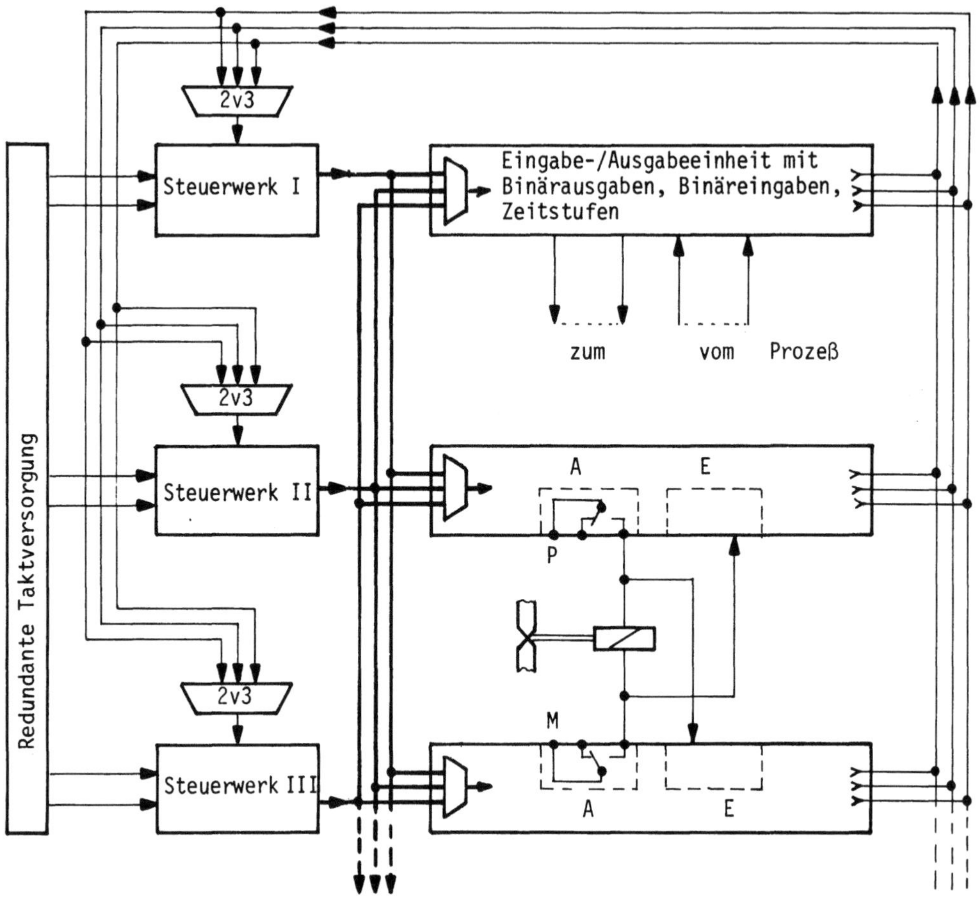

Bild 7   Speicherprogrammierte Steuerung in 2-von-3-Konfiguration

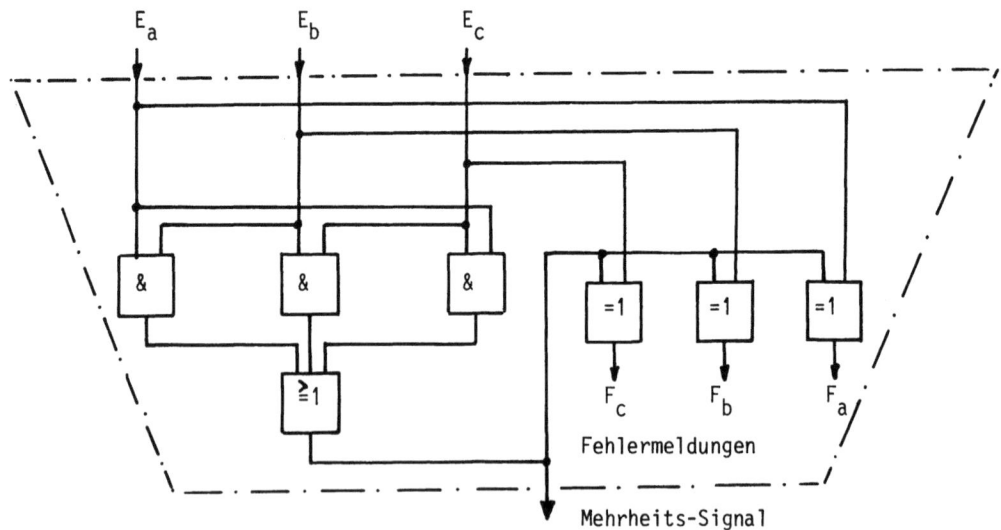

Bild 8   Mehrheitsbildner (Voter) mit Fehlerortung

4. Vergleich der vorgestellten Beispiele bezüglich ihrer Zuverlässigkeitskenngrößen

Ein Vergleich der in Abschnitt 3 vorgestellten Automatisierungseinrichtungen ist in Tabelle 1 dargestellt, wobei die Formeln des Anhangs benutzt wurden. Ein hier nicht diskutiertes Problem ist die Aufteilung der Gesamtanzahl der Fehler auf die genannten Fehlerarten. Das festzustellen macht regelmäßig große Mühe, d.h. es erfordert ausführliche Systemanalysen, z.B. nach der Fehlerbaummethode.

Die folgenden Bemerkungen sollen einem besseren Verständnis der Tabelle 1 dienen:

(1) Die Zahlenangaben sind erfunden, aber plausibel.

(2) Bei den zweikanaligen Systemen der Abschnitte 3.1 und 3.2 handelt es sich um 1-von-2-Systeme im Sinne der Verhinderung falscher Ausgabesignale der Steuerung an den Prozeß. Bezüglich der ungestörten Prozeßführung sind es 2-von-2-Systeme, d.h. es müssen jeweils beide Kanäle einwandfrei arbeiten. Betriebsstörungen durch Abschaltungen treten also ungefähr mit der Häufigkeit $2(1/B + 1/B')$ auf, also bei $B=4$ Jahren und $B'=1$ Jahr etwa 2,5 mal pro Jahr. Dabei ist jedoch zu beachten, daß bei vergleichbaren Aufgaben B und B' beim "dynamischen" System wesentlich höher liegen werden als beim viel weniger aufwendig aufgebauten "statischen" System.

(3) Bei den sich selbstmeldenden Fehlern müssen die Ausfälle der Überwachungselemente mit berücksichtigt werden. Beim 2-von-3-System mit relativ großen Moduln werden sich die Angaben in Tabelle 1 dadurch nicht wesentlich ändern, da der Umfang der Überwachungselektronik relativ gering ist. Dagegen kann beim statischen 1-von-2-System der Überwachungsaufwand an den Aufwand für einen Steuerkanal heranreichen. Mit B_0 für den mittleren Abstand von Ausfällen von Überwachungselementen (einschließlich Taktgeber) lautet nun die mittlere Störhäufigkeit des Prozesses, die die Steuerung bewirkt, $2(1/B + 1/B') + 1/B_0$; also z.B. bei obigen B und B' und $B_0 = 1$ Jahr etwa 3,5 mal pro Jahr.

(4) Bei den versteckten Fehlern ist in Tabelle 1 nur die mittlere Fehleroffenbarungszeit, auf die es bei Schutzsystemen hauptsächlich ankommt, eingetragen.

(5) Bei den selbstmeldenden Fehlern können im allgemeinen falsche Ausgaben verhindert werden. Die Ausfallzeit ist dabei die Instandsetzungszeit der Steuerung. Die Ausfallzeit des gesteuerten Prozesses kann sehr viel höher sein!

(6) Die wirklich extreme Größe bzw. Kleinheit einiger Werte ist vermutlich nicht ganz realistisch. Hier muß vermutlich nach "Schmutzeffekten" bzw. nach realistischen Verfeinerungen der mathematischen Modelle gesucht werden.

(7) Die manuellen Prüfungen beim 2-von-3-System sind hauptsächlich Fehlersimulationen zum Testen der Voter mit ihren Fehlermeldeeinheiten.

Tabelle 1   Vergleich von Steuerungen von Abschnitt 3

(Zeiteinheiten sind a für Jahr, h für Stunde, µs für Mikrosekunde; 1a = 8760 h)

System-Typ	Hauptziel: keine falschen Ausgaben			Hauptziel: keine Prozeß-Störungen		
	nicht selbstmeldende Fehler			selbstmeldende Fehler		
	MTTR	MTBF	mittlere[6] relative Ausfallzeit	MTTR'	MTBF'	Unverfügbar-keit (stationär)[7]
1-von-1 Standard	$T/2$ [1] z.B. 4h	B z.B. 4a [8]	$T/(2B)$ z.B. $1,2 \cdot 10^{-4}$	A' z.B. 2h [3]	B' z.B. 1a [8]	A'/B' z.B. $2,3 \cdot 10^{-4}$
1-von-2 statisch	$T/3$ [1] z.B. 2,7h	B^2/T z.B. $1,8 \cdot 10^4$ a	$T^2/(3B^2)$ z.B. $2,8 \cdot 10^{-7}$	A' z.B. 0,5h [4]	$B'/2$ z.B. 0,5a	$2A'/B'$ z.B. $1,2 \cdot 10^{-4}$
1-von-2 dynamisch	$\Delta t/6$ [2] z.B. 1,7µs	$2B^2/\Delta t$ z.B. 10^{14} a	$\Delta t^2/(12B^2)$ z.B. $5,4 \cdot 10^{-28}$	A' z.B. 0,1h [5]	$B'/2$ z.B. 0,5a	$2A'/B'$ $2,3 \cdot 10^{-5}$
2-von-3 (modular)	$T/3$ [1] z.B. 2,7h	$B^2/(3T)$ z.B. $5,8 \cdot 10^3$ a	T^2/B^2 z.B. $8,5 \cdot 10^{-7}$	$A'/2$ z.B. 0,5h [4]	$B'^2/(6A')$ z.B. $2,9 \cdot 10^3$ a	$3 A'^2/B'^2$ z.B. 10^{-8}

Fußnoten zur Tabelle 1:

1) Periodische Prüfungen im Abstand T, z.B. 8 h
2) Periodische "Prüfungen" im Abstand Δt, z.B. 10 µs
3) Lange Fehlerortungsdauer
4) Kurze Fehlersuche; danach Austausch von Baugruppen
5) Sehr genaue Fehlerortsanzeige; danach Austausch eines Zwillingselements
6) Bezüglich falscher Ausgaben
7) Mittlere relative Dauer einer Instandsetzung der Steuerung
8) Dieser Wert wurde hier stets benutzt, unabhängig vom Umfang der Steueraufgabe

5. Ausblick

Zuverlässigkeitsmäßig angepaßte Automatisierungseinrichtungen werden in Zukunft in steigendem Maße Mischtechniken aus den hier dargestellten benutzen. Hinzu kommen algebraische Codierungstechniken für Daten-Speicher, die erheblich wirtschaftlicher sind als Verdoppelung und Verdreifachung.

6. Anhang: Faustformeln für MTBF, MTTR und Unverfügbarkeit bei m-von-n-Redundanz

Es seien

    A   mittlere Ausfalldauer (MTTR)

    B   mittlere fehlerfreie Zeit (MTBF), Kehrwert der Ausfallrate λ

    U   Un-(Nicht-)Verfügbarkeit

und zwar ohne Index für jedes von n gleichen Teilsystemen und mit Index mvn für das n-von-n-System und mit Beistrich für selbstmeldende Fehler.

a) Selbstmeldende Fehler und heiße Reserve

Nach /2/ sind für $A' \ll B'$, also im Normalfall

$$B'_{mvn} \approx \frac{1}{m\binom{n}{m}} \cdot \frac{B'^{n-m+1}}{A'^{n-m}} \;;\; A'_{mvn} \approx A'/(n-m+1) \;;\; U'_{mvn} \approx \frac{A'_{mvn}}{B'_{mvn}} \;.$$

b) Nicht-selbstmeldende Fehler bei Prüfungen im Abstand T für heiße Reserve

Nach /3/ sind für $T \ll B = 1/\lambda$ bei exponential verteilter Lebensdauer, also insbesondere für Elektronikgeräte

$$B_{mvn} \approx \frac{1}{\binom{n}{m-1}} \cdot \frac{B^{n-m+1}}{T^{n-m}} \;;\; A_{mvn} \approx T/(n-m+2) \;;\; \overline{U}_{mvn} \approx \frac{A_{mvn}}{B_{mvn}} \;.$$

Der Querstrich bedeutet den zeitlichen Mittelwert der periodischen Zeitfunktion $U_{mvn}(t)$ über eine Prüfperiode.

7. Schrifttum

/1/ Lohmann, J.: URTL, ein integriertes Schaltkreissystem für Steuerungen mit hoher Sicherheit und automatischer Fehlerdiagnose. VDI-Ber. 237, 1975.

/2/ Schneeweiss, W.: Formeln für mittlere fehlerfreie Zeit und mittlere Ausfalldauer von m-von-n-Systemen. ATM (1977)

/3/ Schneeweiss, W.: Näherungsformeln für die Zuverlässigkeitskenngrößen periodisch geprüfter m-von-n-Systeme mit exponentialverteilter Lebensdauer der Teilsysteme. RT 25 (1977).

RECHNERGESTÜTZTER ENTWURF UND SIMULATION VON REGELUNGS- UND ÜBERWACHUNGS-SYSTEMEN

COMPUTER AIDED DESIGN AND SIMULATION OF CONTROL AND SUPERVISORY SYSTEMS

R. Isermann	E. Kunze
Abteilung für Regelungstechnik	Institut für Informationsver-
und Prozeßdynamik (IVD)	arbeitung in Technik u. Biologie
der Universität Stuttgart	der Fraunhofer-Gesellschaft
7000 Stuttgart	7500 Karlsruhe

Summary

The paper covers the fields mathematical process models, digital simulation, and design of control and supervisory systems. A short survey of recent program systems dedicated to these fields is presented. The capabilities of these program systems are discussed and the procedures of their application are outlined.

1. Einführung

Bis vor einigen Jahren erfolgte der Entwurf von Regel- und Überwachungssystemen meist aufgrund von Erfahrungen, groben Modellvorstellungen des Prozeßverhaltens und gezieltem Probieren bei der Inbetriebnahme. In der Zwischenzeit sind die Kenntnisse über das Prozeßverhalten in vielen Bereichen der Technik wesentlich verbessert worden. Für viele Prozesse lassen sich mathematische Modelle auf dem Wege der theoretischen Analyse ermitteln oder können experimentell bestimmt werden. Auf der Grundlage dieser mathematischen Prozeßmodelle kann dann das Prozeßverhalten, früher auf Analogrechnern, heute meist auf Digitalrechnern, simuliert werden, um prozeßspezifische Systemstudien und den Entwurf von Automatisierungssystemen vor dem Bau oder bei der Inbetriebnahme der Anlage durchzuführen. In der jüngsten Zeit wird an verschiedenen Orten versucht, die Simulation der Prozesse und den Entwurf ihrer Automatisierungssysteme rechnergestützt mit Digitalrechnern durchzuführen. In diesem Beitrag wird hierzu eine kurze Übersicht der Teilbereiche Regelung und Überwachung gegeben. Schwerpunkte wurden dabei auf die Beschreibung des prinzipiellen Vorgehens, den Funktionsablauf und die Anwendung von Programmpaketen gelegt.

2. Gewinnung von mathematischen Prozeßmodellen

Eine wesentliche Grundlage der Simulation von dynamischen Prozessen und zum systematischen Entwurf von Regel- und Überwachungssystemen sind **mathematische Modelle** der dynamischen Prozesse, im Folgenden kurz mit **Prozeßmodelle** bezeichnet /2.1/, /2.6/. Bei diesen mathematischen Modellen sind verschiedene Klassen zu unterscheiden. Eine Unterscheidungsform ist die parametrische oder nichtparametrische Darstellung, siehe Tabelle 2.1. **Parametrische Modelle** enthalten die Parameter explizit und haben eine bestimmte Struktur. **Nichtparametrische Modelle** enthalten die Parameter nur implizit, wie z.B. Gewichtsfunktionen oder Frequenzgänge in graphischer oder tabellarischer Form. Zur Gewinnung der Prozeßmodelle gibt es bekanntlich zwei prinzipiell verschiedene Möglichkeiten, die theoretische Modellgewinnung (Modellbildung) oder die experimentelle Modellgewinnung (Identifikation) /2.1/ bis /2.5/. Bei der (theoretischen) **Modellbildung** werden bekannte Naturgesetze, wie z.B. Erhaltungssätze, Zustandsgleichungen und phänomenologische Gleichungen angewendet. Wenn sich das entstehende Gleichungssystem explizit lösen läßt, kann ein Modell mit bestimmter Struktur und bestimmten Parametern angegeben werden. Andernfalls ist man auf numerische Lösungsverfahren angewiesen. Das entstehende Modell muß zur weiteren Anwendung vereinfacht werden. Eine Anwendung vereinfachter Modelle wird in /2.7/ beschrieben. Unter **Identifikation** versteht man die experimentelle Ermittlung des zeitlichen Verhaltens eines Prozesses. Aus gemessenen Signalen wird das Verhalten innerhalb einer Klasse von mathematischen Modellen ermittelt. Die Fehler zwischen dem wirklichen Prozeß und seinem Modell sollen dabei so klein wie möglich sein. Als Signale können die natürlichen Betriebssignale oder aber künstlich erzeugte Ein- und Ausgangssignale verwendet werden. Besondere Auswerteverfahren (Identifikationsverfahren), die u.a. die Aufgabe haben, den Einfluß von unerwünschten Störungen zu eliminieren, liefern die Modelle in verschiedenen Formen. Nichtparametrische Modelle erhält man durch die Aufnahme von Sprungantwortfunktionen oder Frequenzgängen und bei der Fourieranalyse oder Korrelationsanalyse. Parametrische Modelle entstehen bei Methoden der Kennwertermittlung aus einfachen Antwortfunktionen oder bei Methoden der Parameterschätzung.

Tabelle 2.2 zeigt eine Gegenüberstellung der Vor- und Nachteile von Modellbildung und Identifikation. Die theoretische Modellbildung liefert grundsätzlich die tiefere Einsicht in das Prozeßverhalten, und man kann Modelle erhalten, bevor der Prozeß existiert. Die Identifikation ist aber, sofern der Prozeß bereits vorhanden ist, oft schneller

Tabelle 2.1

Beispiele parametrischer und nichtparametrischer Prozeßmodelle für Prozesse mit konzentrierten Parametern und Totzeit

		kontinuierliche Signale (kontinuierliche Zeit t)	abgetastete Signale (diskrete Zeit $k=t/T_o=0,1,2,\ldots$)
		$u(t) \rightarrow \boxed{\begin{array}{c} g(t) \\ G(s) \end{array}} \rightarrow y(t)$	$u(t) \xrightarrow{T_o} u(k) \rightarrow \boxed{\begin{array}{c} g(k) \\ G(z) \end{array}} \rightarrow y(t) \xrightarrow{T_o} y(k)$
Prozeßmodell im Zeitbereich	parametrisch	$a_m y^{(m)}(t)+\ldots+a_1 \dot{y}(t)+y(t)$ $=b_n u^{(n)}(t-T_t)+\ldots+b_1 u(t-T_t)$ $+b_0 u(t-T_t)$ (1)	$a_m y(k-m)+\ldots+a_1 y(k-1)+y(k)$ $=b_m u(k-m-d)+\ldots+b_1 u(k-1-d)$ $+b_0 u(k-d)$ $d=T_t/T_o$ (3)
	nichtparametrisch	Tabelle: | t | 0 | 10 | 20 | ... | 200 | [sec] | | g(t) | 0 | ... | ... | ... | .. | [grd] | Graphik: (Kurve über 10, 20 [sec] t)	| k | 0 | 1 | 2 | ... | 20 | [-] | | g(k) | 0 | .. | .. | ... | .. | [grd] | (Punkte bei 1, 2, ... k)
Prozeßmodell im Frequenzbereich	parametrisch	$G_p(s)=\dfrac{b_0+b_1 s+\ldots+b_n s^n}{1+a_1 s+\ldots+a_m s^m}\,e^{-T_t s}$ (2)	$G_p(z)=\dfrac{b_0+b_1 z^{-1}+\ldots+b_m z^{-m}}{1+a_1 z^{-1}+\ldots+a_m z^{-m}}\,z^{-d}$ $z=e^{T_o s}$ (4)
	nichtparametrisch	Tabelle: | ω | 0 | 0.1 | 0.2 | ... | 10 | [1/sec] | | |G| | 1 | .. | .. | ... | .. | [...] | | φ | 0 | .. | .. | ... | .. | [Δ°] | Graphik: Bode-Diagramm	| ω | 0 | 0.1 | 0.2 | ... | | [1/sec] | | |G| | 1 | ... | ... | ... | | [...] | | φ | 0 | ... | ... | ... | | [Δ°] | Bode-Diagramm

durchzuführen und kann das wirkliche Prozeßverhalten genauer beschreiben. Somit ist bei der Simulation zum Zwecke von anlagenspezifischen Systemuntersuchungen vor dem Bau der Anlage der Weg der theoretischen Modellbildung, zum rechnergestützten Entwurf des endgültigen Regel- oder Überwachungssystems eine Prozeßidentifikation vorzuziehen.

Tabelle 2.2   Einige Merkmale der Modellbildung und Identifikation

Modellbildung	Identifikation
Modellstruktur folgt aus Naturgesetzen.	Modellstruktur muß angenommen werden.
Beschreibung des Verhaltens von inneren Zustandsgrößen und des Ein/Ausgangsverhaltens.	Es wird nur das Ein/Ausgangs-Verhalten identifiziert.
Modellparameter werden als Funktionen der Prozeßdaten angegeben.	Modellparameter sind reine Zahlenwerte, die i.a. keinen Zusammenhang mit den physikalischen Prozeßgrößen erkennen lassen.
Modell gilt für ganze Klasse eines Prozeßtyps und für verschiedene Betriebszustände. Viele Prozeßgrößen sind aber oft nur ungenau bekannt.	Modell gilt nur für den untersuchten Prozeß für einen bestimmten Betriebszustand. Dafür kann es dieses Verhalten relativ genau beschreiben.
Modell kann auch für einen nicht existierenden Prozeß gebildet werden.	Modell kann nur für einen existierenden Prozeß identifiziert werden.
Die wesentlichen internen Vorgänge des Prozesses müssen bekannt und mathematisch beschreibbar sein.	Innere Vorgänge des Prozesses müssen nicht bekannt sein.
Meist großer Zeitaufwand erforderlich.	Meist relativ kleiner Aufwand an Zeit erforderlich.
	Da Identifikationsverfahren unabhängig vom einzelnen Prozeß sind, kann ein einmal aufgestelltes Identifikations-Softwareprogramm für viele verschiedene Prozesse verwendet werden.

In den letzten Jahren sind Programmpakete zur <u>On-line-Identifikation</u> mit Prozeßrechnern entworfen worden, die es gestatten, lineare oder nichtlineare, zeitinvariante oder zeitvariante Ein- oder Mehrgrößenprozesse im offenen oder geschlossenen Regelkreis schnell zu identifizieren, wobei die Modellordnung ebenfalls identifiziert wird. Viele Vorteile ergeben sich hierbei bei Verwendung von Parameterschätzverfahren für parametrische Modelle mit zeitdiskreten Signalen. Bild 2.1 zeigt als Beispiel den Signalverlauf für einen dampfbeheizten Wärmeaustauscher und das identifizierte Prozeßmodell.

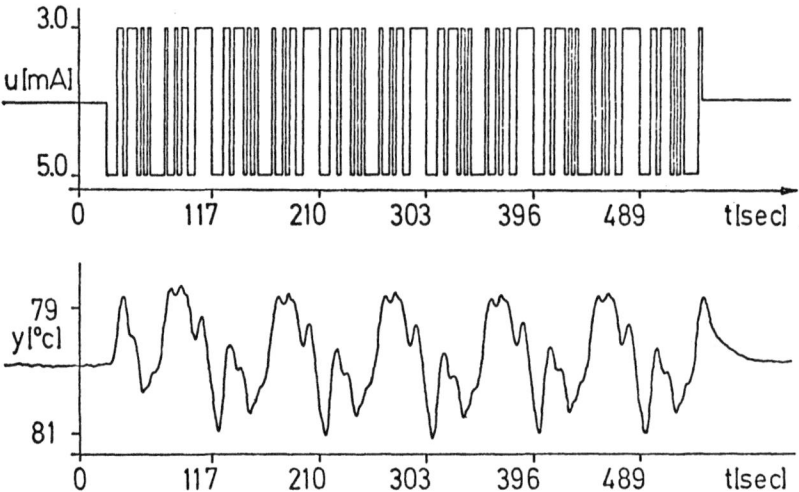

Bild 2.1 Gemessenes Ein- u. Ausgangssignal für einen dampfbeheizten
Wärmeaustauscher /4.6/ .
Identifiziertes Prozeßmodell mit Programmpaket OLID:

$$G_p(z) = \frac{y(z)}{u(z)} = \frac{-0.0274\ z^{-1} -0.0692\ z^{-2} -0.0218\ z^{-3}}{1 -1.2392\ z^{-1} +0.4782\ z^{-2} -0.1276\ z^{-3}}$$

3. Programmpakete zur Simulation dynamischer Systeme

Unter einer Simulation versteht man die Untersuchung von Systemen am
Modell. Sie ist immer dann von Bedeutung, wenn Aussagen über das Verhalten eines Systemes getroffen werden sollen, jedoch Experimente am
System selbst aus Gründen zeitlicher, finanzieller, sicherheitstechnischer oder auch grundsätzlicher Art nicht möglich sind. Der letzte
Grund liegt vor bei rein hypothetischen Systemen oder solchen, die sich
in der Planungs- und Bauphase befinden. Wie im nachfolgenden Kapitel 4
noch deutlich werden wird, stellt die Simulation ein wichtiges Hilfsmittel für den Entwurf von Regelungssystemen dar. Eine umfassende Darstellung des Gebietes der Simulation mit Anwendungen in verschiedenen
Gebieten der Technik findet man in /3.1/.

3.1 Simulation diskreter Systeme

Bezüglich der Simulation ist die Unterscheidung zweier Klassen von
Systemen bedeutsam: die _stetigen_ Systeme, die ihre Zustände in stetiger
(kontinuierlicher) Weise ändern und die _diskreten_ Systeme, deren Zustände sich nur um diskrete Werte ändern können. Beispiele diskreter

Systeme sind die Bearbeitung von Werkstücken in Fertigungsstraßen oder
der Besuch von Kunden in einem Warenhaus. Diskrete Systeme sollen hier
nicht weiter behandelt werden, obwohl auch sie Anlaß zu Regelungsproblemen geben können /3.2/. Der Vollständigkeit halber sei aber erwähnt,
daß zur Simulation dieser Systeme spezielle Simulationssprachen entwickelt worden sind, wie z.B. die anweisungsorientierte Sprache SIMSCRIPT (§imulation §criptuře) /3.3, 3.4/ und die blockorientierten Sprachen GPSS (§eneral §urpose §imulation §ystem) /3.5, 3.6/ und SIAS (§iemens §blauf§imulator) /3.7/.

3.2 Simulation stetiger dynamischer Systeme

Bei der Simulation stetiger Systeme interessieren vornehmlich die dynamischen Systeme, deren Zustände Funktionen der Zeit sind. Zeitkontinuierliche Systeme mit konzentrierten Parametern lassen sich in den meisten Fällen durch einen Satz von n Zustandsdifferentialgleichungen der
Form

$$\dot{x}_i = f_i(x_1, \ldots x_n, u_1, \ldots u_l, a_1, \ldots a_p, t), \quad x_i(t_0) = x_i(o) \qquad (3.1)$$

$$i = 1, 2, \ldots, n$$

und einem Satz von m Ausgangsgleichungen

$$y_j = g_j(x_1, \ldots x_n, u_1, \ldots u_l, b_1, \ldots b_q, t) \qquad (3.2)$$

$$j = 1, 2, \ldots, m$$

darstellen. Nur in seltenen Fällen wird es nicht gelingen, die Ableitungen $\dot{x}_i$ auf einer Seite der Gln. (3.1) freizustellen. Die Größen x
bezeichnet man als Zustandsgrößen, y sind Ausgangs- und u Eingangsgrößen. Die Größen a und b sind Systemparameter. Die Durchführung einer
Simulation besteht nun darin, daß unter Vorgabe der anregenden Funktionen u die Ausgangsfunktionen y für die laufende Zeit t berechnet werden.
Bei der <u>Simulation</u> auf dem Digitalrechner muß das Gleichungssystem
(3.1), (3.2) in ein Programm umgesetzt werden. Wegen der diskreten Arbeitsweise des Digitalrechners kann die Lösung der Systemgleichungen
nur zu diskreten Zeitpunkten t_k, $k = 0, 1, \ldots N$ erfolgen und die n+m-
Gleichungen der Zustände und Ausgangsfunktionen müssen eine nach der
anderen, d.h. seriell abgearbeitet werden.

Die zeitdiskrete Lösung der Gl. (3.1) erfordert den Einsatz
numerischer Integrationsverfahren / 3.8, 3.9, 3.10 /. Die Verfahren unterscheiden sich bezüglich Stabilität, Genauigkeit und Rechenaufwand.
Die Auswahl des Integrationsverfahrens sollte daher problemabhängig so
erfolgen, daß die erforderliche Genauigkeit bei geringstem Rechenauf-

wand erreicht wird.

3.3 Blockorientierte Simulationssprachen

Ebenso wie bei den diskreten Systemen sind zur Simulation stetiger Systeme eine Reihe von Simulationssprachen entstanden, die dem Anwender die Arbeit ganz erheblich erleichtern. Durch interaktive Arbeitsweise und eine Vielzahl von Sonderfunktionen erreichen einige dieser Systeme eine Benutzerfreundlichkeit, die den Analogrechner weit übertrifft. Eine detaillierte Darstellung dieses Problemkreises findet man in den Büchern /3.9/ und /3.10/. Die Simulationssprachen reduzieren den Programmieraufwand auf drei Gruppen von Angaben:

Strukturangaben, Parameterangaben und Bearbeitungsangaben.

Die <u>Strukturangaben</u> werden durch die Gln. (3.1) und (3.2) bestimmt. Dies kann je nach der Sprache entweder durch algebraische oder durch blockorientierte Notation erfolgen. Die erste, sehr kompakte Programmierweise lehnt sich an die mathematische Schreibweise der Systemgleichungen an, während die zweite die Gleichungen durch Funktionsblöcke aus einer Menge vorgegebener Typen (Integrier-, Multiplizier-, Addierblock usw.) und Angabe ihrer Verknüpfungen darstellt, was der tabellarischen Beschreibung eines Analogrechnerkoppelplans entspricht. Als Beispiel sei die Programmierung der nicht linearisierten Pendelgleichung $\ddot{x}+m\cdot g\cdot\sin(x)=0$, $x(t_0)=x_0$ in der Sprache ANAGOL betrachtet, die beide Möglichkeiten zuläßt:

algebraische Formulierung   blockorientierte Formulierung

X'' = - M*G*SIN(X)   0, 101,   100
                                      0, 100, 1000
                                      0, 1000, 1500
                                      0, 1500,   101

Dazu gehört das Blockdiagramm

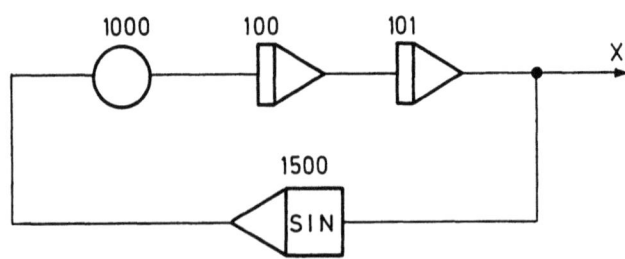

Bild 3.1.

Die <u>Parameterangaben</u> legen die Anfangswerte x_o aus Gl. (3.1) und die
Parameter a und b aus den Gln. (3.1) und (3.2) fest.

Die <u>Bearbeitungsangaben</u> bestimmen den Ablauf der Simulation, d.h. die
Simulationsdauer, die Schrittweite, die Art des Integrationsverfahrens
und die Ausgabe von Ergebniskurven und Tabellen, sowie die Bedingungen
von Abbruchkriterien und Fortsetzungsläufen.

Der Programmieraufwand ist damit denkbar gering und erfordert keine
speziellen Kenntnisse. Der Nutzwert eines Programmsystems hängt aber
noch von einer Reihe weiterer Faktoren ab, die für einige Simulationssprachen in Tabelle 3.1 zusammengestellt wurden. Zur Programmierung der
Systemstruktur müssen genügend viele Funktionsblöcke unterschiedlichen
Typs zur Verfügung stehen, darunter auch eine größere Zahl vom Benutzer
frei programmierbarer Sonderblöcke. Die maximal zulässige Blockzahl in
einem Programm bestimmt die Größenordnung der lösbaren Probleme. Die
Wahlmöglichkeit zwischen mehreren Integrationsverfahren kann zum spar-
samen Verbrauch von Rechenzeit beitragen. Die Zahl der Auswertungen der
Differentialgleichungen pro Rechenschritt Δt ist ein Maß für den Rechenaufwand eines Verfahrens. Einige Verfahren leisten eine automatische
Schrittweitenanpassung. Komfortablere Simulationssprachen bieten auch
die Möglichkeit iterativer Programmläufe zur Lösung von Optimierungs-
und Randwertproblemen.

Die Verarbeitung des Quellenprogrammes kann durch Übersetzung oder durch
Interpretation erfolgen. Die <u>Übersetzung</u> bringt kurze Programmausfüh-
rungszeiten und hohen Programmierkomfort für Sonderfunktionen. Jedoch
muß bei jeder Strukturänderung eine neue Übersetzung stattfinden, die
auch Rechenzeit kostet. Bei der <u>Interpretation</u> dagegen ist keine Übersetzung erforderlich. Daher sind Strukturänderungen nur mit sehr geringem Aufwand verbunden. Die Programmlaufzeiten sind jedoch etwas größer als bei übersetzenden Programmsystemen.

In neuerer Zeit sind auch Programmsysteme entstanden, die auf Prozeßrechnern laufend eine Simulation in <u>Echtzeit</u> ermöglichen. Dadurch kann
die Simulation in Verbindung mit Echtteilen erfolgen, bzw. simultan neben einem Prozeß betrieben werden, um Modelle zu testen, Zustände zu
beobachten oder Regler zu entwerfen.

Eine besonders effektive Arbeitsweise ergibt sich mit Simulationspro-
grammsystemen, wenn diese <u>interaktiv</u> über eine Graphikbildschirmstation

Tabelle 3.1 Eigenschaften einiger Simulationssprachen

SIMULATIONS-SPRACHE	algebraische Progr.	blockorient. Progr.	Zahl der Blocktypen	Bool'sche Fktn.	freie Sonderblöcke	maximale Blockzahl	Integrationsverfahren	Fehlerordnung	Auswert.Dgl./Δt	Schrittw.-Anpass.	Iterationen	Interpretation	Übersetzung	Echtzeit-Simul.	interaktiv	Programmier-Sprache	Literatur
ANAGOL 67	x	x	50	x	50	ca. 400	Euler / Heun / Runge-Kutta 4 / Bulirsch-Stoer	1, 2, 4	1, 2, 4	–, –, –, x	x	x	–	–	–	ALGOL	3.11
CSMP-1130	–	x	25	–	5	75	Runge-Kutta 2	2	2	–	–	x	–	x	x	FORTRAN	3.12
CSMP-360	x	–	51	x	b	600	Euler / Heun / Runge-Kutta 4 / Adams 2 / Simpson / Milne 5 / benutzereigen	1, 2, 4, 2, 4, 5	1, 2, 4, 1, 2, 2	–, –, x, –, –, x	x	–	x	–	–	FORTRAN	3.13
DIGSI	–	x	24	x	b	500	Live	2	2	–	–	x	–	x	x	PEARL FORTRAN	3.14
DISKOS	–	x	29	–	100	500	Runge-Kutta 2	2	2	–	–	x	–	–	x	FORTRAN	3.15
INTERSIM	x	–	6	x	b	25*	Euler / Heun / Runge-Kutta 4	1, 2, 4	1, 2, 4	–, –, –	x	x	–	x	x	INTERAKTIVE FORTRAN	3.15
MIMIC	x	–	64	x	5	900	Runge-Kutta 4	4	4	x	–	–	x	–	–	FORTRAN	3.16

b = beliebig   * Zahl der Integratoren

betrieben werden können. Man erzielt folgende Vorteile:
- das Simulationsergebnis kann bei seiner Entstehung beobachtet werden,
- unbrauchbare Läufe können frühzeitig abgebrochen werden,
- gewünschte Ergebnisparameter sind leichter aufzufinden,
- die Fehlersuche im Quellenprogramm ist einfach,
- Programmänderungen sind sofort durchführbar.

Eine mögliche Form des interaktiven Betriebes sei am Beispiel von DISKOS verdeutlicht. Die Kommunikation mit dem Programm erfolgt dabei über ein Speicherbildschirmgerät mit Tastatur, welches über eine V-24 Schnittstelle an eine Mehrbenutzer-Rechenanlage angeschlossen ist. Das Programm kann über 16 Schalter gesteuert werden. Einen typischen Bildschirminhalt zeigt Bild 3.2. Das Setzen von Schalter 10 bewirkt das Einlesen eines Datenfiles, der das Quellenprogramm mit der Struktur und den Parametern enthält. Anschließend werden die Bearbeitungsdaten abgefragt (Zeiten und Koordinaten der Graphik). Die Eingaben erfolgen formatfrei. Das Graphikfeld ist durch drei senkrechte Linien unterteilt. Jeweils an diesen Stellen bleibt das Programm stehen, um dem Benutzer Eingriffe zu ermöglichen. Durch Setzen von Schalter 5 können diese Unterbrechungen auch von Anfang an ausgeschaltet werden. Die Kurve zeigt das Ergebnis der oben programmierten Pendelschwingung.

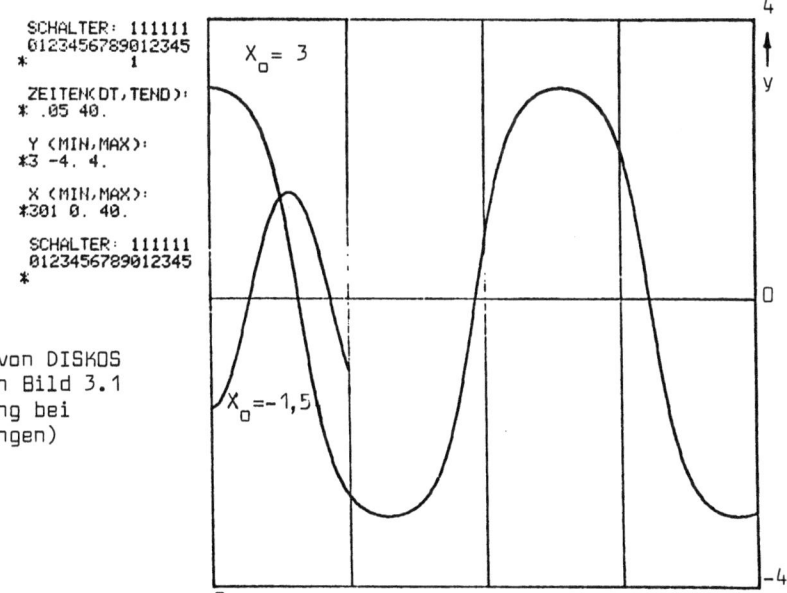

Bild 3.2
Ergebniskurven von DISKOS
zum Beispiel von Bild 3.1
(Pendelschwingung bei
großen Auslenkungen)

4. Programmpakete zum rechnergestützten Entwurf von Regelsystemen

Sowohl für analoge als auch digitale Regelungen werden bisher meistens parameteroptimierte Regler bzw. Regelalgorithmen mit P-, PI-, PD- oder PID-Verhalten eingesetzt, deren Parameter durch Probieren oder mit Hilfe von Einstellregeln eingestellt werden. Dieses Vorgehen kann jedoch bei schwer regelbaren Prozessen, bei Prozessen mit großen Einschwingzeiten oder Totzeiten, bei Mehrgrößenprozessen mit starken inneren Kopplungen und bei Prozessen mit betriebspunktabhängigem Verhalten bei der Inbetriebnahme einen großen Zeitaufwand erfordern und führt auch nicht zur bestmöglichen Regelgüte.

Wenn mathematische Prozeßmodelle bekannt sind, dann kann man durch rechnergestützten Entwurf auf Digitalrechnern oder auf Prozeßrechnern diese analogen parameteroptimierten Regler, und besonders im Hinblick auf Regelalgorithmen in Prozeß- oder Mikroprozeßrechnern, auch strukturoptimale Regelalgorithmen, in sehr kurzer Zeit, dem Prozeß genau angepaßt erhalten. Wesentliche Vorteile ergeben sich dann, wenn man den Entwurf im interaktiven Dialog mit einem Sichtgerät durchführt. Man kann dann verschiedene Regelsystemstrukturen (Regelschaltungen) dynamisch simulieren, modifizieren, vergleichen und schließlich eine geeignete Struktur mit den entworfenen Regelalgorithmen auswählen. Besonders bei vermaschten Regelungen mit Störgrößenaufschaltungen und bei Mehrgrößen-Regelungen mit vielen Freiheitsgraden kann dieses Vorgehen zweckmäßiger sein als die bisher meist angewandten Probiermethoden.

Zum rechnergestützten Entwurf von Regelsystemen wurden in den letzten 5 Jahren an verschiedenen Stellen Software-Programmpakete entwickelt. Eine Übersicht wird in /4.1/ gegeben. Einzelbeiträge siehe /4.2/ bis /4.8/. Es werden sowohl Modelle mit kontinuierlichen Signalen als auch zeitdiskreten Signalen verwendet. Die am meisten verwendete Programmiersprache ist FORTRAN. Nur einige wenige Programmpakete existieren bisher für den rechnergestützten Entwurf mit Echtzeitbetriebssystemen von Prozeßrechnern.

Im Folgenden kann nur auf das prinzipielle Vorgehen beim rechnergestützten Regelsystementwurf eingegangen werden.

4.1 Methoden und Programmpakete

Der rechnergestützte Entwurf von Regelsystemen auf digitalen Universalrechnern oder Prozeßrechnern läuft im allgemeinen wie folgt ab:

(1) Annahme einer Regelsystemstruktur (Regelschaltung)
    (Einfacher Regelkreis, Kaskaden-, Mehrgrößen-Regelung mit oder ohne Störgrößenaufschaltung. Verschiedene Stell- und Regelgrößen)

(2) Eingabe der Prozeßmodelle

(3) Entwurf und Abspeicherung verschiedener Regelalgorithmen mit verschiedenen Gütekriterien bzw. Entwurfsmethoden

(4) Digitale Simulation des Regelsystemverhaltens
    (z.B. Darstellung von Übergangskurven, Lage der Pole und Nullstellen auf dem Bildschirm)

(5) Modifikation der Regelsystemstruktur und der Regelalgorithmen

(6) Auswahl von Regelsystemstruktur und Regelalgorithmen.

Wenn der Entwurf auf Prozeßrechnern erfolgt, kann sich noch anschließen:

(7) Implementierung der Regelalgorithmen im Echtzeit-Programmsystem

(8) Vorbereitungen zum Betrieb im geschlossenen Regelkreis

(9) Betrieb im geschlossenen Regelkreis. Überprüfung des Regelverhaltens. Vergleich mit simuliertem Verhalten.

Beim rechnergestützten Entwurf von <u>analogen Regelungen</u> ist man hauptsächlich an <u>parameteroptimierten Reglern</u> mit vorgegebener standardisierter Struktur (P-, PI-, PD-, PID-Verhalten) interessiert. Für <u>digitale Regelungen</u> mit Prozeßrechnern oder Mikroprozeßrechnern fallen bekanntlich die starken Beschränkungen durch die analogen Bauelemente weg, so daß für die zu programmierenden Regelalgorithmen einschließlich ihrer Syntheseverfahren ein großer Spielraum zur Verfügung steht. Außer den parameteroptimierten Regelalgorithmen vom PID-Typ kommen deshalb auch die der Prozeßstruktur optimal angepassten <u>strukturoptimalen Regelalgorithmen</u>, wie z.B. Kompensations-, Prädiktor-, Deadbeat-, Minimal-Varianz- und Zustands-Regelalgorithmen mit Zustandsgrößen-Beobachtern bzw. -Filtern in Betracht. Die wichtigsten zur Synthese der Regelalgorithmen verwendeten <u>Methoden</u> sind:

- Optimierung eines Gütekriteriums (meist quadratisch):
  + Numerische Parameteroptimierung bei PID-Reglern
  + Analytische Lösung der Optimierung:
    . Lösung der Matrix-Riccati-Gl. bei Zust.-Reglern
    . Einfache algebraische Gleichungen bei Min.-Varianz-Reglern

- Vorgabe des Regelkreisverhaltens: Kompensations-Regler
- Vorgabe einer endlichen Einstellzeit: Deadbeat-Regler
- Vorgabe der charakteristischen Gleichung bzw. der Regelungspole: Zust.-Regler, PID-Regler.

Tabelle 4.1 Einige Eigenschaften verschiedener Regelalgorithmen für Eingrößenprozesse /4.7/

Regelalg.	Regelgüte/ Stellaufwand	Empfindlichkeit	Rechenzeit Synthese	Rechenzeit Betrieb	Eignung für:
PI-	mittel	mittel	groß	klein	Prozesse: viele verschied.
PID-	gut	klein	groß	klein	Adaptiv gesteuerte Reglerparameter
Kompensat.	je nach Vorgaben	je nach Vorgaben	klein	mittel	Prozesse:asymptot. stabil;kein Allpass-Verhalten
Prädiktor-	mittel	klein	klein	mittel	Prozesse:asymptot. stabil; große Totzeiten
Deadbeat Ordng.:m+d	schlecht/ mittel	mittel	sehr klein	mittel	Prozesse:asymptot. stabil; Adaptive Regelungen
Deadbeat Ordng.:m+d+1	gut	klein	sehr klein	mittel	
Minimal-Varianz	mittel/gut	-	sehr klein	mittel	Prozesse: je nach Regelalg. Stochastische Störsignale. Adaptive Regelungen
Zustands-R. mit Beobachter	sehr gut	klein	mittel	groß	Prozesse: viele verschied.; Große Totzeiten

Die verschiedenen Regelalgorithmen und ihre Synthesemethoden unterscheiden sich in:

- Anzahl und Einfluß der freiwählbaren Entwurfsparameter
- Rechenzeit für den Entwurf
- Eignung für bestimmte Klassen von Prozessen
  (linear, nichtlinear, stabil, instabil, Phasenverhalten, Totzeit)
- Eignung für Ein- und Mehrgrößen-Regelungen

PROZESSMODELL:

$$G(z) = \frac{Y(z)}{U(z)} = \frac{-0.0274z^{-1} - 0.0692z^{-2} - 0.0218z^{-3}}{1 - 1.2392z^{-1} + 0.4782z^{-2} - 0.1276z^{-3}}$$

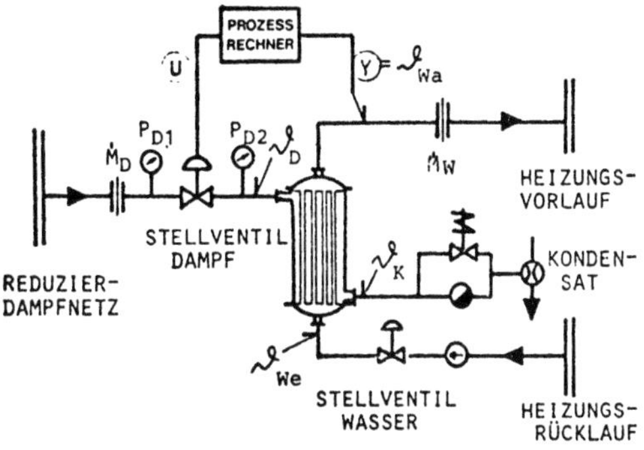

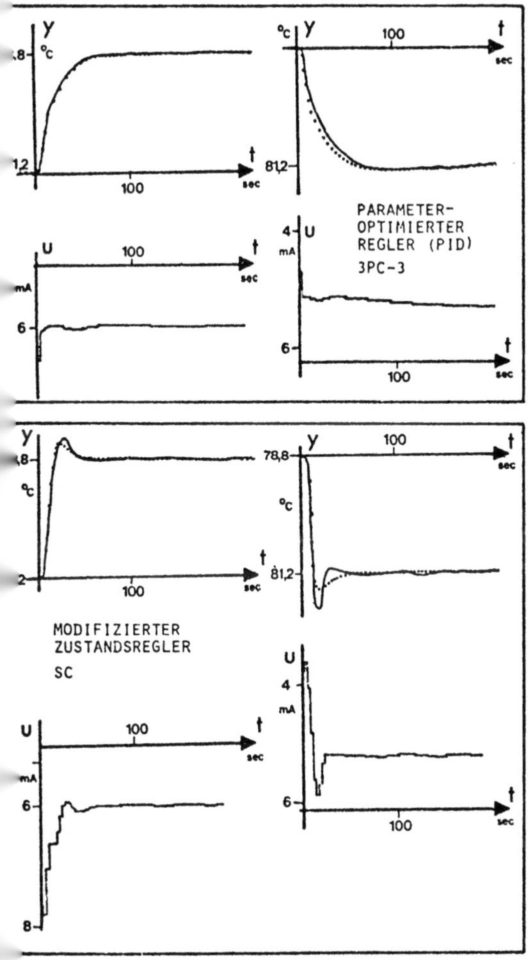

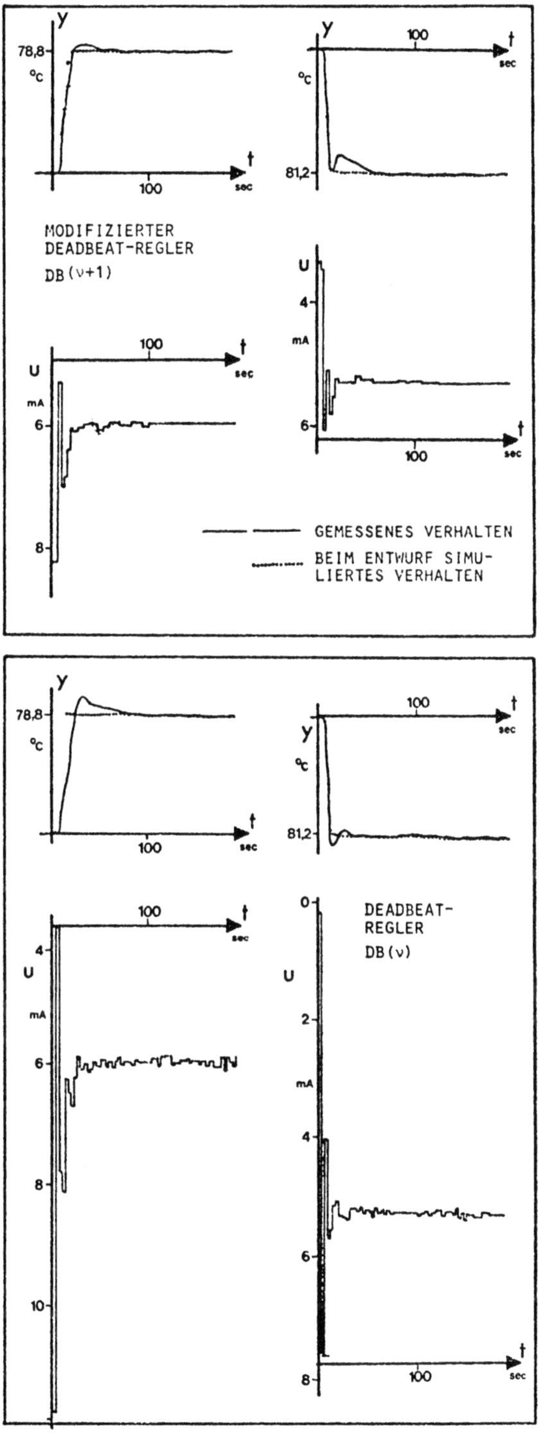

U: DAMPFVENTILSTELLUNG

Y: WASSERAUSTRITTS-TEMPERATUR

Bild 4.1 Simuliertes und wirklich sich einstellendes Regelverhalten für 4 verschiedene mit dem Programmpaket CADCA entworfene Regelalgorithmen an einem Wärmeaustauscher /4.6/.

- Regeldynamische Eigenschaften (Regelgüte, Stellaufwand, erforderlicher Stellbereich, Empfindlichkeit für Prozeßänderungen)
- Rechenzeit im Betrieb
- Speicherplatzbedarf.

Ein ausführlicher Vergleich /4.7/ zeigt beträchtliche Unterschiede, siehe Tabelle 4.1.

Umfangreichere Programmpakete zum rechnergestützten Entwurf enthalten mehrere Syntheseverfahren, sind modular aufgebaut, übertragbar auf andere Rechner durch Verwendung von bisher meist FORTRAN und machen Gebrauch von einem interaktiven Dialog.

4.2 Beispiel

Aufgrund des nach Bild 2.1 identifizierten Prozeßmodells wurden vier verschiedene Regelalgorithmen mit dem Programmpaket CADCA entworfen. Die Übereinstimmung von simuliertem (vorausgesagtem) und dem wirklich sich einstellenden Regelverhalten war meistens gut. Unterschiede lassen sich durch das nichtlineare Verhalten des Wärmeaustausches und seines Stellventils und durch die Veränderung des Prozeßverhaltens während der Versuchszeit begründen. Siehe Bild 4.1.

5. Entwurf von Überwachungssystemen

Die heute eingesetzten Prozeßüberwachungsverfahren und ihre gerätetechnischen bzw. programmtechnischen Realisierungen sind überwiegend durch Fortschreibung empirisch gewachsener Einzellösungen entstanden. Eine anlagenspezifische Optimierung findet meist nicht statt. Nachdem Prozesse aus Rentabilitätsgründen größer und zu geschlossenen Systemen zusammengefaßt werden - Anlagen mit 2000 bis 3000 Analog- und Binärsignalen sind heute im Bau - wachsen die Anforderungen an die Betriebsbereitschaft und damit an das Leistungsvermögen der Überwachungseinrichtungen. Der große Aufwand solcher Einrichtungen stellt an deren Entwurf die Forderung, eine Auslegung bezüglich der Zahl, des Einbauortes und der Art der Meßfühler und -geräte zu finden, die vorgegebene sicherheitstechnische Anforderungen bei möglichst geringen Kosten erfüllt. Dabei ist auch der Ersatz realer Meßfühler durch Beobachter in die Lösung einzubeziehen /5.1, 5.2/.

Für den systematischen Entwurf von Überwachungseinrichtungen ist in /5.3/ ein Konzept erarbeitet worden. Ein darauf aufbauendes Programmsystem OPSI (Optimale Systemsicherung) befindet sich noch in der Ent-

wicklung /5.4/. Den prinzipiellen Aufbau von OPSI zeigt Bild 5.1.
Ein anders geartetes Problem als beim Neuentwurf entsteht, wenn in einem
komplizierten Überwachungssystem Änderungen vorgenommen werden. Dann
müssen häufig umfangreiche Programmänderungen durchgeführt werden. Der
rechnergestützte Entwurf von Störablaufmodellen, die der Diagnose dienen, wird in /5.5/ behandelt.

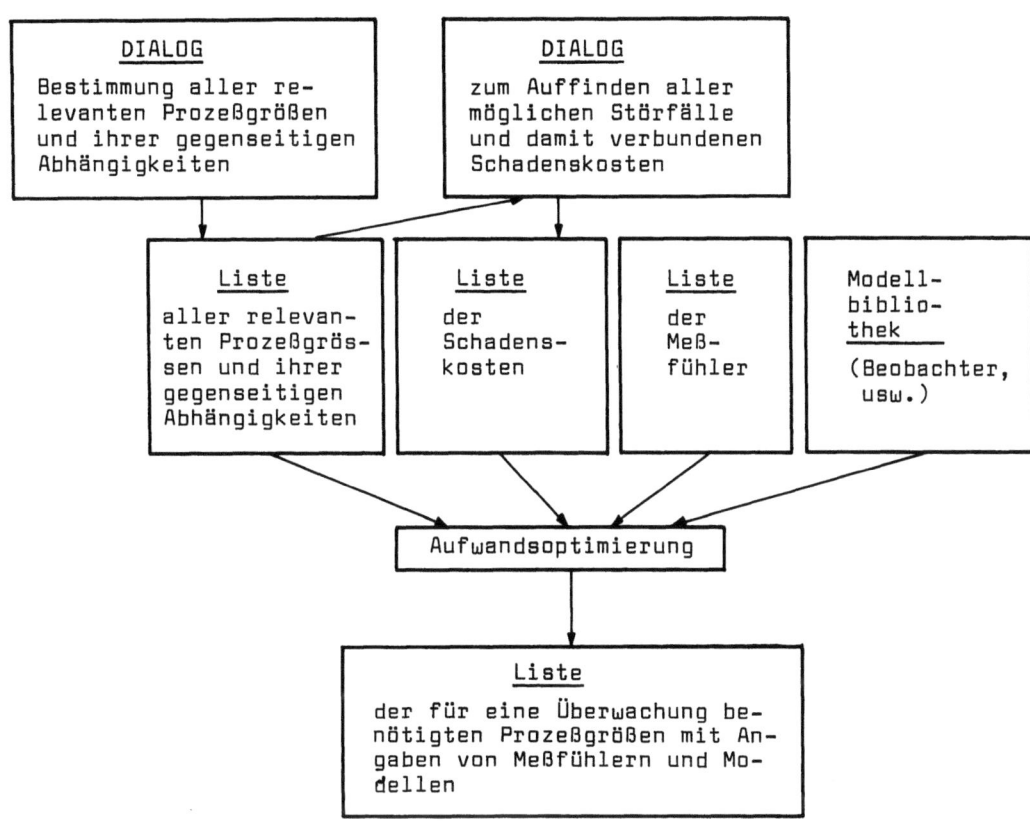

Bild 5.1 Aufbau des Programmsystems OPSI zum Entwurf von
Überwachungseinrichtungen

6. Schlußbemerkungen

Wenn mathematische Prozeßmodelle bekannt sind, dann lassen sich Programmpakete zur Simulation und zum rechnergestützten Entwurf von Regelungs-
und Überwachungssystemen anwenden. Die Programmsysteme zum Entwurf von
Überwachungseinrichtungen sind erst im Anfang ihrer Entwicklung begriffen. Für die Auslegung von linearen Ein- und Mehrgrößensystemen
steht eine Vielfalt von Programmsystemen und Auslegeverfahren zur Ver-

fügung. An Verfahren, die komplexere Anforderungen (z.B. Stellgrößenbegrenzung bei Mehrgrößensystemen, Auslegung nichtlinearer (Mehrgrößen-) Systeme) erfüllen, wird gegenwärtig noch gearbeitet.

Ein rechnergestützter Entwurf von Regelalgorithmen zeigt folgende Vorteile:

- Automatisierung der Inbetriebnahme von Regelungen und Steuerungen
- Einsparung an Inbetriebnahmezeit, insbesondere bei Prozessen mit langen Einschwingzeiten oder kompliziertem Verhalten
- Bessere Regelgüte durch besser angepaßte einfache oder hochwertige Regelalgorithmen
- Synthese von adaptiv gesteuerten Regelalgorithmen
- Simulation für verschiedene Regelsystemstrukturen und Algorithmen: Dialog-Modifikation-Auswahl.

Die digitalen Simulationssysteme entwickeln sich in Richtung größerer Benutzerfreundlichkeit (interaktive Betriebsweise, einfachere Programmierung) und in Richtung größeren Leistungsumfanges (Lösung größerer Probleme, schnellere Simulation und Echtzeiteigenschaft).

Anmerkung:

Dieser Bericht veröffentlicht Ergebnisse aus mehreren mit Mitteln des Bundesministers für Forschung und Technologie (DV 5.505) geförderten Forschungsvorhaben des Projektes Prozeßlenkung mit DV-Anlagen im Rahmen des 2. und 3. DV-Programmes der Bundesregierung. Die Verantwortung für den Inhalt liegt bei den Autoren.

Literatur

2.1 Profos, P.: Modellbildung und ihre Bedeutung in der Regelungstechnik. VDI/VDE-Fachtagung Prozeßmodelle 1977, Wiesbaden. VDI-Berichte Nr. 276, 1977.

2.2 Isermann, R.: Anwendung von mathematischen Modellen industrieller Prozesse in der Meß-, Filter-, Regelungs- und Prozeßrechentechnik. VDE-Kongreß 1976. VDE-Fachbericht Nr. 29 und Zsch. Wärme (1977).

2.3 Isermann, R.: Prozeßidentifikation. Berlin: Springer, 1974.

2.4 Eykhoff, P.: System identification. London: J. Wiley, 1974.

2.5 Aström, K.J.: The role of system identification in process modeling. VDI/VDE-Fachtagung Prozeßmodelle 1977, Wiesbaden. VDI-Berichte Nr. 276, 1977.

2.6　Isermann, R.: Methoden zur Prozeßlenkung mit Prozeßrechnern auf der Grundlage von Prozeßmodellen. VDI/VDE-Fachtagung Prozeßmodelle 1977, Wiesbaden. VDI-Berichte Nr. 276, 1977.

2.7　Eigenberger, G.: Simulationsverfahren für Systeme der chemischen Verfahrenstechnik. Kongreß-Bericht INTERKAMA '77.

3.1　Schöne, A.: Simulation technischer Systeme. 3 Bände. Carl Hanser Verlag, München, 1974.

3.2　Lenschow, J., Kuhr, H.-A.: Einsatz eines Prozeßrechners zur Durchsatzoptimierung an einer quasi-kontinuierlichen Fertigungsstraße, 4 th IFAC/IFIP International Conference on Digital Computer Applications to Process Control, Zürich, March 19/22, 1974.

3.3　Markowitz, H.M., Hausner, B., Karr, H.W.: Simscript. Prentice-Hall, 1963.

3.4　Kiviat, P.J., Villanueva, R., H.M. Markowitz: The Simscript II Programming Language. Prentice-Hall, 1968.

3.5　Niemeyer, G.: Die Simulation von Systemabläufen mit Hilfe von FORTRAN IV. GPSS auf FORTRAN-Basis. Verlag De Gruyter, Berlin, New York, 1972.

3.6　Heil, H.: Simulation in der Datenverarbeitung, GPSS. IBM-Nachrichten Sept. (1966), S. 281 - 286.

3.7　Esprester, A.: Probleme lösen mit SIAS. Siemens data report 5 (1971), S. 20 - 25.

3.8　Jordan-Engeln, G., Reutter, F.: Numerische Mathematik für Ingenieure. BI-Taschenbuch, Bibliographisches Institut, Mannheim, 1973.

3.9　Jentsch, W.: Digitale Simulation kontinuierlicher Systeme. Oldenbourg Verlag, München, 1969.

3.10　Rechenberg, I.: Die Simulation kontinuierlicher Prozesse mit Digitalrechnern. Vieweg Verlag, Braunschweig 1972.

3.11　Ziegler, W.: ANAGOL 67, ein anschauliches und flexibles Programmiersystem zur Simulation dynamischer Vorgänge. Siemens, data praxis 7 (1970), Best.Nr. D14/4018.

3.12　Forner, H.: CSMP-Blockorientierte Sprachen zur digitalen Simulation dynamischer Systeme. IBM-Nachrichten 18 (1968), S. 51 - 57.

3.13　Kunstmann, D.: CSMP/360, eine leistungsfähige Programmiersprache zur Simulation dynamischer Systeme. IBM-Nachrichten 20 (1970), S. 170 - 175.

3.14　Latzel, W., Wiegand, R.: Simulation kontinuierlicher Systeme mit DIGSI. BBC-Nachrichten, Sept./Okt. 1972, S. 261 - 273.

3.15　Swik, R.: Ein interaktives Echtzeit-Programmpaket zur Simulation kontinuierlicher dynamischer Systeme sowie zur direkten digitalen Steuerung und Regelung. PDV-E 62.

3.16　Reference Manual MIMIC Digital Simulation Language. CDC Publication No. 446 10 400 (1968)

4.1　Isermann, R., Kurz, H., Mann, W.: A survey on software packages for process identification and computer aided control system design. To be submitted to IFAC-Automatica.

4.2　IFAC-Symposium on Trends in Automatic Control Education, Barcelona, 30.3 - 1.4.1977

4.3　Schulze, H.: ADC - ein programmierbares Bausteinsystem für Adaption und DDC mit dem Prozeßrechner. Regelungstechnik 22 (1974), 103 - 109.

4.4 Unbehauen, H., Schmid, C., Böttiger, F., Bauer, B., Göhring, B.: KEDDC - Ein kombiniertes Prozeßrechner-Programmsystem zum Entwurf und Einsatz von DDC-Algorithmen, Bericht KFK-PDV 37, 1975.

4.5 Isermann, R., Kneppo, P.: Rechnergestützter Entwurf von Regelalgorithmen für Prozeßrechner. Regelungstechnik 6 (1976), 189 - 196.

4.6 Dymschiz, E.: Rechnergestützter Entwurf von Regelungen mit Prozeßrechnern und dem Programmpaket CADCA. VDI/VDE-Fachtagung Prozeßmodelle, Wiesbaden, VDI-Berichte Nr. 276, 1977.

4.7 Isermann, R.: Digitale Regelsysteme. Berlin: Springer 1977.

4.8 Patzelt, W., Salaba, M.: Ein Verfahren zum Leistungsvergleich von DDC-Algorithmen und Durchführung des Vergleichs für ausgewählte Fälle mittels des Programms OPTAL.

5.1 Clark, R., Fosth, D., Walton, V.: Detecting Instrument Malfunctions in Control Systems. IEEE Trans. AES-11, No. 4, July 1975, S. 465 - 473.

5.2 Setzer, W.: Entdeckung von Instrumentenfehlern mittels eines Kalman-Filters in einem stochastisch gestörten Regelungssystem. Diplomarbeit D 133, Institut für Regelungs- und Steuerungssysteme, Uni Karlsruhe, 1977.

5.3 Schill, W.: Konzeption einer axiomatischen Begründung von Prozeßüberwachungsverfahren und einer rechnergestützten optimalen Auslegung von Meßfühlern und Algorithmen. PDV - E 41.

5.4 Schill, W.: Konzeption von OPSI, einem Programmsystem zur optimalen Auslegung von Meßfühlern und Algorithmen zur Prozeßsicherung. IITB-Mitteilungen 1975, S. 40 - 47.

MODELLBILDUNG UND MODELLREDUKTION FÜR PROZESSE DER CHEMISCHEN VERFAHRENSTECHNIK

MODELING AND MODEL REDUCTION FOR CHEMICAL ENGINEERING PROCESSES

G. Eigenberger

BASF AG Ludwigshafen, Abt. Technische Informatik

Summary (at the end of the paper)

1. Einleitung

Die Modellbildung für Prozesse der chemischen Verfahrenstechnik hat in den letzten Jahren einen starken Aufschwung erfahren. So wird z.B. die stationäre Auslegung von Wärmetauschern und von Destillationskolonnen routinemäßig mittels Modellrechnung durchgeführt. Auch bei der Auslegung chemischer Reaktoren besteht ein Trend zur modellmäßigen Vorausberechnung des Reaktorverhaltens.

Die Erweiterung der stationären Prozeßmodelle zu dynamischen Modellen birgt keine prinzipiellen Schwierigkeiten. Allerdings sind bereits die stationären Modelle oft sehr komplex und rechenzeitintensiv, so daß die daraus abgeleiteten dynamischen Modelle schnell zu unvertretbar hohen Rechenkosten führen.

Während stationäre Modelle im allgemeinen einen umfassenden Gültigkeitsbereich besitzen sollen, können die Anforderungen an dynamische Modelle häufig eingeschränkt werden, denn der vorgesehene Betriebsbereich ist durch die stationäre Auslegung bereits festgelegt. So ist man bei Aufgaben der Regelungssynthese meist nur an dem, um einen Betriebszustand linearisierten, Systemverhalten interessiert. Daher stellt sich die Frage, ob und auf welchem Weg reduzierte dynamische Modelle gewonnen werden können, die das Verhalten des Systems in einem beschränkten Betriebsbereich zutreffend wiedergeben. Für lineare, konzentrierte Systeme wird diese Aufgabe unter dem Schlagwort

"Modellreduktion" in der Literatur behandelt. Eine Übersicht über neuere Arbeiten stammt von Gewinner [1].

Die meisten Systeme der chemischen Verfahrenstechnik sind allerdings nichtlinear und örtlich verteilt. Die Modellgleichungen sind entweder - wie bei Trennkolonnen - gewöhnliche Differentialgleichungssysteme hoher Ordnung, oder - wie bei Rohrreaktoren - partielle Differentialgleichungen. Probleme und Möglichkeiten der Modellreduktion für diese Systeme seien anhand einer Destillationskolonne mit Seitenabzug und eines katalytischen Festbettreaktors diskutiert. Dabei ist es das Ziel, möglichst einfache lineare Ersatzmodelle für die Regelungssynthese zu gewinnen.

2. Die Trennkolonne als konzentriertes System hoher Ordnung

Modelle für Trennkolonnen werden üblicherweise mit dem Konzept der theoretischen Trennstufen abgeleitet [2, 3]. Für jede Trennstufe (Boden) lassen sich dann Material- und Energiebilanzen als gewöhnliche Differentialgleichungen formulieren. Geht man davon aus, daß sich auf jedem Boden thermodynamisches Gleichgewicht zwischen den Phasen einstellt, so lassen sich alle Kenngrößen der Kolonne (Temperaturen, Dampfkonzentrationen, Ströme) als Funktion des Druckes und der Konzentrationen einer Phase (üblicherweise einer Flüssigphase) darstellen. Ist der Druck näherungsweise konstant, so sind diese Konzentrationen die Zustandsgrößen eines Bodens (im regelungstechnischen Sinn) und, über alle Böden summiert, die Zustandsgrößen der Kolonne. Da sich bei einem n-Stoff-Gemisch eine Konzentration mittels einer Gesamtmassenbilanz durch die übrigen Konzentrationen darstellen läßt, besitzt eine Kolonne mit m Böden und n Stoffen $N = m \cdot (n - 1)$ Zustandsgrößen.

Die Systemordnung N kann bei technischen Kolonnen schnell sehr hohe Werte annehmen. Dies setzt der direkten Anwendung von Regelverfahren im Zustandsraum Grenzen, obwohl sich gerade das Verfahren der modalen Regelung von Destillationskolonnen bei nicht zu hoher Systemordnung sehr bewährt hat [4]. Hinzu kommt, daß nur Bodentemperaturen, nicht jedoch Bodenkonzentrationen einer direkten Messung zugänglich sind. Allerdings zeigen die erwähnten Arbeiten zur modalen Regelung [4, 5], daß sich durch die Rückführung einiger weniger gezielt ausgewählter Bodentemperaturen ein sehr gutes Regelverhalten erreichen läßt.

Die ausgewählten Bodentemperaturen haben dann den Charakter von "Ersatzzustandsgrößen" und es stellt sich die Frage, ob nicht das Kolonnenmodell von vornherein auf ein lineares Ersatzmodell reduziert werden kann, das nur noch diese Ersatzzustandsgrößen und die wesentlichen Stellgrößen enthält. Das sei im folgenden an einem Beispiel untersucht.

2.1 Modellreduktion für eine 3-Stoff-Destillationskolonne mit Seitenabzug

Abb. 1 zeigt ein Schema der betrachteten Kolonne, sowie Temperatur- und Konzentrationsprofile im Auslegungszustand. Da die Kolonne mit konstantem Rücklauf betrieben werden soll, sind als Stellgrößen vorhanden die Sumpfheizung Q_1 und der dampfförmige Seitenabzug am 4ten Boden, EV_4. Der Einfluß von Änderungen der Sumpfheizung auf die stationären Kolonnenprofile ist in Abb. 1 vermerkt.

Ziel der Modellreduktion ist die Gewinnung eines Zustandsmodells der Kolonne

$$\frac{d\underline{x}}{dt} = A\underline{x} + B\underline{u} \tag{1}$$

wobei der (Ersatz-)Zustandsvektor $\underline{x}$ Änderungen der Temperaturen auf bestimmten ausgewählten Regelböden beschreibt. Die erste Aufgabe besteht somit in der Auswahl geeigneter Regelböden. Diese Auswahl erfolgt zweckmäßigerweise aufgrund physikalischer Überlegungen und anhand von Rechenergebnissen über die stationäre Auswirkung von Stell- und Störgrößen. Im betrachteten Beispiel wurden die Böden 1, 5, 12, 17 und 26 als Regelböden ausgewählt, wobei die Temperaturen T_{12} und T_{17} Zulaufstörungen frühzeitig anzeigen, während T_{26} Hinweise auf Abweichung der Kopfkonzentrationen und T_1 und T_5 Hinweise auf Abweichung der Sumpfkonzentrationen liefern.

Im zweiten Schritt muß die Systemmatrix A in Glg. (1) bestimmt werden. Ihre Koeffizienten wurden mit der Methode der kleinsten Quadrate berechnet, indem die Abweichung zwischen dem Übergangsverhalten des autonomen linearen Ersatzmodells und des entsprechenden nichtlinearen Kolonnenmodells minimiert wurde. Der Rechengang verläuft ähnlich wie von Wilson u.a. in [6] beschrieben. Im Hinblick auf eine spätere Reglersynthese sollte besonders die Dynamik des Stelleingriffs gut wiedergegeben werden. Deshalb wurde das autonome Einschwingverhalten von (stationären) Ausgangsprofilen aus berechnet, die sich durch Änderung der Stellgrößen um ihren

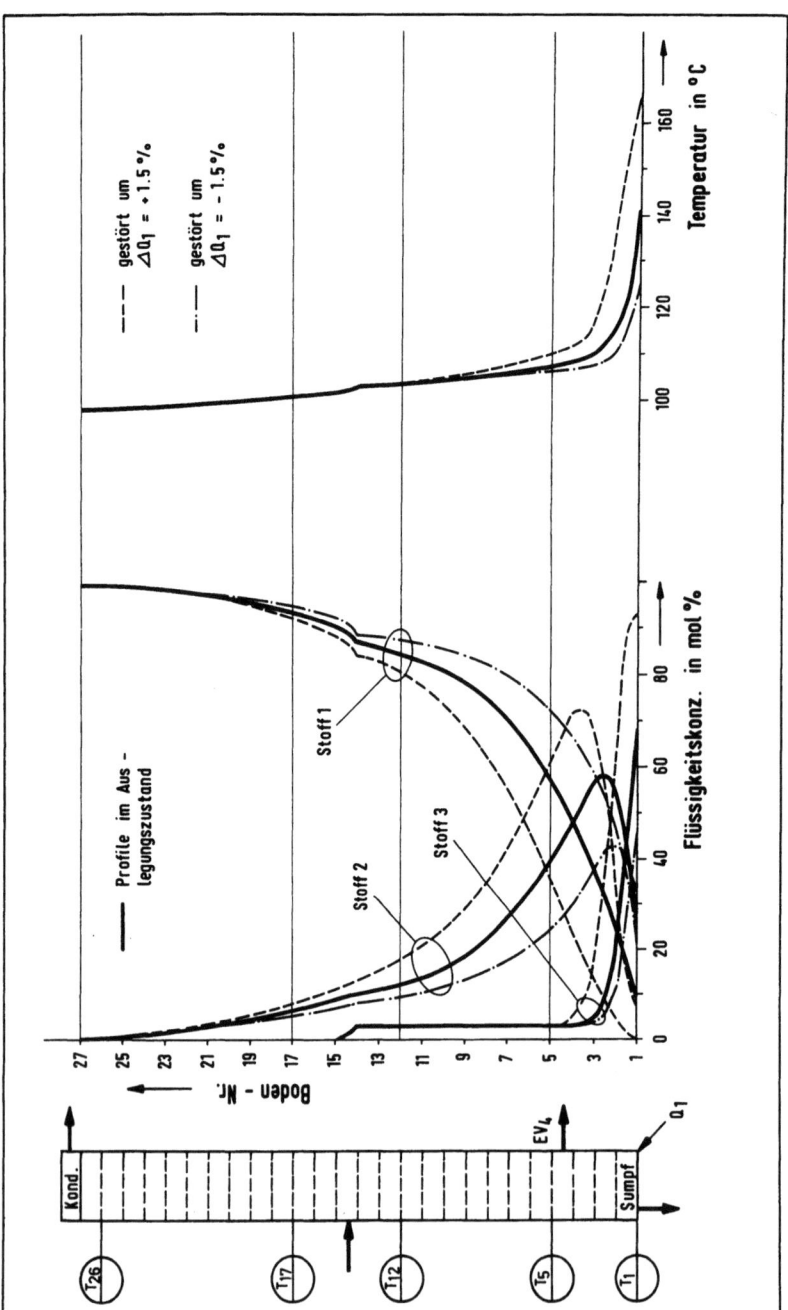

Abb. 1 Schema und stationäre Konzentrations- und Temperaturprofile der betrachteten Destillationskolonne (Stellgrößen: Sumpfheizung Q_1, Seitenabzug EV_4)

Sollzustand ergeben. Abb. 2 zeigt, daß sich auf diese Weise eine gute Anpassung zwischen nichtlinearem Modell und linearem Ersatzmodell erreichen läßt. (Das Temperaturübergangsverhalten zwischen nichtlinearem und linearem Modell ist mit Ausnahme des Bsp. ② deckungsgleich).

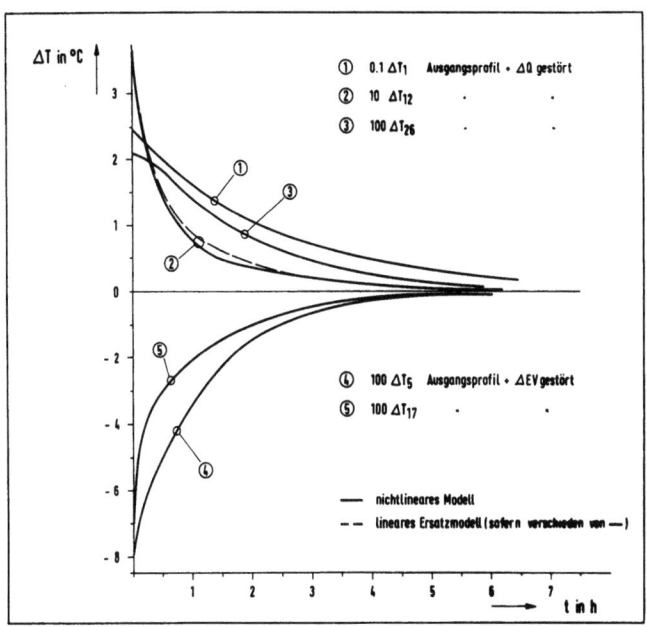

Abb. 2   Autonomes Übergangsverhalten von nichtlinearem Modell und linearem Ersatzmodell

Der dritte Schritt bei der Ableitung des linearen Ersatzmodells - Glg. (1) - besteht in der Bestimmung der Steuermatrix B. Sie erfolgt durch stationäre Anpassung. Glg. (1) liefert im stationären Zustand

$$B\underline{u} = -A\underline{x} \tag{2}$$

so daß jeder Spaltenvektor $\underline{b}_n$ der Steuermatrix B gemäß

$$\underline{b}_n = -A\underline{x}^{(n)}/u_n \tag{3}$$

berechnet werden kann.

Dabei stellt u_n die nte Stellgröße und $\underline{x}^{(n)}$ den Zustandsvektor des stationären, durch u_n ausgelenkten Systems dar. Allerdings liefert das nichtlineare Modell unterschiedliche Beträge der Auslenkung $\underline{x}^{(n)}$ je nachdem, ob die Steuergröße u_n positiv oder negativ ist (siehe den Einfluß der $\pm\ \Delta Q_1$ - Störung in Abb. 1). Deswegen wurde für die Anpassung ein Mittelwert aus beiden Auslenkungen benutzt. Abb. 3 zeigt einen Vergleich zwischen dem Übergangsverhalten des so erhaltenen linearen Modells und der nichtlinearen Rechnung. Abgesehen von den nichtlinearen Effekten ist die Übereinstimmung bei der 1,5 %igen Sumpfheizungsstörung ΔQ_1 befriedigend (Abb. 3, links).

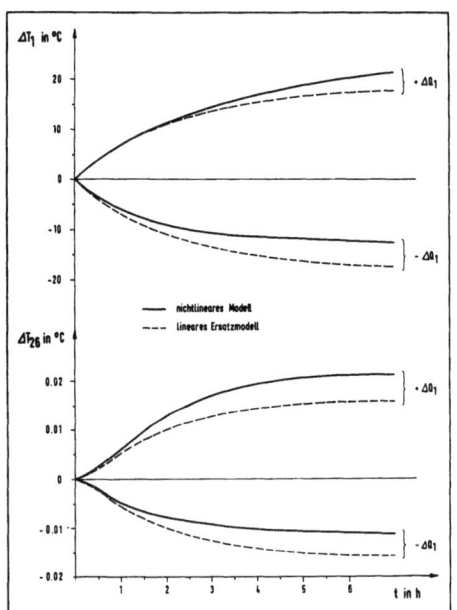
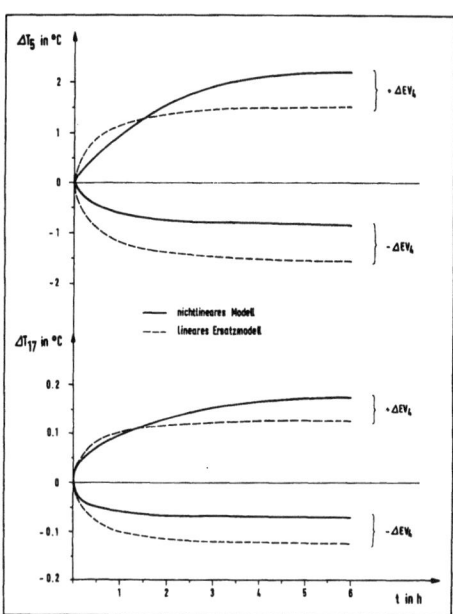

Abb. 3   Übergangsverhalten von nichtlinearem Modell und linearem Ersatzmodell bei sprungförmiger Änderung der Stellgrößen.
Links Verstellung der Sumpfheizung um 1,5 %, rechts Verstellung des Seitenabzugs um 50 %

Bei einer 50 %igen Änderung des dampfförmigen Seitenabzugs, EV_4, zeigen sich dagegen je nach Boden stärkere Abweichungen (Abb. 3, rechts).

Typische Kolonnenstörungen können, ähnlich wie die Stellgrößen, durch stationäre Anpassung im linearen Ersatzmodell berücksichtigt werden. Im Hinblick auf die meisten Regelungssyntheseverfahren im Zustandsraum ist das aber nicht erforderlich, da der Reglerentwurf nicht von bleibenden Störungen ausgeht.

Über Ergebnisse der Regelungssynthese, die auf diesem Ersatzmodell aufbaut, wird an anderer Stelle berichtet.

3. Der Rohrreaktor als örtlich verteiltes System

Rohrreaktoren mit nichtisothermer Reaktionsführung werden durch Modelle beschrieben, die aus stark nichtlinearen partiellen Differentialgleichungen bestehen. Solche Modelle sind der linearen Regelungstheorie (auch der Theorie der Systeme mit verteilten Parametern) nicht direkt zugänglich. Die Linearisierung der Modelle um einen stationären Betriebszustand ist zwar möglich. Da sich aber der stationäre Zustand nicht analytisch berechnen läßt, führt diese Linearisierung auf lineare partielle Differentialgleichungen mit Koeffizienten, welche nicht-analytisch vom Zustand des Systems abhängen. Als Ausweg bietet sich daher nur die Diskretisierung des örtlichen Differentialquotienten, d.h. die Approximation der partiellen Differentialgleichung durch ein System gewöhnlicher Differentialgleichungen an. Allerdings führen die üblichen Verfahren der äquidistanten finiten Differenzen-Diskretisierung oder der Diskretisierung über die Approximation durch orthogonale Funktionen [7, 8] schnell auf Systeme hoher Ordnung, wenn sich der Reaktor durch ein ausgeprägtes Temperaturmaximum auszeichnet.

Im folgenden wird am Beispiel eines katalytischen Festbettreaktors ein Verfahren der nichtäquidistanten Differenzenapproximation beschrieben, das auch bei stark ausgeprägtem Temperaturmaximum ein Modell nicht zu hoher Ordnung liefert.

3.1 Lineares Ersatzmodell für einen Festbettreaktor

Betrachtet wird ein Festbettreaktor mit Wandkühlung (Abb. 4, unten), in dem die exotherme Reaktion

$$A + B \rightarrow P$$

ablaufen soll. Als mathematisches Modell des Reaktors wird ein örtlich eindimensionales, quasihomogenes Diffusionsmodell angesetzt [9], das aus einer Materialbilanz für die Konzentration c des Stoffes A und einer Energiebilanz für die Reaktortemperatur T besteht. Beide Bilanzgleichungen haben die allgemeine Form

$$\frac{\partial y_i}{\partial t} = D_i \frac{\partial^2 y_i}{\partial z^2} - V_i \frac{\partial y_i}{\partial z} + S_i (y, u) \qquad (4)$$

mit $y_1 = c$ und $y_2 = T$ sowie den Randbedingungen

$$\left.\frac{\partial y_i}{\partial z}\right|_{z=0} = \frac{V_i}{D_i} (y_i (z=0) - y_0) \quad ; \quad \left.\frac{\partial y_i}{\partial z}\right|_{z=\ell} = 0 \qquad (5)$$

Sie sind über den Quellterm S_i stark nichtlinear miteinander verkoppelt.

Mit Reaktionsparametern, wie sie bei partiellen Oxydationsreaktionen auftreten, ergeben sich z.B. die in Abb. 4 gezeigten stationären Temperatur- und Konzentrationsverläufe.

Diskretisiert man den örtlichen Differentialquotienten, so läßt sich das Gleichungssystem in ein System gewöhnlicher Differentialgleichungen der Form

$$\frac{dy_L}{dt} = A_{L,1} \; y_{L-1} + A_{L,2} \; y_L + A_{L,3} \; y_{L+1} + D_{L,1} y_0 + S(y_L, u) \qquad (6)$$

überführen, wobei L den (Orts-)Index der Diskretisierungspunkte darstellt. Für die Diskretisierung gibt es eine Reihe von Möglichkeiten. Als günstig hat sich ein in [10] beschriebenes Verfahren bewährt, wobei der Verlauf von y über der Ortskoordinate z durch eine Folge von überlappenden Parabeln 2. Ordnung approximiert wird. Die Abweichung zwischen 2 aufeinander folgenden Parabeln im Überlappungsbereich stellt ein Maß für die Güte der Approximation dar. Die Diskretisierungspunkte, durch die die Parabeln laufen, werden so verteilt, daß die Approximation über der gesamten Reaktorlänge etwa gleich gut ist. Auf diese Weise wird eine optimale Approximation

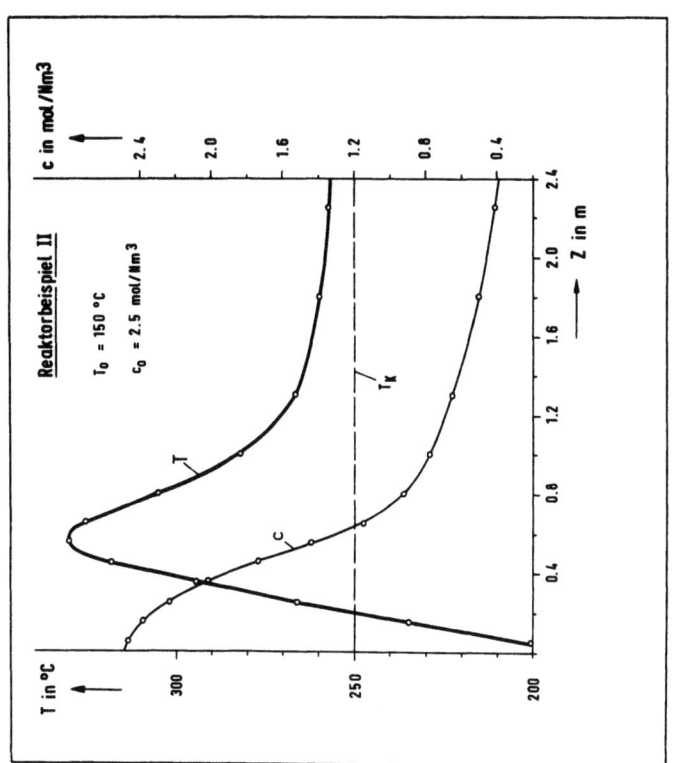
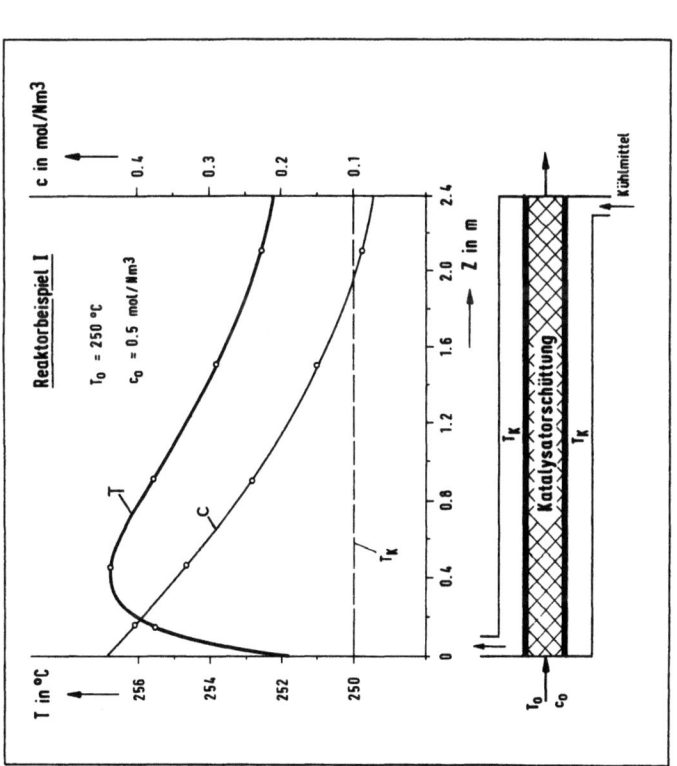

Abb. 4 Schema und stationäre Konzentrations- und Temperaturprofile eines katalytischen Festbettreaktors.
Links Betriebszustand mit niedriger, rechts mit hoher parametrischer Empfindlichkeit. Die Diskretisierungspunkte sind durch Kreise hervorgehoben

mit einem Minimum an Diskretisierungspunkten erreicht.

Durch Linearisierung der diskretisierten Systemgleichungen (6) läßt sich das Reaktormodell in Zustandsform gewinnen. Faßt man die Konzentrationsabweichungen an den Diskretisierungspunkten im Vektor $\underline{\zeta}$, die Temperaturabweichungen im Vektor $\underline{\tau}$ und die Abweichungen der Stell- und Störgrößen im Vektor $\underline{\mu}$ zusammen, so folgt aus der diskretisierten Materialbilanz die linearisierte Vektor-Dgl.

$$\frac{d\underline{\zeta}}{dt} = (CC)\,\underline{\zeta} + (TC)\,\underline{\tau} + (SC)\,\underline{\mu} \qquad (7)$$

und aus der Energiebilanz

$$\frac{d\underline{\tau}}{dt} = (TT)\,\underline{\tau} + (CT)\,\underline{\zeta} + (ST)\,\underline{\mu} \qquad (8)$$

Infolge der großen thermischen Trägheit der Katalysatorschüttung kann man die Materialbilanz Glg. (7) mit guter Genauigkeit als quasistationär ansehen. Dann läßt sich $\underline{\zeta}$ durch Inversion von CC berechnen und das Ergebnis in Glg. (8) einsetzen. Zustandsgrößen sind jetzt nur noch die Temperaturabweichungen $\underline{\tau}$ und es folgt als Zustandsgleichung

$$\frac{d\underline{\tau}}{dt} = \underbrace{\{(TT)-(CT)(CC)^{-1}(TC)\}}_{A}\,\underline{\tau} + \underbrace{\{(ST)-(CT)(CC)^{-1}(SC)\}}_{B}\,\underline{\mu} \qquad (9)$$

Abb. 4 zeigt links den betrachteten Reaktor bei niedriger Zulaufkonzentration ($c_0 = 0.5$ mol/m^3). 5 Diskretisierungspunkte und somit ein lineares Ersatzmodell 5. Ordnung reichen zur Beschreibung dieses wenig kritischen Betriebszustands aus. Abb. 5 zeigt, daß in diesem Bereich das Übergangsverhalten auch bei größerer Störung (hier: 50 % Zulaufkonzentrationsänderung) durch das linearisierte Modell zufriedenstellend approximiert wird.

Erhöht man die Zulaufkonzentration auf $c_0 = 2.5$ mol/m^3, so entwickelt sich infolge der großen exothermen Selbstbeschleunigung der Reaktion ein ausgeprägtes Temperaturmaximum.

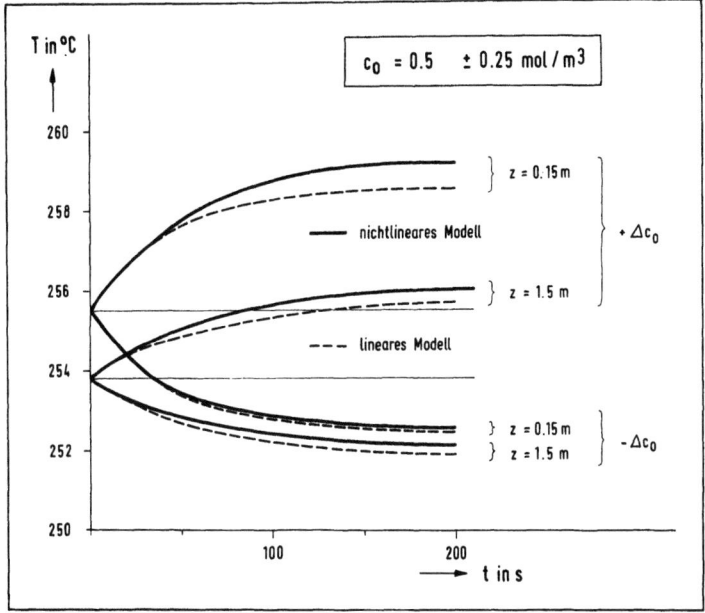

Abb. 5 Übergangsverhalten des Festbettreaktors aufgrund einer Zulaufkonzentrationsstörung im Bereich niedriger parametrischer Empfindlichkeit (Zeit - Temperaturverlauf an verschiedenen Orten z im Reaktor)

Ein System 12. Ordnung ist zur Beschreibung dieses Betriebszustands erforderlich (Abb. 4, rechts). Der Reaktor arbeitet jetzt in einem Bereich hoher parametrischer Empfindlichkeit, d.h. das linearisierte Ersatzmodell liefert nur noch für geringe Abweichungen vom Auslegungszustand eine gute Approximation; das wird aus Abb. 6 deutlich.

Abb. 7 zeigt einen Vergleich zwischen nichtlinear und linear berechneten stationären Temperaturprofilen im Bereich des Extremums bei einer 5%-igen Zulaufkonzentrationsänderung.

Ähnliche Verhältnisse wie bei der hier betrachteten Zulaufkonzentrationsstörung ergeben sich auch bei Veränderung der übrigen Stell- und Störgrößen (Zulauftemperatur T_o, Kühltemperatur T_k). Wie zu erwarten treten die größten Temperaturänderungen im Bereich des Maximums auf, wobei im betrachteten Beispiel die Lage des Temperatur-Maximums weitgehend konstant ist und sich die Maximaltemperatur nach einer Funktion 1. Ordnung verändert. Diese Tatsache läßt sich zu einer weiteren

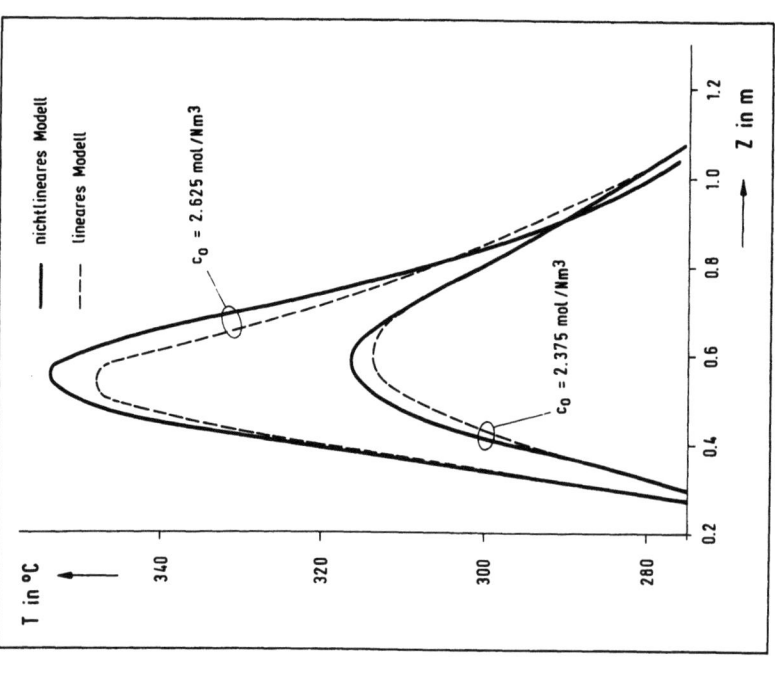

Abb. 7 Stationäre Temperaturprofile im Bereich des Maximums bei Änderung der Zulaufkonzentration im nichtlinearen und im linearen Modell

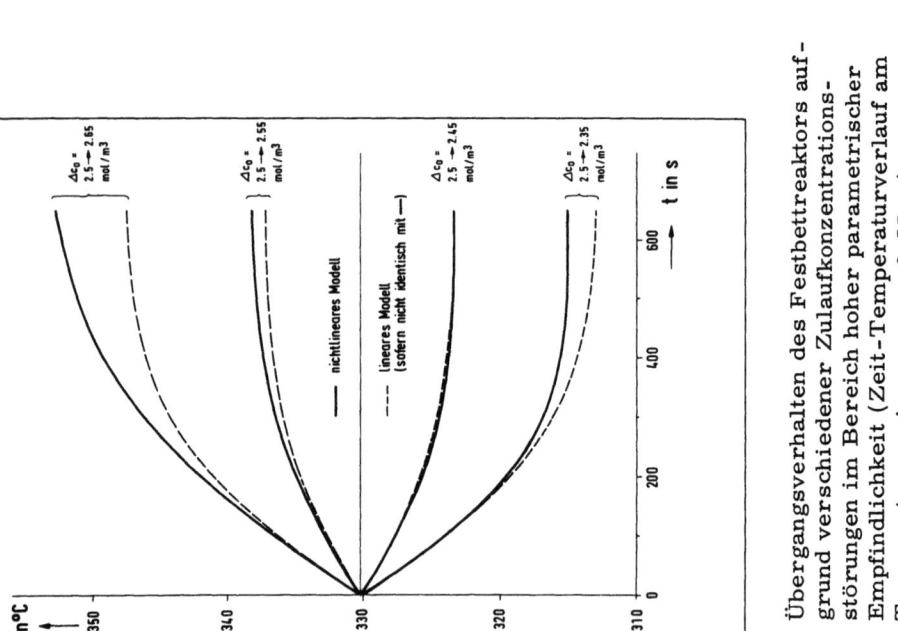

Abb. 6 Übergangsverhalten des Festbettreaktors aufgrund verschiedener Zulaufkonzentrationsstörungen im Bereich hoher parametrischer Empfindlichkeit (Zeit-Temperaturverlauf am Temperaturmaximum z = 0,55 m)

drastischen Modellreduktion benutzen. So konnte bei der Synthese des Regelungskonzeptes für einen im Prinzip ähnlichen großtechnischen Oxydationsreaktor das eigentliche Reaktorverhalten durch ein System 1. Ordnung mit der Maximaltemperatur als Zustandsgröße approximiert werden.

4. Grenzen der beschriebenen Reduktionsverfahren

Bei der in Abschnitt 2 und 3 beschriebenen Modellreduktion wurde im Prinzip das System linearisiert und die ursprünglich sehr hohe Zahl vorhandener Zustandsgrößen durch geeignete Auswahl auf ein zur Beschreibung des Systems unbedingt notwendiges Minimum reduziert. Dieses Vorgehen hat nicht bei allen verfahrenstechnischen Systemen Erfolg. Es kann insbesondere dann versagen, wenn T- oder c-Profile als Front durch den Apparat wandern. Bei Trennkolonnen tritt dieser Fall bei Absorptions- oder Extraktivdestillationskolonnen auf [11]. Abb. 8 zeigt links schematisch den Einfluß einer Heizleistungsänderung auf die stationären Konzentrations- und Temperaturprofile bei einer Absorptionskolonne. Ein entsprechendes Verhalten in Festbettreaktoren mit niedriger Strömungsgeschwindigkeit ist das Phänomen wandernder Brennzonen [12, 13], Abb. 8, rechts.

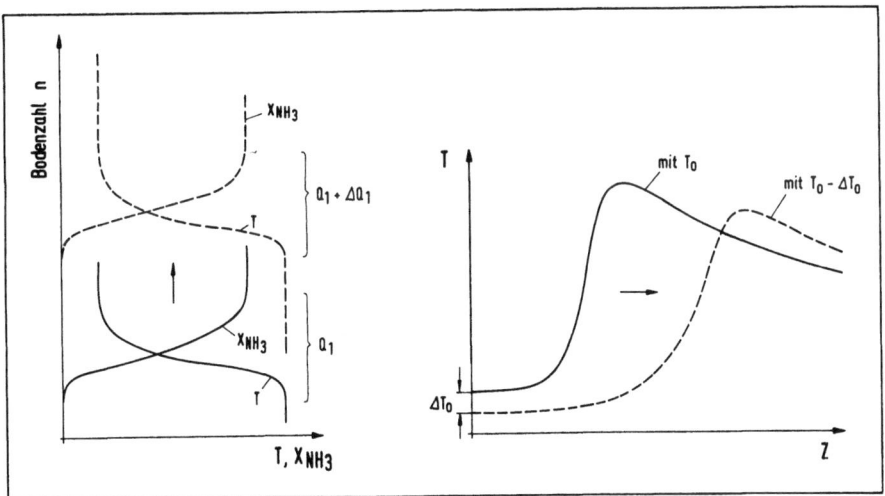

Abb. 8 Verschiebung stationärer Profile durch wandernde Fronten.
Links: Absorptionskolonne (NH_3 - H_2O) bei Änderung der Sumpfheizung Q_1, rechts: Festbettreaktor mit niedriger Strömungsgeschwindigkeit bei Änderung der Zulauftemperatur T_0

Solche wandernden Fronten sind stets Ausdruck eines ausgeprägt nichtlinearen Systemverhaltens (nichtlineare Verstärkung und Begrenzung). Sie lassen sich durch die linearisierte Form der Beschreibungsgleichungen (und damit durch die ursprünglichen Zustandsgrößen) prinzipiell nicht wiedergeben. Es hat sich aber gezeigt, daß eine befriedigende Approximation durchaus möglich ist, wenn man als Ersatzzustandsgröße den Ort der Front (Ort des Wendepunktes, Ort des Temperatur-Extremums) einführt. Auf diese Weise läßt sich sowohl bei Reaktoren [14] als auch bei Trennkolonnen [11] das Systemverhalten durch ein lineares Ersatzmodell befriedigend approximieren. Nicht verschwiegen sei, daß dabei die meßtechnische Bestimmung der Lage der Front neue Probleme aufwirft. Die o.a. Literaturstellen geben Hinweise zur Lösung.

Summary

Chemical engineering processes usually are strongly nonlinear; they are modeled either by high order systems of ordinary differential equations or by partial differential equations. Modern state space control methods on the other hand can reasonably be applied only to linear systems of low to medium order. Hence techniques are required which allow to approximate the behaviour of high order non-linear models within a certain range of operating conditions by low order linear models.

Two different methods of model reduction are discussed. The model of a three component distillation column with side stream products is reduced by means of a least squares approximation to its transient temperature response. The model for a catalytic fixed bed reactor is reduced by non-equidistant discretization of the spatial derivatives and linearization of the resulting system of ordinary differential equations.
In both cases the resulting linear models contain only a few temperatures as the "reduced states" of the system. Cases, where this kind of model reduction fails are briefly discussed.

Für die Durchführung der Rechnungen sei Frl. M. Werren und Frl. B. Wegerle gedankt

Literatur:

[1] K. Gewinner:
Regelungstechnik 24 (1977) S. 325 - 333

[2] M. Heckle, B. Seid, W. Gilles:
INTERKAMA-Kongress 1974
Berichtsband VDI-Verlag Düsseldorf 1974, S. 197 - 207

[3] C.D. Holland:
Fundamentals and Modeling of Separation Processes, Prentice Hall Inc. 1975

[4] M. Heckle, B. Seid:
Regelungstechnik 21 (1973), S. 250 - 261

[5] M. Heckle, B. Seid, W. Gilles:
Chem. Ing. Technik 47 (1975), S. 183 - 187

[6] R.G. Wilson, D.E. Seborg, D.G. Fisher:
Canad. Jl. Chem. Eng. 54 (1976), S. 220 - 226

[7] B.A. Finlayson:
The Method of Weighted Residuals and the Variational Principle,
Academic Press, N.Y. 1972

[8] H.B. Vakil, M.L. Michelsen, A.S. Foss:
Ind. Eng. Chem. Fundam. 12 (1973), S. 323 - 335

[9] B. Lübeck:
Chem. Eng. Jl. 7 (1974), S. 29 - 40

[10] G. Eigenberger, J.B. Butt:
Chem. Eng. Sci, 31 (1976), S. 681 - 691

[11] F. Silberberger:
Dynamische Modelle und Simulation chemischer Prozesse, Teil II: Destillationskolonnen
PDV-Berichte KFK-PDV95, Gesellschaft für Kernforschung, Karlsruhe 1977

[12] G. Padberg, E. Wicke:
Chem. Eng. Sci. 22 (1967) S. 1035 - 1051

[13] G. Eigenberger:
Chem. Eng. Sci 27 (1972), S. 1909 - 1924

[14] G. Eigenberger:
Regelungstechnik 23 (1975) S. 118 - 126

RECHNERGESTÜTZTER AUFBAU VON STÖRUNGSABLAUFMODELLEN *)

COMPUTER-AIDED DESIGN OF CAUSE-CONSEQUENCE DIAGRAMS

L. Felkel, R. Grumbach
Gesellschaft für Reaktorsicherheit
8046 Garching

Summary

Preprocessed Cause-Consequence-Diagrams are becoming increasingly important to the application of advanced process supervisory systems. It is, however, very time-consuming and error-prone to transform these diagrams by hand into a form suited to on-line systems. An efficient tool has therefore been developed to enable systems-analysts and plant-engineers to express their interpretations of the process behaviour in a problem- and system-oriented way. Yet, the method is sufficiently formalized to facilitate automatic translation of process models into machine-dependent form.

The paper describes the Model Generator which is to perform this task.

---

*) Teile dieser Arbeit wurden mit Mitteln des Bundesministeriums für Forschung und Technologie im Rahmen des Projekts Prozeßlenkung mit DV-Anlagen unter Nr. (P 6.1/24,M-BIR/1) finanziert.

1. Einleitung

Bei der Entwicklung von Verfahren zur rechnergestützten Analyse von Störungen komplexer, technischer Prozesse hat es sich als vorteilhaft erwiesen, eine Trennung zwischen der zur Analyse benötigten Informationsbasis und den zu analysierenden, laufend anfallenden Prozeßdaten vorzunehmen [1-5]. Diese Daten werden als binäres Muster einem Störungsablauf-Modell aufgeprägt, dessen Struktur den in der Basisinformation enthaltenen logischen Verknüpfungen und Prozeßbeschreibungen entspricht. Bei der Störungsanalyse werden somit nicht die anfallenden Prozeßdaten, sondern die Zustände des aktivierten Störungsablauf-Modells untersucht, die eine Aussage über Ursachen, momentane Ausbreitung und mögliche weitere Folgen einer erkannten Störung liefern.

Gegenüber einer Analyse der eigentlichen Prozeßdaten bietet die Untersuchung des aktivierten Modells zwei Vorteile. Zum einen lassen sich den Störungsablauf-Pfaden im Modell Informationen logischer und beschreibender Art zuordnen, die sowohl die Aufklärung der Störung durch ein Rechenprogramm erleichtern, als auch durch entsprechende Aufgaben an das Bedienungspersonal ein laufendes Mitverfolgen des Prozeßzustandes ermöglichen. Zum anderen werden nachträgliche Erweiterungen des Störungsablauf-Modells - und damit des die Analyse unterstützenden Informationshintergrunds - ermöglicht, ohne daß Änderungen im Analyseprogramm erforderlich werden.

Zur Erstellung der Störungsablauf-Modelle wurde ein Modellgenerator entwickelt, der aus den, zu den a-priori zu erwartenden Störungsabläufen, vorliegenden Informationen das benötigte, im Prozeßrechner zu speichernde Störungsablauf-Modell aufbaut. Zu den weiteren Aufgaben des Modellgenerators gehören die Überprüfung der Eingabedaten auf logische Konsistenz, sowie die Entfernung von Redundanzen in der eingegebenen Basisinformation. Durch den rechnergestützten Aufbau der Störungsablauf-Modelle mit Hilfe des Modellgenerators wird schließlich die Anwendung ein und desselben Störungsanalyse-Verfahrens auf Prozesse unterschiedlicher Charakteristik ermöglicht.

Komponenten eines Störungsanalysesystems entsprechend den vorgenannten Prinzipien wurden am Laboratorium für Reaktorregelung und Anlagensicherung, Garching (jetzt Gesellschaft für Reaktorsicherheit, GRS, mbH) im Rahmen von PDV-Vorhaben [1,2,3,4,5,6] entwickelt; diese Arbeiten umfaßten hauptsächlich Programme zur Erstellung von Störungsablaufmodellen und zur on-line Analyse der aktivierten Modelle. Ein dazu passendes Kommunikationssystem für die Ausgabe der Analyseresultate, sowie für den Dialog des Bedienungspersonals mit dem Analysesystem wird derzeit am OECD Halden Reactor Project entwickelt [7,8]. Eine experimentelle Erprobung einer Basisversion des zur Verwirklichung anstehenden Störungsanalysekonzepts erfolgte 1976 am Halden Reactor; über die Ergebnisse ist in [3] berichtet. Die seither durchgeführten Weiterentwicklungen haben den Einsatz eines integrierten Störungsanalyse- und Kommunikationssystems im Rahmen einer längerfristigen Pilotanwendung in einem deutschen Kernkraftwerk zum Ziel. Es läßt sich bereits zum jetzigen Zeitpunkt absehen, daß die hierbei verwirklichte Idee des durch einen Rechner erzeugten Störungsablauf-Modells eine wesentliche Erweiterung der bisher angewandten Konzepte zur Überwachung und Analyse technischer Großprozesse bringen wird.

2. Überwachungssystem und Störungsanalyse

In einem technischen Großprozeß wie der Energieerzeugung in einem Kernkraftwerk wird der momentane Prozeßzustand mit Hilfe einer Vielzahl von Instrumenten (Grenzwertgeber etc.) erfaßt. Die Information (das sog. Prozeßabbild), die dadurch in jedem (diskreten) Zeitpunkt zur Verfügung steht, wird an verschiedene Displaysysteme der Warte übertragen, wo es dem Operateur anheim gestellt ist, die Vielzahl der Informationen zu filtern und geeignet zu verknüpfen, um dann notwendige Maßnahmen ergreifen zu können. Dies ist bei 5000 - 8000 möglichen Meldungen nur in sehr begrenztem Rahmen durchführbar.

Es wurde deshalb nach einer Lösung gesucht, die die vom Prozeß gelieferte aktuelle Information zur Störungsanalyse nutzbar macht. Zu diesem Zweck wird ein das Verhalten des Prozesses (od. Teile davon) beschreibendes zeitdiskretes Modell erstellt. Dieses Modell wird mit den jeweils zu einem diskreten Zeitpunkt vorhandenen Prozeßinformationen versorgt. Ein Analyseprogramm (ALSAN, Bild 1) versucht nun anhand der aktuellen (d.h. statischen und dynamischen) Information den augenblicklichen Zustand zu bestimmen, die Ursachen, die zu diesem Zustand geführt haben, herauszufinden, das mögliche weitere Verhalten des Prozesses anzugeben und gegebenenfalls Maßnahmen zur Verhinderung unerwünschter weiterer Zustände mitzuteilen [8]. Die Ergebnisse der Analyse werden über ein Kom-

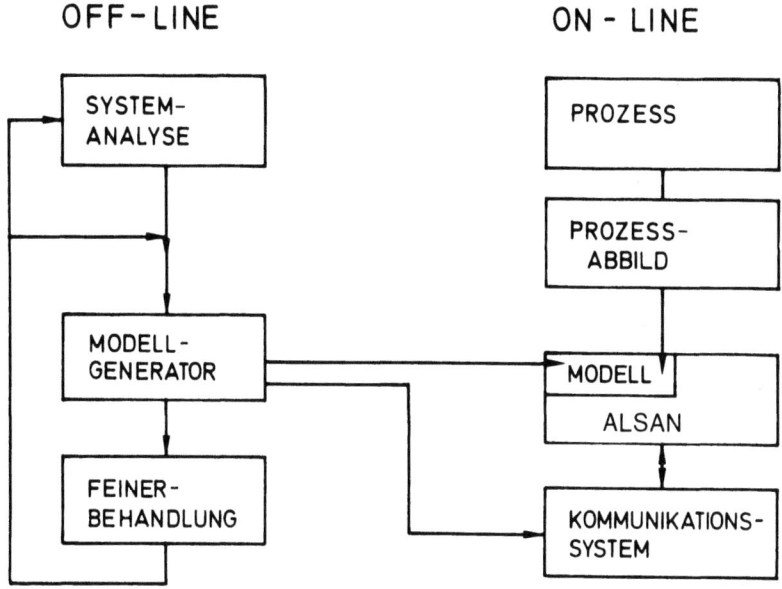

Bild 1: Gesamtsystemübersicht

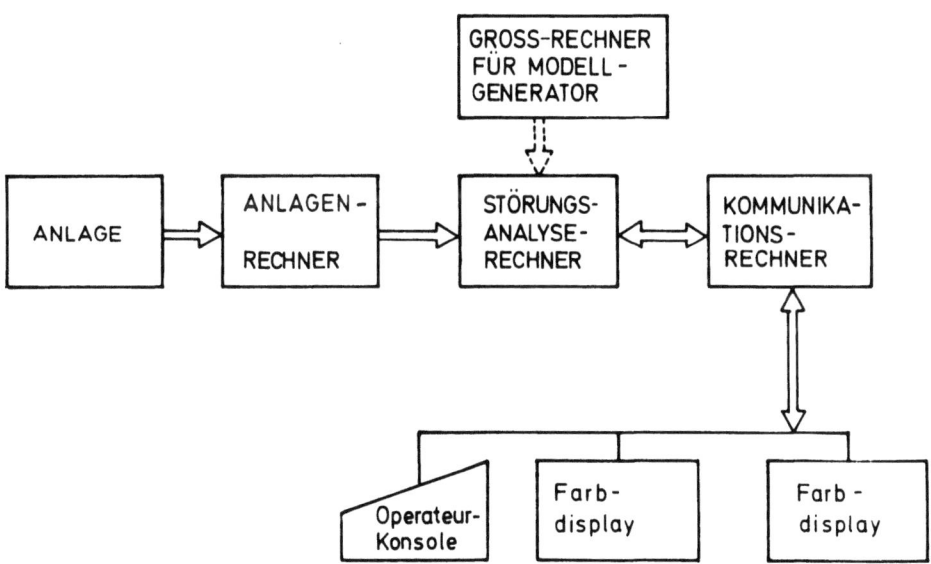

Bild 2: Hardware-Konfiguration

munikationssystem den Operateuren übermittelt. Die Operateure können
aber auch von sich aus Anfragen und Informationswünsche an das Analysesystem stellen [3,6,7]. Die Hardwarekonfiguration ist in Bild 2 dargestellt.

3. Abstraktionen und Modelle

Wie im vorhergehenden Kapitel beschrieben, arbeitet das Analyseprogramm
nicht unmittelbar mit den Informationen aus dem Prozeß selbst, sondern
auf einem Verhaltensmodell des Prozesses, das aus einem statischen und
einem dynamischen Teil besteht.

Zunächst ist ein Modell des Prozesses deshalb nötig, weil das Verhalten
dieses Prozesses in der Realität von einer Komplexität ist, die einer
präzisen und umfassenden Darstellung unzugänglich ist. Es muß daher nach
Abstraktionen gesucht werden, die signifikante Punkte aus dem Prozeß
herausgreifen und damit die wesentlichen Verhaltensweisen erfassen, ohne
zu stark zu vereinfachen. Abstraktion bedeutet also hier keine Simpli-
fizierung.

Als Darstellungsform für die Prozeßabstraktion (Modelle) wurden sogenannte Ursachen-Folgen-Diagramme gewählt. Diese Diagramme gewährleisten hinreichend viele Möglichkeiten der Prozeßbeschreibung und ermöglichen eine
übersichtliche Darstellung des Prozeßverhaltens. Andererseits sind Ursachen-Folgen-Diagramme als mathematische Gebilde (Graphen, siehe Bild
3.3) abstrakt genug, um einer algorithmisch-maschinellen Bearbeitung zugänglich zu sein.

Die Leistungsfähigkeit und Übersichtlichkeit der Ursachen-Folgen-Diagramme soll nun an einem Beispiel erläutert werden.(Bild 3.1).

Es wird ein einfacher Prozeß zugrundegelegt: Ein Kühlkreislauf mit zwei
Pumpen, ein Wärmetauscher, eine Heizung, die drei Zustände haben kann
und ein Temperaturänderungsanzeiger, der leichte, mittlere und starke
Temperaturschwankungen anzeigen kann.

Das Verhalten dieses Prozesses wird nun mit Hilfe eines Ursachen-Folgen-
Diagramms dargestellt. Zunächst werden von Systemanalytikern gewisse
Ereignisse aus dem Prozeß herausgegriffen (z.B. Pumpenstop, starke Tem-
peraturschwankung) und bezüglich des zeitlichen, logischen und evtl.
probabilistischen Zusammenhangs miteinander verknüpft. Die logischen

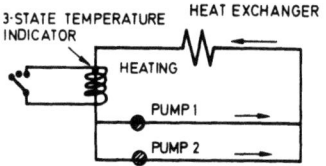

Bild 3.1: Prozeß (schematisch)

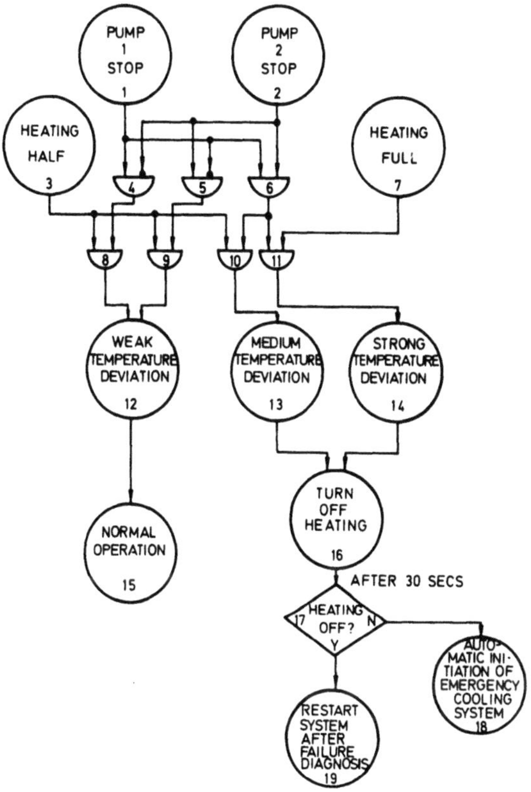

Bild 3.2: Ereignis-Ablauf-Diagramm

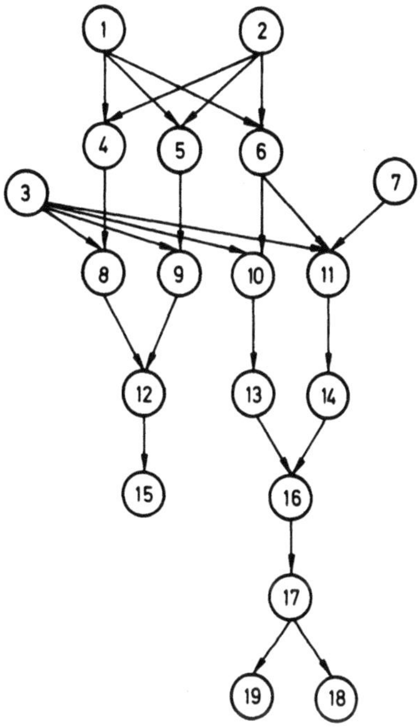

Bild 3.3: Ablauf-Graph

Bild 3: Prozeß und Modell

Verknüpfungen werden mit Hilfe von Logikgattern (UND, ODER, bedingte Verzweigung) oder im Falle komplexerer logischer Zusammenhänge durch Boole'sche Funktionen dargestellt. Zeitliche Abläufe, so weit sie nur qualitativ zu begreifen sind, werden als unbewertete, gerichtete Kanten von einem Ereignis zu einem (zeitlich nachfolgenden) anderen Ereignis geführt. Soweit der zeitliche Ablauf auch quantifizierbar ist, können den Kanten Zeitangaben und Zeitbereiche zugeordnet werden.

Nicht immer ist eindeutig feststellbar, welcher (zeitliche) Pfad im Diagramm in bezug auf die Realität des Prozesses durchlaufen wird; es ist deshalb möglich, den Kanten auch Wahrscheinlichkeitsangaben zuzuordnen.

Die Ereignisse selbst sind in ihren Bedeutungen nicht konsistent, sodaß es nötig ist, einen Eigenschaftenkatalog zu definieren und den Ereignissen eine oder mehrere Eigenschaften zuzuteilen. (Beispiele: beobachtbares, Anfangs-, Zwischenereignis ...). Das Eintreten bzw. das Vorhandensein eines __beobachtbaren__ Ereignisses ist feststellbar mit Hilfe der Prozeßinstrumentierung (im Bild 3.2 z.B. ist der Zustand der Pumpen verifizierbar durch Prozeßinstrumentierung).

Die Verknüpfungen der Ereignisse legen den Weg der Analyse durch das Analyseprogramm fest, während die Eigenschaften der einzelnen Ereignisse die Art und Weise der Behandlung dieser Ereignisse im on-line Betrieb bestimmen.

4. Modellgenerator

Obwohl die Ursachen-Folgen- oder Ereignis-Ablauf-Diagramme eine sehr übersichtliche und effektive Darstellung des Prozeßverhaltens erlauben, kann dennoch die in ihnen enthaltene, vom Analysesystem benötigte Information von diesem nicht unmittelbar verwendet werden. Es muß deshalb in eine für das Analysesystem geeignete Datenstruktur übersetzt werden. Diese Datenstruktur besteht aus codierten Listen, Crossreferenzen etc., die i.a. für den menschlichen Betrachter so gut wie unverständlich sind. Prinzipiell ist die Übersetzung eines Ursachen-Folgen-Diagramms in ein solches "internes Modell" von Hand möglich; es zeigt sich jedoch schon bei kleinen Diagrammen (10-20 Ereignisse), daß diese Tätigkeit sehr langwierig und fehlerträchtig ist. Insbesondere im Fall von Änderungen in den Diagrammen würden diese Schwierigkeiten immer wieder von neuem auftreten. Um von diesen Problemen frei zu werden, wurde ein sogenannter Modellgenerator entworfen.

Die erste hierfür zu bearbeitende Aufgabe war die Erstellung einer flexiblen Eingabeform für den Modellgenerator, da auch ein Ursachen-Folgen-Diagramm dafür noch ungeeignet war. Um eine möglichst große Flexibilität zur Erstellung und Änderung der Diagramme, aber auch für Modifikationen des Modellgenerators und des Analysesystems zu erreichen, wurde als Eingabeform eine einfache, deskriptive Sprache gewählt [4]. Diese Sprache ermöglicht die vollständige Darstellung der in den Ursachen-Folgen-Diagrammen enthaltenen Information, die sowohl für den Menschen übersichtlich ist, aber gleichzeitig auch als direkte Eingabeform zum Modellgenerator verwendet werden kann. Tabelle 1 zeigt die vollständige Beschreibung des Beispiels (Bild 3).

Wie aus der Beschreibung hervorgeht, sind eine Reihe von Informationen mehrfach in der sprachlichen Darstellung enthalten, so z.B. Nachfolger eines Ereignisses und Vorgänger des nachfolgenden Ereignisses. Diese Redundanzen sind beabsichtigt, denn der Modellgenerator ist nunmehr in die Lage versetzt, Inkonsistenzen zu erkennen und den Systemanalytiker auf die Fehler hinzuweisen.

Werden vom Modellgenerator keine syntaktischen oder semantischen Fehler mehr festgestellt, so wird ein aus den oben genannten Listen, Crossreferenzen etc. bestehendes Modell erzeugt. Dieses Modell wird vom Analyse- und Kommunikationssystem verwendet.

Der Modellgenerator erfüllt eine Aufgabe, die einem Übersetzer für Programmiersprachen sehr ähnlich ist. Eine problemabhängige Beschreibung muß in eine äquivalente, rechenmaschinenabhängige Form gebracht werden. Auch die Problematik der sicheren und schnellen Handhabbarkeit von problemorientierten Sprachen im Gegensatz zu maschinenorientierten Sprachen ist der hier zu behandelnden Aufgabe sehr ähnlich. Es ist deshalb auch möglich, einen Großteil der Techniken des Übersetzerbaus [9] auf die Erstellung des Modellgenerators anzuwenden.

5. Entwicklungsstand und praktischer Einsatz

Auf der Basis von Erfahrungen, die mit mehreren experimentellen Versionen des Modellgenerators MOGEN gewonnen wurden, ist inzwischen eine Fassung dieses Programms entstanden, die als konsistenter Modul in dem in Bild 1 und Bild 2 dargestellten und in Literatur [5] beschriebenen

Tabelle 1

```
SYSTEM: "COOLANT CIRCUIT";

EVENT E-1
  DOCUMENTATION: 'PUMP 1 STOP';
  PROPERTIES: BASIC, OBSERVABLE;
  SUCCESSORS: L-4, L-5, L-6;
  INTERFACE: WORD=1, BIT=1;

EVENT E-2
  DOCUMENTATION: 'PUMP 2 STOP';
  PROPERTIES: BASIC, OBSERVABLE;
  SUCCESSORS: L-4, L-5, L-6;
  INTERFACE: WORD=1, BIT=2;

LOGIC UNIT L-4
   IN: E-1  OOLL,
       E-2  OLOL *
  OUT: L-8  OOLO;

LOGIC UNIT L-5
   IN: E-1  OOLL,
       E-2  OLOL *
  OUT: L-9  OLOO;

LOGIC UNIT L-6
       AND
   IN: E-1, E-2 *
  OUT: L-10, L-11;

EVENT E-3
  DOCUMENTATION: 'HEATING HALF';
  PROPERTIES: BASIC, OBSERVABLE;
  SUCCESSORS: L-8, L-9, L-10;
  INTERFACE: WORD=1, BIT=3;

EVENT E-7
  DOCUMENTATION: 'HEATING FULL';
  PROPERTIES: BASIC, OBSERVABLE;
  SUCCESSORS: L-11;
  INTERFACE: WORD=1, BIT=4;

LOGIC UNIT L-8
       AND
   IN: E-3, L-4 *
  OUT: E-12;

LOGIC UNIT L-9
       AND
   IN: E-3, L-5 *
  OUT: E-12;

LOGIC UNIT L-10
       AND
   IN: E-3, L-6 *
  OUT: E-13;

LOGIC UNIT L-11
       AND
   IN: E-7, L-6 *
  OUT: E-14;
```

```
EVENT E-12
  DOCUMENTATION: 'WEAK TEMPERATURE DEVIATION';
  PROPERTIES: INTERMEDIATE, OBSERVABLE;
  PREDECESSORS: L-8, L-9;
  SUCCESSORS: E-15
  INTERFACE: WORD=1, BIT=5;

EVENT E-15
  DOCUMENTATION: 'NORMAL OPERATION';
  PROPERTIES: FINAL, NONOBSERVABLE;
  PREDECESSORS: E-12;

EVENT E-13
  DOCUMENTATION:  'MEDIUM TEMPERATURE DEVIATION';
  PROPERTIES: INTERMEDIATE, OBSERVABLE;
  PREDECESSORS: L-10;
  SUCCESSORS: E-16;
  INTERFACE: WORD=1, BIT=6;

EVENT E-14
  DOCUMENTATION: 'STRONG TEMPERATURE DEVIATION';
  PROPERTIES: INTERMEDIATE, OBSERVABLE;
  PREDECESSORS: L-11;
  SUCCESSORS: E-16
  INTERFACE: WORD=1, BIT=7;

EVENT E-16
  DOCUMENTATION: 'TURN OFF HEATING';
  PROPERTIES: MESSAGE, INTERMEDIATE;
  PREDECESSORS: E-13, E-14;
  SUCCESSORS: (E-17, AFTER 30 SECS);

EVENT E-17
  DOCUMENTATION: 'HEATING OFF?',
  PROPERTIES: QUESTION, OBSERVABLE;
  PREDECESSORS: E-16;
  SUCCESSORS: (YES: E-19),(NO: E-18);
  INTERFACE: WORD=1, BIT=8;

EVENT E-18
  DOCUMENTATION: 'AUTOMATIC INITIATION OF EMERGENCY COOLING SYSTEM';
  PROPERTIES: FINAL, OBSERVABLE;
  PREDECESSORS: (E-17, NO);
  INTERFACE: WORD=1, BIT=9;

EVENT E-19
  DOCUMENTATION: 'RESTART SYSTEM AFTER FAILURE DIAGNOSIS';
  PROPERTIES: FINAL, MESSAGE;
  PREDECESSORS: (E-17, YES);

SYSTEMEND
```

Störungsanalysesystem zur Anwendung kommen wird. Dieses Störungsanalysesystem, das aus zueinanderpassenden Untersystemen für die Modellerstellung, on-line-Analyse und den Dialog mit dem Benutzer besteht, wird derzeit in Simulationsversuchen erprobt und soll ab Anfang 1979 im Kernkraftwerk Grafenrheinfeld eingesetzt werden.

Literatur

1. Grumbach, R.; Pfeiff, N.O.M: Improving Plant Supervision Efficiency by a New Technique for On-Line Alarm and Disturbance Analysis. Halden Project Report HPR-188, OECD Halden, Project 1975.

2. Grumbach, R.; Hoermann, H.: Plant Disturbance Analysis by Process Computer - Basic Development and Experimental Tests. In LRA Report (Technische Universität München), MRR-160, Garching, 1976, S.103-113.

3. Dahll, G.; Grumbach, R.; Netland, K.: Plant Disturbance Analysis by Process Computer - On-Line Operator Communication. In LRA Report (Technische Universität München), MRR-160, Garching, 1976, S.117-127.

4. Felkel, L.; Grumbach, R.; Hoermann, H.: Automatic Generation and Application of Disturbance Analysis Models. In: Proceedings to Enlarged Halden Programme Group Meeting, Frederikstad, Norway, 1977. To appear as Halden Project Report.

5. Grumbach, R.; Netland, K.: Plant Disturbance Analysis - A Survey of Essentials for a Consistent Design. In Proceedings to Enlarged Halden Programme Group Meeting, Frederikstad, Norway, 1977. To appear as Halden Project Report.

6. Andersen, A.B.; Mattucci, A.: A Case Study of Plant Disturbance Analysis with Application of Computer Based Operator Communication. In: Proceedings to Enlarged Halden Programme Group Meeting, Frederikstad, Norway, 1977. To appear as Halden Project Report.

7. Netland, K.; Hol, J.Ø.; Øhra, G.: Operator Communication in a Computer Based Control Environment. In: Proceedings to Enlarged Halden Halden Programme Group Meeting, Frederikstad, Norway, 1977. To appear as Halden Project Report.

8. Felkel, L.; Grumbach, R.: ALSAN - A System for Disturbance Analysis by Process Computers. Gesellschaft für Kernforschung KfK-PDV 93. Karlsruhe 1977.

9. Gries, D.: Compiler Construction for Digital Computers. New York, London, Sydney, Toronto: Wiley Sons 1971.

RECHNERGESTÜTZTE PROGRAMMIERVERFAHREN ZUR HERSTELLUNG VON
ANWENDERPROGRAMMEN

COMPUTER SUPPORTED PROGRAMMING-METHODS FOR THE CREATION
OF USER-SOFTWARE

von J. Bürger und H. Schulze, Siemens AG Karlsruhe/Erlangen

Summary:
In order to produce user software more economically certain
requirements should be considered. Their nature and how they
have been applied upon user software systems successfully
will be discussed.

1. Einführung

Bei der Herstellung von Anwenderprogrammen für Automatisierungsaufgaben sind folgende Anforderungen besonders zu beachten:

- Aufwandsarme Programmentwicklung,
- hohe Zuverlässigkeit,
- Effizienz in Laufzeit und Speicherbedarf.

Um nun diese Ziele zu erreichen werden von Jahr zu Jahr mehr
und auch immer wieder verfeinerte Verfahren und Werkzeuge angeboten, wie

- strukturierte Programmierung,
- höhere Programmiersprachen,
- mehrfach verwendbare Programmbausteine,
- interaktive Programmierung,

um nur ein paar Schlagworte zu nennen.

Insgesamt ist aber festzustellen, daß es einerseits die Patent-
lösung noch nicht gibt und andererseits die Verwirrung der Anwender durch die vielen angebotenen Verfahren nicht immer kleiner
werden muß.

Wenn wir davon ausgehen, daß alle angebotenen Verfahren - für
sich - ihre Berechtigung haben, kann nur eine klare Festlegung
von Prioritäten in den Zielsetzungen zu einer überschaubaren
Entscheidungshilfe des Anwenders führen.

Eine genaue Antwort wird nur im konkreten Einzelfall möglich sein.
Es ist aber inzwischen ein Gemeinplatz, daß die Kosten für die
Hardware auf absehbare Zeit erheblich billiger werden. Wir beschränken uns deshalb hier auf Lösungen mit einer stärkeren Ge-
wichtung der Zielsetzungen Rationalisierung und Zuverlässigkeit,
selbstverständlich ohne die Forderung nach Effizienz, insbesondere der Programmlaufzeit, außer Acht zu lassen.

Unter diesen Voraussetzungen werden aus den bekannten Verfahren
diejenigen herausgesucht und beschrieben, die nach unseren Erfahrungen besonders erfolgversprechend sind.

Um einen Eindruck von den Möglichkeiten einer praktischen Realisierung zu geben, werden 3 fertig entwickelte und praktisch mehr-

fach eingesetzte Systeme vorgestellt.

2. Anforderungen

Alle bisher realisierten Wege zur Lösung der genannten Probleme basieren auf zwei einfachen Forderungen:

- Reduzierung der Anzahl der zu schreibenden Anweisungen und
- Rationalisierung der Tätigkeiten zum Schreiben und Testen der Anweisungen.

Ich möchte dabei keinen grundsätzlichen Unterschied zwischen Anweisungen zum Aufruf von Bausteinen in einem Programmpaket und den Anweisungen einer Programmiersprache machen.
Der Aufruf eines Bausteines ist nichts weiter als eine besonders mächtige oder leistungsfähige Anweisung.

Es leuchtet ein, daß der Anwender umso weniger Anweisungen zu schreiben hat, je leistungsfähiger die verwendeten Anweisungen sind. Es ist also zu fordern:

- Erhöhung der Mächtigkeit der Anweisungen.

Andererseits ist besonders bei Programmpaketen festzustellen, daß mit steigendem Funktionsumfang eines Bausteines seine Anwendungsbreite abnimmt, wenn also für alle Anwendungsfälle ein Spezialbaustein bereitgestellt werden sollte, müßte die Bausteinbibliothek unrealistische Größenordnungen annehmen. Als Ausweg bleibt die Verwendung von allgemein gültigen, d.h. mittelgroßen bis kleinen Bausteinen, die in ihrer Anwendung flexibler sind - im Grenzfall die Verwendung einer Programmiersprache. Es ist also abzuwägen zwischen der Forderung nach hohem Funktionsumfang und

- Flexibilität.

Die Forderung nach größerer Mächtigkeit der Anweisungen wird auf zwei Wegen erfüllt:

- Durch Verwendung von höheren Sprachen, deren Anweisungen leistungsfähiger sind als die von Assemblersprachen, oder
- durch Verwendung von Programmbausteinen, die häufig benötigte Programmteile ersetzen.

Der zweite Weg ist erfolgversprechender, vorausgesetzt, daß der passende Programmbaustein verfügbar ist. Je nach Umfang werden mit einem Baustein z.B. 100-1000 Assemblerbefehle ersetzt, während mit der Anweisung einer höheren Sprache z.B. nur 5-10 Befehle ersetzt werden.

Nehmen wir folgendes Beispiel:

Das im Bild 1 gezeigt Blockschaltbild zeigt einen Regler mit einer Mischung aus Regel-, Steuer- und Überwachungsfunktionen.

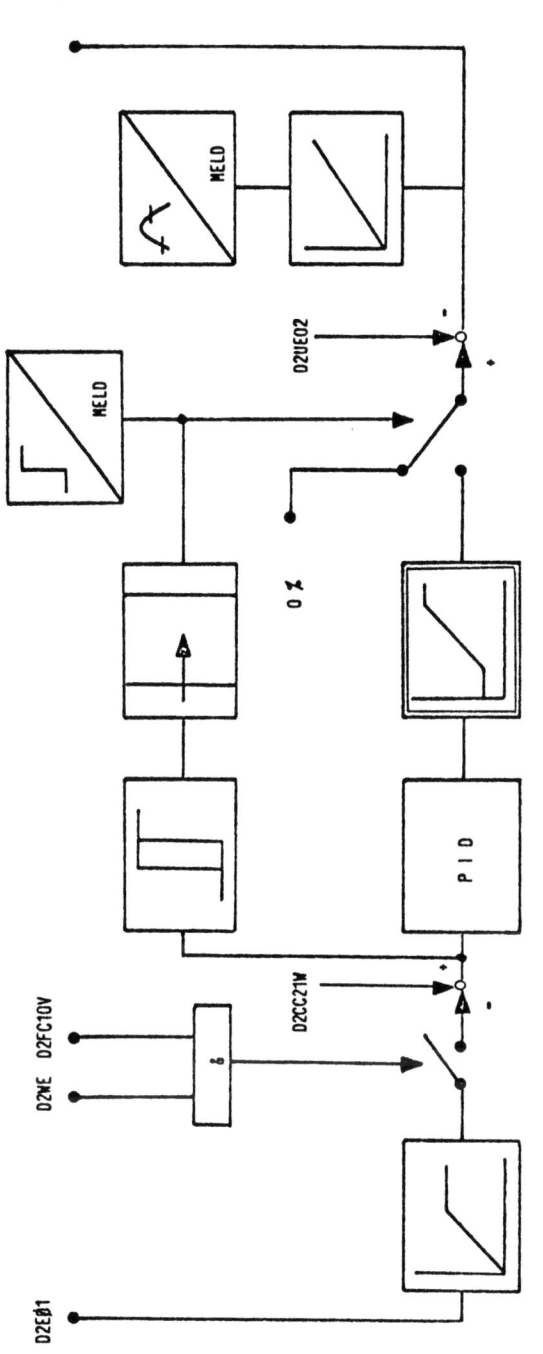

Bild 1   Blockschaltbild eines komplexen Reglers (Aufgabenstellung)

Im günstigsten Fall ist ein Baustein verfügbar, der genau die
gewünschten Funktionen ausführt. Versorgungsparameter sind z.B.
die Ein/Ausgangsadressen der beteiligten Analog- und Binärwerte
und bestimmte Inbetriebnahmeparameter wie Reglererkennwerte, Grenzwerte, Meldungsnummern und Zeitangaben. Die Verschaltung dieses
Bausteins zeigt Bild 2, den Aufruf - prinzipiell - Bild 3.

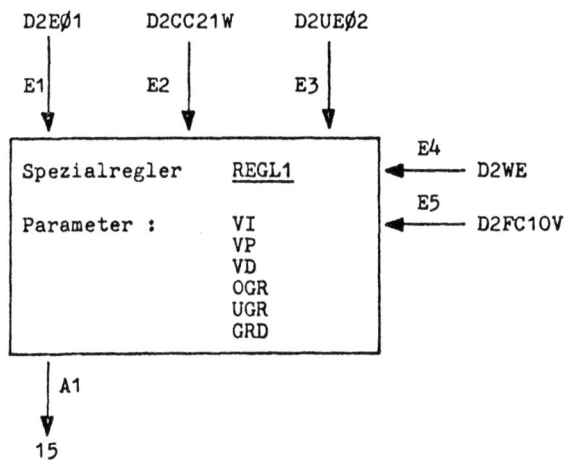

Bild 2   Blockschaltbild für Spezialbaustein


```
BAUSTEIN  :  REGL1

PARAMETER :  E1 : D2EØ1
             E2 : D2CC21W
             E3 : D2UEØ2
             E4 : D2WE
             E5 : D2FC10V
             A1 : 15
             VI :
             VP :
```

Bild 3   Aufruf des Spezialbausteins (Prinzip)

```
22   XHO = FALSE
     ZM = 0
23   IF ( (X.GT.OG).OR.XHO) 30, 30, 24
24   XHO = TRUE
     ZM = ZM + 1
     IF (ZM - TMX) 30, 25, 25
25   WRITE (1, 250)
250  FORMAT (I, V8, '-', U5, 4X, 'D2CC21 ISTWERT ZU HOCH')
     ZM = TMX
26   YS = 0
     Y1 = YS
     XD1 = XD2 = 0
     GOTO 50
30   XD = W - X
     YS = Y1 + VI * XD + VP * (XD - XD1)
          + VD * (XD - 2 * XD1 + XD2)
     IF ( (ABS (YS - Y1) - GRD ) 34, 34, 31
31   IF (YS - Y1) 32, 33, 33
32   YS = Y1 - GRD
     GOTO 34
33   YS = Y1 + GRD
34   IF (YS - OGR) 36, 35, 35
35   YS = OGR
36   IF (YS - UGR) 37, 50, 50
37   YS = UGR
50   Y1 = YS
     XD2 = XD1
     XD1 = XD
     DY = (YS - Y) / 350
     EXTERN ('D2CC2S') = DY
     SUDY = SUDY + DY
     IF ( (ABS (SUDY) - GR ) 200, 40, 40
40   WRITE (1, 140)
140  FORMAT (/, V8, '-', U5, 'D2CC21 REGLERAUSG. GESTOERT')
```

<u>Bild 4</u>   Realisierung in FORTRAN

Als Gegensatz ist in Bild 4 der Ausschnitt eines Programmstücks
in FORTRAN mit der gleichen Funktion gezeigt.
Der Anwenderaufwand ist wesentlich größer als bei der 1. Lösung.

Als Mittelweg ist eine Aufteilung in mehrere mittelgroße Bausteine
denkbar, deren Umfang etwa den im Blockschaltbild verwendeten
Funktionsblöcken entspricht.

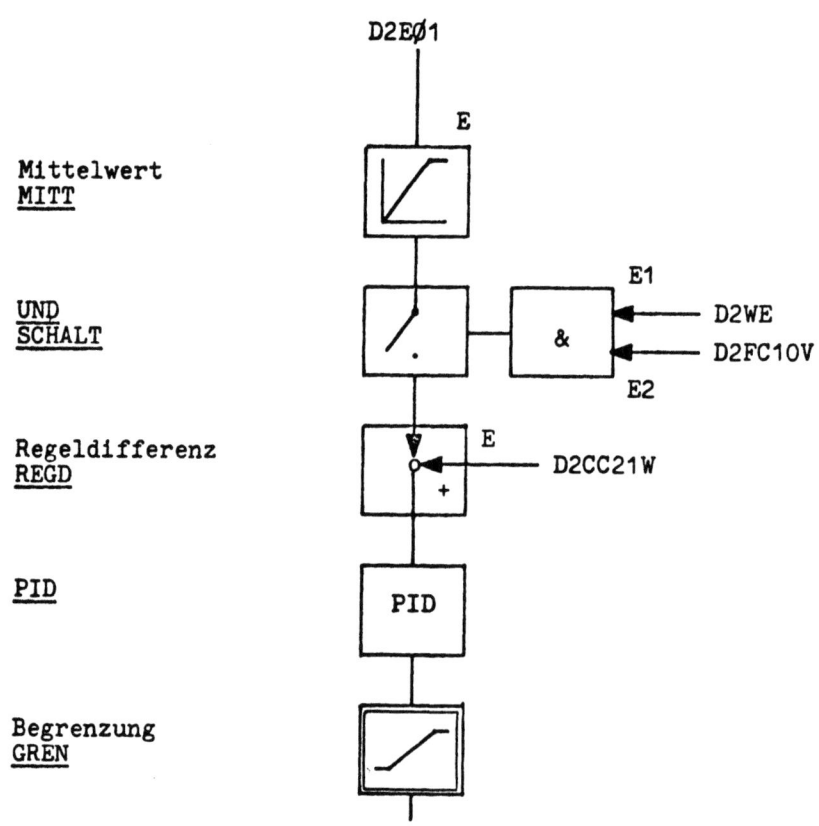

Bild 5   Blockschaltbild mit mittelgroßen Bausteinen (Auschnitt)

```
BAUSTEIN    :   MITT
PARAMETER   :   E  : D2EØ1

BAUSTEIN    :   UND
PARAMETER   :   E1 : D2WE
                E2 : D2FC10V

BAUSTEIN    :   SCHALT

BAUSTEIN    :   REGD
```

Bild 6   Aufruf der mittelgroßen Bausteine (Ausschnitt)

Bild 5 zeigt das zugehörige Blockschaltbild und Bild 6 den
prinzipiellen Aufruf der Bausteine.

Beim Vergleich der drei Methoden ergibt sich das in Bild 7
gezeigt Verhältnis der benötigten Anweisungen bzw. Bausteinaufrufe.

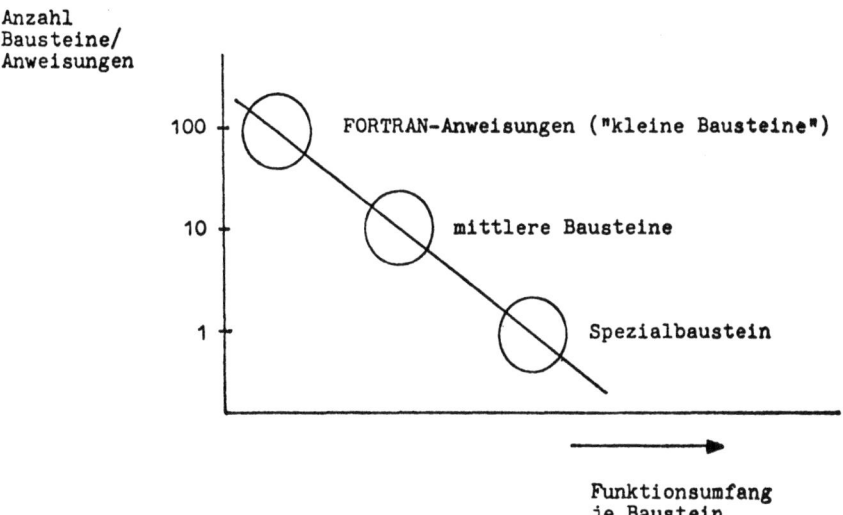

Bild 7   Anzahl der Bausteinaufrufe/Anweisungen

Die Anzahl der notwendigen Anweisungen verhält sich etwa wie
100 : 10 :1 in der Reihenfolge: FORTRAN - mittlere Bausteine -
Spezialbaustein.
Die Verminderung des Aufwandes spricht somit für die Verwendung von Großbausteinen.

Auf der anderen Seite wir die zunehmende Spezialisierung deutlich. Die mittleren Bausteine sind noch aus der Umsetzung von
allgemein gültigen reglungstechnischen Symbolen entstanden. Der
Spezialbaustein dürfte - abgesehen vom konkreten Anwendungsfall - ohne Umprogrammierung unbrauchbar sein.

Der Kompromiß zwischen Groß- und Kleinbausteinen wird erleichtert, wenn der Anwender selbst für wiederkehrende Spezialaufgaben Anweisungen definieren kann, die an seine Erfordernisse
angepaßt sind:

- Definition von Anweisungen durch den Anwender.

Bei den bisherigen Überlegungen stand die Forderung nach leistungsfähigen Anweisungen im Mittelpunkt. Daneben sind eine
Reihe von weiteren Maßnahmen denkbar, die zu einer Rationalisierung beim Schreiben und Testen der Anweisungen führen.

Wenn in einem größeren Programm eine Korrektur durchzuführen
ist, so werden üblicherweise folgende Hantierungen ausgeführt:

- Korrekturkarten schreiben,
- Quellsprachdatei korrigieren,
- Quellsprachdatei überprüfen,
- Programm neu übersetzen,
- Programm laden,
- Programm testen.

Wenn Übersetzung und Test nicht auf dem gleichen Rechner laufen, können weitere Verzögerungen z.B. durch die Auftragsabwicklung des Rechenzentrums entstehen.
Im Gegensatz zu dieser umständlichen Methode sind beim interaktiven Test weniger Arbeitsgänge erforderlich:

- Korrekturanweisung eingeben,
- Programm testen.

Es ist zu fordern:

- Interaktiver Test.

Bei der häufigen Verwendung üblicher Testhilfen fallen zwei Nachteile auf: Die Anweisungen zur Korrektur weichen von den Anweisungen der Quellsprache ab - z.B. sind absolute anstelle von symbolischen Adressen zu verwenden. Außerdem sind interaktiv eingegebene und getestete Korrekturen in der Quellsprache des Programms nachzuziehen und nach einer Neuübersetzung erneut zu testen.

Ein System, das diese Nachteile vermeidet, müßte die Möglichkeit zur

- interaktiven Programmierung und
- Programmsicherung

bieten, d.h. nach Eingabe einer Korrekturanweisung muß es möglich sein, den aktuellen Zustand in wiederladbarer Form sicherzustellen.

Es genügt aber nicht, ausschließlich das Programm zu sichern. Alle Korrekturen müssen in der Programmdokumentation nachgeführt werden, da sonst die Übersicht über die Funktion des Programms sehr schnell verlorenginge. Diese sog. Revision der Programmlaufpläne ist außerordentlich zeitaufwendig und fehleranfällig, wenn sie von Hand ausgeführt wird. Damit wäre als höchste Komfortstufe die Forderung nach automatischer

- Rückwärtsdokumentation

zu stellen, d.h. es muß möglich sein, jederzeit den aktuellen Stand einschließlich aller eingebrachten Änderungen in einer lesbaren und übersichtlichen Form maschinell zu erzeugen.

Neben der Art der Dokumentation hat der innere Aufbau der Programme, d.h. ihre Struktur wesentlichen Einfluß auf die Übersichtlichkeit.

Im Gegensatz zur Hardware, bei der durch die Parallelverarbeitung und die damit verbundene räumliche Auflösung eine Strukturierung zwangsläufig ist, werden Programmanweisungen seriell eingegeben und auch bearbeitet. Wenn der Programmierer nicht selbst eine Strukturierung festlegt, werden die entstandenen Programme un-

übersichtlich. Diese Tendenz wird noch dadurch verstärkt, daß
es eher einfacher ist, ein unstrukturiertes Programm zu schreiben.
Der Nachteil dieser Programmierung zeigt sich erst dann, wenn
es zu spät ist beim Testen.

Deshalb ist zu fordern:

- Hierarchische Strukturierung der Anwenderprogramme.

Fassen wir zusammen, unabhängig vom konkreten Einzelfall sind
insbesondere zwei Ziele bei der Erstellung von Anwendersoftware
wichtig: Zuverlässigkeit und Kostenersparnis. Aus diesen Zielsetzungen wurde eine Reihe von Forderungen abgeleitet, die an
Hilfsmittel zur Unterstützung der Anwenderprogrammierung zu
stellen sind. Es waren die Forderungen:

- Mächtigkeit der Anweisungen,
- Flexibilität,
- Definition von Anweisungen durch den Anwender,
- Interaktiver Test,
- Interaktive Programmierung,
- Programmsicherung,
- Rückwärtsdokumentation,
- Hierarchische Strukturierung.

3. Freiprogrammierbare Steuerung S3

Ein Beispiel für die konsequente Realisierung der genannten Forderungen sind die speicherprogrammierbaren Steuerungen. Als Beispiel wird die Programmierung einer einfachen logischen Verknüpfung in der S3-Sprache (STEP) in Bild 8 angegeben.

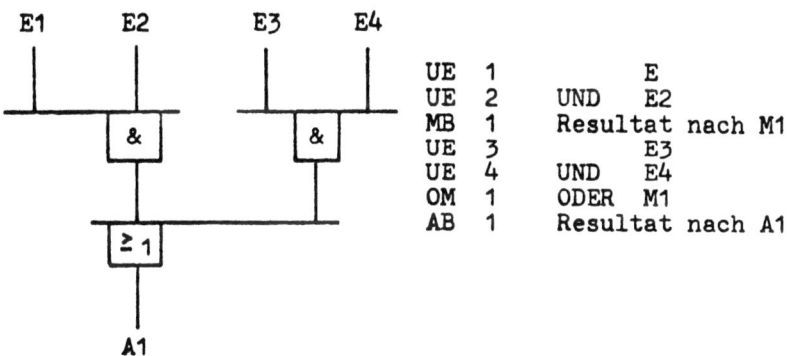

Bild 8   Problem und Programmierung in STEP

Über entsprechende Programmiergeräte kann der Anwender interaktiv neue Programme eingeben und testen. Insgesamt sind alle
aufgestellten Forderungen mit Ausnahme der nach hierarchischer
Strukturierung erfüllt.

Die Forderung nach Strukturierung hat bei den Steuergeräten
aber kein so großes Gewicht, weil im allgemeinen mit wesentlich

kleineren Speicherausbauten je Gerät gearbeitet wird als bei
einem Rechner mit allgemeinen Automatisierungsfunktionen. Bei
größerem Aufgabenumfang kann man bei dem relativ niedrigen Grundaufwand eher auf mehrere Geräte ausweichen und hat damit die gewünschte Strukturierung durch die räumliche Trennung der Hardware.

4. SIMAT

SIMAT wurde für allgemeine Aufgaben der Automatisierungstechnik,
für Überwachen, Regeln, Steuern, Protokollieren entwickelt.

SIMAT enthält Bausteine mit mittelgroßem Funktionsumfang. Bild
9 zeigt zwei willkürlich herausgegriffene Beispiele, einen Baustein für PID-Regelungen und einen Baustein für die Umrechnung
von Werten über ein Polygon mit n Stützpunkten.

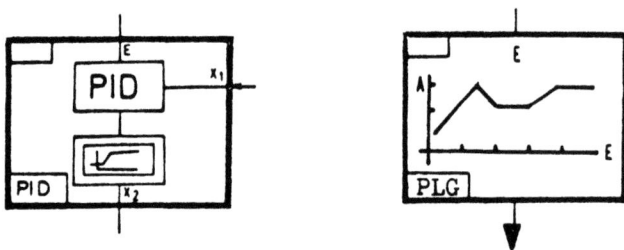

Bild 9   SIMAT-Baustein für PID-Algorithmus und Polygonumrechnung

Daneben gibt es etwa 130 weitere Bausteine für die Aufgabenge-
biete

- Regeln, Steuern, Überwachen,
- Melden, Protokollierung,
- Störablaufprotokollierung,
- Meßwertarchivierung,
- Kurvenausgabe,
- Prozeßführung über Grafiksichtgeräte,
- Identifikation und Reglerberechnung,
- Rechnerverbund.

Der Umfang der Bausteine ist ein Kompromiß zwischen dem Wunsch
nach Kostenersparnis - also dem Wunsch mit weniger Anweisungen
bei der Anwenderprogrammierung auszukommen - und dem Wunsch
nach großer Anwendungsbreite.

Für Aufgaben, die davon nicht abgedeckt werden, wurde ein Rechen-
baustein vorgesehen, der etwa im Umfang wie ein komfortabler
Taschenrechner vom Anwender selbst programmiert werden kann.

Um auch bei großem Aufgabenumfang die Übersichtlichkeit des Anwendersystems zu erhalten, wurde eine 3-stufige Hierarchie festgelegt.

Auf der untersten Ebene stehen die <u>Bausteine</u>. Bis zu 100 Bausteien werden zu einer <u>Baugruppe</u> und bis zu 250 Baugruppen zu einem Programm zusammengefaßt. Insgesamt enthält das Anwendersystem bis zu 100 Programme.

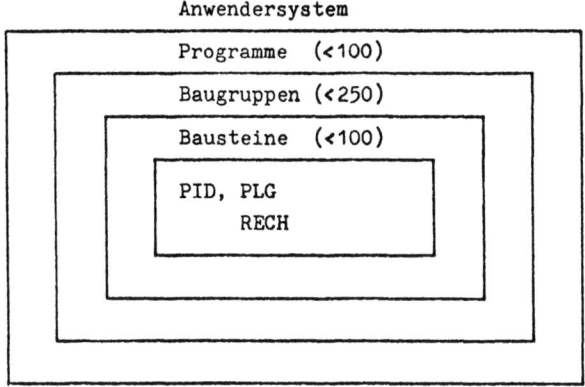

<u>Bild 10</u>   Strukturierung eines Anwendersystems in SIMAT

Die Funktion des Anwendersystems folgt einmal aus der Reihenfolge, in der die Bausteine bearbeitet werden und zum anderen aus der Verknüpfung ihrer Ein/Ausgangsdaten. Nach den Rangierverteilern der Hardware werden die dazu benötigten Listen als Verteiler bezeichnet und zwar als Analogverteiler zum Rangieren von Analogwerten und Binärverteiler zum Rangieren von Binärwerten. Bild 11 zeigt die Rangierung der Daten von 3 Bausteinen über einen Verteiler.

Entsprechend der 3-stufigen Hierarchie der programmtechnischen Gliederung gibt es eine 3-stufige Hierarchie der zugeordneten Verteiler.

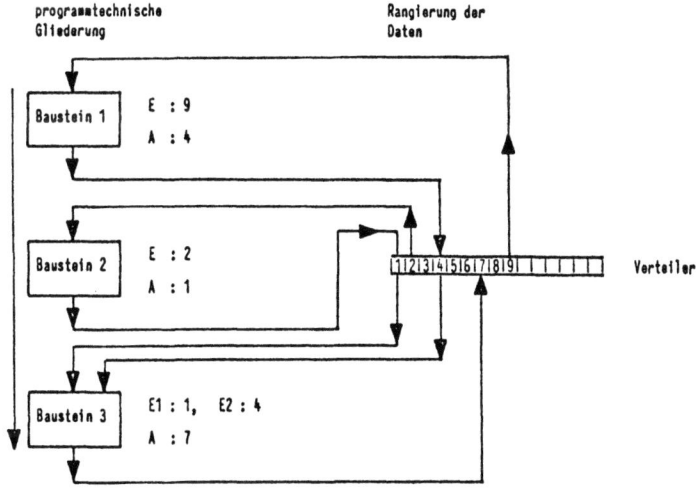

<u>Bild 11</u>   Rangierung der Bausteine

Ein einfaches Beispiel soll die Arbeitsvorgänge

- off-line Programmierung,
- interaktive Programmierung,
- Rückwärtsdokumentation

verdeutlichen. Bild 12 zeigt als Aufgabenstellung, das Blockschaltbild eines Reglers, und Bild 13 die Umsetzung in das Bausteinsystem.

Dem Anwender werden für jeden Baustein Haftbilder zur Verfügung gestellt, die im linken Bildteil die Funktion und im rechten Textteil die Parametrierung des Bausteins enthalten. Bei unserem Beispiel werden die Bausteine RECH zur Berechnung der Regeldifferenz, PID für den Regalalgorithmus, RECH zur Stellinkrementberechnung und STEZ zur Stellinkrementausgabe verwendet.

Nach Ergänzung der rechten Seiten der Haftbilder können die erforderlichen Anweisungen abgeschrieben und über Lochkarten oder Tastatur eingegeben werden.

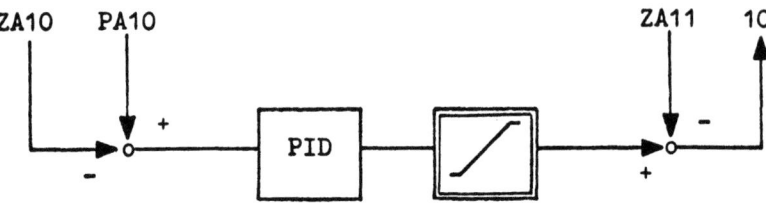

<u>Bild 12</u>   Blockschaltbild eines einfachen Reglers

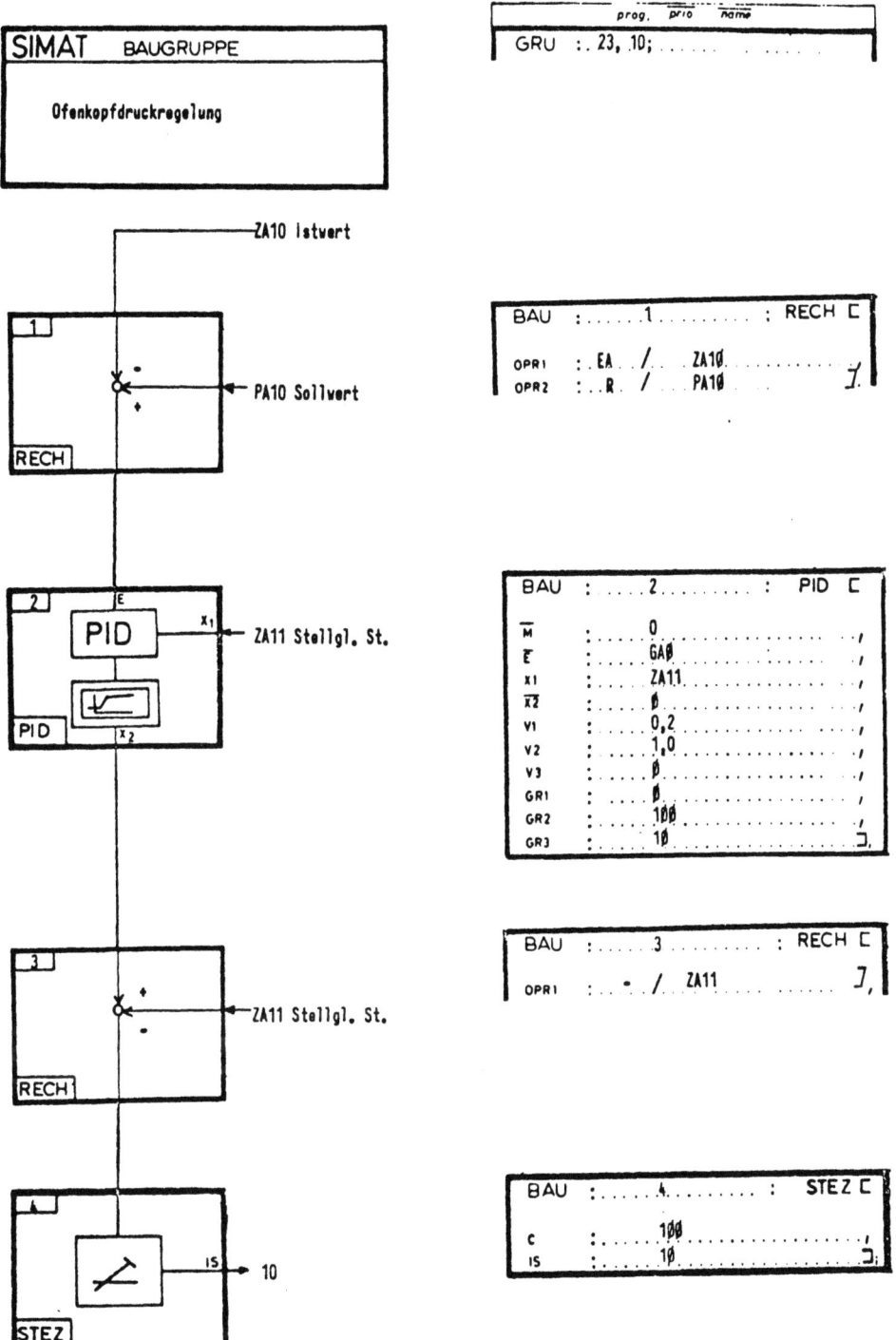

Bild 13   Projektierung mit Haftbildern

Nehmen wir an, während der Inbetriebnahme wird festgestellt,
daß ein Glättungsbaustein nach der Regeldifferenzberechnung vergessen
wurde, so kann er mit der Bedienungsanweisung

EIN BAU VOR : 23,10,2 : GLAE

eingeschoben werden.

Mit einem weiteren Kommando wird die Rückwärtsdokumentation
- Bild 14 - angestoßen.

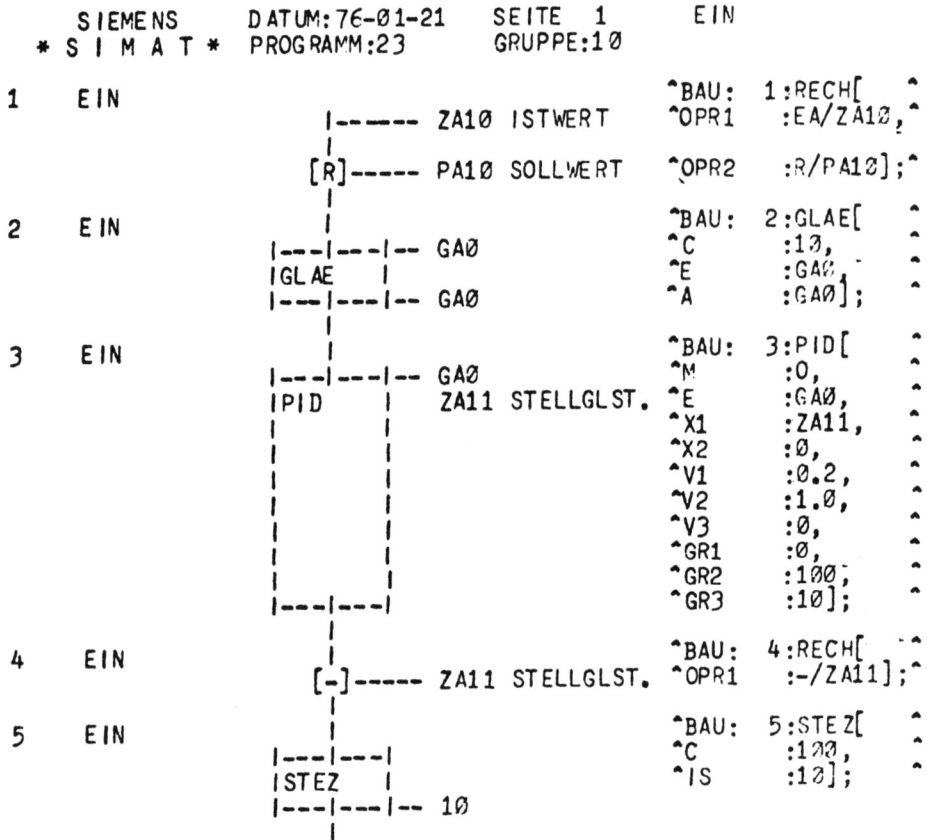

Bild 14   Rückwärtsdokumentation

Der Anwender hat zwei Möglichkeiten für wiederkehrende Aufgaben
selbst Anweisungen zu definieren, die

- Multiplexbaugruppen und
- Codezuweisungen.

Ähnlich wie bei FORTRAN kann er eine andere Baugruppe als Unterprogramm
bzw. Multiplexbaugruppe aufrufen.

Mit der Codezuweisung können wiederholt zu schreibende Anweisungen zu einem einzelnen Codewort zusammengefaßt werden.

5. SIMAT C

Bei SIMAT C wurde im Gegensatz zu SIMAT die Flexibilität bezüglich der technologischen Funktionsmöglichkeiten eingeschränkt. Dadurch vereinfacht sich die Erstellung der Anwendersoftware. Programmtechnische Kenntnisse sind so gut wie nicht erforderlich, solange die Anwendersoftware auf den standardisierten technologischen Funktionen basiert. Sofern diese technologischen Funktionen zur Problemlösung nicht mehr ausreichen, muß auf eine im System zusätzlich integrierte höhere Programmiersprache ausgewichen werden. Damit ist mit erhöhtem Softwareerstellungsaufwand für außerhalb des Standards liegende Aufgaben die notwendige Systemflexibilität gegeben. Daraus ergibt sich ein sinnvoller Einsatz von SIMAT C überall dort, wo mit den standardisierten technologischen Funktionen bereits ein Großteil der Gesamtaufgabe gelöst werden kann.

SIMAT C enthält standardisierte Funktionskomponenten zur Lösung der Aufgaben "Überwachen", "Regeln", "Steuern" und "Meldungsausgabe". Die zusätzlich im System integrierte problemorientierte Sprache wurde wegen ihrer an FORTRAN angelehnten Notation FORTRAN C genannt. Da bei den einzelnen Komponenten aus technologischen Gründen unterschiedliche Strukturen gewählt wurden, werden die Komponenten auch getrennt behandelt.

5.1 Komponenten "Überwachen/Regeln"

In Anlehnung an die konventionelle Analogtechnik wurden bei den Komponenten "Überwachen/Regeln" technologische Funktionseinheiten geschaffen. Diese Funktionseinheiten ergeben sich modular aufgebauten Programmbausteinen mit fest vorgegebener Verschaltung.

Insgesamt sind in den Komponenten "Überwachen/Regeln" 12 unterschiedliche technologische Funktionseinheiten realisiert. Die Mehrzahl hiervon wird für die Regelung (z.B. Festwertregler, Kaskaden, Verhältnisregler, Sollwertführung) benötigt. Die Vorteile dieser ausgewählten Struktur für die Erstellung von Anwendersoftware sind:

- die technologischen Funktionseinheiten sind leicht überschaubar und einfach zur Lösung von Automatisierungsaufgaben anwendbar;

- die Erstellung von Anwendersystemen erfordert nur technologisches und kein programmtechnisches Wissen;

- die Ein- und Ausgabe von Parametern für Prozeßbedienung und Prozeßbeobachtung ist nach technologischen Funktionseinheiten gegliedert.

Als Nachteil der starren Verschaltung von Programmbausteinen muß die eingeschränkte Flexibilität genannt werden. Diese kommt insbesonders bei komplexen Prozessen zum Tragen.
Bei SIMAT C kann die Flexibilität nur durch Integration von in

FORTRAN C geschriebenen Programmbausteinen und deren Verschaltung mit den technologischen Funktionseinheiten erreicht werden.

Im Bild 15 wird die einfache Form der Parametrierung am Beispiel eines Festwertreglers (Typ: CONT) gezeigt. Der hierfür vorgesehene Dialog wird mit dem Codewort bzw. der Funktionstaste "URPA" eingeleitet. Der Prozeßrechner fordert nun nacheinander im Dialog die notwendigen Parameter an und prüft die eingegebenen Daten auf ihre Richtigkeit, bevor er sie in die kreisspezifischen Datenbereiche einträgt.

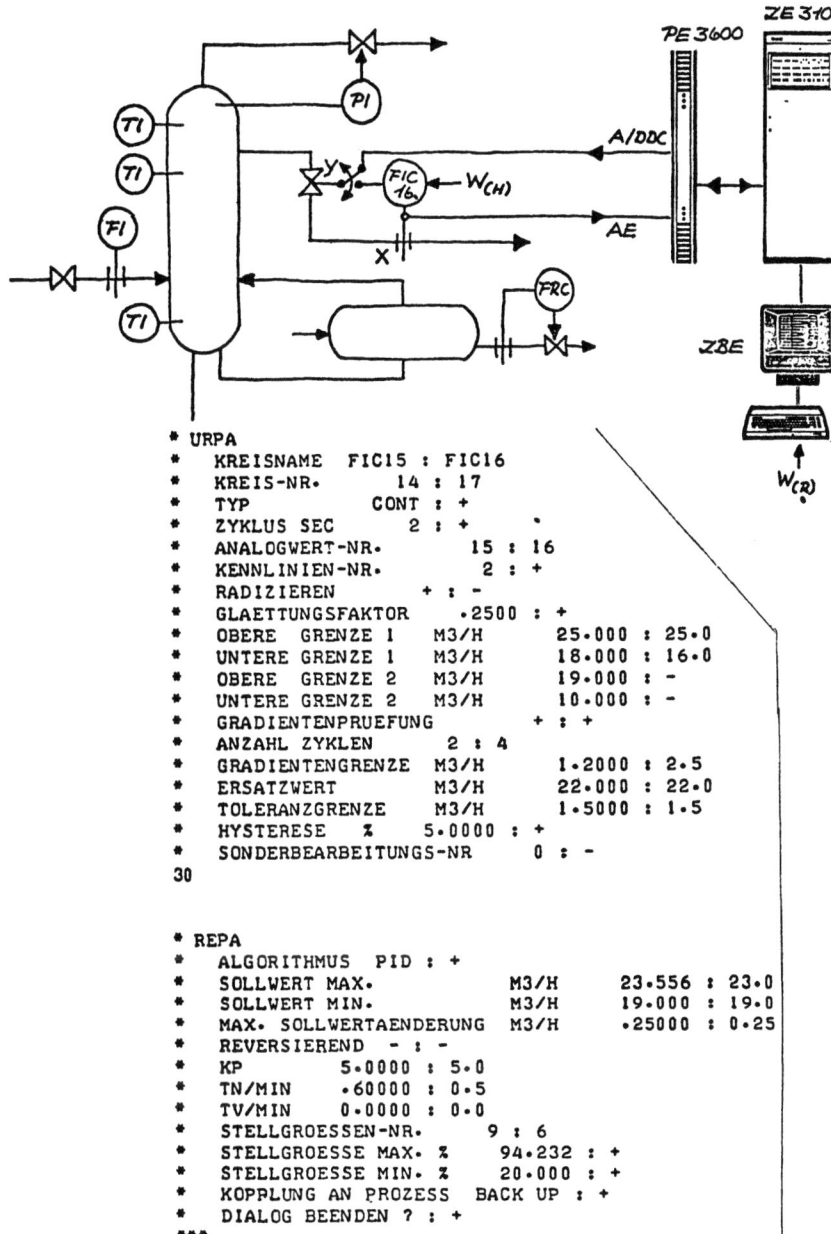

Bild 15 Beispiel für einen Regleraufbau

Die bei "Überwachen/Regeln" gewählte Struktur erlaubt darüberhinaus eine nach technologischen Funktionseinheiten gegliederte Informationsdarstellung, ohne daß zusätzliche Anwendersoftware erstellt oder projektiert werden muß. Ein Beispiel der Informationsdarstellung für einen Festwertregler ist im Bild 16 angegeben.

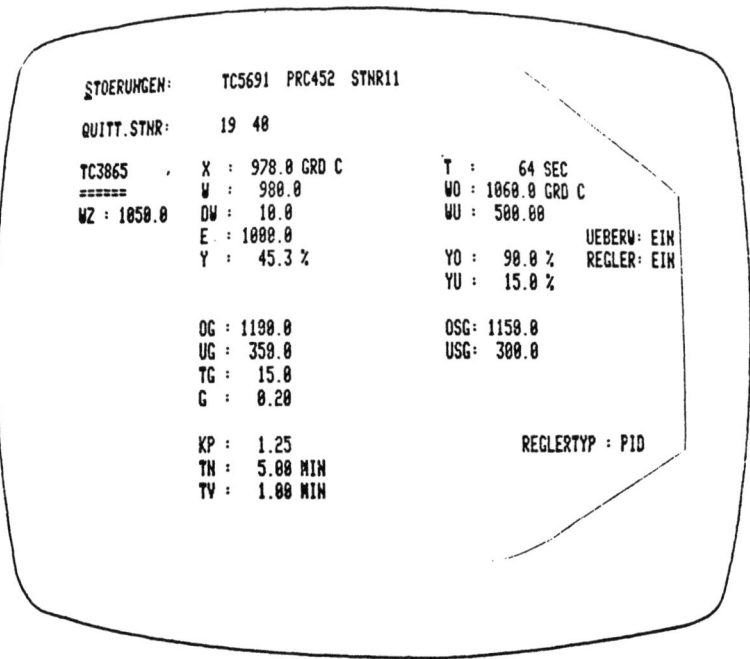

Bild 16   SIMAT C Festwertregler

5.2. Komponente "Steuern"

Die Softwarestruktur zur Lösung von Steuerungsaufgaben kann nicht nach technologischen Funktionseinheiten gegliedert werden, da jeder Prozeß unterschiedliche Steuerungsabläufe erfordert. Aus diesem Grund wurde hierfür eine flexible Bausteinstruktur gewählt, die eine beliebige Verschaltung zuläßt. Der Bausteinumfang und die Notation wurden den Erfordernissen von Steuerungsaufgaben angepaßt. Mit speziellen Steuerungsbefehlen kann auch eine Kopplung zu den Komponenten "Überwachen" und "Regeln" hergestellt werden, um von Steuerungen aus Parameter zu "lesen" und zu "schreiben". Darüberhinaus können auch innerhalb von Steuerungsabläufen FORTRAN C - Anweisungen eingeschleift werden. Dies ist dann sinnvoll, wenn kundenspezifische Angaben oder Teile davon leichter in FORTRAN C als mit den vorhandenen Steuerungsbefehlen formuliert werden können. Die Notation von Steuerungsabläufen im System SIMAT C ist identisch der bei dem Steuerungssystem S3 verwendeten STEP-Sprache. Ein Beispiel hiervon ist im Bild 8 angegeben.

Auch die Komponente "Steuern" wurde ergänzt um eine standardisierte Prozeßbedienung und Prozeßbeobachtung, sodaß i.a. auch hierfür keine spezielle Anwendersoftware erstellt und projektiert werden muß. Die Prozeßbeobachtung der Komponente "Steuern" ist im Bild 17 dargestellt.

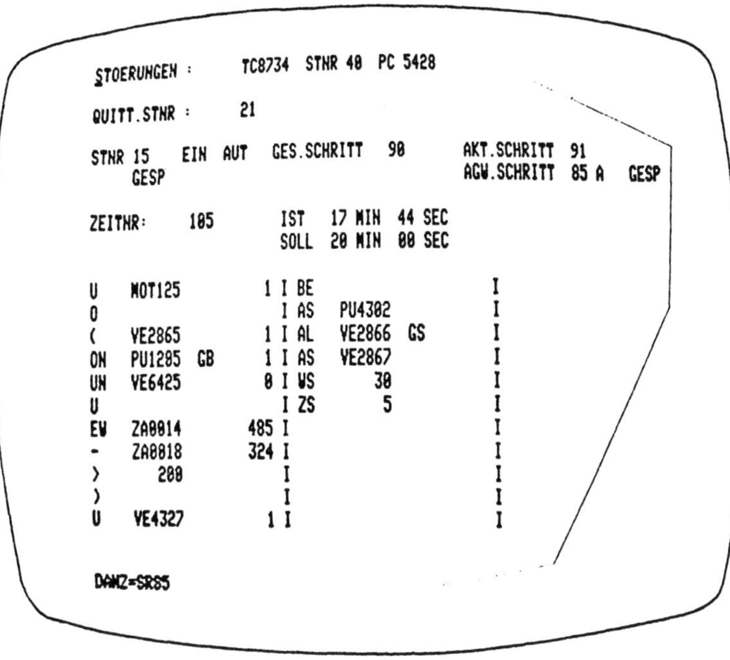

```
STOERUNGEN :      TC8734  STNR 40  PC 5428

QUITT.STNR :    21

STNR 15   EIN  AUT   GES.SCHRITT   90    AKT.SCHRITT  91
          GESP                           AGW.SCHRITT  85 A    GESP

ZEITHR:    105        IST  17 MIN  44 SEC
                      SOLL 20 MIN  00 SEC

U    MOT125        1 I BE                 I
O                    I AS   PU4302        I
(    VE2865        1 I AL   VE2866  GS    I
ON   PU1205  GB    1 I AS   VE2867        I
UN   VE6425        0 I WS     30          I
U                    I ZS      5          I
EW   ZA0014      485 I                    I
-    ZA0018      324 I                    I
)        200         I                    I
)                    I                    I
U    VE4327        1 I                    I

DANZ=SR85
```

Bild 17   SIMAT C - Steuerung

5.3 Komponente "FORTRAN C"

Zur Lösung von über den standardisierten Funktionsumfang hinausgehenden anwenderspezifischen Aufgaben steht die in SIMAT C integrierte höhere Programmiersprache FORTRAN C zur Verfügung. FORTRAN C - Anweisungen können dabei in Form von Programmbausteinen direkt in die Komponenten "Überwachen","Regeln" und "Steuern" eingeschleift werden. Ferner besteht die Möglichkeit, eigenständige FORTRAN C - Programme in das System zu integrieren.

Für FORTRAN C - Programme stehen alle Programmtechnischen Hilfsmittel zum Editieren (eingeben, korrigieren), Compilieren, Laden und Testen zur Verfügung. Ein Gastrechner ist dabei nicht erforderlich.

6. Zusammenfassung

Unter der Zielsetzung Zuverlässigkeit und Rationalisierung der Erstellung von Anwendersoftware, lassen sich 8 Forderungen ableiten.

Im Gegensatz zu den Sprachen und üblichen Programmpaketen werden heute Systeme angeboten, die alle oder einen Großteil dieser Forderungen erfüllen. 3 Beispiele, die Systeme S3, SIMAT und SIMAT C wurden vorgestellt.

Die Erfahrung zeigt, daß mit diesen Systemen wesentliche Erleichterungen gegenüber früher gewonnen wurden und dadurch eine Kostenreduzierung möglich ist.

Selbstverständlich sind auch diese Systeme keine Allheimittel. Die Standardisierung hat ihren Preis: insbesondere bei kleineren Bausteinen ist mit einer Erhöhung der Laufzeit durch den relativ hohen Anteil an Organisation zu rechnen. So kann bei anderen Zielsetzungen z.B. dann, wenn weniger die Rationalisierung als die Forderung nach kurzen Laufzeiten im Mittelpunkt steht, eine andere Lösungsstrategie vorzuziehen sein.

PROBLEMORIENTIERT PROGRAMMIERBARES PROZESSSTEUERGERÄTESYSTEM

PROGRAMMABLE CONTROLLER WITH A SPECIAL LANGUAGE INTENDED FOR
INDUSTRIAL APPLICATIONS

Hans-W. Weitzel
AEG-Telefunken
Energie- und Industrietechnik AG
Geschäftsbereich Prozeßtechnik
D-6453 Seligenstadt

Summary:
The report describes 3 important criteria of a control-system: hardware-system, software-system and standard-engineering. In chapter software-system some programming-languages are compared and the advantages of a problem-oriented language based on DIN-standards are shown. The most important advantages are simple handling and automatical documentation.

1. Vorbemerkung

Durch die Existenz der Mikroprozessoren und deren breite industrielle Verfügbarkeit werden viele Automatisierungsaufgaben mit einer veränderten Gerätetechnik und entsprechend geänderten Programmierverfahren gelöst.
- Komplexe Systeme können stärker gegliedert werden. In sehr vielen Fällen wird damit wieder eine gute Entsprechung von Automatisierungsgerät und Teilaufgabenumfang hergestellt. Hard- und Software werden modular gestaltet. Die gerätetechnischen Komponenten werden näher an den Prozeß herangebracht und die Informationselektronik erhält eine Ummantelung, die sie für den rauhen vor-Ort-Betrieb geeignet macht. Die Kombination der Moduln erfolgt über standardisierte Schnittstellen. Die Handhabung der Komponenten wird sowohl hard- wie softwaremäßig vereinfacht.
- Klein- und Einzelsteuerungen - bisher als Einzweckgerät oder in konventioneller Bausteintechnik konzipiert - werden durch Hardware-Modul ersetzt, die mikrorechnerstrukturiert aufgebaut sind. Der Funktionsumfang wird ausgeweitet, so daß neben der problembezogenen Informationsverarbeitung Hilfsfunktionen (Funktions- und Selbstüberwachung, Zustandsausweisung und Archivierung von Betriebszuständen) übernommen werden.

Mit der Anwendung der Mikroprozessoren sind Rationalisierungsmöglichkeiten gegeben, die sich bei der Hardware (Produktkosten), vor allem aber im Bereich der Software und der Anwendung bestimmter Verfahren zeigen.

Untersucht man die verschiedenen Techniken zur Lösung steuerungstechnischer Aufgaben auf ihre Kostenstruktur hin (Bild 1), so zeigt sich, daß die Gerätekosten für verbindungsprogrammierte (konventionelle Bausteintechnik) und speicherprogrammierte (mikrorechnerstrukturierte Steuergeräte) Steuereinrichtungen in etwa gleich sind. Hierin ist berücksichtigt, daß bei speicherprogrammierten Einrichtungen ein Kostenanteil für Hilfsgeräte, insbesondere Programmiergeräte, anfällt. Der bei speicherprogrammierten Steuerungseinrichtungen ermittelte Personalkostenanteil von 35 - 4o % setzt voraus, daß anwendungsorientierte Programmierweisen und formalisierte Projektierungsverfahren angewendet werden. Sind diese Voraussetzungen nicht erfüllt, kann der Projektierungs/Programmierungs- und Inbetriebnahmeaufwand auf ein Vielfaches steigen.

Bei der Entscheidung, inwieweit man als Anwender Automatisierungsaufgaben durch Kombination von Moduln u. Geräten lösen will, muß man sich darüber im klaren sein, daß der Mikroprozessor ein Bauelement ist und der Schritt zur zuverlässig funktionierenden Steuereinrichtung, allein bezogen auf die Hardware, ein sehr großer ist. Auch Mikrocomputer-Kartensysteme bedürfen noch sehr umfangreicher Ergänzungen, um im Rahmen einer Steuerungseinrichtung betreibbar zu sein. Der Projektierungs- und Programmierungsaufwand, der beim Einsatz von solchen Komponenten, die universellen Charakter und damit keinen anwendungsorientierten Zuschnitt aufweisen, getrieben werden muß, beträgt oft ein Vielfaches der Hardware-Kosten und bringt meist erhebliche Probleme bei der Betriebserhaltung (Störungen, Änderungen) mit sich.

2. Struktur anwendungsorientierter Steuerungssysteme

Um die aufgrund der Anwendung von Mikroprozessoren gegebenen Möglichkeiten optimal zu nutzen, ist in hardware- und software-mäßiger Hinsicht eine Einbettung mit dem Ziel der industriellen Ertüchtigung notwendig. Diese Einbettung muß die schon bekannten Forderungen, wie rationelle Programmerstellung, Sicherstellen einer hohen Zuverlässigkeit und anwendungsgerechten Zuschnitt (Kosten, Zeitverhalten, techn. Daten), erfüllen. Es ist wichtig, bei der hardware- und software-mäßigen Ummantelung noch nach Bereichen zu unterscheiden, die durch ein spezifisches Detailwissen gekennzeichnet sind (Bild 2). Diese Differenzierung schützt oft vor evtl. Fehlabschät-

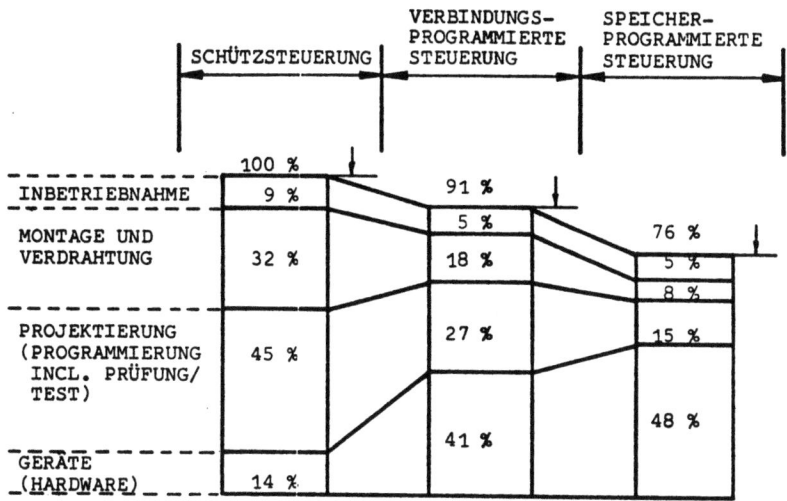

Bild 1   Kostenstruktur von Steuerungen

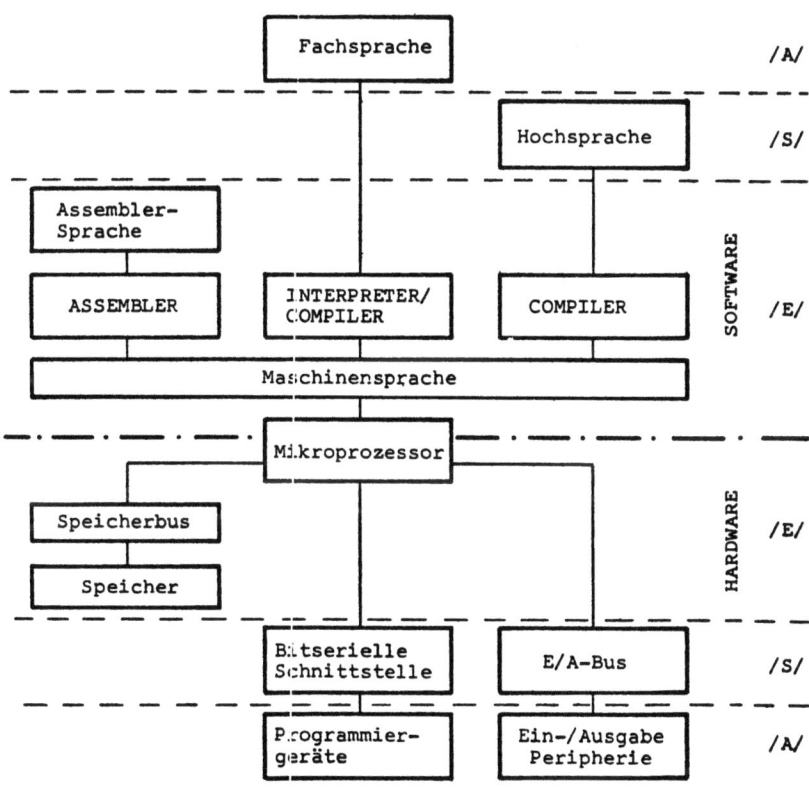

/A/: Anwender; /S/: Systemspezialist; /E/: Entwicklungsingenieur

Bild 2   Hard- und softwaremäßige Einbettung von Mikroprozessoren

zungen bzgl. der Leistungsfähigkeit eines Systems (Störungsfälle, Änderungen, Dokumentation) und vor der Übernahme von Aufgaben, für die das entsprechende know how fehlt und das auch kurzfristig nicht erbringbar ist.

Vor der Entscheidung über die Einführung eines Steuerungssystems sollten daher folgende Punkte kritisch analysiert werden.

o Hardware-System *)
o Software-System *)
o Standard-Engineering *)
o Dokumentation
o Ausbildung und Schulung

*) Aus Umfangsgründen wird die Betrachtung auf diese Punkte beschränkt.

Diese Analyse ist bei Systemen, in denen Mikroprozessoren verwendet werden, besonders wichtig, da aufgrund des begrenzten Leistungsumfanges derartiger Geräte die Handhabung durch ständig verfügbares Wartungspersonal (Betriebselektriker) möglich sein muß.

2.1 Hardware-System

Die Eignungsprüfung des Hardware-Systems (Bild 3) erfolgt zweckmässig anhand einer Checkliste. Sie gibt Auskunft über alle für den Einsatz wichtigen Punkte. /1/ Wesentlichste Merkmale der Hardware sind jedoch die

o Modularität, sie erlaubt das Fügen der einzelnen Komponenten ohne Zwischenschaltung von Ergänzungen und ohne Beachtung besonderer Vorkehrungen.
o die Anwendung von Bus-Strukturen, sie sind wesentliche Voraussetzung für eine Standardisierung von Komponenten und verbessern die Modularität.
o die Kompaktheit der Zusatzgeräte, wie Programmier- und Servicegeräte. Die Programmierung oder gar Störungsanalyse unter Zuhilfenahme eines Großrechners im Rechenzentrum ist unzweckmäßig.

2.2 Software-System

Fachsprache

Das Software-System für anwendungsorientierte Steuerungssysteme sollte auf jeden Fall auf den bestehenden Normen aufbauen. Damit ist die Beschreibung der zu lösenden Aufgabe eindeutig möglich und für den Technologen, den Systemspezialisten und den Projektierer verständlich. Die hier anzuwendenden Normen sind DIN 4o 7oo Bl. 14, Schaltzeichen, und vor allem DIN 4o 719 Bl. 6, Regeln für Funktionspläne, (Bild 4). Aus der Anwendung dieser Normen, welche eine lösungsunabhängige Problembeschreibung ermöglichen, ergeben sich die Forderungen für den Aufbau und die Beschaffenheit einer anwendungsorientierten Sprache, einer Fachsprache /2/. Derartige Fach-

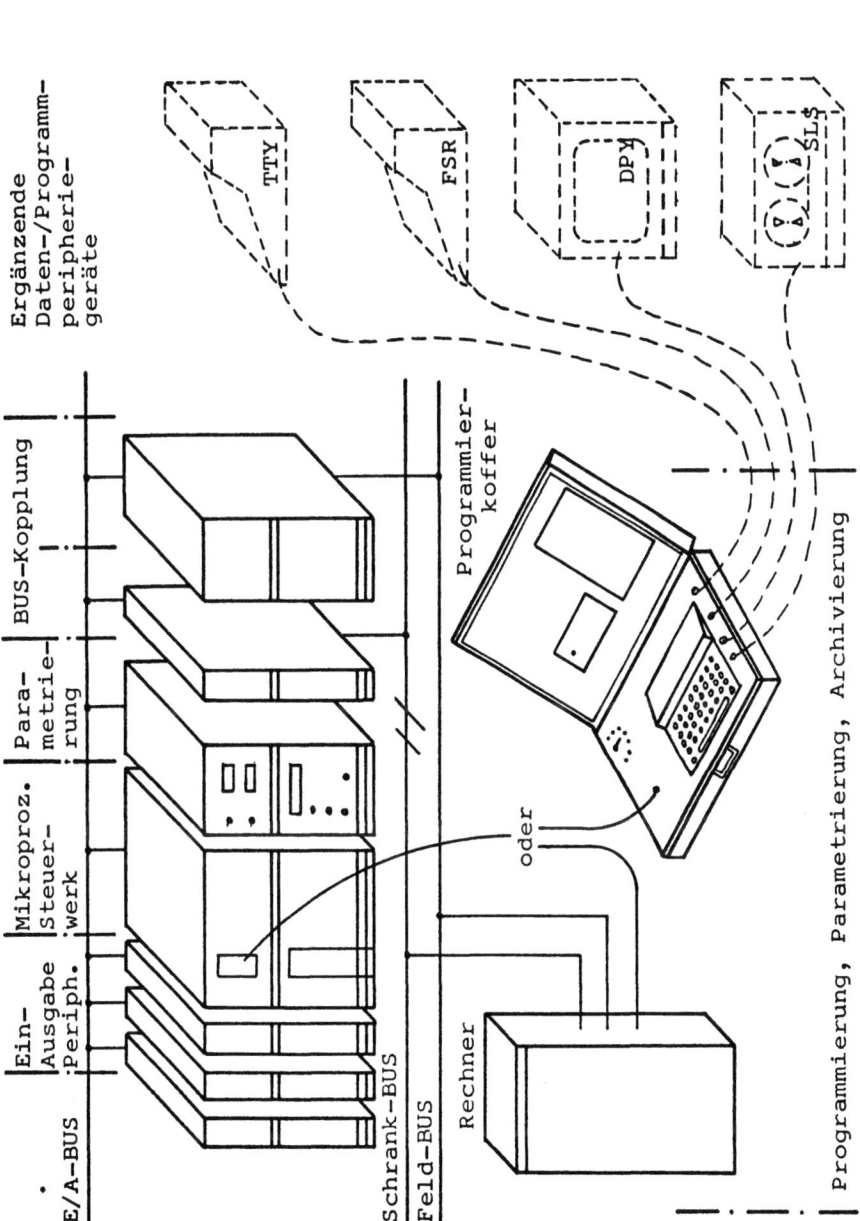

Bild 3
Hardware-System speicherprogrammierte Steuerung

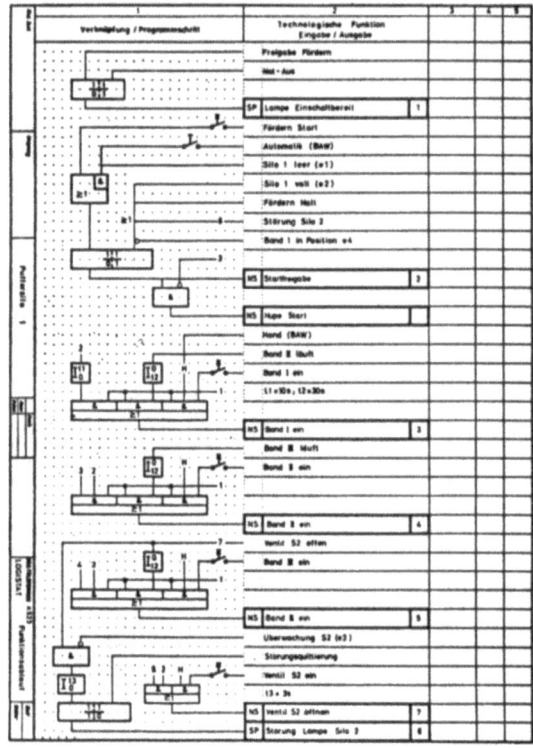

Bild 4 Funktionsplan-
        darstellung
        (Ausschnitt)

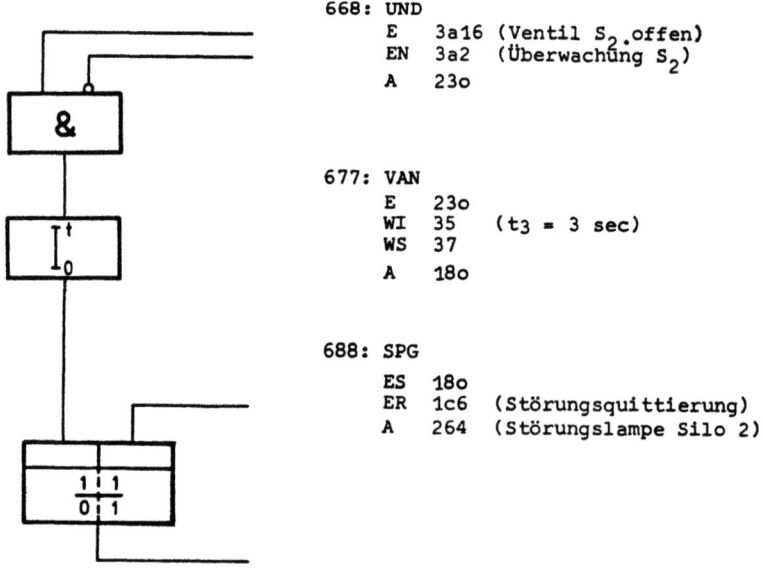

668: UND
     E   3a16 (Ventil S_2 offen)
     EN   3a2   (Überwachung S_2)
     A   230

677: VAN
     E   230
     WI   35   (t_3 = 3 sec)
     WS   37
     A   180

688: SPG
     ES   180
     ER   1c6   (Störungsquittierung)
     A   264   (Störungslampe Silo 2)

Bild 5 Darstellung nach DIN 4o 7oo und
        Schreibweise der Fachsprache

sprachen, wie sie heute schon z. T. angewendet werden, gehen davon
aus, daß beim Einsatz von speicherprogrammierten Geräten, die serielle Arbeitsweise für den Anwender nicht in Erscheinung treten soll.
In der Handhabung stellt sich somit eine parallele Abarbeitung der
Funktionen einer Steuerungsaufgabe dar. Für den Anwender besteht
die Lösung der Aufgabe allein im Fügen von Software-Bausteinen, deren Ein- und Ausgänge im Anwenderprogramm miteinander "verdrahtet"
werden. Dabei besteht auch die Möglichkeit einer direkten Einbeziehung von Geräteanschlußbezeichnungen in die "Verdrahtungsliste" (Anwenderprogramm). In dargestelltem Beispiel sind die Steckeranschlußpunkte unmittelbar als Signaladresse im Anwenderprogramm niedergeschrieben (Bild 5).
Der große Vorteil dieser Art von Programmierung mittels Fachsprache
besteht darin, daß neben der unmittelbaren Programmaufschreibung
und -eingabe aus einer genormten Darstellung heraus auch eine Rückdarstellung möglich ist. Diese Eigenschaft ist besonders bei Änderungen nach einem längeren Zeitraum oder bei der Behebung von Störungsfällen von sehr großer Wichtigkeit, da erfahrungsgemäß bei der
Inbetriebnahme häufig Änderungen durchgeführt werden, die manchmal
nicht alle in die Anlagendokumentation übernommen werden. Die Steuerungseinrichtung verfügt somit über die Fähigkeit sich in einer für
den Steuerungstechniker ohne Programmierkenntnisse klar interpretierbaren Form mitzuteilen. /2/

Geführte Eingabe

Die Programmerstellung selbst erfolgt im Dialogverkehr zwischen Projektierer und Steuergerät. Auf diese Weise werden erforderliche Manipulationen auf ein Minimum beschränkt und Fehlermöglichkeiten vermieden. Darüber hinaus ist es üblich, Plausibilitätskontrollen einzubauen wie z.B. Meldung beim Aufruf nicht vorhandener Anschlußpunkte.
Durch diese Art der Programmierung ist es möglich, in sehr ähnlicher
Weise wie bei festverdrahteten Steuerungen in diskreter Bausteintechnik einzelne Bausteine oder auch Gruppen auszubauen und durch andere
oder zusätzliche Funktionen zu ersetzen. Dies sichert Schnelligkeit
bei den Änderungen. Viel wichtiger ist jedoch die systemimmanente
Fehlerfreiheit bei diesen Manipulationen, da Fehler, wie sie bei
Assembler- und auch Hochsprache möglich sind, ausgeschlossen werden.

Fügen der Programmbausteine

Die Programmbausteine selbst werden üblicherweise durch den erfahrenen Programmierer des Gerätelieferanten erstellt und sind als feste
Programmteile in PROM-Speichern abgelegt. Damit kann sich der

Anwender auf das reine Fügen der Bausteine beschränken. Naturgemäß erlaubt diese Programmierweise jedoch auch das Einfügen von beliebigen, am Anwendungsfall orientierten, speziellen Programmbausteinen, die über definierte Einbindestellen in das System eingebracht werden. Diese Vorgehensweise sollte jedoch sehr kritisch geprüft werden, da dadurch - speziell bei zu freizügigem Gebrauch - die Vorteile einer Fachsprache durch zu viele Sondervereinbarungen zunichte gemacht werden. Um die Überlegenheit einer so gearteten Programmierweise auch quantitativ zu demonstrieren, ist in Bild 6 ein Vergleich der möglichen und z.T. auch üblichen Programmiertechniken durchgeführt. Es wurde davon ausgegangen, daß die Aufgabenbeschreibung in Form einer Funktionsplan-Darstellung vorliegt, und daß demzufolge grundsätzlich eine bausteinstrukturierte Programmierung vorgenommen wurde. Bezüglich der Komplexität wurde angenommen, daß relativ einfache Bausteine programmiert werden: UND, ODER (im Mittel mit 3 Eingängen und einem Ausgang), SPEICHER, ZEITGLIEDER u. ZÄHLER. (Bei komplexeren Bausteinen werden die ermittelten Werte für die Fachsprache noch günstiger.) Die Verteilung wurde so gewählt, daß 85 % der zu realisierenden Funktionen auf logische Verknüpfungen z.T. mit Speicherung und 15 % auf Zeitbildung und Zählung entfallen. Weiterhin wurde vorausgesetzt, daß das Gerät über 4 K byte Speicher verfügt, wovon 3 K für die eigentliche Programmierung der Steuerung zur Verfügung standen, 1 K wurde für Signalspeicher und kleinere Hilfsprogramme benutzt. In allen Fällen ist das Bedienungssystem, soweit es für die Programmerstellung benötigt wird, nicht in die Betrachtung einbezogen. Der Speicheraufwand sei zur besseren Beurteilung jedoch genannt

Assembler   4 K im Programmiergerät enthalten
DOLOG   3 K im Programmiergerät enthalten
PL/M   64 K *) im Entwicklungssystem enthalten
*) 64 K plus Hintergrundspeicher, bedingt durch den universellen
   Charakter des Systems und die erforderlichen Compilerfunktionen

<u>Vorteile der Fachsprache</u>
Dabei zeigt sich, daß die Fachsprache die größte Zahl von Funktionen im vorgegebenen Speicher unterbringt. Dies ist bedingt durch die Programmoptimierung, die bei den Bausteinen aufgrund ihrer breiten Nutzung betrieben werden kann. Der Zeitbedarf für die Programmierung ist pro K nur geringfügig höher als bei der Hochsprache, die jedoch nur ca. 1/3 des Funktionsumfanges unterbringt. Das für die Anwenderprogrammierung erforderliche Spezialwissen bzw. die Programmiererfahrung ist bei der Fachsprache minimal. Eine für den Anwender les-

	ASSEMBLER (8080)	FACHSPRACHE (DOLOG)	HOCHSPRACHE (PL/M)
Anzahl Bausteine in Speicher (3 K)	100	140	50
Zeitbedarf f. Progr.-Erstellung	3 MM	0,8 MM	0,6 MM
Erforderliches Spezialwissen/-erfahrung	hoch	gering	mittel
Rückdarstellung mit Graphik	aufwendig, jedoch möglich	einfach, direkt bausteinbegleitend	Aufwand nicht vertretbar
Erkennbarkeit der Funktion aus Rückdarstellung	sehr schlecht	sehr gut	unmöglich bei verlorenem Quellprogramm
Systembedarf	einfaches Bed.-Syst. mit FS bis Entwicklungssyst. (MDS)	einfaches Bedienungssystem mit FS	Entwicklungssystem (MDS) bis Cross-Compiler (RZ)
Programm-Test vor Ort	aufwendig im Dialogbetrieb	einfach Dialogbetrieb	aufwendig
Programm-Änd.	aufwendig möglich	einfach	aufwendig

Erläuterung: MM = Mannmonate, FS = Fernschreiber, RZ = Rechenzentrum, MDS = Typenbezeichnung für Entwicklungssystem der Fa. INTEL

(Voraussetzung: Bausteinstrukturierte Programmierung)

<u>Bild 6</u>   Vergleich von Programmiertechniken

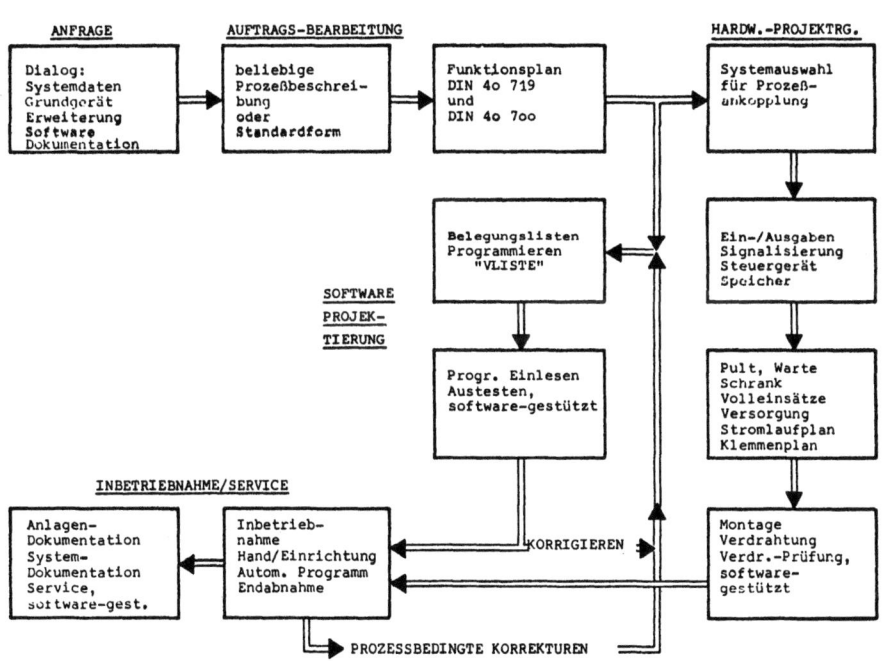

Bild 7   Ablaufschema zum Standard-Engineering

bare Rückdarstellung ist praktisch nur bei der Fachsprache möglich.
Die Möglichkeit einer einfach lesbaren Rückdarstellung bringt nicht
nur Kostenvorteile im Hinblick auf die Anlage und deren Betrieb,
sondern gewinnt zunehmend an Bedeutung, da inzwischen bekannt ist,
daß die Anlagendokumentation ein erheblicher Kostenfaktor ist. Hinzu kommt die sich abzeichnende Verschärfung bzgl. der Haftungsbestimmungen. Hier ist automatische Dokumentationsfähigkeit leicht
überschaubarer Art in steigendem Maße wichtig. Unter dem Gesichtspunkt der Kosten sind neben dem eigentlichen Steuergerät die Aufwendungen für Programmiergerät incl. der erforderlichen Personalqualifikation zu sehen. Nicht selten erreichen die Hardware-Kosten für
Programmierhilfen das 1o-fache dessen, was für das eigentliche Steuergerät veranschlagt werden muß (dies gilt für Mikroprozessor-Anwendungen der sog. untersten Stufe).
Die Änderung von Programmen, die in Assemblersprache geschrieben
sind, ist oft langwieriger als die Erstellung eines neuen Programms.
Ähnliches gilt für die Hochsprache bei der hier untersuchten Anwendung, bedingt durch den universellen Charakter und damit fehlenden
Zuschnitt auf steuerungstechnische Probleme.
Änderungen sind bei der Verwendung der Fachsprache sehr einfach. Bei
der Hochsprache ist sie ebenfalls schwierig, sie wird unmöglich,
wenn das Quellprogramm nicht greifbar ist. Die Testmöglichkeiten
sind neben den Kosten, die für den Test aufgewendet werden müssen,
vor allem auch für die Software-Zuverlässigkeit ausschlaggebend.
Insgesamt gilt also für Mikroprozessoren verwendende Steuerungssysteme festzuhalten, daß die Art der Programmierung und die damit
verbundenen Kosten in der Bewertung die höchste Priorität haben müssen. Allein bei der Programmerstellung kann man für das untersuchte
Beispiel einen Mehraufwand bei Assemblerprogrammierung von ca. 15. -
2o. DMT ansetzen. Für Anwendungen mit geringem Wiederholungsgrad
kommt daher, falls die Fachsprache verworfen wird, nur die Hochsprache
in Frage. Der Mehraufwand für einen größeren Anwenderprogrammspeicher ist geringer als die Kosten, die durch Manpower aufgrund komplizierter Programmierung (Assemblersprache) entstehen.

Zeitverhalten von Mikroprozessor-Steuerungen
Ein wesentlicher Gesichtspunkt, der vor allem bei der Lösung steuerungstechnischer Aufgaben Probleme aufwirft, ist das Zeitverhalten
der Steuerungseinrichtung bzw. die Reaktionszeit, die bei der Änderung von Prozeßkriterien berücksichtigt werden muß. Auch hier ist
die Programmierung mit Software-Bausteinen (Fachsprache) übersichtlicher im Hinblick auf die Abschätzung der Reaktionszeiten. Bei der

Hochsprache bleibt meist nur der Weg über die Messung der Reaktionszeit nach Ausführung der Programmierung. Bei der Assembler-Programmierung ist eine Abschätzung erst nach einer erheblichen Vorleistung an Programmieraufwand möglich. Da die Mikroprozessoren im Vergleich zu größeren Rechnern relativ niedrige Verarbeitungsgeschwindigkeiten aufweisen und die sog. Fachsprachen in dem Ruf stehen, aufgrund der meist zyklischen Arbeitsweise relativ große Programmlaufzeiten aufzuweisen, seien noch einige Zahlen genannt. Bei einer Zahl von 8o Eingängen, 48 Ausgängen und 3 K Speicher ist eine Reaktionszeit von ca. 4o ms anzusetzen. Bei Assemblerprogrammierung ist die gleiche Zeit anzusetzen, bei einem Programm in der Hochsprache PL/M ist eine Reaktionszeitverlängerung um den Faktor zwei realistisch. Wer solche Zeitprobleme im Rahmen der Anwendung zu lösen hat, ist meist gut beraten, wenn er den Leistungsumfang der Steuergeräte nicht voll ausschöpft und damit Übersichtlichkeit (Verfügbarkeit !) erhält und Kosten spart.

2.3 Standard Engineering

Bei bisherigen Betrachtungen stand der Wirtschaftlichkeitsgesichtspunkt für den Einsatz speicherprogrammierter Systeme im Vordergrund. Dies wurde anhand des Hardware-systems kurz, für das Software-System ausführlicher behandelt. Um aber die aufgrund derartiger Systemstrukturen veranlagten Möglichkeiten voll zu nutzen, bedarf es neben dem Hardware- und Software-System einer formalisierten Anweisung über die Realisierung solcher modularen Systeme. Diese Vorgehensweise, häufig als sog. Standardengineering bezeichnet, gibt detaillierte Anweisungen über die Abwicklung von der Grobplanung bis zur Inbetriebnahme und der Betriebserhaltung (Service). Diesem Verfahren liegt der Gedanke zugrunde, den Anwender mit einem Minimum an Spezialwissen zur Lösung und anschließenden Realisierung zu führen. Ein solches Verfahren umfaßt u. a. Arbeitsschritte für die Phasen
- Aufgabenbeschreibung
- Systembeschreibung
- Hardware-Detaillierung
- Programmierung
- Anlagenaufbau
- Inbetriebnahme
- Service

Die einzelnen Phasen werden zweckmäßigerweise in mehrere Arbeitsschritte untergliedert und durch Formulare in ihrer Arbeitstechnik bestimmt (Bild 7)./1/

3. Trend

Das sog. Standard Engineering in Verbindung mit optimaler Hard- und Software leistet somit einen wesentlichen Beitrag zur kostengünstigen Anlagenrealisierung und bietet aufgrund des formalisierten Ablaufs die Voraussetzungen für weitere Rationalisierungsschritte. Die Weiterentwicklung der anwendungsorientierten Mikroprozessor-Steuerungssysteme wird neben der Verbesserung der Prüfmöglichkeiten, der Senkung der Verlustleistung und Steigerung der Verarbeitungsgeschwindigkeit für die Mikroprozessor-Elemente, vor allem in der Vereinfachung im Umgang mit dieser Technik liegen. Voraussetzung hierfür ist die Ablösung der EIN-BIT-Prozessoren durch vorzugsweise 8-BIT-Elemente (Überwachung, Handling etc.) und die Abstimmung von Hard- und Software untereinander. Daß diese Möglichkeiten real existieren, sollte an der Programmierweise und dem nur kurz gestreiften Verfahren des Standard Engineering deutlich werden.

Hinweis

Dieser Bericht veröffentlicht u.a. Ergebnisse aus einem mit Mitteln des Bundesministers für Forschung und Technologie (Kennzeichen DV 5.505) geförderten Forschungsvorhabens des Projekts Prozeßlenkung mit DV-Anlagen (PDV) im Rahmen des 3. DV-Programms der Bundesregierung. Die Verantwortung für den Inhalt liegt ausschließlich bei den Autoren bzw. den geförderten Unternehmen.

Literatur

/1/ AEG-Telefunken Druckschrift "Digitale Steuerungstechnik, Sytembeschreibung Projektierung" Druck Nr. A 523.13.037

/2/ AEG-Telefunken Druckschrift "Digitale Steuerungstechnik, DOLOG C" Druck Nr. E5V6.13.080

ERGONOMIC USER PROGRAMMING IN PROCESS CONTROL

ERGONOMISCHE BENUTZERPROGRAMMIERUNG IN PROZESSREGELUNG

E.R. Chrichton
Kent Automation Systems,
Hitchin, Herts, England.

Zusammenfassung

Während der Entwicklung von Prozeßrechnersystemen haben sich zwei Hauptimplementierungswege herausgeschält. Der erste Weg benutzt ein projektspezifisches System unter Verwendung einer höheren Programmiersprache, wodurch eine sehr genaue Übereinstimmung mit der idealen Spezifikation des Projektes erreicht wird, während der zweite Weg ein weitgehend standardisiertes System zur Verfügung stellt, das vom Endabnehmer durch die Verwendung einer problemorientierten Programmiersprache konfiguriert werden kann.

Neuerdings hat ein dritter Weg weite Beachtung gefunden. Dieser umfaßt die Bereitstellung einer interaktiven höheren Programmiersprache, die allgemeiner verwendbar ist als eine problemorientierte Sprache, und die trotzdem noch extrem einfach im Gebrauch ist. Dies ermöglicht dem Benutzer, eine größere Kontrolle über die Funktionen des Systems zu bewahren. Die Gründe für die wachsende Popularität dieses Weges und die Möglichkeiten, die zur Verfügung stehen, werden diskutiert und die längerfristige Lebensfähigkeit des Weges wird betrachtet.

Introduction

In the early days of process control computers it was necessary for the process engineer to find a means of defining his requirements in a manner which could be understood by professional programmers. The programmers would then implement a solution frequently involving the creation of a completely new software system written in very low-level languages. This normally proved to be a difficult, time consuming and expensive approach with a very high incidence of failure to achieve the original objectives. The underlying reasons for these failures were the problems of communication between process expert and software expert, and the lack of any established software on which to base the implementation.

As these problems became understood two dominant implementation approaches have evolved.

In the first case a number of tools were developed to reduce programming costs - for example operating systems, high-level-languages and libraries of relevant programs. The communication problems are largely overcome by designing the tools, particularly the high-level-languages, such that specially trained process experts can both understand the requirement and implement the solution. In this situation the end user normally interfaces to process experts from a manufacturer or consultant to establish a specification and is not involved in the actual implementation. This approach is most commonly used where the project is fairly specialised or when the overall project cost is such that an idealised specification can be economically justified.

In the second approach a standard system is provided. This is not a standard in the international sense but in that the same software/hardware configuration is applied to a large number of similar projects. The standard system usually provides one or more Problem-orientated-languages (fill-in-the-blanks) which allow the end user to define the functional operation of the system and hence overcome communication problems. Normally the user must find a compromise between the standard facilities and the idealised project specification. Should the user require an alteration to the standard then the cost of this will depend upon the generality of the software and the quantity of the tools used to implement the standard. This approach is most common in the case of computer suppliers or automation equipment suppliers, and where the process control requirements are common for a type of plant - such as chemical plants.

Both of the approaches described above have advantages and disadvantages but recent experience has shown that there is a group of users for whom neither solution is sufficiently attractive. In order to satisfy the needs of this user group a third approach has begun to evolve based on a simple interactive-language which allows the end user to retain significant control over the function of the system.

The reasons for the evolution of this new class of system, its characteristics and its relation to technology trends are outlined in the following sections.

PROBLEMS TO BE SOLVED

The currently dominant implementation methods can create a variety of problems both in the early days of project planning and for many years after. These problems are indicated below though clearly not all of them are applicable in each project.

- Normally the functions to be performed by software have to be specified at a very early time in the project, typically before or shortly after the order is placed. With a standard system only deviations form the standard need be specified at this time. In practice it is rare for this initial specification to remain valid through the implementation and commissioning phases. Changes occur either because of unforseen problems or from an insufficient knowledge of the standard facilities.

- When changes to the specification are required during the implemenation phase the process of reaching agreement, both technically and contractually, and the times typically required to implement the changes can lead to serious delays in equipment delivery.

- In some projects the process being controlled, or the control techniques employed are secret. In such cases the user will prefer to be directly responsible for the implementation of the classified areas. This becomes a severe problem if the system does not offer a programming facility compatible with the experience of the users staff. The problem-orientated-languages help overcome this difficulty but often the very fact that a new technique is being employed necessitates a capability beyond the facilities of the problem-orientated-language.

- Once a system has been installed operating experience will lead to requests for enhancements to a number of areas. If the user is dependant on the supplier to implement such enhancements there can be further serious delays and it may be necessary to plan a shutdown of the plant even for the simplest of alterations. In some cases the need to organise a new contract with a supplier can result in the enhancement being uneconomic.

A PARITAL SOLUTION

It does not appear to be realistic to resolve all of these problems solely by different software strategies since until the general system functions required are defined it is not possible to select the appropriate hardware configuration. New hardware technologies and the substantial reductions in hardware costs will simplify these problems by permitting a system to be configured largely from small units performing well defined functions which are available on short timescales. However, even with these possibilities there will be a number of functions which are totally specific to a given project or which are not avaialble as a standard hardware unit. Hence both in the short and long term there is a need to reduce the time and cost of implementing new functions.

One solution to this problem is the provision of a simple interactive programming facility. This attacks the problem by substantially reducing implementation time and providing a facility which can be used directly by the users non-programming staff.

Facilities of this type have been available on a number of systems for a few years and have proved their value on a large number of projects. The success of these early facilities is reflected in that the great majority of established process control suppliers now have, or will in the immediate future have, such a facility.

It is important to emphasise that this is not simply the introduction of a new high-level-language. Rather it is a positive attempt to rationalise and integrate the whole process of introducing new functions into a system. The emphasis is centered on the provision of a rapid and ergonomic approach to programming which can be utilised both by professional programmers and process engineers.

CHARACTERISTICS OF INTERACTIVE PROGRAMMING

In the process control area it is common for suppliers to base their interactive-languages on the well known international language BASIC. Normally the language is extended by statements special to process control and it may be given a name other than BASIC but the features of the language conform to the 'spirit' of BASIC. Although other languages have been utilised it is convenient to draw on BASIC for examples in the following descriptions.

- Statements are simple and close to English or algebraic expressions.

    LET A = B + D/C
    PRINT "RESULT=", A

- Normally statements are contained on one line. This is particularly important as it allows the statement to be verified as soon as the line is entered hence allowing it to be corrected while the purpose of the statement is still clear in the mind of the user. Errors are normally reported in English text rather than obscure codes.

- There is a small nucleus of statements which are sufficient to solve many problems. Additional statements need only be learnt as and when the users confidence permits this. Consequently the initial training time is exceptionally short. It is not unusual for even a non-programmer to have implemented a number of simple programs within a few hours.

- Statements may be entered in any order. Each line has a line number and it is this which determines the order in which the statements will be obeyed. Although this can be convenient during initial entry of the program the main advantage is in correcting errors which were detected during a run of the program.

- When a program has been completely entered it can be test run by issuing one simple command. A few errors may be reported at this time because of faulty program structure which could not be checked on a line by line basis. The program will normally start running within seconds of the command being issued rather than the minutes or even hours common in other programming systems.

- While the program is running it is extensively checked for errors. Any error detected is reported by English text and the faulty statement is identified by its line number. At no time is the user required to understand obscure error codes, hardware addresses or machine code programming. If a default situation can be applied then the program continues after the error is reported otherwise it is stopped and control returned to the user.

- Typically the system is implemented by an interpreter and this permits both good testing aids and a high level of security from other programs which may be operating on the same processor.

RELATIONSHIP WITH OTHER PROGRAMMING SYSTEMS

Again it must be emphasised that an interactive-language is a programming system

rather than simply a language. Normal high-level-languages do not specify the
characteristics of the programming system despite the fact that it is this more than
the language which defines the ergonomics of the system.

Although the ergonomics of a programming system are dependant upon the particular
system supplied rather than the language most systems provide essentially the four
functional components outlined below.

- An editing system which allows the program to be entered and modified. Typically
  the 'editor' is quite powerful and will provide an extensive set of facilities to
  manipulate text.

- However it is unusual for the editor to have any knowledge of the structure of
  the programming languages being manipulated and hence is neither as well
  integrated nor ergonomic as is possible.

- A 'compiler' which analyses a program, converts it to a form suitable for the
  processor and reports any errors detected. Often the method of reporting errors
  is such that it is not a simple matter to identify the erroneous section of the
  program.

- In some cases the output of the compiler has to be processed further by an
  'assembler'. Although there can be valid technical reasons for this, in general
  it is unfortunate and simply reduces the ergonomics of the system.

- A 'composer' (or linker or tank-builder) which allows a number of individual
  programs, or program components, to be combined to produce a complete program
  suitable for loading and running in the system.

- A testing system which provides tools that allow the user to restrict, monitor
  and analyse the behaviour of a program. Regrettably very few systems report any
  errors in terms of the original programming language, hence it is often necessary
  for the user to learn a limited amount of assembly or machine code in order
  to interpret the errors.

Each of these functional components have their own operating instructions and it is
not uncommon for each to have a separate manual dedicated solely to the operating
instructions. Understanding how to utilise each of these systems represents a large
part of the initial training required before even training programs can be
implemented. Although it is possible to automate a large part of this process this
normally requires a large development system and may not reduce the initial training
required.

A further problem is the time required to correct an error in a program, recompile
and load it into the system for further tests. Even in an automated system this may
take 15-30 minutes and in simpler systems the time is often measured in hours.

Interactive-language systems overcome these problems by completely integrating the
language and the programming system and ensuring that only in very special cases is
it necessary to deviate from the very simple operating instructions.

Problem-oriented-languages offer a different programming environment. Although the
system can be powerful and complex two factors ensure that they are simple
to use.

- since the 'language' uses terminology and structures with which the user is
  thoroughly familiar the training required is minimal since the syntactic
  rules to be learnt are simple and rigid. If a 'fill-in-the-blank' approach is
  used the syntactic rules are embedded in the structure of the preprinted form. If
  an interactive approach is adopted then only the relevant questions have to be
  answered and any reasonable input is acceptable.

- because the language is intended for a specific type of problem there is not need for the user to be concerned with the method of converting his requirements to the internal formats and hence the operating interface is trivial. Further, since the area of application is restricted it is practical for extensive checks to be made on the input and pertinent error reports to be issued.

Typically the ergonomics of a problem-orientated -language system are superior to a BASIC system because the narrower field of application allows the users needs to be matched more accurately.

RELATIONSHIP WITH OTHER LANGUAGES

Problem-orientated-languages use statements which are specifically related to the problem to be solved and, in general, have little in common with high-level-languages. Consequently problems expressed in these languages are easily read and understood by process experts but may be unintelligible to other personnel.

Interactive-languages uses statements which, because of their simplicity, are readable but the function of a group of statements is only obvious to users who have a limited, programming knowledge. However, a much wider range of problems can be solved.

Normal high-level-languages provide a wide range of facilities and structures and consequently programs are only readily understood by suitably trained staff. Conversely the wide range of facilities available also allows the widest range of problems to be solved with the greatest (processor) efficiency.

COMPARISON OF PROGRAMMING SYSTEMS

The preceding sections have outlined the differences in the use of three different approaches to program implementation. The following set of diagrams and tables attempt to show more clearly the relative merits of the various approaches with respect to the cost and ergonomics of a given project.

(a) Learning Curves

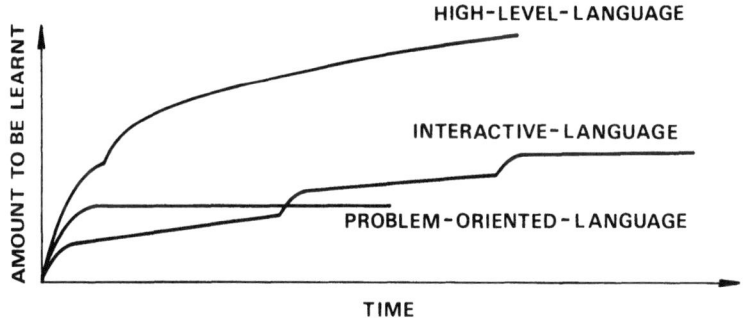

- The total capability of a problem-orientated-language is rapidly learnt and there is little subsequent increase in knowledge.

- Simple use of an interactive-language is quickly learnt and increases with experience. Sudden increases in knowledge occur when some new facility has to be learnt in order to solve a given problem.

  Normal high-level-languages have a high initial learning step which consists of two components, namely, learning the language and learning the operating instructions.

(b) Size of Development System

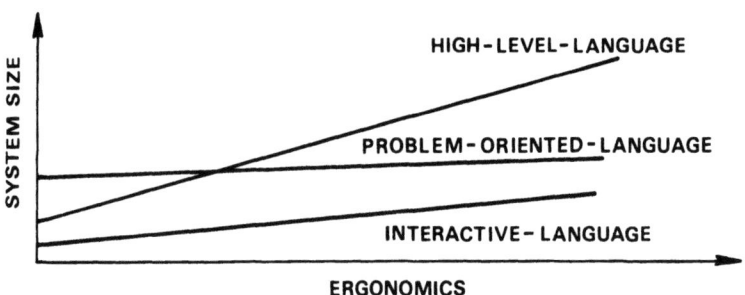

- The problem-orientated-language provides a complete solution and is unlikely to be improved significantly by the availability of a larger system.

- Interactive-languages can operate in very small systems but are improved by the extra facilities of larger systems.

- High-level-languages require substantial systems in order to significantly improve the ergonomics.

(c) 'Program' Size

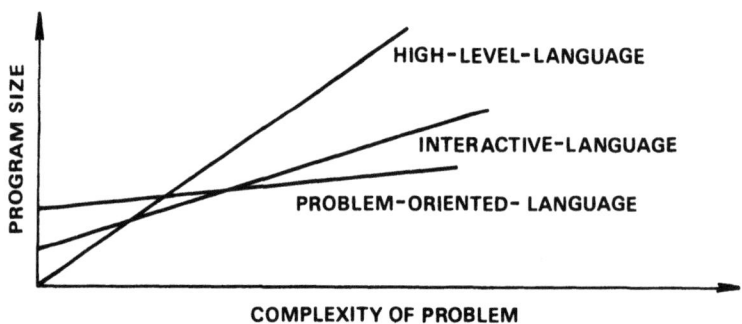

- The problem-orientated-language requires a fixed amount of program to support the language facilities but the increase in size is small.

- Interactive-languages usually require a small supporting system but because they are frequently interpreted the increase in size is moderate.

- High-level-languages require very little in the way of a supporting system but have the largest increases in size.

(d) Development Time

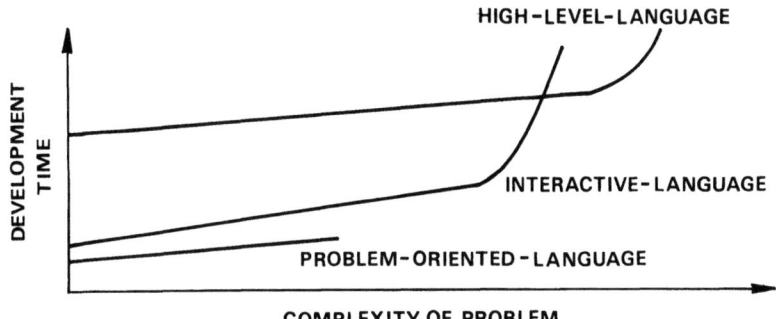

- Problem-orientated-languages allow a problem to be solved in a very short time. The development time increases with the complexity of the problem but reaches a limit at a definable point beyond which the system is not capable of solving the problem.

- Interactive-languages require a moderately larger development time but can solve substantially more complex problems than a problem orientated language. However beyond a certain complexity the inherent limitations of the language make its use non-viable.

- Normal high-level-languages have a relatively high development time but their complexity limit is substantially higher than the other two systems.

(e) Personnel/Language Relationship

	Problem-orientated language	Interactive language	Normal High-level language
End User process expert	Intended User	Applicable for many problems	Not normally relevant
Supplier process expert	Not normally intended for this user	Very suitable	Usable but unneceessarily powerful
Professional Programmer	Not relevant	Very usable with restrictions	Normal approach

APPLICATIONS OF INTERACTIVE SYSTEMS

Currently two main forms of interactive systems are available.

A number of small systems are available which provide only an interactive-language with possibly some inbuilt standard facilities for direct-digital-control. This form of system is primarily intended to allow the user to implement a project using only the users staff.

The most common application of such a system is for small pilot plants or where continual modification of the plant operation is expected. The interactivelanguage is designed to allow sequencing, logging and the plant operator interface to be implemented quickly and easily. Additional 'packages' may also be available from the supplier to handle more complex (but common) functions such as historical recording, recipe creation and many others. Normally these would be implemented in the interactive language and are therefore readily modified to match the users requirements. Such systems typically handle 200-300 analog inputs, 400-500 digital inputs and 300-400 control outputs. A cost of around £20000-£40000 is to be expected for a small system.

A few suppliers have provided an interactive-language facility on their larger process control systems. In these cases the majority of the process control functions can be implemented using the problem-orientated-languages supplied - and this is more economical for large systems.
The interactive language is used either by the users or the suppliers for the many project specific functions such as logging, sequencing, plant modelling, training, operator displays. This approach combines the cost effectiveness of problem-orientated-languages for 'standard' functions and the economics of interactive languages for special functions and on-going system enhancement. Such systems are capable of handling 4-5 times the size of plant which can be controlled by the smaller systems.

FUTURE DEVELOPMENTS

Interactive programming systems are still an under developed area of software technology. Although some systems have existed for many years their applications have been largely restricted to areas such as teaching, laboratory automation, scientific programming and other areas where the limitations associated with such systems have been outweighed by their ergonomics.

However the problems which have been encountered with the more conventional approaches and the changing ratio of hardware/software costs have already made interactive programming systems widely available in the process control area.

In particular many new versions of BASIC are appearing on the market and although these range from sophisticated calculations through microcomputer systems to major data processing and process control systems, the overall effect is to make BASIC a widely known and acceptable system.

Within a short time a standard definition of a 'Minimal BASIC' is likely to be adopted by the ANSI and ECMA standardisation groups. Further enhancements to this standard are being prepared, including real-time additions, and this can only improve the general acceptability of the system.

CONCLUDING REMARKS

This paper has outlined the growth of three main approaches to the implementation of process control systems and attempted to indicate the relevance and relationship of the different approaches.

It is argued that the introduction of interactive programming languages to process control systems has reduced implementation costs and permitted the end user to retain greater control over the functional operation of his systems.

It is not suggested that this is a total answer to the problems of implementing process control systems but rather that the proper integration of programming language and system ergonomics is a positive and necessary step in reducing the current dependance upon suppliers and the mystic surrounding computer control systems.

REFERENCES

1. Specification for Standard BASIC
   G.M. Bull, W. Freeman, S.J. Garland
   National Computing Centre (N.C.C.) Publications
   England 1973

2. Dartmouth BASIC-A
   S.J. Garland
   Kiewitt Computation Centre,
   Dartmouth College 1973

3. Report on Real-time Extensions and Implementations
   of Real-time BASIC
   Purdue Europe, Real-time BASIC Committee 1975

4. Proposed American National Standard for Minimal BASIC
   Reference X3J2/77-26
   American National Standards Institute 1977

5. Ergonomics and Security in Real-time Programming
   H. Kopetz, E.R. Crichton
   International Workshop on Real-time Programming
   I.RIA, France 1976

EINSATZERFAHRUNGEN MIT DER HÖHEREN PROZESS-SPRACHE " PEARL "

FIELD EXPERIENCE WITH THE HIGH-LEVEL PROCESS CONTROL LANGUAGE " PEARL "

Gerd Müller

BROWN, BOVERI & CIE AG

Mannheim

Summary :

This essay gives the reasons why a high level programming language ist to be preferred for the use in process computer systems. After pointing out the requirements to be imposed on such a computer language system, those projects are listed branch-oriented, which were carried out by BBC using the PEARL-Subset PAS 2, implemented on the PDP 11 process computer family. The experience gained by the users as well as the conclusion that PEARL has stood the test, are described.

Dieser Bericht veröffentlicht Ergebnisse aus einem mit Mitteln des Bundesministers für Forschung und Technologie (Kennzeichen DV 5.505) geförderten Forschungsvorhabens des Projektes Prozeßlenkung mit DV-Anlagen (PDV) im Rahmen des 3. DV-Programms der Bundesregierung. Die Verantwortung für den Inhalt liegt ausschließlich bei den Autoren bzw. den geförderten Unternehmen.

1. Derzeitige Situation des Prozeßrechner-Einsatzes

In den vergangenen 10 Jahren erfuhr die Prozeßrechner-Hardware Preisreduktionen von 1 - 2 Zehnerpotenzen, bei gleichzeitiger Steigerung der Leistungsfähigkeit.

Dies führte zu einer starken Ausdehnung der Einsatzbereiche und Einsatzmöglichkeiten, sowie zu einer beträchtlichen Anhebung der Software-Komplexität.

Sowohl die unzureichende Anzahl erfahrenen Fachpersonals, als auch die in der Vergangenheit unzulänglich vorhandenen Hilfsmittel zur Software-Anfertigung verhinderten eine "Programm-Produktion" in der Art, wie es bei der Hardware-Fertigung längst schon Stand der Technik ist.

Somit konnten trotz des verbesserten Preis/Leistungs-Verhältnisses bei der Hardware die Gesamtkosten der Automatisierungsprojekte wegen des ständig wachsenden Umfangs der Software-Anforderungen nicht wesentlich gesenkt werden.

Diese Hemmung der Verbreitung von Prozeßrechnern zur Automatisierung technischer Prozesse bedeutet eine unzureichende Ausschöpfung des möglichen Rationalisierungs-Potentials. Es ist daher zu Recht der Begriff von der "Software-Krise" geprägt worden.

2. Höhere Prozeßsprachen gegenüber Standardpaketen

Die in der Vergangenheit bei der Programmierung von Prozeßrechnersystemen überwiegend eingesetzten Methoden waren:

- reine Assembler-Systeme (zum größeren Teil), oder
- Kombinationen von Sprachen und Assemblern, meist ausgehend von den Sprachen FORTRAN oder ALGOL 60, die hinsichtlich der prozeßspezifischen Semantik durch spezielle CALL-Anweisungen ergänzt wurden.

Als Ersatz für diese beiden, aus heutiger Sicht unwirtschaftlichen Methoden gibt es, vom Prinzip her, nur zwei Vorgehensweisen:

- der Einsatz von im Assembler geschriebenen, nur über Eingangsparametern in ihrer Funktion änderbaren, "Standard-Paketen";
- die Verwendung von solchen, höheren Prozeßsprachen, deren Syntax und Semantik für die Programmierung von Prozeßrechnersystemen konzipiert wurde.

Beim Einsatz von im Assembler geschriebenen Standardpaketen zeigen sich folgende Nachteile:

- Auch häufig verwendete Programme können Fehler enthalten; und zwar nicht nur Fehler hinsichtlich der Codierung, sondern vor allem auch dadurch entstandene Fehler, daß bei einem erneuten Einsatz verfahrensbedingte Einschränkungen übersehen wurden. Die Fehlerbeseitigung in einem im Assembler-Code vorliegenden Programmteil ist aber nur von Datenverarbeitungs-Spezialisten durchführbar; diese jedoch sind in den wenigsten Fällen mit dem zu automatisierenden Prozeß vertraut.

- Sowohl die Beschreibung, wie die Programme untereinander zu verknüpfen sind und wie sie sich gegenseitig beeinflussen, als auch der Start der einzelnen Programme selbst über die Angabe von Parameterdaten und die Festlegung, ob ununterbrechbare, oder bedingte, oder mehrfache Durchläufe zu erfolgen haben, erfordert einen beträchtlichen Anweisungsaufwand.

- Das "bottom up"-Verfahren des Aneinanderreihens von vorgegebenen Programmen widerspricht dem Einsatz des Verfahrens der strukturierten Programmierung, welches die hierarchische Organisation eines Programmsystems gemäß der "top-down"-Konzeption bevorzugt.

Diese Nachteile, die bei steigender Komplexität der Aufgabenstellung zur echten Problematik werden, in der Literatur auch schon als "Standardfalle" gekennzeichnet, [1], können in Zukunft nur wie folgt bewältigt werden:

- Einsatz einer echten, höheren Prozeßsprache.
- Systemanalytisch vorbereiteter Aufbau einer branchenspezifischen Bibliothek von Programm-Modulen, die in der höheren Prozeßsprache abgefaßt sind; der projektspezifische Programm-Rahmen und die Steuerung der darin eingebundenen Module werden in der Prozeßsprache formuliert.
- Branchenunabhängig sich wiederholende Elementarfunktionen der Gesamtsoftware, d. h. Realzeitverwaltung, von der Zentraleinheit abhängige Systemfunktionen, Treiber für periphere Geräte, Diagnostik-Programme, Bedienfunktionen usw. sind nach dem heutigen Stand der Technik im Betriebssystem zu realisieren.

Nachstehend sollen nun die wesentlichen Anforderungen aufgezeigt werden, die aus der Sicht des Anwenders an ein Software-System zum Einsatz einer solchen höheren Prozeßsprache gestellt werden müssen.

3. Anforderungen an ein Software-System beim Einsatz von Prozeßrechnern

Neben den grundlegenden Fähigkeiten prozeßorientierter Programmiersprachen muß den besonderen Gegebenheiten des Prozeßrechnereinsatzes Genüge geleistet werden.

Dies bedeutet:

- Besondere Variable zur Anwendung von absoluten und relativen Zeiten.
- Dem Ablauf technischer Prozesse äquivalentes Task-Management.
- Ansprache frei gewählter Variablennamen während des Programmablaufs.
- Den Realzeitbedingungen des Prozeßgeschehens gemäße, effektive Objektprogramme durch Optimierungsanweisungen an den Compiler.

- Angaben zur prozeßabhängigen Beeinflussung der Systemreaktionen beim Fehlereintritt während des Programmablaufs.

Der Automatisierungsingenieur selbst muß sich im Programm-System zurechtfinden können, im Idealfalle sollte er in der Lage sein, das System selbstständig einzusetzen.

Dies bedeutet :
- Keine Bezugnahme auf nicht prozeßspezifische Hardware- bzw. Betriebssystem-Interna.
- Die Syntax der Programm-Anweisungen muß prozeßbezogen sein. Freie Variablennamenwahl, um das jeweilige Fachvokabular in das Quellenprogramm einbeziehen zu können.
- Möglichst umfangreicher semantischer Inhalt für die Anweisungen der verwendeten Programmiersprache.
- Test und Bedienung der Programme sollte auf Quellenprogramm-Niveau erfolgen.

Die Erzeugung von Programmen hoher Verfügbarkeit ist in der Art der industrieüblichen Produktions-,Test- und Inbetriebnahme-Techniken zu ermöglichen.

Dies bedeutet :
- Hierarchische Programmorganisation in der Form von prozedurorientierten Modulen.
  ("top down"-Vorgehensweise, Unterprogramm-Techniken).
- Definition von Gültigkeitsbereichen für Variablennamen mittels Blockstrukturen.
- Modularität derart, daß Änderungen in einem Modul keine Änderungen in einem anderen erzwingen dürfen.
- Getrenntes Kompilieren der einzelnen Module ; lediglich gemeinsamer Linken/Laden-Vorgang.

Das Prinzip der "automatisch mitlaufenden Dokumentation" ist zu unterstützen.

Dies bedeutet :
- Die Form der endgültigen Programm-Dokumentation ist gleichzeitig das Eingabemedium für den Übersetzer.
- Formatfreie Schreibweise, einschließlich der Kommentare.
- Leichte Lesbarkeit der verwendeten Sprache.

Die verwendete Programmiersprache muß verbindlich genormt werden können, um weitestmögliche Portabilität zu erreichen.

Dies bedeutet :
- Trennung derjenigen Programmteile, die die Logik des Aufgabenablaufs enthalten, von jenen, die definierend auf die Hardware Bezug nehmen. Die Sprache hat daher die Angabe des Informationsflusses in der jeweiligen Konfiguration, die Ansprache der Prozeßendgeräte durch frei wählbare Namen, usw., zu ermöglichen.

- Implementierung der Sprache durch sämtliche wesentlichen Lieferanten.
- Sprachendefinition und Pflege unter Überwachung eines neutralen Gremiums.

4. Zeitlicher Ablauf des Einsatzes höherer Prozeßsprachen bei dem Hersteller der hier betrachteten Software

Der Weg, für die Programmierung von Prozeßrechnersystemen eine solche höhere Prozeßsprache zur Verfügung zu stellen, die der Verwirklichung der oben genannten Anforderungen nahekommt, ist hier frühzeitig beschritten worden:

- 1966: Beginn der Entwicklung von Sprache, Compiler und Betriebssystem für das Prozeß-Automatisierungs-System "PAS 1", basierend auf einem PL/1-Subset. Zielrechner war die "H 316".
- Ab 1969: Einsatz dieses Software-Systems. PAS 1 war damals die erste, echte, höhere Prozeßsprache, die in der BRD entwickelt wurde.
- 1970: Mitbegründung des PEARL-Arbeitskreises.
- 1973: Definition eines Subsets aus dem Gesamtumfang der höheren Prozeßsprache "PEARL 73". Entwicklung des zugehörigen Compilers, eines PEARL-Betriebssystems und eines Bedien- und Testsystems auf Sprachen-Niveau für die Prozeßrechnerfamilie "PDP 11". In Anlehnung an PAS 1 erhielt dieses Prozeß-Automatisierungs-System die Bezeichnung "PAS 2". [2]
- 1974: Erste Vorstellung dieses Systems auf der "INTERKAMA".
- Ab 1975: Einsätze der PAS 2-Software beim Anwender. Die Anzahl der in der Zwischenzeit durch den Hersteller der hier betrachteten Software ausgelieferten bzw. insgesamt in Auftrag genommenen Prozeßrechnersysteme, mit PAS 2 ausgestattet, werden in den Bildern 1 und 2 aufgezeigt.

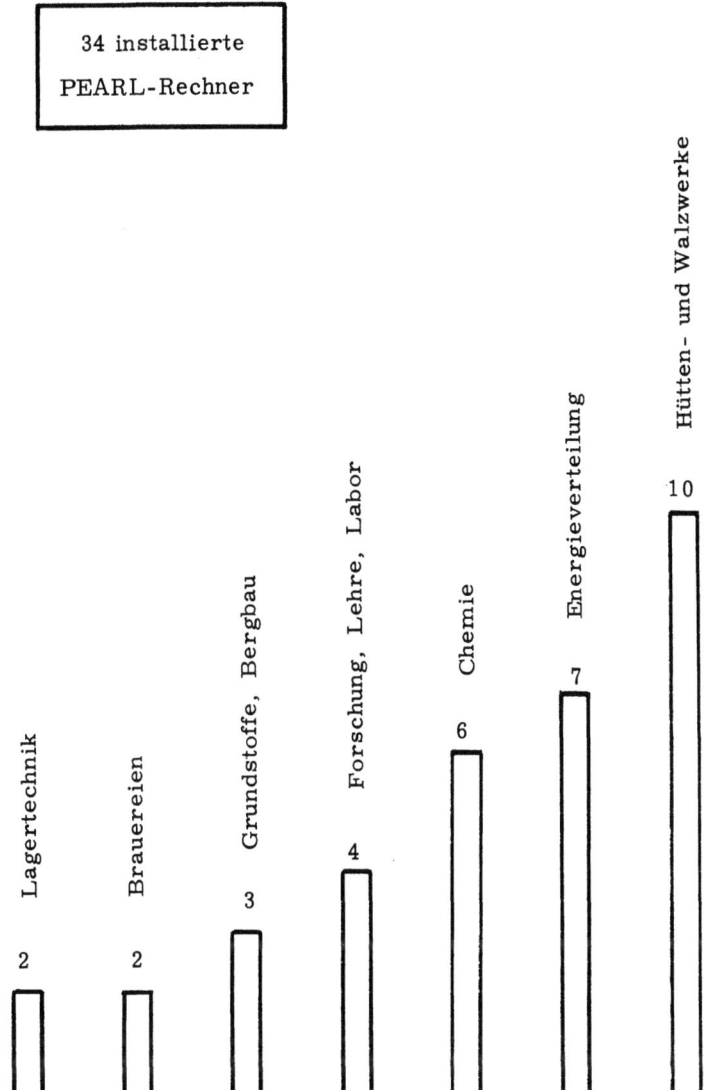

Bild 1 : Nach Anwendungsgruppen aufgeschlüsselte Anzahl der hier betrachteten Prozeßrechnersysteme.

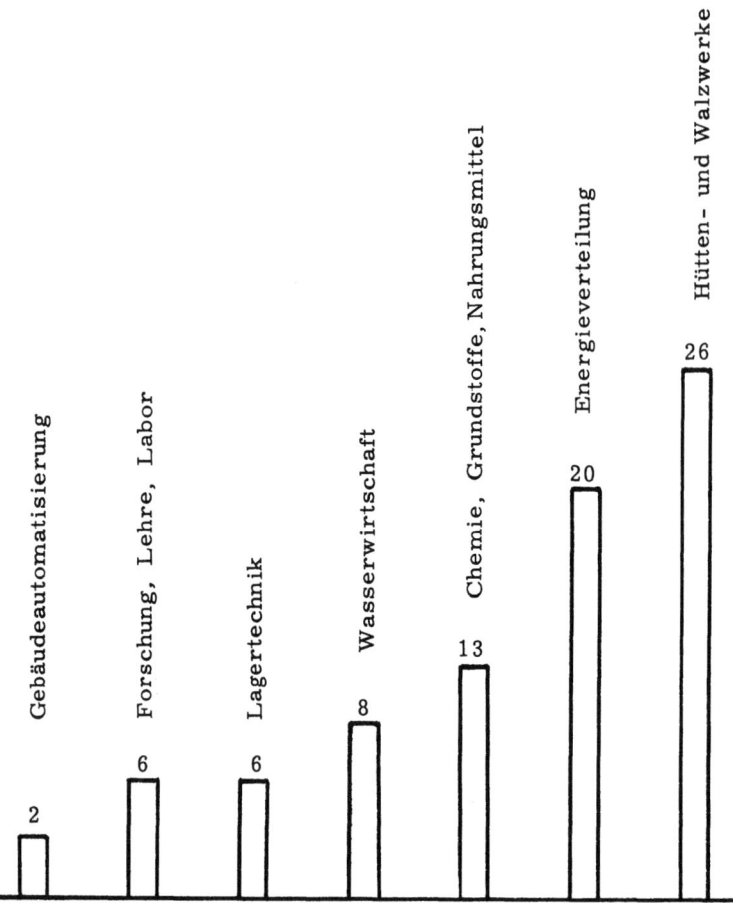

Bild 2 : Nach Anwendungsgruppen aufgeschlüsselte Anzahl der hier betrachteten, in Auftrag genommenen Prozeßrechnersysteme.

5. Einsatzerfahrungen mit PEARL

Eine Analyse bei Anwendern (Anwendungs-Programmierer und Betreiber) der im vorangegangenen Kapitel angeführten installierten "PEARL-Rechner" erbrachte die untenstehenden, inhaltlich gemittelten bzw. zusammengefaßten Ergebnisse.

Aufwandsverminderung

Im Vergleich zu Assembler-Systemen sind beim Einsatz von PEARL folgende (geschätzte) Einsparungen zu erzielen:

- Systemanalyse   :   -
- Programm-Entwurf: 10 - 20 %
- Codierung   :   50 - 60 %
- Test   :   30 - 40 %
- Inbetriebnahme   :   10 - 20 %
- Dokumentation   :   ca. 50 %

Es ist zudem zu beachten, daß auch der Betrieb über einige Jahre hinweg gesehen werden muß, in denen die Vorteile bei:

- Programm-Pflege
- Programm-Änderungen
- evtl. Übernahme der Programme auf andere Prozeßrechner

zu Buche schlagen werden.

Mehrfach wurde auch die Frage aufgeworfen, ob die komplexeren Projekte ohne ein solches Prozeßsprachen-System überhaupt wirtschaftlich vertretbar hätten realisiert werden können.

Einsatz durch den Anwender

Die Anwendung einer höheren Prozeßsprache wie PEARL kann von Automatisierungsingenieuren erlernt werden. Der eingesetzte Prozeßrechner ist nun keine undurchschaubare "black box" mehr, wie es bei Verwendung von Assembler-Systemen fast immer der Fall war.

Besonders vorteilhaft wird aus der Sicht des Betreibers der deutlich gesteigerte Eingang der Betreiber-Erfahrungen über den zu automatisierenden Prozeß in die Anwenderprogramme gesehen.

Strukturiertes Programmieren

Die Modularität von PEARL bietet eine gute Chance, und damit einen erhöhten Anreiz, die Verfahren der strukturierten Programmierung in Anwendung zu bringen.

Vor allem wurde hervorgehoben:

- Der Fortgang der Software-Erstellung wird für das Management transparenter, und ist damit sicherer zu verfolgen.
- Die Mitglieder eines Teams sehen nicht mehr allein ihre spezielle Aufgabe; sie überblicken leichter die Arbeit der anderen. Der Ausfall eines einzelnen kann besser überbrückt werden.

Forderung nach einer PEARL-Normung

Abschließend sei darauf hingewiesen, daß nahezu sämtliche Betreiber die Notwendigkeit einer PEARL-Normung betont zum Ausdruck brachten.

Begründet wurde dies im wesentlichen mit

- einer verstärkten Unabhängigkeit von einem schon einmal eingesetzten Fabrikat, sowie
- ggf. der Benutzung fremder Programm-Bibliotheken.

6. Resümee

Die aufgezeigten Einsätze mit PEARL haben bewiesen, daß diese Sprache ihre Bewährungsprobe bestanden hat. Auch die zur Zeit weitergeführten Arbeiten mit PEARL, wie z.B. die Programmierung hierarchischer Mehrrechner-Systeme und der Aufbau branchenspezifischer Bibliotheken von Anwenderprogramm-Modulen zeigen, daß die oben aufgeführten Anforderungen an ein Prozeßsprachen-System von PEARL erfüllt werden. Dies bestätigen auch Erfahrungen, die andere Implementatoren mit PEARL gemacht haben. [3]

Die überlegene Leistungsfähigkeit von PEARL im Vergleich zu anderen Systemen wird auch dadurch verdeutlicht, daß nahezu sämtliche bedeutenden Lieferanten in der BRD in Bälde PEARL auf den Markt bringen werden [4]. Dies ist auch der wesentliche Grund dafür, daß diese Sprache in Kürze als verbindliche deutsche Norm vorliegen wird.

Auch international hat PEARL keine (technischen) Konkurrenten. Dies zeigt zum einen der von der Europäischen Kommission veranlaßte Sprachenvergleich [5], zum anderen die in den USA aufgestellten Anforderungen an höhere Programmiersprachen [6], die in den entscheidenden Punkten von PEARL voll abgedeckt wurden.

Zu PEARL gibt es zur Zeit keine Alternative.

7. Literatur

[1] H. R. Schuchmann :

Programme aus Fertigteilen- oder : Ist ein "Baukasten-Ansatz" als universelle Programmiertechnik praktisch sinnvoll?
Elektronische Rechenanlagen, 2 (1977), S. 58 - 63

[2] Autoren-Gruppe :

BBC-PEARL-SUBSET PAS 2
Druckschriften-Bestell-Nr. DEG 50 804 D

[3] P. Elzer :

Erfahrungen mit Implementation und Einsatz eines bisherigen PEARL-Subsets bei der ASME
Tagungsband zum Ansprachetag PEARL in Augsburg, KFK-PDV 110, 2. Ausgabe, Juni 1977

[4] T. Martin :

Die Förderung von PEARL im Projekt PDV (Prozeßlenkung mit Datenverarbeitungsanlagen) des 2. und 3. DV-Programms des BMFT.
Tagungsband zum Ansprachetag PEARL in Augsburg, KFK-PDV 110, 2. Ausgabe, Juni 1977

[5] LTPL (European Group) :

Language Comparison of Programming Languages ALGOL 68, CAMAC-IML, CORALL 66, PAS 1, PEARL, PL/1, PROCOL, RTL/2.
Dokument III/437/76-E, Europ. Kommission, Direktion III-D, Rue de la Loi 200, B-1040 Brüssel

[6] Department of Defense, USA :

Requirements for High Order Computer Programming Languages.
"Ironman", Januar 1977.

MIX
Papier aus verantwortungsvollen Quellen
Paper from responsible sources
FSC® C105338

If you have any concerns about our products,
you can contact us on
ProductSafety@springernature.com

In case Publisher is established outside the EU,
the EU authorized representative is:
**Springer Nature Customer Service Center GmbH
Europaplatz 3, 69115 Heidelberg, Germany**

Printed by Libri Plureos GmbH
in Hamburg, Germany